LE TEMPS
DES TURBULENCES

Alan Greenspan

LE TEMPS
DES TURBULENCES

Traduit de l'anglais par Thierry Piélat et Georges Nicolas

JC Lattès

17, rue Jacob 75006 Paris

Titre de l'édition originale
THE AGE OF TURBULENCE :
ADVENTURES IN A NEW WORLD
publiée par The Penguin Press, New York, 2007

Pour l'éditeur, le principe est d'utiliser des papiers composés de fibres naturelles, renouvelables, recyclables et fabriquées à partir de bois issus de forêts qui adoptent un système d'aménagement durable.

En outre, l'éditeur attend de ses fournisseurs de papier qu'ils s'inscrivent dans une démarche de certification environnementale reconnue.

ISBN : 978-2-7096-2926-3

À ma bien-aimée Andrea

Sommaire

INTRODUCTION

Dans l'après-midi du 11 septembre 2001, je rentrais à Washington sur le vol Swissair 128 après une réunion internationale de routine en Suisse avec des banquiers. Bob Agnew, le chef de l'équipe de sécurité qui m'escortait au cours de mes voyages à l'étranger, m'a arrêté dans le couloir, la mine sombre. Ancien agent des services secrets, Bob est un homme aimable, mais pas particulièrement bavard. « Le commandant de bord aimerait vous voir, monsieur le Président, m'a-t-il dit à voix basse. Deux avions ont percuté le World Trade Center. » Face à mon air stupéfait, il a ajouté : « Je ne plaisante pas. »

Dans le cockpit, le commandant semblait très nerveux. Il nous a appris qu'il y avait eu un terrible attentat contre notre pays : plusieurs avions avaient été détournés, dont deux étaient entrés de plein fouet dans les Tours Jumelles, un autre dans le Pentagone. Un quatrième manquait. C'est la seule information dont il disposait, précisa-t-il dans son anglais presque sans accent. Nous retournions à Zurich, et il n'en expliquerait pas la raison aux passagers.

« Devons-nous vraiment rebrousser chemin ? lui ai-je demandé. Ne pouvons-nous pas atterrir au Canada ? » Il m'a répondu que non, qu'il avait reçu l'ordre d'aller à Zurich.

J'ai regagné ma place pendant qu'il annonçait que le contrôle du trafic aérien nous dirigeait vers Zurich. Toutes les lignes des téléphones des sièges étaient encombrées et il n'y avait donc pas moyen de communiquer avec le sol. Les collègues de la Réserve Fédérale qui avaient passé le week-end avec moi en Suisse avaient pris d'autres vols.

Dans l'impossibilité de connaître la suite des événements et ayant oublié dans mon sac le travail que j'avais apporté, une pile de notes et de rapports économiques, il ne me resta plus qu'à cogiter et à regarder par le hublot pendant les trois heures et demie suivantes. Ces attentats annonçaient-ils une conspiration de plus grande envergure ?

Je m'inquiétais pour ma femme, Andrea, qui est la principale correspondante de la NBC à Washington pour les affaires étrangères. Elle n'était pas à New York, ce qui me rassurait beaucoup, et n'avait pas de rendez-vous prévu au Pentagone ce jour-là. Elle devait être aux bureaux de la NBC dans le centre-ville, occupée à couvrir l'événement. Je n'étais donc pas préoccupé outre mesure, mais ne pouvais exclure la possibilité qu'elle se soit rendue au pied levé au Pentagone pour rencontrer quelque haut gradé.

Je me faisais aussi du souci pour mes collègues de la Réserve Fédérale. Etaient-ils sains et saufs, eux et leurs familles ? Tout le personnel de la maison devait se démener pour faire face à la crise. Cette agression – la première sur le sol américain depuis Pearl Harbor – risquait de provoquer un grand chambardement dans le pays. La question que je me posais était de savoir si l'économie en souffrirait.

L'éventualité d'une crise n'était que trop évidente. Le pire, que je jugeais tout à fait improbable, eût été un effondrement du système financier. La Réserve Fédérale est responsable des systèmes de paiement électronique grâce auxquels sont virés plus de 4 000 milliards de dollars par jour sous forme de fonds et de titres à travers tout le pays et une grande partie du reste du monde.

Nous avions toujours pensé que le meilleur moyen de paralyser l'économie américaine eût été de démanteler ces systèmes de paiement. Les banques seraient contraintes de se rabattre sur les transferts de fonds matériels, dénués d'efficacité. On en reviendrait au troc et à l'échange de reçus ; le niveau de l'activité économique du pays pourrait chuter considérablement.

Durant la guerre froide, par mesure de précaution en cas d'attaque nucléaire, la Réserve Fédérale avait multiplié les redondances dans le matériel de communication et électronique dont dépendait le système monétaire. Nous disposons de toutes sortes de sauvegardes : ainsi, les données d'une banque de la Réserve Fédérale sont conservées dans une autre de ses banques distante de plusieurs centaines de kilomètres ou dans quelque lieu retiré. Dans l'éventualité d'une attaque nucléaire, nous aurions très rapidement été opérationnels dans les régions non irradiées. C'est sur ce système que devait se reposer aujourd'hui Roger Ferguson, vice-président de la Fed. J'étais certain que lui et nos collègues étaient en train de prendre les mesures nécessaires pour permettre au système de paiement en dollars de continuer à fonctionner.

Pourtant, tout en retournant ces pensées, je doutais que les pirates de l'air aient eu pour but de perturber matériellement le système financier. Beaucoup plus probablement, l'attentat était censé être un acte de violence symbolique contre l'Amérique capitaliste, au même titre que l'attentat à la bombe dans le parking du World Trade Center huit ans plus tôt. Ce qui m'inquiétait, c'était la peur suscitée par cette attaque, surtout si elle devait être suivie par d'autres. Dans une économie aussi complexe que la nôtre, les échanges de biens et services sont permanents, et le degré de la division du travail est tel que la survie même des ménages dépend du commerce. Si les acteurs se retirent de la vie économique quotidienne – si les investisseurs vendent leurs actions, les entreprises cessent toutes transactions, les gens restent chez eux de crainte de s'aventurer dans les centres commerciaux ou d'être victimes d'un attentat suicide –, ils provoquent un effet boule de neige. Ce sont des états psychologiques de ce genre qui déclenchent les paniques et les récessions. Un choc comme celui que nous venions de subir risquait d'entraîner un retrait massif des acteurs économiques et une baisse majeure de l'activité, avec son cortège de drames.

Bien avant que mon avion n'ait atterri, j'en avais conclu que le monde était sur le point de connaître des changements que je n'étais pas encore capable de définir. Le contentement de soi dont nous avions fait preuve au cours de la décennie écoulée depuis la fin de la guerre froide venait d'être mis à mal.

Nous sommes finalement arrivés à Zurich juste après 20 h 30, heure locale – c'était encore le début d'après-midi aux Etats-Unis. Des représentants officiels du secteur bancaire suisse m'ont accueilli à la descente d'avion et conduit en toute hâte dans un salon particulier de la salle d'embarquement. Ils m'ont proposé de regarder des vidéos des Tours Jumelles en train de s'effondrer et de l'incendie qui avait éclaté au Pentagone, mais j'ai refusé. J'avais passé une grande partie de ma vie professionnelle près du World Trade Center et j'y avais beaucoup d'amis et de relations ; j'imaginais que le nombre des victimes allait être énorme et comprendrait des gens que je connaissais. Je ne tenais pas à assister à ce désastre. La seule chose que je voulais, c'était un téléphone qui fonctionne.

Bien que les circuits aient été encombrés, j'ai réussi à joindre Andrea sur son portable avant 21 heures. Quel soulagement d'entendre sa voix ! Après que chacun eut rassuré l'autre, elle m'annonça qu'elle devait se dépêcher : elle était sur le plateau et allait passer à l'antenne d'un instant à l'autre pour faire le point sur les événements. « Dis-moi seulement en quelques mots ce qui se passe », lui ai-je demandé.

Elle tenait son portable d'une main pendant que le producteur chargé des événements spéciaux à New York criait presque dans l'oreillette qu'elle avait de l'autre côté : « Andrea, Tom Brokaw arrive ! Tu es prête ? » Elle n'a eu que le temps de me dire : « Ecoute ! » Sur ce, elle a posé le portable sur ses genoux et fait face aux caméras. J'ai entendu ce qu'entendait toute l'Amérique à ce moment-là, à savoir que l'avion manquant de la United, le vol 93, s'était écrasé en Pennsylvanie.

J'ai ensuite réussi à joindre Roger Ferguson à la Fed. Nous avons repris notre check-list de gestion de crise et, comme je m'y attendais, il avait la situation bien en main. Puis, comme tout le trafic aérien civil à destination des Etats-Unis était interrompu, j'ai pris contact avec Andy

Card, le secrétaire général de la Maison Blanche, pour lui demander d'arranger mon retour à Washington. Escorté de mon équipe de sécurité, je suis finalement retourné à l'hôtel me reposer et attendre les instructions.

Le lendemain à la première heure, j'avais de nouveau repris la voie des airs, dans la cabine de pilotage du ravitailleur KC-10 de l'US Air Force cette fois-ci, peut-être le seul appareil alors disponible. L'équipage avait l'habitude d'effectuer des sorties au-dessus de l'Atlantique Nord. Dans le cockpit, tout le monde était d'humeur sombre. « C'est pas croyable. Ecoutez », me dit le commandant de bord. J'ai pris le casque, mais n'ai entendu que des parasites. « En temps normal, dans l'Atlantique Nord, on entend les gens discuter sur les ondes, expliqua-t-il. Ce silence est sinistre. » Apparemment, personne d'autre n'était à l'écoute.

En longeant la Côte Est, à l'entrée de l'espace aérien interdit des Etats-Unis, deux chasseurs F16 sont venus nous escorter. Le commandant a reçu l'autorisation de passer au-dessus de la pointe sud de Manhattan et des ruines des Tours Jumelles. Pendant des décennies, mes bureaux n'avaient jamais été à plus de quelques rues de là ; à la fin des années 1960 et au début des années 1970, j'avais assisté jour après jour à la construction des deux tours. A dix mille mètres d'altitude, leurs décombres fumants étaient le point de repère le plus visible de New York.

Cet après-midi-là, je me rendis directement à la Fed avec une escorte de police qui m'ouvrait la route. Pour l'essentiel, les flux électroniques de fonds circulaient sans problème. Mais le blocage du trafic aérien civil ralentissait le transport et la compensation des bons vieux chèques. C'était un problème technique, et de taille, mais l'état-major et les banques locales de la Réserve Fédérale étaient tout à fait capables de le résoudre en accordant temporairement un crédit supplémentaire aux banques commerciales.

Les jours suivants, j'ai passé le plus clair de mon temps à l'affût de signes d'un ralentissement économique catastrophique. Depuis sept mois, avant le 11 septembre, l'économie, encore ébranlée par le krach des start-up d'Internet de 2000, était entrée en récession. Mais un revirement se dessinait. Nous avions rapidement baissé les taux d'intérêt et les marchés commençaient à se stabiliser. Fin août, le public s'intéressait surtout à l'élu californien Gary Condit, dont les déclarations rien moins que claires à propos de la disparition d'une jeune femme dominaient les nouvelles du soir. Andrea ne parvenait pas à faire passer des sujets d'intérêt mondial et je me souviens d'avoir trouvé cela incroyable – tout devait aller pour le mieux dans le meilleur des mondes possibles si le journal télévisé du soir faisait ses choux gras d'un scandale purement local. A la Fed, notre principal problème était de décider jusqu'où baisser les taux d'intérêt.

Après le 11 septembre, les rapports et statistiques en provenance des banques de la Fed donnèrent un son de cloche très différent. Le système de la Réserve Fédérale consiste en douze banques situées à des points stratégiques du territoire. Chacune régule le fonctionnement des institutions bancaires de sa région et leur accorde des prêts. Elles jouent aussi le rôle d'observatoire de l'économie américaine : leurs dirigeants et leurs cadres restent constamment en contact avec les banquiers et le monde des affaires de leur secteur ; ils glanent l'information sur les ordres et les ventes avec un mois d'avance sur la publication des données officielles.

D'après elles, les consommateurs avaient renoncé à tout achat en dehors de ceux effectués en prévision d'éventuels autres attentats : les ventes de produits alimentaires, de systèmes de sécurité, d'eau minérale et d'assurances augmentaient ; tout le secteur des voyages, du tourisme, des loisirs, l'hôtellerie, l'organisation de foires et congrès étaient à la baisse. Nous savions que le transport de légumes frais de la Côte Ouest vers la Côte Est allait être perturbé par l'interruption du fret aérien, mais étions surpris par le nombre d'autres activités touchées rapidement. Ainsi, le flux de pièces détachées automobiles entre Windsor, dans l'Ontario, et les usines de Detroit était presque arrêté au passage des cours d'eau entre les deux villes – ce qui avait contribué à décider Ford à fermer temporairement cinq de ses usines.

Des années plus tôt, beaucoup de constructeurs étaient passés à la production en flux tendu ; ils dépendaient maintenant du fret aérien pour la livraison de composants essentiels au fur à mesure de leurs besoins. La fermeture de l'espace aérien et les restrictions sur le franchissement des frontières provoquaient des pénuries, des goulots d'étranglement et des annulations d'expéditions.

Pendant ce temps-là, le gouvernement des Etats-Unis prenait des mesures drastiques. Le vendredi 14 septembre, le Congrès vota un premier crédit budgétaire d'urgence de 40 milliards de dollars et autorisa le Président à recourir à la force contre les « nations, organisations ou personnes » qui nous avaient attaqués. Le président Bush rassembla le pays derrière lui grâce à un discours percutant, sans doute le plus efficace de sa présidence. « L'Amérique a été prise pour cible parce qu'elle est le phare le plus brillant de la liberté et de la possibilité d'entreprendre dans le monde, a-t-il dit. Et personne n'empêchera cette lumière de briller. » Sa cote a atteint 86 % d'opinions favorables et sa politique, ne serait-ce que pour une courte période, a fait l'unanimité. Une foule d'idées circulaient au Congrès sur la façon de permettre au pays de rebondir. Il était question d'injecter des fonds dans les compagnies aériennes, le tourisme et le secteur des loisirs. Une multitude de propositions visaient à augmenter les avantages fiscaux des entreprises pour encourager l'investissement en capital. On parlait beaucoup d'assurance contre le terrorisme – comment se garantir contre des événements aussi catastrophiques et quel rôle pouvait y jouer le gouvernement ?

J'estimais urgente la reprise du trafic aérien commercial afin de couper court à tout effet négatif. (Le Congrès a rapidement voté un projet de loi allouant un secours de 15 millions de dollars au secteur des transports aériens.) Je ne prêtais guère attention à la plupart de ces débats car j'essayais surtout de me faire une idée d'ensemble de la situation – pas claire à mes yeux. J'étais profondément convaincu que la solution ne résidait pas dans de grosses dépenses décidées à la hâte. En cas d'urgence nationale, chaque élu éprouve sempiternellement le besoin de proposer une loi et le Président se sent lui aussi tenu d'agir. Dans de telles conditions, on risque d'adopter des politiques à courte vue, inefficaces et souvent contre-productives, comme l'a été le rationnement de l'essence imposé par le président Nixon lors du premier choc pétrolier de 1973. (Des mesures de ce genre provoquèrent à l'automne des files d'attente à la pompe dans certaines parties du pays.) Avec quatorze ans de présidence de la Fed à mon actif, j'ai vu l'économie sortir de nombreuses crises – y compris la plus grave : la chute record en une journée de toute l'histoire de la Bourse, survenue cinq semaines après mon entrée en fonction. Nous avons survécu au boom et à l'effondrement de l'immobilier, à la crise du crédit immobilier et au cataclysme financier asiatique – sans parler de la récession de 1990. Nous avons profité de la hausse des marchés boursiers la plus longue de l'Histoire avant de réchapper au krach du secteur Internet. J'en arrivais peu à peu à croire que la plus grande force de l'économie américaine était sa résilience : son aptitude à absorber les perturbations et à récupérer ensuite, souvent d'une manière et à une vitesse que l'on aurait été incapable de prédire et moins encore d'imposer.

Tant que nous n'aurions pas compris quelles seraient les répercussions du 11 septembre, la meilleure stratégie me semblait être d'observer et d'attendre. C'est ce que j'ai dit aux chefs de file du Congrès le 19 septembre après-midi. Dennis Hastert, président de la Chambre des représentants, Dick Gephardt, leader de la minorité à la Chambre, Trent Lott, leader de la majorité au Sénat, Tom Daschle, leader de la minorité au Sénat, ainsi que Bob Rubin, ancien secrétaire aux Finances sous Clinton, Larry Lindsey, le conseiller économique de la Maison Blanche, s'étaient retrouvés dans une salle de réunion attenante au bureau de Hastert au Capitole. Les législateurs voulaient que Lindsey, Rubin et moi leur donnions une estimation de l'impact économique des attentats. La discussion qui s'en est suivie a été menée avec beaucoup de sérieux, sans effets de manche. (C'est ainsi que devrait fonctionner le gouvernement, m'étais-je dit.)

Lindsey a avancé l'idée que, les terroristes ayant porté un coup à la confiance des Américains, la meilleure façon d'y remédier était une baisse des impôts. Lui et d'autres proposaient d'injecter 100 milliards de dollars dans l'économie dès que possible. Le chiffre ne m'a pas alarmé – il représentait environ 1 % du produit intérieur brut du pays. Je leur ai fait remarquer que nous n'avions encore aucun moyen de savoir si 100 milliards seraient suffisants ou pas. Les compagnies aériennes et le tourisme étaient certes durement touchés et la presse faisait état de vagues de licenciements. Néanmoins, chose étonnante, la Bourse de New York avait réussi à rouvrir le 17 septembre à trois rues du site de la catastrophe. C'était un pas important car cela donnait une impression de retour à la normale – une note d'optimisme dans le tableau que nous étions encore en train d'essayer de reconstituer à la Fed. En même temps, le système de paiement des chèques se rétablissait et la Bourse ne s'était pas effondrée – les cours avaient seulement baissé avant de se stabiliser, signe que la plupart des sociétés n'avaient pas de gros ennuis. Je leur ai dit que la prudence consistait à réfléchir aux possibilités qui s'offraient à nous et à se revoir deux semaines plus tard, quand nous en saurions davantage.

J'ai exprimé le même avis le lendemain lors d'une séance publique de la commission bancaire du Sénat et conseillé la patience : « Personne n'est en mesure de comprendre pleinement comment va se finir la tragédie du 11 septembre. Mais dans les semaines à venir, lorsque le choc se sera amorti, nous serons à même d'évaluer comment la dynamique de ces événements modèle la conjoncture économique immédiate. » J'ai également insisté sur la capacité de récupération de la nation : « Pendant les deux dernières décennies, l'économie américaine est devenue de plus en plus résistante aux chocs. La déréglementation des marchés financiers, la flexibilité beaucoup plus grande du marché du travail et, plus récemment, les progrès importants de la technologie de l'information ont augmenté notre capacité d'absorber les perturbations et de nous en remettre. »

En vérité, j'affichais davantage d'optimisme que je n'en

éprouvais. Comme la plupart des dirigeants du pays, je m'attendais à d'autres attentats. Cette inquiétude n'était généralement pas exprimée en public, mais l'unanimité dans les votes du Sénat la trahissait : 98 % de voix favorables à l'usage de la force contre les terroristes, 100 % en faveur de la loi sur la sécurité aérienne. Je redoutais particulièrement le recours à une arme de destruction massive, éventuellement un engin nucléaire dérobé dans l'arsenal soviétique durant la période chaotique de l'effondrement de l'URSS. Je songeais aussi à la contamination de nos châteaux d'eau. Cependant, en public, j'adoptais un point de vue moins pessimiste ; si j'avais fait part de mes craintes quant à la probabilité d'autres agressions, j'aurais semé la panique sur les marchés. Pourtant, je ne trompais probablement personne. Les acteurs économiques m'écoutaient et se disaient : « J'espère qu'il a raison. »

Fin septembre, les données statistiques commencèrent à arriver. En général, le premier indicateur de l'état de santé d'une économie est le nombre de nouveaux chômeurs, établi chaque mois par le département du Travail. La troisième semaine du mois, les nouvelles demandes d'allocations dépassaient 450 000, 13 % de plus que fin août. Le chiffre confirmait l'étendue et la gravité des difficultés traversées par les gens qui perdaient leur emploi, difficultés évoquées dans les journaux télévisés. Je m'imaginais ces milliers d'employés de l'hôtellerie, du tourisme et d'autres secteurs maintenant dans l'incertitude du lendemain. Je commençais à croire que l'économie n'allait pas repartir rapidement. Le choc avait été suffisamment rude pour que même une économie très flexible ait du mal à l'encaisser.

Comme beaucoup d'autres analystes, les économistes de la Fed examinaient tous les trains de mesures proposés – dépenses et baisses d'impôts – et les chiffres afférents. Dans chaque cas, nous nous efforcions de passer sur les détails pour juger de l'ordre de grandeur ; il est intéressant de constater que tous arrivaient à peu près à la même somme de 100 milliards, celle suggérée au départ par Larry Lindsey.

Nous nous sommes retrouvés dans la salle de réunion de Hastert le mercredi 3 octobre pour parler à nouveau de l'économie. Une semaine de plus avait passé et le nombre de premières demandes d'allocations chômage avait augmenté : 517 000 de plus. Mon idée était faite. Alors que, selon moi, il fallait s'attendre à de nouveaux attentats, il n'y avait pas moyen de savoir à quel point ils seraient dévastateurs ni comment protéger à l'avance l'économie. J'ai dit que nous devrions prendre des mesures pour remédier aux dégâts constatés et qu'il était temps de provoquer une stimulation limitée. Un ensemble d'actions de l'ordre de 100 milliards de dollars semblait approprié – suffisant, mais pas assez élevé pour doper l'économie à l'excès et déclencher une hausse des taux d'intérêt.

Je n'ai fait qu'exprimer et renforcer un consensus, ai-je pensé en rentrant chez moi ce soir-là. Le chiffre de 100 milliards était venu de Larry. J'ai donc été surpris de lire le compte rendu de la réunion donné par la presse. « Le changement d'attitude de Greenspan donne le feu vert qu'attendaient les législateurs, annonçait le magazine *Time*. La Maison Blanche et les leaders des deux partis sont d'accord sur l'évaluation de Greenspan, selon laquelle les nouvelles dépenses et baisses d'impôts devraient s'élever au total à environ 1 % du revenu annuel du pays et feraient sentir rapidement leur effet sans aboutir à gonfler le déficit au point que les taux d'intérêt à long terme montent immédiatement. » *Fortune* donnait presque l'impression que j'avais tout en main. Tout en trouvant gratifiant d'entendre dire que le Congrès et l'administration écoutaient mon avis, ces reportages avaient quelque chose de dérangeant. Etre présenté comme celui qui mène la barque ne m'a jamais plu. Je me suis toujours considéré comme un expert œuvrant en coulisses, un exécutant plutôt qu'un décideur. Il a fallu la crise boursière de 1987 pour que je prenne des décisions politiques importantes sans éprouver de gêne. Aujourd'hui encore, je me sens mal à l'aise sous les feux de l'actualité. Je ne m'extériorise pas beaucoup.

Cependant, ironie de l'Histoire, malgré ma force de

conviction, rien ne s'est passé comme je l'avais prévu dans les semaines postérieures au 11 septembre. Se préparer à une seconde attaque terroriste fut sans doute l'une des pires prédictions que j'aie jamais faites. Et la stimulation raisonnable à laquelle j'étais censé avoir donné le feu vert n'a jamais été déclenchée. L'idée s'est enlisée dans la politique et est restée au point mort. Le train de mesures qui a finalement vu le jour en mars 2002 est non seulement arrivé plusieurs mois trop tard, mais il n'avait pas grand-chose à voir avec le bien commun – c'était un fouillis embarrassant de projets conçus à des fins électorales.

Ce qui n'a pas empêché l'économie de se rétablir toute seule. Après un mois encore de léger fléchissement, elle a atteint son niveau le plus bas en novembre. En décembre, elle avait déjà repris sa croissance et le nombre de nouvelles demandes d'inscriptions au chômage diminuait et se stabilisait à son niveau d'avant le 11 septembre. La Fed y était pour quelque chose, mais elle s'était en fait bornée à intensifier son action d'avant le 11 septembre : réduire les taux d'intérêt pour faciliter l'emprunt et doper la consommation.

Peu m'importait que mes prévisions se soient révélées fausses car la remarquable réaction de l'économie au contrecoup du 11 septembre prouvait un fait d'une énorme importance : elle avait acquis une exceptionnelle faculté de récupération. Ce que j'avais dit de façon si optimiste devant la commission bancaire du Sénat se révélait exact. Après ces premières semaines terribles, les entreprises et les ménages américains s'étaient remis. D'où venait cette flexibilité économique sans précédent ?

Les économistes comme moi tentent de répondre à des questions de ce genre depuis l'époque d'Adam Smith. Nous estimons aujourd'hui avoir beaucoup à faire pour comprendre l'économie mondialisée. Mais Smith, lui, a dû inventer l'analyse économique presque à partir de rien comme moyen de rendre compte du développement d'économies de marché complexes au XVIIIe siècle. Je ne peux guère être comparé à Adam Smith, mais je suis animé du même désir de comprendre les grandes forces qui modèlent notre époque.

Ce livre tient un peu de l'enquête policière. Après le 11 septembre, si tant est que j'aie eu besoin de pareille confirmation, j'ai su que nous vivions dans un monde nouveau – un monde dominé par une économie capitaliste globale beaucoup plus flexible, résistante, ouverte, autocorrectrice et soumise à un changement plus rapide qu'elle ne l'était ne serait-ce qu'un quart de siècle auparavant. Ce monde nous offre de nouvelles possibilités énormes, mais nous lance de nouveaux défis tout aussi énormes. *Le Temps des turbulences* résume ma tentative de comprendre la nature de ce monde nouveau : comment nous en sommes arrivés là, ce que nous vivons actuellement et ce qui se dessine à l'horizon pour le meilleur et pour le pire. Quand c'est possible, j'expose ce que je sais d'expérience ; je le fais pour apporter une pierre supplémentaire à la connaissance historique et pour que les lecteurs connaissent mon parcours. Le livre est donc divisé en deux parties : dans la première, je m'efforce de retracer mes expériences ; la deuxième est une tentative plus objective de mettre à profit mes connaissances pour élaborer un cadre conceptuel permettant de comprendre la nouvelle économie mondiale. En cours de route, j'examine des éléments essentiels de cet environnement mondial émergent : les principes de son gouvernement issus des lumières du XVIIIe siècle ; la vaste infrastructure qui l'alimente en énergie, les spectaculaires changements d'équilibre démographique et financier qui le menacent et, malgré sa réussite incontestable, la remise en cause de la justice de la distribution des richesses produites. Pour finir, je tente de synthétiser ce que nous pouvons raisonnablement conjecturer sur ce que sera l'économie mondiale en 2030.

Je ne prétends pas connaître toutes les réponses. Mais du poste d'observation privilégié qu'est la Réserve Fédérale, j'ai eu la chance d'avoir accès à ce qui a été pensé et dit de plus judicieux sur une vaste gamme de sujets, notamment sur nombre de problèmes auxquels nous nous sommes colletés quotidiennement, mes collègues de la Fed et moi. Sans le personnel de la Fed, je n'aurais jamais pu défricher la masse d'écrits spécialisés, certains exceptionnellement incisifs, d'autres ennuyeux. J'ai eu le privilège de pouvoir décrocher le téléphone et appeler les économistes de la maison pour leur demander des études d'un intérêt actuel ou historique. Je ne tardais pas à recevoir des évaluations détaillées permettant de peser le pour et le contre dans pratiquement n'importe quelle question, qu'il s'agisse des derniers modèles mathématiques mis au point pour évaluer la neutralité des risques ou de la création dans le Midwest d'établissements d'enseignement supérieur grâce à une donation foncière du gouvernement fédéral et de son impact. Rien ne m'a donc empêché de risquer des hypothèses passablement radicales.

Un certain nombre de forces globales ont modifié progressivement, parfois presque clandestinement, le monde tel que nous le connaissions. La plus visible a été l'adoption croissante dans la vie quotidienne du téléphone portable, de l'ordinateur, d'Internet, des courriels et des BlackBerries. Les recherches sur les propriétés électroniques du silicone au lendemain de la Seconde Guerre mondiale ont abouti à la mise au point du microprocesseur et lorsque les fibres optiques, le laser et les satellites ont révolutionné les communications et multiplié leurs capacités, la vie a changé de Pekin, dans l'Illinois, à Pékin, la capitale chinoise. Un pourcentage important de la population dispose maintenant de moyens technologiques que je n'aurais même pas imaginés, si ce n'est comme des fantaisies de science-fiction, lorsque je me suis lancé dans ma longue carrière en 1948. Ces nouvelles technologies ont non seulement ouvert une perspective entièrement neuve sur les communications à bas prix, mais elles ont aussi facilité dans le domaine financier des progrès majeurs qui ont ouvert la voie de manière essentielle à l'expansion rapide de la mondialisation.

Les barrières douanières ont été abaissées dans les années qui ont suivi la Seconde Guerre mondiale après que le déclin rapide des échanges commerciaux avant la guerre eut été imputé de manière générale au protectionnisme, qui représentait une inversion de la tendance à la division internationale du travail et a contribué au quasi-effondrement de l'activité économique mondiale. La libéralisation du commerce après la guerre a permis de capter de nouvelles sources d'approvisionnement à bas prix ; en conjonction avec la mise en place d'institutions et de produits financiers nouveaux (grâce notamment aux technologies novatrices fondées sur le silicone), elle a accéléré l'évolution vers un capitalisme de marché global, même pendant la guerre froide. Au cours du quart de siècle suivant, la mondialisation a globalement aidé à juguler l'inflation et à réduire les taux d'intérêt à des valeurs à un chiffre.

Pour le capitalisme de marché, le moment déterminant a cependant été la chute du mur de Berlin en 1989 : elle a dévoilé l'état de ruine économique qui existait de l'autre côté du rideau de fer, bien pis que ce qu'estimaient les meilleurs économistes occidentaux. La planification centrale s'est révélée être un échec irrémédiable et, face à la désillusion croissante suscitée par les politiques économiques interventionnistes des démocraties occidentales, le capitalisme de marché a commencé à supplanter lesdites politiques un peu partout dans le monde. La planification centrale n'était plus objet de débat et n'a pas eu droit à un éloge funèbre. En dehors de Cuba, de la Corée du Nord et d'une poignée d'autres bastions communistes, elle a été abandonnée partout dans le monde.

Non seulement les pays de l'ancien bloc soviétique ont adopté l'économie de marché après une période chaotique, mais aussi la majeure partie du tiers monde, comme on l'appelait alors – des pays qui, tout en conservant la neutralité durant la guerre froide, avaient pratiqué la planification centrale ou été si réglementés que cela revenait au même. La Chine communiste, qui s'est acheminée tout doucement vers le capitalisme de marché dès 1978, a accéléré le mouvement de son immense main-d'œuvre – plus de 500 millions de personnes à l'époque – étroitement régulée vers le delta de la rivière des Perles.

La discrète évolution de la protection des droits de propriété des étrangers y a été cependant assez marquée pour provoquer une véritable envolée des investissements étrangers directs dans le pays après 1991. De 57 millions de dollars en 1981, ils ont progressivement atteint 4 milliards en 1991 ; leur augmentation, passée alors à 21 % par an, les a amenés à 70 milliards en 2006. La combinaison efficace de cet investissement et d'une main-d'œuvre bon marché abondante a exercé une pression vers le bas sur les salaires et donc sur les prix dans l'ensemble du monde développé. Quelque temps auparavant, les Tigres asiatiques, de dimension beaucoup plus modeste, en particulier la Corée du Sud, Hong Kong, Singapour et Taiwan, avaient ouvert la voie en adoptant les technologies des pays développés et élevé considérablement leur niveau de vie grâce aux exportations vers l'Occident.

Le taux de croissance de ces pays et de bien d'autres pays en développement a dépassé de beaucoup celui constaté ailleurs. Il en a résulté une augmentation importante de la part relative du produit intérieur brut mondial imputable aux pays en développement, tendance dont les répercussions sont spectaculaires. L'épargne est généralement beaucoup plus élevée en pourcentage dans ces pays-là que dans les pays industrialisés : la faiblesse, voire l'absence, des filets de protection sociale oblige les ménages à mettre de l'argent de côté pour les mauvais jours ou pour leur retraite. (D'autres facteurs interviennent. Ainsi, en l'absence d'une culture de la consommation bien établie, les ménages sont moins incités à dépenser.) L'augmentation depuis 2001 de la part relative dans le PIB mondial des pays en développement à forte épargne au détriment des pays développés à faible épargne a provoqué une telle hausse de l'épargne mondiale que la croissance globale de celle-ci a de beaucoup dépassé les investissements envisagés. L'action du marché qui fait coïncider l'épargne et l'investissement globaux effectifs a abaissé sensiblement les taux d'intérêt réels (les taux d'intérêts nominaux corrigés de l'inflation prévue) : l'offre de fonds en quête d'investissements rentables a augmenté plus vite que la demande des investisseurs.

Combiné à la mondialisation, l'augmentation de productivité induite par la technologie, le passage de la main-d'œuvre d'économies planifiées aux marchés concurrentiels, cet excès d'épargne apparent a contribué à écraser les taux d'intérêt, tant réels que nominaux, ainsi que les taux d'inflation dans tous les pays développés et pratiquement dans tous les pays en développement. C'est pourquoi les taux d'inflation annuels sont maintenant presque partout – à l'exception notable du Venezuela et du Zimbabwe – à un seul chiffre – l'une des rares fois, peut-être la seule, où cela s'est produit depuis l'abandon de l'étalon-or et l'adoption de la monnaie fiduciaire (ou papier) dans les années 1930. Ce qui frappe dans cet ensemble de forces, c'est que, de manière en grande partie fortuite, elles sont entrées en action en même temps au début du XXIe siècle. La politique monétaire des banques centrales n'a pas été la cause première de la diminution durable de l'inflation et des taux d'intérêt à long terme, mais il nous a fallu, à nous les responsables de ces banques, modifier notre politique pour maximiser les bénéfices à long terme de ces mouvements tectoniques de la finance mondiale. Pour des raisons que j'esquisserai plus loin, il est probable qu'aucune de ces forces n'agisse de façon permanente. Dans une économie fiduciaire, l'inflation est difficile à juguler.

La baisse des taux d'intérêt à long terme survenue depuis deux décennies s'est accompagnée d'une hausse des prix des actions, de l'immobilier et en fait de tout le patrimoine rémunérateur. Dans le monde entier, la valeur marchande du capital a augmenté plus vite que le PIB entre 1985 et 2006 (à l'exception notable de 2001 et 2002). Il en est résulté un fort accroissement des liquidités mondiales. Le prix des actions, des logements, de l'immobilier commercial, de l'art et de presque tout le reste a suivi le mouvement. Dans beaucoup de pays développés, les personnes propriétaires de leur logement ont pu puiser dans leur capital immobilier croissant pour réaliser des achats que leurs revenus auraient été incapables de financer. L'augmentation des dépenses des ménages, surtout aux Etats-Unis, a absorbé la majeure partie de la croissance des exportations en provenance des pays en développement rapide. Comme l'a écrit *The Economist* fin 2006 : « Ayant connu une croissance annuelle de 3,2 % par tête depuis 2000, l'économie mondiale est en passe de traverser sa meilleure décennie de tous les temps. Si elle continue à ce rythme, elle fera mieux que dans les années 1960 et 1970, réputées idylliques. Le capitalisme de marché, le moteur qui fait tourner le gros de l'économie mondiale, semble bien remplir sa fonction. » Dans l'ensemble, ces évolutions ont été à la fois considérables et positives. Le rétablissement d'une économie de marché ouverte et du libre-échange au cours du quart de siècle écoulé a tiré de la pauvreté des centaines de millions de personnes. Bien d'autres sont certes toujours dans le besoin un peu partout dans le monde, mais des segments importants de la population des pays en développement connaissent désormais une certaine aisance, restée jusque-là le monopole des pays dits développés.

L'histoire du dernier quart de siècle peut se résumer par la redécouverte de l'efficacité de l'économie de marché capitaliste. Après avoir été contraint de battre en retraite par ses échecs des années 1930 et l'accroissement subséquent de l'interventionnisme étatique dans les années 1960, le capitalisme de marché est lentement réapparu comme une dynamique puissante. Il a commencé à refaire surface pour de bon dans les années 1970 et s'est répandu presque partout dans le monde à des degrés divers. L'extension de l'autorité de la loi et en particulier la protection des droits de propriété a ranimé l'esprit d'entreprise. Cela a entraîné la création d'institutions – une version internationale de la « main invisible » d'Adam Smith – qui régissent une part croissante des activités humaines.

En conséquence, le contrôle exercé par les gouvernements sur la vie quotidienne des citoyens s'est desserré ; les forces du marché ont progressivement remplacé les pouvoirs les plus importants de l'Etat. La majorité des réglementations qui imposaient des limitations à l'activité commerciale ont été démantelées. Dans l'après-guerre, les flux internationaux de capitaux étaient contrôlés et les taux de change étaient placés sous l'autorité des ministres des Finances.

La planification, vestige d'un ancien dirigisme encore important en Europe, était répandue dans les pays développés comme dans les pays en développement. L'idée que les marchés avaient besoin d'être guidés par les gouvernements était considérée comme parole d'évangile.

Au milieu des années 1970, aux réunions de la commission de politique économique de l'Organisation de coopération et de développement économiques (OCDE), composée de responsables de vingt-quatre pays, seuls l'Allemand de l'Ouest Hans Tietmeyer et moi-même poussions à l'adoption de décisions fondées sur le marché. Nous représentions une très petite minorité dans une très grande commission. Les conceptions de John Maynard Keynes, le grand économiste britannique, avaient remplacé celles d'Adam Smith et son économie classique lorsque, au moment de la Grande Dépression des années 1930, l'économie avait refusé de suivre le modèle de Smith. Keynes proposa une explication mathématiquement élégante de la stagnation de l'économie mondiale et de la façon dont les dépenses étatiques financées par un déficit budgétaire pouvaient favoriser la reprise. L'interventionnisme keynésien était encore le paradigme largement dominant au milieu des années 1970, bien que déjà sur le déclin. Le point de vue selon lequel il était insuffisant et incertain de laisser le marché fixer les salaires et les prix, une « politique des revenus » devant corriger les imperfections de son fonctionnement, faisait toujours l'objet d'un quasi-consensus au sein de la commission de politique économique. La politique des revenus différait d'un pays à l'autre, mais elle consistait en général à donner des directives concernant les négociations salariales avec les syndicats, beaucoup plus nombreux et puissants qu'aujourd'hui, et la gestion des entreprises. Cette politique des revenus ne pouvait être assimilée à un contrôle des prix et des salaires à proprement parler en ceci que son adoption restait soi-disant volontaire. Cependant, les directives étaient d'ordinaire appuyées par les leviers réglementaires dont se servait le gouvernement pour « persuader » les contrevenants. Lorsque ces politiques aboutissaient à un échec, comme elles le faisaient souvent, on remettait en place l'ancien contrôle des prix et des salaires. Celui, malheureux quoique immensément populaire au départ, instauré par le président Nixon en 1971 est l'un des derniers vestiges de l'interventionnisme d'après-guerre dans les pays développés.

Durant mes années d'études, j'avais appris à apprécier l'élégance théorique des marchés concurrentiels. Au cours des six décennies écoulées depuis, c'est la façon dont les théories s'appliquent (et parfois ne s'appliquent pas) dans la réalité que j'ai appris à apprécier. J'ai eu le privilège de collaborer avec les principaux décideurs économiques de la génération précédente et d'avoir un accès sans équivalent aux informations relatives aux tendances mondiales, tant quantitatives qu'anecdotiques. Il était inévitable que je tire des conclusions d'ordre général de ma propre expérience. Cela m'a permis de mesurer en profondeur les effets bénéfiques des libres marchés concurrentiels. En dehors de quelques incidents ambigus, je ne vois aucun exemple où l'extension de l'autorité de la loi et une meilleure protection des droits de propriété n'ont pas abouti à augmenter la prospérité matérielle.

Il n'en reste pas moins que la justice distributive d'une concurrence sans entraves est largement et constamment mise en question. J'évoque tout au long de cet ouvrage l'attitude ambivalente des gens face aux forces du marché. La concurrence est source de tensions car, sur les marchés concurrentiels, il y a des gagnants et des perdants. Nous tenterons d'examiner dans ce livre les heurts entre l'économie mondialisée en rapide changement et la nature humaine immuable ainsi que leurs effets. La réussite économique des deux derniers siècles et demi est le résultat de cette lutte au même titre que l'anxiété qu'elle engendre.

Il nous arrive rarement de regarder de près le principal acteur de l'économie : l'être humain. Que sommes-nous ? Qu'est-ce qui dans notre nature n'est pas soumis au changement et de quelle mesure d'autonomie et de libre arbitre disposons-nous pour agir et apprendre ? Je n'ai cessé de me colleter avec cette question depuis la première fois où je me la suis posée.

En parcourant le globe pendant près de six décennies, j'ai constaté que les gens présentent des similitudes remarquables, en lesquelles on peut voir, sans faire un gros effort d'imagination, des produits de la culture, de l'histoire, de la langue ou du hasard. Tous semblent mus par un désir inné de respect de soi en grande partie procuré par l'approbation d'autrui. Ce désir détermine pour une large part la nature des dépenses des ménages. Il incitera aussi les gens à continuer à travailler côte à côte dans des usines ou des bureaux alors qu'ils auront bientôt la capacité technique d'accomplir leur tâche isolément à travers le cyberespace. Ils ont un besoin inné de contact avec les autres, contact indispensable pour recevoir leur approbation. L'ermite authentique est une aberration rare. L'amour-propre se nourrit d'une large gamme de valeurs apprises ou choisies consciemment que l'on estime, à tort ou à raison, capables d'améliorer sa vie. Nous ne pouvons vivre sans un ensemble de valeurs qui guident la multitude de nos choix quotidiens. Le besoin de valeurs de référence est inné. Leur contenu ne l'est pas. Ce besoin est gouverné par un sens moral, inné lui aussi, présent en chacun de nous, qui a poussé une majorité d'individus à chercher dans les religions un guide pour agir. Le sentiment de ce qui est juste et approprié naît de ce code moral inné. Nous nous faisons tous une idée différente de ce qui est juste, mais personne ne peut se dérober à la nécessité d'effectuer de tels jugements. Cette nécessité profonde est à l'origine des lois qui régissent toute société. C'est sur cette base que nous tenons les personnes responsables de leurs actions.

Les économistes se doivent d'étudier la nature humaine, en particulier l'euphorie et la peur. L'euphorie est la célébration de la vie. Celle-ci doit nous paraître agréable pour que nous ayons envie de l'entretenir. Malheureusement, l'euphorie pousse parfois à dépasser les limites du possible ; lorsqu'on est ramené à la réalité, l'euphorie se mue en peur. La peur est notre réaction automatique face à ce qui menace la plus profonde de nos tendances naturelles, notre volonté de vivre. Elle est aussi à l'origine de nombreuses réactions dans le domaine économique, une aversion pour le risque qui nous retient d'investir ou de commercer au loin. A la limite, elle amène à se désengager des marchés et précipite des chutes importantes de l'activité économique.

Un aspect essentiel de la nature humaine – le niveau d'intelligence – a un rapport étroit avec la facilité plus ou moins grande avec laquelle nous gagnons de quoi vivre. Comme je le fais remarquer au chapitre 25, dans les économies à la pointe de la technologie, les travailleurs semblent en moyenne incapables d'accroître leur rendement horaire de plus de 3 % l'an sur de longues périodes. C'est apparemment la cadence maximale à laquelle l'innovation peut améliorer le niveau de vie. Nous ne sommes pas assez intelligents, semble-t-il, pour faire mieux.

Le monde nouveau dans lequel nous vivons suscite des craintes importantes chez beaucoup, notamment celle de perdre les repères qui fondaient notre identité et notre sécurité. Là où le changement est le plus rapide, les écarts de plus en plus grands dans la distribution des revenus posent un problème majeur. Nous traversons bel et bien une période de turbulences et il serait à la fois imprudent et immoral de minimiser le coût humain de ces perturbations. Face à l'intégration croissante de l'économie mondiale, les citoyens du monde entier se trouvent confrontés à un choix crucial : ou bien profiter des bienfaits universels de l'ouverture des marchés et des sociétés qui permettent aux gens de sortir de la pauvreté et d'augmenter leurs compétences afin d'améliorer et de donner du sens à leur vie sans perdre de vue la question fondamentale de la justice, ou bien laisser passer cette chance et se tourner vers le nationalisme, le tribalisme, le populisme et tous les autres « ismes » vers lesquels se replient les communautés humaines lorsqu'elles sentent leur identité menacée et ne voient pas de meilleur choix. Dans les décennies qui viennent, d'énormes obstacles vont se dresser sur notre route ; il dépend de nous de les surmonter. L'éducation est la solution majeure à tous les dilemmes qui vont se poser à nous, j'y reviendrai à la fin de ce livre. Dans le dernier chapitre, je conclus qu'en dépit des multiples défauts des êtres humains, ce n'est pas un hasard si nous persévérons et allons de l'avant face à l'adversité. C'est dans notre nature et c'est grâce à cela que je suis toujours resté optimiste quant à notre avenir.

1.

UN GAMIN DE LA VILLE

Si vous allez à Manhattan côté ouest et prenez le métro vers le nord, après avoir dépassé Times Square, Central Park et Harlem, vous arrivez dans le quartier de mon enfance. Washington Heights est presque à l'autre bout de l'île par rapport à Wall Street, non loin du pré où Peter Minuit aurait acheté Manhattan aux Indiens pour 24 dollars (il y a là une stèle commémorative).

La plupart des immeubles du quartier, en brique et de six étages, étaient occupés par des familles d'immigrants juifs venues en masse avant la Première Guerre mondiale ainsi que par des minorités d'origine irlandaise et allemande. Des deux côtés, ma famille était arrivée au début du siècle, les Greenspan, de Roumanie, et les Goldsmith, de Hongrie. La plupart des familles du quartier, la nôtre comprise, appartenaient à la petite bourgeoisie, contrairement aux juifs miséreux du Lower East Side. Même pendant les années les plus sombres de la Dépression, lorsque j'étais à l'école primaire, nous avions assez à manger ; si certains de nos parents ont subi des privations, je ne l'ai jamais su. On me donnait même de l'argent de poche : 25 cents par semaine.

J'étais fils unique. Je suis né en 1926 et mes parents ont divorcé peu après. J'étais trop petit pour me souvenir de leur séparation. Mon père, Herbert, est retourné à Brooklyn, où il avait grandi. Il a vécu chez ses parents jusqu'à ce qu'il se remarie. Je suis resté avec ma mère, Rose, qui m'a élevé.

Bien qu'elle n'ait eu que vingt-six ans et ait été fort jolie, elle a repris son nom de jeune fille et ne s'est jamais remariée. Elle a trouvé un travail de vendeuse chez Ludwig-Baumann, un magasin de meubles du Bronx, et réussi à le conserver pendant toute la Dépression. Grâce à elle, nous avons pu joindre les deux bouts.

Elle était la plus jeune de cinq frères et sœurs et nous appartenions donc à une grande famille. Mes cousins, oncles et tantes faisaient partie de notre vie, ce qui compensait un peu l'absence de père et de frères et sœurs. Ma mère et moi avons vécu un certain temps avec mes grands-parents, Nathan et Anna. Les Goldsmith formaient une smala animée de musiciens. Mon oncle Murray était pianiste et capable de lire les partitions des chefs-d'œuvre les plus complexes. Sous le nom de Mario Silva, il s'est lancé dans le monde du spectacle et a co-écrit une comédie musicale pour Broadway, *Song of Love*, sur la vie de Robert Schumann. Il est ensuite parti à Hollywood, où un film avec Katharine Hepburn et Paul Henreid a été tourné à partir de *Song of Love*. Aux réunions familiales pluriannuelles, mon oncle se mettait au piano et ma mère chantait – elle avait une voix expressive de contralto et aimait imiter Helen Morgan, une chanteuse réaliste et comédienne de Broadway, connue pour avoir popularisé des chansons comme *Can't Help Lovin' Dat Man*. En dehors de cela, ma mère menait une vie tranquille centrée sur la famille. Elle était d'humeur optimiste et égale, pas le moins du monde intellectuelle. Le quotidien populaire *Daily News* était sa seule lecture et, dans notre séjour, à la place d'étagères à livres trônait un piano demi-queue.

Mon cousin Wesley, qui a quatre ans de plus que moi, était un peu comme un frère. L'été, sa famille louait une maison non loin de l'océan à Edgemere, dans la partie sud du Queens. Wesley et moi passions les plages au peigne fin à la recherche de pièces de monnaie. Nous obtenions d'excellents résultats. Alors que nous étions au début des années 1930, en pleine Dépression, les gens continuaient d'aller à la plage avec de l'argent sur eux... et de le perdre dans le sable. De ce passe-temps m'est restée l'habitude de marcher tête basse ; si l'on me demande pourquoi, je réponds que je cherche de l'argent.

L'absence de mon père a laissé un grand vide dans ma vie. Chaque mois, je prenais le métro pour aller le voir à Brooklyn. Il travaillait à Wall Street comme agent de change, courtier en Bourse comme on disait à l'époque, pour d'obscures petites sociétés. Grand, bel homme, il ressemblait un peu à Gene Kelly et présentait bien. Il n'a cependant jamais gagné beaucoup d'argent. Il semblait toujours embarrassé quand il me parlait et me mettait mal à l'aise du même coup. Il était pourtant intelligent et, en 1935, quand j'avais neuf ans, il a écrit un livre intitulé *Recovery Ahead !* [La croissance revient !], qu'il m'avait dédié. Il y prédisait qu'avec le programme de réformes de Roosevelt, le New Deal, l'économie des Etats-Unis connaîtrait à nouveau de beaux jours. Il avait tenu à m'en offrir un exemplaire avec cette dédicace :

> *Peut-être l'effort accompli en écrivant ce livre, avec une pensée constante pour toi, essaimera-t-il en une suite sans fin d'efforts similaires afin qu'à ta maturité tu puisses regarder en arrière et tenter d'interpréter le raisonnement qui fonde ces prévisions logiques et entamer l'œuvre de ta vie. Ton Papa.*

Durant mes années à la présidence de la Fed, il m'arrivait de montrer l'ouvrage aux gens. Tous en concluaient que j'avais dû hériter ma tendance à donner des témoignages sibyllins devant le Congrès. Cependant, à neuf ans, je n'y avais rien compris. J'avais lu quelques pages et reposé le livre.

Mon goût pour les chiffres venait sans doute de lui. Lorsque j'étais tout petit, quand des parents étaient là, ma mère me demandait : « Combien font trente-cinq et quatre-vingt-douze ? » Je calculais de tête et donnais la réponse. Elle choisissait ensuite des nombres plus grands et passait à la multiplication. Malgré ces titres de gloire précoces, je manquais d'assurance. Alors que ma mère prenait la vedette lors des fêtes familiales, j'avais tendance à rester dans mon coin.

A neuf ans, je suis devenu un fan de base-ball. Le Polo Grounds n'était pas loin de chez nous et les enfants du quartier y entraient souvent à l'œil pour regarder jouer les Giants. Les Yankees étaient mon équipe favorite et pour se rendre au Yankee Stadium, il fallait prendre le métro ; je me contentais donc en général de suivre leurs exploits dans les journaux. Je n'avais pas tardé à mettre au point une méthode pour archiver les résultats des matchs du championnat national, ceux-ci n'ayant commencé à être retransmis à New York par la radio qu'en 1939. Je me servais toujours de papier vert et consignais tous les lancers de chaque match en utilisant un code élaboré de mon invention. Mon esprit, resté pratiquement vide jusque-là, était plein de statistiques sur le base-ball. Je suis encore capable de réciter la composition de l'équipe des Yankees, avec leurs positions et leurs scores moyens, aux championnats de 1936. (C'était la première saison de Joe Di Maggio – il avait fait une moyenne de 0,323 – et les Yankees avaient battu les Giants 4 à 2.) J'ai appris les nombres fractionnaires en calculant les moyennes de points marqués : 3 sur 11 faisait 0,273, 5 sur 13, 0,385, 7 sur 22, 0,318. Je n'ai jamais eu le chic pour convertir les fractions au-dessus de 4/10 car rares étaient les batteurs à dépasser 0,400.

Je voulais devenir joueur moi-même. Je jouais dans des équipes de quartier et n'étais pas mauvais du tout – je suis gaucher et j'avais l'agilité et les réflexes qu'il fallait pour devenir un bon premier gardien de base. A quatorze ans, un des grands – il en avait peut-être dix-huit – m'a dit : « A ce train-là, tu vas te retrouver un de ces jours en première division. » Inutile de dire que j'étais aux anges. Mais c'est à ce moment-là que j'ai cessé de faire des progrès. Je n'ai plus jamais aussi bien joué que durant cette saison. Quatorze ans avait été l'apogée de ma carrière sportive...

En dehors du base-ball, je m'étais mis au morse. A la fin des années 1930, les films de cow-boys étaient en vogue – pour 25 cents, nous allions voir les dernières aventures de

Hopalong Cassidy au cinéma voisin. Mais, pour moi, les vrais héros étaient les télégraphistes ! Non seulement ils avaient au bout des doigts le pouvoir de communiquer instantanément – à des moments cruciaux de l'histoire, ils pouvaient réclamer de l'aide ou avertir d'une attaque indienne imminente dans la mesure où les lignes n'avaient pas été coupées – mais c'était véritablement de l'art. Un télégraphiste chevronné était capable de transmettre quarante à cinquante mots à la minute et, à l'autre bout de la ligne, son correspondant, s'il était aussi expérimenté, non seulement déchiffrait le message mais, rien qu'à son rythme et à son bruit particuliers, pouvait dire aussi qui l'avait envoyé. « C'est la patte de Joe », affirmait-il. Mon copain Herbie Homes et moi avions monté une batterie et deux manipulateurs et nous nous exercions à nous envoyer des messages. Nous étions lents comme des tortues, mais le seul fait de connaître le code m'électrisait. Bien des années plus tard, j'ai été tout aussi impressionné de pouvoir communiquer par satellite d'un continent à l'autre avec mes collègues banquiers centraux.

J'aspirais en secret à sortir de New York. La nuit, j'allumais parfois la radio en catimini et essayais de capter des stations lointaines. A partir de onze ans à peu près, j'ai collectionné les horaires de chemins de fer de tout le pays. Je passais des heures à apprendre par cœur les trajets et le nom des villes desservies dans les quarante-huit Etats. Je m'organisais méthodiquement un voyage imaginaire sur la Great Northern : je traversais en esprit les vastes plaines du Minnesota, du Dakota du Nord, du Montana en m'arrêtant dans des endroits comme Fargo, Minot et Havre, avant de franchir la ligne de partage des eaux.

A treize ans, mon père m'a invité inopinément à l'accompagner dans un voyage d'affaires à Chicago. Nous sommes allés à Penn Station et sommes montés à bord du Broadway Limited, le train phare de la compagnie Pennsylvania Railroad, qui partait pour Philadelphie avant d'obliquer vers l'ouest. Le train s'est arrêté à Harrisburg et Altoona et, à notre arrivée à Pittsburgh, il faisait nuit. Nous sommes passés devant les aciéries, dont les énormes hauts fourneaux vomissaient flammes et étincelles dans l'obscurité – mon premier contact avec la sidérurgie, qui allait devenir ma spécialité des années plus tard. A Chicago, j'ai fait des photos des lieux les plus marquants, comme le château d'eau et la voie sur berge, et les ai développées dans ma chambre noire en rentrant à la maison (la photo était un de mes autres passe-temps). Ce voyage a contribué à donner forme à mon rêve de construire une vie plus intéressante que celle de la moyenne des gamins de Washington Heights. Je n'en ai cependant jamais parlé à qui que ce soit. Ma mère connaissait ma collection d'horaires, mais je suis persuadé qu'elle n'avait pas compris ce qu'elle représentait à mes yeux : un moyen de m'évader de son monde.

La musique était mon autre grande passion. J'ai commencé la clarinette à douze ans après avoir entendu jouer ma cousine Claire et j'ai pratiqué cet instrument avec assiduité, entre trois et six heures par jour. J'ai d'abord concentré mes efforts sur la musique classique, puis me suis rapidement mis aussi au jazz. Un ami, qui avait un phonographe, m'a fait écouter *Sing, Sing, Sing*, interprété par Benny Goodman et son orchestre, et je suis tout de suite devenu un enragé.

C'était une époque palpitante. Goodman, Artie Shaw et Fletcher Henderson avaient inauguré une ère nouvelle, celle des big bands, en associant la musique de danse des années 1920 à des emprunts au ragtime, aux negro spirituals, au blues et à la musique européenne. Cette nouvelle forme musicale a connu un tel succès qu'en 1938, Goodman et son orchestre ont été invités à donner le premier concert de musique non classique au Carnegie Hall. Outre la clarinette, je me suis mis au saxo ténor – à mes oreilles, le saxo était l'instrument le plus jazzy, au son le plus satisfaisant, des grands ensembles.

Glenn Miller, qui a donné à la musique de nouveaux accents veloutés en associant la clarinette à deux saxos altos et deux ténors dans son ensemble, comptait parmi mes héros. En 1941, à quinze ans, je suis allé en métro l'entendre jouer à l'hôtel Pennsylvania. J'ai réussi à me faufiler juste à côté de l'estrade, à trois mètres à peine de Glenn Miller. L'orchestre a commencé par un arrangement dansant de la 6ᵉ symphonie de Tchaïkovski. « Mais c'est la Pathétique ! » ai-je lancé. Miller m'a regardé et a dit : « Bravo, garçon ! »

La George Washington High School, à deux kilomètres de notre appartement, était l'une des plus importantes et des meilleures écoles secondaires publiques. Lorsque j'y suis entré à l'automne 1940, elle pouvait accueillir trois mille élèves, y compris ceux des cours du soir, mais nous étions en fait beaucoup plus nombreux. Il fallait passer un concours pour y être admis quand on n'était pas du quartier et une féroce compétition régnait dans les classes. Cela était en partie dû à la Dépression : beaucoup avaient le sentiment que nous partions avec un handicap et qu'il était indispensable de travailler dur. Le même esprit de compétition soufflait sur le terrain de jeu : GW était bien placée en base-ball et en football parmi les écoles de la ville. A cela s'ajoutait le climat d'incertitude de la guerre. Si le désastre de Pearl Harbor n'allait survenir que plus d'un an plus tard, l'Allemagne nazie venait de conquérir l'Europe occidentale. A la radio, on ne cessait d'annoncer le torpillage de cargos par des sous-marins allemands dans l'Atlantique et Edward R. Murrow rapportait sur les ondes parasitées que Londres était en butte aux attaques continuelles de la Luftwaffe.

Nous étions particulièrement conscients de la guerre parce que les réfugiés avaient gonflé les effectifs des classes – principalement des juifs dont les familles avaient fui les nazis quelques années plus tôt. Quand je me suis inscrit, Henry Kissinger était déjà dans les grandes classes, mais nous n'avons fait connaissance que trente ans plus tard. En cours de maths, j'étais avec John Kemeny, un réfugié hongrois qui allait devenir l'assistant en mathématiques d'Albert Einstein et co-inventer le langage électronique BASIC avec Thomas Kurtz. (Et plus tard encore devenir président du Darmouth College.) John n'était pas en Amérique depuis longtemps et il parlait avec un fort accent, mais il faisait des étincelles en maths. Je me demandais si cela n'était pas en

partie dû à l'excellent enseignement dispensé en Hongrie.
« C'est parce que tu viens d'Europe ? » lui ai-je dit. J'espérais
qu'il me répondrait oui, car cela eût signifié que sa supériorité n'était pas innée et que je pouvais le rattraper en travaillant d'arrache-pied. La question a paru le rendre perplexe.
« Nous venons tous d'Europe », a-t-il dit après avoir haussé
les épaules.

Je travaillais beaucoup mais n'obtenais pas toujours de
bonnes notes. Lorsque je me concentrais, j'étais bon élève
et je m'en sortais particulièrement bien en maths. Mais dans
les disciplines qui ne m'intéressaient pas, mes résultats
n'étaient que passables car le base-ball et la musique accapa-
raient une grande partie de mon temps. La musique jouait
un rôle de plus en plus important dans ma vie. Je jouais
dans des orchestres de danse et arrivais à gagner 20 dollars
par week-end en deux fois.

Je me souviens parfaitement où j'étais le jour où les
Japonais ont attaqué Pearl Harbor : dans ma chambre en
train de jouer de la clarinette. J'avais allumé la radio pour
faire une pause et j'ai entendu l'annonce. J'ignorais où se
trouvait Pearl Harbor – personne ne le savait. Je n'ai pas
pensé tout de suite que nous allions entrer en guerre. J'espérais plutôt la fin de cette calamité. A quinze ans, on fait
abstraction de beaucoup de choses. On concentre son attention sur ce qu'on fait.

Il était certes impossible d'ignorer la guerre. Le rationnement commença ce printemps-là et la plupart des garçons
partaient directement sous les drapeaux dès qu'ils avaient
obtenu leur bac et atteint dix-huit ans. A l'été 1942, je suis
entré dans un sextette qui allait se produire pendant la saison dans un hôtel des Catskills. Il n'y avait pas beaucoup de
jeunes là-bas – nous jouions surtout pour des gens de l'âge
de nos parents – et l'atmosphère était sombre. Pendant tout
le printemps, nous avions été en passe de perdre rapidement
la guerre du Pacifique et même après la victoire décisive de
Midway, la censure était telle qu'on ne se rendait pas vraiment compte de ce qui se passait. Mais cela semblait rarement favorable.

J'ai obtenu mon diplôme à GW en juin 1943 et je n'avais pas envie d'aller à l'université. J'allais avoir dix-huit ans en mars 1944 et voulais mettre à profit le temps qui me restait avant d'être incorporé pour pratiquer la musique. Je ne cessais de jouer dans des petits groupes et m'étais inscrit à la Juilliard School, le meilleur conservatoire privé de la ville. Si tant est que j'aie eu des projets d'avenir, ils consistaient à intégrer une fanfare militaire.

J'ai été appelé au conseil de révision au printemps suivant. J'ai effectué le long trajet en métro dans le centre-ville pour passer l'examen médical, qui avait lieu dans un grand centre d'incorporation installé dans l'ancien bâtiment des douanes de Battery Park – un énorme édifice orné de sculptures et de peintures murales, aux salles remplies d'échos, où des centaines de jeunes gens de mon âge attendaient en faisant la queue. Tout se passa sans anicroche jusqu'à la fluoroscopie – l'examen des poumons qui permet de détecter la tuberculose. Un sergent m'a appelé à son bureau. « Vous avez une tache au poumon. Nous ne pouvons dire si elle est active ou pas. » Sur ce, il m'a tendu des papiers et l'adresse d'un spécialiste ; je devais aller le voir et revenir pour faire part de son avis. J'ai consulté le spécialiste le lendemain ; il a été incapable d'établir un diagnostic définitif. « Il va falloir surveiller ça pendant un an », m'a-t-il annoncé. J'ai été déclaré inapte au service.

J'étais dépité. Tout le monde partait à l'armée ; j'étais l'exception, l'exclu. Et puis je craignais d'avoir quelque chose de grave. Je n'avais pas de symptômes, de difficultés à respirer, rien de ce genre – en jouant de la clarinette et du saxo, je m'en serais aperçu. Mais une ombre était bel et bien visible sur la radio. « Si j'ai la tuberculose, ma vie est fichue », ai-je dit à une petite amie quelques jours plus tard en regardant le pont George Washington depuis un coteau herbeux.

C'est mon professeur de saxo, Bill Sheiner, l'un de ces mentors légendaires des musiciens de jazz, qui m'a fourni le moyen de sortir de cette incertitude. Sa méthode consistait à former des petits ensembles composés de quatre ou

cinq saxophones et d'une clarinette et à faire composer par
ses élèves une partie de la musique. Dans notre groupe,
Sheiner m'avait placé à côté d'un certain Stanley Getz, alors
âgé de quinze ans. Les historiens du jazz mettent Getz sur
le même plan que Miles Davis et John Coltrane ; en me
demandant de le suivre, c'était un peu comme si Sheiner
avait enjoint à un pianiste du dimanche de faire des arpèges
avec Mozart. Nous nous entendions bien, Getz et moi, mais
quand il jouait, je ne pouvais que l'écouter bouche bée. Face
à un individu de grand talent, il arrive qu'on voie la route à
suivre pour atteindre son niveau, en espérant être capable
de le faire ; avec d'autres, le talent semble d'origine plus
génétique et aucune pratique, aussi assidue soit-elle, ne permet de l'égaler. Stan Getz entrait dans la deuxième catégorie ; je savais intuitivement que je ne parviendrais jamais à
jouer comme lui.

Néanmoins, grâce à ces cours, j'ai appris à beaucoup
mieux jouer du saxo, ce qui témoigne des talents de pédago-
gue de Sheiner. Quand je lui ai annoncé que j'avais été
exempté de service militaire, il s'est mis à rire et m'a dit :
« Ça signifie que rien ne t'empêche de te trouver un boulot. »
Et il a ajouté qu'il y avait une place dans le groupe de Henry
Jerome.

C'était un orchestre de quatorze musiciens qui rempor-
tait un certain succès sur la Côte Est. Lorsque, à la suite de
l'audition, j'ai été engagé, cela a marqué un grand changement dans ma vie. Ce n'était pas encore l'équivalent d'une
entrée en première division, mais il n'en reste pas moins que
j'étais devenu un vrai professionnel : je payais mes cotisa-
tions syndicales et gagnais assez bien ma vie pour l'époque.
Et comme l'orchestre jouait la moitié du temps en ville et
effectuait des tournées dans l'est des Etats-Unis pendant
l'autre moitié, cela me faisait sortir de New York indépendamment de ma famille pour la première fois.

C'était de loin le meilleur ensemble avec lequel j'avais
joué. Henry Jerome faisait partie de l'avant-garde ; son
groupe a apporté le be-bop de Charlie Parker et de Dizzy
Gillespie au programme des big bands conventionnels en

augmentant beaucoup la section rythmique et en ajoutant du brio à leur musique. Et bien que l'ensemble n'ait jamais acquis une renommée durable, un nombre étonnant de mes collègues musiciens et de nos successeurs ont ensuite fait des carrières mémorables. Johnny Mandel, l'un de nos trombones, est parti à Hollywood, a écrit *The Shadow of Your Smile* ainsi que la musique de *M*A*S*H* et remporté le prix de l'Academy et quatre Grammies. Un batteur, Stan Levey, a joué ensuite avec Charlie Parker. Larry Rivers est devenu un musicien pop important, et mon collègue saxo Lenny Garment, un avocat du président Nixon.

Notre musique était de celles qu'aimaient les foules en 1944, au moment où tournait la fortune des armes. Pendant les seize mois suivants, nous avons joué dans des endroits célèbres comme le Blue Room de l'hôtel Lincoln à New York et le Child's Paramount Restaurant sur Times Square. Nous avons joué des airs de danse à Virginia Beach, pas loin de Newport News, où l'auditoire se composait surtout de familles d'ouvriers des chantiers navals et de gars de la Navy. Nous nous sommes produits dans des théâtres où nous partagions parfois l'affiche avec des spectacles de music-hall – des troupes de jeunes danseurs qui se préparaient pour tenter leur chance à Hollywood ou des chanteurs qui avaient connu leur heure de gloire dans les beaux jours d'Al Jolson et étaient encore sur les planches. Nous avons passé le mois de décembre 1944 en tête de l'affiche du Roosevelt Hotel de La Nouvelle-Orléans – le plus loin que j'étais jamais allé de chez moi. Lorsque les digues ont lâché après le passage du cyclone Katrina en 2005, ce lointain séjour dans la capitale de la Louisiane m'a aidé à mesurer l'ampleur du désastre.

Nous respections les règles édictées par les syndicats : quarante minutes sur l'estrade et vingt minutes de repos. J'adorais ces quarante minutes sur scène : on ne perçoit pas du tout la musique de la même manière quand on joue et lorsqu'on est dans la salle. Les voix et les harmoniques vous arrivent de toutes parts ; vous sentez le rythme jusque dans la moelle des os et tous les membres du groupe se répondent de manière dynamique. A partir de ces bases, les solistes peuvent exprimer leur vision du monde. J'idolâtrais les grands improvisateurs comme Benny Goodman et Artie Shaw, mais je cherchais rarement à jouer en solo. Je me contentais de jouer les seconds rôles sur des notes écrites par d'autres.

Je passais pour l'intellectuel du groupe. Je m'entendais bien avec les autres musiciens (je remplissais leurs feuilles d'impôts) mais nous n'avions pas la même façon de vivre. Pendant les pauses, ils disparaissaient au foyer des artistes, qui ne tardait pas à se remplir de fumée de tabac et d'herbe, alors que ces vingt minutes, je les passais à lire. J'arrivais à le faire environ une heure chaque soir. Les bouquins que j'empruntais à la bibliothèque publique de New York n'étaient pas ceux qu'on s'attendait à voir entre les mains d'un jeune saxophoniste. Peut-être était-ce parce que mon père travaillait à Wall Street ou parce que j'aimais les chiffres, mais c'étaient les affaires et la finance qui piquaient ma curiosité. L'un des premiers livres que j'ai lus avait pour sujet la Bourse britannique – je découvris avec intérêt les expressions curieuses qu'on y utilisait, comme les « actions ordinaires ». J'ai lu *Reminiscences of a Stock Operator*, de Edwin Lefèvre, sur Jesse Livermore, un célèbre spéculateur des années 1920, surnommé le Risque-Tout de Wall Street. Selon la légende, il aurait gagné 100 millions de dollars en vendant à découvert à la veille du krach de 1929. Il s'était enrichi, puis avait tout perdu trois fois avant de se suicider en 1940. C'était un fin connaisseur de la nature humaine ; le livre regorge de maximes à l'usage des investisseurs, telles que : « Les haussiers (*bulls*, taureaux, en anglais) et les baissiers (*bears*, ours) gagnent de l'argent, mais les goinfres (*pigs*), comme les cochons, finissent à l'abattoir. »

Je lisais aussi tous les livres que je pouvais trouver sur J. P. Morgan. Il avait non seulement financé la constitution de la US Steel, consolidé les compagnies ferroviaires et contribué à la naissance de la General Electric, mais il avait aussi été le principal élément stabilisateur du système financier américain avant la création de la Réserve Fédérale. Sa richesse me stupéfiait – lors du démantèlement des trusts de la Morgan avant la Première Guerre mondiale, le Congrès avait entendu des témoignages selon lesquels il était à la tête de 20 milliards de dollars. Le personnage m'impressionnait encore plus : on le sait, sa parole valait engagement ; en 1907, son influence personnelle sur les autres banquiers a contribué à contenir la panique financière qui menaçait de plonger le pays dans la dépression [1].

Ces histoires résonnaient dans mon esprit comme l'avaient fait les horaires des chemins de fer. Wall Street était un endroit excitant. J'ai vite décidé que c'était là que je tournerais ensuite mes pas.

La fin de la guerre s'annonçant, l'horizon se dégageait. La loi sur les bourses destinées aux anciens combattants fut votée en 1944, et ceux-ci rentraient déjà au pays et se lançaient dans les études. Je commençais à croire que j'avais un avenir ; le médecin me faisait régulièrement des examens des poumons et il était de plus en plus persuadé que la tache, quelle qu'en fût la nature, était à l'état latent.

Je n'étais pas sûr d'arriver à tirer mon épingle du jeu dans le domaine de la finance. Lorsque je me suis inscrit à l'Ecole de commerce, de comptabilité et de finance de l'université de New York pour la rentrée de l'automne 1945 après deux ans d'interruption dans mes études, je me demandais avec une certaine appréhension comment j'allais m'en sortir. Pendant l'été, je me suis donc procuré tous les manuels de première année et les ai lus avant le début des cours. J'ai été surpris d'obtenir deux B et des A pour le reste à la fin du premier semestre et des A partout ensuite. J'étais bien meilleur à l'université que je ne l'avais été à la George Washington High School.

L'Ecole de commerce était la section la plus importante et sans doute la moins prestigieuse de l'université de New York – dix mille étudiants y étaient inscrits et les gens pen-

---

1. En tant que membre du conseil d'administration de la Morgan en 1977, j'ai siégé dans les salles de réunion du n° 23 de Wall Street où on avait en grande partie évité le chaos financier soixante-dix ans plus tôt. L'immeuble est chargé d'histoire. Que la banque le vende en 2003 m'a désolé.

saient que c'était plus un collège technique qu'une vraie
faculté. (Un doyen l'avait qualifiée fièrement d'« énorme
usine éducative ».) De mon point de vue, c'était injuste ; j'y
ai en effet reçu une excellente formation. Le programme
était très intéressant, non seulement pour ce qui est des
sciences humaines, mais aussi, bien sûr, en économie, gestion, banque et finance. Je me sentais attiré par les matières
qui réclamaient de la logique et obligeaient à manier des
chiffres et je me gavais de cours de mathématiques. L'économie m'a plu dès le départ : j'étais ensorcelé par les courbes d'offre et de demande, la notion d'équilibre du marché
et l'évolution du commerce international.

Dans les premières années d'après-guerre, l'économie
était un sujet brûlant (le seul qui l'était peut-être plus que
la physique nucléaire). Il y avait plusieurs raisons à cela :
tout le monde se rendait compte que l'économie américaine,
sous la direction des planificateurs du gouvernement, avait
été la cheville ouvrière de la victoire des Alliés. De plus, de
nouvelles institutions et un nouvel ordre économiques
étaient créés sous nos yeux. Réunis en juillet 1944 à Bretton
Woods, dans le New Hampshire, les dirigeants du monde
occidental avaient mis sur pied le Fonds monétaire international et la Banque mondiale. Cela marqua « la fin du nationalisme économique », pour reprendre les termes de Henry
Morgenthau – les leaders occidentaux étaient tous d'avis
que la prospérité mondiale devait être maintenue et partagée
et qu'il incombait aux nations industrialisées d'abaisser les
barrières internationales en matière de commerce et de
finance.

Ainsi que j'y ai fait allusion plus haut, les bases théoriques de cette évolution avaient été posées par le grand économiste de Cambridge John Maynard Keynes. Son œuvre
maîtresse, *La Théorie générale de l'emploi, de l'intérêt et de la
monnaie*, avait servi de fondations intellectuelles au New
Deal de Roosevelt. Nous l'avions tous lue durant nos études. Dans ce livre, Keynes créait une nouvelle discipline, la
macroéconomie. Il soutenait que les marchés libres, laissés
à eux-mêmes, n'apportent pas toujours le maximum de

bien-être à la société – et que lorsque l'emploi stagne, comme il l'a fait de manière désastreuse pendant la Grande Dépression, le gouvernement doit intervenir.

Il était difficile de concevoir un personnage capable de mieux parler à l'imagination des jeunes. Un de mes camarades de l'Ecole de commerce, Robert Kavesh, maintenant professeur émérite d'économie à l'université de New York, a déclaré il n'y a pas longtemps à la BBC qu'à la fin des années 1940, les étudiants en économie se sentaient investis d'une mission : « Ce qui nous liait véritablement, c'était le sentiment que l'économie connaissait une transition et que nous étions à la croisée des chemins. Tous ceux qui étudiaient l'économie à l'époque étaient bien décidés à tout mettre en œuvre pour qu'il n'y ait plus de Grande Dépression. Celle des années 1930 avait mené à la Seconde Guerre mondiale et nous étions pénétrés de la conviction que nous ne pouvions pas laisser un tel désastre se reproduire. Il était difficile de trouver quelqu'un qui ne fût pas profondément influencé par le parti démocrate, John Maynard Keynes et son idée du rôle très important que le gouvernement pouvait et devait jouer dans la maîtrise des affaires économiques. »

Alors que Bob et la plupart de mes camarades de classe étaient d'ardents keynésiens, ce n'était pas mon cas. J'avais lu deux fois la *Théorie générale* – c'est un livre extraordinaire. Mais j'étais captivé par les innovations mathématiques et les analyses structurelles de Keynes, non par ses idées sur la politique économique. Mon esprit était davantage captivé par la périphérie des théories. Je préférais me concentrer sur des défis techniques et n'avais pas de vue globale des choses. La politique économique ne m'intéressait pas.

Bob et moi aimions tous les deux la musique classique. Entre les cours, nous traînions dans Washington Square en regardant les filles, nous nous fredonnions des concertos pour piano de Mozart et l'autre devait deviner lequel c'était. J'avais cessé de jouer à titre professionnel, mais la musique restait au cœur de ma vie sociale – je chantais dans la chorale, jouais de la clarinette dans l'orchestre et avais été le cofondateur d'un club, la Symphonic Society, qui se

réunissait une fois par semaine pour écouter des disques ou
des causeries.

Mais les maths étaient ma principale obsession. Les
professeurs aiment les élèves consciencieux et mon application devait être évidente. J'ai décroché mon premier travail
rémunéré d'économiste pendant l'été de ma troisième
année. Mon professeur de statistique, Geoffrey Moore, qui
fut par la suite commissaire aux statistiques de l'emploi sous
Nixon, m'a envoyé voir J. Eugene Banks, un des associés de
Brown Brothers Harriman, une des banques d'affaires les
plus anciennes, importantes et prestigieuses de New York.
W. Averell Harriman, l'homme d'Etat légendaire, en avait
été l'un des associés avant de travailler pour Roosevelt. Pres-
cott Bush, père de George H. W. Bush et grand-père de
George W. Bush, y avait aussi été associé, avant et après son
mandat de sénateur des Etats-Unis. La firme avait pignon
sur Wall Street, à deux pas de la Bourse. C'était la première
fois que je mettais les pieds dans un tel lieu. Traverser ces
pièces aux épaisses moquettes sous les dorures des plafonds,
entre les bureaux à cylindre, c'était comme entrer dans le
sanctuaire de la richesse vénérable et c'était très impressionnant pour un gamin de Washington Heights.

Gene Banks, un homme aimable, mince, à la voix
douce, proche de la quarantaine, avait pour fonction de suivre l'évolution économique. Il m'a expliqué d'un ton neutre
qu'il voulait un ajustement saisonnier hebdomadaire des statistiques de la Réserve Fédérale portant sur les ventes des
grands magasins – en gros, une version plus raffinée des
chiffres ajustés mensuellement que publiait le gouvernement. Aujourd'hui, en donnant quelques instructions à l'ordinateur, je peux obtenir en deux temps trois mouvements
l'ensemble de données qu'il souhaitait. Mais en 1947, il fallait pour cela péniblement superposer des ensembles de statistiques à l'aide d'un crayon et de papier, d'une règle à
calcul et d'une machine à calculer.

Banks ne m'a pas donné d'instructions détaillées, ce qui
me convenait très bien. Je suis allé à la bibliothèque de
l'Ecole de commerce et j'y ai consulté des manuels et des

articles dans des journaux professionnels pour trouver comment procéder à un ajustement saisonnier hebdomadaire. J'ai ensuite collecté les données et me suis mis à l'ouvrage en ne soumettant mon travail à Banks que de temps en temps. Il y avait une quantité énorme de calculs et de graphiques à faire à la main, qui m'ont occupé pendant deux mois. Banks fut enchanté du résultat et j'avais beaucoup appris – non seulement sur le mode de fonctionnement des ajustements saisonniers, mais aussi sur la manière d'organiser des données pour parvenir à une conclusion.

L'obtention de la licence au printemps suivant ne fut qu'une simple formalité. J'avais déjà décidé de rester à l'université de New York et accepté une bourse pour les études de maîtrise, mais il me fallait trouver un travail du soir pour joindre les deux bouts. J'avais deux propositions : l'une d'une agence de pub, l'autre du National Industrial Conference Board, où l'un de mes professeurs était économiste en chef. Bien que le travail de publicitaire fût beaucoup mieux rémunéré – 60 dollars par semaine contre 45 –, j'optai pour le Conference Board, où je pensais que j'apprendrais beaucoup plus. C'était un institut privé soutenu financièrement par de grosses entreprises. Il avait été fondé en 1916 comme groupe de pression, mais il s'était tourné vers la recherche dans les années 1920, l'idée étant que des connaissances objectives solides aideraient les chefs d'entreprise et les leaders syndicaux à trouver un terrain d'entente. Plus de deux cents sociétés le finançaient, dont la General Electric, International Harvester, Brown Brothers Harriman et Youngstown Shett & Tube. Le Board était depuis longtemps le meilleur institut de recherche privé dans le domaine des affaires : ses économistes avaient mis au point en 1913 l'indice des prix de détail, et c'était le premier organisme à s'être penché sur le problème de la sécurité sur le lieu de travail et à s'occuper de la main-d'œuvre féminine. Dans certains cas, l'information fournie par lui était meilleure que celle du gouvernement. Pendant la Dépression, le Board avait été le premier pourvoyeur de données sur l'étendue du chômage.

Lorsque j'y suis entré en 1948, c'était un lieu très animé – un étage entier de bureaux sur Park Avenue, près de la gare de Grand Central. Des dizaines de chercheurs étaient assis à leurs bureaux en rang d'oignons et, dans une salle bruyante, des dessinateurs, perchés sur de grands tabourets devant leurs tables à dessin, traçaient des graphiques élaborés. La bibliothèque a été pour moi la grande découverte. Le Conference Board avait accumulé un trésor de données sur toutes les industries majeures d'Amérique depuis au moins un demi-siècle. Des étagères entières de livres expliquaient comment fonctionnaient ces secteurs de l'économie ; le fonds couvrait toute l'économie, des industries extractives au commerce de détail, en passant par les textiles, la sidérurgie, la publicité et le commerce extérieur. Un gros volume s'intitulait par exemple *Cotton Counts Its Customers*, une étude annuelle du Conseil national du coton qui expliquait en grand détail en quoi consistait alors la principale industrie cotonnière de la planète. On y trouvait tout ce que l'on voulait savoir sur les types et les qualités de coton, leurs usages, le dernier cri en matière de matériel et de procédés, les taux de production des fabricants.

Comme il n'y avait pas de place pour travailler au milieu des rayonnages, j'emportais des brassées de livres à mon bureau. Je devais souvent les épousseter. L'économiste en chef répartissait les projets de recherche. Au bout de quelques mois à peine, j'avais acquis la réputation de connaître toutes les données. En un sens, c'était vrai. J'avais lu des textes sur les barons voleurs, passé des heures sur le recensement de 1890, étudié les chargements des wagons de marchandises de l'époque, l'évolution des prix du coton à fibre courte pendant la guerre de Sécession et une myriade d'autres détails de l'immense économie américaine. Pour moi, ce n'était pas une corvée, loin de là. Au lieu de lire *Autant en emporte le vent*, j'étais heureux de me plonger dans une étude sur les « gisements de minerai de cuivre au Chili ».

J'ai commencé presque tout de suite à publier des articles dans *Business Record*, le mensuel du Conference Board. Le premier, sur l'évolution des profits des petits fabricants, s'appuyait sur des statistiques toutes récentes établies par la commission fédérale du commerce et la commission des titres et des changes (SEC). Après les avoir consciencieusement épluchées, je déclarai avec l'enthousiasme de la jeunesse : « Du fait que les PME jouent sans doute le rôle de baromètre des mouvements cycliques, une vue d'ensemble des tendances à très court et à long terme dans la petite industrie présente un intérêt particulier. »

Les années suivantes, mon travail a eu de plus en plus de succès. Quelqu'un remarqua un de mes articles et parla de moi dans le *New York Times* en mentionnant même mon nom. J'ai achevé ma maîtrise à l'université de New York et continué à publier des articles à jet continu : sur les mises en chantier de logements, le marché des voitures neuves, le crédit à la consommation et autres sujets d'actualité. J'avais de plus en plus confiance dans mon aptitude à rassembler des données et à en tirer des conclusions pertinentes. Alors que j'avais beaucoup de mal à acquérir une vue d'ensemble de l'économie – je laissais cela aux keynésiens –, j'en comprenais de mieux en mieux les composantes et leurs liens.

C'est durant la période de Noël 1950 que je suis allé pour la première fois à Levittown. J'avais évidemment déjà lu des articles sur les jeunes couples qui quittaient la ville pour fonder une famille et réaliser le rêve américain en devenant propriétaire d'une maison en banlieue. Jusque-là, j'avais toujours habité des appartements à Manhattan, et j'ai été étonné par le calme de l'endroit. Les maisons étaient petites, mais dotées d'un bout de pelouse devant et derrière, les rues larges, et il n'y avait pas de grands immeubles. On pouvait s'offrir une de ces maisons pour 8 000 dollars. Ça ressemblait fort au paradis.

J'avais été invité à dîner par Tilford Gaines, un ami de l'université devenu adjoint du vice-président de la banque de la Réserve Fédérale de New York. Il venait de s'installer là avec sa femme, Ruth, et leur petite fille, Pam. Il y avait aussi un de ses collègues, un colosse de vingt-trois ans et de près de deux mètres, fraîchement émoulu de Princeton, qui venait d'entrer à la Fed, un certain Paul Volcker.

Une image de la soirée est restée gravée dans mon esprit : nous étions assis à plaisanter devant la cheminée (une vraie !) dans la douillette salle de séjour. L'optimisme régnait, pas seulement ce soir-là, mais durant cette période en général. Les Etats-Unis avaient le vent en poupe. L'économie américaine dominait le monde – elle n'avait aucune concurrente. Nos usines de montage automobiles faisaient l'envie de tous. (J'étais venu à Levittown dans ma Plymouth bleue toute neuve, achetée avec mon salaire de chercheur.) Nos compagnies textiles et nos aciéries n'avaient pas à s'inquiéter des importations ; il n'y en avait pas qui méritent d'être mentionnées. Au sortir de la Seconde Guerre mondiale, notre main-d'œuvre comptait les meilleurs contremaîtres et les ouvriers les plus qualifiés. Et grâce à la loi sur les bourses pour les anciens combattants, le niveau d'instruction augmentait rapidement.

Cependant, en ce mois de décembre, nous commencions à percevoir un nouveau danger redoutable. Dix-huit mois plus tôt, lorsque l'Union soviétique avait fait exploser sa première bombe atomique, la menace d'un conflit nucléaire avait semblé tout à fait abstraite. Maintenant que la guerre froide était engagée pour de bon, le péril paraissait plus concret. Alger Hiss avait été reconnu coupable de parjure dans une affaire d'espionnage et Joseph McCarthy avait prononcé le fameux discours dans lequel il affirmait avoir en mains une liste de deux cent cinq communistes avérés. L'armée américaine avait effectué une « opération de police » en Corée. Cela avait incité le Pentagone à reconstituer des divisions et des escadrilles de chasseurs et de bombardiers qui avaient été réduites après la guerre. Nous nous demandions où tout cela allait mener.

A l'automne, je m'étais inscrit en doctorat à l'université Columbia et je partageais mon temps entre les cours et mon travail de recherche au Conference Board. (A l'époque déjà, il fallait un doctorat pour faire son chemin comme économiste.) Mon directeur d'études, Arthur Burns, cumulait les fonctions de professeur titulaire et chercheur de haut niveau au Bureau national des recherches économiques (NBER), alors à New York, qui est l'organisation indépendante la plus importante d'Amérique dans ce domaine. Mais à cette période, elle était surtout connue pour avoir travaillé avec le gouvernement dans les années 1930 à l'élaboration de la comptabilité du revenu national – le système comptable colossal qui a donné à Washington la première image exacte du Produit national brut. Lorsque les Etats-Unis se sont mobilisés, le système a aidé les planificateurs à définir les objectifs de la production d'armements et à évaluer le rationnement nécessaire à l'intérieur du pays pour soutenir l'effort de guerre. Le NBER fait aussi autorité en matière de cycles économiques ; ses analystes déterminent encore les dates officielles qui marquent le début et la fin des récessions.

Arthur Burns était un universitaire fumeur de pipe d'allure paternelle. Il exerçait une profonde influence sur les recherches concernant les cycles économiques – son livre de 1946, écrit en collaboration avec Wesley Clair Mitchell, était une analyse féconde de ces cycles aux Etats-Unis entre 1854 et 1938. Son attachement aux faits empiriques et à la logique déductive le mettait en désaccord avec le courant dominant en économie.

Il aimait susciter la contradiction parmi ses étudiants. Un jour, il parcourut les rangs en demandant quelle était la cause de l'effet délétère de l'inflation sur la richesse nationale. Personne ne répondait. Le professeur Burns tira sur sa pipe, l'ôta de sa bouche et dit : « L'excès de dépenses gouvernementales provoque l'inflation ! »

C'est un autre mentor qui m'a permis d'espérer comprendre un jour le fonctionnement d'ensemble de l'économie et devenir capable d'effectuer des prévisions. En 1951, je me suis inscrit à un cours de statistiques mathématiques, une discipline technique fondée sur l'idée qu'il est possible d'étudier, mesurer, modéliser et analyser mathématiquement les mécanismes et relations internes d'une économie de grande dimension. On appelle cela aujourd'hui l'économétrie, mais ce domaine n'était alors qu'un amalgame de notions générales, trop nouvelles pour être exposées dans un manuel ou seulement porter un nom. Ce professeur était Jacob Wolfowitz, dont j'allais connaître le fils Paul durant ses années dans l'administration de George W. Bush et comme président de la Banque mondiale. Le professeur Wolfowitz écrivait les équations au tableau noir et nous les donnait à étudier sur des feuilles ronéotypées. J'ai immédiatement compris la puissance de ces outils : s'il était possible de créer des modèles économiques précis à partir de données empiriques et d'outils mathématiques, il l'était aussi d'en déduire méthodiquement des prévisions sans avoir à faire appel à l'intuition quasi scientifique dont se servent certains prévisionnistes économiques. J'imaginais bien comment mettre en œuvre ces modèles et surtout, à vingt-cinq ans, j'avais trouvé un domaine en plein essor dans lequel je pouvais exceller.

Les années suivantes, j'ai appris à construire des modèles économétriques d'assez grande envergure, à les utiliser et, surtout, à mieux apprécier leurs limites. Les économies modernes dynamiques ne demeurent pas assez longtemps identiques à elles-mêmes pour que l'on puisse déchiffrer avec exactitude leurs structures sous-jacentes. Les premiers photographes demandaient à leurs sujets de rester immobiles un moment pour faire un portrait fidèle ; s'ils bougeaient, le cliché était flou. Il en va de même des modèles économétriques. Les économètres ajustent de manière appropriée la structure formelle de leurs modèles pour obtenir des prévisions raisonnables. Dans le jargon du métier, on appelle cela ajouter une cale aux équations d'un modèle ; les cales sont souvent beaucoup plus importantes pour la prévision que les résultats de l'équation proprement dits.

Si le pouvoir de prévision des modèles reste si limité, pourquoi avoir recours à eux ? L'avantage le moins vanté des modèles mathématiques est tout simplement que leur utilisation garantit l'application des règles de base de la comptabilité nationale et de la cohérence économique à un ensemble d'hypothèses. De plus, les modèles contribuent certainement à maximiser l'usage des bribes d'information qu'on peut estimer sûres. Plus un modèle est spécifique et riche en données, plus il est efficace. J'ai toujours soutenu qu'un ensemble actualisé d'estimations très détaillées sur le dernier trimestre disponible est bien plus utile à l'exactitude des prévisions qu'un modèle très élaboré.

La structure du modèle est certes essentielle à son bon fonctionnement. On ne peut construire un modèle abstrait à partir de rien – du moins ne le puis-je pas. Il faut le déduire des faits. Je n'ai pas en tête des abstractions sans aucun lien avec la réalité. Elles doivent être ancrées en elle. C'est pourquoi je m'efforce de dénicher tous les faits, toutes les observations possibles et imaginables concernant ce qui se passe. Plus un modèle abstrait est détaillé, plus il a de chances d'être représentatif de la réalité que je cherche à comprendre.

J'ai commencé ma formation en me plongeant dans l'étude détaillée du fonctionnement d'une petite partie de la réalité afin d'en déduire son comportement. C'est la méthode que j'ai appliquée tout au long de ma carrière. Lorsque je feuillette maintenant des articles que j'ai écrits dans ces années de jeunesse, je suis pris de nostalgie. La matière de ces articles reflète un monde beaucoup plus simple, mais la méthode d'analyse est aussi actuelle que toutes celles que j'applique aujourd'hui.

2.

LA FORMATION D'UN ÉCONOMISTE

Je travaillais souvent avec la radio allumée. La Corée faisait la une en 1950 et 1951. Notre armée menait des batailles sanglantes contre les Chinois et le président Truman congédia le général McArthur pour avoir déclaré publiquement avec insistance que les Etats-Unis devraient déclarer la guerre pour de bon à la Chine. Dans le pays même, le site des essais nucléaires fut déplacé du Nouveau-Mexique au Nevada et la peur des Rouges régnait – les Rosenberg furent condamnés à la chaise électrique pour espionnage. Au milieu de toute cette agitation, c'est l'entrée dans l'ère atomique qui captivait mon imagination. Une partie des travaux scientifiques effectués pendant la Seconde Guerre mondiale venait d'être déclassifiée et, durant mon temps libre, je me suis mis à lire beaucoup de textes de physique nucléaire, à commencer par un gros ouvrage technique intitulé *Sourcebook on Atomic Energy*, une synthèse commanditée par le gouvernement de l'information non classifiée sur le sujet. De là, je suis passé à l'astronomie, la physique en général et la philosophie des sciences.

Comme beaucoup de gens d'esprit scientifique, je pensais que l'énergie atomique allait être la plus grande percée de notre époque. C'était l'envers de la peur suscitée par la guerre atomique. Ce domaine scientifique était extrêmement attrayant. Le pouvoir conféré à l'humanité allait inaugurer une nouvelle phase de progrès, qui, à son tour, ferait naître un nouveau mode de pensée.

J'ai découvert que des scientifiques qui participaient au Projet Manhattan adhéraient au positivisme logique, une variante de l'empirisme. Le principe de base de cette école de pensée fondée par Ludwig Wittgenstein est que la connaissance ne peut s'acquérir qu'à partir des faits et des chiffres – elle insiste beaucoup sur la rigueur de la preuve. Il n'y a pas de valeurs morales absolues ; le comportement des gens diffère selon leur culture ; il échappe à la logique et varie arbitrairement.

Le mathématicien qui est en moi adopta ce credo analytique rigoureux, une philosophie qui semblait parfaitement adaptée à l'époque. Le monde deviendrait meilleur, pensais-je, si l'on s'attachait exclusivement à ce qui est connaissable et important, ce qui était précisément le but du positivisme logique.

En 1952, je me suis consacré gaiement à mes études de doctorat et je gagnais plus de 6 000 dollars annuels. Aucun de mes amis et collègues n'avait beaucoup d'argent, et c'était plus qu'il ne m'en fallait. Nous nous sommes installés en banlieue, ma mère et moi, dans une maison pour deux familles de Forest Hills, un quartier verdoyant pas aussi éloigné que Levittown, mais pas loin à pied de la gare. J'avais enfin trouvé le moyen d'échapper à la ville surpeuplée. C'était un grand pas en avant.

Si quelqu'un m'avait dit alors que j'étais sur le point d'entrer dans la phase la plus confuse et tumultueuse de ma vie, je ne l'aurais pas cru. Et pourtant... Au cours des deux années qui suivirent, je me suis marié, puis séparé, j'ai abandonné mes études universitaires et mon travail pour me lancer dans les affaires à mon compte... et changé entièrement ma façon de voir le monde.

Mon épouse, Joan Mitchell, était spécialiste de l'histoire de l'art. Elle avait quitté Winnipeg, dans le Manitoba, pour venir étudier à l'Institut des Beaux-Arts de l'université de New York. Des amis nous avaient arrangé un rendez-vous : je suis entré dans son appartement ; elle avait mis un de mes disques préférés. La musique classique était au nombre de nos passions communes. Nous sommes sortis ensemble pendant plusieurs mois, nous nous sommes mariés en octobre 1952 et séparés à peu près un an plus tard. Sans entrer dans les détails, je dirai que le problème était venu surtout de moi. Je n'avais pas vraiment mesuré la force de l'engagement requis par le mariage. J'avais fait un choix intellectuel, non pas affectif ; je me disais : « Cette fille est très intelligente. Très belle. Je ne trouverai jamais mieux. » Mon erreur a été d'autant plus douloureuse que Joan était un être extraordinaire. Heureusement, nous sommes restés en excellents termes.

Elle était la meilleure amie de la femme de Nathaniel Branden, qui était le jeune collaborateur de Ayn Rand et devint des années plus tard son amant. C'est ainsi qu'Ayn Rand et moi avons fait connaissance. Le roman de cette émigrée russe, *The Fountainhead*, avait été un best-seller pendant la guerre. Elle avait quitté Hollywood pour s'installer à New York, où un petit cercle d'adeptes passionnés s'était réuni autour d'elle. J'avais lu son livre et l'avais trouvé fascinant. C'est l'histoire d'un architecte, Howard Roark, qui résiste héroïquement à toutes les pressions susceptibles d'aller à l'encontre de sa vision des choses – il fait même avorter un projet de logements sociaux après s'être aperçu que le promoteur a modifié ses plans – et a finalement gain de cause. Rand avait écrit ce roman pour illustrer la philosophie qu'elle avait adoptée, une philosophie qui mettait l'accent sur la raison, l'individualisme et son intérêt personnel bien compris. Elle l'appela par la suite objectivisme ; aujourd'hui, nous la qualifierions plutôt de libérale.

L'objectivisme défendait un capitalisme du laisser-faire en tant que forme idéale d'organisation sociale ; comme on pouvait s'y attendre, Ayn Rand abhorrait le communisme soviétique qu'elle avait subi. Elle y voyait l'incarnation d'un collectivisme brutal. A l'apogée de la puissance soviétique, elle soutenait que le système était si intrinsèquement corrompu qu'il finirait par s'écrouler.

Elle et son petit cercle s'étaient baptisés le Collectif par plaisanterie, le collectivisme étant à l'opposé de leurs convictions. Ils se rencontraient dans l'appartement de Rand, 34ᵉ Rue Est, au moins une fois par semaine et discutaient des événements mondiaux jusqu'aux premières heures du jour. Le soir où Joan me présenta, le groupe était réduit, sept ou huit personnes, assises dans l'austère living-room : Rand, son mari peintre, Frank O'Connor, les Branden et quelques autres. Ayn Rand était d'allure tout à fait quelconque, petite, proche de la cinquantaine. Elle avait un visage étonnant, presque sévère : une grande bouche, le front haut et de grands yeux sombres intelligents, mis en valeur par sa coupe à la Jeanne d'Arc. Elle avait un accent russe prononcé alors qu'elle habitait aux Etats-Unis depuis vingt-cinq ans. Elle était sans cesse en train d'analyser, de disséquer les idées pour en trouver les bases, et les bavardages ne l'intéressaient pas. Pourtant, malgré sa férocité apparente, elle faisait preuve d'ouverture dans la conversation. Elle semblait prête à prendre en considération une idée quelle que soit la personne qui l'émettait et à l'évaluer uniquement en fonction de ses mérites.

Après avoir participé à plusieurs soirées, j'ai affiché mon positivisme logique. Je ne me souviens plus du sujet qui était abordé, mais quelque chose m'a incité à postuler qu'il n'y a pas d'absolu moral. Ayn Rand a immédiatement relevé.

— Comment est-ce possible ? a-t-elle demandé.

— Parce que pour être véritablement rationnel, on ne peut avoir une conviction sans preuve empirique, ai-je expliqué.

— Comment est-ce possible ? a-t-elle répété. N'existes-*tu* pas ?

— Je ne peux en être certain.

— Tu veux dire que tu n'existes *pas* ?

— Peut-être.

— Et alors qui effectue cette déclaration ?

Il aurait fallu que vous soyez là – ou plus exactement que vous soyez un fana de mathématiques de vingt-six ans – pour comprendre combien cette conversation m'a ébranlé. Elle avait mis en évidence le caractère contradictoire de ma position.

Mais ce n'était pas tout. J'étais fier de ma capacité de raisonnement et me croyais capable de l'emporter sur n'importe qui dans un débat intellectuel. Echanger ces propos avec Ayn Rand avait été comme commencer une partie d'échecs en croyant être un bon joueur et se retrouver soudain échec et mat. Il m'apparut qu'une bonne partie de ce que j'avais tenu pour vrai était probablement faux. J'étais naturellement trop entêté et gêné pour le reconnaître sur le moment ; au lieu de le faire, je l'ai bouclée.

Après cette soirée, Rand m'avait trouvé un surnom : l'Entrepreneur des pompes funèbres, parce que j'étais trop sérieux et parce que je portais un costume sombre et une cravate. On m'a rapporté que, les semaines suivantes, elle demandait à nos amis communs : « Alors, est-ce que l'Entrepreneur des pompes funèbres a enfin décidé qu'il existait ? »

Au moins, tout se passait bien dans mon travail au Conference Board. J'étais très absorbé par mon projet le plus ambitieux : une analyse de l'accumulation de chasseurs, de bombardiers et autres avions par le Pentagone pour faire face à la guerre de Corée et à la guerre froide. Dès le début de la guerre de Corée, le département de la Défense classa secrets ses projets d'acquisition de matériel. Les avionneurs avaient certes des livres de commandes, mais Wall Street et le reste de l'industrie américaine étaient maintenus dans l'ignorance par le secret militaire. Cependant, l'effet de ces commandes sur l'économie était trop important pour être ignoré : après l'accalmie de l'après-guerre, les dépenses militaires était remontées à près de 14 % du PIB au cours de l'année fiscale 1953 (elles étaient de 4 % en 2006). Cela bouleversait les marchés des matières premières et du matériel, sans parler de ceux des techniciens qualifiés et des ingénieurs, et mettait un gros point d'interrogation sur la marche des affaires. Les producteurs d'aluminium, de cuivre et d'acier – métaux qui avaient été classés matières contrôlées essentielles à l'effort de guerre – étaient particulièrement concernés.

Connaissant déjà bien les marchés des métaux, je me

suis donc offert d'analyser le secteur et mes patrons ont accepté. J'ai commencé par les documents officiels, qui ne m'ont été quasiment d'aucune utilité : les séances du Congrès sur l'échéancier de la production d'armement étaient conduites en secret et les comptes rendus publiés, pleins de blancs. Le nombre et les types de nouveaux avions, le nombre d'appareils par escadrille, celui d'escadrilles par formation, d'appareils tenus en réserve et de pertes par type en dehors des combats, tout cela était censuré. J'ai décidé ensuite de me tourner vers les séances du Congrès de la fin des années 1940, dans lesquelles j'escomptais trouver la plupart des informations dont j'avais besoin. Le secret n'était pas encore imposé à ce moment-là. Le Pentagone était alors en train de réduire progressivement les dépenses et les huiles venaient expliquer en détail devant la sous-commission des dépenses militaires comment tout était calculé. Les militaires ne procédaient plus de la même façon en 1950 qu'en 1949.

J'ai pris ces informations pour base. Il me fallait maintenant rassembler tous les faits tenus à la disposition du public. J'ai épluché des manuels techniques, des organigrammes, les grands tableaux statistiques du budget fédéral et les commandes de matériel lancées par le Pentagone dans un langage particulièrement complexe. Les pièces du puzzle se sont assemblées peu à peu. Par exemple, connaissant le poids de tel modèle d'avion, je pouvais estimer les proportions d'aluminium, de cuivre et d'autres matières premières nécessaires à sa fabrication. Avec tout cela en main, j'étais en mesure d'évaluer la demande.

Mes recherches furent publiées au printemps 1952 dans deux longs articles de *Business Record* intitulés « L'économie de la puissance aérienne ». J'ai entendu dire ensuite que certains planificateurs du Pentagone avaient été surpris de constater à quel point mes estimations coïncidaient avec les chiffres classés secret. Plus important pour moi, l'information avait attiré l'attention des lecteurs. Des sociétés membres m'ont réclamé des détails supplémentaires sur mes calculs.

A peu près à cette époque, Sanford Parker, un collègue analyste du Conference Board, commença à me confier des missions de recherche en indépendant. Sandy, comme tout le monde l'appelait, était un petit homme échevelé, d'une dizaine d'années plus âgé que moi, une véritable tornade. Il s'était fait un nom en rédigeant un commentaire hebdomadaire dans *Business Week* à partir de 1939. Maintenant qu'il était au Conference Board, il travaillait au noir en écrivant des articles économiques dans *Fortune*. Lorsqu'il me proposa de me donner en sous-traitance une partie de son travail d'analyse, je sautai sur l'occasion.

Commander des études à Sandy était pour la rédaction en chef de *Fortune* le moyen de tirer parti de ce qu'elle estimait être une nouvelle tendance. Bien que le monde des affaires n'ait pas été particulièrement intellectuel, les industriels et les gens de la finance commençaient apparemment à s'intéresser à ce que l'économie était à même de leur apprendre. John Kenneth Galbraith faisait partie de l'équipe à la fin des années 1940, mais je doute qu'il ait contribué à forger cette prise de conscience. Sandy jouissait d'une autorité réelle et il possédait des talents que je n'avais pas. Entre autres choses, il savait écrire de manière claire en courtes phrases assertives. Il essaya de m'apprendre à faire de même et faillit y réussir – aptitude que j'ai dû désapprendre à la présidence de la Fed. La rédaction de *Fortune* l'appréciait parce qu'il était capable d'écrire avec conviction sur l'économie et parce qu'il était créatif – il avait souvent des façons surprenantes de repérer et analyser les nouvelles tendances.

En travaillant avec Sandy, je me suis rendu compte que son autorité tenait en grande partie au fait qu'il connaissait l'économie mieux que quiconque. Ma connaissance n'était pas aussi étendue que la sienne, mais la différence n'était pas énorme. J'en apprenais chaque jour un peu plus en faisant le travail que j'aimais – pour peu que je persévère, j'étais persuadé de pouvoir combler mon retard.

A la fin des années 1950, Sandy quitta le Conference Board pour devenir le premier économiste en chef de *Fortune*. J'avais espéré décrocher un travail dans le département qu'il était en train de créer, mais au lieu de cela, *Fortune* me proposa de travailler en free-lance avec lui et d'autres journalistes à la préparation d'une série importante d'articles intitulée « Le marché américain en mutation ». (Il y en eut finalement douze, répartis sur deux ans.) Disposant de cette nouvelle source de revenu, j'avais le sentiment de pouvoir prendre quelques risques.

J'avais reçu des appels d'un conseiller en investissement, un certain William Wallace Townsend, qui était l'associé principal de Townsend Skinner, une société de Wall Street, l'un des membres les plus modestes du Conference Board. Il avait lu mes travaux et nous en avions discuté un peu au téléphone. Début 1953, il m'a rappelé et proposé de déjeuner avec lui au Banker's Club.

J'y suis allé en métro. Le Banker's Club occupait les trois derniers étages d'un des immeubles les plus connus du quartier de la finance, l'Equitable Building, la réception en bas, la bibliothèque et la salle de restaurant au-dessus. La vue était magnifique, comme les épais tapis, le mobilier et les tentures. Au téléphone, j'avais eu l'impression de discuter avec un homme d'une quarantaine d'années. Lui aussi croyait avoir affaire à un quadragénaire. Lorsqu'en sortant de l'ascenseur, j'ai demandé qu'on me l'indique, je me suis aperçu qu'il avait plutôt autour de soixante-cinq. Je suis allé à lui, me suis présenté et nous avons tous les deux éclaté de rire. Le courant est passé tout de suite.

Bill était né en 1888 dans le nord de l'Etat de New York ; il avait connu une série impressionnante de hauts et de bas. Il avait gagné un ou deux millions de dollars à Wall Street dans les années 1920 comme expert en titres et rédigé le livre de l'Association des banquiers indépendants sur l'art de la vente des titres. Puis il avait tout perdu lors du krach boursier de 1929. Dans les années 1930, il avait remonté la pente à la force du poignet en fondant une petite société qui avait pour vocation de calculer des indices statistiques destinés à la prévision sur le marché boursier et celui des titres.

Lorsque nous nous sommes rencontrés, Townsend

rédigeait la *Savings and Loan Letter*, un rapport technique sur l'épargne et les emprunts auquel souscrivaient les institutions économiques. Il avait eu pour associé Richard Dana Skinner, un rejeton d'une famille de Nouvelle-Angleterre et arrière-arrière-petit-fils de Richard Henry Dana, auteur de *Deux années sur le gaillard d'avant*. La société avait beaucoup de clients célèbres, dont Donald Douglas, le pionnier de l'aviation qui avait fondé Douglas Aircraft, et l'ex-président des Etats-Unis, Herbert Hoover, qui vivait maintenant dans les tours Waldorf et auquel Bill rendait visite de temps en temps. Skinner était mort quelques années plus tôt et le gendre de Townsend, qui travaillait aussi dans la société, s'était vu offrir un poste d'agent fiscal du système bancaire fédéral de prêts immobiliers. Voilà pourquoi, expliquait Townsend, nous déjeunons ensemble aujourd'hui. « J'aimerais que vous nous rejoigniez », me dit-il.

Changer de travail était pour moi une décision particulièrement facile. A côté de *Fortune*, on me proposait sans arrêt des projets de recherche en indépendant et de nouveaux clients m'appelaient sans cesse. Je n'avais pas de réelles obligations – Joan et moi avions déjà décidé de nous séparer. Quelques mois plus tard, je m'installais à Manhattan, dans un appartement de la 35ᵉ Rue.

Townsend-Greenspan entra en activité en septembre 1953. La société fut officiellement constituée l'année suivante. Nos bureaux étaient sur Broadway, un peu au sud de la Bourse de New York. Les locaux n'avaient rien d'extraordinaire : un bureau pour Bill, un pour moi et un espace commun pour deux assistants de recherche et une secrétaire.

Bill et moi avions des activités distinctes. Il continuait à rédiger son bulletin et donner des conseils en investissement. Mes premiers clients étaient des gens qui me connaissaient du Conference Board. Le Wellington Fund, précurseur du Vanguard Group, fut le tout premier, suivi de Republic Steel, le troisième producteur d'acier d'Amérique, puis, dans les deux ans, d'une dizaine d'autres compagnies sidérurgiques, dont US Steel, Armco, Jones & Laughlin,

Allegheny-Ludlum, Inland et Kaiser. Pour Townsend-Greenspan, c'était la meilleure publicité possible. L'acier était le symbole de la puissance américaine et si vous parcouriez la liste des 500 plus grosses entreprises établie par *Fortune*, publiée pour la première fois en 1955, vous trouviez ces noms dans le peloton de tête. Nous avons peu à peu fidélisé toute une gamme de clients : Alcoa, Reliance Electric, Burlington Industries, la Mellon National Bank, Mobil Oil, Tenneco et bien d'autres.

Du coup, mon doctorat passa à la trappe. J'étais trop occupé pour aller jusqu'au bout. Plusieurs fois par mois, il me fallait sauter dans un avion pour aller voir des clients à Pittsburgh, Chicago ou Cleveland ; le reste du temps, je me dépêchais de pondre des rapports. Renoncer à mon doctorat me contrariait énormément, car j'aimais beaucoup mon sujet de thèse : les habitudes des ménages américains en matière de dépenses et d'épargne. Mais passer les oraux et finir la thèse exigeait six mois de travail pleins et pour cela, j'aurais dû réduire mon volume d'affaires. Je me suis persuadé que je ne perdrais rien en laissant tomber car je continuerais à lire et à étudier l'économie dans mon travail. Mais à peu près tous les deux mois, je tombais sur le professeur Burns, qui, chaque fois, me demandait quand j'allais me remettre à ma thèse. J'avais toujours un pincement au cœur. (Bien plus tard, je suis retourné à l'université de New York pour obtenir mon Ph.D.)

Notre aptitude à donner aux analyses économiques une forme que les capitaines d'industries pouvaient appliquer dans leurs prises de décision faisait le succès de Townsend-Greenspan. Nous entrions dans une période de ralentissement de la croissance économique. Dans l'industrie, le directeur général typique était un commercial, un ingénieur ou un gestionnaire qui avait fait son chemin au sein de la firme. Connaître l'évolution future du produit national brut (PNB) ne lui servait à rien. Mais si vous étiez en mesure de dire au directeur d'une société spécialisée dans la fabrication de pièces détachées pour automobiles : « La production de Chevrolet dans les six mois à venir sera différente de celle annoncée par General Motors », il le comprenait et cela lui était utile.

Aujourd'hui, les chaînes d'approvisionnement sont si totalement intégrées que l'information circule aisément entre fournisseurs et fabricants – c'est ainsi que fonctionne la production en flux tendu. Mais à l'époque, leurs relations évoquaient plutôt une partie de poker. Si, directeur des achats d'une société d'appareils ménagers, vous cherchiez à vous procurer des tôles d'acier pour fabriquer des réfrigérateurs, révéler combien vous en aviez en stock au commercial de la compagnie sidérurgique affaiblissait votre position dans la transaction.

Faute d'informations de ce genre, la compagnie sidérurgique devait planifier sa production à l'aveuglette. Qui plus est, beaucoup de clients de nos sidérurgistes ne connaissaient que leur propre marché. Les perspectives de la sidérurgie pouvaient être radicalement modifiées par une hausse ou une baisse de la demande de voitures particulières, de tuyaux pour les forages pétroliers, de boîtes de conserve ou de la construction de gratte-ciel. Et, à court terme, cette demande reflétait celle liée à la consommation d'acier et à la reconstitution des stocks.

Un système de prévision ne vaut que par la précision de sa base de données historiques à partir desquelles les évolutions cycliques peuvent être projetées. Je prenais en compte les niveaux de production d'automobiles et de camions, les programmes de production d'avions, etc. Je me procurais les données relatives aux livraisons d'acier par produit et par industrie consommatrice chaque mois auprès de l'Institut américain du fer et de l'acier, ainsi que celles relatives aux exportations (les Etats-Unis exportaient beaucoup d'acier à l'époque) auprès du département du Commerce. J'obtenais ainsi un historique du tonnage d'acier livré à chaque industrie consommatrice. Le problème consistait ensuite à évaluer la quantité d'acier consommée chaque trimestre par les acheteurs et celle ajoutée ou soustraite à leur stock. Pour cela, j'étais remonté aux données concernant la Seconde Guerre mondiale et la guerre de Corée : le gouvernement avait déclassifié des masses de statistiques sur les industries métallurgiques provenant du service de la production de guerre, qui était responsable du système de rationnement industriel de l'Oncle Sam. Chaque industrie qui consommait de l'acier – automobile, machines, construction, forages pétroliers – avait un cycle de stock particulier et tous les documents sur la question se trouvaient là.

Après analyse, ces chiffres me permettaient, aidé de mes capacités de prévision macroéconomiques nouvellement acquises (grâce à Sandy Parker), d'établir des projections sur le niveau global des livraisons effectuées par l'industrie sidérurgique. Avec le temps, nous avons réussi également à suivre l'évolution des parts de marché des diverses compagnies sidérurgiques ; grâce à cela, un producteur pouvait, compte tenu des perspectives de ventes, prendre des décisions en connaissance de cause sur la façon de gérer ses ressources au cours des trimestres à venir afin de maximiser son profit.

En 1957, je travaillais avec les compagnies sidérurgiques depuis plusieurs années. A la fin de cette année-là, je suis allé à Cleveland présenter un rapport au comité exécutif de Republic Steel, dont le directeur général était Tom Patten. Mon système indiquait que les stocks augmentaient rapidement et que le taux de croissance de la production du secteur dépassait de beaucoup celui de la consommation d'acier. Il fallait l'abaisser pour arrêter cette accumulation. Et ce n'était pas seulement la sidérurgie qui se trouvait face à un gros problème. « 1958 va être une très mauvaise année », leur ai-je dit. « Bah, les carnets de commandes sont pleins », a répondu Patten. Republic Steel n'a pas modifié son programme de production.

Trois mois plus tard, la demande d'acier a chuté. C'était le début de la récession de 1958, la plus forte depuis la fin de la guerre. Lors de mon séjour suivant à Cleveland, Patten a généreusement reconnu devant le comité exécutif que j'avais eu raison.

En anticipant le fléchissement d'activité qui annonçait la récession de 1958, j'avais effectué ma première prévision économique globale. Tout le temps que j'avais passé à étudier la sidérurgie m'avait placé en excellente position pour voir arriver le retournement de conjoncture. Bien plus que maintenant, l'acier était alors un pivot de l'économie américaine – la force d'une économie reposait beaucoup plus sur les biens durables, dont la plupart sont à base d'acier. J'étais en mesure d'extrapoler les conséquences générales de cet affaiblissement de la sidérurgie et d'avertir nos clients des autres secteurs.

Il n'empêche que si notre réputation avait bénéficié de l'annonce de la récession de 1958, ce n'était pas les prévisions macroéconomiques exactes en soi que nos clients jugeaient les plus utiles. Notre travail consistait en une évaluation analytique des forces qui déterminaient le comportement de l'économie. La prévision est une simple projection de la façon dont les déséquilibres actuels finiront par se corriger. Notre tâche revenait à approfondir la compréhension qu'avaient nos clients de la nature exacte des relations entre les forces agissantes ; ce qu'ils faisaient de cette information était leur affaire. Les directeurs de grosses entreprises n'allaient pas prendre pour argent comptant ce que disait un jeunot de trente ans à propos de l'évolution de l'économie. Mais ils étaient prêts à écouter notre point de vue sur les divers équilibres sectoriels, surtout s'ils pouvaient comparer nos affirmations à leurs connaissances. J'essayais d'employer leur langage : non pas « Où en est le PNB ? », mais « Quelle sera la demande de machines-outils dans six mois ? » ou « Quelle est la probabilité que la marge change entre les grosses étoffes d'une part et le marché des costumes pour homme d'autre part ? » J'esquissais en termes généraux ce qui allait se passer, puis en exposais les conséquences pour les entreprises concernées. C'était ma valeur ajoutée, et notre société prospérait.

Le fait de travailler pour l'industrie lourde m'a permis d'apprécier en profondeur la dynamique centrale du capitalisme. Joseph Schumpeter, l'économiste de Harvard, a exprimé l'idée de « destruction créatrice » en 1942. Comme beaucoup d'idées fortes, la sienne est fort simple : une économie de marché se relance sans cesse de l'intérieur en se débarrassant des vieux secteurs sur le déclin et en réaffectant ses ressources dans d'autres, plus nouveaux, plus productifs. J'ai lu Schumpeter quand j'avais vingt et quelques années ; j'ai toujours pensé qu'il avait raison et j'ai vu le processus se dérouler tout au long de ma carrière.

Le télégraphe l'illustre parfaitement. Lorsque nous nous étions mis, mon ami Herbie et moi, à apprendre le morse à la fin des années 1930, le télégraphe était à son apogée. Depuis les beaux jours des télégraphistes aux doigts agiles des années 1850 et 60, il avait transformé toute l'économie américaine. A la fin des années 1930, plus d'un demi-million de télégrammes étaient envoyés chaque jour, et le garçon de course de la Western Union était un personnage aussi familier que l'est maintenant le livreur de FedEx. Les télégrammes reliaient les villes de toute l'Amérique, comprimaient le temps nécessaire à communiquer dans les affaires ou la vie ordinaire et rattachaient les marchés industriels et financiers américains au reste du monde. C'est par ce moyen qu'étaient acheminées les nouvelles urgentes ou importantes, dans le domaine des affaires ou de la famille.

Pourtant, malgré son énorme succès, le secteur était sur le point de disparaître. Ces télégraphistes que j'avais idolâtrés n'existaient plus depuis longtemps. Les téléscripteurs avaient remplacé le vieux matériel à touche unique et les opératrices de la Western Union étaient majoritairement des dactylos qui transmettaient votre message en anglais et non en morse. Apprendre le morse était littéralement devenu un jeu pour enfant.

Le téléphone était maintenant le nouveau secteur en expansion – il remplaçait le télégraphe comme meilleur outil de communication lointaine. A la fin des années 1950, à Townsend-Greenspan, il arrivait que Bill Townsend expédie un télégramme à un vieux client, mais le télégraphe ne jouait plus un rôle important dans notre société. Nous nous servions du téléphone pour garder le contact avec nos clients entre deux visites : il était efficace, économique et donc rentable. La perte de savoir-faire qui a accompagné la mise au chômage des télégraphistes par une nouvelle technique m'a toujours rempli de nostalgie. (Mais, après tout, c'était eux qui avaient envoyé aux oubliettes les messageries rapides par relais de cavaliers.)

J'ai vu ce scénario de progrès et d'obsolescence se répéter maintes fois. Du temps où j'étais consultant, je me suis trouvé aux premières loges pour assister à la mort de la boîte de conserve en fer-blanc. Les années 1950 ont été l'époque des ragoûts de thon en cocotte et des soupes en boîte ; la préparation du dîner familial à partir d'aliments en conserve et tout préparés caractérisait la vie en banlieue et l'ouvre-boîte était l'ustensile n° 1 de la cuisine moderne. Les industriels de l'alimentaire adoraient la boîte en fer-blanc : ce mode de conditionnement des légumes, de la viande et des boissons permettait de les expédier à de grandes distances, puis de les garder en stock ou en rayon sur de longues périodes. L'épicerie à l'ancienne mode, où l'on pesait ce que le client voulait acheter, n'avait aucune chance. Les supermarchés self-service, plus efficaces et offrant des prix plus bas, les ont remplacés.

Les boîtes de conserve des années 1950 n'étaient pas à proprement parler en fer-blanc, mais en acier recouvert d'un plaquage de fer-blanc, et les sidérurgistes que je conseillais à Townsend-Greenspan en vendaient beaucoup. En 1959, cela représentait cinq millions de tonnes, soit environ 8 % de la production totale d'acier. A ce moment-là, la sidérurgie avait des difficultés. Une dure grève nationale avait interrompu la production pendant près de quatre mois durant lesquels, pour la première fois, l'acier américain se heurta à la concurrence importante des productions allemande et japonaise.

Le secteur de l'aluminium souffrait lui aussi – la récession laminait les profits des trois gros producteurs, Alcoa, Reynolds et Kaiser. Cinq millions de tonnes par an, cela faisait beaucoup de boîtes de conserve ; la chance représentée par ce marché était trop belle pour la laisser passer. Les boîtes en alu, qui venaient d'être mises au point, étaient plus légère, et de conception plus simple que celles en fer-blanc – elles nécessitaient deux pièces de métal et non trois. Il était également plus facile d'imprimer une étiquette en couleurs sur l'aluminium. A la fin des années 1950, on s'en servait déjà pour fabriquer le fond des récipients de concentré de jus de fruits. Puis la société Coors Brewing fit des adeptes en vendant la bière dans des boîtes en alu de 200 g, au lieu de celles en acier de 340 g. Leur plus grande légèreté semblait les rendre plus séduisantes. En vérité, personne n'avait encore trouvé le moyen de fabriquer des boîtes de bière en alu de taille normale. Au début des années 1960, le problème était résolu.

L'innovation qui eut le plus grand effet fut l'ouverture avec languette, qui éliminait le besoin d'ouvre-boîte. Or le dessus de ces boîtes à ouverture facile ne pouvait être qu'en aluminium. Alcoa, le plus gros producteur d'aluminium, était mon client ; son directeur général cherchait le moyen de diversifier la production dans de nouveaux domaines profitables, comme l'avait fait Reynolds en lançant le papier d'aluminium à usage domestique. Son vice-président exécutif était un fanatique de la boîte de conserve : « Les boîtes de bière sont l'avenir d'Alcoa ! » proclamait-il. Lorsque les boîtes à ouverture par languette firent leur apparition, lui et le directeur général investirent massivement dans cette idée.

Schiltz fut le premier brasseur important à vendre la bière dans des boîtes à languette. D'autres ne tardèrent pas à suivre le mouvement et, fin 1963, 40 % de toutes les boîtes de bière vendues aux Etats-Unis étaient équipées d'une languette. Les géants des boissons non alcoolisées s'y mirent à leur tour : Coca-Cola et Pepsi adoptèrent la boîte en aluminium en 1967. La boîte en acier subit le même sort que le télégraphe, et l'argent suivit l'innovation. La conversion aux boîtes en aluminium contribua à élever les bénéfices d'Alcoa à l'automne 1966 à son plus haut niveau trimestriel depuis la création de l'entreprise, soixante-dix-huit ans plus tôt. Sur le marché boursier dynamique de la fin des années 1960, les investisseurs se ruèrent sur les actions des producteurs d'aluminium.

Pour la sidérurgie, la perte du marché des boîtes de bière et de soda n'était qu'un pas de plus sur la voie d'un long et pénible déclin. Jusque-là, les Etats-Unis n'avaient pas importé beaucoup d'acier car on estimait d'ordinaire que l'acier étranger ne répondait pas aux critères de qualité américains. Mais lorsque la grève de 1959 entra dans son deuxième puis son troisième mois, les constructeurs d'automobiles et les autres gros consommateurs de ce métal durent chercher ailleurs. Ils s'aperçurent qu'une partie de l'acier en provenance d'Europe et du Japon était de premier choix et souvent moins cher. A la fin des années 1960, l'acier n'était plus l'emblème de l'industrie américaine, et c'étaient des sociétés à fort taux de croissance comme IBM qui étaient maintenant entourées de prestige. Ce que Schumpeter appelait « le vent perpétuel de la destruction créatrice » commençait à souffler sur le secteur de l'acier américain.

Bien que mes services chez Townsend-Greenspan aient été très demandés, je veillais à ne pas accroître trop vite mon volume d'affaires. Je m'attachais plutôt à conserver une marge bénéficiaire élevée – de l'ordre de 40 % – et à ne pas devenir dépendant d'un client ou d'un groupe au point que le perdre eût risqué de couler l'affaire. Bill Townsend était tout à fait d'accord sur cette façon de faire. Il restait le meilleur associé qu'on puisse imaginer. Bien que nous ne nous soyons côtoyés que pendant cinq ans – il est mort d'une crise cardiaque en 1958 –, nous étions devenus extraordinairement proches. Il était une sorte de parangon du père bienveillant. Il insistait pour partager les bénéfices équitablement – à la fin, j'en touchais une fraction beaucoup plus importante. Il n'y a jamais eu entre nous la moindre jalousie ou concurrence. Après son décès, j'ai racheté ses parts à ses enfants, mais leur ai demandé la permission de garder son nom sur la porte. Cela me semblait juste.

Ayn Rand a eu sur moi un effet stabilisant. Nos esprits n'avaient pas tardé à se rencontrer – pour l'essentiel, le mien à rencontrer le sien – et, dans les années 1950 et au début des années 1960, j'étais devenu un habitué des réunions hebdomadaires dans son appartement. Elle avait une pensée totalement originale, très mordante dans ses analyses, elle possédait une grande force de volonté, tenait fortement à ses principes et attachait le plus haut prix à la rationalité. A cet égard, nos valeurs concordaient – nous nous accordions sur l'importance des mathématiques et de la rigueur intellectuelle.

Mais elle était allée beaucoup plus loin que moi et elle donnait à sa pensée une ampleur que je n'avais jamais osé envisager. C'était une fidèle d'Aristote – l'idée maîtresse étant qu'il existe une réalité séparée de la conscience et pourtant connaissable. Elle appliquait les principes fondamentaux de l'éthique aristotélicienne, à savoir que l'individu possède une noblesse innée et que le premier devoir de chacun est de s'épanouir en réalisant ce potentiel. Décortiquer les idées avec elle était une remarquable leçon de logique et d'épistémologie. La plupart du temps, j'arrivais à la suivre.

Son Collectif était devenu mon premier cercle de relations en dehors de l'université et de la profession économique. Je participais à des débats qui duraient toute la nuit et rédigeais des commentaires pleins de verve pour son bulletin. Au milieu des années 1960, j'avais perdu la ferveur du jeune acolyte attiré par tout un ensemble d'idées nouvelles dans un domaine que j'avais considéré pendant des années comme extérieur à la sphère de la pensée rationnelle. Je m'efforçais d'exprimer ces concepts entièrement nouveaux dans les termes les plus nets, les plus simples. La plupart des gens perçoivent les grandes lignes d'une idée avant d'en saisir les détails. Si nous ne le faisions pas, il n'y aurait rien à apprendre. C'est seulement lorsque m'apparurent les contradictions inhérentes aux notions nouvelles auxquelles j'adhérais que ma ferveur s'est attiédie.

L'une était, selon moi, particulièrement éclairante. Si je tiens que l'usage de la contrainte pour extorquer les impôts destinés aux fonctions essentielles du gouvernement est immoral, comment alors financer la protection des individus par la police ? La réponse de Rand – les contributions volontaires de ceux qui voient rationnellement le besoin de gouvernement – était inadéquate. Les gens possèdent leur libre arbitre ; supposons qu'ils refusent de verser quoi que ce soit ?

Je n'en trouvais pas moins aussi fascinante qu'aujourd'hui la question plus large de la libre concurrence sur les marchés, mais je commençais à me rendre compte à contrecœur que, puisque mon édifice intellectuel comportait quelques nuances, je ne pouvais prétendre à ce qu'il soit facilement accepté par d'autres.

Lorsque je participai à la campagne de Richard Nixon pour les élections présidentielles de 1968, j'avais depuis longtemps décidé de défendre le capitalisme de marché de l'intérieur plutôt que comme critique et pamphlétaire. Quand j'ai accepté la présidence du Council of Economic Advisors (CEA), qui réunit les conseillers économiques du Président, je savais que je devais m'engager à respecter non seulement la constitution, mais aussi les lois du pays, dont beaucoup me semblaient mauvaises. L'existence d'une société démocratique régie par l'autorité de la loi sous-entend l'absence d'unanimité sur presque tous les aspects des questions publiques à l'ordre du jour. Le compromis est le prix auquel se paie la civilisation. La présence d'Ayn Rand à mon côté lors de la cérémonie du serment d'investiture devant le président Ford dans le Bureau Ovale ne passa pas inaperçue. Elle et moi sommes restés très proches jusqu'à sa mort en 1982, et je lui suis reconnaissant de l'influence qu'elle a exercée sur ma vie. Avant d'avoir fait sa connaissance, j'étais resté limité intellectuellement. Tout mon travail avait été empirique, fondé sur les chiffres, jamais guidé par des valeurs. J'étais un technicien de talent, rien de plus. Mon positivisme logique m'avait fait méconnaître l'histoire et la littérature. M'aurait-on demandé si Chaucer méritait d'être lu, j'aurais répondu que ça n'en valait pas la peine. Rand m'a persuadé de m'intéresser aux êtres humains, à leurs valeurs, à leur façon de travailler, à ce qu'ils font et pensent et à leur raison de le faire. Cela a élargi mon horizon bien au-delà des modèles économiques que j'avais appris. Je me suis mis à étudier comment les sociétés et les cultures se forment et se comportent ; je me suis rendu compte que l'économie et la prévision dépendent d'une telle connaissance – les cultures se développent et créent la richesse matérielle de manières profondément différentes. Tout cela a commencé avec Ayn Rand. Elle m'a fait connaître un immense domaine auquel je m'étais fermé.

3

QUAND L'ÉCONOMIE RENCONTRE LA POLITIQUE

La prévision économique a eu un succès foudroyant à Washington dans les années 1960. Cela commença lorsque Walter Heller, un professeur du Minnesota érudit et plein d'esprit, déclara au président Kennedy qu'une baisse des impôts stimulerait la croissance économique. Kennedy n'était pas très chaud – après tout, il avait été élu en appelant le peuple américain à faire des sacrifices. De plus, dans la situation présente, une réduction d'impôts exigeait un changement important de politique budgétaire, car le gouvernement était déjà en déficit. L'économie se gérait alors comme les finances domestiques – on était censé équilibrer son budget et joindre les deux bouts. Le président Eisenhower s'était excusé auprès de la population américaine d'avoir creusé un déficit de 3 milliards de dollars.

Mais après la crise des missiles de Cuba et avec les élections de 1964 déjà à l'horizon, la croissance économique faiblissait et Kennedy se laissa finalement convaincre. La baisse d'impôts de 10 milliards de dollars qu'il proposa au Congrès en janvier 1963 était drastique – la plus importante depuis la Seconde Guerre mondiale, compte tenu de l'ajustement de la taille de l'économie, et elle atteignait presque le total des trois baisses accordées par George W. Bush.

Lyndon Johnson entérina ce plan de réduction d'impôts après la mort de Kennedy. A la grande satisfaction de tous, il eut l'effet promis par les conseillers économiques : 1965 fut une année prospère. La croissance annuelle dépassait 6 %, de l'ordre de ce qu'avait prévu Walter Heller. Les économistes jubilaient. Ils croyaient avoir enfin percé l'énigme de la prévision et s'en félicitaient sans vergogne : « Une ère nouvelle s'ouvre en politique économique, déclarait le rapport annuel des conseillers économiques du Président en 1965. Les instruments de la politique économique se perfectionnent, deviennent plus efficaces et se libèrent des inhibitions imposées par les traditions, l'incompréhension et les polémiques doctrinaires. » Il y était dit que les responsables politiques ne devaient pas rester passifs devant les événements, mais « prévoir et modeler les évolutions futures ». Le marché boursier était en plein essor et, à la fin de l'année, John Maynard Keynes fit la couverture du magazine *Time* (alors qu'il était mort en 1946) avec le titre : « Nous sommes tous keynésiens maintenant [1]. »

J'avais peine à le croire. Je n'avais jamais été très sûr de moi en faisant des prévisions macroéconomiques et, bien que Townsend-Greenspan en ait fourni à ses clients, elles n'avaient jamais été au cœur de nos activités. J'admirais le résultat obtenu par Heller, mais, dans mon bureau du 80 Pine Street avec vue sur le pont de Brooklyn, je me souviens d'avoir pensé que je n'aurais pas aimé faire son travail. La prévision macroéconomique tenait, je le savais, plus de l'art que de la science.

Ces résultats économiques exemplaires se détériorèrent lorsque l'administration Johnson entreprit d'injecter de grosses sommes dans la guerre du Vietnam et les programmes de la Grande Société. Au-delà des nécessités du fonctionnement quotidien de Townsend-Greenspan, je m'intéressais beaucoup à la politique budgétaire du gouvernement et écrivais souvent dans les journaux économiques des commentaires et des articles critiques à l'endroit de l'administration. L'économie de la guerre du Vietnam me captivait

---

1. Richard Nixon reprit l'expression et s'en servit en 1971, lorsqu'il était président, pour défendre les déficits budgétaires et l'interventionnisme économique de son administration.

particulièrement en raison de mes travaux antérieurs sur les dépenses engagées lors de la guerre de Corée. Lorsque mon vieux collègue Sandy Parker, qui était toujours économiste en chef de *Fortune*, me demanda au début de 1966 d'aider à examiner le coût de la guerre, je sautai sur l'occasion.

Quelque chose ne collait pas dans la comptabilité du président Johnson. Dès le début, il s'était révélé cavalier avec les chiffres. On a montré par exemple qu'il les avait manipulés pour prouver que son premier budget était inférieur à 100 milliards de dollars. Les estimations du coût de la guerre par l'administration semblaient basses compte tenu de ce que l'on commençait à connaître du déploiement de plus en plus important des forces américaines – le général William Westmoreland avait, paraît-il, réclamé à huis clos un accroissement des effectifs de 400 000 hommes. J'ai décortiqué la proposition de budget présentée au Congrès par le Président pour l'exercice qui débutait au 1er juillet 1966 et, en utilisant les connaissances que j'avais des habitudes et des pratiques du Pentagone en matière de dépenses, j'estimais que le budget minimisait d'au moins 50 % – 11 milliards de dollars au bas mot – le coût probable de la guerre pour l'année en question. (Il était également supposé, dans une note de bas de page révélatrice faisant référence à 1967, que les opérations militaires seraient terminées au 30 juin de cette année-là, si bien qu'il ne serait plus nécessaire de remplacer des avions et autres matériel coûteux au-delà de cette date.)

Fortune vendit la mèche en avril 1966 dans un article intitulé : « La guerre du Vietnam : une comptabilisation des coûts. » Il concluait sans mettre de gants : « Le budget suggère à peine le niveau de dépenses auquel il faut s'attendre. » Venant d'une revue économique respectée, le commentaire attisait le débat de plus en plus animé sur la question de savoir si L.B.J. et son administration cachaient le coût de la guerre.

En dehors du fait que l'économie de guerre éveillait mes soupçons, j'étais assez déphasé par rapport à l'époque. Lorsqu'on songe aux années 1960, on pense immédiatement aux manifestations pour les droits civiques et contre la guerre, à la liberté sexuelle, à la drogue et au rock – à un bouleversement culturel spectaculaire et extravagant. Mais j'étais de l'autre côté du fossé entre générations. J'ai eu quarante ans en 1966 ; autrement dit, j'avais atteint l'âge adulte dans les années 1950, du temps où on portait une veste et une cravate et où on fumait la pipe (avec du tabac dedans). J'écoutais toujours Mozart et Brahms, Benny Goodman et Glenn Miller. La musique populaire m'est devenue complètement étrangère à l'arrivée d'Elvis – à mes oreilles, cela ressemblait plutôt à du bruit. Je trouvais les Beatles assez bons musiciens ; ils chantaient bien et avaient des personnalités attachantes – et, en comparaison de ce qui allait suivre, leur musique était presque classique. La culture des années 1960 m'était étrangère car je la jugeais anti-intellectuelle. J'étais profondément conservateur et croyais en la courtoisie. Je n'ai donc eu aucun lien avec le *flower power*. J'étais libre de ne pas participer au mouvement et je ne l'ai pas fait.

Mon engagement dans la vie publique remonte à la campagne présidentielle de Nixon en 1967. En dehors de mon travail habituel, j'écrivais un manuel d'économie avec Martin Anderson, professeur de finance à l'université de Columbia. Il s'était fait un nom dans les cercles conservateurs avec un livre intitulé *The Federal Bulldozer*, une critique de la rénovation urbaine qui avait attiré l'attention de Nixon. Nous avions envisagé de collaborer à un manuel décrivant un système capitaliste du laisser-faire ; avec quelque ironie, nous avions décidé que lui, l'universitaire, rédigerait les chapitres sur la pratique des affaires, et moi, le conseiller des entreprises, les chapitres théoriques. Mais nous n'étions pas allés très loin lorsque Nixon demanda à Marty de participer à sa campagne présidentielle en tant que principal conseiller en matière de politique intérieure.

Presque tout de suite, Marty me demanda si je voulais bien aider la petite équipe à élaborer le programme et écrire des discours. A ce moment-là, l'état-major de la campagne ne comptait que quatre personnes en dehors de Marty : Pat Buchanan, qui en était le chef, William Safire, Ray Price et

Leonard Garment. Ce dernier était le seul que je connaissais et je ne l'avais revu que rarement depuis l'époque où nous jouions ensemble dans l'orchestre de Henry Jerome, plus de vingt ans plus tôt. Il était maintenant l'un des associés du cabinet juridique de Nixon à New York, Nixon Mudge Rose Guthrie Alexander & Mitchell. Nous sommes allés déjeuner tous les six et avons parlé de ce que nous pouvions faire pour la campagne. Ils ont apprécié quelques-unes de mes idées et Buchanan a suggéré que je m'entretienne avec le candidat avant que nous allions plus loin.

Deux jours après, je suis allé voir Nixon à son bureau. Son retour sur la scène politique m'intriguait. Comme tout le monde, je me rappelais ses adieux railleurs aux journalistes après qu'il eut perdu la course au gouvernorat de Californie en 1962, dans laquelle il croyait que la presse était contre lui : « Vous ne pourrez plus étriller Nixon, car, messieurs, c'est ma dernière conférence de presse. » Son bureau était encombré de reliques et de photos dédicacées ; j'avais l'impression d'être face à quelqu'un qui avait été un personnage important et se retrouvait mis à l'écart dans une petite pièce avec ses souvenirs. Mais il était très élégamment vêtu et n'avait pas seulement l'air d'un important avocat newyorkais qui avait réussi : il l'était. Sans perdre de temps à des bavardages, il me fit parler en me posant des questions judicieuses sur l'économie et la politique. Lorsqu'il exposait ses idées, il le faisait avec des phrases parfaitement tournées et enchaînées. J'étais très impressionné. Plus tard, au cours de la campagne, j'ai dû parfois le mettre au courant d'une question avant qu'il ne rencontre les médias et il adoptait ce comportement de juriste, sérieux, en restant près des faits. Il m'écoutait cinq minutes exposer un sujet dont il ignorait tout – une nouvelle qu'on venait d'apprendre, par exemple –, puis, en sortant de là, il en parlait comme s'il le connaissait parfaitement. Lui et Bill Clinton ont été de loin les présidents les plus intelligents avec qui il m'a été donné de collaborer.

Le comité « Nixon pour président » avait ses bureaux sur Park Avenue et la 57ᵉ Rue, dans l'immeuble de la vieille société américaine d'étude de la Bible. Au début, je travaillais là deux ou trois après-midi par semaine, puis quatre, cinq, voire plus à mesure que la campagne se préparait. On m'avait nommé « conseiller en politique économique et intérieure », mais je suis resté strictement bénévole. J'œuvrais en étroite collaboration avec Marty, qui avait pris un congé et s'occupait de la campagne à plein temps. Une partie de ma tâche consistait à coordonner les réactions constatées dans tous les domaines : nous réunissions en hâte les études nécessaires et les faxions dans les vingt-quatre heures à Nixon et à l'équipe de la campagne. Il voulait donner l'impression d'être informé et je l'ai aidé à mettre sur pied des groupes missionnés sur les questions économiques. Leur principal objectif était de rallier des partisans. Il y avait aux Etats-Unis près de deux fois plus de démocrates inscrits sur les listes électorales que de républicains[1], et Nixon avait besoin de rameuter le plus de gens possible. Chaque groupe se réunissait, ses membres disaient à Nixon ce qu'ils pensaient et tout le monde souriait, se serrait la main et prenait des photos. Mais le travail que j'aimais le plus et dans lequel ma contribution a été la plus originale consistait à intégrer les sondages locaux et par Etat. Pendant la campagne électorale de 2004, il était possible de trouver sur Internet une estimation des intentions de vote mise à jour en fonction des sondages pratiqués au sein des cinquante Etats. La technologie faisait défaut en 1968, mais j'avais mis au point une méthode qui permettait d'aboutir à des résultats approchants. Je rapportais tous les sondages par Etat que je pouvais trouver aux habitudes de vote et tendances antérieures en effectuant des extrapolations pour les Etats dans lesquels ils n'y avait pas de sondages, tout cela afin de prévoir le vote populaire et le vote des grands électeurs.

A la fin du mois de juillet 1968, une semaine avant la Convention républicaine, Nixon rassembla son état-major au Gurney's Inn, un hôtel en bord de plage à Montauk, à

---

1. 17 millions contre 9 millions, selon le Centre d'étude de l'électorat américain.

la pointe est de Long Island. Nous étions une quinzaine – y compris le petit groupe avec lequel j'avais commencé à travailler plusieurs mois plus tôt. Nixon savait déjà qu'il avait assez de voix pour être nommé et c'était censé être une réunion de travail destinée à formuler les questions qu'il voulait aborder dans son discours d'acceptation. Lorsque nous avons pris place autour de la table de réunion, pour Dieu sait quelle raison, il était de mauvaise humeur. Au lieu de la discussion sur sa politique que nous attendions, il s'est mis à fulminer contre les démocrates. Il n'a pas élevé la voix, mais sa harangue a été si violente, si injurieuse qu'elle aurait fait rougir Tony Soprano. J'étais stupéfait : ce n'était pas du tout l'homme à qui j'avais eu affaire jusque-là. Sur le coup, je ne me doutais pas que m'était révélée une facette importante de la personnalité de Nixon. Je n'imaginais pas qu'un être humain puisse avoir des côtés si différents. Il s'est calmé au bout d'un moment et la réunion a suivi son cours, mais après cet épisode je n'ai plus jamais porté sur lui le même regard. Cela m'avait à tel point perturbé que, après l'élection, lorsqu'on m'a invité à faire partie du personnel de la Maison Blanche, j'ai répondu que je préférais retourner à mon travail.

Le côté ordurier de Nixon est apparu au grand jour cinq ans plus tard lorsque les bandes magnétiques du Watergate ont été rendues publiques. Il y apparaît comme un homme extrêmement intelligent, mais profondément paranoïaque, misanthrope et cynique. Un membre de l'administration Clinton accusait un jour Nixon d'antisémitisme ; je lui ai dit : « Vous n'avez pas compris. Il n'était pas uniquement antisémite, mais aussi anti-italien, anti-grec, anti-slovaque. Je ne connais personne qui ait eu sa faveur. Il haïssait tout le monde. Il disait des choses affreuses sur Henry Kissinger, ce qui ne l'a pas empêché de le nommer secrétaire d'Etat. » Son départ m'a soulagé. Nous ne savions pas ce qu'il risquait de faire et, eu égard à la puissance dont dispose le président des Etats-Unis, c'était effrayant – il est très difficile pour un officier de l'armée qui a prêté serment de respecter la constitution de dire : « Non, monsieur le Président, je ne ferai pas cela. »

Nixon représente certes un extrême. Mais je me suis rendu compte que ceux qui sont en haut de l'échelle politique ne sont pas comme tout le monde. Jerry Ford était aussi près de la normale qu'il est possible de l'être pour un président, mais il n'a jamais été élu. Je propose depuis des années, sans succès, un amendement à la constitution. Le voici : « Toute personne disposée à faire ce qui est nécessaire pour devenir président des Etats-Unis se voit *ipso facto* interdire cette fonction. » Je ne plaisante qu'à moitié.

Bien que je n'aie pas eu de poste permanent dans l'administration, Washington a occupé une place importante dans mon existence. J'ai travaillé comme directeur du Budget par intérim avant l'investiture, contribuant ainsi à mettre sur pied le premier budget fédéral de Nixon. J'ai fait partie de commissions et de groupes de travail – en particulier de la commission présidentielle sur l'armée de métier, formée par Martin Anderson et qui a ouvert la voie au sein du Congrès à l'abolition de la conscription[1]. Et puis j'avais tant d'amis et de relations professionnelles à des postes clés du gouvernement que je passais de plus en plus de temps dans la capitale fédérale.

L'économie se comportait de manière erratique, les entreprises se débattant avec les effets de la guerre du Vietnam et de l'agitation dans le pays. Une hausse de 10 % de l'impôt fédéral sur le revenu, instaurée d'autorité à la fin du mandat du président Johnson et maintenue par Nixon pour aider à payer la guerre, n'avait pas un effet salutaire. En 1970, nous avons glissé dans une récession qui a fait grimper le chômage à 6 % – environ 5 millions de personnes étaient sans travail.

En même temps, l'inflation semblait s'animer d'une vie propre. Au lieu de diminuer, comme l'annonçaient tous les modèles de prévision, elle persistait à un taux annuel de 5,7 % – bas en comparaison de ce qui allait suivre, mais inquiétant selon les normes de l'époque. Dans la vision key-

---

1. Bien que Martin Anderson ait formé la commission, il n'y a pas travaillé. Elle était présidée par Thomas S. Gates Jr, qui avait été secrétaire à la Défense sous Eisenhower.

nésienne prédominante d'alors, le chômage et l'inflation sont pareils à deux enfants sur une bascule : lorsque l'un monte, l'autre descend. En simplifiant à l'excès, plus le chômage est élevé, moins il y a de pression à la hausse sur les salaires et les prix, arguait-on. Inversement, lorsque le chômage diminue et que des tensions apparaissent sur le marché du travail, une augmentation des salaires et des prix semble probable.

Mais le modèle keynésien ignore la possibilité que le chômage et l'inflation augmentent en même temps. Ce phénomène, que l'on a appelé la stagflation, a mis les dirigeants politiques dans l'embarras. Les outils de prévision, qui avaient fait paraître les économistes officiels si prescients une décennie plus tôt, n'étaient en réalité pas assez bons pour permettre au gouvernement de régler l'économie avec précision. (Selon un sondage effectué quelques années plus tard, le public estimait à présent que la capacité de prévision des astrologues valait celle des économistes. Cela m'a amené à me demander en quoi les astrologues s'étaient trompés.)

La pression politique exercée sur l'administration pour s'attaquer à ces problèmes monta rapidement. Arthur Okun, qui était à la tête des conseillers économiques sous Johnson et était connu pour son sens de l'humour empreint d'ironie, inventa un « indice du malaise » pour décrire le dilemme. C'était simplement la somme des taux de chômage et d'inflation. L'indice de malaise était alors de 10,6 % et il n'avait cessé de grimper depuis 1965[1].

Mes amis de Washington ont essayé un remède après l'autre. Pour lutter contre la récession et l'effet paralysant de la surtaxe, la Fed a abaissé les taux d'intérêt et injecté de l'argent dans l'économie. Cela a dynamisé la croissance du PNB mais a encore alimenté l'inflation. Pendant ce temps-là, parmi certains des collaborateurs du Président se dessinait un mouvement en faveur de mesures que nous autres,

---

1. L'indice fut ultérieurement rebaptisé indice de détresse et fut encore cité au cours de deux campagnes présidentielles au moins. Jimmy Carter s'en servit pour critiquer le président Ford en 1975 et Ronald Reagan pour critiquer le président Carter en 1980.

économistes partisans du libre marché, avions en abomination et qui avaient contribué à faire élire Nixon : le contrôle des salaires et des prix. Même mon vieil ami et mentor Arthur Burns, que Nixon nomma président de la Fed en 1970, se mit à parler de quelque chose de similaire : la politique des revenus. Son revirement me stupéfiait – je le mis sur le compte des exigences politiques combinées à quelque évolution alarmante de l'économie qu'il devait percevoir de sa nouvelle position privilégiée. La Fed était manifestement inquiète. Rétrospectivement, je soupçonne Burns d'avoir tenté d'anticiper le contrôle officiel des salaires et des prix. Enfin, un dimanche, le 15 août 1971, le téléphone sonna chez moi – c'était Herb Stein, qui faisait alors partie des conseillers économiques de Nixon. « J'appelle de Camp David, déclara-t-il. Le Président a tenu à ce que je vous appelle pour vous dire qu'il allait annoncer à la nation l'instauration d'un contrôle des salaires et des prix. » Ce soir-là est resté mémorable à mes yeux pour deux raisons : d'abord, Nixon a pris la place de *Bonanza*, la série western préférée des Américains, émission que j'aimais moi aussi beaucoup ; ensuite, je me suis penché pour ramasser quelque chose par terre et me suis démis une vertèbre. J'ai dû garder le lit pendant six semaines. Je reste encore persuadé que c'est de la faute du contrôle des salaires et des prix.

J'étais content de ne pas être au gouvernement. Burns et sa femme habitaient l'ensemble résidentiel de Watergate et il m'arrivait d'aller dîner chez eux. Arthur songeait à la dernière initiative de la Maison Blanche et disait : « Oh, bonté divine, à quoi pensent-ils donc ? » Après que Nixon eut imposé le contrôle des salaires et des prix, j'ai pris l'avion pour aller voir Donald Rumsfeld qui dirigeait le Programme de stabilisation économique, l'organisme créé pour l'administrer. Il était également à la tête du Conseil sur le coût de la vie et avait Dick Cheney pour adjoint. Ils m'avaient demandé mon avis car je connaissais bien le fonctionnement des divers secteurs de l'économie. Mais tout ce que j'ai pu faire, c'est signaler quel type de difficulté engendrerait chaque type de gel des prix. Ils allaient se heurter à un problème de planification centrale dans une économie de marché – le marché sape systématiquement toute tentative de contrôle. Un jour, les difficultés apparaissaient dans le secteur des textiles. En raison du pouvoir politique des agriculteurs, l'administration ne pouvait plafonner le prix du coton brut, qui ne manquait pas de monter. Mais le gouvernement gelait les prix des produits grèges – les textiles non blanchis et non teints, au premier stade de la production. Les producteurs de tissus grèges étaient pris en tenailles – leurs coûts grimpaient, mais ils ne pouvaient augmenter leurs prix – et les entreprises abandonnaient le secteur. Les industriels qui se chargeaient de la transformation finale des textiles et les fabricants de prêt-à-porter se plaignaient alors de l'offre insuffisante de produits grèges. Rumsfeld m'a demandé ce qu'il devait faire. Je lui ai répondu : « C'est simple : montez le prix. » Des situations de ce genre apparaissaient chaque semaine et, après un an ou deux, tout le système s'est effondré. Nixon a avoué plus tard que le contrôle des prix et des salaires avait été sa plus mauvaise politique. Mais le plus triste, c'est qu'il avait su depuis le début que ce n'était pas une bonne idée. C'était un pur expédient politique : beaucoup d'industriels avaient affirmé vouloir geler les salaires et l'idée d'un gel des prix plaisait à un grand nombre de consommateurs ; il avait donc estimé qu'il devait le faire.

L'embargo sur le pétrole arabe en octobre 1973 aggrava encore l'inflation et le chômage – sans parler du coup porté à l'assurance et à l'amour-propre des Américains. L'indice des prix de détail s'envola : en 1974, on vit apparaître l'expression « inflation à deux chiffres » au moment où la hausse du niveau général des prix atteignit 11 %. Le chômage était toujours de 5,6 %, le marché boursier baissait fortement, l'économie était sur le point de s'enfoncer dans la récession la plus grave depuis les années 1930, et le scandale du Watergate assombrit encore l'atmosphère.

Au milieu de toutes ces nouvelles déprimantes, le secrétaire au Trésor, Bill Simon, m'appela pour me demander si je voulais bien devenir président du Council of Economic

Advisors (CEA), les conseillers économiques du Président. Herb Stein, alors président du CEA, s'apprêtait à quitter ses fonctions. La présidence du CEA est l'un des trois postes les plus importants auxquels puisse aspirer un économiste à Washington, les autres étant ceux de secrétaire au Trésor (le ministre des Finances américain) et de président de la Fed. En d'autres circonstances, j'aurais accepté tout de suite. Mais je n'étais pas d'accord avec beaucoup des politiques suivies par Nixon et avais donc l'impression que je ne pourrais pas agir efficacement. J'ai dit à Simon que j'étais très honoré de l'offre et que je me ferais un plaisir de proposer d'autres candidats, mais que ma réponse était négative. Il m'a relancé une semaine plus tard et je lui ai répondu que j'appréciais sa confiance mais que ma décision était prise. « Iriez-vous au moins parler à Al Haig ? » m'a-t-il demandé. Haig était le secrétaire général de la Maison Blanche. J'ai accepté et le lendemain, Haig m'a proposé de venir le voir à Key Biscayne, en Floride, où le Président aimait faire des séjours. Il a fait une grande démonstration d'intérêt, style Maison Blanche, et m'a envoyé un jet directorial de l'armée, avec steward. A mon arrivée à Key Biscayne, Haig et moi avons eu une longue conversation. Je lui ai dit : « Vous commettez une faute. Si je prends la tête des conseillers et que l'administration applique des politiques auxquelles je ne souscris pas, il me faudra donner ma démission. Vous n'avez pas besoin de ça. » Le contrôle des prix et des salaires avait été pour l'essentiel supprimé à cette date-là, mais le Congrès exerçait de fortes pressions pour le rétablir à cause de l'inflation. Je lui ai répété que je démissionnerais si cela advenait. « Nous n'en prenons pas le chemin, m'a répondu Haig. Vous n'éprouverez pas le besoin de démissionner. » « Vous voulez le voir ? » me demanda-t-il comme je m'apprêtais à partir, voulant évidemment parler de Nixon. « Je n'ai pas de raison de le faire », ai-je dit. En vérité, il me mettait toujours mal à l'aise. De plus, je ne savais trop quel parti adopter face à la proposition qui m'était faite, et dire non au président des Etats-Unis n'était pas chose particulièrement facile.

J'étais à peine arrivé à mon bureau de New York que le

téléphone sonna. Cette fois-ci, c'était Arthur Burns. Il m'a demandé de venir le voir à Washington, ce que j'ai fait. Mon vieux mentor tirait sur sa pipe et joua sur mon sentiment de culpabilité. « Le gouvernement est paralysé, a-t-il dit. Mais l'économie ne s'est pas évaporée et il nous faut toujours avoir une politique économique. C'est votre devoir envers le pays de vous mettre à son service. » Par ailleurs, fit-il remarquer, je travaillais depuis vingt ans à consolider Townsend-Greenspan ; le moment n'était-il pas venu de voir si la société pouvait se débrouiller toute seule ? A la fin de la conversation, j'étais persuadé que j'arriverais peut-être à me rendre utile à Washington. Mais, par-devers moi, je me suis dit que j'allais prendre un appartement loué au mois et que, au figuré au moins, je garderais ma valise prête.

Si Nixon n'avait pas été dans une si mauvaise passe, je n'aurais pas accepté cette fonction. J'y voyais presque une mission de secours, pour empêcher que tout parte à vau-l'eau. J'escomptais ne garder le poste que peu de temps. Si Nixon était allé jusqu'au terme de son mandat, je ne serais sans doute pas resté plus d'un an. Mais les événements ont pris un tour tout à fait différent. La séance de confirmation de ma nomination au Sénat eut lieu le jeudi 8 août dans l'après-midi ; le même soir, Nixon annonçait sa démission à la télévision.

Je n'avais rencontré le vice-président Ford qu'une fois : nous avions eu une conversation d'une heure à propos de l'économie quelques semaines auparavant. Mais nous nous étions bien entendus et, sur les instances de Don Rumsfeld, qui dirigeait son équipe de transition, il confirma ma nomination.

Le Council of Economic Advisors forme au fond un petit cabinet de conseil dont le seul client est le président des Etats-Unis. Il a ses bureaux dans l'Old Executive Office Building, face à la Maison Blanche, de l'autre côté de la rue. Les conseillers sont trois, secondés par une petite équipe d'économistes, pour la plupart des professeurs d'université en congé pour un an ou deux. Sous Nixon, le CEA s'était beaucoup politisé, Herb Stein s'exprimant fréquemment au nom du Président. Quoique Herb ait été un président efficace, il est très difficile d'être à la fois conseiller et porte-parole (normalement, c'est le secrétaire au Trésor qui est le porte-parole de l'administration pour les questions économiques), et je voulais que le CEA se cantonne à son rôle de conseil. Après en avoir brièvement discuté avec les autres membres, William Fellner et Gary Seevers, j'ai annulé les points de presse mensuels réguliers. Je décidai de prononcer le moins possible d'allocutions et de réduire les contacts avec le Congrès au strict nécessaire – étant entendu qu'il me faudrait témoigner quand on me convoquerait.

Je n'avais pas le profil habituel du président du CEA parce que je n'étais pas titulaire d'un doctorat et portais souvent sur l'économie un regard qui n'avait rien d'académique. A Townsend-Greenspan, nous avions des ordinateurs et ce qui se faisait de mieux comme modèles économétriques, mais notre objectif a toujours été l'analyse au niveau des secteurs économiques et non l'étude des variables macroéconomiques telles que le chômage et le déficit fédéral.

Ford et Nixon différaient autant que le jour et la nuit. Ford était sans inquiétude, l'homme le moins soucieux que j'aie rencontré. Avec lui, on n'avait jamais le moindre sentiment de gêne, l'impression qu'il avait une idée derrière la tête. S'il était en colère, il l'était pour une raison évidente. Mais cela lui arrivait rarement ; il était d'humeur exceptionnellement égale. En 1975, juste après la chute de Saïgon, les Khmers Rouges du Cambodge s'emparèrent du *Mayaguez*, un porte-conteneurs battant pavillon américain, dans un couloir de navigation au large de la côte. J'étais assis à côté de Ford au cours d'une réunion portant sur des questions économiques lorsque Brent Scowcroft, le directeur adjoint du Conseil national de sécurité, est entré dans la pièce et a posé une note devant lui. Le Président l'a dépliée et l'a lue. C'était la première fois qu'il entendait parler de l'incident. Il s'est tourné vers Scowcroft et lui a dit : « D'accord, pourvu que nous ne soyons pas les premiers à tirer. » Il est revenu ensuite au sujet de la réunion et a repris la conversation. Je n'ai pas lu la note en question, mais il était clair que le Président venait d'autoriser les militaires à riposter si nécessaire contre les Khmers Rouges.

La limite de ses connaissances ne lui échappait jamais. Il ne se croyait pas intellectuellement supérieur à Henry Kissinger ni ne pensait en savoir plus que lui en matière de politique étrangère, mais il n'était pas intimidé par lui. Ford possédait un grand calme intérieur – sans doute l'une de ces rares personnes qui obtiendraient des résultats normaux aux tests psychologiques.

Bien qu'il n'ait pas été terriblement à l'aise sur le chapitre de l'économie, il avait une vision subtile et cohérente de la politique économique. Des années passées à la commission des finances de la Chambre des représentants lui avaient appris tout ce qu'il fallait savoir sur le budget fédéral, et les budgets qu'il élaborait étaient vraiment siens. Plus important, il croyait en la limitation des dépenses fédérales, l'équilibre budgétaire et une croissance durable stable.

Sa première priorité était de trouver une solution à long terme pour juguler l'inflation, que, dans son premier discours au Congrès, il avait qualifiée d'ennemi public n° 1. Le dollar ayant perdu plus de 10 % de son pouvoir d'achat cette année-là, l'inflation avait effrayé tout le monde. Craignant de ne pouvoir joindre les deux bouts, les gens rognaient sur leurs dépenses. Dans le domaine des affaires, l'inflation fait planer l'incertitude et le risque, rendant la planification plus difficile et décourageant l'embauche, la construction d'usines et, en fait, toute forme d'investissement. C'est ce qui s'est passé en 1974 – les dépenses en capital pratiquement gelées aggravèrent encore la récession.

J'étais d'accord avec les priorités du Président, mais j'ai été horrifié d'apprendre comment son état-major de la Maison Blanche projetait de régler le problème. Ma première expérience d'une prise de décision dans la salle Roosevelt de la Maison Blanche a failli me faire repartir immédiatement à New York. A cette réunion de l'équipe dirigeante, le service chargé de la rédaction des discours dévoila une campagne qu'il avait conçue, baptisée *Whip Inflation Now*, « Vaincre l'inflation tout de suite ». Le WIN [gagner], comme ils voulaient qu'on l'appelle (« Vous avez saisi ? » demanda l'un), était un vaste programme qui comprenait, entre autres choses, un gel volontaire des prix à l'échelon national, une conférence au sommet à Washington pour discuter de l'inflation après réunion de groupes envoyés en mission, et de mini-sommets dans tout le pays. Ils avaient commandé des millions de badges « Whip Inflation Now », dont ils nous remirent des échantillons. C'était surréaliste. J'étais le seul économiste présent et me disais : « C'est d'une stupidité sans nom. Qu'est-ce que je fais ici ? »

Etant nouveau, je ne connaissais pas vraiment le protocole. Il ne me semblait pas bienvenu de dire exactement ce que je pensais. Je me concentrai donc sur des choses sans signification du point de vue économique. « Vous ne pouvez demander aux petits entrepreneurs de renoncer volontairement à augmenter leurs prix, ai-je fait remarquer. Ils ont des marges étroites et ne peuvent empêcher leurs fournisseurs d'augmenter les prix. » Les jours suivants, je les ai amenés à édulcorer quelques-unes de leurs mesures, mais la campagne WIN commença en grande fanfare à l'automne. C'était un maillon faible de la politique économique. J'étais content d'avoir annulé les points de presse du CEA car, ainsi, je n'ai jamais été obligé de défendre la campagne en public. A la fin de l'année, elle était totalement éclipsée par l'aggravation de la récession.

Le principal conseil de politique économique se réunissait tous les jours ouvrables à 8 h 30 et, puisque l'économie occupait le devant de la scène politique, tout le monde voulait y participer. Il comprenait cinq ou six responsables du Cabinet, le directeur du Budget, celui qu'on appelait le « tsar de l'énergie » et d'autres. Arthur Burns venait donner son avis sur les questions essentielles. Certains jours, il y avait vingt-cinq personnes dans la pièce. C'était un bon forum pour mettre des problèmes sur le tapis, mais pas pour prendre de réelles décisions. Le premier cercle des conseillers économiques était beaucoup plus restreint : le secrétaire au Trésor Simon, le directeur du Budget Roy Ash (puis son successeur Jim Lynn), Arthur Burns et moi.

Au début, nous ne semblions pas faire autre chose qu'apporter de mauvaises nouvelles au Président. Fin septembre, le chômage monta d'un cran. Les commandes, la production et l'emploi, tous chutèrent. « Il est fort possible que nous ayons de gros problèmes au printemps prochain », ai-je dit au Président à Thanksgiving. A la veille de Noël, le conseil de politique économique lui envoya une note l'avertissant de s'attendre à plus de chômage et à la récession la plus profonde depuis la Seconde Guerre mondiale. Ce n'était pas un beau cadeau.

Pis, il a fallu lui dire que nous ignorions quelle serait la gravité de la récession. Les récessions sont comme les ouragans, il y a toute la gamme entre ordinaire et catastrophique. Les ordinaires participent du cycle économique : elles se produisent lorsque les stocks excèdent la demande ; les entreprises réduisent alors brusquement la production jusqu'à écoulement des surplus. Les récessions entrent dans la catégorie 5 lorsque la demande elle-même s'effondre, autrement dit quand les consommateurs cessent d'acheter et les entreprises d'investir. Nous avons passé en revue les diverses possibilités et le président Ford s'est inquiété de voir l'Amérique prise dans un cercle vicieux : chute de la demande, vagues de licenciements et morosité. Comme aucun des modèles de prévision ne pouvait s'appliquer à la situation, nous étions dans le brouillard. Nous ne pouvions que lui dire qu'il s'agissait sans doute d'une récession due à une accumulation des stocks, aggravée par le choc pétrolier et l'inflation – peut-être de catégorie 2 ou 3. Mais peut-être aussi 5.

Le Président devait prendre une décision. L'indice de malaise approchant les 20 %, d'énormes pressions politiques exercées par le Congrès le poussaient à faire quelque chose de spectaculaire : réduire radicalement les impôts ou augmenter massivement les dépenses gouvernementales. C'était le moyen de faire face à une récession de catégorie 5. Cela pouvait relancer l'économie à court terme mais risquait d'aggraver encore l'inflation, avec des effets à long terme potentiellement désastreux. Par contre, si nous avions affaire seulement à une récession due à un excès de stocks, la meilleure solution – économique, pas politique – était d'en faire le moins possible ; si nous évitions la panique en nous abstenant de prendre des mesures intempestives, l'économie se redresserait d'elle-même.

Ford n'était pas du genre à paniquer. Début janvier 1975, il nous demanda d'appliquer le plan de redressement le plus léger possible. Il finit par inclure des mesures destinées à atténuer la crise énergétique, un ralentissement de la croissance du budget fédéral et un dégrèvement fiscal unique visant l'impôt sur le revenu afin de donner un coup de pouce aux ménages. L'idée de ce dégrèvement venait d'Andrew Brimmer, un économiste du secteur privé qui, sous L.B.J., avait été le premier gouverneur afro-américain du Federal Reserve Board. Quelques jours avant de présenter le plan au public, le président Ford m'interrogea longuement sur la question de savoir si un dégrèvement de 16 milliards de dollars compromettait notre croissance à long terme. Sur le plan économique, opter pour un tel montant restait prudent. « Dans la mesure où le dégrèvement est unique, où il ne devient pas permanent, il ne fera pas grand tort », lui ai-je expliqué.

J'ai été un peu surpris quand il m'a répondu : « Si c'est ce que vous jugez opportun, je vais le proposer. » Evidemment, il consultait aussi des conseillers plus importants que moi, mais je trouvais intéressant que le président des Etats-Unis prenne mon avis. Cela me donnait un sentiment de responsabilité... et c'était gratifiant. Ford ne me devait rien, ni politiquement ni autrement. C'était la preuve que les idées et les faits comptaient vraiment.

Son programme restreint était économiquement sensé. Il concordait avec ma propre conception de la prise de décision. Lorsque j'examinais une politique, je me demandais toujours quels seraient les coûts économiques si nous nous trompions. S'il n'existe pas de risque d'inconvénient, on peut essayer n'importe quelle politique. Lorsque, au contraire, le prix à payer en cas d'échec est potentiellement très important, les mesures en question doivent être évitées, même si leurs chances de succès dépassent 50 %, car le risque n'est pas acceptable. Par ailleurs, le choix fait par le Président exigeait beaucoup de courage. Il savait bien que son programme serait jugé inadéquat et qu'il risquait, si les mesures se révélaient trop modérées, de prolonger le déclin de l'économie.

J'estimais que le CEA devrait s'attaquer au problème de toute urgence. Il fallait que le Président sache s'il affrontait une récession temporaire due à un excès d'offre ou à un effondrement important de la demande. Le seul indice économique infaillible était le produit national brut (PNB), un tableau complet de la situation économique que le Bureau d'analyse économique (BEA) calculait à partir d'une énorme agglomération de statistiques. Malheureusement, le BEA ne publiait le PNB qu'une fois par trimestre et avec un retard important. Or on ne peut conduire en regardant dans le rétroviseur.

J'ai eu l'idée de mettre en place d'urgence un ensemble d'indicateurs : une version hebdomadaire du PNB qui nous permettrait de suivre l'évolution de la récession en temps réel. Je croyais cela possible car, à Townsend-Greenspan, nous avions mis au point un PNB mensuel. Il était apprécié des clients qui devaient prendre des décisions sans attendre l'annonce des chiffres trimestriels officiels. Nous avions là une base d'analyse ; élaborer un indice hebdomadaire exigeait seulement encore un peu de travail. Des statistiques essentielles, comme celles des ventes au détail et des nouvelles demandes d'inscription au chômage, étaient déjà disponibles chaque semaine. Pas de difficulté de ce côté-là. D'autres données cruciales, comme les ventes d'automobiles ou les statistiques sur les commandes et livraisons de biens durables (matériel industriel, ordinateurs, etc.) étaient normalement publiées tous les dix jours ou une fois par mois. Les données relatives aux stocks paraissaient aussi mensuellement, mais, complication supplémentaire, les études étaient souvent inexactes et sujettes à d'importantes révisions.

Une bonne façon de combler ces trous énormes dans

l'information consistait à décrocher le téléphone. Au fil des ans, j'avais tissé un vaste réseau de clients et de contacts dans les entreprises, les associations commerciales, les universités et les organismes de réglementation ; beaucoup de gens répondaient obligeamment lorsque nous les appelions pour leur demander leur aide. Les entreprises nous livraient des informations confidentielles sur leurs carnets de commandes et leurs projets d'embauche ; les directeurs de société et les experts nous guidaient grâce à leurs observations et à leurs remarques. Nous étions en mesure de nous faire une idée plus exacte des stocks, par exemple, en combinant cette information anecdotique aux indices sensibles des prix des matières premières, des importations et des exportations, aux calendriers de livraison, etc.

Les faits que nous réunissions restaient fragmentaires et étaient loin d'approcher les critères appliqués par le Bureau d'analyse économique au calcul du PNB. Mais cette information répondait à nos besoins. Lorsque les économistes et les statisticiens du BEA ont appris ce que nous tentions de faire, ils s'y sont collés et nous ont aidés à structurer notre analyse. Après deux ou trois semaines de « charrette » – notre petite équipe préparait en outre son évaluation annuelle de la situation économique, publiée début février –, notre système de calcul du PNB hebdomadaire était prêt à fonctionner.

Les questions de politique purent alors être examinées de manière beaucoup plus fine. Chaque semaine, à la réunion du Cabinet, j'actualisais le tableau de la récession. A observer le chiffre des ventes d'automobiles décadaire, celui, hebdomadaire, des ventes au détail, les données concernant les permis de construire et les mises en chantier, les rapports détaillés en provenance du système d'assurance-chômage, nous étions de plus en plus persuadés que la tempête ne serait pas très violente. Les consommateurs continuaient d'acheter à un rythme soutenu en dépit de tout ce qu'ils avaient affronté. Qui plus est, les stocks se résorbaient à une cadence très rapide, qui ne pouvait être conservée très longtemps sous peine de se retrouver en rupture. Autrement dit, l'écart entre consommation et production se refermait.

Cela me permit d'annoncer au Président et au Cabinet que le creux de la vague était passé. J'ai dit, et c'était pour moi une certitude : « Je ne puis vous donner la date exacte, mais à moins d'un effondrement des marchés des biens de consommation et de l'immobilier, on va maintenant sortir de la récession. » Semaine après semaine, les données étaient sans équivoque – ce fut une de ces rares occasions en économie où les faits sont évidents et où l'on peut être certain de ce qui va se passer. Ainsi, lorsque le moment vint pour moi de témoigner devant le Congrès, en mars 1975, je pus affirmer avec conviction que l'Amérique se rétablissait « comme prévu ». J'ai dit que nous allions avoir un autre trimestre difficile et que le chômage risquait d'atteindre 9 %, mais qu'il était maintenant possible d'être « légèrement optimiste ». Et j'ai mis en garde contre une augmentation des dépenses publiques ou des baisses d'impôts hâtives, susceptibles de trop stimuler l'économie et d'amorcer une nouvelle spirale inflationniste.

La tempête politique qui entoura le plan économique du Président au printemps méritait d'être vue. Une peur terrible régnait au Congrès. Je disais en plaisantant que je devais mettre mon gilet pare-balles lorsque j'allais y témoigner. En février 1975, *Newsweek* publia ma photo en couverture avec cette manchette : « Quand touchera-t-on le fond ? » Le représentant Henry Reuss estimait que Ford, comme Herbert Hoover en 1930, allait nous laisser sombrer dans la dépression. Il fut cité disant : « Le Président reçoit le même genre d'avis que ceux donnés à Herbert Hoover. » Lorsque je me suis présenté devant la commission budgétaire du Sénat, le président Ed Muskie a affirmé que l'administration en faisait « trop peu et trop tard ». Les propositions destinées à stimuler l'économie avancées par les élus auraient fait grimper le déficit à 80 milliards de dollars, voire plus, chiffre effrayant pour l'époque. George Meany, le président de l'AFL-CIO, la fédération des syndicats indépendants américains, se montra encore plus véhément : « L'Amérique se trouve dans l'état d'urgence économique le plus dramatique depuis la Grande Dépression, a-t-il déclaré devant le

Congrès. La situation, d'ores et déjà effrayante, devient chaque jour plus menaçante. Ce n'est pas une récession de plus ; elle ne peut se comparer aux cinq autres que nous avons connues dans la période d'après-guerre. Nous avons largement dépassé le stade où la situation peut se rétablir seule. Une action gouvernementale massive est nécessaire. » Meany voulait que le gouvernement porte le déficit à 100 milliards de dollars, notamment en octroyant des baisses d'impôts importantes aux foyers à bas et moyens revenus afin de stimuler la croissance.

L'absence de protestations de la part du public surprit tout le monde. Après dix ans de marches en faveur des droits civiques et contre la guerre du Vietnam, on aurait pu s'attendre à ce qu'un taux de chômage de 9 % provoque de grosses manifestations. Les problèmes étaient tout aussi graves en Europe et au Japon, et pourtant, nulle part on ne vit s'élever de barricades. Peut-être les populations étaient-elles trop éprouvées par le choc pétrolier et la décennie qui l'avait précédé. Toujours est-il que l'époque de la contestation paraissait révolue. L'Amérique traversait la nouvelle période avec, semblait-il, un sentiment nouveau de cohésion.

Le président Ford supporta les pressions et son programme économique eut finalement force de loi (le Congrès accrut le dégrèvement fiscal de près de 50 %, soit environ 125 dollars en moyenne par foyer). Surtout, la reprise s'amorça lorsque nous avions promis qu'elle le ferait, au milieu de l'année 1975. La croissance du PNB repartit en flèche – en octobre, elle n'avait pas été aussi élevée depuis vingt-cinq ans. Comme c'est souvent le cas, non seulement les déclarations politiques hyperboliques cessèrent quasiment du jour au lendemain, mais on oublia vite les prédictions catastrophistes. En juillet, la crise passée, nous avons cessé d'appliquer notre programme d'urgence de suivi hebdomadaire du PNB, au grand soulagement de l'équipe du CEA.

La déréglementation a été la grande réussite ignorée de l'administration Ford. Il est difficile d'imaginer dans quelle camisole de force se trouvaient alors les affaires aux Etats-Unis. Compagnies aériennes, transports routiers, chemins de fer, oléoducs, téléphonie, télévision, agents de change, marchés financiers, banques d'épargne, services publics – tout cela était soumis à de lourdes réglementations, le fonctionnement de tous ces secteurs contrôlé dans le moindre détail. Alfred Kahn, un économiste de l'université Cornell, que Jimmy Carter avait mis à la tête du Conseil de l'aéronautique civile et qu'on a surnommé le père de la déréglementation du transport aérien, a donné de cet état de fait une description empreinte d'ironie : « Un taxi aérien peut-il acquérir un avion de cinquante places ? A-t-on le droit de transporter des chevaux de Floride dans le nord-est avec un avion supplémentaire ? Doit-on laisser un avion de ligne occuper ses sièges vides au tarif charter en prenant à son bord les passagers d'un vol charter laissés en plan ? Une compagnie a-t-elle le droit de proposer un prix spécial aux skieurs avec possibilité de remboursement du billet s'il n'y a pas de neige ? Les employés de deux compagnies aériennes apparentées peuvent-ils porter des uniformes semblables ? » Il a ensuite regardé les élus et ajouté : « Faut-il s'étonner que je me demande chaque jour : Pourquoi empêcher tout cela ? Est-ce pour cela que ma mère m'a élevé ? »

Le président Ford a lancé la campagne destinée à supprimer toutes ces absurdités à l'occasion d'un discours prononcé à Chicago en août 1975. Il a promis à son auditoire de « libérer les entrepreneurs de leurs chaînes » et d'« empêcher autant que possible le gouvernement fédéral de mettre son nez dans leurs affaires, leur vie, leur portefeuille et de rester dans leurs jambes ». Le choix de la ville de Chicago n'était pas anodin : le raisonnement qui justifie la déréglementation a été tenu surtout par Milton Friedman et les autres non-conformistes de l'école dite de Chicago. Ces économistes ont étayé par une impressionnante masse de travaux la théorie selon laquelle les marchés et les prix, et non la planification centrale, permettaient l'allocation optimale des ressources d'une société. La présomption keynésienne, qui avait dominé à Washington depuis l'administration

Kennedy, voulait que l'économie puisse être gérée grâce à une intervention active ; les économistes de Chicago arguaient, eux, que le gouvernement devait moins intervenir, voire plus du tout, car la régulation scientifique était un mythe. Après des années de stagflation, l'échec du contrôle des prix et des salaires encore frais dans les mémoires, les dirigeants politiques des deux côtés étaient désormais prêts à admettre que la gestion dans le détail appliquée par le gouvernement était allée trop loin. Il était temps de faire machine arrière.

De fait, un remarquable consensus en matière de politique économique est apparu à Washington – une convergence des attitudes de la gauche libérale, au sens américain, et de la droite conservatrice. Brusquement, tout le monde cherchait à juguler l'inflation, réduire les dépenses et le déficit budgétaire, encourager l'investissement. La campagne de déréglementation de Ford visa d'abord les transports ferroviaires, routiers et aériens. Et, en dépit d'une opposition massive des compagnies et des syndicats, le Congrès déréglementa ces trois secteurs en l'espace de quelques années.

On n'insistera jamais assez sur l'importance de la déréglementation décidée par Ford. La plupart de ses effets bénéfiques ont certes mis plusieurs années à se manifester – au début, les tarifs du fret ferroviaire, par exemple, n'ont guère bougé. Cependant, la déréglementation a ouvert la voie à une énorme vague de destruction créatrice dans les années 1980 : le démantèlement d'AT&T et d'autres dinosaures, la naissance de nouveaux secteurs comme l'informatique personnelle et le transport rapide, le boom des fusions et acquisitions à Wall Street et la restructuration des entreprises qui allaient caractériser la période Reagan. Et nous allions en définitive constater que la déréglementation avait aussi augmenté considérablement la flexibilité et la résistance de l'économie.

Jerry Ford et moi sommes devenus très proches. Il s'en tenait à son point de vue selon lequel l'économie avait grand besoin d'un retour de la confiance et du calme. Cela voulait dire se garder de l'interventionnisme agressif mis au goût du

jour sous Kennedy et des décisions intempestives en réaction au climat politique qui avaient plongé le pays dans une
telle panique et incertitude sous Nixon. Ford voulait mettre
au pas les politiques interventionnistes, réduire le déficit,
l'inflation et le chômage et favoriser une croissance stable,
équilibrée et continue. Comme cela correspondait tout à fait
à mes vues, le fonctionnement du CEA en était d'autant
facilité. Nous n'avions pas à chercher sans arrêt à comprendre ce qu'il pensait. Nous ramenions un problème à un
ensemble d'options, puis je décrochais le téléphone et je
disais : « Nous avons examiné la question. Voici quelles sont
les possibilités. Laquelle choisissez-vous : la première, la
deuxième, la troisième ou la quatrième ? » Nous avions une
conversation de trois ou quatre minutes et, à la fin, j'avais
des instructions claires.

Etre au cœur des choses était très exaltant, il faut le
reconnaître. En janvier 1976, alors que la pression était
encore forte, j'ai aidé Jim Lynn à rédiger la partie économique du discours du Président sur l'état de l'Union. La situation changeait très rapidement et nous y avons apporté des
modifications jusqu'à la dernière minute. Un soir, à la Maison Blanche, nous travaillions tard à ces révisions, tâche fas-
tidieuse car il n'y avait pas de traitement de texte. Jim dit :
« Je me demande ce que j'éprouverai après avoir quitté ce
boulot. Je reviendrai peut-être coller mon nez à la vitre en
essayant de m'imaginer ce que font ces gens importants. »
J'ai éclaté de rire. Nous nous servions certes d'une paire de
ciseaux, de ruban adhésif et de Tipp-Ex, mais nous écrivions
le discours sur l'état de l'Union.

La Maison Blanche m'a permis de m'améliorer au tennis. Je n'avais pas joué depuis mon adolescence, mais quand
la situation s'est stabilisée, je m'y suis remis en démarrant à
zéro sur le court de la Maison Blanche. Il se trouve à l'extérieur, près de l'entrée sud-ouest, et présente le gros avantage
d'être protégé des regards par une clôture. Mon adversaire
était Frank Zarb, le tsar de l'énergie, qui n'avait pas joué
non plus depuis longtemps. Nous étions donc très contents
que personne ne puisse nous voir.

Je rentrais à New York tous les samedis ou dimanches
– j'arrosais les plantes de mon appartement et passais un
moment avec ma mère. Lors de ces virées en fin de semaine,
je ne m'occupais pas d'affaires afin d'éviter tout conflit d'intérêt. Je m'étais complètement détaché de la gestion de
Townsend-Greenspan et l'avait entièrement confiée aux
vice-présidentes de la société, Kathy Eichoff, Bess Kaplan,
Lucille Wu et à l'ex-vice-présidente Judith Mackey, revenue
aider temporairement. Townsend-Greenspan avait ceci
d'inhabituel pour un cabinet de conseil économique que les
hommes travaillaient pour les femmes (nous avions vingt-
cinq employés en tout). Je n'avais pas engagé des économistes du sexe réputé faible pour soutenir le mouvement de
libération de la femme, mais seulement par intérêt. J'estimais autant les hommes que les femmes, mais avais constaté
que, parce que les autres employeurs privilégiaient les premiers, les bonnes économistes coûtaient moins cher. Cela
avait eu deux résultats : le cabinet bénéficiait d'un meilleur
travail à coût égal et la valeur des femmes sur le marché de
l'emploi s'en était trouvée légèrement relevée.

J'apportais toujours avec moi du travail à faire pour le
CEA pendant le week-end. Durant la semaine, je travaillais
en général de dix à douze heures par jour. J'avais un emploi
du temps très satisfaisant. Je commençais à l'aube par un
long bain chaud d'une heure. J'avais pris cette habitude en
1971 sur le conseil de mon orthopédiste, après m'être fait
mal au dos. J'aimais bien ça. C'était le moment idéal pour
travailler. Je pouvais lire et écrire en toute tranquillité. Pour
avoir un bruit de fond, je mettais en marche la VMC. Même
après la guérison de mon dos, j'avais conservé cette
habitude.

Je sortais de chez moi à 7 h 30 et mon appartement du
Watergate était assez près de l'Old Executive Office Building pour que je fasse de temps à autre le trajet à pied.
Les rues autour de la Maison Blanche étaient beaucoup plus
calmes que pendant l'administration Nixon, époque à
laquelle je devais me frayer un chemin au milieu des manifestants lorsqu'il m'arrivait de venir dans la capitale fédérale.

Ma routine quotidienne ressemblait beaucoup à celles de toutes les personnes engagées dans la vie publique. La journée débutait par une réunion du personnel dirigeant de la Maison Blanche, suivie par celle du Conseil de politique économique. Je travaillais généralement jusqu'à 19 heures, avec des pauses pour jouer au tennis et, de temps à autre, au golf. Le Président m'invitait parfois à jouer au golf avec lui à Burning Tree, club connu pour refuser l'entrée aux femmes. De nos jours, aucun président ne pourrait se permettre de venir là, mais au début des années 1970, rares étaient ceux qui s'en plaignaient. J'allais ensuite dîner ou au concert, souvent dans la loge du Président, ou encore faire une apparition dans une réception. Je ne prenais pratiquement pas de jours de congé, mais cela ne me dérangeait pas. Je faisais ce que j'aimais.

La reprise économique augmenta considérablement les chances qu'avait Ford d'être élu en 1976. En raison du souvenir amer laissé par le Watergate, la grâce de Nixon, l'inflation et la crise du pétrole, beaucoup d'experts commençaient à dire qu'il était pratiquement impossible que Ford ou un autre républicain l'emporte. Avant les conventions estivales des partis, les sondages lui donnaient plus de 30 points de retard. Mais la prudence et l'impartialité de Ford ainsi que les résultats qu'il avait obtenus lui valaient le respect, et l'écart ne tarda pas à diminuer.

Un poste dans sa nouvelle administration m'aurait plu – malgré ma réticence antérieure à être au gouvernement, j'étais maintenant persuadé qu'il était possible de faire du bon travail à Washington. J'aurais aimé être secrétaire au Trésor. Mais lorsqu'on m'avait proposé quelque temps auparavant de participer à la campagne, j'avais répondu non. Cela me paraissait incompatible avec la présidence du CEA. Certains membres du gouvernement – le secrétaire d'Etat, le ministre de la Justice et le président du CEA – ne pouvaient, me semblait-il, se mêler de politique électorale car ils dirigeaient des institutions censées produire de l'information à caractère bipartite. Le Président estimait que j'avais fait le bon choix.

Cependant, tandis que Ford s'apprêtait à affronter Jimmy Carter, j'ai fourni par inadvertance le mot à la mode qui allait être utilisé contre le Président pendant toute la campagne. Le point de savoir si la reprise avait tourné court était au cœur du débat économique durant la campagne de 1976. Après une croissance extrêmement rapide au cours du premier trimestre – 9,3 %, digne des Tigres asiatiques –, la conjoncture s'était brusquement rafraîchie et, à l'été, le taux de croissance était retombé à moins de 2 %. Aux yeux d'un économiste, il n'y avait pas de raison de s'inquiéter. Les économies modernes comportent tellement d'éléments en mouvement qu'elles accélèrent ou ralentissent rarement en douceur et, dans le cas présent, tous les autres indicateurs principaux – inflation, chômage, etc. – étaient bons.

J'expliquai cela lors d'une réunion du Cabinet au mois d'août en me servant de graphiques pour montrer que cette reprise était à l'image des précédentes. « Accélérations et pauses se succèdent, ai-je dit. Nous traversons une période de pause. Mais, au fond, le redressement est bien en place sans le moindre signe sous-jacent de détérioration. » Les critiques du Président firent leurs choux gras de ces remarques, relayées auprès des médias par le porte-parole de la Maison Blanche.

Le débat de début 1975 fut soudain relancé et Ford se retrouva soumis à de terribles pressions – venant du Congrès et même de l'état-major de sa campagne – pour l'inciter à renoncer à sa politique de redressement durable à long terme et à faire un effort suprême pour stimuler l'économie. En octobre, le chroniqueur Joseph Kraft demanda sans ménagements : « Monsieur le Président, le pays traverse maintenant ce que vos conseillers appellent une pause. Je pense que pour la plupart des Américains, il s'agit d'un terme lénifiant pour désigner le ralentissement de la croissance, le chômage, qui stagne à un très haut niveau, la baisse des salaires réels, celle des profits et la multiplication des licenciements. N'est-ce pas un bilan pitoyable et votre administration n'en porte-t-elle pas l'essentiel de la responsabilité ? » Ford défendit stoïquement son action et l'Histoire

montra qu'il avait raison : la croissance continua d'accélérer
pendant encore une année entière. Mais quand cela devint
évident, les élections avaient eu lieu et Jimmy Carter l'avait
emporté sur Ford d'une courte tête – à peine plus de
1,5 million de voix. Des années plus tard, Henry Kissinger
me taquinait encore : « Vous aviez raison à propos de la
pause. Dommage qu'elle ait coïncidé avec l'élection présidentielle. »

Le 20 janvier 1977, Jimmy Carter fut investi dans ses
fonctions de président des Etats-Unis, le 39ᵉ. Tandis qu'il
prêtait le serment d'investiture devant le Congrès, je rentrais
à New York par la navette de midi.

4.

DE NOUVEAU CITOYEN ORDINAIRE

Il n'est jamais facile d'être du côté des perdants. Je trouvais pourtant de multiples raisons de me réjouir de mon retour à New York. Les services de Townsend-Greenspan étaient plus demandés que jamais. Toutes sortes de portes s'ouvraient à moi et j'acceptais autant d'engagements que le permettait le calendrier. Je suis entré au conseil des économistes du magazine *Time* et au comité Brookings sur l'activité économique, au côté de gens comme Walter Heller, Martin Feldstein, George Perry et Arthur Okun. Je prenais la parole de plus en plus souvent – deux ou trois fois par mois – devant des dirigeants d'entreprise, des sociétés de gestion et des associations, la plupart du temps pour parler de leur secteur d'activité et de la conjoncture économique.

J'étais aussi très sollicité comme dirigeant du privé et suis entré aux conseils d'administration d'Alcoa, de Mobil, JP Morgan, General Foods, Capital Cities/ABC et d'autres. On accepte en général de siéger au conseil d'administration des 500 plus grosses entreprises américaines classées par *Fortune* pour de multiples raisons, mais, pour moi, la première était que cela me donnait la possibilité de percer à jour l'économie de marchandises familières mais dont je n'avais jamais compris totalement le processus de production. Ainsi, avant de devenir un des directeurs de General Foods, j'ignorais comment fonctionnait l'industrie agroalimentaire. Townsend-Greenspan avait effectué de nombreuses analyses sur des denrées comme le blé, le maïs et le soja, mais jamais sur les produits alimentaires que l'on voit dans les publicités et les rayons des supermarchés. Par exemple, General Foods avait pour filiale Maxwell House, une marque de café dominante à l'époque, avant que les gens ne s'entichent de Starbucks. J'ai été étonné d'apprendre (bien qu'en y réfléchissant, cela se comprenait) que les principaux concurrents de Maxwell House n'étaient pas d'autres cafés, mais des marques de soda et de bière – ils se disputaient leur part de marché pour remplir l'estomac des consommateurs. A General Foods, j'avais en outre le sentiment d'être proche de l'histoire des affaires – la firme portait toujours la marque de sa fondatrice, l'héritière Marjorie Merriweather Post. Elle n'avait que vingt-sept ans lorsque son père mourut et la laissa à la tête de l'affaire familiale, la Postum Cereal Company ; avec le deuxième de ses quatre maris, le financier de Wall Street E. F. Hutton, elle transforma Postum en General Foods. Elle était morte quelques années seulement avant mon entrée au conseil d'administration, mais son seul enfant, l'actrice Dina Merrill, était bien présente dans la société.

Après toutes ces années passées à étudier le monde des affaires, il m'était encore difficile de prendre la mesure de l'importance de certaines compagnies. Mobil, qui, en 1977, avait un chiffre d'affaires de 26 milliards de dollars et se situait au cinquième rang des plus grosses entreprises américaines, opérait partout dans le monde – en mer du Nord, au Moyen-Orient, en Australie, au Nigeria. Lors de mon premier dîner avec les autres directeurs, j'ai porté un toast au succès de notre collaboration et glissé une petite plaisanterie que seul un économiste peut apprécier : « Je me sens tout à fait à l'aise ici. Mobil est du même ordre de grandeur que le gouvernement américain : sur ses documents financiers, le chiffre 0,1 représente 100 millions de dollars. »

De tous les conseils d'administration où j'étais entré, celui de JP Morgan me plaisait le plus. C'était le holding de la Morgan Guaranty, sans doute la première banque du monde. Le conseil d'administration rassemblait des membres de l'élite des affaires aux Etats-Unis : Frank Cary d'IBM, Walter Fallon d'Eastman Kodak, John Dorrance de Campbell Soup, Lewis Foy de Bethlehem Steel... et moi. Nous nous réunissions dans l'immeuble du 23, Wall Street, que J.P. Morgan lui-même avait fait construire du temps où il régnait sur la finance américaine. La façade digne d'une forteresse était encore criblée de trous laissés par l'attentat terroriste de 1920 : à une heure de pleine affluence, un chariot tiré par des chevaux chargé de dynamite et de shrapnels avait explosé devant la banque, tuant et blessant des dizaines de personnes. L'attentat a été attribué à des anarchistes, mais on n'a jamais retrouvé les coupables. A l'intérieur, le décor avait été conservé, avec ses hauts plafonds et ses bureaux à tambour. La première fois que j'ai pris place au conseil d'administration, j'étais un peu impressionné. Un portrait de J.P. Morgan était accroché au mur au-dessus de la table ; quand je levais la tête, il me regardait directement.

On aurait pu s'attendre à ce que les dirigeants de la Morgan soient issus de grandes familles, mais c'était plutôt une méritocratie. Dennis Weatherstone, devenu directeur général dans les années 1980, illustre bien mon propos. Il n'était pas allé à l'université ; fraîchement émoulu d'une école technique, il était entré comme trader à la succursale londonienne de la Morgan. On peut difficilement dire que sa réussite a été due à ses relations, car il n'en avait aucune.

Siéger au conseil d'administration de la Morgan était l'occasion rêvée de pénétrer les mécanismes internes de la finance internationale. Je trouvais étonnant, par exemple, que, mois après mois, la banque dégage des bénéfices sur les opérations de change. Je savais qu'en raison de l'efficacité du marché des changes, la prévision des taux de change des principales devises est aussi exacte que celle d'un tirage à pile ou face. « Toutes les études que je connais montrent qu'on ne peut faire constamment de bénéfices sur le change, ai-je déclaré à la direction.

— C'est vrai. Ce n'est pas en opérant que nous faisons des bénéfices, m'a-t-on expliqué. C'est nous qui faisons le marché ; nous effectuons un prélèvement sur la différence entre l'offre et la demande, que les taux soient à la hausse ou à la baisse.» Comme eBay aujourd'hui, ils prélevaient une petite part sur toutes les transactions dans lesquelles ils jouaient le rôle d'intermédiaire et ils le faisaient à grande échelle.

L'un des membres du comité consultatif international de la banque était un milliardaire saoudien, un certain Suleiman Olayan. De quelques années mon aîné, il avait débuté en conduisant des poids lourds pour Aramco, l'Arabian-American Oil Company, dans les années 1940. Il n'avait pas tardé à élargir le champ de ses activités de la vente d'eau, entre autres choses, à l'approvisionnement des compagnies de prospection pétrolière et à d'autres services. Il s'était ensuite diversifié dans la construction et l'industrie ; c'est lui aussi qui avait fait adopter la pratique des assurances en Arabie Saoudite.

Il était déjà immensément riche lorsque son pays nationalisa Aramco et devint maître de ses réserves pétrolières. Avec la montée en puissance de l'OPEP, il s'était intéressé aux banques américaines. Il avait acheté 1 % des actions non seulement de la Morgan, mais aussi de Chase Manhattan, de Mellon, de Bankers Trust et de quatre ou cinq autres grands noms. Je les ai trouvés stimulants, lui et sa femme, une Américaine qui travaillait pour Aramco lorsqu'ils s'étaient rencontrés. Olayan était encore plus avide d'informations que moi et ne cessait de me poser des questions sur différents aspects de l'économie américaine.

Je ne l'ai jamais interrogé à ce propos, mais il m'est venu par la suite à l'esprit que son siège au conseil d'administration de la Morgan lui permettait de se faire une meilleure idée des mouvements de pétrodollars. Une des activités majeures des banques américaines à l'époque consistait à prendre en dépôt les énormes profits provenant d'Arabie Saoudite et des autres pays de l'OPEP et de chercher à placer ces fonds, surtout en Amérique latine. L'OPEP ne voulait pas prendre le risque d'investir ses bénéfices. Les banques l'ont fait... et devaient s'en repentir par la suite.

A mon retour à New York après avoir participé à l'administration Ford, j'ai continué à sortir avec Barbara Walters, que j'avais rencontrée à Washington en 1975 à un thé dansant donné par le vice-président Nelson Rockefeller. Au printemps suivant, je l'ai aidée à prendre une décision difficile concernant sa carrière, très en vue : quitter ou non l'émission *Today* de la NBC, où elle avait travaillé pendant douze ans et était devenue une animatrice très appréciée, et entrer à ABC News, où elle serait la première présentatrice du journal du soir à la télévision. Pour l'allécher, ABC lui offrait un salaire annuel record d'un million de dollars, et comme chacun sait, elle accepta finalement.

Je ne me sens pas menacé par une femme à forte personnalité – la preuve, j'en ai épousé une. A mes yeux, il n'y a rien de plus barbant que de sortir avec une potiche ; je l'ai appris à mes dépens pendant mes années de célibat.

Avant de connaître Barbara, mes soirées étaient d'ordinaire occupées par un dîner professionnel avec d'autres économistes. Barbara, elle, était en contact constant avec des personnalités des médias, du sport, du spectacle, des journalistes, et elle interviewait des gens incroyablement variés, de Julie Garland à Mamie Eisenhower, Richard Nixon et Anouar el-Sadate. Son père, Lou, avait été propriétaire de boîtes de nuit et producteur à Broadway. Ses clubs style Quartier latin de Manhattan et de Miami étaient, dans les années 1950, l'équivalent du Stork Club des années 1930 ou, plus en rapport avec l'époque, du Studio 54 de l'ère du disco.

Pendant les quelques années où nous sommes sortis ensemble et ensuite (nous sommes restés bons amis), j'ai accompagné Barbara à un tas de réceptions où j'ai fait la connaissance de beaucoup de gens que je n'aurais pas rencontrés autrement. La nourriture était généralement bonne et la conversation, ennuyeuse. Ils pensaient certainement la même chose de moi. Les économistes ne sont pas vraiment des boute-en-train.

Cela ne m'a cependant pas empêché de me constituer un cercle d'excellents amis. Pour mes cinquante ans, Barbara a organisé une fête chez elle et les a invités : Henry et

Nancy Kissinger, Oscar et Annette de la Renta, Felix et Liz Rohatyn, Brooke Astor (une gamine de soixante-quinze ans !), Joe et Estée Lauder, Henry et Louise Grunwald, « Punch » et Carol Sulzberger, et David Rockefeller. Plus de trente ans ont passé et je suis toujours ami avec beaucoup d'entre eux.

Le réseau de relations de Barbara couvrait naturellement Hollywood. Les affaires me conduisaient cinq ou six fois par an à Los Angeles, où je jouais au golf au Hillcrest Country Club – où Jack Benny, Groucho Marx, Henny Youngman et d'autres comédiens avaient une table ronde tous les jours à déjeuner. Ronald Reagan était aussi membre du club. J'en avais appris un peu sur le monde des médias en travaillant pour l'agence William Morris, qui était cliente de Townsend-Greenspan, et en côtoyant le producteur légendaire Lew Wasserman. Et j'escortais Barbara à des réceptions à Berverly Hills, où je ne me sentais pas du tout à ma place. Je n'oublierai jamais le moment où Sue Mengers, lors d'une fête qu'elle donnait en l'honneur de Jack Nicholson, est venue m'embrasser. C'était de loin l'agent le plus influent de Hollywood – elle représentait des stars comme Barbra Streisand, Steve McQueen, Gene Hackman et Michael Caine. « Je sais que vous ne vous rappelez pas de moi », a-t-elle commencé. Elle m'a expliqué que lorsque j'avais quinze ans et elle treize, nous traînions à Riverside Park avec d'autres gamins de Washington Heights. « Vous ne m'avez jamais remarquée et pourtant je n'arrêtais pas de vous regarder », a-t-elle dit. Je suis resté sans voix, comme je l'étais sans doute à quinze ans.

Aussi divertissant que fût tout cela, je gardais un œil sur Washington. Jimmy Carter n'avait pas besoin de moi – nous nous étions rencontrés une ou deux fois et n'avions pas accroché. (Et, évidemment, j'avais fait partie de l'administration de Ford, qu'il avait battu.) Mais des coulisses, à New York, je voyais son gouvernement prendre beaucoup d'initiatives dont il y avait lieu de se réjouir. Un grand nombre d'actions entreprises par l'administration et le Congrès étaient celles que j'aurais préconisées si j'avais été aux affaires.

Plus important encore, l'administration Carter poursuivait le travail de déréglementation commencé sous Jerry Ford. La loi de déréglementation des compagnies aériennes, mise au point sous la houlette de Teddy Kennedy, fut votée en 1978. (Celui-ci avait eu pour bras droit Stephen Breyer, qui était en congé de l'école de droit de Harvard et devint par la suite juge à la Cour Suprême et un bon ami.) Après quoi, le Congrès entreprit méthodiquement de déréglementer les télécommunications et une demi-douzaine d'autres secteurs. La déréglementation eut un effet durable non seulement sur l'économie mais aussi sur le parti démocrate, mettant fin à sa domination par les syndicats et l'ouvrant aux affaires. Mais aussi importants que furent ces changements, le mérite n'en fut guère attribué au président Carter, surtout en raison de sa manière d'être. Contrairement à Reagan, qui savait comment présenter la rénovation de l'économie de manière captivante, Carter semblait hésitant et démoralisé ; il donnait l'impression d'instaurer des changements parce qu'il ne pouvait faire autrement.

L'économie ne joua pas en sa faveur. Pendant à peu près un an, son administration profita de la reprise amorcée sous Ford. Puis la croissance ralentit et la hausse des prix recommença, régulière et de mauvais augure. Cette inflation faisait régner un climat d'incertitude permanent sur les négociations salariales et les décisions d'investissement. Elle affectait aussi le reste du monde, car d'autres pays dépendaient de la stabilité du dollar et le dollar faiblissait. Tout au long de 1978, l'inflation s'accéléra, passant de 6,8 % au début de l'année à 7,4 % en juin et 9 % en décembre. Puis, en janvier 1979, les intégristes islamiques renversèrent le chah d'Iran et la deuxième crise pétrolière débuta. Tandis que les automobilistes faisaient la queue à la pompe à cause du contrôle des prix de l'essence, l'économie glissait vers une autre récession et l'inflation dépassait de nouveau la barre des deux chiffres pour atteindre 12 % à l'automne.

Non que Carter n'ait rien fait. Son administration ne

soumit pas moins de sept programmes économiques. Mais aucun ne fut assez énergique pour empêcher la crise naissante. En discutant avec des amis et des contacts professionnels dans l'administration, j'ai cru comprendre le problème. Carter se sentait obligé de faire plaisir à tout le monde. Il proposait donc de nouveaux programmes sociaux tout en essayant simultanément de réduire le déficit, de lutter contre le chômage et de juguler l'inflation. Parmi tous ces objectifs en grande partie incompatibles, la maîtrise de l'inflation était le plus fondamental pour parvenir à une prospérité durable. C'est l'analyse que j'ai donnée au *New York Times* début 1980. J'ai comparé la position du président Ford et celle de Carter : « Notre politique d'ensemble était de vaincre l'inflation avant d'entreprendre quoi que ce soit d'autre. »

La Réserve Fédérale – légalement indépendante de la Maison Blanche – semblait aussi indécise que Carter. Mon vieux mentor Arthur Burns et son successeur, Bill Miller, s'évertuaient inlassablement à trouver un moyen terme en politique monétaire susceptible de satisfaire des exigences économiques contradictoires. Ils ne voulaient pas trop faciliter le crédit pour ne pas alimenter davantage l'inflation, mais ne souhaitaient pas non plus trop le resserrer pour ne pas asphyxier l'économie ni provoquer une nouvelle récession. A en juger par ce que je voyais, le moyen terme qu'ils recherchaient n'existait pas.

Mais je faisais partie d'une minorité. Pour la plupart des gens, le péril qui menaçait l'économie n'était pas évident. On estimait en général à Washington que s'il était impossible de réduire l'inflation sans augmenter le chômage, le jeu n'en valait pas la chandelle.

A droite comme à gauche, d'aucuns affirmaient même que l'on pouvait fort bien s'accommoder d'une inflation de l'ordre de 6 % par an – il était possible d'indexer les salaires pour tenir compte de la hausse des prix comme cela avait été fait au Brésil, disaient-ils. (Ainsi que tout bon économiste aurait pu le prévoir, le Brésil se retrouva finalement avec une inflation à 5 000 % et un effondrement économique total.) A Wall Street aussi, on faisait preuve de la même complaisance. Cela se voyait avec évidence sur le marché obligataire qui, s'il fait moins parler de lui à la une des journaux que son cousin le marché boursier, est encore plus important[1]. Les taux d'intérêt sur les bons du trésor à dix ans, l'un des meilleurs indicateurs des attentes à long terme des investisseurs concernant l'inflation, avaient augmenté assez régulièrement jusqu'à l'été 1979, mais guère plus qu'ils ne l'avaient fait en 1975. Autrement dit, les investisseurs continuaient à parier que l'économie américaine était résistante à l'inflation et que le problème finirait par se résoudre.

Ce sont les files d'attente à la pompe qui ont réveillé brusquement tout le monde. L'arrivée au pouvoir des ayatollahs en Iran et la guerre Iran-Irak qui a suivi ont réduit la production de pétrole de plusieurs millions de barils par jour, et les pénuries à la pompe eurent une cascade d'effets alarmants. Cette réduction provoqua une hausse du prix de l'essence suffisante pour accélérer encore l'inflation et ces prix élevés accrurent l'instabilité, obligeant les banques à recycler encore plus de pétrodollars. La brusque aggravation de l'inflation força finalement la main à Carter. En juillet 1979, il réorganisa de fond en comble son cabinet et nomma simultanément Paul Volcker à la présidence de la Fed en remplacement de Bill Miller. Depuis que j'avais rencontré Paul, alors jeune diplômé de Princeton, il était devenu président de la Fed de New York, la banque la plus importante du Federal Reserve System. On apprit par la suite qu'avant de l'avoir nommé, Carter ne savait même pas qui il était ; David Rockefeller et le banquier de Wall Street Robert Roosa l'avaient chaudement recommandé au Président, arguant qu'il était le seul à pouvoir rassurer le monde de la finance. Volcker avait bien capté la morosité ambiante lorsqu'il déclara à l'occasion de sa prestation de serment :

---

1. Selon la Securities Industry and Financial Markets Association (SIFMA), le marché obligataire des Etats-Unis pesait en 1980 2 240 milliards de dollars, contre 1 450 milliards pour le marché boursier. Fin 2006, les chiffres étaient respectivement de 27 400 et 21 600 milliards.

« Nous sommes confrontés à des difficultés économiques entièrement inédites. L'euphorie d'il y a quinze ans, du temps où nous connaissions tous les moyens de gérer l'économie, n'est plus. »

Volcker n'était pas un ami personnel. Avec son mètre quatre-vingt-dix-huit et son éternel cigare, il faisait forte impression, mais, dans la conversation, je le trouvais toujours introverti et renfermé. Il ne jouait ni au tennis ni au golf et préférait pêcher à la mouche tout seul. Il était un peu mystérieux à mes yeux. Savoir ne pas dévoiler ses cartes est certes une qualité pour le président d'une banque centrale et, sous ses dehors excentriques, Paul possédait manifestement une immense force de caractère. Ayant été fonctionnaire la majeure partie de sa carrière, il n'avait pas beaucoup d'argent. Pendant tout son mandat de président de la Fed, sa famille a continué d'habiter leur maison de la banlieue de New York. Il n'avait à Washington qu'un petit pied-à-terre – il m'y a invité une fois pour parler de la crise de la dette mexicaine – ; l'endroit, encombré de piles de vieux journaux, était en pagaille comme un appartement de célibataire.

Dès sa prestation de serment, Volcker savait que sa tâche consistait, comme il l'a dit plus tard, à « tuer le dragon inflationniste ». Il n'eut guère le temps de se préparer. Il était président de la Fed depuis à peine deux mois que la crise éclata : partout dans le monde, les investisseurs bazardaient leurs bons à long terme. Le taux d'intérêt des obligations du Trésor à dix ans grimpa à près de 11 % en octobre. Les investisseurs envisageaient déjà une spirale inflationniste amorcée par la hausse du prix du pétrole et conduisant à un effondrement du commerce, une récession mondiale, voire pire. Tout cela commença à se produire alors que Volcker assistait à une réunion du FMI à Belgrade, où il était allé prononcer une allocution. Il écourta son voyage – comme j'allais le faire des années plus tard, le lundi noir de 1987 où eut lieu le krach du marché boursier – et rentra à la hâte réunir d'urgence la commission fédérale du marché libre le samedi matin.

Le changement de politique économique dont il fut

l'instigateur ce samedi-là était sans doute le plus important depuis cinquante ans. Sur ses instances, la commission décida qu'elle ne tenterait plus d'ajuster finement l'économie en faisant varier les taux d'intérêt à court terme, mais qu'elle limiterait la quantité de monnaie disponible.

La masse monétaire, alors mesurée par un agrégat appelé M1, était constituée principalement de la monnaie en circulation et des dépôts à vue, comme les comptes courants. Lorsque la masse monétaire croît plus vite que l'ensemble des biens et services produits – en d'autres termes, lorsque trop de dollars cherchent à acheter trop peu de biens –, la monnaie tend à valoir moins ; autrement dit, les prix montent. La Fed pouvait contrôler indirectement cette masse monétaire en contrôlant la base monétaire, principalement constituée de la monnaie et des réserves des banques. Les monétaristes comme le légendaire Milton Friedman affirmaient depuis longtemps qu'on n'avait pas mis un frein à l'inflation tant qu'on n'avait pas maîtrisé la masse monétaire. Mais, pour ce faire, le remède était jugé extrêmement amer. Personne ne savait dans quelle mesure il fallait serrer la bride à la base monétaire ni jusqu'où il faudrait corrélativement laisser grimper les taux d'intérêt à court terme avant que l'inflation ne soit jugulée. Cela entraînerait certainement plus de chômage, probablement une profonde récession et peut-être une vague importante d'agitation sociale. Le président Carter soutint Volcker au printemps 1980, déclarant que l'inflation était le problème n° 1 du pays. Cela incita le sénateur Ted Kennedy, qui se présentait alors contre Carter aux présidentielles, à se plaindre de ce que l'administration ne se souciait pas assez des pauvres et ne recourait pas aux baisses d'impôts. En octobre, tandis que les élections approchaient, Carter commença à reprocher à la Fed d'avoir trop misé sur la politique monétaire.

Ce qu'avait fait Volcker exigeait un courage exceptionnel – je le pensais déjà à l'époque et j'en ai été encore plus intimement convaincu après être devenu moi-même président de la Fed. Bien que nous ayons rarement discuté de la façon dont il avait vécu les événements, je peux imaginer à quel point il lui a été difficile d'entraîner l'Amérique dans la récession brutale du début des années 1980.

Les conséquences de cette politique furent encore plus graves que ce à quoi Volcker s'était attendu. Les taux d'intérêt offerts au public dépassèrent 20 % en avril 1980. Cela porta un coup d'arrêt aux ventes d'automobiles et à la construction, des millions de gens perdirent leur travail – le chômage atteignit 8 % au milieu de l'année et approcha les 11 % fin 1982. Début 1980, des lettres de personnes qui avaient perdu leur travail affluaient dans le bureau de Volcker, des entrepreneurs du bâtiment lui envoyaient ainsi qu'à d'autres responsables des bastaings taillés en pièces pour symboliser les maisons qu'ils étaient incapables de construire, des concessionnaires automobiles expédiaient des clés de voitures qu'ils ne parvenaient pas à vendre. Mais au milieu de l'année, après avoir atteint presque 15 %, l'inflation a commencé peu à peu à décliner. Les taux d'intérêt à long terme baissaient aussi lentement. Trois ans allaient néanmoins être nécessaires pour que l'inflation soit pleinement maîtrisée. Les difficultés économiques et la crise des otages retenus en Iran devaient coûter la victoire électorale de 1980 à Jimmy Carter.

Au sortir des années Ford, j'étais de droit l'économiste républicain n° 1, le dernier qui avait assumé une fonction publique de haut niveau. J'ai donc tout naturellement participé à la campagne de Ronald Reagan. Le fait que Ford et Reagan aient été en concurrence quatre ans plus tôt pour être nommé candidat républicain n'y changeait rien. Mon vieil ami et allié Martin Anderson était entré dans l'équipe Reagan – il avait passé les années post-Nixon à la Hoover Institution – et j'ai moi aussi repris mon ancien rôle dans la campagne. Marty était le principal conseiller en politique intérieure, une place à plein temps dans l'avion présidentiel, et j'étais conseiller bénévole à temps partiel, à peu près comme pendant la campagne de Nixon en 1968.

J'accomplissais le gros de ma tâche depuis New York,

mais il m'arrivait de prendre l'avion pour suivre l'équipe en campagne pendant quelques jours. C'est au cours d'une de ces virées, fin août, que j'ai sans doute apporté, maladroitement, ma contribution la plus importante à l'élection de Ronald Reagan. Il avait déjà été nommé candidat républicain et multipliait ses critiques à l'endroit de l'administration Carter. Prenant la parole à un déjeuner des routiers syndiqués dans l'Ohio, il a déclaré que la vie des travailleurs avait été brisée par « une nouvelle dépression, la dépression Carter ». C'était, bien sûr, en théorie incorrect – j'avais écrit une grande partie de cette allocution et les termes exacts étaient « une des récessions les plus importantes des cinquante dernières années ». Reagan l'avait modifiée dans l'avion. Marty Anderson et moi nous sommes évertués cet après-midi-là à expliquer aux journalistes que le gouverneur s'était trompé et avait voulu dire en fait « une grave récession ».

Reagan nous a remerciés d'avoir corrigé, mais il a campé sur ses positions. Lorsque les démocrates l'ont attaqué sur cette erreur, il a dit aux reporters : « A mon sens, la différence entre récession et dépression ne peut être mesurée en termes économiques stricts, mais elle doit l'être en termes humains. Lorsque nos travailleurs – y compris ceux au chômage – traversent les pires difficultés qu'ils ont connues depuis les années 1930, nous devons admettre, me semble-t-il, qu'ils considèrent cela comme une dépression. » Cette façon de tirer politiquement parti d'une erreur m'impressionna beaucoup.

Je pensais que l'affaire était close, mais apparemment l'épisode avait déclenché chez Reagan une association de souvenirs. La semaine suivante, il ajouta une remarque incisive à son discours électoral. Il commença par dire à l'assistance que le Président se cachait derrière un dictionnaire. « Si c'est une définition qu'il veut, je vais lui en donner une, poursuivit-il. On traverse une récession quand votre voisin perd son travail. On traverse une dépression quand vous perdez le vôtre. Et le redressement se produit lorsque Carter perd le sien ! »

La foule a aimé cela et c'est devenu une de ses phrases les plus citées. Il faut en attribuer le mérite à Reagan. Bien que le président Carter n'ait pas corrigé lui-même son erreur terminologique et que les deux premières parties de la remarque aient été une vieille boutade de Harry Truman, Reagan en avait fait une arme électorale puissante... et amusante.

Ce qui m'attirait chez lui, c'était son conservatisme sans ambiguïté. Une autre phrase revenait souvent au cours de sa tournée : « Le gouvernement n'est là que pour nous protéger les uns des autres. Lorsqu'il décide de nous protéger contre nous-mêmes, il outrepasse ses fonctions. » Celui qui parle en ces termes dit clairement ce qu'il pense. De nos jours, très rares sont les conservateurs qui ne biaisent pas sur les questions sociales. Mais la forme de conservatisme de Reagan lui faisait dire que la fermeté dans le dévouement est bonne pour l'individu comme pour la société. Cette proposition part d'un jugement sur la nature humaine. Si elle est juste, elle implique que le gouvernement doit beaucoup moins soutenir les opprimés. Pourtant, la majorité des républicains ont du mal à penser ou parler en ces termes, car cela semble aller à l'encontre des valeurs judéo-chrétiennes. Pas Reagan. A l'instar de Milton Friedman et d'autres libertaires de la première heure, il ne donnait jamais l'impression d'essayer de jouer sur les deux tableaux. Cela n'implique pas pour autant une absence de sympathie pour les gens qui, sans qu'il y ait faute de leur part, se retrouvent dans une situation désastreuse, ni qu'ils soient moins disposés à venir en aide personnellement aux opprimés que les gens de gauche. Mais, d'après Reagan, ce n'était pas le rôle du gouvernement. La fermeté dans le dévouement, c'est toujours, à long terme, du dévouement.

Un peu plus tard au cours de la campagne, on m'a mis dans un avion avec Reagan pour un vol à travers le pays et assigné une tâche très particulière. Les débats présidentiels approchaient et les principaux assistants du gouverneur craignaient que Reagan soit critiqué pour sembler parfois ignorant des faits. Martin Anderson m'a demandé de bien vouloir profiter de ce long vol pour mettre le candidat complètement au courant non seulement des questions économiques, mais aussi de tous les problèmes intérieurs importants. « Il sait que tu as été un bon conseiller pour Ford, m'a dit Marty. Il t'écoutera. » J'ai accepté, il a sorti un classeur de cinq centimètres d'épaisseur portant la mention « Politique intérieure » et me l'a confié. « Veille à passer en revue toutes les questions », m'a-t-il dit.

J'ai étudié le dossier et, un peu plus tard, lorsque nous sommes montés dans l'avion, les membres de l'équipe de Reagan m'ont installé face au gouverneur, Marty à son côté. Ils avaient mis un exemplaire du dossier à portée de main de chacun. Mais Reagan était d'humeur expansive et, lorsque l'avion a décollé, il m'a posé amicalement des questions sur Milton Friedman et d'autres de nos relations communes. La conversation est allée bon train. Je crois n'avoir jamais entendu plus d'histoires amusantes durant ce vol que pendant n'importe quelle autre tranche de cinq heures de ma vie. Marty n'arrêtait pas de me décocher des regards, mais je n'arrivais pas à amener Reagan à ouvrir le mémoire. J'ai tenté à plusieurs reprise d'orienter la conversation dans ce sens, puis j'y ai renoncé. Après l'atterrissage, j'ai dit : « Merci, gouverneur. Le voyage a été très agréable. » Et Reagan m'a répondu : « Oh, je sais que Marty n'apprécie pas que je n'aie pas ouvert le dossier. »

Son tempérament me fascinait. Il a apporté à la présidence une bienveillance et un enjouement inébranlables, même lorsqu'il avait à affronter des ratés de l'économie ou le risque de guerre nucléaire. Il avait en réserve des centaines d'histoires et de bons mots, la plupart humoristiques, qu'il était capable de rappeler instantanément pour traduire une idée ou option politique. C'était une forme curieuse d'intelligence, dont il s'est servi pour transformer l'image que la nation avait d'elle-même. Sous Reagan, les Américains, qui croyaient jusque-là appartenir à une ancienne grande puissance, ont retrouvé confiance en eux.

Ses histoires cachaient parfois une intention. Il en a raconté une dans l'avion qui me semblait particulièrement destinée. Près du tombeau de Lénine, entouré de ses subalternes, Leonid Brejnev assiste au défilé du 1er mai. L'armée soviétique fait parade de toute sa puissance. Viennent d'abord les troupes d'élite composées de soldats d'allure redoutable, tous d'un mètre quatre-vingt-cinq, qui marchent parfaitement au pas. Suivent l'artillerie et les chars dernier cri, puis les missiles nucléaires. C'est une démonstration de force impressionnante. Mais à la suite des missiles arrive un petit groupe désordonné de six ou sept civils, négligés, pauvrement vêtus, pas du tout à leur place. Un assistant se précipite vers Brejnev :

— Toutes mes excuses, camarade secrétaire. J'ignore qui sont ces gens et comment ils ont pu participer au défilé.

— Ne t'inquiète pas, camarade, répond Brejnev. C'est moi qui les ai fait venir. Ce sont nos économistes. Tu n'imagines pas les dégâts qu'ils sont capables de faire.

L'humour cachait la défiance dans laquelle Reagan tenait depuis longtemps les économistes qui défendaient l'intervention du gouvernement sur le marché, intervention qu'il jugeait destructrice. Il était évidemment partisan des libres marchés et voulait libéraliser l'économie. Bien qu'il n'ait pas eu une connaissance très profonde de celle-ci, il comprenait la tendance auto-correctrice du marché libre et le pouvoir de création de richesses inhérent au capitalisme. Il faisait confiance à la « main invisible » d'Adam Smith pour à la fois encourager l'innovation et produire des résultats qu'il estimait équitables. Voilà pourquoi le dossier était sans doute resté fermé. L'importance que Reagan donnait au tableau d'ensemble l'a aidé à vaincre le président en place, qui se croyait obligé de faire de la micro-gestion[1].

Ma participation à la campagne m'a amené à jouer un rôle de figurant dans le choix qu'a fait Reagan d'un colistier, drame qui s'est déroulé pendant la convention républicaine, fin juillet. Reagan était alors assuré d'être nommé candidat,

---

1. Des années plus tard, j'ai appris que Reagan craignait toujours d'être noyé dans les détails par ses conseillers ; au cours de la campagne de 1984, il y a vu la cause de sa médiocre prestation contre Mondale lors du premier débat télévisé.

mais la course contre le président Carter semblait serrée. Les sondages montraient que le choix du colistier risquait d'être décisif. En particulier, une liste Ronald Reagan-Jerry Ford avait des chances de gagner 2 ou 3 %, assez pour l'emporter.

J'ai appris cela en pleine semaine de convention, qui se tenait cette année-là à Detroit. Le mardi, Reagan fit venir Henry Kissinger et moi dans sa suite au 69e étage du Renaissance Center Plaza Hotel et nous demanda si nous étions prêts à aller tâter le terrain auprès de l'ancien président. Ford et lui avaient été des rivaux politiques pendant des années, mais ils avaient enterré la hache de guerre quelques semaines plus tôt lorsque Reagan avait rendu visite à Ford à Palm Springs. Le gouverneur avait alors évidemment suggéré l'idée d'une liste commune et, si Ford avait dit non, il avait laissé entendre à Reagan qu'il voulait l'aider à vaincre Jimmy Carter. Reagan nous apprit qu'il avait de nouveau évoqué la possibilité de la vice-présidence avec Ford un peu plus tôt dans la journée et il avait maintenant recours à nous parce que nous avions fait partie de ses conseillers les plus proches (Kissinger avait été son secrétaire d'Etat).

Ford avait loué une suite à l'étage au-dessus de celui de Reagan. Henry et moi sommes passés le voir et lui avons demandé s'il pouvait nous recevoir. Nous avons discuté brièvement ce soir-là. Le lendemain après-midi, nous sommes revenus afin que Henry puisse lui soumettre un ensemble de sujets de discussion concernant la vice-présidence mis en forme par Meese et d'autres membres du camp Reagan. Du fait qu'un ancien président n'avait jamais assumé les fonctions de vice-président, ils envisageaient un élargissement de son rôle de façon à rendre le poste plus attrayant et approprié pour Ford. Selon leur proposition, Ford serait le directeur de cabinet du Président, ce qui augmentait ses pouvoirs en matière de sécurité nationale, de budget fédéral et dans d'autres domaines encore. Dans la pratique, Reagan serait en quelque sorte le directeur général de l'Amérique et Ford, directeur d'exploitation.

J'espérais que Ford accepterait ; la nation avait besoin

de ses talents, me semblait-il. Mais s'il était visiblement sensible à l'appel du devoir et à l'attrait des feux de la rampe, il doutait qu'une super vice-présidence fonctionne effectivement. D'une part, elle soulevait des questions d'ordre constitutionnel – le rôle dépassait nettement ce que les Pères fondateurs avaient prévu. D'autre part, il doutait qu'un président puisse ou doive accepter une dilution du pouvoir en prêtant son serment politique. En outre, retourner à Washington l'enchantait à moitié. « Je suis retiré des affaires depuis quatre ans et mène une vie très agréable à Palm Springs », nous dit-il. Cependant, il entendait vraiment aider à déboulonner Carter, qui, selon lui, était un président médiocre. Il y eut beaucoup d'allées et venues entre les deux camps, puis, en fin de journée, Ford nous dit : « Ma réponse est encore négative pour le moment, mais je vais y réfléchir. »

Pendant ce temps-là, des rumeurs concernant la « liste de rêve » Reagan/Ford parcouraient l'étage de la convention. Lorsque Ford fit une apparition prévue à l'avance au journal du soir de CBS, Walter Cronkite l'interrogea d'un ton plein de sous-entendus sur la possibilité d'une « co-présidence ». Ford répondit avec sa franchise habituelle. Il ne retournerait jamais aux affaires en tant que « vice-président figure de proue, dit-il. Si je retourne là-bas, ce sera avec la conviction de pouvoir jouer systématiquement un rôle significatif dans la prise des décisions de base et cruciales ».

Cela aurait mis en fureur Reagan, qui regardait l'émission. Il n'arrivait pas à croire que Ford parle sur une chaîne de télévision nationale de leur négociation privée. Cependant, je pense maintenant que les deux hommes étaient parvenus à la conclusion que la redéfinition du rôle du vice-président constituait une tâche trop vaste et complexe pour être accomplie sur-le-champ. Henry, sur le mode des navettes diplomatiques, espérait poursuivre la discussion le jeudi, mais Reagan et Ford savaient tous deux que prolonger l'incertitude nuirait à l'image du premier. Ford prit donc une décision définitive. Il descendit voir Reagan vers 10 heures du matin et déclara au gouverneur qu'il serait plus utile à sa campagne en s'exprimant en tant qu'ancien président. « Il s'est montré très gentleman, a déclaré plus tard Reagan. J'ai le sentiment que nous sommes maintenant amis. » Il choisit rapidement George H. W. Bush comme colistier et l'annonça le soir même.

Je n'espérais pas de fonction dans la nouvelle administration et je n'étais pas certain d'en vouloir une. En arrivant à la Maison Blanche, Reagan avait plus de gens talentueux et expérimentés sous la main que de postes à pourvoir. Selon la façon dont on réglait la question, c'était un problème ou une chance. Anderson, qui avait été adjoint du Président pour la mise au point de la politique intérieure, aimait raconter en plaisantant qu'il était allé voir Reagan et Meese, qui gérait la transition, et leur avait dit : « Vous avez à votre disposition tous ces gens extraordinaires, mais si vous ne les mettez pas au travail rapidement, ils vont nous tomber dessus. » Au lieu de dissoudre l'équipe qui l'avait aidé à gagner l'élection, Reagan instaura une commission consultative, le Conseil de politique économique. George Shultz le présidait et il comprenait Milton Friedman, Arthur Burns, Bill Simon, moi et plusieurs autres économistes éminents.

L'un des premiers membres du Cabinet à être nommé fut David Stockman, le directeur du Budget. Reagan avait fondé sa campagne sur une baisse des impôts, le renforcement de l'armée et la réduction de la taille du gouvernement. Avant l'investiture, la stratégie consistait à donner à Stockman une longueur d'avance sur la préparation du budget afin que les coupes claires soient présentées aux nouveaux membres du Cabinet comme un fait accompli. Stockman était un élu de trente-quatre ans du Michigan rural, intelligent, ambitieux, qui se réjouissait d'être le porte-parole de ce que l'on en venait à appeler la révolution Reagan. Dans ses discours, Reagan avait comparé la réduction des effectifs du gouvernement à l'application de la discipline paternelle. « Vous le savez bien, nous pouvons gaspiller toute notre salive à faire la leçon à nos enfants sur leurs dépenses excessives. Ou nous pouvons remédier à leur prodigalité tout simplement en réduisant leur argent de poche. » Stockman avait appelé plus férocement cette philosophie : « Affamer la bête. »

J'ai étroitement collaboré avec Stockman durant la transition pendant qu'il élaborait un budget qui tenait de la cure d'amaigrissement. Et j'étais là quelques jours avant l'investiture lorsqu'il le présenta à Reagan. « Dites-moi seulement, David, si vous mettez tout le monde à la même enseigne ? lui demanda celui-ci. La réduction doit s'appliquer à tous aussi durement. » Stockman lui assura qu'il l'avait fait et Reagan lui donna le feu vert.

Le conseil de politique économique fut appelé à entrer en action plus rapidement que prévu. La pierre angulaire des baisses d'impôts décidées par Reagan était une loi proposée par le représentant Jack Kemp et le sénateur William Roth. Elle prévoyait une baisse d'impôts drastique de 30 % sur trois ans, accordée aux entreprises comme aux particuliers, et visait à tirer l'économie de la torpeur dans laquelle elle avait glissé depuis plus d'un an. J'estimais que, quoique difficiles à faire accepter, ces propositions se tenaient, dans la mesure où les dépenses étaient réduites autant que Reagan le projetait et tant que la Réserve Fédérale continuerait de faire appliquer un strict contrôle de la masse monétaire. C'est ce que pensaient aussi les autres membres du conseil économique.

Mais Stockman et Don Regan, le nouveau secrétaire au Trésor, avaient des doutes. Ils se méfiaient du déficit fédéral croissant, déjà supérieur à 50 milliards de dollars annuels, et commençaient à dire avec ménagements au Président qu'il devait attendre avant de proposer des baisses d'impôts. Ils voulaient qu'il essaie de convaincre le Congrès de réduire d'abord les dépenses, puis de voir si les économies qui en résulteraient permettraient cet allègement de la fiscalité.

Chaque fois que cette discussion sur le report des mesures fiscales devenait vive, George Shultz convoquait à Washington le Conseil économique consultatif. Cela se produisit cinq ou six fois au cours de la première année de la présidence Reagan. Nous nous réunissions dans la salle

Roosevelt de 9 à 11 heures et comparions nos évaluations aux perspectives économiques. A 11 heures précises, la porte s'ouvrait et Reagan faisait son entrée. Un groupe de conseillers lui faisait directement un rapport. Et nous lui disions : « Vous ne devez en aucun cas reporter à plus tard les réductions d'impôts. » Il souriait et plaisantait ; Shultz, Friedman et d'autres étaient de vieux amis à lui. Regan et Stockman, qui étaient autorisés à assister aux réunions, mais pas à voter ni à siéger à la table, avaient pris place le long du mur et rongeaient leur frein. La réunion se terminait peu après et Reagan s'en allait, fortifié dans sa résolution de pousser à l'adoption de ses réductions d'impôts. Le Congrès finit évidemment par adopter une version de son programme économique, mais comme il avait regimbé devant la diminution nécessaire des dépenses, le déficit restait énorme et posait de plus en plus problème.

J'ai influé modestement sur une autre décision prise par le Président durant cette première année, celle de ne pas s'ingérer dans le fonctionnement de la Fed. Beaucoup de membres des deux partis, ainsi que certains de ses principaux adjoints, le poussaient à le faire. Avec des taux d'intérêt à deux chiffres pour la troisième année consécutive, les gens voulaient que la Fed permette un accroissement de la masse monétaire. Non pas que Reagan ait eu le pouvoir de donner des ordres au président de la Fed, mais, arguaient-ils, s'il critiquait l'institution en public, Volcker se sentirait peut-être obligé de faire des concessions.

Chaque fois que la question se posait, je disais au Président : « Ne faites pas pression sur la Fed. » D'une part, la politique de Volcker semblait bonne – l'inflation paraissait progressivement matée. D'autre part, un désaccord évident entre la Maison Blanche et la Fed ne pouvait qu'ébranler la confiance des investisseurs et donc ralentir le redressement.

Volcker ne facilitait pas les choses au nouveau président. Les deux hommes ne s'étaient jamais rencontrés et quelques semaines avant d'entrer en fonction, Reagan voulut faire sa connaissance. Afin d'éviter d'avoir l'air de le convoquer à la Maison Blanche, il demanda à venir voir

Volcker à la Fed – et celui-ci répondit qu'une telle visite serait « déplacée ». J'étais perplexe : je ne voyais pas en quoi elle aurait compromis l'indépendance de la Fed.

Reagan insista néanmoins et Volcker accepta de le rencontrer au département du Trésor. La première phrase prononcée par Reagan au déjeuner organisé dans le bureau de Don Regan est entrée dans la légende. Il a dit avec douceur à Volcker : « Je suis curieux d'avoir votre avis. Certaines personnes se demandent pourquoi nous avons besoin d'une Fed. » Volcker est paraît-il resté bouche bée et il dut se ressaisir avant de défendre son institution de manière persuasive. Son explication satisfit manifestement Reagan, qui retrouva son amabilité coutumière. Il avait fait savoir que la loi constitutive de la Réserve Fédérale pouvait être sujette à modification. Dès lors, les deux hommes coopérèrent discrètement. Reagan donnait à Volcker l'aval politique dont il avait besoin ; les gens avaient beau se plaindre, le Président s'était donné pour règle de ne pas critiquer la Fed. Et, bien que Volcker ait été démocrate, Reagan le reconduisit dans ses fonctions à l'expiration de son mandat en 1983.

Fin 1981, Reagan me demanda de m'atteler à un problème colossal qui s'envenimait depuis des années : le système public de retraites (*Social Security*) venait à manquer d'argent. Durant l'administration Nixon, époque où ses réserves semblaient abondantes, le Congrès avait pris la mesure fatale consistant à indexer les prestations sur l'inflation. Lorsque celle-ci s'est envolée dans les années 1970, les retraites ont fait de même. Le système était dans une situation financière si désastreuse que l'injection de 200 milliards de dollars se révéla nécessaire dès 1983 pour le maintenir à flot. Les perspectives à long terme paraissaient encore plus alarmantes.

Reagan avait répugné à en parler dans le détail au cours de sa campagne – lorsque la question était soulevée, il s'engageait simplement à préserver le système. Il n'y avait pas lieu de s'en étonner. Le système public des retraites est véritablement la question brûlante de la politique américaine.

Rien n'était plus explosif que sa réforme : personne n'ignorait que, quelle que soit la façon de l'habiller, toute solution exigerait en définitive soit une augmentation des impôts, soit une réduction des prestations pour une masse énorme et donc déterminante d'électeurs, soit les deux à la fois.

Pourtant le problème était grave et les dirigeants des deux partis se rendaient bien compte qu'il fallait agir, sauf à courir le risque de ne plus pouvoir verser leurs pensions à 36 millions de personnes âgées ou invalides. La crise entrait dans sa phase finale. La manœuvre stratégique initiale de Reagan consista à proposer, dans son premier budget, une réduction de 2,3 milliards de dollars des retraites. Cela provoqua une telle tempête de protestations qu'il dut revenir sur sa position. Trois mois plus tard, il repartit à la charge de plus belle en proposant une réforme visant à réduire les prestations de 46 milliards de dollars en cinq ans. Mais il était évident qu'un compromis bipartisan était le seul espoir. C'est ainsi que la commission Greenspan vit le jour.

Comme on le sait, la plupart des commissions ne font pas grand-chose. Mais James Baker, l'architecte de celle-là, était ardemment convaincu que le gouvernement pouvait être efficace. La commission qu'il mit sur pied était une remarquable démonstration de la façon d'obtenir des résultats à Washington. C'était un groupe bipartite : cinq membres choisis par la Maison Blanche, cinq par le chef de la majorité au Sénat et cinq par le président de la Chambre des représentants. Pratiquement tous étaient très en vue dans leur domaine : des grands pontes du Congrès comme Bob Dole, président de la commission des finances du Sénat, Pat Moynihan, le brillant sénateur indépendant de New York, et Claude Pepper, quatre-vingt-un ans, le représentant de la Floride au franc-parler et idole des personnes âgées. Il y avait aussi Lane Kirkland, qui était à la tête de l'AFL-CIO et est devenu un ami intime, ainsi que Alexander Trowbridge, président de l'Association nationale des fabricants. Le leader démocrate Bob Ball, qui avait géré le système public des retraites pour Lyndon Johnson, avait été nommé par le président de la Chambre des représentants, Tip O'Neill, et moi par le président Reagan.

Je n'entrerai pas dans les subtilités de la démographie et de la finance qu'il nous a fallu maîtriser ni dans le détail des débats et des séances qui se sont prolongés pendant plus d'un an. J'ai dirigé la commission à la manière envisagée par James Baker en cherchant à aboutir à un compromis bipartite effectif. Pour y parvenir, nous avons adopté une quadruple démarche que je vais évoquer, car, avec des variantes, j'y ai toujours recouru depuis.

Le premier volet a consisté à circonscrire le problème. Dans le cas présent, cela voulait dire ne pas aborder le financement futur de Medicare, ce régime d'assurance maladie financé par le gouvernement fédéral. Bien qu'il fasse administrativement partie du système public des retraites, Medicare posait un problème beaucoup plus complexe et en tentant de le résoudre aussi, nous risquions de n'en régler aucun.

Deuxième volet de notre démarche, amener tout le monde à s'accorder sur les dimensions numériques du problème. Comme l'a déclaré plus tard Pat Moynihan, « vous avez le droit d'avancer votre propre opinion, mais pas vos propres faits ». Lorsqu'il apparut avec évidence que le manque de fonds à court terme était bien réel, les membres de la commission n'ont plus pu faire de démagogie. Il leur a fallu défendre des réductions des prestations et/ou une augmentation des recettes. Pepper, qui craignait que le système des retraites ne se transforme en programme d'assistance sociale, s'était résolument opposé à ce que l'on revienne au renflouement de l'aide sociale par les « recettes générales » du gouvernement fédéral.

La troisième tactique intelligente a été proposée par Baker. Si nous voulions aboutir à un compromis qui produise ses effets, il fallait rallier tout le monde, arguait-il. Nous avons donc veillé à tenir Reagan et O'Neill au courant de l'évolution de nos travaux. Bob Hall était chargé d'informer O'Neill, Baker et moi, d'informer le Président.

Le quatrième volet consista à convenir entre nous qu'une fois parvenus à un compromis, nous nous y tiendrions en rejetant tout amendement imposé par l'un ou l'autre parti. J'ai déclaré par la suite aux journalistes : « Si on retire certains éléments de l'ensemble, on perd le consensus et l'accord part à vau-l'eau. » Nous avons publié notre rapport en janvier 1983 ; lorsque le moment arriva enfin de présenter nos propositions de réforme au Congrès, Ball et moi avons décidé de comparaître côte à côte. Chaque fois qu'un républicain poserait une question, j'y répondrais. Et chaque fois qu'un démocrate poserait une question, il y répondrait. C'est ce que nous avons essayé de faire, bien que les sénateurs ne se soient pas montrés très coopératifs.

Malgré la composition diversifiée de notre commission, nous avons trouvé le moyen de nous mettre d'accord. Le soin que nous avons pris à répartir le fardeau a rassemblé des hommes comme Claude Pepper et le leader du syndicat patronal. Les amendements du système des retraites, que Reagan a finalement promulgués en 1983, étaient douloureux pour tout le monde. Les employeurs devaient absorber de nouvelles taxes sur les traitements et salaires ; les salariés avaient aussi à supporter des impôts plus élevés et, en certains cas, il voyaient que le versement des prestations serait remis à plus tard ; les retraités devaient accepter le report des indexations aux augmentations du coût de la vie et la retraite des plus riches devenait imposable. Mais en faisant cela, nous avons réussi à financer le système des retraites sur la période de soixante-quinze ans du planning qui est conventionnellement prise en considération dans les programmes d'aide sociale. Avec son éloquence habituelle, Moynihan a déclaré : « J'ai le sentiment certain que nous avons réussi. Réussi à apaiser la peur terrible qui régnait dans ce pays que le système public des retraites soit, comme les chaînes de lettres, une supercherie. »

Alors que tout cela était encore en cours, en 1983, j'étais à mon bureau à New York, étudiant de près des projections démographiques, quand le téléphone sonna. C'était Andrea Mitchell, une journaliste de la NBC. « J'ai quelques questions à vous poser sur les propositions de budget du Président », annonça-t-elle. Elle se demandait si les dernières hypothèses de l'administration Reagan en matière de politique budgétaire étaient crédibles et m'expliqua que David Gergen, l'adjoint du responsable de la communication de la Maison Blanche, avait cité mon nom. « Si vous voulez vraiment apprendre quelque chose sur l'économie, pourquoi n'appelez-vous pas Alan Greenspan ? Il en sait plus que quiconque », lui aurait dit Gergen.

« Je parie que vous dites ça à tous les économistes, mais, évidemment, je vous écoute », ai-je répondu. J'avais remarqué Andrea en regardant le journal sur NBC. Elle était une correspondante de la Maison Blanche. J'avais trouvé qu'elle s'exprimait très clairement et que sa voix avait un timbre joliment autoritaire. J'avais également remarqué qu'elle était très belle femme.

Nous avons discuté ce jour-là et à d'autres reprises et je suis vite devenu pour elle une source d'information régulière. Au cours des deux années suivantes, elle m'appelait chaque fois qu'elle avait un article économique important en chantier. J'appréciais sa manière de présenter les faits à la télévision ; quand le sujet était trop complexe pour être exposé dans tous ses détails techniques, elle savait aller à l'essentiel en restant précise.

En 1984, elle me proposa de l'accompagner au dîner des correspondants de la Maison Blanche, auquel les journalistes invitaient les personnes qui leur fournissaient les informations. J'ai dû lui dire que j'avais déjà accepté d'y aller avec Barbara Walters, mais j'ai ajouté : « Est-ce qu'il vous arrive de venir à New York ? Nous pourrions dîner ensemble ? »

Huit mois passèrent encore avant que nous parvenions à nous rencontrer – c'était une année électorale et Andrea fut très occupée pendant tout le mois de novembre, au cours duquel Reagan remporta une victoire écrasante sur Mondale. Finalement, au moment des vacances, nous avons réussi à prendre rendez-vous et j'ai réservé une table au Périgord, mon restaurant new-yorkais préféré, pour le 28 décembre. Il neigeait et Andrea est arrivée en retard. Elle était en beauté, quoique un peu échevelée après avoir passé une journée à l'antenne et avoir tenté de héler un taxi sous la neige.

Ce soir-là, j'ai découvert qu'elle avait été musicienne ; elle avait joué du violon dans le Westchester Symphony. Nous aimions la même musique – sa collection de disques ressemblait beaucoup à la mienne. Elle aimait aussi le base-ball. Mais surtout, nous partagions le même intérêt pour les questions d'actualité, stratégiques, politiques, militaires et diplomatiques. Les sujets de discussion ne nous manquaient pas.

Ce n'est peut-être pas l'idée que l'on se fait habituelle-ment de la conversation lors d'un premier rendez-vous, mais nous avons fini par parler des monopoles. Je lui ai dit que j'avais écrit un essai sur le sujet et l'ai invitée à venir chez moi pour le lire. « Comment, tu n'avais pas d'estampes japo-naises ? » dit-elle encore maintenant pour me taquiner. Nous sommes effectivement allés dans mon appartement et je lui ai montré l'essai que j'avais écrit pour Ayn Rand sur les lois anti-trust. Elle l'a lu et nous en avons parlé. Andrea prétend encore que j'avais voulu la mettre à l'épreuve, mais en réalité je faisais tout mon possible pour la garder près de moi.

Pendant la majeure partie du second mandat de Rea-gan, la présence d'Andrea a été ma principale raison d'aller à Washington. J'avais conservé des contacts avec des mem-bres du gouvernement, mais j'étais presque entièrement accaparé par le monde new-yorkais des affaires et de l'éco-nomie. A mesure que l'analyse économique des secteurs d'activités mûrissait en tant que profession, je participais de plus en plus à ses organisations. J'ai été président de l'Asso-ciation nationale des économistes des affaires et de la Confé-rence des économistes du secteur privé et proposé comme président du Club économique de New York, l'équivalent pour le monde de la finance et des affaires du Conseil des relations extérieures.

Townsend-Greenspan aussi avait changé. De gros cabinets économiques comme DRI et Wharton Econome-trics avaient fini par fournir toutes les données de base nécessaires aux décideurs. Les modèles sur ordinateur se répandaient de plus en plus et beaucoup de firmes avaient leurs propres économistes. J'avais tenté de diversifier nos activités dans le conseil en investissement et placement dans les fonds de pension, mais, si ces secteurs étaient rentables, ils ne l'étaient pas autant que le conseil tel que nous le pratiquions antérieurement. L'augmentation du nombre de projets obligeait en outre à embaucher, ce qui veut dire que je devais passer plus de temps à gérer l'affaire.

J'ai finalement conclu que la meilleure voie était de me concentrer sur ce que je faisais le mieux : résoudre d'intéressants problèmes d'analyse économique pour des clients avertis qui avaient besoin de réponses et pouvaient payer des honoraires élevés. Durant la deuxième partie de l'administration Reagan, j'ai donc envisagé de réduire le volume d'affaires de Townsend-Greenspan. Mais avant que j'aie pu mettre à exécution ce projet, en mars 1987, j'ai reçu un coup de téléphone de la part de Jim Baker. Il était alors secrétaire au Trésor – après quatre années d'intense activité comme secrétaire général de la Maison Blanche, il avait effectué un échange de postes inhabituel avec Don Regan en 1985. Jim et moi étions bons amis depuis l'époque de Ford et je l'ai aidé à préparer sa séance de confirmation au Sénat au printemps, lorsqu'il a pris ses fonctions au Trésor. Il avait demandé à son adjoint de m'appeler pour me demander si je pouvais venir le voir chez lui à Washington. Cela m'a paru bizarre – pourquoi ne pas se rencontrer à son bureau ? –, mais j'ai accepté.

Le lendemain matin, dans la capitale fédérale, un chauffeur m'a déposé devant sa jolie maison en ancien style colonial georgien, sur un tronçon élégant de Foxhall Road. J'ai été surpris de trouver aussi là Howard Baker, l'actuel secrétaire général de la Maison Blanche. Celui-ci est entré tout de suite dans le vif du sujet. « Il se pourrait que Paul Volcker quitte ses fonctions cet été à la fin de son mandat, a-t-il commencé. Nous ne sommes pas en position de vous offrir le poste, mais nous aimerions savoir, dans le cas où il vous serait proposé, si vous l'accepteriez ? »

Je suis resté un petit moment à court de mots. Quelques

années plus tôt encore, je ne me serais jamais considéré comme un président potentiel de la Fed. Cependant, en 1983, au moment où le premier mandat de Volcker arrivait à son terme, lorsqu'une des sociétés de Wall Street avait effectué un sondage pour savoir qui pourrait le remplacer s'il s'en allait, j'avais été stupéfait de voir mon nom arriver en tête de liste.

J'avais beau avoir été proche d'Arthur Burns, la Fed avait toujours été pour moi une boîte noire. Après l'avoir vu se démener, il ne me semblait pas que j'étais qualifié pour remplir cette fonction ; fixer les taux d'intérêt d'une économie entière semblait exiger beaucoup plus de connaissances que je n'en avais. C'est le genre de travail dans lequel il est très facile de se tromper même si l'on a toutes les informations en main. Dans une économie aussi complexe que la nôtre, la prévision n'est pas sûre à 100 %. Vous avez de la chance si vous arrivez à 60 % de réussite. Néanmoins, la proposition eût été trop belle pour être déclinée. J'ai répondu aux Baker que si l'on m'offrait le poste, j'accepterais.

J'ai eu tout le temps de réfléchir. Au cours des deux mois suivants, Jim Baker m'appelait pour me dire : « C'est encore en discussion » ou « Volcker se demande s'il va rester ». J'étais alternativement captivé et un peu perturbé par cette perspective. Ce n'est que le Memorial Day, jour des morts au champ d'honneur, que Baker m'a téléphoné pour me dire que Paul avait décidé de partir et me demander si j'étais toujours intéressé. J'ai répondu que oui. Il m'a dit : « Vous allez recevoir un appel du Président dans quelques jours. »

Le surlendemain, j'étais chez mon orthopédiste quand l'infirmière est venue m'annoncer que la Maison Blanche était en ligne. Il avait fallu quelques minutes avant qu'elle me prévienne parce que la réceptionniste croyait que c'était une farce. Ils m'ont laissé prendre l'appel dans le bureau particulier du médecin. J'ai décroché le téléphone et entendu cette voix paisible et familière. « Alan, je veux que vous soyez mon président du Federal Reserve Board », a dit Ronald Reagan.

Je lui ai répondu que j'en serais honoré, puis nous avons bavardé un moment. Je l'ai remercié et j'ai raccroché.

Lorsque je suis revenu dans la réception, l'infirmière semblait très inquiète. « Ça va ? m'a-t-elle demandé. Vous paraissez avoir reçu de mauvaises nouvelles. »

5.

LE LUNDI NOIR

J'avais étudié de près l'économie quasiment tous les jours pendant des décennies et étais allé des dizaines de fois à la Fed. Néanmoins, en accédant à sa présidence, je savais que j'avais beaucoup à apprendre. Cette conviction s'est renforcée dès l'instant où j'ai franchi la porte. La première personne à m'accueillir a été Dennis Buckley, un agent de la sécurité qui est resté à mes côtés pendant tout mon mandat. Il m'a donné du « Monsieur le Président ».

Sans réfléchir, je lui ai répondu : « Ne faites pas de manières. Tout le monde m'appelle Alan. »

Il m'a gentiment expliqué que ça ne se faisait pas à la Fed d'appeler le président par son prénom.

Alan est donc devenu M. le Président.

Le personnel avait préparé, je l'ai appris par la suite, des séances de travaux dirigés, diplomatiquement appelées « séminaires individuels », dans lesquelles j'étais l'élève. Ainsi, pendant les dix jours qui ont suivi, les principaux membres de l'équipe professionnelle se sont retrouvés dans la salle de réunion du quatrième étage et m'ont appris le métier. J'ai pris connaissance d'articles de la loi constitutive de la Réserve Fédérale dont je ne connaissais pas l'existence et que j'avais maintenant la charge d'appliquer. Ils m'ont initié à des aspects obscurs de la régulation du secteur bancaire que j'étais stupéfait d'ignorer, ayant été au conseil d'administration de la Morgan et de la Bowery Savings. La

Fed disposait évidemment d'experts dans tous les domaines de l'économie nationale et internationale et était habilitée à se procurer des informations partout, accès privilégié que j'avais hâte d'explorer.

J'avais été directeur dans le privé, mais le Federal Reserve Board était d'un ordre de grandeur supérieur à toutes les sociétés que j'avais gérées : il employait quelque deux mille personnes et avait un budget annuel de près de 300 millions de dollars. Heureusement, sa gestion ne m'incombait pas : la pratique adoptée de longue date consiste à désigner un des membres du Board comme directeur administratif chargé du fonctionnement quotidien. Un autre fait office de directeur du personnel. Ainsi, seules les questions hors de l'ordinaire ou susceptibles d'intéresser le public ou le Congrès sont portées devant le président – par exemple, l'immense défi représenté par l'amélioration du système international de paiements pour la fin du millénaire. Autrement, il est libre de se concentrer sur l'économie – précisément ce que j'aspirais à faire.

Le président de la Fed jouissait d'un pouvoir unilatéral moins important que ne le suggérait son titre. Statutairement, il n'avait autorité que sur l'ordre du jour des réunions du conseil des gouverneurs (*Board*) – pour toutes les autres questions, le conseil prenait les décisions à la majorité et le président ne disposait que d'une voix sur sept. Il ne présidait pas non plus automatiquement le « comité de politique monétaire » (FOMC) – l'instance dotée d'un grand pouvoir qui fixe le taux des fonds fédéraux, un levier essentiel de la politique monétaire des Etats-Unis[1]. Le FOMC se compose

---

1. Lorsque le FOMC modifie ce taux, le comité charge ce qu'on appelle le bureau du marché libre à New York d'acheter ou de vendre des bons du Trésor – souvent pour plusieurs milliards de dollars en une journée. Les ventes de la Fed jouent le rôle de frein en retirant la monnaie de l'économie et en faisant ainsi monter les taux d'intérêt à court terme, alors que les ventes ont évidemment un effet inverse. Aujourd'hui, le taux des fonds fédéraux recherché par la FOMC est annoncé publiquement, mais à l'époque il ne l'était pas. Les sociétés de Wall Street chargeaient donc des « observateurs de la Fed » d'essayer de deviner les changements de politique monétaire en fonction des actions de nos traders ou de modifications survenues dans notre bilan publié chaque semaine.

des sept gouverneurs du Board et des présidents des douze banques régionales de la Réserve Fédérale (dont cinq seulement peuvent voter en même temps), et lui aussi prend ses décisions à la majorité. Si le président du Board est traditionnellement celui du FOMC, il doit être élu chaque année par les membres, qui ont la liberté de choisir quelqu'un d'autre. Je m'attendais à ce que ce précédent prévale, mais j'étais bien conscient qu'une fronde des six autres membres pouvait me retirer mes prérogatives, à l'exception de l'établissement de l'ordre du jour du Board.

J'ai rapidement contacté Don Kohn, le secrétaire du FOMC, et lui ai demandé de m'initier au protocole des réunions. (Don, qui allait se révéler un des conseils les plus efficaces de la Fed en matière de politique pendant les dix-huit ans que j'y ai passés, est maintenant vice-président du Board.) Le FOMC tenait ses réunions à huis clos et je n'avais donc aucune idée de ce qu'était l'ordre du jour habituel – qui prenait d'abord la parole, qui avait la préséance sur qui, qui dirigeait le vote, etc. Le comité avait en outre son propre jargon, avec lequel je devais me familiariser. Par exemple, lorsqu'il souhaitait autoriser le président à relever le taux des fonds fédéraux, on ne lui disait pas : « Vous pouvez hausser les taux si vous estimez devoir le faire », mais, après avoir procédé à un vote, il lui donnait une « directive asymétrique de resserrement[1] ». Je devais diriger une de ces réunions la semaine suivante, le 18 août, et il me fallait apprendre vite. Andrea rit encore de m'avoir vu arriver chez elle un week-end et potasser le code de procédure, le vieux *Robert's Rule of Order*.

J'avais hâte de me mettre à l'ouvrage car je savais que la Fed allait bientôt avoir à prendre des décisions importantes. L'expansion de l'ère Reagan était largement dans sa quatrième année et, si l'économie prospérait, elle montrait aussi des signes évidents d'instabilité. Depuis le début de l'année, moment auquel le Dow Jones avait pour la première fois

---

1. Entre parenthèses, même quand j'eus maîtrisé le jargon « Fed », je disais par plaisanterie : « Qu'est-ce qu'a bien pu devenir l'anglais ? »

crevé le plafond des 2 000 points, le marché boursier avait connu une hausse supérieure à 40 % et était maintenant à plus de 2 700 points – Wall Street était en pleine euphorie spéculative. Il se produisait à peu près la même chose sur le marché de l'immobilier commercial.

Les indicateurs économiques étaient cependant loin d'être encourageants. Les énormes déficits accumulés par le gouvernement Reagan avaient provoqué un quasi-triplement de la dette publique, passée d'un peu plus de 700 milliards de dollars au début de sa présidence à plus de 2 000 milliards à la fin de l'année fiscale 1988. Le dollar chutait et on craignait que les Etats-Unis ne perdent leur compétitivité – les médias tenaient un discours alarmiste évoquant la « menace japonaise » croissante. Les prix de détail, qui n'avaient augmenté que de 1,9 % en 1986, montaient à un rythme presque deux fois plus rapide dans les premiers jours de mon mandat. Bien qu'une inflation de 3,6 % fût beaucoup plus bénigne que celle, cauchemardesque, à deux chiffres des années 1970, dont les gens se souvenaient encore, elle a généralement tendance à s'accélérer une fois qu'elle est amorcée. Nous risquions de perdre les bénéfices de la victoire remportée si chèrement sous Paul Volcker.

Il s'agissait bien sûr de problèmes économiques de grande envergure, que la Fed était loin d'avoir la capacité de résoudre seule. La pire attitude eût cependant consisté à rester les bras croisés. J'estimais prudent de relever les taux, mais la Fed ne l'avait pas fait depuis trois ans. Les remonter maintenant n'était pas chose facile. Chaque fois que la Fed donnait un coup de barre, cela pouvait ébranler les marchés. Serrer les freins pendant une hausse boursière est particulièrement risqué – cela peut saper la confiance des investisseurs et, si les gens ont suffisamment peur, déclencher une grave récession.

Malgré mes liens amicaux avec la plupart des membres du comité, je me gardais bien de penser qu'un président en fonction depuis une semaine pouvait entrer dans la salle de réunion et obtenir un consensus sur une décision aussi risquée en deux temps trois mouvements. Je me suis donc

abstenu de proposer une hausse des taux et contenté
d'écouter ce que les autres avaient à dire. Les dix-huit membres du comité[1] étaient tous des directeurs de banque centrale et des économistes chevronnés et, à mesure que nous
comparions nos évaluations de l'état de l'économie, il
devenait manifeste qu'eux aussi s'inquiétaient. Selon Gerry
Corrigan, le président bourru de la Fed de New York, nous
devions relever les taux ; Bob Parry, le président de celle de
San Francisco, faisait état d'une croissance soutenue, d'un
grand optimisme et du plein emploi dans sa région – toutes
raisons de se méfier de l'inflation ; Si Keehn, de Chicago,
était du même avis et rapportait que les usines du Midwest
tournaient presque à plein régime et que les perspectives
s'amélioraient même dans le secteur agricole ; Tom Melzer,
de la Fed de St. Louis, nous apprit que même les usines de
chaussures de sa région produisaient à pleine capacité ;
quant à Bob Forrestal, d'Atlanta, son équipe avait été surprise par les chiffres élevés de l'emploi dans cette région du
Sud atteinte de dépression chronique. Apparemment, tout
le monde est sorti de la réunion persuadé que la Fed allait
devoir bientôt augmenter ses taux.

L'occasion de le faire s'est présentée deux semaines
plus tard, le 4 septembre, lors d'une réunion du conseil des
gouverneurs. Le Board contrôle l'autre levier essentiel de la
politique monétaire, le « taux d'escompte » auquel la Réserve
Fédérale prête aux institutions de dépôt. Le taux des fonds
fédéraux est la première cible de la politique monétaire. En
achetant ou vendant des bons du Trésor sur le marché libre,
la Fed accroît ou réduit l'offre de ces fonds, autrement dit
des dépôts, principalement ceux des banques et des caisses
d'épargne, dans les douze banques de la Réserve Fédérale.
Cela a pour effet d'abaisser ou de relever les taux d'intérêt
des fonds fédéraux à proportion. Avant la réunion prévue
du Board, j'ai passé quelques jours à arpenter les couloirs
pour aller voir les gouverneurs dans leurs bureaux et essayer
de trouver un consensus. Lors de la réunion, nous sommes

---

1. Il y avait un fauteuil libre.

rapidement passés au vote – une hausse de ce taux de 5,5 % à 6 % a été approuvée à l'unanimité.

Pour contenir les pressions inflationnistes, nous tentions de ralentir l'économie en rendant l'argent plus cher. Il n'y avait pas moyen de prédire comment réagiraient les marchés, d'autant plus que les investisseurs étaient en proie à une véritable frénésie spéculative. Je ne pouvais m'empêcher de songer aux récits que j'avais lus des physiciens présents à Alamogordo lorsqu'ils avaient fait exploser la première bombe atomique : l'engin n'allait-il pas faire long feu ? Fonctionnerait-il comme prévu ? Ou la réaction en chaîne allait-elle échapper à tout contrôle et embraser l'atmosphère terrestre ? Après la réunion, je devais prendre l'avion pour New York – il était prévu que je parte le week-end pour la Suisse afin d'assister à ma première rencontre des gouverneurs des banques centrales des dix principaux pays industrialisés. La Fed espérait que les marchés – boursier, obligataire, à terme, des devises – prendraient le virage dans la foulée, peut-être avec un léger ralentissement de la Bourse et un renforcement du dollar. Je ne cessais d'appeler au bureau pour suivre leurs réactions.

Le ciel ne s'est pas embrasé ce jour-là. Les actions ont baissé, les banques se sont alignées en relevant leurs taux de base et, comme nous l'avions espéré, le monde financier a pris note que la Fed avait entrepris de brider l'inflation. C'est peut-être un gros titre du *New York Times* qui a reflété quelques jours plus tard l'effet le plus spectaculaire : « La plus forte hausse à Wall Street : celle de l'inquiétude. » Un message de Paul Volcker m'a permis enfin de pousser un soupir de soulagement. Il savait exactement par quoi j'en étais passé. « Félicitations, a-t-il dit. Vous voilà maintenant devenu un banquier central. »

Je n'ai cependant pas cru un instant que nous étions tirés d'affaire. Les signes inquiétants continuaient de se multiplier. Le ralentissement de la croissance et un nouvel affaiblissement du dollar mettaient Wall Street sur les dents, les investisseurs et les institutions envisageant la possibilité de ne jamais récupérer des milliards de dollars de mises spéculatives. Début octobre, la peur se mua en panique. Le marché boursier perdit 6 % la première semaine, 12 % la deuxième. La chute la plus importante eut lieu le vendredi 16 octobre, jour où le Dow Jones baissa de 108 points. Depuis la fin du mois de septembre, près de 500 milliards de dollars de richesse sur le papier s'étaient évaporés sur le seul marché boursier, sans parler des pertes sur le marché des devises et autres. La baisse était si stupéfiante que le magazine *Time* consacra cette semaine-là deux pleines pages à la Bourse sous le titre : « Le massacre d'octobre de Wall Street. »

Je savais que d'un point de vue historique cette « correction » n'était pas, et de loin, la plus sévère. Proportionnellement, l'effondrement des cours de 1970 avait été deux fois plus important, et la Grande Dépression avait sabré 80 % de la valeur du marché. Mais, étant donné la façon préoccupante dont s'était achevée la semaine, tout le monde se demandait ce qui allait se passer à l'ouverture des marchés le lundi.

J'étais censé m'envoler lundi matin pour Dallas, où je devais parler le lendemain à la convention de l'Association des banquiers américains – ma première allocution importante en tant que président. Le lundi matin, je me suis entretenu avec le conseil des gouverneurs et nous avons convenu que je devais effectuer le voyage afin de ne pas donner l'impression que la Fed se laissait aller à la panique. Ce matin-là, le marché a ouvert mollement et, au moment de mon départ, il allait vraiment mal : en baisse de plus de 200 points. Il n'y avait pas de téléphone dans l'avion. La première chose que j'ai faite en arrivant a été de demander où en était la Bourse à l'un des cadres de la banque de la Fed de Dallas venus m'accueillir.

« Elle a perdu cinq zéro huit », m'a-t-il répondu.

Généralement, quand quelqu'un dit cela, il signifie 5,08. Le marché n'avait donc baissé que de 5 points. « Quel beau rétablissement ! » ai-je commenté. Mais en disant cela, je voyais bien qu'il n'avait pas l'air soulagé comme moi. En réalité, le marché avait perdu 508 points – une chute de

22,5 %, la plus grosse de l'Histoire en un jour, plus importante même que celle du Vendredi Noir de 1929, qui avait
marqué le début de la Grande Dépression.

Je suis allé directement à l'hôtel, où je suis resté au téléphone tard dans la nuit. Manley Johnson, le vice-président
du conseil des gouverneurs, avait mis en place une cellule
de crise dans mon bureau de Washington et nous avons eu
une série d'entretiens et de téléconférences pour définir les
grandes lignes de notre plan de bataille. Gerry Corrigan m'a
rapporté des conversations qu'il avait eues à New York avec
des cadres de Wall Street et des responsables de la Bourse ;
Si Keehn avait discuté avec des dirigeants de sociétés de
Chicago qui opéraient sur le marché à terme des matières
premières ou de sociétés de courtage ; à San Francisco, Bob
Parry a raconté ce que lui avaient dit des directeurs de sociétés de crédit immobilier, qui avaient en général leur siège
sur la Côte Ouest.

Lors d'une panique boursière, la tâche de la Fed
consiste à éviter la paralysie financière – un état chaotique
dans lequel les entreprises et les banques cessent leurs paiements et l'économie se grippe complètement. Aux yeux des
responsables les plus âgés que j'ai eus au téléphone ce soir-là,
l'urgence et la gravité de la situation étaient incontestables
– même si les marchés ne chutaient pas davantage, le système resterait chancelant pendant des semaines. Nous avons
envisagé des moyens de fournir des liquidités dans le cas
où les principales institutions se retrouveraient à court. En
revanche, les plus jeunes de nos collègues ne mesuraient pas
tous la gravité de la crise. Alors que nous discutions de la
déclaration publique que devait faire la Fed, l'un d'eux suggéra : « Nous dramatisons peut-être. Pourquoi ne pas attendre quelques jours pour voir ce qui se passe ? »

J'étais certes nouveau dans la maison, mais j'avais étudié l'histoire financière trop longtemps pour trouver cette
attitude raisonnable. A ce moment-là de la soirée, énervé, je
me montrai un peu brusque. « Nous n'avons pas à attendre
de voir ce qui se passe. Nous le *savons* déjà, lui ai-je dit
avant de me radoucir un peu et d'expliquer : Vous savez

l'effet que cela fait d'être touché par une balle ? On a l'impression de recevoir un coup de poing, puis le traumatisme est tel que, sur le moment, l'on n'éprouve plus aucune douleur. Dans vingt-quatre ou quarante-huit heures, ça va faire très mal. »

A la fin de la discussion, il était évident que de grandes décisions allaient être prises le lendemain. Gerry Corrigan m'a dit solennellement : « Tout repose sur vos épaules, Alan. » Gerry a un caractère dur et je n'arrivais pas à me rendre compte s'il me disait cela pour m'encourager ou en manière de défi à l'endroit du nouveau président. « Merci, Dr Corrigan », ai-je simplement répondu.

Je n'étais pas enclin à paniquer car je comprenais la nature du problème que nous affrontions. Lorsque j'ai raccroché le téléphone vers minuit, je me demandais si j'allais pouvoir trouver le sommeil. C'était le vrai test. « On va voir de quel bois tu es fait », ai-je pensé. Je me suis mis au lit et je suis fier de dire que j'ai dormi cinq bonnes heures.

Le lendemain matin tôt, alors que nous peaufinions la déclaration publique de la Fed, la standardiste de l'hôtel nous a interrompus par un appel de la Maison Blanche. C'était Howard Baker, le secrétaire général. Connaissant Howard depuis longtemps, je me suis comporté comme s'il ne se passait rien d'inhabituel.

— Bonjour, sénateur, ai-je dit. Que puis-je pour vous ?

— M'aider ! a-t-il répondu en prenant un ton faussement plaintif. Où êtes-vous ?

— A Dallas. Quelque chose vous tracasse ?

Au sein de l'administration, c'est généralement au secrétaire au Trésor qu'il incombe de faire face à une crise boursière. Mais Jim Baker, qui était en Europe, essayait de rentrer le plus vite possible et Howard ne voulait pas affronter celle-là seul. J'ai accepté d'annuler mon allocution et de revenir à Washington, ce que j'avais eu envie de faire de toute façon, car, du fait de la chute de 508 points du marché, retourner à la capitale semblait être le meilleur moyen de montrer aux banquiers que la Fed prenait les choses au sérieux. Baker a envoyé un jet directorial de l'armée pour me ramener.

Ce matin-là, les marchés oscillaient violemment – depuis notre centre d'opérations de fortune, Manley Johnson me tint au courant de leur évolution minute par minute pendant que j'étais dans l'avion. Lorsque je suis monté en voiture à la base de l'armée de l'air d'Andrews, il m'a annoncé que la Bourse de New York nous avait téléphoné pour signaler qu'elle avait l'intention de fermer une heure après – les opérations sur les principales actions avaient cessé faute d'acheteurs. « Ça va tout fiche en l'air, ai-je dit. S'ils ferment, on court à la catastrophe. » On ne pouvait pas grand-chose pour empêcher les directeurs de la Bourse de le faire, et c'est le marché qui nous a sauvés. Au cours de ces soixante minutes, les acheteurs se sont manifestés en nombre suffisant pour décider la Bourse à revenir sur sa décision.

Les trente-six heures qui ont suivi ont été chaudes. Je disais en plaisantant qu'à jongler avec les téléphones j'avais l'impression d'être Shiva, en communication tantôt avec la Bourse, tantôt avec les marchés à terme de Chicago ou les divers présidents des banques de la Fed. C'est avec des financiers et des banquiers que je connaissais depuis des années que j'avais les conversations les plus pénibles, des acteurs importants, directeurs de grosses sociétés de tout le pays, qui avaient la voix tendue par l'appréhension – des hommes qui avaient bâti une fortune et acquis une position sociale au cours de longues carrières et se voyaient maintenant au bord du gouffre. On n'a pas un bon jugement lorsqu'on est tenaillé par la peur. « Calmez-vous, ne cessais-je de leur répéter. C'est maîtrisable. » Je leur conseillais, au-delà de l'urgence présente, de réfléchir à l'intérêt à long terme de leur entreprise.

La Fed s'attaqua à la crise sur deux fronts. Wall Street était le premier : il nous fallait convaincre les sociétés de courtage et les banques d'affaires géantes, dont beaucoup chancelaient sous le poids des pertes, de ne pas cesser d'opérer. Nous nous étions donné beaucoup de mal pour formuler la déclaration publique que nous avions faite dans la matinée de façon à laisser entendre que la Fed fournirait aux banques un filet de sécurité en espérant qu'à leur tour, elles soutiendraient les autres sociétés financières. Elle était aussi concise que l'allocution de Gettysburg, quoique peut-être pas aussi vibrante : « La Réserve Fédérale, conformément à ses responsabilités de banque centrale de la nation, a affirmé aujourd'hui sa volonté de jouer le rôle de source de liquidités pour soutenir le système économique et financier. » Mais tant que les marchés continuaient de fonctionner, nous ne souhaitions pas voler au secours des sociétés avec de l'argent frais.

Gerry Corrigan a été le héros du moment. En tant que président de la Fed de New York, il lui revenait de convaincre les acteurs de Wall Street de continuer à prêter et à négocier – de ne pas abandonner la partie. Elevé chez les jésuites, protégé de Volcker, il avait passé sa carrière à la tête d'une banque centrale ; aucun n'était plus dégourdi que lui ni ne convenait mieux pour faire appliquer la politique de la Fed. Il en imposait assez pour faire plier les financiers et comprenait néanmoins que, même en temps de crise, la Fed devait faire preuve de modération. Par exemple, ordonner à une banque d'accorder un prêt aurait été un abus de pouvoir et aurait nui au fonctionnement du marché. Le fond du message à transmettre au banquier était : « Nous ne vous demandons pas de prêter mais seulement de prendre en considération l'intérêt général de votre affaire. N'oubliez pas que les gens ont la mémoire longue et que si vous coupez les crédits à un client uniquement parce que vous êtes un peu inquiet pour lui, mais sans raison précise, il s'en souviendra. » Au cours de la semaine, Gerry tint des dizaines de discours de ce genre et, bien que je n'en aie pas connu les détails, certaines de ces conversations téléphoniques ont dû être très âpres. Je crois qu'il en a asticoté quelques-uns.

Pendant ce temps-là, nous veillions à continuer d'alimenter le système en liquidités. La FOMC donna l'ordre aux traders de la Fed d'acheter des milliards de dollars de bons du Trésor sur le marché libre. Cela eut pour effet de mettre plus de monnaie en circulation et de pousser les taux d'intérêt à la baisse. Après avoir resserré les taux avant le krach, nous redonnions maintenant du mou pour garder l'économie en mouvement.

Malgré tous nos efforts, nous avons frôlé le désastre une demi-douzaine de fois, la plupart du temps dans le système de paiement. Les jours ouvrables à Wall Street, un grand nombre de transactions ne se réalisent pas simultanément : une société fait ainsi affaire avec les clients d'une autre et la compensation a lieu en fin de journée. Le mercredi matin, Goldman Sachs devait effectuer un paiement de 700 millions de dollars à la Continental Illinois Bank de Chicago, mais différa initialement ce versement en attendant l'encaissement de fonds provenant d'autres institutions. Puis Goldman se ravisa et paya. S'il avait retardé un versement aussi important, cela aurait déclenché des cessations de paiements en cascade sur tout le marché. Par la suite, un des responsables de Goldman m'a confié que si la firme avait prévu les difficultés des semaines suivantes, elle n'aurait pas effectué le transfert. Il soupçonnait que, lors de crises à venir, ils y réfléchiraient à deux fois avant d'effectuer de tels versements sans avoir encaissé au préalable ce qui leur était dû.

Nous sommes aussi intervenus sur le front politique. J'ai passé une heure le mardi au département du Trésor dès le retour de Jim Baker (il avait réussi à s'embarquer sur le Concorde). Nous nous sommes entassés dans son bureau avec Howard Baker et d'autres responsables. A la suite de ce lundi calamiteux, la première réaction du président Reagan avait été de parler avec optimisme de l'économie. « Elle tourne rond, avait-il dit, ajoutant plus tard : Je ne crois pas qu'il faille paniquer, car tous les indicateurs tiennent bon. » Ces paroles se voulaient rassurantes, mais, à la lumière des événements, faisaient penser de manière inquiétante à ce qu'avait déclaré Herbert Hoover après le Vendredi noir, à savoir que l'économie était « saine et prospère ». Mardi après-midi, nous avons eu une réunion avec Reagan à la Maison Blanche pour lui suggérer de changer de discours. La réaction la plus constructive, affirmions-nous, Jim Baker et moi, eût été de coopérer avec le Congrès pour réduire le déficit, celui-ci représentant un des risques économiques à long terme qui tracassaient Wall Street. Bien que Reagan ait été à couteaux tirés avec la majorité démocrate, il reconnut le bien-fondé de la suggestion. L'après-midi même, il déclara aux journalistes qu'il examinerait toute proposition budgétaire faite par le Congrès, sauf celles impliquant une réduction des retraites. Bien que cette ouverture n'ait abouti à rien, elle contribua à apaiser les marchés.

Nous assurions une permanence vingt-quatre heures sur vingt-quatre à notre cellule de crise. Nous suivions l'évolution des marchés au Japon et en Europe ; chaque matin de bonne heure, nous rassemblions les cours des actions des sociétés américaines qui opéraient sur les Bourses européennes et faisions la synthèse de notre propre indice Dow Jones pour avoir un avant-goût du comportement probable des marchés de New York à l'ouverture. Il fallut beaucoup plus d'une semaine pour que toutes les crises se résolvent, bien que la plupart aient été cachées au public. Plusieurs jours après le krach, par exemple, le marché des options de Chicago s'effondra lorsque sa plus grosse société de courtage se retrouva à court de liquidités. La Fed de Chicago contribua à trouver une solution. Peu à peu, les prix se stabilisèrent sur les divers marchés et, fin novembre, les membres de l'équipe de gestion de la crise reprirent leur travail habituel.

Contrairement à ce que tous avaient craint, l'économie tint bon. La croissance fut de 2 % au premier trimestre 1988 et de 5 % au deuxième trimestre. Au début de l'année, le Dow Jones s'était stabilisé autour de 2 000 points, retrouvant son niveau de début 1987, et le cours des actions reprit une ascension bien plus modeste mais plus durable. On entrait dans la cinquième année consécutive de croissance. Ce n'était pas une consolation pour les spéculateurs qui avaient perdu leur chemise ni pour les dizaines de petites maisons de courtage qui avaient fait faillite, mais le commun des mortels n'avait pas été touché.

C'était une des premières manifestations de la faculté de récupération de notre économie, qui allait jouer un rôle si important les années suivantes.

La Réserve Fédérale et la Maison Blanche ne sont pas automatiquement alliées. En donnant à la Fed son mandat actuel en 1935, le Congrès a pris grand soin de la protéger de l'influence de la politique. Si les gouverneurs sont tous nommés par le Président, leurs positions sont semi-permanentes – les membres du Board restent en fonction pendant quatorze ans, plus longtemps que tout autre titulaire d'un poste officiel, à l'exception des juges de la Cour suprême. La présidence elle-même est certes accordée pour quatre ans seulement, mais, comme nous l'avons dit, le président ne peut pas faire grand-chose sans les voix des autres membres du Board. Et si la Fed est tenue de faire un rapport deux fois par an au Congrès, elle tient les cordons de sa bourse en se finançant avec les intérêts qu'elle perçoit sur les bons du Trésor et autres actifs qu'elle détient. Tout cela lui permet de se consacrer pleinement à sa mission statutaire : créer les conditions monétaires nécessaires à une croissance et à un emploi à long terme durables maximum. Du point de vue de la Réserve Fédérale et de la plupart des économistes, la stabilité des prix est une condition nécessaire d'une croissance économique et d'un niveau d'emploi maximaux et soutenables. En pratique, cela veut dire contenir les pressions inflationnistes au-delà du cycle actuel des élections.

Il ne faut donc pas s'étonner que les dirigeants politiques considèrent souvent la Fed comme une entrave. Peut-être au fond se soucient-ils de la prospérité à long terme de l'Amérique, mais ils sont bien plus sensibles aux exigences immédiates de leur électorat. Cela se reflète inévitablement dans leurs préférences en matière de politique économique. Si l'économie est en expansion, ils veulent encore accélérer cette croissance – dès qu'ils voient un taux d'intérêt, ils veulent l'abaisser – et la discipline monétaire de la Fed va à l'encontre de leurs intentions. Comme l'aurait dit William McChesney Martin Jr, son légendaire président des années 1950 et 60, le rôle de la Fed est d'ordonner qu'« on enlève le punch au moment où la fête commence pour de bon ».

Cette contrariété était perceptible dans la voix du vice-président George Herbert Walker Bush au printemps 1988 lorsqu'il menait campagne pour l'investiture présidentielle républicaine. Il a déclaré aux journalistes qu'il mettait en garde la Fed : « Je ne voudrais pas la voir franchir une limite au-delà de laquelle il y aurait un effet de cliquet à la baisse, de resserrement de la croissance économique. »

C'était bel et bien de resserrement qu'il s'agissait. Une fois devenu évident que le krach boursier n'avait pas gravement affecté l'économie, la FOMC avait commencé à relever le taux des fonds fédéraux en mars. Nous l'avions fait car se multipliaient à nouveau les signes d'une montée des pressions inflationnistes et de la fin du long boom de l'ère Reagan : les stocks s'accumulaient dans les usines et le chômage était à son plus bas niveau depuis huit ans. Ce resserrement se poursuivit au cours de l'été et, en août, il s'avéra nécessaire de relever aussi le taux d'escompte.

Du fait que celui-ci, contrairement au taux des fonds fédéraux, était annoncé publiquement, l'augmenter était politiquement beaucoup plus explosif – à la Fed, on appelait cela « donner un coup de gong ». La campagne de Bush ne pouvait tomber à un plus mauvais moment. Il voulait tirer parti de la réussite de Reagan et il était en retard de 17 points dans les sondages sur Michael Dukakis, le candidat démocrate. L'état-major de la campagne du vice-président était hypersensible à toute nouvelle révélant un ralentissement de l'économie ou risquant de ternir d'une autre manière l'éclat de l'administration. Lorsque nous avons voté le relèvement du taux quelques jours avant la convention républicaine, nous avons donc compris que cela allait en contrarier beaucoup.

Je crois préférable d'annoncer les mauvaises nouvelles personnellement, en tête à tête et à l'avance – surtout à Washington, où les dirigeants détestent qu'on les laisse dans l'ignorance et ont besoin de temps pour décider de ce qu'ils veulent dire en public. Je n'aime pas le faire, mais il n'y a pas d'autre solution si l'on souhaite entretenir ses bonnes relations. Ainsi, juste après le vote, je suis allé voir Jim Baker au département du Trésor. Il venait d'annoncer qu'il se démettait de ses fonctions de secrétaire au Trésor pour devenir chef d'état-major de la campagne Bush. Jim était un vieil ami et, en tant que secrétaire au Trésor, il devait être prévenu.

En s'asseyant dans son bureau, je l'ai regardé dans les yeux et lui ai dit :

— Je suis certain que cela ne va pas te faire plaisir, mais après avoir longuement considéré tous les facteurs – j'en ai cité quelques-uns –, nous avons pris la décision de relever le taux d'escompte. Nous allons l'annoncer dans une heure.

Il s'est renversé dans son fauteuil et s'est frappé l'estomac du poing.

— Tu m'as donné un coup là, a-t-il grommelé.

— Désolé, Jim.

Il a ouvert les vannes et nous a accusés, la Fed et moi, de ne pas répondre aux besoins réels du pays, laissant libre cours à toutes les pensées agressives qui lui passaient par la tête. Etant ami avec lui depuis longtemps, je n'ignorais pas qu'il jouait la comédie. Aussi, au bout d'une minute, lorsqu'il s'est arrêté pour reprendre haleine, je lui ai souri. Il a éclaté de rire.

— Je savais que vous deviez le faire, a-t-il dit.

Quelques jours plus tard, il a publiquement approuvé la hausse du taux, affirmant qu'elle était indispensable pour la stabilité à long terme du système. « A moyenne et longue échéances, ce sera une très bonne chose pour l'économie », a-t-il ajouté.

Lorsque George Bush l'a emporté à l'automne, j'espérais que la Fed et son administration s'entendraient bien. Tout le monde savait que le successeur de Reagan allait devoir affronter de gros problèmes économiques : pas seulement une phase descendante du cycle, mais des déficits énormes et un accroissement rapide de la dette nationale. J'estimais que Bush avait placé la barre très haut lorsqu'il avait déclaré au cours de son discours d'acceptation à la convention républicaine : « Ce n'est pas la peine de le dire : pas de nouveaux impôts. » Déclaration mémorable, mais à un moment ou à un autre, il lui faudrait bien s'attaquer au déficit – et il s'était lié les mains.

Le remplacement en règle du personnel mis en place par Reagan créa la surprise. Mon ami Martin Anderson, qui avait depuis longtemps quitté Washington pour la Hoover Institution en Californie, dit en plaisantant que Bush avait mis à la porte plus de républicains que ne l'aurait fait Dukakis. Je lui avais répondu que ça ne me dérangeait pas. C'était la prérogative du nouveau président et ces changements n'affectaient pas la Fed. De plus, la nouvelle équipe économique – le secrétaire au Trésor Nicholas Brady, le directeur du Budget Richard Darman, le président du CEA Michael Boskin et d'autres – était composée de mes relations professionnelles et de mes amis de longue date. (Jim Baker était quant à lui devenu secrétaire d'Etat.)

Ce qui m'importait au premier chef, souci partagé par beaucoup de hauts responsables de la Fed, c'était que l'administration s'attaque immédiatement au déficit, pendant que l'économie était encore assez forte pour encaisser le choc produit par la réduction des dépenses fédérales. Les gros déficits ont un effet insidieux. Lorsque le gouvernement dépense trop, il doit emprunter pour équilibrer ses comptes. Il le fait en vendant des bons du Trésor, absorbant des capitaux qui, sinon, pourraient être investis dans le secteur privé. Nos déficits avaient atteint des niveaux tels – bien au-dessus de 150 milliards de dollars en moyenne sur cinq ans – qu'ils minaient l'économie. J'ai attiré l'attention sur ce problème juste après l'élection en témoignant devant la Commission économique nationale, un groupe bipartite créé par Reagan au lendemain du krach de 1987. Nous ne pouvions plus remettre au lendemain la question du déficit, ai-je dit : « Le long terme devient rapidement du court terme. Si nous n'agissons pas promptement, les effets se feront de plus en plus sentir et sans attendre. » Comme on pouvait s'en douter, en raison de l'engagement pris par Bush de ne pas augmenter les impôts, la réunion s'est achevée sur une impasse et resta sans effet, les républicains affirmant qu'il fallait réduire les dépenses, les démocrates, qu'on devait alourdir la fiscalité.

Je me suis vite retrouvé publiquement en conflit avec le président Bush, comme je l'avais été durant sa campagne. En janvier, j'ai déclaré devant la commission bancaire de la

Chambre des représentants que les risques d'inflation étaient encore tels que la politique de la Fed « irait plutôt dans le sens de la restriction que de la stimulation ». Le lendemain, le Président s'est opposé à ce point de vue devant les journalistes : « Je ne veux pas que nous prenions des mesures trop énergiques contre l'inflation afin de ne pas gêner la croissance », a-t-il dit. Normalement, de telles divergences sont mises sur le tapis et réglées dans les coulisses. J'espérais instaurer avec la Maison Blanche la même collaboration qui avait existé pendant l'administration Ford et, parfois, entre Reagan et Paul Volcker. C'était raté. Des événements majeurs se sont produits durant le mandat de George Bush : la chute du mur de Berlin, la fin de la guerre froide, la victoire nette dans le golfe Persique et les négociations de l'ALENA, l'accord visant à instaurer le libre-échange en Amérique du Nord. Mais l'économie était son talon d'Achille et, en conséquence, notre relation a été très mauvaise.

Il faisait face à une augmentation du déficit commercial et au phénomène politiquement préjudiciable de délocalisation des entreprises à l'étranger. Les pressions en faveur d'une réduction du déficit fédéral l'obligèrent finalement en juillet 1990 à accepter un compromis budgétaire dans lequel il rompait son engagement de ne pas instaurer de nouvelles taxes. L'Irak envahit le Koweit quelques jours plus tard. La guerre du Golfe qui s'ensuivit augmenta considérablement sa cote dans les sondages, mais la crise entraîna aussi la récession que nous redoutions, du fait de la hausse du prix du pétrole et de l'incertitude qui érodait la confiance des consommateurs. Pis, le redressement amorcé au début de l'année 1991 fut exceptionnellement lent et anémique. La plupart de ces événements échappaient au contrôle de qui que ce soit, mais ils firent néanmoins de « l'économie stupide » un argument efficace grâce auquel Bill Clinton battit Bush aux élections de 1992 malgré une croissance de 4,1 % cette année-là.

Deux facteurs compliquèrent beaucoup la situation économique. Tout d'abord l'effondrement du crédit immobilier, qui provoqua une ponction énorme et inattendue sur le budget fédéral. Les sociétés de crédit immobilier (*savings and loans*, S&L), qui avaient été instituées sous leur forme moderne pour financer la construction des banlieues après la Seconde Guerre mondiale, avaient fait faillite par vagues pendant une décennie. L'inflation des années 1970 – aggravée par une déréglementation mal conduite et, en définitive, par des escroqueries – avait condamné des centaines d'entre elles à fermer leurs portes. Telle qu'elle était conçue à l'origine, une S&L ne différait guère de la Bailey Building and Loan dirigée par Jimmy Stewart dans *La vie est belle*. Les clients déposaient de l'argent sur des comptes sur livret, qui ne rapportaient que 3 % d'intérêt annuel mais étaient garantis par l'Etat fédéral, et la S&L prêtait ces fonds sous forme de crédit hypothécaire sur trente ans à 6 % d'intérêt. En conséquence, les S&L ont été pendant des décennies des affaires lucratives et sûres et se sont multipliées : plus de 3 600 en 1987, représentant un actif de 1 500 milliards de dollars.

Mais l'inflation a sonné le glas de ce petit monde prospère. Elle a fait grimper fortement les taux d'intérêt à court et long terme, étranglant les S&L. Le coût des dépôts monta immédiatement en flèche, mais du fait que leur portefeuille de prêts ne se renouvelait que lentement, leurs revenus stagnaient. De nombreuses S&L se retrouvèrent bientôt dans le rouge et en 1989 la grande majorité étaient en état de cessation de paiements : si elles vendaient tous leurs prêts, elles n'avaient pas de quoi rembourser tous leurs dépôts.

Le Congrès tenta à plusieurs reprises de renflouer le secteur, mais ne réussit en définitive qu'à aggraver le problème. Juste à temps pour le boom immobilier de l'ère Reagan, il augmenta le niveau de la garantie des dépôts financée par le contribuable (de 40 000 à 100 000 dollars par compte) et assouplit les restrictions sur le type de prêts que les S&L pouvaient accorder. Avant longtemps, enhardis, les dirigeants des S&L financèrent des gratte-ciel, des domaines hôteliers et des milliers d'autres projets que, dans bien des cas, ils connaissaient à peine, et ils perdirent souvent leur chemise.

D'autres profitèrent de l'assouplissement des règles pour frauder – Charles Keating, un tristement célèbre entrepreneur de la Côte Ouest, fut finalement condamné à la prison pour escroquerie, ayant trompé les investisseurs avec de faux projets immobiliers et la vente de junk bonds. Des commerciaux de sa société, la Lincoln Savings, auraient également persuadé de braves gens de placer les fonds de leur compte de dépôt sur des opérations risquées et non garanties dirigées par lui. L'effondrement du secteur coûta 3,4 milliards de dollars aux contribuables et 25 000 possesseurs de bons du Trésor en perdirent quelque 250 millions. La révélation en 1990 que Keating et d'autres dirigeants de S&L avaient largement financé la campagne de sénateurs provoqua un véritable drame à Washington.

Je me suis retrouvé mêlé à cette pagaille non seulement en raison de mes fonctions, mais aussi à cause d'une étude que j'avais effectuée en tant que consultant privé. Des années plus tôt, un cabinet juridique représentant Keating avait loué les services de Townsend-Greenspan afin de déterminer si la Lincoln était financièrement assez saine pour investir directement dans l'immobilier. J'avais conclu, au vu des liquidités importantes qui apparaissaient sur son bilan, qu'elle pouvait le faire sans risque. C'était antérieurement aux dangereuses augmentations de son ratio d'endettement décidées par Keating et bien avant qu'il se soit révélé être une crapule. Je ne sais toujours pas s'il s'était déjà lancé dans ses escroqueries à l'époque où j'ai fait mon étude. Celle-ci a refait surface lorsque la commission d'éthique du Sénat a lancé son enquête sur les liens de Keating avec cinq sénateurs. John McCain, l'un de ceux qui ont été interrogés, a certifié que mon estimation avait contribué à le rassurer à propos de Keating. J'ai déclaré au *New York Times* que mon incapacité de prévoir les agissements futurs de la société m'embarrassait beaucoup et j'ai ajouté : « Je me suis trompé sur la Lincoln. »

L'incident a été pour moi doublement pénible car j'avais créé des ennuis à Andrea. Elle était alors devenue la principale correspondante de sa chaîne au Congrès et elle couvrait le scandale Keating. Elle avait toujours pris grand soin, à mesure que notre relation devenait plus profonde, de maintenir un mur pare-feu, comme elle disait, entre mon travail et le sien. Ainsi, elle n'assistait jamais à mes déclarations au Congrès et s'efforçait d'éviter même l'apparence d'un conflit d'intérêts. Les audiences Keating mirent sa ligne de conduite à l'épreuve. A contrecœur, elle décida de ne plus participer à la couverture du sujet pendant que les médias examinaient mes liens avec cette affaire.

Personne se savait combien il en coûterait au contribuable d'éponger l'ardoise laissée par les sociétés de crédit immobilier – les estimations étaient de l'ordre de plusieurs centaines de milliards de dollars. Ce travail d'assainissement se poursuivait et la ponction sur le Trésor était perceptible, ce qui aggravait le problème fiscal que le président Bush avait à résoudre. La tâche de récupérer une partie des pertes revint à la Resolution Trust Corporation (RTC), créée par le Congrès en 1989 pour vendre les actifs des sociétés en faillite. Je faisais partie de son conseil de surveillance, qui était présidé par le secrétaire au Trésor Brady et comprenait Jack Kemp, alors secrétaire au Logement et au Développement urbain, le promoteur immobilier Robert Larson et l'ancien gouverneur de la Fed Philip Jackson. La RTC avait un personnel professionnel, mais pour moi, faire partie du conseil de surveillance début 1991 revenait presque à avoir un deuxième travail. Je passais de longues heures à me plonger dans des documents détaillés et à assister à des réunions. Les nombreux immeubles inhabités que nous gérions se détérioraient rapidement par manque d'entretien et, sauf à nous en débarrasser rapidement, nous allions nous retrouver avec une énorme perte sèche. Nous aurions en outre la facture de la démolition de beaucoup d'entre eux sur les bras. Je n'arrêtais pas d'additionner mentalement tous ces coûts, occupation fort peu réjouissante.

Les prêts des S&L encore porteurs d'intérêt avaient été facilement liquidés sur le marché et il ne restait plus à la RTC que les actifs dont personne ne voulait : centres commerciaux à moitié construits en plein désert, marinas, golfs, affreux immeubles en copropriété sur des marchés du logement saturés, immeubles de bureaux à moitié vide récupérés par les S&L, mines d'uranium. L'ampleur du problème défiait l'imagination : Bill Seidman, qui présidait à la fois la RTC et la société fédérale de garantie des dépôts, avait calculé que si la RTC liquidait un million de dollars par jour d'actifs, il lui faudrait trois cents ans pour les vendre tous. De toute évidence, nous devions procéder autrement.

Je ne sais trop qui a trouvé la bonne idée. Telle que nous l'avons présentée, elle consistait à regrouper les biens en lots de 1 milliard de dollars. Nous avons proposé le premier lot, mis aux enchères, à quelques dizaines d'acheteurs répondant aux conditions requises, pour la plupart des hommes d'affaires connus pour s'intéresser aux biens difficiles à vendre. Répondre aux conditions requises ne veut pas dire recommandables – parmi les groupes avec lesquels nous avons pris contact, il y avait des vautours et des spéculateurs dont la réputation eût mérité un bon lifting.

Seules quelques enchères ont été portées et le lot est parti pour une somme modeste – à peine plus de 500 millions de dollars. Qui plus est, le gagnant de l'enchère n'avait à donner un acompte que d'une partie du prix, le reste étant versé à tempérament en fonction des ventes des biens. Cela ressemblait à un cadeau et, comme nous nous y attendions, les observateurs et le Congrès furent outrés. Mais rien ne vaut les bonnes affaires pour stimuler la demande. Avides, les investisseurs se ruèrent en grand nombre pour ne pas laisser passer l'occasion, les prix des derniers lots grimpèrent en flèche et en quelques mois la RTC s'était débarrassée de son stock. Lorsqu'elle fut dissoute en 1995, elle avait liquidé 744 S&L – plus d'un quart du secteur. Mais en partie grâce aux ventes d'actifs, la facture totale acquittée par le contribuable avait été ramenée à 87 milliards de dollars, beaucoup moins que ce que l'on avait craint au départ.

Les banques commerciales aussi avaient de graves ennuis. Le problème était encore plus épineux que celui des S&L parce que les banques représentaient un secteur beaucoup plus vaste et important de l'économie. La fin des années 1980 était leur période la plus noire depuis la Grande Dépression ; des centaines de banques de petite et moyenne dimension faisaient faillite et des géants comme la Citibank et la Chase Manhattan étaient en péril. Leurs difficultés, comme dans le cas des S&L, tenaient à un excès de prêts spéculatifs – au début des années 1980, les grandes banques avaient misé sur la dette d'Amérique latine, puis, lorsque ces prêts avaient pris mauvaise tournure, comme des joueurs amateurs essayant de se refaire, ils avaient misé encore plus, entraînant tout le secteur dans une débauche de prêts sur l'immobilier commercial.

La fin inévitable du boom immobilier les ébranla fortement. Incertaines quant à la valeur de leurs prêts immobiliers, les banques ne savaient trop quelle était l'importance de leur capital ; beaucoup, paralysées, effrayées, répugnaient à accorder de nouveaux prêts. Les grosses entreprises réussissaient à se procurer des fonds ailleurs, par exemple sur les marchés novateurs de créances qui s'étaient établis à Wall Street – procédé qui permit de minimiser et raccourcir la récession de 1990. Mais, dans tous les Etats-Unis, les PME avaient du mal à obtenir même des prêts de fonctionnement ordinaires. A cause de cela, il leur fut exceptionnellement difficile de sortir tout à fait de la récession.

Rien de ce que nous faisions à la Fed ne semblait porter ses fruits. Nous avions commencé à abaisser les taux d'intérêt bien avant le début de la récession, mais l'économie ne réagissait plus. Bien que nous ayons réduit le taux des fonds fédéraux pas moins de vingt-trois fois au cours d'une période de trois ans, de juillet 1989 à juillet 1992, la reprise fut une des plus lentes jamais constatées. « L'économie américaine progresse, mais contre un vent de 80 km/h. » C'est ainsi que j'avais expliqué la situation à un auditoire d'hommes d'affaires inquiets de Nouvelle-Angleterre en octobre 1991. Je ne pouvais me montrer très encourageant car j'ignorais quand le manque de crédit prendrait fin.

Je voyais le président Bush toutes les six ou sept semaines, généralement lors d'une réunion avec d'autres, mais parfois en tête à tête. Nous nous connaissions depuis les années Ford. Il m'avait même emmené déjeuner à Langley quand il était directeur de la CIA en 1976. Au cours des premiers mois de la campagne de 1980, il m'avait souvent appelé pour me demander conseil sur des questions de politique économique. Lorsqu'il était vice-président, je le retrouvais de temps en temps à la Maison Blanche. Bush était intelligent et nous nous entendions bien. J'étais particulièrement impressionné par sa femme, Barbara, qui avait un cran et une présence phénoménaux. Mais pendant sa présidence, il se souciait beaucoup moins de l'économie que des affaires étrangères.

Bien que son père eût travaillé à Wall Street et qu'il se soit lui-même spécialisé en économie à Yale, il n'avait jamais eu une expérience de première main des marchés. Il ne se rendait pas compte que les taux d'intérêt étaient fixés surtout par les forces du marché et semblait croire qu'ils l'étaient par choix. Ce n'était pas un point de vue judicieux. Il préférait déléguer les questions économiques à ses principaux collaborateurs. J'avais donc principalement affaire à Nick Brady, Dick Darman et Mike Boskin.

Darman, le directeur du Budget, était à bien des égards semblable à David Stockman – un intellectuel, spécialiste de politique économique de haute volée et partisan d'une gestion budgétaire saine. Contrairement à Stockman, cependant, Dick était souvent rien moins que direct avec les gens et davantage mû par l'opportunisme politique. Le temps passant, j'ai appris à garder mes distances avec lui.

Darman écrivit des années plus tard qu'à la Maison Blanche, il s'était vigoureusement opposé à huis clos à l'engagement de ne pas instaurer de nouvelles taxes. Il avait tenté de persuader le Président de s'attaquer tôt au déficit quand il était encore possible de régler rapidement le problème. Mais le Président n'avait pas été convaincu. Courant 1989, la Maison Blanche s'était retrouvée en désaccord avec le Congrès démocrate. La dette qui continuait à grever le budget était telle qu'au début de la récession, l'administration ne disposait pas de la souplesse budgétaire nécessaire pour lutter contre elle.

L'administration ne tarda pas à rendre la Fed responsable de ses ennuis. Nous étions soi-disant en train d'étouffer l'économie en resserrant excessivement l'offre de monnaie. J'ai eu un avant-goût de cette attitude en août 1989 à l'occasion d'une visite que nous avions faite, Andrea et moi, au sénateur John Heinz et à sa femme Teresa dans leur maison d'été de Nantucket. Nous regardions les débats télévisés du dimanche matin et Dick Darman était invité à *Meet the Press*. Je ne faisais qu'à moitié attention quand je l'ai entendu dire : « Il importe que non seulement le président Greenspan mais aussi les autres membres du Board et du FOMC se montrent plus attentifs à la nécessité d'éviter de faire basculer l'économie du pays dans la récession. Je ne suis pas certain qu'ils le soient tout à fait. » « Quoi ! » me suis-je exclamé en manquant de peu de renverser mon café. L'accusation n'avait aucun sens, mais je me suis ensuite rendu compte qu'elle n'avait pas à en avoir : c'était de la pure rhétorique politique.

Le secrétaire au Trésor Brady n'aimait pas non plus la Fed. Le Président et lui étaient amis et avaient beaucoup en commun : c'était de riches patriciens sortis de Yale et membres du Skull and Bones, la société secrète de l'université de Yale. Nick avait passé plus de trente ans à Wall Street et fini par devenir président d'une grosse société d'investissement. Il était arrivé à Washington avec une grande expérience du monde des affaires et l'habitude du commandement.

Pendant toute l'administration Bush, Nick et moi avons travaillé en coopération sur beaucoup de questions importantes – nous sommes allés à Moscou en 1991 et avons étroitement et efficacement collaboré sur des problèmes complexes de réglementation bancaire et de marché des changes. Il m'a même invité à jouer au golf sur le parcours de l'Augusta National, et Andrea et moi fréquentions sa femme Kitty et lui.

Mais il a renforcé la conception manipulatrice de la politique monétaire qu'avait le président Bush. Pour Nick, une baisse radicale des taux d'intérêt à court terme ne présentait apparemment pas de risque – si la Fed inondait l'économie de liquidités, la croissance n'en serait que plus rapide. Il lui fallait certes rester à l'affût des poussées inflationnistes, mais si elles se manifestaient, la Fed pouvait toujours serrer la bride. Si j'avais fait ce qu'ils voulaient, j'aurais encouragé des réductions des taux plus rapides, plus importantes... et les boursiers auraient sans aucun doute réclamé ma tête, ce que j'aurais bien mérité.

Le secrétaire au Trésor n'était cependant pas enclin au débat. Comme beaucoup de traders, il avait bien réussi en suivant son instinct. Et dans des domaines comme la politique des taux de change, son sens des marchés m'avait semblé très aiguisé. Mais il n'était pas porté à manier les concepts et à voir à long terme. Nous nous retrouvions une fois par semaine pour un petit déjeuner de travail et chaque fois que la conversation en venait à la politique monétaire, il éludait le sujet.

Cette impasse rendait la lutte contre le déficit et la récession doublement difficile, car l'administration était toujours en quête de réciprocité de la part de la Fed. Lorsque la loi budgétaire de 1990 fut sur la table – et que le président Bush se retrouva obligé de revenir sur sa promesse de ne pas instaurer de nouvelles taxes –, Nick me demanda de m'engager à ce que la Fed abaisse les taux d'intérêt si le budget était voté.

En fait, ce budget m'impressionnait favorablement. Il comportait deux ou trois innovations de Darman que je jugeais prometteuses – ainsi, la règle suivant laquelle tout programme de dépenses devait avoir une source de financement compensatoire, qu'il s'agisse d'un impôt ou d'une coupe budgétaire. Le budget proposé ne diminuait pas le déficit autant qu'il aurait dû, mais, à la Fed, tout le monde reconnaissait, et j'étais aussi de cet avis, qu'un grand pas avait été fait dans la bonne direction. Lors d'une séance du Congrès, au moment où le budget était enfin prêt à être soumis à approbation, j'ai déclaré le projet « crédible » – la louange pouvait sembler tiède, mais elle suffit à donner un coup de fouet au marché boursier, les traders pariant que la Fed réduirait instantanément les taux d'intérêt. Telle n'était évidemment pas notre intention : avant de faciliter le crédit, il fallait d'abord s'assurer que les coupes budgétaires aient force de loi et, surtout, qu'elles exercent un effet économique réel.

J'étais toujours très prudent lorsque je m'adressais à Nick en privé. Je lui ai dit : « Un budget sain fera baisser les taux à long terme en réduisant les anticipations d'inflation. La politique monétaire devrait, de façon appropriée, réagir à cela en baissant les taux à court terme. » C'était la politique ordinaire de la Fed, mais elle contrariait Nick, car elle ne procurait pas la garantie qu'il recherchait.

Lorsque la récession se déclencha à l'automne, les frictions ne firent que s'aggraver. « Il y a eu trop de pessimisme, déclara le président Bush dans son discours sur l'état de l'Union de 1991. Des banques saines devraient accorder des prêts sains et les taux d'intérêt devraient maintenant être plus bas. » La Fed abaissait les taux depuis plus d'un an, mais ni assez ni assez vite au goût de la Maison Blanche.

J'ai conservé une lettre officielle que m'avait envoyée Nick à l'époque. Il avait pris l'initiative extraordinaire d'inviter huit éminents économistes du privé et de l'université à la Maison Blanche pour un déjeuner avec le Président. Au cours du repas, il fut demandé à chacun si la Fed devait réduire encore les taux à court terme. Interrogés ainsi devant le Président, « aucun n'a répondu que cela aurait des effets dommageables et presque tous ont estimé que cela serait bienvenu, écrivit Nick. Vous êtes le seul à avoir un point de vue différent parmi ceux que j'ai questionnés, Alan », poursuivait-il, en se plaignant de ce que « la Fed ne montrait pas la voie de manière énergique ».

En fait, chien qui aboie ne mord pas. Mon mandat de président se terminant à l'été 1991, eut lieu une réunion en coulisses au cours de laquelle le secrétaire au Trésor chercha à obtenir de ma part un engagement à assouplir encore la politique monétaire en échange d'un deuxième mandat. Brady prétendit par la suite que j'avais conclu un tel marché. En fait, il m'était impossible de prendre un tel engagement, même si je l'avais voulu (et si j'avais cru que nous pouvions encore baisser les taux). Le président Bush me reconduisit cependant dans mes fonctions. Sans doute avait-il conclu que je représentais le moins mauvais choix : de l'avis de tous, la Fed fonctionnait bien, il n'y avait pas d'autre candidat semblant avoir la préférence de Wall Street et un changement de président aurait perturbé les marchés.

Compte tenu de l'impasse dans laquelle nous nous étions retrouvés concernant la politique monétaire, il nous était difficile à Nick et à moi de rester amis ; bien que nous ayons continué à coopérer professionnellement, il annula nos petits déjeuners hebdomadaires et nous cessâmes de nous fréquenter. L'année électorale approchant, l'administration décida de modifier son attitude à l'égard de la Fed et de son entêté de président. C'est Mike Boskin, le président du CEA, et le président Bush lui-même qui se chargèrent désormais du « cas Greenspan », comme on disait à la Maison Blanche.

En fait, le redressement démarra enfin pour de bon au début de la campagne. En juillet, j'ai pu déclarer avec assurance que le vent contraire de 80 km/h s'était calmé. Une analyse ultérieure montra qu'au printemps le PIB (agrégat qui, en 1990, avait remplacé le PNB comme mesure du produit) avait retrouvé une croissance équilibrée de 4 % l'an. Mais c'était alors difficilement perceptible et, pour le Président, il importait que la croissance soit aussi solide et visible que possible.

Cette année-là, je n'ai rencontré le Président que de rares fois. Il était toujours extrêmement cordial. « Je ne veux pas taper sur la Fed », disait-il. Il me sondait et soulevait des questions importantes en fonction de ce qu'il avait entendu auprès des gens d'affaires avec qui il était en contact. Il me disait par exemple : « On dit que les limitations imposées aux réserves bancaires constituent une partie du problème ; que dois-je en penser ? » Ce n'étaient pas des questions que Reagan aurait posées, lui que les discussions de politique économique exaspéraient, et j'étais enchanté que Bush le fasse. Je me sentais beaucoup plus à l'aise avec lui qu'avec

Brady car la conversation ne tournait jamais à la confrontation. Mais lorsque nous parlions des taux d'intérêt, je n'arrivais jamais à le convaincre que les réduire encore et plus vite n'aurait sans doute pas accéléré la reprise, mais aurait en revanche augmenté le risque d'inflation.

Le fait est que l'économie se redressait, mais pas à temps pour l'élection. C'est probablement le déficit qui faisait le plus de tort à Bush. Bien que les coupes budgétaires tardives et les hausses d'impôts de 1990 aient amélioré la situation budgétaire du pays, la récession avait tellement réduit les recettes fédérales que le déficit était temporairement en train de grimper en flèche. Il atteignit 290 milliards de dollars la dernière année de son mandat. Ross Perot put enfoncer le clou pendant la campagne et il réussit à diviser suffisamment les républicains pour couler Bush.

J'ai été attristé d'apprendre quelques années plus tard qu'il m'avait rendu responsable de sa défaite. « J'ai renouvelé son mandat et il m'a déçu », déclara-t-il au cours d'une interview télévisée en 1998. Il n'est pas dans ma nature d'être soupçonneux. Je ne me suis rendu compte que rétrospectivement à quel point Brady et Darman avaient persuadé le Président que la Fed sabotait sa position. Son amertume m'a surpris ; je n'éprouvais pas le même sentiment envers lui. La façon dont il a perdu l'élection m'a rappelé comment les électeurs britanniques avaient évincé Winston Churchill juste après la guerre. Pour autant que je pouvais en juger, Bush avait résolu de manière exemplaire les problèmes auxquels faisaient face les Etats-Unis – l'affrontement avec l'Union soviétique et la crise du Moyen-Orient. Si un président méritait d'être réélu, c'était bien lui. Mais Winston Churchill aussi.

6.

LA CHUTE DU MUR

Le 10 octobre 1989, Jack Matlock, l'ambassadeur des Etats-Unis en Union soviétique, me présenta à un auditoire d'économistes et de banquiers soviétiques à la maison Spaso, la résidence officielle de l'ambassadeur à Moscou. Je devais faire un exposé sur la finance capitaliste.

Je ne me doutais évidemment pas qu'un mois plus tard le mur de Berlin allait être abattu. Je ne savais pas davantage que, des années après l'effondrement du bloc soviétique, j'allais être témoin d'un événement très rare : la naissance d'économies de marché à partir des cendres d'économies planifiées. En l'occurrence, la mort de la planification centrale révéla l'ampleur inimaginable de la pourriture qui s'était accumulée au fil des décennies.

Mais la plus grosse surprise qui m'attendait était une extraordinaire leçon d'après nature sur les racines du capitalisme de marché. C'est un système qui m'était bien sûr très familier, mais ma connaissance de ses fondements restait purement abstraite. J'ai été élevé dans une économie de marché complexe, forte de ses lois, de ses systèmes et de ses conventions depuis longtemps en place et parvenus à maturité. L'évolution que j'étais sur le point d'observer en Russie avait eu lieu dans les pays occidentaux bien avant ma naissance. Tandis que la Russie s'efforçait de se remettre de la faillite de toutes les institutions liées à l'Union soviétique, j'avais le sentiment d'être un neurologue qui apprend en observant comment se comporte un patient lorsqu'une partie de son cerveau a été endommagée. Voir les marchés tenter de fonctionner en l'absence de protection des droits de propriété ou d'une tradition de confiance entre les acteurs a été pour moi porteur d'un enseignement entièrement nouveau.

Mais tout cela était encore à venir lorsque j'ai posé mon regard sur la centaine de personnes réunies devant moi à la résidence de l'ambassadeur et me suis demandé : « Que pensent-ils ? Comment toucher leur l'esprit ? » Je supposais que tous étaient sortis des écoles soviétiques et avaient subi un endoctrinement marxiste. Que connaissaient-ils des institutions capitalistes et des marchés concurrentiels ? Chaque fois que je m'adressais à un auditoire d'Occidentaux, j'étais à même de juger de ce qui les intéressait ainsi que de leur niveau de connaissance et adaptais mon discours en conséquence. Mais là, je ne pouvais que me livrer à des conjectures.

La conférence que j'avais préparée consistait en une présentation sèche et diffuse des banques dans les économies de marché. J'approfondissais des sujets comme la valeur de l'intermédiation financière, les divers types de risque que courent les banques commerciales, les avantages et les inconvénients de la réglementation et les devoirs des banques centrales. La causerie se déroulait très lentement, surtout parce que je devais m'arrêter après chaque paragraphe pour laisser le traducteur faire son travail.

Pourtant, l'auditoire est resté très attentif jusqu'au bout et plusieurs prenaient des notes détaillées. A la fin, des mains se sont levées et l'ambassadeur Matlock a laissé place aux questions. A ma grande surprise et satisfaction, la demi-heure de débat qui s'ensuivit montra clairement que certains avaient saisi ce que j'avais dit. Les questions qu'ils posaient révélaient une compréhension du capitalisme qui m'a étonné par sa profondeur [1].

---

1. Comment ces gens pouvaient-ils en savoir tant ? En 1991, j'ai finalement posé la question à Grigory Yavlinsky, l'un des principaux réformateurs de Gorbatchev. Il a ri et m'a expliqué : « Nous avions tous à notre disposition des livres

J'avais été invité par Leonid Abalkin, l'adjoint du Premier ministre chargé de la réforme. Je m'attendais à ce que notre rencontre soit très cérémonieuse, mais il n'en fut rien. Economiste universitaire proche de la soixantaine, Abalkin faisait partie des proches conseillers de Gorbatchev en matière de réforme. Il s'était acquis la réputation d'être souple en politique et bien en cour. Son visage allongé lui donnait l'air stressé et les raisons ne manquaient certes pas qu'il le soit. L'hiver arrivait, des pénuries d'électricité et alimentaires se profilaient à l'horizon, Gorbatchev parlait en public du risque d'anarchie et le Premier ministre venait de demander au parlement des pouvoirs exceptionnels pour interdire les grèves. La perestroïka, l'ambitieuse initiative de réforme économique prise par Gorbatchev quatre ans plus tôt, était sur le point de tourner court. J'avais le sentiment qu'Albakin avait du pain sur la planche car son patron ne comprenait pas grand-chose aux mécanismes des marchés.

Il me demanda mon avis sur une proposition émanant des planificateurs de l'Etat soviétique. Il s'agissait d'un programme de lutte contre l'inflation fondé sur l'indexation – lier les salaires aux prix – destiné à rassurer la population en lui garantissant la préservation de son pouvoir d'achat. Je lui ai parlé brièvement du gouvernement américain qui s'évertuait encore à payer la facture laissée par l'indexation des retraites et lui ai fait part de mon point de vue selon lequel l'indexation n'est qu'un palliatif qui, à long terme, risque de susciter des problèmes encore plus graves. Abalkin n'a pas paru surpris. Selon lui, la transition de la planification centrale bureaucratique au libre marché, qu'il a qualifié « de forme la plus démocratique de régulation de l'activité économique », allait prendre des années.

Des présidents de la Fed s'étaient déjà aventurés au-

---

d'économétrie dans les bibliothèques universitaires. Comme il s'agissait d'ouvrages mathématiques, le parti les jugeait purement techniques et dépourvus de contenu idéologique. » Il va de soi que l'idéologie du capitalisme était profondément enchâssée dans beaucoup de ces équations – les modèles économétriques tournent autour des forces motrices que sont les choix des consommateurs et la concurrence sur les marchés. Les économistes soviétiques savaient ainsi très bien comment fonctionnaient les marchés.

delà du rideau de fer – Arthur Burns et William Miller étaient allés à Moscou pendant la période de détente des années 1970 – mais je savais qu'ils n'avaient pas pu avoir de conversation de ce genre. A l'époque, il n'y avait pas à discuter de grand-chose : la ligne de démarcation entre les économies à planification centrale du bloc soviétique et les économies de marché occidentales était trop marquée. Pourtant la fin des années 1980 avait apporté d'étonnants changements – de la façon la plus évidente en Allemagne de l'Est et dans d'autres Etats satellites, mais aussi en Union soviétique même. Ce printemps-là, les premières élections libres avaient eu lieu en Pologne et les événements qui s'en étaient suivis avaient étonné le monde. D'abord, le syndicat indépendant Solidarnosc (Solidarité) avait remporté une victoire décisive sur le parti communiste, et ensuite, au lieu d'envoyer l'Armée rouge pour réaffirmer sa mainmise, Gorbatchev avait déclaré que l'URSS acceptait le résultat des élections. Plus récemment, l'Allemagne de l'Est avait commencé à se déliter – des dizaines de milliers de ses ressortissants avaient profité de l'affaiblissement de l'emprise de l'Etat pour émigrer illégalement à l'Ouest. Et quelques jours avant mon arrivée à Moscou, le parti communiste hongrois avait renoncé au marxisme en faveur du socialisme démocratique.

L'Union soviétique elle-même était manifestement en crise. L'effondrement du prix du pétrole quelques années plus tôt lui avait retiré le seul moteur de sa croissance et plus rien ne compensait la stagnation et la corruption devenues endémiques pendant la période Brejnev. La guerre froide, dont la pression avait été considérablement accrue par l'énorme accumulation d'armements sous le président Reagan, n'arrangeait rien. Non seulement les satellites de l'Union soviétique échappaient à sa tutelle, mais elle avait du mal à nourrir sa population : seules l'importation de millions de tonnes de céréales de l'Ouest avait permis d'approvisionner les boulangeries. L'inflation, la préoccupation immédiate d'Abalkin, était hors de contrôle – de mes propres yeux, j'avais vu de longues files d'attente devant les bijouteries, les gens voulant à tout prix convertir leurs roubles en objets de valeur durable mais étant limités à un achat à la fois.

Gorbatchev libéralisait le système le plus vite possible pour enrayer sa décomposition. L'intelligence et l'ouverture du secrétaire général du parti communiste soviétique m'avaient frappé, mais son esprit était à double face. En un sens, cette intelligence et cette ouverture posaient problème. Elles l'empêchaient d'ignorer les contradictions et les mensonges que révélait le système quasiment chaque jour. Bien qu'il ait passé sa jeunesse sous Staline et Khrouchtchev, il voyait son pays stagner, ce qui battait en brèche son endoctrinement.

La raison pour laquelle Youri Andropov, le communiste pur et dur qui l'avait précédé, avait favorisé son accession au pouvoir était pour moi le grand mystère. Gorbatchev n'avait pas provoqué sciemment l'effondrement de l'Union soviétique, mais il n'avait pas levé le petit doigt pour empêcher sa dissolution. Contrairement à ses prédécesseurs, il n'avait pas envoyé de troupes en Allemagne de l'Est ou en Pologne lorsqu'elles avaient évolué vers la démocratie. Et Gorbatchev jugeait nécessaire que son pays devienne un acteur important du commerce mondial ; il savait sans nul doute que c'était prôner implicitement le capitalisme, même s'il ne comprenait pas les mécanismes des marchés boursiers ou des autres systèmes économiques occidentaux.

Ma visite cadrait avec les efforts croissants de Washington pour encourager les Soviétiques réformistes en profitant de la glasnost, la politique d'ouverture de Gorbatchev. Ainsi, dès que le KGB donna l'autorisation d'assister à des réunions nocturnes, l'ambassade américaine organisa une série de séminaires auxquels des historiens, des économistes et des scientifiques pouvaient venir entendre les conférences données par leurs homologues occidentaux sur des sujets jusque-là interdits, comme le marché noir, les problèmes écologiques dans les républiques du Sud et l'histoire de la période stalinienne.

Une grande partie de mon voyage se passa en réunions

avec de hauts responsables. Tous me surprirent à leur manière. Alors que j'avais étudié la majeure partie de ma vie l'économie du marché libre, le fait d'être confronté au système alternatif et de le voir en crise m'obligeait à réfléchir plus profondément que je ne l'avais fait jusque-là aux principes de base du capitalisme et à la façon dont il différait d'un système à planification centrale. J'eus la première idée de cette différence durant le trajet entre l'aéroport et Moscou. Dans un champ près de la route, j'avais repéré un tracteur à vapeur des années 1920, un gros engin ferraillant et peu maniable à grandes roues métalliques. « Pourquoi utilisent-ils encore de telles machines ? » demandai-je au membre du service de sécurité qui était avec moi dans la voiture. « Je ne sais pas, a-t-il dit. Peut-être parce qu'elles marchent encore. » Comme les Chevrolet 1957 dans les rues de La Havane, le tracteur représentait une différence essentielle entre une société planifiée et une société capitaliste : dans la première, il n'y avait pas de destruction créatrice, d'incitation à construire de meilleurs outils.

Il n'est pas étonnant que les systèmes économiques planifiés aient eu beaucoup de mal à améliorer le niveau de vie et à créer de la richesse. La production et la distribution y sont déterminées par des instructions spécifiques que les organismes de planification donnent aux usines ; ces instructions indiquent où et dans quelles quantités elles doivent se procurer matières premières et services et à qui elles doivent distribuer leur production. La main-d'œuvre est censée être pleinement employée et les salaires sont fixés d'avance. Manquait dans le tableau la liberté de choix du consommateur final, qui, dans une économie planifiée, est censé accepter passivement les biens dont la production a été ordonnée par les organismes *ad hoc*. Pourtant, même en URSS, les consommateurs ne se comportaient pas de cette façon. Sans marché efficace pour coordonner l'offre et la demande, apparaissent d'énormes surplus de biens dont personne ne veut et de tout aussi énormes pénuries de ceux que les gens désirent mais qui ne sont pas produits en quantités suffisantes. Les pénuries entraînent le rationnement ou son célèbre équivalent moscovite : des files d'attente interminables dans les magasins. (A propos du pouvoir dont se trouve investi celui qui dispense des biens rares, le réformateur Egor Gaïdar a dit par la suite : « Un vendeur dans un grand magasin était l'équivalent d'un millionnaire de la Silicon Valley. Il avait une position sociale, une influence, jouissait de respect. »)

Les Soviétiques avaient fondé l'avenir de leur pays sur la prémisse selon laquelle la planification centrale, et non la concurrence et le marché libres, sert le bien commun. Cela m'a donné envie de rencontrer Stepan Sitaryan, le bras droit du directeur du Gosplan, la commission de planification étatique. En Union soviétique, il existait une bureaucratie pour tout ; le nom des plus importantes commençait par *Gos*, l'« Etat ». Le Gosnab allouait matières premières et fournitures à l'industrie, le Gostrud fixait les salaires et les règles du travail, le Goskomtsen décidait des prix. Au sommet, le Gosplan imposait « le type, la quantité et le prix de toutes les marchandises produites par chaque usine dans les 11 fuseaux horaires », comme l'avait dit un analyste de manière mémorable. Le vaste empire du Gosplan englobait les usines de l'armée, qui bénéficiaient de la meilleure main-d'œuvre et des meilleures matières premières et étaient considérées comme les unités de production les plus performantes d'URSS[1]. Les analystes occidentaux estimaient que le Gosplan contrôlait au total entre 60 et 80 % du PIB de la nation. Sitaryan et son patron, Youri Masklioukov, en étaient les responsables.

Petit bonhomme coiffé d'une banane blanche, qui maîtrisait bien l'anglais, Sitaryan me confia à un de ses principaux collaborateurs du Gosplan. Celui-ci me débita des matrices complexes d'entrées-sorties, dont la mathématique aurait ébloui même Vassili Leontieff, l'économiste d'Harvard d'origine russe qui en avait été le pionnier. Son idée

---

1. Effectivement, les consommateurs soviétiques soi-disant passifs se ruaient dès que possible pour acheter les biens à usage domestique de qualité supérieure produits dans ces usines. Ils étaient aussi avisés que les consommateurs d'Occident.

était que l'on pouvait décrire une économie avec précision
en représentant les flux de matières et de main-d'œuvre cir-
culant à travers elle. Conçu de manière exhaustive, un tel
modèle aurait constitué le tableau de bord idéal. En théorie,
il permettait d'anticiper l'effet sur chaque secteur de l'économie de l'un des facteurs « sorties », tel que la demande
de tracteurs ou, plus d'actualité du temps de Reagan, une
augmentation importante de la production militaire pour
répondre à l'accumulation des armements américains en vue
de la « Guerre des étoiles ». Mais les économistes occidentaux considéraient généralement que les matrices entrées-
sorties étaient d'un usage limité car elles ne reflétaient pas
le dynamisme de l'économie – dans la réalité, les relations
entre entrées et sorties sont presque toujours plus rapides
qu'on ne peut les estimer.

Le modèle d'entrées-sorties du Gosplan avait été élaboré avec une précision d'orfèvre, mais à en juger par les
remarques de mon guide, on n'avait apparemment remédié
à aucune de ses faiblesses. Je lui ai donc demandé comment
le changement dynamique était pris en compte. Il haussa
les épaules et passa à autre chose. Il se trouva dans l'obligation de soutenir que les planificateurs peuvent établir les
calendriers de production et gérer une grande économie
plus efficacement que les mécanismes du libre marché. Je
soupçonnais le collaborateur de Sitaryan de ne pas le croire
vraiment, mais n'arrivais pas à déterminer s'il était cynique
ou en proie au doute.

On pouvait croire que des responsables intelligents de
la planification auraient réussi à éliminer les défauts de leurs
modèles. Des gens comme Sitaryan étaient intelligents et
ils avaient tenté de le faire. Sans les signaux immédiats des
variations de prix grâce auxquels fonctionnent les marchés
capitalistes, comment savoir quelle quantité de chaque produit fabriquer ? Sans l'aide des mécanismes de fixation des
prix, la planification économique soviétique n'avait pas de
retour d'information pour la guider. Tout aussi important,
les planificateurs ne disposaient pas des signaux de la
finance pour adapter l'allocation de l'épargne aux investisse-

ments productifs répondant aux besoins et goûts changeants de la population.

Des années avant de devenir président de la Fed, j'avais essayé de m'imaginer dans le rôle de planificateur central. De 1983 à 1985, du temps du président Reagan, j'avais travaillé au Conseil consultatif de renseignements sur l'étranger (PFIAB), où j'étais chargé de passer en revue les estimations américaines de la capacité de l'Union soviétique à absorber les pressions provoquées par l'armement accéléré. Les enjeux étaient énormes. La stratégie de la Guerre des étoiles du Président reposait sur l'hypothèse que l'économie soviétique n'était pas de taille contre la nôtre. Si l'on activait la course aux armements, les Soviétiques s'écrouleraient à vouloir suivre le rythme ou demanderaient à négocier, raisonnait-on ; dans un cas comme dans l'autre, on n'aurait plus qu'à tendre la main, et la guerre froide prendrait fin.

La mission était trop importante pour être refusée, mais décourageante. Connaître dans les moindres détails un système de production et de distribution si différent du nôtre allait être une tâche herculéenne. Après avoir creusé la question, je me suis vite rendu compte que c'était impossible. Il n'y avait pas de moyen fiable d'évaluer leur économie. Les données du Gosplan étaient faussées – d'amont en aval du processus de production, les gestionnaires avaient toutes les raisons d'exagérer le rendement de leur usine et de gonfler leurs effectifs. Pis, il y avait dans leurs données d'importantes incohérences internes que je n'arrivais pas à résoudre et je soupçonnais le Gosplan de ne pas en être plus capable. J'ai fait savoir au PFIAB et au Président que je ne pouvais prévoir si le défi de la Guerre des étoiles surmènerait l'économie soviétique – et j'étais à peu près certain que les Soviétiques ne le pouvaient pas non plus. Il s'avéra qu'ils ne tentèrent pas de le relever : Gorbatchev arriva au pouvoir et, au lieu de s'engager dans la course aux armements, lança ses réformes.

Je n'ai rien dit de tout cela au cadre du Gosplan, mais j'étais content de ne pas être à la place de Sitaryan – le travail de la Fed était difficile, celui du Gosplan, surréaliste.

La rencontre avec le directeur de la banque centrale soviétique, Viktor Gerashchenko, fut beaucoup plus détendue. Il était officiellement mon homologue, mais dans une économie planifiée, où l'Etat décide qui obtient des fonds et qui n'en reçoit pas, les opérations bancaires jouent un rôle beaucoup plus modeste qu'en Occident : celui de la Gosbank était un rôle de caissier et de préposé aux écritures, guère plus. Si un emprunteur était en retard sur ses remboursements ou en cessation de paiements, qu'est-ce que cela faisait ? Les prêts étaient au fond des transferts entre entités propriétés de l'Etat. Les banquiers n'avaient pas à se soucier de critères de solvabilité ni de risques de variation des taux d'intérêt ou de valeur de marché – les signaux financiers déterminant qui, dans une économie de marché, obtient du crédit ou n'en obtient pas, et donc qui produit quoi et le vend à qui. Tous les sujets que j'avais abordés la veille au soir durant ma conférence étaient étrangers à la Gosbank.

Gerashchenko était communicatif et aimable – il a insisté pour que nous nous appelions par nos prénoms. Il parlait un excellent anglais, ayant passé plusieurs années à diriger une banque appartenant aux Soviétiques à Londres, et il connaissait les mécanismes bancaires occidentaux. Comme beaucoup de gens, il faisait croire que l'Union soviétique n'était pas très loin derrière les Etats-Unis. Il avait voulu me rencontrer, ainsi que d'autres banquiers de l'Ouest, parce qu'il voulait affirmer son appartenance à la confrérie prestigieuse des dirigeants de banques centrales. Je l'ai trouvé tout à fait bienveillant et nous avons eu un entretien agréable.

Quatre semaines plus tard exactement, le 9 novembre 1989, le mur de Berlin tombait. J'étais au Texas pour le compte de la Fed et, comme tout le monde ce soir-là, je suis resté collé à la télévision. L'événement en soi était remarquable, mais l'état de délabrement économique révélé par la chute du mur les jours suivants m'a encore plus étonné. La question de savoir quelle mesure de contrôle gouvernemental est la plus souhaitable pour le bien commun a été au cœur de l'un des débats les plus décisifs du XXᵉ siècle. Après la Seconde Guerre mondiale, toutes les démocraties occidentales ont évolué vers le socialisme et vers le contrôle exercé par le gouvernement central, même aux Etats-Unis – tout l'effort de guerre de l'industrie américaine avait effectivement été l'objet d'une planification centrale.

Ce fut la toile de fond de la guerre froide. Celle-ci se résuma pour l'essentiel en un affrontement non seulement entre idéologies, mais aussi entre deux grandes théories de l'organisation économique – les économies de libre marché contre les économies planifiées. Pendant les quarante années écoulées, elles semblaient avoir fait presque jeu égal. On estimait que si l'Union soviétique et ses alliés restaient à la traîne, ils étaient en train de rattraper leur retard sur les économies occidentales gaspilleuses.

On ne peut presque jamais faire d'expériences contrôlées en économie. Mais on n'aurait pu en mettre sur pied de meilleure, même en laboratoire, que celle qui s'est déroulée en Allemagne de l'Est et de l'Ouest. Les deux pays avaient au départ la même culture, la même langue, la même histoire et le même système de valeurs. Pendant quarante ans, ils ont été en compétition de chaque côté du rideau de fer en commerçant très peu l'un avec l'autre. Le test s'est effectué surtout sur leurs systèmes politique et économique : capitalisme de marché contre planification centrale.

Beaucoup pensaient que la course était serrée. L'Allemagne de l'Ouest avait certes été le théâtre du miracle économique d'après-guerre et, sortie de ses cendres, elle était devenue la démocratie la plus prospère d'Europe. De son côté, l'Allemagne de l'Est faisait figure de nation la plus dynamique du bloc soviétique, non seulement le partenaire commercial nᵒ 1 de l'URSS, mais aussi un pays dont le niveau de vie était à peine inférieur à celui de l'Allemagne de l'Ouest.

J'avais comparé les économies de ces deux pays dans le

cadre de mon travail au PFIAB. Selon les experts, le PIB est-allemand par habitant représentait 75 à 85 % de celui de l'Allemagne de l'Ouest. D'après moi, ce ne pouvait être exact – il suffisait de voir les immeubles délabrés de l'autre côté du mur de Berlin pour conclure que les niveaux de productivité et de vie étaient bien inférieurs à ceux constatés dans la dynamique autre Allemagne. Curieusement, les estimations du PIB de l'Allemagne de l'Est ne semblaient pas déraisonnables. Le petit écart entre les niveaux de vie des deux Allemagne résultait apparemment d'une minimisation des progrès des Allemands de l'Ouest. Leurs statistiques de production de véhicules automobiles, par exemple, n'exprimaient pas pleinement la différence de qualité entre une Mercedes de 1950 et une de 1988. La Trabant, la berline est-allemande en forme de caisse à savon et polluante, n'avait quant à elle pas changé de silhouette en trente ans. Corrigé par les critères de qualité, l'écart de production était donc sans doute plus important qu'on ne le pensait.

La chute du mur a laissé voir un déclin économique si dévastateur qu'il a surpris même les sceptiques. On constata que la productivité de la main-d'œuvre est-allemande était trois fois plus basse que celle de l'Ouest et non pas inférieure de 15 à 25 %. C'était vrai aussi du niveau de vie de la population. Les usines est-allemandes produisaient des biens de si piètre qualité et les services étaient si mal gérés que leur modernisation allait coûter des centaines de milliards de dollars. Au moins 40 % des entreprises est-allemandes furent jugées si irrémédiablement obsolètes que mieux valait les fermer ; un renflouement de plusieurs années devait être nécessaire pour permettre à la plupart des autres de devenir concurrentielles. Des millions de gens étaient déplacés. Il leur fallait se recycler et trouver de nouveaux emplois, sinon ils se joindraient probablement aux foules qui migraient à l'Ouest. L'ampleur du délabrement derrière le rideau de fer, soigneusement gardée secrète, était maintenant révélée au grand jour.

Du moins les Allemands de l'Est pouvaient-ils chercher de l'aide auprès des Allemands de l'Ouest. Les autres pays du bloc soviétique étaient tous dans une situation aussi catastrophique, voire pire, mais ils devaient se débrouiller tout seuls. Le grand réformateur polonais Leszek Balcerowicz s'est inspiré d'un autre grand réformateur économique, Ludwig Erhard. Responsable économique de l'Allemagne de l'Ouest sous l'occupation alliée en 1948, Erhard a initié le renouveau de l'économie dévastée en déclarant brusquement la fin du contrôle des prix et de la production. On peut soutenir qu'il a ainsi outrepassé son autorité, mais il avait annoncé sa décision un week-end et les prix avaient complètement changé avant que l'administration d'occupation n'ait eu le temps de réagir. La manœuvre a réussi. A la stupéfaction des critiques, les magasins d'Allemagne, qui avaient été paralysés par les pénuries chroniques de denrées alimentaires et de marchandises, ne tardèrent pas à en regorger et son marché noir notoire à se tarir. Au début, les prix étaient exorbitants, mais ils ont baissé quand l'offre a dépassé la demande.

Professeur d'économie formé à l'occidentale, originaire du centre de la Pologne, Balcerowicz suivit l'exemple d'Erhard et proposa une « révolution de marché », que tout le monde qualifia de thérapie de choc. Lorsque Solidarnosc gagna les élections en août 1989, l'économie polonaise était au bord de l'effondrement. Les rayons des magasins d'alimentation étaient vides, l'inflation galopante ruinait les particuliers et l'Etat en faillite ne pouvait payer ses dettes. A l'instigation de Balcerowicz, le nouveau gouvernement choisit le 1er janvier 1990 comme le jour du « big bang » où pratiquement tout contrôle des prix devait cesser. J'ai fait sa connaissance lors d'une réunion de banquiers à Bâle, en Suisse, quelques semaines avant l'événement ; il m'a étonné en disant qu'il ignorait si la stratégie allait réussir, mais, a-t-il ajouté, « on ne peut réformer à petits pas ». Il était persuadé que dans une société où le gouvernement avait dicté tous les aspects des achats et des ventes pendant des décennies, une transition en douceur de la planification centrale aux marchés concurrentiels était impossible. Une action radicale s'imposait pour aiguillonner les gens à prendre leurs décisions et à les convaincre que le changement était inévitable.

Comme il fallait s'y attendre, son big bang provoqua un énorme bouleversement. Comme dans l'Allemagne d'Erhard, les prix grimpèrent d'abord en flèche – le zloty perdit presque la moitié de son pouvoir d'achat pendant les deux premières semaines. Mais les marchandises apparurent en plus grande quantité dans les magasins et les prix se stabilisèrent peu à peu. Balcerowicz envoyait constamment des collaborateurs effectuer des visites dans les boutiques et, rapporta-t-il par la suite, « ce fut un grand jour lorsqu'ils annoncèrent : "Le prix des œufs baisse." » Il n'y avait pas de signe plus éloquent que le marché libre commençait à fonctionner.

Le succès de la Pologne encouragea la Tchécoslovaquie à tenter une réforme encore plus hardie. Vaclav Klaus, le ministre de l'Economie, décida de privatiser les entreprises publiques. Au lieu de tenter de les vendre aux enchères à des groupes d'investisseurs – personne en Tchécoslovaquie n'avait beaucoup de liquidités –, il proposa de répartir la propriété entre tous les habitants sous forme de bons. Chaque citoyen recevrait une part égale de bons, négociables, vendables ou échangeables contre des actions d'une entreprise étatique. Klaus entendait ainsi non seulement amener une « transformation radicale des droits de propriété », mais aussi poser les fondations d'un marché boursier.

Klaus présenta ce projet et d'autres aussi ambitieux lors d'un déjeuner dans le cadre d'un congrès de la Fed à Jackson Hole, dans le Wyoming, en août 1990. Trapu, la moustache en bataille, il insista avec véhémence sur l'urgence de la réforme. « Perdre du temps revient à tout perdre, nous dit-il. Nous devons agir rapidement car une réforme progressive fournirait une excuse commode aux détenteurs de droits acquis, de monopoles de toutes sortes et à tous les bénéficiaires du socialisme paternaliste pour ne rien changer du tout. » Cela me parut si enflammé et sans concession que, lorsque le débat fut ouvert, j'évoquai l'effet des réformes sur l'emploi. « Prévoyez-vous un quelconque filet de sécurité pour les chômeurs ? » lui ai-je demandé. Il m'a coupé la parole. « Dans votre pays, vous pouvez vous offrir ce genre de luxe, a-t-il dit. Pour réussir, nous devons rompre radicalement avec le passé. Le marché concurrentiel est le moyen de produire la richesse et c'est là-dessus que nous allons axer nos efforts. » Nous sommes devenus bons amis, mais c'était la première fois de ma vie qu'on me reprochait de ne pas faire assez cas de la puissance des marchés libres – expérience singulière pour un admirateur d'Ayn Rand.

Tandis que les pays de l'Est se lançaient tête baissée dans les réformes, l'instabilité en Union soviétique semblait empirer. Il était difficile en Occident de se rendre compte de ce qui se passait. Une semaine après avoir été élu président de la république de Russie en juin 1991, Boris Eltsine se rendit aux Etats-Unis et prit la parole à la Fed de New York. Il avait commencé sa carrière comme patron du secteur du bâtiment et il avait été maire de Moscou dans les années 1980 ; puis il avait quitté le parti communiste pour défendre la cause de la réforme radicale. Son élection à une majorité nationale de 60 % constituait une défaite écrasante du communisme. Bien qu'il ait été le subordonné de Gorbatchev, sa popularité associée à son impétuosité attirait l'attention comme un aimant – comme Khrouchtchev à une époque antérieure, il semblait personnifier les contradictions troublantes de son pays. Son premier voyage aux Etats-Unis en 1989 avait été un désastre – on se souvenait surtout de son comportement fantasque et de ses soûleries au Jack Daniel's rapportés par les médias.

Gerald Corrigan, le président de la Fed de New York, avait été le premier à encourager Wall Street à prendre contact avec les réformateurs soviétiques – ce que désirait l'administration Bush. Ainsi, à l'arrivée d'Eltsine, la Fed de New York l'invita à prononcer une allocution à un dîner auquel assistaient une cinquantaine de banquiers, de financiers et de chefs d'entreprise. Eltsine fit son entrée avec un entourage important ; Corrigan et moi avons pris la parole brièvement avant de le présenter aux invités. L'Eltsine auquel nous avons eu affaire ce soir-là n'était pas un clown pris de boisson, mais un homme intelligent et déterminé.

Sur le podium, il a parlé de façon convaincante de la réforme pendant vingt minutes sans aucune note, puis a répondu aux questions précises de l'assistance sans faire appel à ses conseillers.

On savait de moins en moins si Gorbatchev ou quelqu'un d'autre pouvait mettre fin au régime communiste sans que le pays ne sombre dans la violence. Après que Gorbatchev eut dissous le pacte de Varsovie en juin et lancé son projet de transformer l'URSS en une confédération volontaire d'Etats démocratiques, la résistance à laquelle il se heurtait devint brusquement apparente. En août, une tentative de coup d'Etat fomentée par des communistes purs et durs faillit le faire tomber – aux yeux de beaucoup, seule l'intervention théâtrale et inspirée d'Eltsine, qui monta sur un tank devant le parlement soviétique, permit à Gorbatchev de s'en sortir.

L'Occident chercha à apporter son aide. C'est pourquoi le secrétaire au Trésor Nick Brady et moi avons emmené une équipe à Moscou en septembre pour rencontrer Gorbatchev et discuter avec ses conseillers économiques. Notre mission consistait officiellement à évaluer les réformes nécessaires pour que l'Union soviétique puisse entrer au Fonds monétaire international (FMI), mais nous voulions surtout voir par nous-mêmes ce qui se passait.

Dans la perspective de la Fed et du monde occidental, l'Union soviétique n'était guère une cause d'inquiétude en termes purement économiques. Son économie n'était pas très importante – nous ne disposions certes pas de statistiques fiables, mais, selon les experts, son PIB équivalait à celui du Royaume-Uni, soit au sixième de celui de toute l'Europe. Le rideau de fer l'avait à tel point isolée que sa part dans le commerce mondial était réduite, de même que sa dette envers les pays occidentaux, qui risquait d'ailleurs de ne pas être remboursée si le gouvernement s'écroulait. Mais dans tout cela, on ne tenait pas compte des ogives nucléaires. Nous étions tous très conscients du danger qu'un effondrement de l'Union soviétique ferait courir à la stabilité et à la sécurité du monde.

Pour cette seule raison, nous avons été horrifiés par le tableau qui nous apparut durant notre séjour.

De toute évidence, le gouvernement courait à la catastrophe. Les institutions de planification centrale tombaient toutes en panne et le bien-être de la population était menacé. Edouard Chevardnadze, alors ministre des Affaires étrangères, fit état de troubles dans les républiques soviétiques limitrophes de la Russie et nous dit que la vie de 25 millions de personnes d'ethnie russe qui habitaient ces régions était en péril. Pis : selon lui, la Russie et l'Ukraine, qui détenaient toutes deux une partie de l'arsenal nucléaire soviétique, risquaient de se retrouver en désaccord.

Les données économiques, au mieux fragmentaires, étaient tout aussi alarmantes. L'inflation s'emballait, les prix augmentaient entre 3 et 7 % par semaine. La raison en était le grippage de tous les mécanismes centraux de production et de distribution ; en conséquence, il y avait de plus en plus de monnaie pour de moins en moins de biens à acheter. Pour éviter la paralysie totale, le gouvernement inondait l'économie de liquidités. « Les rotatives n'arrivent pas à tenir le rythme. Nous imprimons des roubles vingt-quatre heures sur vingt-quatre », nous confia un collaborateur de Gorbatchev.

Au-dessus de tout cela planait la menace de ne pas pouvoir approvisionner les magasins d'alimentation. Pendant des dizaines d'années, la production agricole de l'Ukraine en avait fait le grenier du monde. Mais si celle-ci restait relativement abondante, une partie des cultures avait pourri sur pied parce qu'il n'y avait pas moyen de récolter et distribuer les céréales et autres produits. Les achats de céréales des Soviétiques à l'étranger atteignaient 40 millions de tonnes annuelles. Le manque de pain avait laissé des souvenirs douloureux dans les mémoires : les émeutes du pain de 1917, l'année où les vieilles femmes de Saint-Pétersbourg s'étaient rebellées et avaient contribué à provoquer la chute du tsar.

Une conversation en privé m'avait laissé entrevoir combien cette économie était fragile et difficile à amender.

« Laissez-moi vous parler de nos villes militaires », me confia Boris Nemtsov, un économiste réformiste, et il me débita des noms que je n'avais jamais entendus. Il y avait dans le pays une vingtaine de villes, d'au moins deux millions d'habitants, qui avaient été construites autour d'usines de l'armée. Elles étaient isolées, spécialisées et n'avaient d'autre raison d'exister que de servir l'armée soviétique. Son propos était clair : la fin de la guerre froide et le passage à l'économie de marché laisseraient des villes entières dans l'inactivité et sans moyen prévu de s'adapter. La rigidité inhérente au système économique soviétique était bien plus extrême que toutes celles constatées en Occident. Le risque que ces gens qui travaillaient pour l'armée, parmi lesquels des scientifiques et des techniciens de grande qualité, vendent leur savoir-faire à des Etats voyous pour survivre faisait partie des nombreux sujets d'inquiétude.

D'autres personnes nous mirent au courant de la situation et le message était toujours le même. Lorsque nous avons rencontré le président Gorbatchev, il réaffirma son intention de faire de son pays « une des puissances commerciales majeures du globe ». J'admirais son courage, mais en marge de mon carnet de note, j'ai griffonné : « Une tragédie grecque se prépare en URSS »

En octobre 1991, Grigory Yavlinsky, économiste en chef du conseil des ministres de Gorbatchev, emmena une délégation en Thaïlande, où la Banque mondiale et le Fonds monétaire international tenaient leur réunion annuelle. Ce fut vraiment un moment historique : la première fois que des officiels soviétiques siégeaient avec les principaux décideurs économiques du monde capitaliste.

L'Union soviétique s'était déjà vu accorder un statut provisoire qui lui permettait officiellement de recevoir les conseils du FMI et de la Banque mondiale, mais pas des prêts. Yavlinsky et son équipe firent valoir que la confédération des républiques soviétiques restantes devait devenir membre à part entière des deux organisations. La question de prêts massifs accordés par les pays occidentaux ne fut pas mise immédiatement sur le tapis – les Soviétiques ont insisté pour pouvoir gérer eux-mêmes la transition vers l'économie de marché et aucun des pays du G7 n'en a proposé.

Les discussions durèrent deux jours entiers et s'il me fallait choisir un mot pour exprimer ce qu'éprouvaient les directeurs de banques centrales et les ministres des Finances occidentaux, ce serait « impuissance ». Nous savions que ce qui restait de l'Union soviétique était en train de se désagréger, nous savions que son armée n'avait pas été payée et que sa dislocation risquait de faire planer une grave menace sur la paix mondiale. Le devenir des armes nucléaires suscitait de grandes inquiétudes. La détérioration était interne et politique. Le FMI ne pouvait parler que d'argent et ce n'était pas l'argent qui posait problème. Nous avons fini par faire ce que font les organisations en pareilles circonstances : nous avons chargé une commission de poursuivre l'examen de la question et les discussions (en l'occurrence, les ministres adjoints des Finances des pays du G7 devaient se rendre à Moscou quelques semaines après pour donner des consultations). Tout était donc entre les mains des réformateurs soviétiques. Ils affrontaient des difficultés plus grandes que ne l'avaient fait leurs homologues d'Europe de l'Est. Les dirigeants polonais et tchèques avaient pu compter sur la bonne volonté de la population – aussi éprouvante qu'ait été la situation économique, leurs nations étaient libérées du joug de Moscou. Mais beaucoup de citoyens soviétiques s'étaient enorgueillis du statut de superpuissance de leur pays et avaient consenti de grands sacrifices pour atteindre ce résultat. Pour eux, les bouleversements étaient synonymes de malheur – de perte du prestige national. L'humiliation rendait la tâche des réformateurs bien plus ardue.

De plus, il s'était écoulé tant d'années en Union soviétique depuis 1917 que presque plus personne n'avait ne serait-ce que gardé le souvenir de la propriété privée ou n'avait une formation ou une expérience de première main des affaires. Il n'y avait ni comptables ni auditeurs ni analystes financiers ni commerciaux ni avocats d'affaires, même parmi les retraités. En Europe de l'Est, où le communisme avait perduré quarante ans et non quatre-vingts, il était possible de rétablir les marchés ; en Union soviétique, ils devaient être ressuscités des morts.

Gorbatchev n'est pas resté assez longtemps au pouvoir pour superviser les réformes nécessaires au passage à l'économie de marché ; il donna sa démission en décembre 1991, au moment où l'Union soviétique était officiellement dissoute et remplacée par une confédération économique peu structurée d'ex-républiques soviétiques. « GORBATCHEV, LE DERNIER LEADER SOVIÉTIQUE, DÉMISSIONNE ; LES ÉTATS-UNIS RECONNAISSENT L'INDÉPENDANCE DES RÉPUBLIQUES », titrait le *New York Times*. J'ai regretté en le lisant qu'Ayn Rand n'ait pas vécu assez longtemps pour le voir. Elle et Ronald Reagan avaient fait partie des rares personnes à avoir prévu des dizaines d'années à l'avance que l'URSS finirait par se décomposer de l'intérieur.

Boris Eltsine chargea Egor Gaïdar de lancer les réformes économiques. Dans les années 1980, quand lui et d'autres jeunes économistes rêvaient de créer une économie de marché en Union soviétique, ils avaient imaginé une transition méthodique, organisée. Mais maintenant, au milieu du chaos croissant, le temps manquait – à moins que le gouvernement puisse créer les marchés de toutes pièces, la population risquait de mourir de faim. C'est ainsi qu'en janvier 1992, Gaïdar, alors Premier ministre de Russie, adopta le procédé qui avait porté ses fruits en Pologne : mettre fin brusquement au contrôle des prix.

La thérapie de choc secoua les Russes plus que les Polonais. La dimension du pays, la rigidité du système, le fait que l'Etat avait dicté les prix durant la vie entière des habitants – tout cela jouait maintenant contre eux. L'inflation était si rapide que les salaires, quand les gens les percevaient, ne valaient plus rien et que leurs maigres économies fondaient comme neige au soleil. Le rouble perdit 95 % de sa valeur en quelques mois. Les marchandises restaient rares dans les magasins et le marché noir prospérait.

Puis, en octobre, Eltsine et ses économistes déclenchèrent la deuxième réforme massive : ils émirent des bons pour

144 millions de citoyens et engagèrent la privatisation à grande échelle des entreprises et des biens immobiliers appartenant à l'Etat. Cette réforme fut elle aussi beaucoup moins efficace qu'en Europe de l'Est. Des millions de personnes se retrouvèrent avec des actions d'entreprises ou propriétaires de leur appartement, ce qui était le but, mais des millions d'autres se firent filouter et dépouiller de leurs bons. Des industries entières finirent entre les mains d'un petit nombre d'opportunistes que l'on allait appeler les oligarques. Comme Jay Gould et quelques magnats des chemins de fer dans l'Amérique du XIXe siècle, qui bâtirent d'immenses fortunes en partie grâce à des manigances portant sur les concessions de terres attribuées par le gouvernement, les oligarques formèrent une classe riche entièrement nouvelle et aggravèrent le chaos politique.

Le déroulement de ces événements me fascinait. Les économistes avaient eu tout le loisir d'observer la conversion d'économies de marché en économies planifiées – le passage au communisme à l'Est et au socialisme à l'Ouest avait été en fait la tendance dominante au XXe siècle. En revanche, jusqu'à ces dernières années, nous n'avions guère eu l'occasion d'assister au mouvement inverse. Jusqu'à la chute du mur et à l'apparition de la nécessité de construire des économies de marché sur les décombres des régimes de planification centrale d'Europe de l'Est, rares étaient les économistes à avoir songé aux bases institutionnelles dont les marchés libres ont besoin. Les Soviétiques effectuaient maintenant involontairement une expérience pour notre édification. Et certaines des leçons à en tirer étaient surprenantes.

L'effondrement des systèmes de planification centrale n'a pas automatiquement établi le capitalisme, contrairement aux prédictions optimistes de beaucoup de dirigeants politiques à tendance conservatrice. Les marchés occidentaux reposent sur d'importantes bases culturelles et infrastructurelles qui se sont développées au fil des générations – lois, conventions, comportements, métiers et pratiques professionnelles – qui rendent inutile une planification centrale étatique.

Contraints d'opérer la transition du jour au lendemain, les Soviétiques sont parvenus non pas à un système de marché libre, mais à un marché noir. Avec leurs prix non réglementés et leur concurrence ouverte, les marchés noirs reproduisent apparemment ce qui se passe dans une économie de marché. Mais en partie seulement. Ils ne s'appuient pas sur l'autorité de la loi. L'exercice du pouvoir de l'Etat ne protège pas le droit de posséder et d'aliéner des biens. Il n'y a pas de lois sur les contrats et la faillite, aucune possibilité de régler les conflits devant un tribunal. Le pivot de l'économie de marché, les droits de propriété, fait défaut.

En conséquence, les marchés noirs n'apportent à la société que peu des bienfaits du commerce légalement sanctionné. Le fait de savoir que l'Etat protège leur bien incite les citoyens à prendre des risques, condition préalable à la création de richesse et à la croissance économique. Rares sont ceux à vouloir risquer leurs capitaux si les profits peuvent être saisis arbitrairement par le gouvernement ou par des truands.

Au milieu des années 1990, tel était le tableau dans la majeure partie de la Russie. Pour des générations de gens qui avaient été élevés dans l'idée marxiste que la propriété est le vol, le passage à l'économie de marché rebutait déjà leur sens de la justice [1]. L'ascension des oligarques a sapé davantage le soutien populaire à la réforme. Dès le départ, l'application de la loi pour la défense de la propriété a été extrêmement inégale. Les forces de sécurité privées ont dans une large mesure suppléé à cette carence et se sont parfois fait la guerre, renforçant l'impression de chaos.

Il n'est pas du tout évident que le gouvernement Eltsine

---

1. Marx n'a pas été le premier à condamner la propriété privée ; le point de vue selon lequel la propriété privée, ainsi que le profit et le prêt à intérêt, sont immoraux est profondément enraciné dans le christianisme, l'islam et d'autres religions. C'est seulement avec les Lumières que des principes correcteurs ont fourni une base morale à la propriété et au profit. John Locke, le grand philosophe anglais du XVIIIe siècle, a parlé du « droit naturel » de chaque individu à « la vie, la liberté et la propriété ». Une telle pensée a exercé une grande influence sur les pères fondateurs des Etats-Unis et a contribué à y favoriser l'implantation du capitalisme de libre marché.

ait compris comment le système juridique d'une économie de marché doit fonctionner. En 1998, par exemple, un universitaire russe influent a déclaré au *Washington Post* : « L'Etat estime que le capital privé doit être protégé par ceux qui le possèdent. Les autorités chargées de l'application de la loi s'abstiennent de défendre le capital privé en vertu d'une politique parfaitement consciente. » A mes yeux, cela laisse supposer une ignorance fondamentale de la nécessité de formuler des droits de propriété dans le cadre d'un système judiciaire. Des forces de police privées n'incarnent pas l'autorité de la loi, mais le règne de la peur et de la force.

La confiance en la parole d'autrui, surtout des inconnus, faisait également défaut dans la nouvelle Russie. Nous pensons rarement à cet aspect du capitalisme de marché qui est pourtant essentiel. Bien qu'en Occident chacun ait le droit d'intenter un procès lorsqu'il estime avoir subi un tort, nos tribunaux seraient débordés si plus d'un faible pourcentage des contrats devait être l'objet d'un jugement. Dans une société libre, l'immense majorité des transactions sont volontaires par nécessité. Celles-ci présupposent la confiance. J'ai toujours trouvé impressionnant que sur les marchés financiers occidentaux des transactions de plusieurs millions de dollars reposent souvent sur un simple accord oral qui n'est confirmé par écrit qu'à une date ultérieure, après que les prix ont eu le temps de varier considérablement. La confiance exige l'assurance de l'intégrité et de la bonne réputation des parties contractantes.

La chute de l'Union soviétique concluait une expérience de grande envergure : le long débat sur les vertus respectives des économies organisées autour des marchés libres et de celles gouvernées par le socialisme planifié était pratiquement clos. Certes, quelques-uns soutenaient encore le socialisme à l'ancienne mode. Mais ce que la grande majorité des socialistes restants défendent maintenant en est une mouture extrêmement édulcorée, souvent appelée socialisme de marché.

Je ne prétends pas que le monde entier s'apprête à

adopter le capitalisme de marché comme seule forme appropriée d'organisation économique et sociale. Un grand nombre de gens jugent toujours dégradants le capitalisme et l'importance particulière qu'il accorde aux aspects matériels de l'existence. On peut en outre rechercher le bien-être matériel et estimer que les marchés concurrentiels sont l'objet de manipulations excessives de la part des publicitaires et des agents commerciaux qui banalisent la vie en promouvant des valeurs superficielles et éphémères. Certains gouvernements, comme celui de la Chine, tentent encore maintenant de passer outre les préférences évidentes de leurs citoyens en limitant leur accès aux médias étrangers, qu'ils redoutent de voir détruire leur culture. Enfin, reste un protectionnisme latent, aux Etats-Unis et ailleurs, qui pourrait constituer une force puissante contre la finance et le commerce internationaux ainsi que le capitalisme de marché qu'ils soutiennent si l'économie mondiale hautement technologique venait à chanceler. Néanmoins, le verdict a été rendu et la planification centrale condamnée sans équivoque.

7.

LE PROGRAMME D'UN DÉMOCRATE

Le soir du 17 février 1993, je me suis retrouvé sous la lumière éblouissante des projecteurs de la télévision lors d'une séance plénière du Congrès, assis entre Hillary Clinton et Tipper Gore. Je ne m'attendais pas à être au premier rang de la galerie pour écouter le premier discours prononcé par le président Clinton au Congrès. J'avais supposé que j'avais été invité à prendre place à côté de la première dame des Etats-Unis par courtoisie et qu'on m'aurait installé à l'arrière de sa loge avec les conseillers de la Maison Blanche. Il était agréable de savoir, me disais-je, que la Réserve Fédérale était considérée comme un atout national après l'attitude rien moins que favorable du président Bush à son égard, mais j'avais manifestement été placé au premier rang dans un but politique. Mme Clinton portait un ensemble rouge vif et, pendant que le Président parlait, les caméras revenaient sans cesse sur nous.

Il s'avéra par la suite que tout le monde n'avait pas été enchanté de me voir là, au motif que cela risquait de compromettre l'indépendance de la Fed. Telle n'était évidemment pas mon intention. Mais je voulais établir une relation de travail avec le Président, qui semblait réellement déterminé à faire preuve de responsabilité en matière fiscale.

J'avais rencontré Clinton en décembre, lorsqu'il venait d'être élu. Il ne s'était pas encore installé à Washington et j'avais donc dû pour le voir me rendre à Little Rock, dans l'Arkansas. Lui et son équipe de transition s'étaient installés dans l'hôtel particulier du gouverneur, un gros bâtiment de brique rouge à colonnes blanches entouré d'hectares de pelouse et de jardin qui se trouvait près du centre-ville.

Lorsqu'on m'introduisit dans une antichambre, je ne savais trop à quoi m'attendre. J'avais entendu dire qu'il était toujours en retard et, à tout hasard, j'avais donc apporté quelques rapports économiques à lire. Il arriva vingt minutes plus tard et se dirigea vers moi à grands pas, la main tendue, en m'appelant M. le Président. Je compris pourquoi il avait la réputation de savoir se vendre. Il m'avait fait croire qu'il était vraiment impatient de me voir.

Clinton avait esquissé un programme économique ambitieux au cours de sa campagne. Il voulait réduire les impôts des classes moyennes, diminuer de moitié le déficit fédéral, stimuler l'emploi, augmenter la compétitivité des Etats-Unis grâce à de nouveaux programmes d'éducation et de formation, investir dans l'infrastructure nationale, etc. J'avais assisté et participé à trop de campagnes présidentielles pour le prendre au pied de la lettre – les candidats font des promesses à tout le monde. Mais je me demandais quelles étaient ses vraies priorités. Il avait dû lire dans mes pensées car une des premières choses qu'il m'a dites fut : « Nous devons définir des priorités et je voulais avoir votre avis sur les perspectives économiques. »

Selon la Fed, le déficit constituait de loin le sujet de préoccupation le plus pressant si nous voulions garantir la santé à long terme de l'économie. J'avais soutenu ce point de vue au début du mandat de Bush, et le problème s'était considérablement aggravé en quatre ans. La dette nationale détenue par le public avait atteint 3 000 milliards de dollars et le versement des intérêts était ainsi devenu la troisième dépense fédérale après le paiement des retraites et la défense. Lorsque Clinton me demanda mon avis, ma réponse était donc toute prête.

Les taux d'intérêt à court terme étaient à l'étiage – nous les avions ramenés à 3 % – ; l'économie se débarrassait peu à peu des effets de leur resserrement et croissait à un rythme raisonnable, lui ai-je dit. Plus d'un million d'emplois nouveaux avaient été créés depuis début 1991. Mais les taux d'intérêt à long terme restaient obstinément élevés. Ils agissaient comme un frein sur l'activité économique en augmentant le coût des crédits immobiliers et de l'émission d'obligations. Ils reflétaient l'anticipation d'une persistance de l'inflation, et c'est pourquoi les investisseurs exigeaient un taux d'intérêt supérieur pour compenser l'incertitude et le risque supplémentaires.

Rassurez les investisseurs, ai-je dit à Clinton, et les taux à long terme baisseront, affermissant la demande de logements neufs et de toute la gamme des biens de consommation domestiques – appareils ménagers, mobilier, etc. La valeur des actions augmentera aussi, les investisseurs se tournant vers la Bourse à mesure que les obligations perdraient de leur attrait. Les entreprises se développeront et créeront des emplois. Bref, la fin des années 1990 pourrait être une période de grande prospérité. La voie vers un bel avenir passe par la réduction progressive du déficit budgétaire fédéral, ai-je conclu. Je n'oubliais pas que 1996 allait être une année électorale.

A ma grande satisfaction, Clinton semblait pleinement convaincu. Il paraissait avoir compris l'urgence de s'atteler au problème du déficit et m'a posé un grand nombre de questions intelligentes que les hommes politiques ne posent généralement pas. Notre réunion, prévue pour une heure, a donné lieu à une discussion animée qui en a duré presque trois. Nous avons abordé un large éventail de sujets extérieurs à l'économie – la Somalie, la Bosnie, la formation professionnelle, l'éducation – et il m'a demandé de lui donner mon sentiment sur des dirigeants mondiaux qu'il n'avait pas encore eu l'occasion de rencontrer. Au bout d'un moment, ses collaborateurs nous ont apporté de quoi déjeuner.

Le saxo n'était donc pas la seule chose que nous avions en commun. J'avais devant moi un homme avide d'informations et, comme moi, il aimait à l'évidence creuser les idées. Je suis parti impressionné, ne sachant trop ce que je pensais. Sur le plan de l'intelligence pure, Bill Clinton était manifestement sur un pied d'égalité avec Richard Nixon qui, malgré ses défauts évidents, avait été le président le plus fin que j'avais connu jusque-là. Et ou bien Clinton partageait mon point de vue sur la façon dont le système économique évoluait et sur ce qu'il convenait de faire, ou bien c'était le caméléon le plus malin que j'avais jamais rencontré. J'ai retourné tout ça dans ma tête dans l'avion pendant le trajet de retour. A mon arrivée à Washington, j'ai dit à un ami : « Je ne sais pas si j'aurais voté pour lui, mais me voilà rassuré. »

Ce sentiment fut confirmé une semaine plus tard lorsque Clinton annonça la composition de son équipe économique, dont les principaux membres étaient des visages familiers. Comme secrétaire au Trésor, il avait choisi Lloyd Bentsen, le président de la commission financière du Sénat, et lui avait donné comme adjoint Roger Altman, un banquier d'affaires de Wall Street extrêmement intelligent. Le directeur du Budget était Leon Panetta, un élu de Californie qui présidait la commission du budget de la Chambre des représentants, avec l'économiste Alice Rivlin pour adjointe. C'était la seule économiste de l'équipe et elle avait des états de service impressionnants : elle avait été fondatrice et directrice du Bureau du budget du Congrès et avait été l'une des premières à recevoir l'une des bourses accordées aux « génies » par la fondation MacArthur. Tout aussi intéressant était le choix qu'avait fait Clinton de Robert Rubin, le co-président de Goldman Sachs, pour le nouveau conseil de politique économique de la Maison Blanche. Comme l'expliqua le *New York Times*, Rubin devait jouer un rôle économique équivalent à celui de conseiller à la sécurité nationale : sa tâche allait consister à chercher des idées auprès du Trésor, de l'Etat, du bureau du Budget, du CEA et des autres départements, puis à en dégager des options à proposer au Président. Il m'a sauté aux yeux que Clinton s'inspirait de John F. Kennedy. Toutes les personnes qu'il avait nommées pour définir et conduire la politique économique étaient des centristes conservateurs en matière fiscale, comme Doug Dillon, le banquier conservateur nommé

secrétaire au Trésor par Kennedy. Ces choix faisaient paraître Clinton aussi éloigné de la gauche acharnée à taxer pour
mieux dépenser qu'on peut l'être en étant démocrate.

Comme toutes les nouvelles administrations, la Maison
Blanche de Clinton dut se hâter de mettre sur pied son premier budget, qui devait être soumis au Congrès début
février. De l'avis de tous, le Président n'eut pas la partie
facile quand il lui fallut prendre en compte les recommandations de son équipe chargée des questions économiques. Les
problèmes budgétaires auxquels ils se heurtaient apparaissaient enfin dans toute leur ampleur : en décembre, l'organisme chargé de gérer les ministères et de préparer le budget
(Office of Management and Budget) avait fourni une analyse révisée selon laquelle le gouvernement s'acheminait vers
un déficit de 360 milliards de dollars en 1997 – quelque
50 milliards de plus que prévu dans l'estimation précédente.
Il devenait évident que pour approcher du but fixé – réduire
le déficit de moitié –, Clinton allait devoir renoncer à certains de ses projets ou les remettre à plus tard : baisses d'impôts accordées aux classes moyennes et « investissements »
dans la formation professionnelle et l'emploi, par exemple.

C'est surtout par l'intermédiaire de Lloyd Bentsen que
je me tenais au courant du processus d'élaboration du budget. Le nouveau secrétaire au Trésor avait pour la première
fois attiré mon attention lors des primaires de 1976 – Jimmy
Carter l'avait finalement battu dans la course à la nomination du candidat démocrate, mais j'avais trouvé que Bentsen
avait l'étoffe d'un président et s'était comporté comme tel.
Les cheveux gris, élégant, raffiné, il avait été pilote de bombardier B-24 pendant la Seconde Guerre mondiale et avait
été élu quatre fois au Sénat, où il avait acquis la réputation
bien méritée d'avoir un bon jugement et de faire aboutir les
projets sans bruit. Andrea et moi l'avions côtoyé pendant
un certain temps ainsi que son épouse, B. A., une femme
remarquable. Je n'ai pas été surpris de découvrir que c'était
un plaisir de travailler avec lui, même quand nous n'étions
pas d'accord.

Bentsen et les autres membres de l'équipe économique

veillaient à respecter le domaine de la Fed. En fait, leur décision de ne pas commenter la politique monétaire marquait une profonde rupture avec le passé et aida chacun de nous à renforcer son indépendance. Lorsque Penetta et lui vinrent me mettre au courant à la mi-janvier de l'évolution du projet de budget, ils s'abstinrent de me demander mon aval ou même mon opinion. Je leur ai simplement dit que je comprenais, et nous nous sommes séparés ainsi. J'avais jugé le projet non inflationniste et témoigné en ce sens devant le Congrès fin janvier.

Bentsen m'a demandé d'intervenir auprès du Président une seule fois, le lendemain du jour où j'avais témoigné en faveur de leur projet économique. (Je m'étais gardé d'émettre des commentaires sur les détails dudit projet.) Tandis que l'équipe se penchait sur les chiffres et que le budget prenait forme, Clinton se retrouva face à un choix de plus en plus tranché. Il devait opter soit pour un ensemble de dépenses permettant de remplir certaines de ses promesses électorales, soit pour un plan de réduction du déficit dont le succès dépendrait de l'impression produite sur les marchés financiers et qui porterait ses fruits surtout à long terme. Il n'y avait pas de solution intermédiaire – il n'avait pas les moyens de suivre les deux voies à la fois. Ce dilemme avait créé un clivage dans l'équipe de la Maison Blanche, dont certains membres tournaient en ridicule le projet de réduction du déficit en le qualifiant de capitulation devant Wall Street. C'est pourquoi Bentsen m'avait demandé de venir à la Maison Blanche : afin d'insister à nouveau sur l'urgence d'une réforme budgétaire.

Nous avons rencontré le Président dans le bureau ovale le matin du 28 janvier ; Bob Rubin s'était joint à nous. Clinton était très « business », et nous sommes donc entrés tout de suite dans le vif du sujet. Je me suis concentré sur le danger qu'il y avait à ne pas s'attaquer immédiatement au déficit, lui brossant le scénario probable des dix prochaines années en pareil cas. La guerre froide ayant cessé, lui ai-je dit, « les dépenses militaires vont diminuer au cours des années à venir et cela va masquer beaucoup de problèmes.

Mais en 1996 ou 1998, le public pourra difficilement ignorer les déficits. On le voit bien dans les données ». J'ai évoqué rapidement l'augmentation annoncée des versements
obligatoires des retraites et des autres prestations sociales,
qui creuserait encore les déficits. « En ce début de siècle, la
dette et ses intérêts augmentent donc rapidement, ce qui fait
redouter une spirale déficitaire. Si on ne l'enraye pas, elle
risque de conduire à une crise financière », ai-je ajouté. A la
fin, comme il fallait s'y attendre, Clinton avait l'air sombre.

Même si je ne l'avais pas dit en tant de mots, il était
vrai que Reagan avait hypothéqué l'avenir de Clinton et que
celui-ci allait devoir rembourser. Il n'y avait pas de raison de
s'apitoyer sur son sort, ces problèmes lui ayant précisément
permis de l'emporter sur Bush. Mais le fait qu'il n'ait pas
semblé essayer de fuir la réalité, comme le font généralement les hommes politiques, m'a favorablement impressionné. Il s'obligeait à vivre dans le monde tel qu'il est, celui
des perspectives économiques et de la politique monétaire.
Sa décision de s'attaquer au problème à bras-le-corps et de
combattre le déficit était un acte de courage politique. Il eût
été très facile d'aller dans l'autre sens. Presque tout le
monde n'y aurait vu que du feu pendant un ou deux ans,
voire trois.

Afin d'aider encore les partisans de la réduction du
déficit, j'ai fait part à Bentsen de ma conviction profonde
que cette réduction était indispensable pour rassurer Wall
Street et provoquer par conséquent une baisse des taux d'intérêt à long terme. « Pas moins de 130 milliards par an en
1997 », a-t-il dit pour résumer ma pensée. Le conseil que
j'avais donné n'était en fait pas aussi simple. J'ai esquissé
une gamme de possibilités assorties de probabilités, sans
cesser de souligner que la substance et la crédibilité du programme seraient plus importantes que les chiffres. Mais j'ai
fort bien compris qu'il me dise finalement : « Vous savez
bien que je ne peux pas travailler avec quelque chose d'aussi
compliqué. » Le chiffre qu'il avait tiré de mon discours fut
communiqué au Président et fit son effet. A la Maison
Blanche, 130 milliards de dollars devinrent le « nombre

magique » que devait atteindre la réduction du déficit. A sa publication, le budget fit les gros titres. « Le Plan Clinton de refonte économique taxe l'énergie et les gros revenus », annonçait la manchette du *New York Times* le lendemain du discours présidentiel. « Ambitieux programme visant à réduire le déficit de 500 milliards sur quatre ans. » « La bataille est lancée », déclarait *USA Today*, avant de qualifier les propositions de Clinton de « souffrances programmées sur cinq ans ». Les médias s'attachaient avant tout à désigner ceux que les réductions budgétaires allaient toucher (tout le monde à l'exception des foyers pauvres – les riches, les classes moyennes, les retraités et les entreprises devaient porter le fardeau). Les sondages montrèrent que les Américains étaient étonnamment réceptifs à l'idée d'accepter un sacrifice pour mettre de l'ordre dans la maison.

La plupart des présidents commencent par vivre une lune de miel avec le Congrès ; pour Clinton, ce fut une guerre de tranchées. Malgré la popularité initiale du projet de budget, une majorité d'élus le rejetait – ce qui n'était pas surprenant puisqu'il visait des objectifs lointains et abstraits et ne proposait aucun programme nouveau de construction d'autoroutes, d'armement ni autres petits cadeaux lucratifs à faire valoir aux électeurs. Je crois que Clinton a été ébranlé par l'importance de cette résistance. Les républicains rejetèrent catégoriquement le budget, beaucoup de démocrates se rebellèrent et les débats se poursuivirent jusqu'à une date avancée du printemps. Bien que les démocrates aient eu la majorité à la Chambre des représentants – 258 sièges contre 177 –, on se demandait vraiment si le budget allait être voté, et les perspectives étaient encore plus sombres au Sénat. Le conflit gagna l'intérieur de la Maison Blanche, où beaucoup continuaient de prôner un programme moins compatible avec les exigences de Wall Street. L'un était le conseiller de Clinton James Carville, connu pour sa remarque ironique : « Je pensais que si la réincarnation existait, j'aurais aimé renaître dans la peau du Président, du pape ou d'un grand joueur de base-ball. Maintenant, j'ai changé d'avis. Je préfèrerais me réincarner en marché obligataire. Ça permet d'intimider tout le monde. » La discorde, largement rapportée par les médias, fit apparaître Clinton en position de faiblesse et sa popularité initiale chuta. A la fin du printemps, sa cote d'amour était descendue à 28 %...

Lorsque j'ai revu le Président le 9 juin, il avait la trouille. La Chambre des représentants avait finalement voté son budget deux semaines plus tôt – à une seule voix de majorité – et le combat venait seulement de commencer au Sénat. J'avais reçu un appel de David Gergen, un conseiller de Clinton. « Il est dans tous ses états », m'a-t-il dit, et il m'a demandé si je pouvais venir lui remonter le moral. Je connaissais Gergen depuis vingt ans, parce qu'il avait été le conseiller de Nixon, Ford et Reagan. Clinton l'avait recruté en partie parce que c'était un pro de Washington, équilibré, pas du tout névrosé, et en partie parce qu'il était républicain, espérant ainsi affirmer son image de centriste.

Lorsque je suis allé au bureau ovale ce matin-là, tout le monde était visiblement sous tension. On disait qu'ils avaient travaillé pratiquement vingt-quatre heures sur vingt-quatre, même Bentsen qui avait soixante-douze ans. (Andrea, maintenant principale correspondante de NBC à la Maison Blanche, me le confirma.) Ils avaient fait la navette avec le Congrès pour essayer de trouver un accord sur les chiffres et se sentaient sans doute confrontés à un problème insoluble. Le Président lui-même semblait sombre. Il n'était pas difficile de deviner pourquoi. Il était en train de perdre son capital politique alors même que le budget auquel il l'avait sacrifié était en péril.

J'ai fait mon possible pour l'encourager. Je lui ai dit que son programme représentait la meilleure chance que nous ayons eue depuis quarante ans d'aboutir à une croissance à long terme stable. J'ai tenté de lui montrer que la stratégie portait déjà ses fruits – les taux à long terme avaient déjà commencé à baisser. Le fait même qu'il ait pris position et compris qu'il fallait s'attaquer au problème du déficit était un atout très important. Mais je l'ai aussi averti que la partie ne serait pas facile. Clinton dut effectivement se battre, faire pression et négocier âprement pendant deux mois encore pour faire passer le budget au Sénat. Comme à la Chambre, il fut voté à une seule voix de majorité, cette fois-ci suite à une intervention du vice-président Al Gore.

Clinton me fit encore forte impression à l'automne en se battant pour la ratification de l'ALENA. Le traité, négocié pendant la présidence Bush, était avant tout conçu pour éliminer progressivement les tarifs douaniers et autres entraves au commerce entre le Mexique et les Etats-Unis, bien qu'il inclût aussi le Canada. Les syndicats l'avaient en horreur et la plupart des démocrates aussi, ainsi que certains conservateurs ; peu d'observateurs du Congrès estimaient qu'il avait la moindre chance d'être ratifié. Mais Clinton argua qu'on ne pouvait pas empêcher la Terre de tourner ; qu'on le veuille ou non, l'Amérique était de plus en plus intégrée à l'économie internationale et l'ALENA exprimait la conviction que le commerce et la concurrence engendraient la prospérité à condition que les marchés soient libres. Lui et ses collaborateurs de la Maison Blanche ont mouillé leur chemise et ont fini par faire approuver le traité après deux mois de lutte.

Tout cela me convainquit que notre nouveau président était capable de prendre des risques et ne se satisfaisait pas du statu quo. Une fois de plus, il avait montré qu'il était prêt à affronter les faits. Et en matière de libre-échange, les faits étaient les suivants : la distinction entre la concurrence intérieure et la concurrence transfrontalière n'a économiquement aucun sens. Si vous avez une usine à Dubuque, Iowa, que votre concurrent soit quelqu'un de Santa Fe ou d'un pays étranger ne change rien. Les pressions géopolitiques créées par la guerre froide ayant disparu, les Etats-Unis avaient la chance historique de pouvoir resserrer les mailles de l'économie internationale. Clinton a souvent été critiqué pour son incohérence et sa tendance à adopter les points de vue de toutes les parties au cours des débats, mais cela n'a jamais été vrai en ce qui concerne la politique économique. Une attention constante, sérieuse, apportée à la croissance économique à long terme a été la marque de sa présidence.

La Fed eut elle aussi des difficultés avec le Congrès cette année-là et en partie pour les mêmes raisons. Henry B. Gonzalez, de San Antonio, Texas, le président de la commission bancaire de la Chambre des représentants, était notre critique le plus féroce. Populiste au tempérament emporté, Gonzalez était connu pour avoir giflé un électeur dans un restaurant parce qu'il l'avait traité de communiste. A plusieurs reprises, il avait réclamé au Congrès la destitution de Reagan, Bush et Volcker. Il se défiait profondément de ce qu'il appelait « l'énorme pouvoir de la Fed » – il devait supposer que le Board était une clique de délégués républicains qui gérait la politique monétaire plus dans l'intérêt de Wall Street que des travailleurs. A l'automne 1993, Gonzalez accentua pour de bon la pression.

La Fed avait toujours pris le Congrès à rebrousse-poil et elle le fera sans doute toujours, bien qu'elle ait été créée par lui. Il existe un conflit de fond entre les préoccupations à long terme inscrites dans les statuts de la Fed et celles, à court terme, du personnel politique désireux de plaire à ses électeurs.

Ces frictions apparaissaient souvent au cours des auditions. La Fed était tenue de rendre un rapport bisannuel sur ses décisions de politique économique et sur les perspectives d'avenir. Au cours de ces séances s'engageaient parfois des discussions importantes sur des questions majeures. Mais tout aussi souvent, elles n'étaient qu'une scène de théâtre où je jouais le rôle d'un accessoire – le public, c'était les électeurs chez eux. Pendant l'administration Bush, le président de la commission bancaire du Sénat, Alfonse d'Amato, de New York, laissait rarement passer une occasion de taper sur la Fed. « Les gens mourront de faim et vous continuerez de vous soucier de l'inflation », m'a-t-il dit un jour. Je laissais toujours passer ce genre de remarque. Mais lorsque lui ou quelqu'un d'autre affirmait que les taux d'intérêt étaient trop élevés, je répondais et expliquais les raisons de notre démarche. (Je veillais à m'exprimer dans le jargon de la Fed dans toute discussion portant sur ses actions futures possibles pour éviter de perturber les marchés.)

Gonzalez partit en croisade pour obliger la Fed à répondre davantage de ses actions, s'en prenant tout spécialement à ce qu'il considérait comme un secret excessif. Il voulait que les délibérations du FOMC, en particulier, soient publiques et puissent même être retransmises en direct à la télévision. A un certain moment, il traîna les dix-huit membres du FOMC au Congrès pour témoigner sous serment et dénonça la pratique ancienne de la commission de ne jamais annoncer publiquement ses décisions de politique monétaire ou les évolutions de la politique de change. Le seul document public de chaque réunion consistait en de brèves minutes publiées six semaines après – autant dire l'éternité pour les marchés financiers.

En conséquence, tous les signaux provenant des opérations de la Fed sur le marché libre ou les déclarations publiques de ses principaux représentants étaient scrutés avidement par Wall Street.

Pour sa part, dans l'intérêt de la stabilité économique, la Fed cherchait depuis longtemps à rendre très liquides les marchés des titres en recourant à ce que nous appelions l'ambiguïté constructive. Lorsque les marchés ne parvenaient pas à anticiper l'évolution des taux d'intérêt, ils créaient un important tampon régulateur d'offres. Au début des années 1990 cependant, les marchés étaient devenus suffisamment larges et liquides pour ne plus avoir besoin de cette aide de la Fed. Qui plus est, on estimait que la possibilité pour les acteurs du marché de prévoir les actions futures de la Fed exerçait un effet stabilisateur sur les marchés des titres. Nous nous étions engagés sur la voie d'une plus grande transparence dans nos délibérations et opérations, mais nous étions encore loin de la politique que Henry Gonzalez aurait voulu nous voir appliquer.

J'étais opposé à l'idée d'ouvrir nos réunions au public. Le FOMC était notre organisme de décision le plus sensible – si nos discussions étaient rendues publiques, avec le détail de l'identité des intervenants, elles deviendraient une série de présentations écrites ternes. On perdrait les avantages que présentait un débat à bâtons rompus pour la formulation de nos politiques.

Mes efforts pour faire accepter cet argument lors des séances du Congrès n'ont cependant guère abouti. Lorsque Gonzalez a insisté sur la question de savoir quelles traces des délibérations nous conservions, je me suis retrouvé dans une position extrêmement gênante. En 1976, durant l'administration Ford, Arthur Burns avait donné pour consigne au personnel d'enregistrer sur bande magnétique les débats du FOMC pour faciliter la rédaction des minutes. La pratique a perduré et je la connaissais, mais j'avais toujours supposé que les bandes étaient effacées après leur transcription. Pendant la préparation de mon témoignage devant la commission bancaire, j'avais appris que ce n'était pas tout à fait ça : si les bandes étaient en effet systématiquement effacées, le personnel conservait un exemplaire des transcriptions complètes non éditées dans un classeur fermé à clé situé dans le couloir menant à mon bureau. Lorsque j'ai révélé l'existence des transcriptions, Gonzalez a sauté sur l'occasion. Plus convaincu que jamais que nous conspirions à cacher des secrets embarrassants, il a menacé de demander que les bandes soient produites.

Deux téléconférences organisées par le FOMC pour préparer les séances du Congrès éveillaient particulièrement ses soupçons. Nous ne voulions pas produire ces bandes de crainte de créer un précédent. Après avoir négocié un moment, nous avons accepté que deux juristes de la commission – un démocrate et un républicain – viennent les écouter à la Fed.

Ils ne tardèrent pas à constater que les bandes du Watergate avaient été autrement plus excitantes. Après avoir écouté patiemment pendant près de deux heures les délibérations du FOMC, le démocrate s'en alla sans un mot et le républicain fit remarquer qu'on utiliserait avec profit ces enregistrements pour montrer aux élèves des cours d'instruction civique comment devraient se dérouler les réunions des organes gouvernementaux [1].

---

1. Gonzalez fut cité par le *New York Times* (16 novembre 1993), se plaignant de ce que les bandes contenaient « des remarques désobligeantes sur un membre distingué de la commission bancaire de la Chambre et ses membres en général ».

Mes collègues étaient tout de même contrariés, surtout à cause de Gonzalez, mais ils n'étaient sans doute pas très contents de moi non plus. D'abord, la plupart d'entre eux ne savaient même pas que les réunions étaient enregistrées. Et la possibilité que toutes les remarques qu'ils faisaient risquaient d'être publiées immédiatement si Gonzalez obtenait gain de cause fit passer un froid. A la réunion suivante du FOMC, le 16 novembre, les participants étaient visiblement moins disposés à débattre des idées. « La différence se voyait et pas dans le bon sens », déclara un gouverneur à un journaliste du *Washington Post*.

Après en avoir longuement discuté, le Board décida de s'opposer, devant un tribunal si nécessaire, à toute assignation ou demande susceptible de nuire à l'efficacité de l'institution. Mais la controverse accéléra aussi nos récentes délibérations sur sa transparence. Nous avons finalement décidé que le FOMC annoncerait ses actions immédiatement après chaque réunion et que la transcription complète serait publiée après un délai de cinq ans. (D'aucuns dirent en plaisantant que c'était l'équivalent de la glasnost pour la Fed.) Nous avons appliqué notre décision tout en sachant que la publication des transcriptions rallongeait nos débats et les rendait moins féconds. Cela n'empêcha pas la Terre de tourner. Ces changements rendirent non seulement le processus de décision plus transparent, mais ils nous procurèrent aussi de nouveaux moyens de communication avec les marchés.

J'étais reconnaissant au président Clinton de rester à l'écart de cette tempête dans un verre d'eau. « Quelqu'un de sensé peut-il penser que nous réduirions l'indépendance de la Fed ? » Tel fut son seul commentaire. Il ajouta : « Je n'ai eu aucune critique à formuler à l'encontre de la Fed depuis que je suis président. »

Au milieu des mélodrames de Washington, il était facile d'oublier la réalité du monde. Cet été-là, les crues du Mississippi et du Missouri paralysèrent les Etats du Midwest, les astronautes de la NASA furent mis sur orbite pour réparer le télescope spatial Hubble. Une tentative de coup d'Etat contre Boris Eltsine échoua et Nelson Mandela reçut le prix Nobel de la paix. Il y eut une vague de violence déconcertante aux Etats-Unis : attentat à la bombe du World Trade Center, siège de Waco et poursuite de Unabomber pour avoir tué ou estropié des scientifiques et des enseignants. Dans les entreprises américaines, ce qu'on appelait le reengineering des processus devint la dernière mode en matière de gestion, et Lou Gerstner entreprit de redresser IBM. Plus important du point de vue de la Fed, l'économie semblait sortie de ses malheurs du début des années 1990. L'investissement, la construction ainsi que les dépenses de consommation augmentaient rapidement, et le chômage diminuait. Fin 1993, le PIB réel avait connu une hausse de 8,5 % depuis la récession de 1991, mais sa croissance annuelle atteignait 5,5 %.

Tout cela amena la Fed à décider que le moment était venu de mettre les freins. Le 4 février 1994, le FOMC vota une augmentation d'un quart de point des taux d'intérêt des fonds fédéraux, ce qui les portait à 3,25 %. C'était la première hausse des taux depuis cinq ans et nous l'avons imposée pour deux raisons. D'abord, le resserrement du crédit postérieur aux années 1980 avait pris fin – les consommateurs obtenaient les prêts immobiliers dont ils avaient besoin et les entreprises se voyaient accorder des crédits. Pendant les longs mois où les conditions du crédit avaient été resserrées, nous avions maintenu le taux des fonds fédéraux à un niveau exceptionnellement bas – à 3 %. (En fait, compte tenu de l'inflation, qui avoisinait aussi 3 % l'an, le taux des fonds fédéraux était proche de zéro en termes réels.) Maintenant que le système financier se rétablissait, il était temps de se défaire de cette « position trop accommodante ».

La deuxième raison tenait au cycle économique proprement dit. L'économie était en phase de croissance, mais nous voulions que, lorsque se produirait l'inévitable retournement de conjoncture, il se fasse en douceur et ne soit pas un plongeon dans la récession. La Fed s'efforçait depuis longtemps de devancer l'infléchissement de l'activité en resserrant les taux aux premiers signes d'inflation, avant que l'économie soit vraiment en surchauffe. Mais élever ainsi les taux d'intérêt n'avait pas suffi à prévenir la récession. Nous avions décidé cette fois-ci de profiter de la tranquillité relative de l'économie pour tenter une approche plus radicale consistant à agir délicatement à titre préventif, avant même l'apparition de l'inflation. C'était une question de psychologie, expliquai-je au Congrès en février. En me fondant sur ce que nous avions appris ces dernières années sur les anticipations d'inflation, j'ai déclaré que « si la Réserve Fédérale attend que l'inflation s'aggrave avant de prendre des contremesures, elle aura trop attendu. Des actions correctrices modestes ne suffiront plus à empêcher l'émergence de déséquilibres économiques. Des mesures plus douloureuses seront nécessaires, avec leurs effets secondaires néfastes inévitables sur l'activité économique à court terme ».

Tant de temps avait passé depuis notre dernière hausse des taux que je craignais que la nouvelle ébranle les marchés. Avec le consentement du FOMC, j'ai donc laissé entendre à l'avance qu'un changement de cap était imminent. « Les taux d'intérêt à court terme sont anormalement bas, ai-je expliqué au Congrès fin janvier. A un moment ou à un autre, sauf ralentissement inattendu et prolongé de l'activité économique, nous allons devoir les modifier. » (Cela peut paraître d'une subtilité excessive au lecteur, mais compte tenu de l'effet des déclarations publiques de la Fed en prévision d'un changement de politique, ça revenait à taper sur une casserole.) Je me suis également rendu à la Maison Blanche pour avertir le Président et ses conseillers. « Nous n'avons pas encore pris une décision définitive, leur ai-je dit, mais le choix est le suivant : ou bien nous attendons les bras croisés et nous aurons probablement à relever davantage les taux plus tard, ou bien nous prenons les devants et procédons dès maintenant à de légères augmentations. » « Je préférerais évidemment que les taux restent bas », a répondu Clinton, mais il a ajouté qu'il comprenait.

Le reste du monde, en revanche, semblait faire la sourde oreille. Les marchés ne firent rien en prévision d'une augmentation des taux (généralement, avant une hausse attendue, les taux d'intérêt à court terme montent et les actions baissent). Ainsi, lorsque nous sommes passés à l'action, cela provoqua une secousse. En accord avec notre nouvelle politique d'ouverture, nous avons décidé à la réunion du FOMC du 4 février d'annoncer la hausse des taux dès la fin de la séance. A la fin de la journée, le Dow Jones avait plongé de 90 points, soit près de 2,5 %. Certains hommes politiques réagirent avec véhémence. Le sénateur Paul Sarbanes, du Maryland, qui critiquait fréquemment la Fed, nous a comparés à « un bombardier qui fait sauter une ferme [...] parce que vous pensez que l'inflation scélérate s'y cache alors qu'y habite une famille heureuse, contente de voir que la croissance économique a repris ».

A mes yeux, des réactions de ce genre montraient seulement à quel point les Américains étaient attachés à des taux d'intérêt bas et stables. Derrière les portes closes de la Fed, plusieurs présidents de ses succursales avaient réclamé une hausse deux fois plus importante. Redoutant une réaction de panique des marchés face à une hausse trop brusque, j'avais enjoint mes collègues à s'en tenir à la hausse modeste prévue initialement.

Nous avons continué à mettre les freins tout au long de 1994 et, à la fin de l'année, le taux des fonds de la Fed était passé à 5,5 %. Même ainsi, l'année avait été très bonne : solide croissance de 4 % et création de 3,5 millions d'emplois, augmentation de la productivité et des profits. Tout aussi important, l'inflation n'avait pas du tout grimpé – pour la première fois depuis les années 1960, son taux annuel avait été inférieur à 3 % trois ans de suite. Des prix bas et stables devenaient une réalité que l'on espérait voir durer – à tel point que fin 1994, lorsque j'ai pris la parole devant le Business Council, une association réunissant les dirigeants de quelques-unes des plus grosses entreprises américaines, certains directeurs se sont plaints de la difficulté qu'ils avaient à augmenter les prix durablement. « Vous voulez dire que vous avez des problèmes ? Vos marges bénéficiaires augmentent. Cessez vos jérémiades », ai-je rétorqué sans aménité.

Pendant des décennies, les analystes s'étaient demandé si la dynamique des cycles économiques éliminait la possibilité d'un « atterrissage en douceur », d'une baisse cyclique sans les pertes d'emplois ni l'incertitude d'une récession. L'expression vient de la course spatiale des années 1970, époque à laquelle les Etats-Unis et l'Union soviétique rivalisaient pour envoyer des sondes inhabitées sur Vénus et Mars. Certains de ces vaisseaux spatiaux avaient réussi à atterrir en douceur, mais l'économie ne l'avait jamais fait ; d'ailleurs, la Fed n'utilisait pas l'expression. Mais en 1995, c'est précisément ce qui se passa. La croissance ralentit au cours de l'année jusqu'à atteindre un taux annualisé de moins de 1 % au quatrième trimestre.

En 1996, on assista à une reprise. En novembre, lorsque le président Clinton gagna les élections, la croissance avait retrouvé un taux de 4 %. Les médias célébrèrent un atterrissage en douceur bien avant que je ne sois disposé à le faire ; même en décembre, je mettais encore en garde mes collègues : « Le processus n'est pas pleinement achevé. Nous pouvons entrer en récession dans six mois. » Mais avec le recul, l'atterrissage en douceur de 1995 a été l'une des réussites de la Fed durant mon mandat.

Tout cela était encore à venir au moment où le FOMC resserra les taux. Savoir quand commencer, dans quelles proportions et, surtout, quand s'arrêter, était un défi intellectuel passionnant et parfois nerveusement éprouvant, d'autant plus que personne n'avait encore tenté de le faire de cette façon. Ce n'était pas « Eh bien, allons-y, atterrissons en douceur », mais plutôt « Sautons du 60e étage et essayons de retomber sur nos pieds ». La décision la plus difficile pour certains membres de la commission a été la hausse du taux du 1er février 1995 – de 0,5 % – qui se révéla être la dernière. « Je crains que si nous agissons aujourd'hui, nous en venions à le regretter », dit Janet Yellen, qui allait devenir présidente du CEA de Clinton. C'est elle qui défendait le plus énergiquement une attitude d'attente. La hausse, que nous en vînmes à adopter ce jour-là à l'unanimité, porta le taux des fonds fédéraux à 6 % – le double de ce qu'il était lorsque

nous avions commencé l'escalade moins d'un an plus tôt.
Tous les membres du FOMC en connaissaient les risques.
N'avions-nous pas serré la vis une fois de trop ? Ou pas
assez ? Nous avancions dans le brouillard. Le FOMC avait
toujours constaté qu'au cours d'une période de ralentissement, si l'on cesse trop tôt de restreindre le crédit, les pressions inflationnistes ressurgissent et il devient très difficile
de les contenir à nouveau. Nous avions donc tendance à
décider une hausse supplémentaire des fonds fédéraux à titre de précaution tout en espérant qu'elle ne serait pas
nécessaire. En mettant fin prématurément à un traitement
antibiotique, on risque de voir réapparaître l'infection, celle
de l'inflation en l'occurrence.

1994 fut cependant une année difficile pour le président
Clinton. Elle fut marquée par l'échec de son initiative en
matière de retraites, suivi par la perte fracassante de la majorité à la Chambre comme au Sénat lors des élections de mi-
mandat. Les républicains l'avaient emporté sur la base du
« contrat avec l'Amérique » de Newt Gingrich et Dick Armey
– un programme visant à réduire la taille du gouvernement
qui promettait des réductions d'impôts, une réforme de
l'aide sociale et un budget équilibré.

Clinton fut de nouveau mis à l'épreuve quelques semaines plus tard. Fin décembre, le Mexique annonça qu'il était
au bord de la faillite. Le problème tenait à des milliards de
dollars de dette à court terme, empruntés lorsque l'économie était prospère. La croissance avait ralenti récemment et,
l'économie marquant le pas, le peso avait dû être dévalué,
ce qui rendait les dollars à rembourser de plus en plus chers.
Lorsque les dirigeants mexicains demandèrent de l'aide, les
finances du gouvernement étaient entrées dans une spirale
descendante : 25 milliards de dollars dus dans moins d'un
an et des réserves de 6 milliards seulement, qui fondaient
comme neige au soleil.

Aucun de nous n'avait oublié la crise de la dette latino-
américaine de 1982, lorsqu'un défaut de paiement du
Mexique de 80 milliards de dollars avait déclenché une cas-

cade de refinancements d'urgence au Brésil, au Venezuela, en Argentine et dans d'autres pays. Plusieurs banques géantes étasuniennes avaient failli boire le bouillon et le développement économique de l'Amérique latine avait été retardé de dix ans. La crise de fin 1994 était moins grave. Il ne fallait cependant pas sous-estimer le danger. Elle risquait en outre de faire tache d'huile et, en raison de l'intégration croissante des marchés financiers et du commerce mondiaux, elle menaçait non seulement l'Amérique latine, mais aussi d'autres régions du monde développé. Qui plus est, comme le montrait l'ALENA, les Etats-Unis et le Mexique étaient de plus en plus interdépendants. Si l'économie mexicaine venait à s'effondrer, le flux d'émigrants vers les Etats-Unis allait redoubler et l'économie des Etats du sud-est serait mise à mal.

La crise éclata au moment où Andrea et moi partions faire une escapade à New York au lendemain de Noël. J'avais fait une réservation au Stanhope, un élégant hôtel de la Cinquième Avenue face à Central Park et au Metropolitan Museum of Art. Nous nous réjouissions à la perspective de passer quelques jours à aller au concert, faire des emplettes et nous balader dans le relatif anonymat de la ville où nous nous étions rencontrés. Dix ans avaient passé depuis la soirée de neige de notre premier rendez-vous et notre dîner au Périgord, sur la 52ᵉ Rue Est, et, bien que ce ne fût pas un anniversaire officiel, nous aimions revenir sur les lieux de notre première sortie entre Noël et le jour de l'an.

Hélas, dès notre arrivée, le téléphone sonna – c'était mon bureau. Bob Rubin, le secrétaire au Trésor désigné, voulait d'urgence m'entretenir du peso. Bob devait reprendre officiellement les fonctions de Lloyd Bentsen, qui prenait sa retraite, juste après le nouvel an ; mais, en pratique, il était déjà au travail. Il avait sans doute espéré une transition plus facile que celle-là. C'était un véritable baptême du feu.

Andrea comprit instantanément ce que signifiait ce coup de téléphone. En cas de crise financière étrangère affectant les Etats-Unis, le secrétariat au Trésor prend l'initiative, mais la Fed est toujours de la partie. « Tant pis pour nos vacances en amoureux », dit-elle en soupirant. Elle nous connaissait trop bien, mon travail et moi, après toutes ces années – je lui étais reconnaissant de son indulgence et de sa patience. Ainsi, pendant que la crise mexicaine se déroulait, elle alla faire des courses et voir des amis, et je passai tout notre séjour à téléphoner dans notre chambre d'hôtel.

Les semaines suivantes, le gouvernement se réunit en petit comité avec les dirigeants mexicains, le Fonds monétaire international et d'autres institutions. Le FMI était prêt à accorder au Mexique toute l'aide possible, mais il lui manquait les fonds nécessaires pour que son concours ait un effet décisif. Dans les coulisses, j'ai soutenu, comme l'ont fait Bob Rubin, son principal adjoint, Larry Summers, et d'autres, que l'intervention des Etats-Unis devait être massive et rapide. Afin de prévenir un effondrement, le Mexique avait besoin de suffisamment de fonds pour persuader les investisseurs de ne pas bazarder leurs pesos ni exiger le remboursement immédiat de leurs prêts. C'était le même principe de psychologie des marchés que celui voulant qu'on entasse de l'argent dans la vitrine d'une banque pour éviter la panique des déposants – ce que faisaient les banques américaines durant les crises du XIXe siècle.

Au Congrès, fait remarquable, les dirigeants des deux partis étaient d'accord : le chaos potentiel dans un pays de 80 millions d'habitants avec lequel nous avions une frontière commune de trois mille kilomètres était un risque trop grand pour être ignoré. Le 15 janvier, le président Clinton, Newt Gingrich, le nouveau président de la Chambre des représentants, et Bob Dole, le nouveau chef de la majorité au Sénat, soumirent conjointement à l'approbation du Congrès un ensemble de garanties de prêts de 40 milliards de dollars.

Aussi spectaculaire qu'était ce geste, il apparut clairement au bout de quelques jours que, politiquement, le renflouement n'avait pas la moindre chance de produire son effet. Les Américains ont toujours refusé l'idée que les problèmes monétaires d'un pays étranger puissent avoir des conséquences importantes pour les Etats-Unis. Survenant peu après la conclusion de l'ALENA, la crise mexicaine accentuait cette réaction isolationniste. Tout ceux qui s'étaient opposés à l'ALENA – syndicats, consommateurs, écologistes et droite républicaine – se mobilisèrent de nouveau pour s'opposer au sauvetage. Gene Sperling, l'un des principaux conseillers économiques de Clinton, résuma ainsi le dilemme politique : « Comment résoudre un problème qui ne semble pas important aux yeux du public, dont la solution paraît consister à faire un cadeau et à tirer d'affaire des gens qui ont fait des investissements insensés ? »

Lorsque le plan de sauvetage de 40 milliards fut révélé, Newt Gingrich me demanda si je voulais bien appeler Rush Limbaugh et lui expliquer pourquoi il était dans l'intérêt des Etats-Unis d'intervenir. « Je ne connais pas Rush Limbaugh, lui ai-je répondu. Croyez-vous que lui téléphoner peut changer quelque chose ? » « Il vous écoutera », m'a dit Gingrich. Ce présentateur de la radio ultra combatif avait du poids parmi les conservateurs. Certains des nouveaux membres du Congrès se surnommaient eux-mêmes le « comité électoral Dittohead », le sobriquet favori des fans de cette émission. Inutile de dire que Limbaugh s'en donnait à cœur joie et vilipendait l'idée de tendre la main au Mexique. J'étais sceptique, mais pas indifférent au fait que le nouveau président de la Chambre soit disposé à soutenir un président démocrate à propos d'une question manifestement impopulaire. A contrecœur, j'ai donc décroché le téléphone.

Limbaugh parut encore plus mal à l'aise que moi. Il m'a écouté poliment exposer mes arguments et m'a remercié de lui avoir consacré du temps. Cela m'a surpris, je m'attendais à ce qu'il soit plus agressif.

La situation ne permettait pas d'attendre que le Congrès se décide. Fin janvier, alors que le Mexique était au bord du gouffre, l'administration prit l'affaire en main. Bob Rubin s'orienta vers une solution qui avait déjà été proposée et rejetée antérieurement : puiser dans un fonds d'urgence du Trésor créé sous Roosevelt pour protéger la valeur du dollar. Rubin était très inquiet à l'idée de risquer 10 milliards de dollars appartenant au contribuable. Et, alors que les leaders du Congrès avaient promis d'acquiescer, demeurait le risque de sembler vouloir passer outre la volonté du peuple – un sondage important avait montré que 79 % des électeurs, contre 18 %, s'opposaient à ce qu'on aide le Mexique.

Je me suis attelé à la tâche pour aider à mettre au point les détails du projet. Rubin et Summers l'ont présenté au président Clinton le 31 janvier au soir. La voix de Bob trahissait encore la surprise quand il m'a téléphoné pour me faire part du résultat. Clinton avait simplement dit : « Nous devons le faire », m'a rapporté Rubin, qui a ajouté : « Il n'a pas du tout hésité. »

Cette décision a permis d'amorcer la pompe. Le FMI et d'autres organismes internationaux sont allés au-delà des 20 milliards de garanties venant du Trésor, ce qui a permis d'apporter au Mexique 50 milliards de dollars en tout, la majeure partie sous forme de prêts à court terme. Ce n'était pas des cadeaux, comme le prétendaient les opposants ; en fait, les termes de l'accord étaient si draconiens que le Mexique n'utilisa finalement qu'une partie des crédits. Dès l'instant où la confiance dans le peso fut rétablie, il procéda au remboursement – les Etats-Unis ont même fait un bénéfice de 500 millions de dollars dans l'affaire.

C'était une belle victoire du secrétaire au Trésor et de son équipe. Et l'épisode avait permis de tisser des liens durables entre Rubin, Summers et moi. Au cours des heures innombrables passées à analyser le problème, à explorer les idées, à rencontrer nos homologues étrangers et à témoigner devant le Congrès, nous étions devenus des compagnons de tranchées. La confiance mutuelle qui existait entre Rubin et moi n'a fait que se renforcer au fil du temps. Il ne me serait jamais venu à l'esprit qu'il ait pu faire quoi que ce soit de contraire à ce qu'il avait promis sans m'en aviser au préalable. J'agissais de même avec lui. Bien que nous ayons appartenu à des partis opposés, nous avions le sentiment de travailler pour la même maison. Nous étions d'accord sur beaucoup de questions essentielles et aucun de nous deux n'aimait l'affrontement pour le plaisir de l'affrontement, ce qui nous permettait de communiquer facilement et nous stimulait mutuellement.

Summers était, quant à lui, considéré comme un prodige de l'économie. Fils de deux docteurs en économie et neveu de deux lauréats du prix Nobel d'économie, il était l'un des plus jeunes professeurs à avoir été titularisés à Harvard. Avant d'entrer dans l'administration, il était économiste en chef de la Banque mondiale. Il était expert en finances publiques, économie du développement et dans d'autres domaines. C'était, comme moi, un technicien à l'aise avec les concepts ; fonder la théorie sur les faits empiriques le passionnait, et c'est ce que j'appréciais le plus en lui. Il était en outre imprégné d'histoire économique, qui lui servait de référence. Cela l'inquiétait, par exemple, de voir le Président s'emballer pour les promesses de la technologie de l'information, comme si les Etats-Unis n'avaient encore jamais traversé de période de rapide progrès technique. « Trop d'engouement pour la productivité », disait-il à propos de l'enthousiasme que la technologie suscitait chez Clinton. Je n'étais pas de son avis et nous avions des discussions sur le potentiel d'Internet, dont rien n'échappait à Bob. Larry était aussi très astucieux : c'est lui qui avait eu l'idée de prêter au Mexique à un taux d'intérêt élevé afin que les Mexicains se sentent obligés de nous rembourser rapidement.

Pendant les quatre ans et demi qui ont suivi, Rubin, Summers et moi nous sommes rencontrés confidentiellement au petit déjeuner une fois par semaine, et entre-temps nous nous téléphonions et nous nous rendions visite fréquemment à nos bureaux. (Larry et moi avons continué de le faire après qu'il fut devenu secrétaire au Trésor et que Bob fut retourné à Wall Street au milieu des années 1990.) Nous nous retrouvions à 8 h 30 au bureau de Bob ou au mien, nous nous faisions apporter le petit déjeuner et restions là une heure ou deux à partager nos informations, à nous pencher sur les chiffres, mettre au point des stratégies et brasser des idées.

J'avais toujours l'impression de sortir de ces réunions plus intelligent qu'en y arrivant. C'était le meilleur forum imaginable pour comprendre la Nouvelle Economie. Les forces conjointes de la technologie de l'information et de la mondialisation commençaient à s'exercer et, comme l'a dit par la suite le président Clinton, « les règles du jeu étaient dépassées ». Les démocrates avaient gaiement appelé « rubinomique » la constellation de politiques économiques mises en œuvre. Se penchant sur le passé en 2003, un critique du *New York Times* qui traitait des mémoires de Bob qualifia la rubinomique d'« essence de la présidence Clinton ». Il la définit ainsi : « Envol du prix des actions, de l'immobilier et d'autres biens, inflation réduite, chômage en déclin, productivité croissante, dollar fort, tarifs douaniers bas, volonté de gérer la crise mondiale et, surtout, énorme surplus prévu du budget fédéral. » J'aimerais pouvoir dire que tout cela fut le résultat de la politique efficace et consciente élaborée au cours de nos petits déjeuners hebdomadaires. Ça l'était sans doute en partie. Mais, pour l'essentiel, cela reflétait l'amorce d'une nouvelle phase de la mondialisation et les retombées économiques de la fin de l'Union soviétique, questions que j'aborderai dans des chapitres ultérieurs.

Je ne voyais pas fréquemment le président Clinton. La collaboration entre Bob et moi fonctionnait si bien qu'il était rarement nécessaire que j'assiste aux réunions de politique économique dans le bureau ovale, sauf dans les moments de crise, comme lorsqu'un désaccord budgétaire entre Clinton et le Congrès paralysa le gouvernement en 1995.

J'ai appris par la suite que le Président en avait voulu à la Fed et à moi tout au long de l'année 1994, quand nous avions relevé les taux d'intérêt. « Je pensais que l'économie ne s'était pas suffisamment rétablie pour le supporter », m'expliqua-t-il quelques années plus tard. Mais il n'a jamais critiqué la Fed en public. Et, au milieu de l'année 1995, Clinton et moi avions noué une relation cordiale et sans cérémonie. Lors de dîners ou de réceptions à la Maison Blanche, il me prenait à part pour me demander ce que je pensais de la situation ou me soumettre une idée. Je n'avais pas son éducation d'enfant du baby-boom et ne partageais pas son amour pour le rock. Il me trouvait probablement ennuyeux – pas le genre de gars avec qui il avait envie de fumer un cigare ou de regarder un match de foot. Mais il aimait lire lui aussi et, comme moi, était curieux du monde et réfléchi. Nous nous entendions bien. Il disait en public que nous formions un couple étrange, s'agissant évidemment d'économie.

J'étais toujours surpris par la fascination qu'exerçaient sur lui les détails du fonctionnement de l'économie – par exemple, l'effet de l'offre de bois de charpente canadien sur le prix des logements et l'inflation, le développement de la production en flux tendus. Mais le tableau d'ensemble ne lui échappait pas, comme le lien historique entre l'inégalité des revenus et le changement économique. Il estimait que les millionnaires de l'Internet étaient un sous-produit inévitable du progrès. « Chaque fois que l'on change de paradigme économique, les inégalités augmentent, assurait-il. Il y en a eu encore plus quand on est passé de la ferme à l'usine. Ceux qui ont financé la révolution industrielle et ceux qui ont construit les chemins de fer ont bâti d'immenses fortunes. » Maintenant que nous entrions dans l'ère numérique, on avait les millionnaires des start-up d'Internet. Le changement est une bonne chose, disait Clinton, mais il voulait permettre aux classes moyennes de mieux profiter de cette nouvelle richesse.

La politique étant ce qu'elle est, je ne croyais pas que Clinton renouvellerait mon mandat de président qui arrivait à son terme en mars 1996. C'était un démocrate et il voudrait sans aucun doute nommer un des siens. Mais fin 1995, mes chances avaient augmenté. Les entreprises américaines se portaient exceptionnellement bien – les profits des grosses firmes atteignaient 18 % et le marché boursier n'avait pas connu une telle hausse depuis vingt ans. Les politiques monétaire et budgétaire portaient leurs fruits : le déficit devait tomber à moins de 110 milliards de dollars en 1996 et l'inflation restait inférieure à 3 %. La croissance avait

repris sans qu'il y ait eu de récession. Les relations entre la
Fed et le Trésor n'avaient jamais été aussi bonnes. Après le
nouvel an, la presse commença à se demander si le Président
n'allait pas me proposer de rester. En janvier, Bob Rubin et
moi sommes allés à Paris pour une réunion du G7. Pendant
une pause, nous nous étions écartés des autres. Je me rendais bien compte que Bob avait quelque chose en tête. Je
revois encore la scène : nous étions devant une baie vitrée
par laquelle on avait une vue panoramique sur la ville.
« Vous allez recevoir un coup de téléphone du Président à
votre retour à Washington », m'a-t-il annoncé. Il ne m'en a
pas dit davantage, mais je sentais bien à son attitude que la
nouvelle devait être bonne.

Le président Clinton nous lança un petit défi, à moi et
aux deux fonctionnaires de la Fed qu'il avait nommées en
même temps : Alice Rivlin, future vice-présidente, et Lau-
rence Meyer, un prévisionniste économique très estimé,
qui allait faire partie des gouverneurs de la Fed. « Il y a
maintenant un débat, un débat sérieux, dans ce pays sur la
question de savoir s'il existe un taux de croissance maximum
que l'on peut soutenir pendant plusieurs années sans inflation », déclara-t-il aux journalistes. Il n'était pas difficile de
lire entre les lignes. L'économie entrant dans sa sixième
année d'expansion et l'atterrissage en douceur semblant être
une réalité, il réclamait une accélération de la croissance,
des salaires plus élevés et de nouveaux emplois. Il voulait
voir ce que donnerait le passage à la vitesse supérieure.

8.

EXUBÉRANCE IRRATIONNELLE

Le 9 août 1995 entrera dans l'histoire comme le jour où s'est amorcé le boom Internet. Il a été déclenché par la première introduction en Bourse de Netscape, une petite société d'informatique créée deux ans plus tôt dans la Silicon Valley, qui ne faisait presque pas de recettes et pas un sou de bénéfice. Netscape diffusait gratuitement la plupart de ses produits. Son navigateur avait pourtant alimenté le développement exponentiel d'Internet, contribuant à transformer un jouet interactif, financé par le gouvernement des Etats-Unis à l'intention des scientifiques et des ingénieurs, en un moyen de communication numérique à l'usage de tous. Le jour où l'action Netscape commença à se négocier, elle passa brusquement de 28 à 71 dollars, étonnant les investisseurs de la Silicon Valley à Wall Street.

La ruée vers l'or Internet avait commencé. De plus en plus de start-up étaient introduites en Bourse et atteignaient immédiatement des cotes fantastiques. L'action Netscape continuait de monter ; en novembre, la société avait une capitalisation boursière plus élevée que celle de Delta Airlines et Jim Clark, son président, devenait le premier milliardaire du secteur Internet. Cette année-là, l'engouement pour l'informatique activa encore le marché boursier : le Dow Jones passa la barre des 4 000 points, puis des 5 000, 1995 s'achevant par une hausse bien supérieure à 30 %. Le NASDAQ, marché regroupant beaucoup de sociétés high-tech et sur lequel ces nouvelles actions étaient cotées, termina encore mieux l'année, avec un gain de plus de 40 %. Et la hausse se poursuivit sans ralentir jusqu'à une date avancée de 1996.

Nous ne parlions généralement pas beaucoup du marché boursier[1] à la Fed. Dans une réunion ordinaire du FOMC, le mot « stock » désignait plutôt les immobilisations en capital [*capital stock*] – machines-outils, wagons de chemin de fer et, dernièrement, ordinateurs et matériel de télécommunication – que les actions en bourse. S'agissant du boom informatique, nous nous intéressions plutôt à ceux qui fabriquaient les puces, mettaient au point les logiciels, construisaient les réseaux et introduisaient la technologie dans les usines, les bureaux et les loisirs. Nous étions cependant tous conscients d'un « effet de richesse » : se sentant en fonds à cause de la hausse de leurs actions, les investisseurs achetaient plus volontiers des maisons, des voitures et des biens de consommation. L'effet de cette hausse sur les mises de fonds des entreprises dans des usines et du matériel était selon moi plus important encore. Depuis l'époque où j'avais présenté un article intitulé « Prix des actions et évaluation du capital » lors d'une obscure séance du congrès annuel de l'Association statistique américaine en décembre 1959 – cet article, publié dans les *Actes* de ladite association, section « statistiques économiques », de la même année, fut intégré à ma thèse de doctorat –, j'étais intrigué par l'impact du prix des actions sur les investissements en capital et donc sur le niveau de l'activité économique. J'avais montré que les nouvelles commandes de machines dépendaient du rapport entre le prix des actions et celui des usines et du matériel nouveaux. Le raisonnement paraissait évident aux promoteurs immobiliers, qui appliquaient un principe semblable : si la valeur de marché des immeubles de bureaux en un lieu excède le coût de leur construction, les nouveaux immeubles sortiront de terre comme des champignons. Si, au contraire,

---

1. *Stock market* en anglais. *(N.d.T.)*

le prix est inférieur au coût de la construction, il n'y aura pas de nouveaux immeubles.

Il me semblait que la corrélation entre le prix des actions et les commandes de nouvelles machines signifiait la même chose : lorsque les chefs d'entreprise voyaient que la valeur sur le marché des biens d'équipement dépassait le coût d'achat, ils augmentaient leurs dépenses d'équipement ; la réciproque était également vraie. J'ai été déçu que ce rapport simple ne soit pas aussi efficace dans le travail de prévision au cours des années 1960 qu'il l'avait été auparavant. Mais les économètres se plaignent souvent de ce genre de choses. Le rendement des investissements est l'équivalent implicite actuel de cette relation. Il n'a toujours pas la valeur prévisionnelle que j'ai toujours escomptée, mais j'avais néanmoins l'idée présente à l'esprit lors de la réunion du FOMC de décembre 1995.

Mike Prell, le grand spécialiste de l'économie nationale à la Fed, affirmait que l'effet de richesse pourrait faire monter les dépenses de consommation de 50 milliards de dollars au cours de l'année à venir, provoquant ainsi l'accélération de la croissance du PIB. Le gouverneur Larry Lindsey, qui allait devenir le principal conseiller économique du président George W. Bush, jugeait cela peu vraisemblable. La plupart des actions étaient détenues dans des fonds de pension et sur des comptes-retraite, les 401(k)[1], ce qui empêchait les consommateurs de réaliser aisément leurs gains. De plus, la plupart des personnes qui possédaient d'importants portefeuilles d'actions étaient très riches et n'étaient pas du genre à faire automatiquement des folies. Je n'étais pas certain d'être d'accord avec lui sur ce point, mais le problème était nouveau et aucun de nous ne savait à quoi s'attendre.

Cette discussion montra aussi à quel point nous

---

1. Les plans 401(k) sont l'une des formes d'épargne-retraite en vigueur aux Etats-Unis. Il s'agit d'un dispositif de participation des salariés aux bénéfices et au capital de leur entreprise. Les plans 401(k) associent épargne salariale et contribution patronale, cette dernière étant obligatoirement investie dans des actions de l'entreprise. La contribution patronale et les intérêts produits par les placements ne sont imposables que lors de la distribution des actifs. *(N.d.T.)*

connaissions mal le potentiel de hausse du marché. Janet Yellen prédit que l'effet du boom boursier n'allait certainement pas tarder à s'estomper. « Il aura disparu à la fin 1996 », a-t-elle affirmé. Je craignais quant à moi que ce boom boursier se termine par un krach. « Le vrai danger, ai-je dit, est que nous sommes à la veille de la formation d'une bulle sur les marchés boursier et obligataire. » Il ne semblait pourtant pas y avoir de surchauffe du marché comme en 1987. J'estimais que nous étions probablement près « au moins d'un pic temporaire du prix des actions, ne serait-ce que parce que les marchés ne sont pas indéfiniment en hausse ».

Cette déclaration n'est pas celle avec laquelle j'ai le plus fait preuve de prescience. Mais, ce jour-là, la Bourse n'était pas ma principale préoccupation. Je voulais que l'on commence à réfléchir au changement technologique dans son ensemble. En observant ce qui se passait en économie, je m'étais persuadé que nous arrivions à un tournant historique, dont les prix astronomiques atteints par les actions n'étaient qu'un signe.

La réunion devait se conclure par un vote sur une proposition de continuer à baisser le taux des fonds fédéraux. Mais avant cela, j'ai tenu à prendre un peu de recul. Je leur ai rappelé que nous avions sous les yeux depuis des mois la preuve manifeste des effets économiques de l'accélération du changement technologique. Je leur ai dit : « Je voudrais formuler une hypothèse générale sur la direction que prend l'économie à long terme et la nature des forces sous-jacentes. »

Mon idée était la suivante : le monde adoptant la technologie de l'information et apprenant à l'utiliser, nous étions entrés dans une période prolongée d'inflation réduite, de taux d'intérêt bas, de productivité accrue et de plein emploi. « J'observe les cycles économiques depuis la fin des années 1940. Il ne s'est jamais rien produit de pareil », ai-je dit avant d'ajouter que des changements technologiques aussi profonds et persistants « n'apparaissent que tous les cinquante ou cent ans ».

Pour donner une idée de l'échelle globale du changement, j'ai fait allusion à un phénomène nouveau : l'inflation semblait refluer partout dans le monde. Je voulais montrer que la façon dont la politique monétaire opérait maintenant atteignait peut-être la limite de nos connaissances et que, au moins pendant une certaine période, les règles consacrées par le temps ne s'appliqueraient plus.

Tout cela était passablement spéculatif, surtout pour une réunion de travail du FOMC. Personne autour de la table ne fit beaucoup de commentaires, bien que quelques présidents de banque aient exprimé un accord modéré. La plupart des membres de la commission parurent soulagés de revenir en terrain familier, en l'occurrence à la question de savoir s'il fallait ou non baisser le taux des fonds fédéraux de 0,25 % – nous avons voté pour. Mais auparavant, l'un des plus réfléchis n'a pas résisté à l'envie de me taquiner. « J'espère que vous me permettrez de souscrire aux raisons que vous avez données de baisser le taux, a-t-il dit, sans avoir à accepter votre scénario genre Meilleur des mondes, ce à quoi je ne suis pas tout à fait prêt. »

Je n'espérais pas en réalité que les membres de la commission soient d'accord avec moi – pas encore. Je ne leur demandais pas non plus de faire quoi que ce soit, si ce n'est de réfléchir.

Le boom high-tech finit par accréditer largement l'idée de destruction créatrice de Schumpeter. L'expression devint à la mode dans le milieu des start-up Internet – de fait, lorsque le changement s'accélère comme dans le secteur Internet, il est difficile de passer à côté de la destruction créatrice. Dans la Silicon Valley, les entreprises étaient sans cesse en restructuration, les nouvelles affaires grossissaient à une vitesse vertigineuse et disparaissaient tout aussi rapidement. Les puissances régnantes de la technologie – les géants comme AT&T, Hewlett-Packard et IBM – devaient se démener pour suivre le rythme et n'y réussissaient pas toutes. Bill Gates, l'homme le plus riche du monde, fit distribuer une circulaire à tous les employés de Microsoft, dans

laquelle il comparait l'essor d'Internet à l'avènement des PC
– sur lequel, comme on le sait, était fondée la réussite de la
firme. La note de service était intitulée : « Le raz-de-marée
Internet ». Mieux valait prêter attention à ce dernier bouleversement, avertissait-il ; s'adapter ou périr.

Bien que ce ne fût pas évident, la révolution de la technologie de l'information était en germe depuis quarante ans.
Cela avait commencé après la Seconde Guerre mondiale
avec l'invention du transistor, qui déclencha une vague d'innovations. L'ordinateur, les satellites, les microprocesseurs
et l'association du laser et des fibres optiques dans les
communications ont contribué à préparer la naissance apparemment soudaine et rapide d'Internet.

Les entreprises avaient désormais une énorme capacité
de rassembler et de diffuser l'information. Cela accélérait le
processus de destruction créatrice, les capitaux délaissant les
entreprises et les industries jugées peu innovantes au profit
de celles de pointe. Des sociétés à capital risque de la Silicon
Valley comme Kleiner Perkins et Sequoia et des banques
d'affaires telles que Hambrecht & Quist s'enrichissaient soudain considérablement et accédaient au premier plan en
facilitant ces transferts de capitaux. Mais l'ensemble de Wall
Street continuait de participer et participe toujours au financement de ces entreprises.

Pour prendre un exemple plus récent, comparons Google et General Motors. En novembre 2005, GM annonça un
plan de licenciement de 35 000 employés et la fermeture de
12 usines en 2008. Les flux de capitaux de la société montraient qu'elle affectait des milliards de dollars, qu'elle aurait
pu utiliser comme elle l'avait toujours fait pour créer des
produits ou construire des usines, à des fonds destinés à
couvrir les futures retraites et les prestations maladie des
travailleurs et des retraités. Ces fonds étaient investis dans
des secteurs où les rendements attendus étaient plus élevés,
comme les techniques de pointe. En même temps, Google
se développait à une vitesse extraordinaire. Les dépenses
d'investissement de la société triplèrent presque en 2005
pour atteindre plus de 800 millions de dollars. Et, s'atten-

dant à ce que cette croissance se poursuive, les investisseurs firent monter le prix de l'action de Google au point que la capitalisation de cette entreprise atteigne 11 fois celle de GM. En fait, les fonds de pension de General Motors détenaient des parts de Google – exemple typique de déplacement des capitaux résultant de la destruction créatrice.

Pourquoi la technologie de l'information a-t-elle un effet de transformation aussi important ? Une grande partie de l'activité des entreprises vise à réduire l'incertitude. Pendant presque tout le XXe siècle, la connaissance en temps utile des besoins des consommateurs a fait défaut aux chefs d'entreprise. Leur résultat financier en a toujours souffert. Les décisions étaient prises en fonction d'informations datant de plusieurs jours ou même plusieurs semaines.

La plupart des entreprises se couvraient en conservant un supplément de stock et des équipes d'employés prêtes à parer aux imprévus et aux erreurs de jugement. Ces précautions se révélaient généralement utiles, mais leur coût était toujours élevé. Les stocks et les employés inutilisés ne rapportent rien et les heures de « travail » payées à ne rien faire ne produisent pas davantage. Ils n'engendrent aucune recette et n'augmentent pas la productivité. L'information en temps réel fournie par les technologies nouvelles a considérablement réduit les incertitudes inhérentes à la marche quotidienne des affaires. Les communications en temps réel entre les magasins de détail et les usines et entre les transporteurs et les routiers ont permis de réduire les délais de livraison et les heures de travail nécessaires pour fournir les pièces détachées de machine, les livres, le software comme pour communiquer les cours des actions. La technologie de l'information a permis d'affecter les fonds destinés à l'entretien des stocks et des travailleurs tampons à des usages plus productifs et profitables.

Le consommateur bénéficie lui aussi de commodités nouvelles ; il peut maintenant se procurer des informations en ligne, il dispose d'un suivi des paquets qui lui sont envoyés, il peut commander pratiquement tout et être livré le lendemain. Dans l'ensemble, le boom technologique a aussi eu un effet positif majeur sur l'emploi. Beaucoup plus de postes ont été créés qu'il n'en a été supprimé. Le taux de chômage a de fait baissé, passant de 6 % en 1994 à moins de 4 % en 2000, et 16 millions d'emplois nouveaux ont vu le jour. Cependant, comme dans le cas des télégraphistes du XIXe siècle que j'idéalisais dans ma jeunesse, la technologie a contribué à bouleverser les activités des cols blancs. Des millions d'Américains se sont brusquement trouvés confrontés à l'aspect négatif de la destruction créatrice. Le secrétariat et le travail de bureau se sont informatisés, comme le dessin d'architecture et le design industriel. L'insécurité de l'emploi, dont pâtissaient surtout les cols bleus, est devenu un problème majeur dans les années 1990, même pour le personnel hautement qualifié et les cadres supérieurs. L'examen des données en témoigne de manière spectaculaire : en 1991, au creux de la vague, une étude portant sur les employés des grosses entreprises montrait que 25 % d'entre eux craignaient d'être licenciés. En 1995 et 1996, en dépit de la baisse importante du taux de chômage intervenue entre-temps, 46 % éprouvaient les mêmes craintes. L'incertitude de l'emploi est devenu un problème général.

De manière tout aussi importante mais moins évidente, la mobilité de l'emploi a augmenté. De nos jours, le nombre d'Américains qui changent d'employeur est stupéfiant. Sur près de 150 millions de personnes qui composent la main-d'œuvre du pays, ils sont un million à quitter leur emploi chaque semaine. Environ 600 000 le font volontairement alors que 400 000 sont licenciés, souvent à l'occasion du rachat de leur entreprise ou de la réduction de ses effectifs. Simultanément, de nouveaux secteurs se développant et de nouvelles entreprises se créant, un million de travailleurs trouvent chaque semaine un nouveau travail ou sont remployés.

Plus l'innovation technique se diffuse rapidement, plus son effet est étendu, plus les économistes doivent se démener pour déterminer quels principes de base ont changé. Au milieu des années 1990, les experts passèrent par exemple des heures à discuter du taux de chômage dit naturel (ou taux

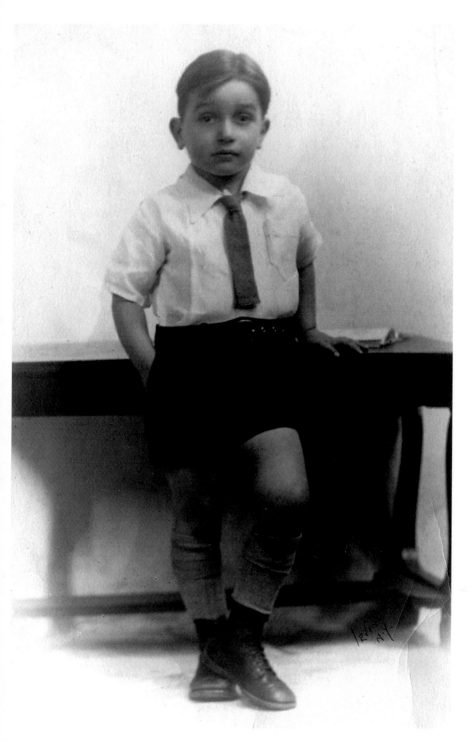

À cinq ans, à Washington Heights, New York City, 1931.
Collection Alan Greenspan

Avec trois cousins du côté Greenspan,
vers 1934 *(je suis à gauche)*.
Collection Alan Greenspan

À seize ans, au lac Hiawatha, New Jersey.
Collection Alan Greenspan

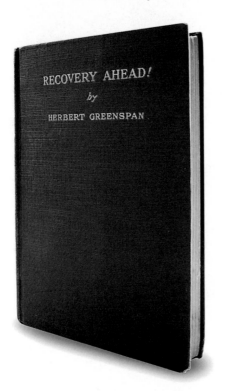

Mon père, qui vendait des actions à Wall Street,
quitta ma mère quand j'avais deux ans. À neuf
ans, il me donna un exemplaire de son livre,
Recovery Ahead! qui prévoyait avec confiance
la fin de la Dépression ; il portait la dédicace
affectueuse quoique intrigante : « À mon fils
Alan. Peut-être l'effort accompli en écrivant
ce livre, avec une pensée constante pour toi,
essaimera-t-il en une suite sans fin d'efforts
similaires afin qu'à ta maturité tu puisses regarder
en arrière et tenter d'interpréter le raisonnement
qui fonde ces prévisions logiques et entamer
l'œuvre de ta vie. Ton Papa. »
Darren Haggar

Après une année à la Juilliard School, je fis une tournée du pays en tant que musicien de l'orchestre de Henry Jerome, jouant du saxophone et de la clarinette *(je suis à l'extrême gauche)*. Je remplissais également les déclarations d'impôts des autres musiciens.
Avec l'autorisation de Henry Jerome

Avec ma mère, Rose Goldsmith, une femme courageuse et vive, qui me transmit l'amour de la musique.
Collection Alan Greenspan

En 1950, je gagnais assez bien ma vie comme économiste pour songer à quitter New York pour la banlieue, ce que je fis un an plus tard.
Collection Alan Greenspan

De tous mes professeurs, Arthur Burns et Ayn Rand furent ceux qui eurent le plus d'influence sur ma vie. Burns, économiste qui fut un pionnier des cycles des affaires, devint mon conseiller de faculté et mon mentor durant la première année de mon troisième cycle d'université à Columbia ; quelques années plus tard, il me persuada d'achever mon doctorat. Il siégea avant moi au Council of Economic Advisors et fut président du Federal Reserve Board. Ayn Rand me poussa à porter mon regard au-delà de l'économie, pour comprendre les comportements des individus et des sociétés.

À gauche : *Bettmann/Corbis* ; à droite : *The New York Times/Getty Images*

Les idées d'Adam Smith sur l'initiative
individuelle et le pouvoir des marchés, qui
naquirent au Siècle des Lumières, sortirent
de l'ombre à partir des années 1930 pour
dominer l'économie mondiale. Smith (*ci-dessus
à gauche*) exerça sur moi la plus profonde
influence intellectuelle. Je fus également
marqué par la pensée de John Locke (*ci-dessus à
droite*), le grand philosophe moral anglais, qui
proclama les notions fondamentales de la vie,
de la liberté et de la propriété, et par Joseph
Schumpeter, économiste du xxᵉ siècle, dont
le concept de destruction créatrice pointe le
rôle du changement technologique dans une
société capitaliste moderne.

Ci-dessus à gauche : *Bettmann/Corbis* ; à droite : *Hulton
Archive/Getty Images* ; ci-contre : *Getty Images*

Dans ma société, Townsend-Greenspan, je me concentrai sur l'industrie lourde – textile, minière, ferroviaire et sidérurgique. L'étude attentive de la sidérurgie me permit de mettre en garde contre la récession de 1958 – la première prévision que je fis sur l'économie des États-Unis.

Quand je pris mon premier poste à Washington, en 1974, je laissai Townsend-Greenspan aux mains de ses vice-présidentes, *(de gauche à droite)* Kathy Eichoff, Lucille Wu et Bess Kaplan *(assise)*.
La précédente vice-présidente, Judith Mackey *(à droite)* revint de temps à autre offrir ses compétences.
La prédominance de femmes conféra à Townsend-Greenspan une place particulière dans le monde de l'économie.
The New York Times/Redux

Mon engagement dans la vie publique commença en 1968 avec la campagne présidentielle de Richard Nixon. Malgré une intelligence indiscutable, Nixon avait un côté ténébreux qui me troublait, et je décidai de ne pas entrer dans son administration. Assis à ma droite, à cette réunion de juillet 1974, se trouve David Packard, co-fondateur de Hewlett-Packard, qui fut secrétaire d'État adjoint à la Défense de 1969 à 1974.
Bettmann/Corbis

Je reçois les félicitations de ma mère, sous les yeux du président Ford, après ma nomination à la présidence du Council of Economic Advisors. Dans un pays que l'épisode du Watergate avait laissé pantelant, et de surcroît atteint par la flambée des prix du pétrole et l'inflation, c'était alors une gageure que d'entrer dans l'administration.

Bettmann/Corbis

À cette réunion d'avril 1975, dans le Bureau Ovale, pour discuter de la politique économique, le secrétaire d'État Henry Kissinger vient juste d'annoncer la nouvelle de l'évacuation de Saigon par l'armée américaine. *De gauche à droite :* le président Ford, le chef adjoint de cabinet Dick Cheney, moi-même, le chef de cabinet Donald Rumsfeld, le vice-président Nelson Rockefeller et Kissinger.

David Hume Kennerly/The Gerald R. Ford Presidential Library

Les membres qualifiés de la Maison Blanche se réunissaient parfois dans le bureau du chef de cabinet pour regarder les informations à la télévision et réfléchir aux événements du jour. J'y ajoutais mon grain de sel du tapis où je m'allongeais pour soulager mon dos.
David Hume Kennerly/The Gerald R. Ford Presidential Library/Getty Images

Une séance de travail à Camp David. *De gauche à droite :* le secrétaire d'État au Trésor Bill Simon, le secrétaire de presse Ron Nessen, le président Ford, Dick Cheney, Donald Rumsfeld et moi-même.
David Hume Kennerly/The Gerald R. Ford Presidential Library/Getty Images

Pendant la campagne présidentielle de 1980. Ma mission durant ce vol était d'informer Reagan sur une longue liste de questions intérieures. Son conseiller Martin Anderson, au premier plan, m'avait assuré : « Il vous écoutera. » Mais je ne parvenais pas à empêcher Reagan de raconter des anecdotes.

Photo Michael Evans, avec l'autorisation de la Ronald Reagan Presidential Foundation

À la Convention républicaine, en juillet 1980, Henry Kissinger et moi-même essayâmes de persuader l'ancien président Ford de se présenter en tandem avec Reagan. Les sondages montraient que les deux hommes auraient constitué une « équipe de rêve » ; mais après vingt-quatre heures de suspense, les négociations échouèrent et la vice-présidence revint à George H. W. Bush.

David Hume Kennerly/Getty Images

Des dirigeants des partis démocrate et républicain rejoignirent Reagan au Jardin des Roses en avril 1983, pour qu'il signât la nouvelle loi sur la Sécurité Sociale. Il y avait là le sénateur Bob Dole *(à ma droite sur la photo)*, le représentant au Congrès Claude Pepper *(à demi caché)* et le chef de la majorité Tip O'Neill *(plaisantant avec le Président)*.

Cette année-là, la caricature ci-dessous parut dans la presse financière.

Ci-dessus : *AP Images/Barry Thumma* ; ci-dessous : *David Levine*

Le 2 juin 1987, le président
Reagan annonça ma
nomination à la succession
de Paul Volcker comme
président de la Fed.
Son chef de cabinet Jim Baker
(à droite) m'avait discrètement
pressenti pour ce poste
quelques mois auparavant.
Dix semaines à peine après
ma nomination, je reçus
le baptême du feu : le krach
boursier du 19 octobre 1987.

*Ci-dessus : avec l'autorisation de la
Ronald Reagan Library ; à gauche,
Copyright ©1987 The New York Times
Co., avec leur autorisation.*

Après la chute du Mur de Berlin, en novembre 1989, je fus stupéfait par le délabrement économique que révélait celle-ci. Quand le Premier ministre soviétique Mikhaïl Gorbatchev fit sa troisième visite aux États-Unis, au printemps suivant, l'URSS elle-même avait commencé à se désintégrer. *Ci-dessous:* Gorbatchev avec le président George H. W. Bush et moi-même, lors d'un banquet officiel le 31 mai 1990.

Ci-dessus: *AP Images/John Gaps III*; ci-dessous: *avec l'autorisation de la George Bush Presidential Library*

La tension entre le président George H. W. Bush et le Federal Reserve Board est évidente dans cette rencontre de juillet 1991 dans le Bureau Ovale. Le Président estimait que la Fed n'avait pas assez baissé les taux d'intérêt. S'il renouvela mon mandat cette année-là, il me tint plus tard pour responsable du fait qu'il n'avait pas été réélu en 1992.
Avec l'autorisation de la George Bush Presidential Library

Le Federal Open Market Committee, le groupe décisionnaire le plus puissant de la Fed, en séance en juin 2003. Il se réunit huit fois par an.
Photo Federal Reserve/Britt Leckman

Quand la technologie révolutionna l'analyse économique, je pus,
de mon bureau de la Fed, accéder à de nombreuses sources d'information.
Diana Walker

J'avais pris la résolution de me réserver chaque jour un moment de calme et de réflexion.
Linda L. Creighton

de chômage n'accélérant pas l'inflation, NAIRU). Il s'agit d'un concept néo-keynésien qui était utilisé au début des années 1990 pour montrer que si le chômage descend sous la barre des 6,5 %, les travailleurs demandent des salaires plus élevés, ce qui provoque une accélération de l'inflation.

Ainsi, à mesure que la baisse du chômage se poursuivait, de 6 % en 1994, 5,6 % en 1995, vers 4 % et moins, beaucoup d'économistes prétendirent que la Fed devrait freiner la croissance. Je me suis inscrit en faux contre ce point de vue, au sein de la Fed comme lors de témoignages publics. Le « taux naturel », s'il est déterminé sans ambiguïté dans un modèle et utile pour l'analyse historique, s'est toujours révélé insaisissable lorsqu'on cherche à l'estimer en temps réel. Le chiffre a sans cesse été révisé et, à mon sens, n'offre pas de base solide pour fonder une politique monétaire et prévoir l'inflation. Déjouant toutes les prévisions, la hausse des salaires s'est poursuivie lentement à un rythme à peu près constant sans aucun signe d'accélération de l'inflation. Les économistes ont fini par renoncer aux conceptions classiques et revu à la baisse le niveau naturel de chômage.

Des années plus tard, Gene Sperling a raconté comment cette controverse avait trouvé place dans le bureau ovale. En 1995, les principaux conseillers économiques de Clinton – Sperling, Bob Rubin et Laura Tyson – craignaient que le Président ne se laisse emporter par son enthousiasme pour le boom des techniques de pointe. Ils ont donc chargé Larry Summers de le mettre face à la réalité. Lors des débats animés que nous avions lors de nos petits déjeuners, Larry s'était montré sceptique à propos de la technologie. Et comme en temps normal il ne conseillait le Président que sur des questions internationales, celui-ci se doutait qu'il y avait anguille sous roche.

Les économistes sont entrés dans le bureau ovale et Summers a expliqué brièvement pourquoi un resserrement du marché du travail provoquait un ralentissement de la croissance. Les autres ont fait chorus. Clinton les a écoutés un moment et les a finalement interrompus. « Vous faites erreur, a-t-il dit. Je comprends votre théorie, mais avec

Internet, avec la technologie, je vois un changement. Je vois de la croissance partout. » En réalité, Clinton ne se fiait pas uniquement à son intuition. Il s'était entretenu avec des chefs d'entreprise comme il l'avait toujours fait. Certes, les hommes politiques se refusent toujours à croire que la crois-sance a des limites, mais, dans le cas présent, le Président avait probablement une meilleure appréciation, de première main, que ses économistes.

L'économie et le marché boursier continuaient de pros-pérer. Au printemps 1996, le PIB croissait à plus de 6 % l'an, ce qui remettait en question l'autre principe établi vou-lant que 2,5 % soit le taux de croissance maximum que l'économie américaine pouvait soutenir. A la Fed, nous révi-sions nombre de nos conceptions. On oublie facilement la vitesse à laquelle des innovations comme Internet ou le courrier électronique se généralisent. Quelque chose d'ex-traordinaire se passait et il était très difficile de se faire en temps réel une idée de ce qui arrivait.

Lorsque j'ai convoqué le FOMC le 24 septembre 1996, huit mois ponctués de sept réunions s'étaient écoulés depuis la dernière fois où nous avions baissé le taux d'intérêt. Beau-coup de membres du comité penchaient maintenant dans l'autre sens et préconisaient une hausse pour prévenir l'in-flation. Ils voulaient à nouveau retirer le punch alors que la fête battait son plein. Les entreprises faisaient de gros béné-fices, le chômage était tombé à moins de 5,5 % et un facteur important avait changé : les salaires augmentaient. En pareille situation, le risque d'inflation est évident. Si les entreprises devaient payer plus pour retenir leurs employés ou en attirer de nouveaux, elles n'allaient pas tarder à réper-cuter ce surcoût sur les prix. La stratégie habituelle consis-tait à relever les taux pour ralentir la croissance et étouffer ainsi l'inflation dans l'œuf.

Mais peut-être ne s'agissait-il pas d'un cycle économi-que normal. Peut-être la révolution technologique avait-elle, temporairement du moins, augmenté la capacité d'expan-sion de l'économie. En ce cas, relever les taux d'intérêt eût été une erreur.

Bien sûr, je me méfiais toujours de l'inflation. Il me semblait pourtant que le risque était moins grand que ne le pensaient beaucoup de mes collègues. Il n'était pas question cette fois-ci de remettre en cause les principes établis. Les manuels ne se trompaient pas ; je croyais seulement que nos chiffres étaient erronés. Je me concentrais sur ce que j'estimais être la principale énigme du boom technologique : la question de la productivité.

Les données transmises par les départements du Commerce et du Travail montraient que la productivité (mesurée par l'augmentation de la production par heure de travail) ne s'améliorait pratiquement pas en dépit de la tendance à l'informatisation amorcée depuis longtemps. Je n'arrivais pas à en trouver la raison. Bon an mal an, les entreprises avaient investi de grosses sommes dans les ordinateurs, les serveurs, les réseaux, les logiciels et autre matériel de pointe. Au fil des ans, j'avais travaillé avec suffisamment de gestionnaires sur des projets d'investissement en capital pour savoir comment de telles décisions d'achat étaient prises. Ils ne commandaient du matériel coûteux que s'ils étaient persuadés que l'investissement accroîtrait leur capacité de production ou leur productivité. Dans le cas contraire, certains au moins cesseraient d'acheter. Et pourtant, ils ne cessaient d'affecter des fonds au matériel de pointe. C'était devenu évident dès 1993, lorsque les commandes au secteur high-tech commencèrent à affluer après un lent démarrage. De plus, la tendance se confirma courant 1994, ce qui donnait à penser que le nouveau matériel acheté au préalable s'était révélé rentable.

Tout en étant certain de la justesse de mon analyse, je m'abstins de tenter de convaincre mes collègues sur la base de quelques chiffres jetés sur le papier. Il me fallait quelque chose de plus persuasif. Quelques semaines avant la réunion du 24 septembre 1996, j'ai demandé au personnel de la Fed d'éplucher les statistiques fédérales de productivité et d'étudier les données sous-jacentes, secteur par secteur, pour des dizaines d'entre eux. J'étais ennuyé par une divergence apparente entre les données fournies par le Bureau des statistiques de la main-d'œuvre sur la production horaire de tous les secteurs non agricoles et les estimations effectuées par les entreprises. La combinaison des deux laissait supposer, conclusion improbable, qu'il n'y avait pas d'augmentation de productivité aux Etats-Unis en dehors des entreprises.

Lorsque je demandais une analyse sectorielle détaillée, mes collaborateurs disaient en plaisantant que je voulais embellir la réalité. Cette fois-ci, ils ont plutôt eu l'impression d'entreprendre les travaux d'Hercule. Ils ont cependant fouillé les données ventilées et rendu leur rapport juste à temps pour la réunion du FOMC.

Ce mardi-là, les avis étaient partagés au sein du comité. Une demi-douzaine de membres voulaient relever les taux immédiatement – « prendre une assurance contre l'inflation », comme dit Tom Melzer, le président belliciste de la banque de la Fed de St. Louis. D'autres s'abstenaient de prendre position. Alice Rivlin, qui entamait maintenant son troisième mois à la vice-présidence du Board des gouverneurs, mesura la situation avec sa drôlerie habituelle : « Ceux qui ont des visages inquiets autour de cette table se font du souci à propos de problèmes que les gouverneurs de banques centrales du monde entier souhaiteraient avoir. Je crois qu'il ne faut pas perdre cela de vue. » Tout en admettant que nous étions en « zone dangereuse » en ce qui concernait l'inflation, elle fit aussi remarquer que nous n'avions pas encore assisté à l'accélération de celle-ci.

Lorsque vint mon tour de prendre la parole, j'ai insisté lourdement sur le rapport du personnel de la Fed. Il semblait apparemment que le gouvernement avait sous-estimé l'augmentation de productivité depuis des années. Il n'avait trouvé, par exemple, *aucune* amélioration de l'efficacité dans le secteur des services – en fait, les estimations du gouvernement montraient que la productivité se détériorait dans les services. Tous les membres du comité savaient qu'à première vue, c'était absurde : les cabinets juridiques et médicaux, les prestataires de services aux entreprises et les organismes de services sociaux s'étaient tous automatisés et rationalisés en même temps que l'industrie et le reste de l'économie.

Personne ne pouvait expliquer de manière convaincante pourquoi ces statistiques ne correspondaient pas à la réalité, ai-je dit[1]. J'étais cependant à peu près sûr que le risque d'inflation était trop faible pour justifier un relèvement des taux. J'ai préconisé d'observer et d'attendre.

L'argument n'a pas convaincu tout le monde – nous continuons en fait à débattre de la nature et de l'ampleur de l'effet de la technologie de l'information sur la productivité. Mais il a semé suffisamment le doute pour que nous décidions à 11 voix contre 1 de ne pas toucher au taux, qui était de 5,25 %.

Nous n'avons pas jugé nécessaire de le relever au cours des six mois suivants, et quand nous l'avons fait, ce fut seulement de 0,25 % et pour une raison différente. La croissance du PIB se poursuivit sans interruption, le chômage diminua et l'inflation resta maîtrisée pendant encore quatre ans. En nous abstenant de relever les taux trop vite, nous avons manifestement contribué à ouvrir la voie au plus long boom économique d'après-guerre. Voilà pourquoi, et c'est un cas typique, on ne peut décider d'une politique monétaire en se fondant uniquement sur un modèle économétrique. Comme l'aurait peut-être fait remarquer Joseph Schumpeter, les modèles sont eux aussi soumis à la destruction créatrice.

Même la hausse de la productivité ne pouvait expliquer celle, démente, du prix des actions. Le 14 octobre 1996, le Dow Jones passa la barre des 6 000 – record battu, déclara en première page *USA Today*, « le premier jour de la septième année de hausse boursière la plus régulière de l'Histoire ». La nouvelle fit la une de tous les journaux du pays.

---

1. Certains affirmaient que, contrairement à l'augmentation de la production horaire, le prix des services achetés par les industriels avait été mal calculé, mais que la production et la productivité des industries étaient surestimées par rapport à celles des services. Quoique théoriquement possible, cette explication semblait très improbable.

Le *New York Times* nota que de plus en plus d'Américains convertissaient leur épargne-retraite en actions. Ce qui reflétait « la conviction très répandue que la Bourse est le seul endroit où faire des investissements à long terme ».

Les Etats-Unis devenaient un pays d'actionnaires. Si l'on compare la valeur totale des participations boursières à la taille de l'économie, l'importance relative du marché boursier augmentait rapidement : alors qu'elle ne représentait que 60 % du PIB en 1990, à 9 500 milliards, elle le dépassait maintenant de 20 %, rapport que seul le Japon avait excédé en pleine bulle des années 1980.

J'avais avec Bob Rubin des conversations suivies sur le sujet. Nous étions quelque peu inquiets. Nous avions vu le Dow Jones battre à trois reprises le « record du millénaire » – 4 000, 5 000 puis 6 000 points – en à peine plus d'un an et demi. Bien que la croissance ait été forte, nous redoutions que les investisseurs soient pris d'une fièvre boursière. Les prix des actions étaient porteurs d'espérances si exorbitantes qu'ils ne pourraient jamais y répondre.

Un boom du marché boursier présente certes un avantage économique – il incite les entreprises à se développer, favorise la croissance et les consommateurs se sentent en fonds. Même un krach n'est pas nécessairement une mauvaise chose – celui de 1987, aussi affolant qu'il nous soit apparu, eut très peu d'effets négatifs persistants. C'est seulement lorsqu'un effondrement du marché boursier menace de paralyser l'économie réelle que le secrétaire au Trésor et le président de la Fed ont des raisons de s'inquiéter.

Un tel désastre s'était produit au Japon, où l'économie était encore handicapée par l'éclatement de la bulle boursière et immobilière de 1990. Mais si ni Bob ni moi ne pensions que nous en étions arrivés à ce stade, nous ne pouvions nous empêcher de constater que de plus en plus de ménages et d'entreprises s'exposaient au risque boursier. Au cours de nos petits déjeuners, nous discutions donc souvent ce qu'il conviendrait de faire en cas de bulle.

Bob estimait qu'un responsable financier fédéral ne devait jamais parler du marché boursier en public. Comme il avait un amour immodéré des listes, il me donna trois raisons, reprises ultérieurement dans ses Mémoires : « Premièrement, il n'existe aucun moyen de savoir quand un marché est surévalué ou sous-évalué. Deuxièmement, on ne peut lutter contre les forces du marché et il est donc inutile d'en parler. Troisièmement, quoi que nous disions, cela risque de se retourner contre nous et de nuire à notre crédibilité. Les gens se rendront compte que nous n'en savons pas plus qu'eux. »

J'ai dû admettre que tout cela était vrai. Mais je n'étais cependant pas d'accord sur le fait qu'en parler en public était nécessairement néfaste. On ne pouvait nier l'importance croissante de la Bourse. Comment parler de l'économie sans mentionner le mammouth de Wall Street ? Bien que la Fed n'ait pas été explicitement mandatée pour concentrer son attention sur le marché boursier, un effet d'emballement des prix semblait être un sujet d'inquiétude légitime. En jugulant l'inflation, nous avions montré que la stabilité des prix est indispensable à la croissance de long terme. (En fait, la confiance de plus en plus grande des investisseurs dans la persistance de la stabilité était l'un des facteurs majeurs de hausse du prix des actions.)

La notion de stabilité des prix n'était pourtant pas aussi évidente qu'il y paraissait. On pouvait sans doute trouver une dizaine de séries statistiques différentes les concernant. Pour la plupart des économistes, cette stabilité était celle des prix des produits – le coût d'une paire de chaussettes ou d'un litre de lait. Mais qu'en était-il du prix des actifs, comme les actions ou l'immobilier ? Que se passerait-il si ces prix augmentaient et devenaient instables ? Ne fallait-il pas s'inquiéter aussi de la stabilité des prix des œufs mis dans ces divers paniers comme de celui des œufs qu'on trouve à l'épicerie ? Je n'avais pas l'intention de me lever et de m'écrier : « Le marché boursier est surévalué et cela ne présage rien de bon. » Je ne le croyais pas, mais je jugeais important de mettre la question sur le tapis.

La notion d'exubérance irrationnelle m'est venue dans ma baignoire un matin où j'étais en train d'écrire un discours.

Mes assistants s'étaient habitués à taper à la machine des brouillons griffonnés sur des bloc-notes jaunes mouillés, tâche que j'ai facilitée en découvrant un stylo dont l'encre ne coule pas. Plongé dans mon bain, je suis heureux comme Archimède en contemplant le monde. C'est dans ma baignoire que j'ai trouvé beaucoup de mes meilleures idées.

Après que le Dow Jones eut dépassé le cap des 6 000 points à la mi-octobre 1996, j'ai cherché l'occasion de parler de la valeur des actifs. Le dîner annuel de l'American Enterprise Association qui devait se tenir le 5 décembre, et dont j'avais accepté de prononcer le discours d'ouverture, me semblait tout indiqué. C'est un dîner habillé qui attire plus de mille personnes, dont de nombreux spécialistes de politique publique, et il a lieu suffisamment tôt avant les fêtes de fin d'année pour être considéré comme un événement sérieux.

Pour mettre la question du marché boursier en perspective, j'ai cru devoir l'inscrire dans un bref historique de la banque centrale des Etats-Unis. Je suis remonté à Alexander Hamilton et à William Jennings Bryan avant de revenir par étapes jusqu'au présent et à l'avenir. (Cette manière détournée d'aborder le sujet aurait peut-être rebuté un public moins averti, mais convenait à celui-ci.)

J'avais conçu mon discours de façon à ce que la question de la valeur des actifs ne représente qu'une douzaine de phrases vers la fin et j'avais soigneusement enrobé ce que j'avais à dire dans le jargon habituel de la Fed. Mais quand j'ai montré le texte à Alice Rivlin le jour du discours, l'expression « exubérance irrationnelle » lui a tout de suite sauté aux yeux. Elle m'a demandé si j'étais certain de vouloir dire cela.

Sur le podium, j'ai débité le passage essentiel en observant attentivement la réaction des gens.

« Au moment où nous nous apprêtons à entrer dans le XXIe siècle, ai-je dit en parlant de la Fed, avec l'aval du Congrès, nous restons les garants du pouvoir d'achat du dollar. Mais la difficulté de définir ce qu'est un niveau général des prix stable complique de plus en plus cette tâche. Comment circonscrire le domaine où les prix ont de l'importance ? Ceux des biens et services produits actuellement – notre mesure de base de l'inflation – comptent sans aucun doute. Mais qu'en est-il du prix des marchandises achetées à terme ? Et surtout du prix des titres portant sur des marchandises et des services futurs, comme les actions, l'immobilier et autres placements ? La stabilité de ces prix est-elle indispensable à la stabilité de l'économie ?

» Le maintien à long terme de l'inflation à un faible niveau nécessite la réduction de l'incertitude relative à l'avenir, et les primes de risque peu élevées qui lui sont associées impliquent un renchérissement des actions et des autres placements. La relation inverse constatée dans le passé entre le rapport prix/bénéfices et le taux d'inflation le montre bien.

» Mais comment savoir quand l'exubérance irrationnelle a indûment accru la valeur des actifs, qui est ensuite sujette à des contractions inattendues et prolongées, comme elle l'a été au Japon au cours de la décennie précédente ? Et comment prendre en compte cette évaluation dans la politique monétaire ? En tant que responsables d'une banque centrale, nous n'avons pas à nous inquiéter de l'éclatement d'une bulle des actifs financiers dans la mesure où il ne menace pas de porter atteinte à l'économie réelle, à la production, à l'emploi et à la stabilité des prix. La chute brutale du marché boursier en 1987 a ainsi eu peu d'effets négatifs sur l'économie. Mais nous ne devons pas pour autant sous-estimer ni négliger la complexité des interactions entre les marchés des actifs et l'économie. »

Je reconnais que ce n'était pas du Shakespeare. Ce n'était pas facile à avaler, d'autant plus que tout le monde avait bu un verre ou deux pendant le cocktail et que chacun avait hâte de voir le dîner servi. Lorsque je suis revenu m'asseoir à table, j'ai demandé à Andrea et à mes voisins quelle partie de l'allocution avait, selon eux, des chances d'attirer l'attention des médias. Aucun ne sut deviner. Mais j'avais vu dans l'auditoire des gens se redresser sur leur chaise et tendre l'oreille. Dès la fin de la soirée, les commentaires allèrent bon train. « Le président de la Fed pose la grande question : le marché est-il trop haut ? » écrivit le *Wall Street Journal* le lendemain. « L'exubérance irrationnelle dénoncée », affirma le *Philadelphia Inquirer*, et le *New York Times* commenta : « Un message crypté bien reçu. »

Mais cela ne calma pas le marché boursier, ce qui ne fit qu'ajouter à mon inquiétude. Il est vrai que mes remarques déclenchèrent d'abord une liquidation, en partie parce qu'on soupçonnait la Fed de vouloir immédiatement relever les taux. Le prix des actions baissa d'abord sur les marchés du Japon, où c'était déjà le matin quand j'avais pris la parole, puis quelques heures plus tard en Europe dès l'ouverture des marchés, enfin à New York le lendemain. Le Dow Jones chuta de près de 150 points à l'ouverture. Mais les marchés américains reprirent vite l'après-midi et rattrapèrent le terrain perdu dès le jour suivant. Les marchés boursiers américains terminèrent l'année en hausse de largement plus de 20 % par rapport à l'année précédente.

Et la flambée se poursuivait. Le Dow Jones approchait déjà 7 000 points lors de la première réunion du FOMC en 1997, le 4 février. A la suite de conversations privées avec beaucoup de gouverneurs et de présidents de succursales de la Fed, je savais alors que les membres du comité redoutaient comme moi une instabilité inflationniste provoquée par la bulle boursière. L'économie était pourtant aussi robuste que six mois plus tôt, lorsque je m'étais opposé à un resserrement des taux. Mais la crainte d'une bulle m'avait fait changer d'avis. J'ai déclaré devant la commission qu'un relèvement des taux d'intérêt serait peut-être souhaitable pour brider la hausse. « Nous devons réfléchir à une forme d'action préventive et à la façon de l'annoncer », ai-je dit.

Je choisissais très soigneusement mes mots car notre conversation était enregistrée et que nous maniions de la dynamite. La Fed n'était pas explicitement mandatée par la loi pour contenir une bulle boursière. Nous avions indirectement l'autorité pour le faire si nous estimions que les prix des actions créaient des pressions inflationnistes. Mais dans le cas présent, il paraissait très difficile de soutenir ce point de vue en raison de l'état florissant de l'économie.

La Fed n'opère pas dans le vide. Si nous relevions les taux en donnant pour raison que nous voulions maîtriser le marché boursier, cela aurait provoqué une levée de boucliers politique. Nous aurions été accusés de léser le petit investisseur, de saboter les retraites. Je me voyais déjà sur la sellette à la prochaine audition au Congrès.

J'étais tout de même d'avis qu'il était conforme à notre mission de tenter d'éviter une bulle et qu'il était de notre devoir de courir ce risque. Au cours de la réunion, j'ai dit, réfléchissant tout haut : « Nous devons avant tout faire en sorte que l'inflation, les primes de risque et le coût des capitaux restent bas. S'agissant d'équilibre à long terme, mieux vaut des valeurs boursières élevées que basses. Ce que nous voulons éviter, c'est un éclatement de la bulle, l'instabilité et tout ce qui s'ensuit. » Avec le consentement du comité, j'ai fait au cours des semaines suivantes publiquement allusion à une hausse imminente des taux afin d'éviter de secouer les marchés par une action intempestive. Puis nous nous sommes de nouveau réunis le 25 mars et avons relevé les taux à court terme de 0,25 % pour les porter à 5,5 %. J'ai rédigé moi-même la déclaration du FOMC annonçant la décision. J'ai uniquement évoqué le désir de la Fed de contenir les forces sous-jacentes qui menaçaient de créer de l'inflation, sans dire un mot des valeurs des actifs et des actions. Dans une allocution prononcée peu après, j'ai dit à propos de la hausse des taux : « Nous avons fait un petit pas pour augmenter les chances de voir la bonne performance de l'économie se poursuivre. »

Fin mars et début avril, juste après notre réunion, le Dow Jones plongea de 7 %, soit près de 500 points. Selon certains, cette chute était une réaction à retardement provoquée par la hausse des taux. Mais en moins de quelques semaines, le mouvement s'inversa et la hausse reprit de plus belle. Le marché récupéra toutes ses pertes et gagna 10 % de plus, si bien qu'à la mi-juin, il n'était pas loin de 7 800 points. Les investisseurs donnaient une leçon à la Fed. Bob Rubin avait raison : on ne peut dire quand un marché est surévalué ni lutter contre ses forces.

Tandis que le boom se poursuivait – il le fit pendant encore trois ans, ce qui augmenta considérablement la richesse du pays sur le papier –, nous continuions à nous colleter avec les grandes questions de la productivité, de la stabilité des prix et d'autres aspects de ce que l'on appelait maintenant la Nouvelle Economie. Nous cherchions d'autres moyens de lutter contre le risque de bulle spéculative. Mais nous n'avons pas relevé davantage les taux ni tenté à nouveau de contenir la hausse des prix des actions.

Andrea et moi manifestions aussi une certaine exubérance lorsque nous nous sommes finalement mariés au printemps. Elle plaisantait toujours en disant que j'avais dû lui demander trois fois sa main avant qu'elle n'accepte car je le faisais en jargon de la Fed, mais ce n'est pas vrai. Je la lui ai demandée cinq fois – il y en a eu deux qu'elle n'a même pas remarquées. Le jour de Noël 1996, le message est enfin passé et elle m'a dit oui. En avril 1997, Ruth Bader Ginsburg, juge à la Cour suprême, nous a déclarés mari et femme au cours d'une cérémonie simple et belle dans l'un de nos endroits favoris, le Inn de Little Washington, dans la campagne de Virginie.

Fidèles à nos habitudes, nous avions remis à plus tard notre lune de miel : il se passait trop de choses dans son univers professionnel comme dans le mien. Mais nos amis nous pressaient de partir et nous recommandaient Venise. J'ai regardé mon calendrier et j'ai proposé de caler notre lune de miel après une conférence monétaire internationale à Interlaken, en Suisse, en juin, deux mois après notre mariage.

Lors de cette conférence, le chancelier allemand Helmut Kohl prononça, comme c'était à prévoir, une allocution aride, qui portait sur l'indépendance de la banque centrale et les réserves en or de l'Allemagne. Après quoi Andrea et moi avons évité les meutes de journalistes qui réclamaient des commentaires sur les perspectives de l'économie américaine et la poursuite du boom Internet sur le marché boursier. Bien qu'ils aient su que j'avais pour règle de ne pas donner d'interviews, certains ont demandé à Andrea de servir d'intermédiaire, pensant qu'en tant que collègue journaliste elle serait disposée à les aider. Sa seule envie était d'aller au spa. Lorsque nous avons quitté Interlaken, elle a déclaré en riant que notre voyage avait été jusque-là « la lune de miel la moins romantique de l'Histoire ».

Et nous sommes arrivés à Venise. Aussi nécessaire que soit la destruction créatrice pour l'amélioration du niveau de vie matériel, ce n'est pas un hasard si l'un des endroits au monde les plus prisés est l'un de ceux qui a le moins changé au cours des siècles. Je n'y étais jamais venu et, comme tant de touristes avant moi, j'ai été enchanté. Notre intention était de nous laisser porter par les vents sans rien prévoir. Bien que ce ne soit pas chose facile quand on se déplace avec une escorte de gardes du corps, nous y avons presque réussi. Nous prenions nos repas à des terrasses de café, faisions des achats et visitions des églises ainsi que l'ancien ghetto juif.

Pendant des siècles, la cité-Etat vénitienne avait été le centre commercial de la planète et avait fait le lien entre l'Europe occidentale, d'une part, et l'Empire byzantin et le reste du monde connu, d'autre part. Après la Renaissance, les routes commerciales se déplacèrent vers l'Atlantique et Venise déclina en tant que puissance maritime. Pourtant, pendant tout le XVIIIe siècle, elle est restée la ville la plus élégante d'Europe, foyer des arts, de l'architecture et de la littérature. « Quelles nouvelles du Rialto ? » le fameux vers du *Marchand de Venise* qui fait référence au cœur commercial de la ville, conserve une note cosmopolite vibrante.

Le quartier du Rialto ressemble toujours à ce qu'il était à l'époque où les marchands déchargeaient les soies et épices d'Orient. La même chose est vraie des palais Renaissance magnifiquement peints, de la place Saint-Marc et de dizaines d'autres sites. En dehors des vedettes à moteur – les *vaporetti* –, on se croirait encore au XVIIe ou au XVIIIe siècle.

Tandis que nous nous promenions le long d'un canal, l'économiste qui est en moi a repris le dessus et j'ai demandé à Andrea :

— Quelle est la valeur ajoutée créée dans cette ville ?

— Tu ne poses pas la bonne question, a-t-elle répondu en éclatant de rire.

— Mais la ville entière est un musée... Songe à ce que coûte son entretien.

Elle s'est arrêtée et m'a dévisagé.

— Tu devrais te contenter de regarder comme elle est belle, m'a-t-elle dit.

Elle avait évidemment raison. Mais cette conversation avait aidé à cristalliser quelque chose qui me trottait dans la tête depuis des mois.

Je me rendais compte que Venise était l'antithèse de la destruction créatrice. Sa vocation est de conserver et valoriser le passé, non de créer l'avenir. C'était essentiel. La ville répondait à un besoin humain profond de stabilité et de permanence ainsi que de beauté et de romanesque. La popularité de Venise représente un des deux pôles d'un conflit inhérent à la nature humaine : la lutte entre le désir d'accroître le bien-être matériel et celui d'éviter le changement et les tensions qu'il entraîne.

Le niveau de vie matériel continue de s'améliorer aux Etats-Unis et, pourtant, ce même dynamisme économique met au chômage des centaines de milliers de personnes chaque semaine. Il n'est donc pas surprenant que le besoin de se protéger de la concurrence soit de plus en plus grand, tout comme la nostalgie d'une époque où la vie était plus lente et plus simple. Rien n'est plus stressant que la bourrasque constante de la destruction créatrice. La Silicon Valley est sans aucun doute un endroit excitant où travailler, mais, que je sache, elle n'est pas encore devenue une destination recherchée pour passer sa lune de miel.

Le lendemain soir, nous sommes allés écouter un concerto pour violoncelle de Vivaldi joué avec des instruments baroques. Ses mélodies emplissaient l'air autour de nous et rehaussaient de manière saisissante la sombre majesté de la vieille église, de ses ombres, de ses courbes et des pierres massives qui semblaient exhaler l'humidité des canaux. J'avais entendu mieux jouer Vivaldi, mais je ne l'ai jamais autant apprécié.

9.

LA FIÈVRE DU MILLÉNAIRE

A la fin des années 1990, l'économie était si vigoureuse que je me réveillais le matin et me regardais dans la glace en me disant : « Rappelle-toi que c'est temporaire. Ce n'est pas ainsi que le monde est censé marcher. »

Cette période d'abondance m'exaltait – j'adore voir l'économie prospérer et observer les étranges nouveaux problèmes que pose cette prospérité. L'apparition d'un budget fédéral excédentaire, par exemple. Ce fait extraordinaire s'est produit pour la première fois en 1998. Il a suivi une période de cinq ans durant laquelle le déficit fédéral a diminué régulièrement à partir de l'exercice budgétaire 1992, où il avait culminé à près de 300 milliards de dollars. Des facteurs que nous croyions comprendre avaient permis de dégager cet excédent : conservatisme budgétaire et croissance économique. Mais cela ne suffisait pas à expliquer l'ampleur du changement. Personne, à la Fed ou ailleurs, n'avait prévu l'émergence du surplus le plus important, rapporté au PIB, depuis 1948.

L'Histoire nous apprend que des booms comme celui auquel nous assistions ne peuvent et ne doivent pas durer éternellement. Celui-là se prolongeait pourtant plus longtemps que je ne l'aurais cru possible. A la fin des années 1990, la croissance avait dépassé 4 % par an. Cela s'était traduit par quelque 400 milliards de dollars de richesse ajoutée chaque année à l'économie américaine – l'équivalent du PIB de l'ex-Union soviétique.

Pratiquement tous les ménages en avaient bénéficié. Gene Sperling, le conseiller économique de Clinton, se plaisait à attirer l'attention sur l'importance des effets sociaux : entre 1993 et 2000, les revenus réels de la famille américaine typique avaient augmenté de 8 000 dollars par an.

La croissance avait remonté le moral des Américains et modifié l'image qu'ils se faisaient d'eux-mêmes. Pendant les années 1980 et une bonne partie des années 1990, ils avaient traversé une période d'appréhension et de déprime. Ils craignaient que les Etats-Unis ne perdent du terrain par rapport à l'Allemagne, à l'Europe récemment unifiée et au Japon. Comme l'a dit plus tard Larry Summers, ces concurrents économiques « étaient davantage tournés vers l'investissement et la production, ils avaient moins d'avocats, plus de scientifiques, plus de discipline que nous ».

Dans les années 1980, les conglomérats (*zaibatsu*) japonais géants semblaient représenter une menace particulièrement inquiétante : ils avaient usurpé la place des Etats-Unis dans le domaine de la sidérurgie et du matériel industriel, placé nos constructeurs d'automobiles sur la défensive et nous avaient si complètement dépassés dans l'électronique grand public que même nos téléviseurs étaient des Sony, Hitachi ou Panasonic. Jamais depuis le Spoutnik les Etats-Unis ne s'étaient sentis dans une telle position de faiblesse. Même la fin de la guerre froide n'avait pas dissipé cette morosité – notre immense puissance militaire nous semblait brusquement inutile maintenant que la place d'un pays sur la scène internationale était déterminée par ses prouesses économiques.

Puis le boom technologique survint et changea tout. Le monde entier se mit à envier la culture libérale des affaires des Américains, leur côté entreprenant et leur tolérance à l'égard de l'échec. La technologie de l'information américaine envahit le marché mondial, comme le firent d'autres innovations, qu'il s'agisse du café au lait Starbucks ou des produits dérivés. Les étudiants étrangers affluèrent dans les universités américaines. Les changements entrepris par les Etats-Unis pour moderniser leur économie – deux décennies de déréglementation souvent douloureuse, de réduction des effectifs et d'abaissement des barrières commerciales – portaient maintenant leurs fruits. Alors que l'Europe et le Japon s'engluaient dans le marasme économique, les Etats-Unis étaient en plein essor.

L'excédent budgétaire fédéral représentait une évolution étonnante. « Nous devons tous retourner à nos planches à dessin pour revoir nos prévisions fiscales », déclara un responsable de la Fed de New York devant le FOMC en mai 1997 après réception d'un rapport selon lequel les recettes du Trésor de l'année excédaient les projections de 50 milliards de dollars. Les économistes de l'Office of Management and Budget, l'organisme chargé de la préparation du budget, du bureau du budget du Congrès (CBO) et de la Fed nageaient tous complètement. Que l'économie ait le vent en poupe ne suffisait pas à expliquer une augmentation aussi importante des recettes fiscales. Peut-être assistions-nous à un effet induit par le marché boursier, et j'encourageai le personnel de la Fed à travailler d'arrache-pied pour évaluer l'augmentation du revenu imposable des ménages due à la levée des stock-options et aux gains provenant de la réalisation des plus-values. Les stocks-options étaient devenus le principal appât utilisé par les entreprises high-tech pour attirer et garder leurs employés – elles en donnaient même aux secrétaires et aux employés de bureau. Il était très difficile d'évaluer avec précision cette nouvelle source de richesse. Des années plus tard, cette hypothèse s'est révélée exacte, mais à l'époque nos économistes ne pouvaient que confirmer qu'elle pourrait l'être. Le déficit fédéral de 1997 baissa jusqu'à 22 milliards de dollars – chiffre dérisoire en comparaison des 1 600 milliards du budget fédéral et des 10 000 milliards du PIB.

Quasiment du jour au lendemain, l'administration se retrouva avec un excédent budgétaire qui augmentait aussi vite que l'avait fait le déficit. Le président Clinton n'avait pas plus tôt commencé à parler de la possibilité d'équilibrer le budget fédéral en 1998 que ses économistes durent se hâter de prévoir que faire de ce surplus. Si le problème était plaisant, le succès, comme tout le reste en matière budgétaire, doit être géré. C'est particulièrement le cas à Washington où, lorsque les hommes politiques découvrent un excédent de 1 milliard, ils proposent immédiatement des façons de le dépenser qui en coûtent 20. Et l'excédent semblait vraiment énorme : le CBO prévoyait en 1998 qu'il représenterait un total de 660 milliards sur dix ans[1].

Dès que la nouvelle fut annoncée, les deux partis s'en attribuèrent le mérite. « En mettant l'accent sur le contrôle des dépenses, le moins de gouvernement et les allègements d'impôts, la politique budgétaire républicaine a permis au pays de passer du déficit à l'excédent en trois ans à peine », déclara un leader du parti républicain, l'élu de l'Ohio John Boehner. Pour sa part, le président Clinton annonça officiellement l'existence de cet excédent lors d'une cérémonie spéciale à la Maison Blanche à laquelle étaient conviés les leaders démocrates mais dont les républicains avaient été exclus. Pas un seul d'entre eux n'avait voté son budget de 1993, déterminant pour la réduction du déficit, rappela le Président à l'assistance, ajoutant que, s'ils l'avaient fait, « ils auraient été invités aujourd'hui ».

Comme il fallait s'y attendre, les dissensions portant sur l'utilisation des recettes supplémentaires furent vives. Les démocrates voulaient consacrer cet argent à des programmes sociaux qui, disaient-ils, étaient négligés depuis des années ; les républicains proposaient de « restituer » le surplus aux contribuables sous forme de réductions d'impôts. Bill Archer, un républicain du Texas et un bon ami, qui présidait la commission des finances de la Chambre des représentants, remporta la palme de la déclaration la plus drôle du débat : « Du fait de la taxation record, l'excédent échappe à tout contrôle », dit-il en plaisantant.

Les conservateurs en matière de fiscalité, comme Bob

---

1. Ce chiffre était la somme des projections réalisées pour les années 1999 à 2008. L'estimation de la Maison Blanche était de 1 100 milliards pour la même période. La divergence reflète en partie le fait que les projections du CBO se fondent sur la loi budgétaire actuelle, alors que celles de l'administration supposent que les politiques annoncées seront mises en œuvre.

Rubin et moi, estimaient que ni les réductions d'impôts ni les nouvelles dépenses n'étaient la bonne solution. Nous pensions qu'on devait commencer par affecter l'excédent au remboursement de la dette nationale. Elle s'élevait à 3 700 milliards de dollars, ce qui était la conséquence d'un quart de siècle de déficits cumulés (la dernière année où le budget avait été excédentaire était 1969).

Mon engagement de longue date en faveur d'une réforme du système des retraites m'avait permis de prendre conscience que, dans un avenir pas très lointain, lorsque la génération du baby-boom vieillirait, le service des pensions et Medicare allaient devoir faire face à des demandes chiffrées en milliers de milliards de dollars. Comme il n'y avait pas moyen de remplir ces engagements à l'avance, la politique la plus efficace consistait à rembourser la dette, engendrant ainsi une épargne supplémentaire qui, à son tour, permettrait d'accroître la capacité de production du pays et les recettes fédérales aux taux d'imposition actuels avant que la génération en question n'arrive à l'âge de la retraite.

Le remboursement de la dette présentait un autre avantage : c'était la solution la plus simple. Tant que le Congrès ne vote pas de loi affectant les fonds à un autre usage et ne met pas la main dans la caisse, tout excédent de recettes qui entre dans les coffres de l'Etat rembourse automatiquement la dette. Comme je l'avais laissé entendre diplomatiquement à la commission budgétaire du Sénat, la dette nationale cumulée était si massive que le gouvernement pourrait tailler dedans gaiement pendant des années. « Je ne vois pas en quoi laisser les excédents s'accumuler sur une longue période avant d'y toucher nuirait à l'économie, ai-je dit. Si des surplus se dégagent, ne les considérons pas comme une menace. Ce n'est certainement pas le cas [1]. » Cependant, en comparaison des réductions d'impôts ou de l'accroissement des dépenses, le remboursement de la dette était, il fallait le reconnaître, une politique moins attrayante. Je me deman-

---

1. Il ne m'était pas encore venu à l'esprit que les excédents puissent devenir importants au point de réduire la dette à zéro et que cela amènerait le gouvernement fédéral à accumuler des actifs. La question allait se poser en 2001.

dais si Clinton serait capable de s'en tenir au conservatisme budgétaire qui avait caractérisé son premier mandat, et je me demandais même s'il le souhaitait.

Je n'ai pas contribué à trouver la réponse, mais j'ai admiré celle imaginée par Clinton et ses décideurs. Ils ont adopté la solution politiquement indiscutable consistant à retirer l'argent de la table en affectant l'excédent au service des pensions. Le Président l'a exposée dans son discours sur l'état de l'Union de 1998 :

« Que devons-nous faire de l'excédent annoncé ? J'ai une réponse simple qui tient en peu de mots : le système des retraites a la priorité. Je propose ce soir que nous mettions en réserve 100 % du surplus – jusqu'au dernier cent de tout excédent – jusqu'à ce que nous ayons pris toutes les mesures nécessaires pour renforcer le système des retraites à l'orée du XXIᵉ siècle. »

Comme il apparut rapidement, le projet de Clinton revenait pour l'essentiel à mettre de côté la part du lion des excédents pour commencer à rembourser la dette. Clinton avait judicieusement prévenu tout débat qu'il n'aurait pas manqué de susciter s'il s'était attaché purement et simplement à sa réduction. « Je suis ébahi, ai-je dit à Gene Sperling. Vous avez trouvé le moyen de rendre le remboursement de la dette politiquement séduisant. »

Les excédents budgétaires augmentèrent les années suivantes – passant de 70 milliards de dollars en 1998 à 124 en 1999 et 237 en 2000 – et le Congrès tenta à maintes reprises de mettre la main dessus. Durant l'été 1999, les républicains proposèrent un plan de réduction des impôts de près de 800 milliards de dollars sur dix ans, et la commission bancaire du Sénat me demanda si le projet se tenait à long terme. « Il est sans doute préférable d'attendre pour alléger la fiscalité, ai-je déclaré, surtout en raison de l'effet favorable des excédents sur l'économie. » J'ai ajouté que j'avais deux autres arguments. Premièrement, si les projections pour les dix années suivantes faisaient état d'un excédent de 3 000 milliards de dollars, l'incertitude qui entourait l'avenir de l'économie laissait planer des doutes sur l'importance de ces chiffres. « Ils pourraient tout aussi bien changer brusquement de sens », ai-je affirmé. Deuxièmement, l'économie était déjà si dynamique que de fortes réductions d'impôts risquaient de provoquer une surchauffe. Reporter ces réductions ne posait en revanche aucun problème.

Ces observations firent quelques gros titres mais ne dissuadèrent pas le Congrès de voter la loi prévoyant la réduction des impôts une semaine plus tard, loi à laquelle le Président opposa son veto. « Alors que l'Amérique est dans la bonne voie, cette loi nous ferait revenir aux politiques qui ont échoué par le passé », a-t-il déclaré en signant le veto dans la roseraie.

L'attitude traditionnelle du Président vis-à-vis de la dette aurait pu avoir un effet plus durable sur les priorités nationales. Mais le tumulte déclenché par l'affaire Monica Lewinsky, dont le nom parut dans les journaux quelques jours avant que Clinton n'explique ce qu'il envisageait de faire de l'excédent, amoindrit cet effet. Tandis que le scandale éclatait et que la presse rapportait les détails de leurs soi-disant relations, je restais incrédule. « Il est inconcevable que ces histoires soient vraies, ai-je dit à mes amis. Je connais la partie de la Maison Blanche entre le bureau ovale et la salle à manger particulière. Des membres du personnel et des services chargés de la protection du Président y vont et viennent sans cesse. Ce n'est pas possible. » Plus tard, lorsque les faits ont été avérés, je me suis demandé comment le Président avait pu prendre un tel risque. Cela ne ressemblait guère au Bill Clinton que je connaissais, et cela m'a déçu et attristé. L'effet a été dévastateur, comme le montrent par exemple deux gros titres apparus côte à côte sur le site Web de CNN : « Lewinsky fournit échantillons d'écriture et empreintes digitales » et « Clinton annonce un excédent budgétaire prévu de 39 milliards ».

Alors que l'économie explosait aux Etats-Unis, le reste du monde était ébranlé. La fin de la guerre froide et la disparition des systèmes de planification centrale amenèrent les pays en développement à chercher des moyens d'attirer les investissements étrangers directs en garantissant mieux les droits de propriété et en ouvrant de vastes secteurs de leur économie. Mais cela eut un effet perturbateur. Considérablement enrichis par leurs gains, les investisseurs américains s'engagèrent sur des marchés émergents inconnus en quête de diversification. Les grandes banques firent de même, cherchant de meilleurs rendements qu'elles n'en pouvaient obtenir sur les fonds prêtés aux Etats-Unis, où les taux d'intérêt avaient atteint des niveaux presque historiquement bas. Pour attirer ces capitaux et favoriser le commerce, certains pays en développement lièrent leur monnaie au dollar par un taux de change fixe. Les investisseurs américains et autres pouvaient ainsi se considérer à l'abri du risque inhérent au taux de change, pour un temps au moins. Ceux qui empruntaient des dollars pouvaient quant à eux les convertir en monnaie nationale et prêter les fonds dans les pays en développement aux taux d'intérêt élevés en usage. Ce faisant, ils escomptaient que, lorsque le prêt serait remboursé, ils pourraient reconvertir les sommes en dollars au taux fixe et rembourser leurs propres emprunts sans pertes de change. Lorsque des opérateurs perspicaces, qui ne croyaient pas au père Noël, s'avisèrent que le régime de change fixe ne pourrait être maintenu longtemps et commencèrent à vendre les devises étrangères pour racheter des dollars, le jeu prit fin. Les banques centrales qui s'efforçaient de maintenir leur taux de change fixe se retrouvèrent rapidement à court de dollars.

Cette suite d'événements provoqua la « contagion asiatique », une série de crises financières qui commença par la chute du baht thaïlandais et du ringgit malais à l'été 1997 et en vint à menacer l'économie mondiale. La Thaïlande et la Malaisie s'enfoncèrent presque tout de suite dans la récession. Les économies de Hong Kong, des Philippines et de Singapour furent également durement touchées. En Indonésie, un pays de 200 millions d'habitants, la roupie explosa, la Bourse s'effondra et le chaos économique qui s'ensuivit provoqua des émeutes alimentaires, une misère généralisée et la chute du président Suharto.

Comme durant la crise mexicaine deux ans plus tôt, le

Fonds monétaire international apporta son soutien financier. Bob Rubin, Larry Summers et le département du Trésor dirigèrent une nouvelle fois l'intervention des Etats-Unis et la Fed joua de nouveau un rôle de conseil important. Je ne me suis engagé plus avant qu'en novembre, lorsqu'un responsable de la Banque du Japon appela la Fed pour l'avertir que la Corée du Sud serait la prochaine à plonger. « Le barrage est en train de lâcher », dit-il, expliquant que les banques de son pays avaient perdu confiance dans la Corée et allaient refuser incessamment de renouveler 10 milliards de dollars de prêts.

Ce fut un choc. Symbole de la remarquable croissance de l'Asie, l'économie de la Corée du Sud était maintenant la onzième du monde, deux fois plus importante que celle de la Russie, plus puissante que celles de l'Argentine et de Taiwan. La Corée avait si bien réussi qu'elle n'était plus considérée comme un pays en développement – la Banque mondiale l'avait rangée officiellement dans le « premier monde ». Si les observateurs des marchés savaient qu'elle avait eu des problèmes récemment, tous les indicateurs montraient que sa croissance se poursuivait à un rythme régulier et rapide. La banque centrale coréenne possédait 25 milliards de réserves en dollars, une protection efficace contre la contagion asiatique – du moins le croyions-nous.

Ce que nous ignorions et ne tardâmes pas à découvrir, c'était que le gouvernement avait joué avec ces réserves. Il avait vendu ou prêté la majeure partie de ses dollars aux banques commerciales coréennes, qui les avaient utilisés pour consolider des créances douteuses. Ainsi, lorsque Charlie Siegman, l'un de nos meilleurs spécialistes d'économie internationale, téléphona à l'un des responsables de la banque centrale coréenne et lui demanda pourquoi ils ne puisaient pas davantage dans leurs réserves, son interlocuteur lui répondit qu'ils n'en avaient plus. Celles dont ils avaient fait état avaient déjà été engagées.

Il fallut des semaines pour mettre de l'ordre dans cette gabegie. Les équipes de Rubin travaillèrent pratiquement jour et nuit et le FMI réunit un ensemble de soutiens financiers qui atteignait 55 milliards de dollars, le secours le plus important qu'il avait jamais accordé jusque-là. L'accord impliquait la coopération de Kim Dae Jung, le nouveau président élu, dont la première décision majeure consista à s'engager dans des réformes économiques draconiennes. Pendant ce temps-là, une partie de la difficulté pour le Trésor et la Fed consistait à persuader des dizaines des plus grandes banques du monde de ne pas demander le remboursement de leurs prêts à la Corée. Toutes ces initiatives aboutirent en même temps, ce qui incita Bob à dire par la suite : « Nous avons dû établir une sorte de record en tirant de leur sommeil les ministres des Finances et les directeurs des banques centrales du monde entier. »

Le risque qu'un sauvetage de cette ampleur crée un précédent fâcheux demeurait. Combien de fois encore les investisseurs mettraient-ils de l'argent dans des économies pleines de bonne volonté mais branlantes, en comptant sur le FMI pour les tirer d'affaire si les choses tournaient mal ? C'était une version de ce que les assureurs appellent l'« aléa moral » lié à la protection des individus contre les risques. Plus grand est le filet de sécurité, dit la théorie, plus les individus, les entreprises et les gouvernements ont tendance à se montrer imprudents.

Laisser la Corée dans l'incapacité de rembourser ses dettes aurait eu cependant des conséquences plus graves, beaucoup plus graves peut-être. La cessation de paiements d'un pays de la taille de la Corée du Sud aurait certainement déstabilisé les marchés mondiaux. De grandes banques japonaises et autres auraient sans doute fait faillite, ce qui eût ébranlé davantage encore le système. Sous le choc, les investisseurs se seraient retirés non seulement des marchés d'Asie du Sud-Est, mais aussi d'Amérique latine et d'autres régions émergentes, enrayant le développement. On aurait très probablement assisté aussi à un resserrement du crédit dans les pays industrialisés. Tout cela sans parler du risque militaire propre à la situation de la Corée du Sud. Ne serait-ce que pour avoir mis fin à cette crise, Bob Rubin et Larry Summers sont entrés au panthéon des ministres des Finances.

Aux Etats-Unis, le boom se poursuivait, Internet devenant partie intégrante du mode de vie. Dans les foyers, l'ordinateur devenait aussi essentiel que le téléphone, le réfrigérateur et la télévision. C'était maintenant un des moyens de se tenir au courant des nouvelles : pendant l'été 1997, des millions de gens ont vu en ligne des photos éblouissantes de *Pathfinder*, la première sonde américaine à se poser sur Mars depuis vingt ans. Internet était aussi devenu un moyen de faire ses achats : en 1998, le « commerce électronique » est arrivé en force, les consommateurs allant en masse sur des sites Web comme Amazon, eToys et eBay, surtout pendant la période des vacances.

Mais la contagion asiatique n'avait cependant pas fini de se propager. Le scénario sinistre que nous avions imaginé durant la crise coréenne fut dangereusement près de devenir réalité huit mois plus tard, en août 1998, lorsque la Russie se trouva dans l'impossibilité d'honorer une énorme dette libellée en dollars.

Comme les crises asiatiques, la crise russe résultait de la conjugaison funeste de l'excès d'empressement des investisseurs étrangers et d'une gestion irresponsable dans le pays. La chute du prix du pétrole, qui finit par atteindre 11 dollars le baril – son niveau le plus bas en vingt-cinq ans – en raison de l'effet de sape des crises asiatiques sur la demande mondiale, joua le rôle de facteur déclenchant. Le pétrole étant la plus grosse exportation de la Russie, le Kremlin connaissait de graves ennuis : la Russie ne pouvait plus assurer le service de sa dette.

J'étais allé à Moscou pour la dernière fois sept ans plus tôt, à la veille de la dissolution de l'Union soviétique, et j'avais gardé le souvenir des grandes espérances des réformateurs économiques autant que de la désolation et de la grisaille qu'on voyait dans les rues. Si tant est que ce fût possible, la situation avait encore empiré. Dans le vide laissé par la faillite du système de planification centrale, les économistes de Boris Eltsine avaient tenté en vain de favoriser la création de marchés fiables des produits alimentaires, de l'habillement et des autres biens de première nécessité. Les familles et les entreprises se débrouillaient surtout au noir et, par voie de conséquence, le gouvernement ne pouvait même pas percevoir les impôts dont il avait besoin pour fournir les services de base et payer ses dettes. Les oligarques étaient devenus maîtres de parts importantes des ressources et de la richesse du pays ; l'inflation sévissait périodiquement et aggravait la misère de dizaines de millions de Russes aux revenus limités. Le gouvernement avait complètement échoué à établir des droits de propriété et l'autorité de la loi, ou seulement à en comprendre la nécessité.

La crise éclatant, le FMI se tint prêt une fois de plus à apporter une aide financière – il annonça en juillet qu'il tenait à disposition 23 milliards de dollars. Mais dès que la Russie reçut les premiers versements, son parlement affirma sans ambages qu'il n'avait nullement l'intention d'accepter les conditions que le FMI attachait d'ordinaire à ses prêts : amélioration de la gestion fiscale et réforme économique. Cette attitude de défi amena le FMI à conclure que le reste de l'aide prévue serait versé en pure perte : cela n'aboutirait qu'à retarder, et probablement à aggraver l'inévitable cessation de paiements. Mi-août, la banque centrale russe avait brûlé plus de la moitié de ses réserves. Les interventions diplomatiques de dernière minute échouèrent et, le 26 août, la banque centrale cessa de soutenir le rouble. Le taux de change chuta de 38 % du jour au lendemain et l'accord de prêt fut annulé.

La cessation de paiements fut un choc pour les investisseurs et les banques qui avaient placé de l'argent en Russie en dépit des risques évidents. Beaucoup opéraient en étant persuadés que les pays occidentaux renfloueraient toujours la superpuissance déchue, ne serait-ce que parce que la Russie était « trop nucléarisée pour faire faillite ». Ces investisseurs se trompaient. Les Etats-Unis et ses alliés étaient intervenus discrètement et efficacement pour aider le gouvernement Eltsine à garder ses ogives nucléaires sous clé ; il s'avéra cependant que les Russes s'entendaient beaucoup mieux à contrôler leur arsenal qu'à gérer leur argent. Après de longues délibérations, le président Clinton et d'autres dirigeants jugèrent donc que le désistement du FMI n'augmenterait pas le risque nucléaire et approuvèrent la décision de fermer le robinet. Nous retenions tous notre souffle.

Effectivement, l'onde de choc provoquée par la cessation des paiements russes toucha Wall Street beaucoup plus durement que ne l'avait fait la crise asiatique. Dans les seuls derniers quatre jours d'août, le Dow Jones perdit plus de 1 000 points, soit 12 % de sa valeur. Les marchés obligataires réagirent encore plus fortement, les investisseurs s'étant rabattus vers les bons du Trésor jugés plus sûrs. De leur côté, les banques cessèrent d'accorder de nouveaux prêts et relevèrent les taux d'intérêt sur les prêts commerciaux.

Derrière toutes ces manifestations d'incertitude se cachait la crainte grandissante qu'après sept années spectaculaires, le boom économique des Etats-Unis ne prenne fin. Il s'avéra que cette crainte était prématurée. Une fois la crise russe passée, l'expansion se poursuivit deux ans encore, jusqu'à la fin de l'an 2000, moment auquel le cycle économique s'infléchit. Mais je percevais le danger et éprouvais le besoin d'y parer.

Il était prévu de longue date que je prenne la parole début septembre devant un auditoire de spécialistes en gestion à l'université de Californie à Berkeley. J'avais eu l'intention de parler de technologie et d'économie, notamment de productivité, d'innovation, de cercles vertueux, etc. Mais à mesure que la date approchait, j'ai décidé que, après ce qui s'était passé en Russie, je ne pouvais me limiter à l'économie nationale. Le problème n'était pas que l'économie américaine s'essoufflait, mais que les déséquilibres provoqués par la révolution technologique et la mondialisation rapide des marchés mettaient à rude épreuve les systèmes financiers de la planète.

Lors de mon intervention, j'ai parlé des tourmentes survenues à l'étranger. Jusqu'à présent, elles n'avaient eu pour effet que de faire baisser les prix et de ralentir la demande de produits américains. Mais à mesure que les bouleversements s'aggravaient à l'extérieur et entraînaient des répercussions sur nos marchés financiers, ces effets risquaient fort de s'amplifier et assombrissaient les perspectives économiques.

« Il n'est pas concevable que les Etats-Unis restent une oasis de prospérité dans un monde en proie à des tensions de plus en plus fortes, ai-je dit. Nous ne pouvons profiter pleinement des bienfaits de la révolution technologique si le reste du monde ne participe pas à la croissance. Il fallait se préoccuper du niveau de vie de tous les pays avec lesquels nous commercions. Pour les nombreux membres de l'assistance qui ont surfé sur la vague de la révolution technologique, c'est sans doute une nouveauté. »

Je ne suis pas certain que ma remarque sur l'oasis de prospérité ait fait beaucoup d'effet ce jour-là, mais j'espérais que l'idée finirait par germer. Je ne parlais pas des prochains six mois ou de l'année à venir. L'isolationnisme américain est si profondément enraciné qu'il est difficile de s'en défaire. On continue de supposer que, puisque nous sommes les meilleurs, mieux vaut faire cavalier seul.

J'ai expliqué à l'assistance que la crise russe avait amené la Fed à repenser sa manière de voir. Nous nous étions à tel point focalisés sur l'inflation domestique que nous n'avions pas prêté suffisamment attention aux signaux avertisseurs d'un possible effondrement financier international. C'est la partie de l'allocution qu'ont relevée les médias et Wall Street en a conclu que la Fed s'apprêtait à baisser les taux d'intérêt.

La menace d'une récession mondiale me semblait de plus en plus réelle. Et j'étais persuadé que la Fed n'avait pas la capacité de l'affronter seule. Les pressions financières que nous subissions étaient à l'échelle mondiale et les efforts pour les contenir devaient l'être aussi. Bob Rubin partageait ce point de vue. Dans les coulisses, nous sommes entrés en contact avec les ministres des Finances et les directeurs de banques centrales des pays du G7 pour tenter de coordonner une réaction politique. Nous avons argué, calmement mais avec insistance, de la nécessité d'augmenter les liquidités et de relâcher les taux d'intérêt dans tous les pays développés.

Nous avons eu beaucoup de mal à convaincre certains de nos homologues. Mais finalement, à la clôture des marchés européens le 14 septembre, le G7 a publié une déclaration soigneusement pesée. « L'équilibre des risques dans l'économie mondiale s'est déplacé », était-il dit. Etait ensuite indiqué de façon détaillée comment la politique du G7 devait suivre cette évolution en s'attachant plus à favoriser la croissance qu'à concentrer ses efforts sur la lutte contre l'inflation. Rubin a fait remarquer avec éloquence dans ses Mémoires que ces quelques mots, aussi anodins qu'ils aient pu paraître, marquaient un changement majeur dans le tableau financier mondial. « Chaque guerre est menée avec des armes différentes et lorsqu'on a affaire à des marchés financiers instables et à des investisseurs inquiets, les subtilités d'un communiqué tourné avec soin, signé par les principales autorités financières des sept plus grands pays industrialisés du globe, peuvent tout changer. »

Au début, rien de tout cela ne contribua beaucoup à atténuer le sentiment de l'imminence d'une calamité. Le Brésil fut la victime suivante du malaise. Rubin et Summers passèrent la majeure partie du mois de septembre à préparer le sauvetage avec le FMI. Pendant ce temps-là, Bill McDonough, le directeur de la Fed de New York, releva le défi de faire face à l'implosion de l'un des fonds spéculatifs les plus importants et florissants de Wall Street, Long Term Capital Management (LTCM).

Hollywood n'aurait pu imaginer un scénario financier catastrophe plus spectaculaire. Nonobstant son nom quelconque, LTCM était une société prestigieuse, prospère et très en vue de Greenwich, dans le Connecticut, qui obtenait pour ses riches clients des rendements spectaculaires en plaçant les 125 milliards de dollars de son portefeuille. Deux économistes lauréats du prix Nobel, Myron Scholes et Robert Merton, dont les modèles mathématiques perfectionnés étaient des rouages essentiels de cette machine à faire de l'argent, comptaient parmi ses dirigeants. LTCM s'était spécialisée dans des opérations d'arbitrage risquées et lucratives sur les titres américains, japonais et européens, réalisant un effet de levier avec plus de 120 milliards empruntés aux banques. Il détenait aussi 1 250 milliards de dollars en produits dérivés, des contrats sophistiqués qui n'apparaissaient qu'en partie dans son bilan. Certains étaient des investissements spéculatifs, d'autres avaient été conçus pour couvrir ou garantir le portefeuille de LTCM contre tous les risques possibles et imaginables. (Même quand on commença à y voir clair, personne ne savait vraiment quel était le ratio d'endettement de la société lorsque les choses commencèrent à tourner mal, mais selon les meilleures estimations, elle avait investi bien plus de 35 dollars pour chaque dollar qu'elle possédait.)

La cessation des paiements russes fut l'iceberg auquel se heurta ce *Titanic* financier. La crise avait faussé les marchés d'une manière que même ces prix Nobel n'avaient pas imaginée. La chance tourna si brusquement pour LTCM que ses mécanismes de sauvegarde élaborés ne purent remplir leur fonction. Ses fondateurs virent avec stupéfaction le capital de près 5 milliards de dollars qu'ils avaient accumulé s'épuiser pratiquement du jour au lendemain.

La Fed de New York, dont la tâche consiste à maintenir l'ordre sur les marchés de Wall Street, suivit de près la spirale mortifère dans laquelle s'était engagée LTCM. D'ordinaire, il n'est pas souhaitable de voler au secours d'une entreprise qui a commis une erreur fatale. Mais les marchés étaient déjà alarmés et nerveux ; Bill McDonough craignait que les prix ne s'effondrent si une société aussi importante était obligée d'écouler ses actifs sur le marché. Cela déclencherait une réaction en chaîne qui conduirait d'autres firmes à la faillite. Lorsqu'il a appelé pour dire qu'il avait décidé d'intervenir, l'idée ne m'a pas plu, mais je ne pouvais pas ne pas être d'accord.

La façon dont il a orchestré le renflouement de LTCM par ses créditeurs a été décrite tant de fois qu'elle fait partie de la légende de Wall Street. Il a littéralement réuni les principaux responsables de seize des banques et des sociétés d'investissement les plus puissantes du globe dans une pièce et leur a laissé entendre fortement que s'ils mesuraient pleinement les pertes qu'ils subiraient dans le cas d'une vente forcée des actifs de LTCM, ils trouveraient une solution et feraient le nécessaire, et sur ce il partit. Après des jours de négociations de plus en plus tendues, les banquiers injectèrent 3,5 milliards de dollars dans LTCM, ce qui donna à la firme le temps de procéder en bon ordre à sa liquidation.

On ne toucha pas à l'argent du contribuable (si ce n'est peut-être pour payer quelques sandwiches et cafés), mais l'intervention toucha un nerf populiste. « Jugeant un fonds trop important pour le laisser faire faillite, la Fed de New York contribue à son renflouement », proclama le *New York Times* en première page. Quelques jours plus tard, le 1ᵉʳ octobre, McDonough et moi avons été appelés devant la commission bancaire de la Chambre des représentants pour expliquer pourquoi, selon les termes de *USA Today*, « une entreprise privée au service de millionnaires devrait être sauvée grâce à une intervention négociée et soutenue par un organisme gouvernemental fédéral ». Les critiques venaient des deux côtés de l'hémicycle. Michael Castle, un républicain du Delaware, a déclaré en plaisantant à moitié que ses SICAV et ses placements immobiliers ne se portaient pas très bien, mais que personne ne venait le tirer d'affaire. Michael Bruce Vento, un démocrate du Minnesota, s'est plaint que nous protégions les riches des durs effets des forces du marché qui plongent souvent les humbles dans la misère : « Il semble qu'il y ait deux poids deux mesures, a-t-il dit, l'une pour Main Street[1] et l'autre pour Wall Street. »

Mais faire comprendre aux banques liées avec LTCM qu'elles pouvaient s'épargner des pertes en facilitant la liquidation du fonds n'avait rien d'un renflouement. En voyant la dure réalité en face et en agissant dans leur intérêt bien compris, elles ont évité de perdre beaucoup d'argent et sans doute d'en faire perdre à des millions de gens, de Main Street aussi bien que de Wall Street.

J'épiais les signes de difficultés dans la sphère financière

---

1. La grand-rue, autrement dit, l'homme de la rue. *(N.d.T.)*

avec une inquiétude croissante, me demandant comment cela allait affecter l'économie. Le 7 octobre, après que les bons du Trésor eurent atteint leur cours le plus bas depuis trente ans, j'ai renoncé au laïus que j'avais préparé et déclaré devant un parterre d'économistes que j'avais observé les marchés américains pendant cinquante ans et n'avais jamais rien vu de pareil. J'ai dit en particulier que les investisseurs en bons du Trésor se comportaient irrationnellement en payant un surcoût substantiel pour acquérir les bons les plus récents et les plus liquides alors que ceux qui l'étaient moins présentaient les mêmes garanties. Cette ruée sans précédent vers les liquidités ne reflétait pas un jugement sain mais une réaction de panique. « Ils disent au fond : "Je veux pouvoir récupérer mes billes instantanément. Je ne veux pas savoir si un placement est risqué ou non. Je veux dormir tranquille et pouvoir me retirer du marché le plus vite possible." » Les économistes savaient où je voulais en venir. Sur un marché, la panique est semblable à l'azote liquide – elle peut rapidement tout geler. Et, effectivement, les études effectuées par la Fed montraient déjà que les banques hésitaient de plus en plus à prêter.

Il ne fut pas nécessaire d'argumenter pour décider le FOMC à baisser les taux d'intérêt. Nous l'avons fait trois fois coup sur coup entre le 29 septembre et le 17 novembre. Conformément à l'engagement du G7, des banques centrales européennes et asiatiques desserrèrent aussi les leurs. De manière générale, le remède produisit l'effet attendu. Les marchés mondiaux se calmèrent et, un an et demi après le début de la crise asiatique, Bob Rubin put enfin prendre des vacances en famille sans qu'elles soient interrompues.

La façon dont la Fed réagit à la crise russe reflétait une orientation nouvelle par rapport à ce que préconisaient les manuels en matière de prise de décision. Au lieu de nous efforcer de faire la meilleure prévision possible et de tout miser dessus, nous fondions notre politique sur un éventail de scénarios possibles. Lorsque la Russie se trouva en cessation de paiements, les modèles mathématiques de la Fed montrèrent qu'il était extrêmement probable que la croissance se poursuive à un rythme soutenu aux Etats-Unis malgré les problèmes de la Russie et sans intervention de la Fed. Nous avons tout de même choisi de baisser les taux d'intérêt en raison du risque, minime mais réel, que la défaillance des Russes perturbe suffisamment les marchés financiers pour affecter gravement les Etats-Unis. C'était pour nous une nouvelle forme de compromis : nous estimions que cet événement hautement improbable mais potentiellement très déstabilisant représentait une menace plus grande pour la prospérité économique que la hausse de l'inflation susceptible d'être provoquée par un crédit plus facile. A ma connaissance, la Fed n'avait pas pris beaucoup de décisions de ce genre par le passé, mais le processus de décision sous-jacent n'avait jamais été systématique ni explicite.

Soupeser systématiquement les avantages et les inconvénients est devenu peu à peu notre façon de prendre les décisions. Je l'appréciais car c'était une généralisation d'un certain nombre de décisions *ad hoc* que nous avions prises les années précédentes. Elle permettait, au-delà des modèles économétriques, de tenir compte d'hypothèses plus larges mais mathématiquement moins précises portant sur la marche du monde. Chose importante, elle ouvrait aussi la porte aux leçons de l'Histoire : par exemple, en essayant de voir si le boom des chemins de fer dans les années 1870 pouvait nous donner des indications sur le comportement des marchés pendant la période d'engouement pour Internet.

Certains économistes affirment encore que cette approche de la politique économique manque de discipline – trop complexe, apparemment discrétionnaire, difficile à expliquer. Ils veulent que la Fed fixe les taux d'intérêt selon les critères et les règles officiels. Nous devrions gérer l'économie, disent-ils, pour obtenir le niveau d'emploi optimal ou en « ciblant » un taux déterminé d'inflation. J'admets qu'on ne peut définir des politiques sensées qu'à l'aide de systèmes d'analyse rigoureux. Mais nous avons trop souvent affaire à des données incomplètes et parfois erronées, à des craintes irrationnelles et à un manque de clarté des textes légaux. Aussi élégante que soit devenue de nos jours l'économétrie, elle n'est pas à la hauteur de la tâche consistant à émettre des prescriptions. L'économie mondiale est désormais trop complexe et interdépendante pour cela. Notre processus de décision doit évoluer pour tenir compte de cette complexité.

Nous aurions pu deviner que la dernière année du millénaire allait être celle du boom le plus fou. Les marchés américains furent euphoriques en 1999, en partie parce que la crise asiatique ne nous avait pas touchés. Si nous étions passés à travers celle-là, l'avenir restait au beau fixe.

Cet optimisme était contagieux parce qu'il reposait sur des faits. Propulsée par l'innovation technologique et soutenue par la forte demande des consommateurs ainsi que par d'autres facteurs, l'économie poursuivait son essor rapide. Pourtant, si les opportunités étaient réelles, le battage médiatique touchait au surréalisme. On ne pouvait ouvrir le journal ou lire un magazine sans trouver d'articles sur les derniers multimilliardaires des technologies de pointe. Le patron d'une importante société de conseil avait fait les gros titres en quittant sa place pour lancer Webvan, une firme ayant pour vocation de livrer les commandes d'épicerie passées sur Internet. Il avait réuni 375 millions de dollars dès la mise sur le marché des actions de sa société. Des gens du milieu londonien de la mode avaient créé le site Internet Boo.com et recueilli 135 millions de dollars sur leur projet de devenir le premier vendeur mondial de sportswear branché. Tout le monde semblait avoir un oncle ou un voisin qui avait fait de gros gains en achetant des actions de start-up Internet. La Fed, dont les règles visant à éviter des conflits d'intérêt nous interdisaient de faire de la spéculation, était sans doute l'un des seuls endroits aux Etats-Unis où l'on pouvait prendre un ascenseur sans entendre quelqu'un donner des tuyaux boursiers. Pour la petite histoire, comme des dizaines d'autres start-up du Net, Webvan et Boo.com fermèrent boutique, respectivement en 2001 et 2000.

Le boum Internet était immanquablement évoqué dans les journaux télévisés, non seulement des chaînes classiques (dont je suis un fidèle téléspectateur à cause d'Andrea), mais aussi sur CNBC et sur d'autres chaînes câblées dynamiques destinées au monde des affaires et aux investisseurs. Le dimanche du Superbowl 2000, la finale de la coupe nationale de football, la moitié des créneaux horaires de trente secondes réservés à la publicité ont été achetés par 17 start-up du Net pour 2,2 millions de dollars chacun – la marionnette de Pets.com est apparue au côté de Clydesdales de Budweiser et de Dorothy du *Magicien d'Oz* (dans le spot de FedEx).

Pour ce qui est de la culture populaire, je n'avais rien à envier à la marionnette de Pets.com. CNBC avait trouvé un truc, l'« indicateur serviette », dans lequel les caméras me suivaient lorsque j'arrivais à la Fed le matin les jours de réunion du FOMC. Si ma serviette était mince, cela voulait dire que je n'étais pas préoccupé et que l'économie se portait bien. Si, au contraire, elle était bourrée, j'avais passé la nuit à plancher sur un problème et une hausse des taux se profilait à l'horizon. (A la vérité, l'indicateur serviette manquait d'exactitude. Ma serviette était bourrée lorsque j'y avais fourré mon déjeuner.)

Les gens m'arrêtaient dans la rue pour me remercier pour leur 401(k). Je me montrais cordial, mais j'avoue qu'il m'est arrivé d'avoir envie de répondre : « Madame, je n'ai rien à voir avec votre compte-retraite. » Recevoir des compliments pour quelque chose qu'on n'a pas fait met très mal à l'aise. Andrea, qui était tour à tour exaspérée et amusée, avait rempli une boîte de « babioles Greenspan » – dessins humoristiques, cartes postales, coupures de presse les plus curieuses, sans parles des T-shirts et même d'une marionnette Alan Greenspan.

J'aurais pu indubitablement éviter cela en partie – il eût été facile, par exemple, d'échapper aux caméras en allant me garer dans le parking souterrain de la Fed. Mais j'avais pris l'habitude d'effectuer à pied la dernière partie du trajet jusqu'au bureau et, une fois qu'il avaient commencé leur histoire d'« indicateur serviette », je ne voulais pas donner l'impression que je me cachais. Par ailleurs, je ne suis pas mauvais bougre – pourquoi jouer les rabat-joie ?

L'indicateur serviette n'était cependant pas le meilleur moyen pour faire comprendre une politique monétaire. Les idées qu'il nous fallait exposer étaient souvent subtiles, devaient être l'objet de réflexion et n'étaient pas faites pour être énoncées à coups de petites phrases médiatiques. Si cette façon de s'exprimer avait été la seule permettant de communiquer avec les médias, je me serais beaucoup inquiété. Mais la Fed bénéficiait d'une ample couverture assurée par des experts. Si j'avais pour règle d'éviter les interviews officielles, ma porte restait ouverte à tout journaliste sérieux. Lorsque l'un m'appelait pour me poser des questions en vue d'écrire un article important, je trouvais souvent le temps de le rencontrer en privé pour débattre de ses idées. (Cette pratique facilitait la tâche des journalistes de la presse écrite plus que celle des gens de la télévision, s'empressa de me faire remarquer Andrea, mais je n'y pouvais rien.)

Au milieu de toute cette folie, il y avait toujours un véritable travail à accomplir. A l'automne, Larry Summers et moi avons mis fin à une guerre de territoire importante entre le Trésor et la Fed. Elle avait été déclenchée par une initiative du Congrès visant à refondre la législation régissant le secteur financier américain – banques, compagnies d'assurances, sociétés d'investissement, sociétés immobilières, etc. En préparation depuis des années, la loi de modernisation des services financiers abolit finalement la loi Glass-Steagall édictée à l'époque de la Dépression, qui limitait l'accès que chaque type d'institution financière – banques, sociétés d'investissement, compagnies d'assurances – avait au marché des autres. Les banques et les autres sociétés du secteur désiraient vivement se diversifier – elles voulaient par exemple pouvoir proposer à leurs clients toute la gamme des services financiers. Elles faisaient valoir qu'elles perdaient du terrain sur leurs concurrents étrangers, en particulier les « banques universelles » européennes et japonaises, qui n'étaient pas soumis à ce genre de restrictions. Je reconnaissais que la libéralisation de ces marchés se faisait attendre depuis longtemps. Le Trésor était chargé de superviser, par l'intermédiaire du bureau du contrôleur de la monnaie, toutes les banques à charte nationale. La Fed surveillait quant à elle les sociétés de holding et toutes les institutions à charte étatique qui choisissaient d'être régies par elle. La version de cette loi de réforme votée par le Sénat attribuait la majeure partie des responsabilités à la Fed ; celle de la Chambre favorisait le Trésor. Après avoir tenté interminablement de concilier les deux versions, le Congrès baissa les bras et donna à nos institutions jusqu'au 14 octobre pour régler elles-mêmes le problème. Les états-majors de la Fed et du Trésor commencèrent donc à négocier.

Ce n'était pas vraiment une bataille rangée, mais il y avait beaucoup de frictions. Les gars du Trésor et l'équipe du contrôleur estimaient que l'autorité en matière réglementaire devait leur appartenir et le personnel de la Fed pensait la même chose. Ils réussirent à résoudre un certain nombre de problèmes en travaillant nuit et jour, mais le 14 octobre, ils se retrouvèrent dans une impasse – demeurait toute une liste de différences de point de vue inconciliables. Je soupçonnais que la tension montait.

Il se trouva que le 14 octobre était le jour que Larry et moi avions fixé pour notre petit déjeuner hebdomadaire. Nous nous sommes regardés et avons dit : « Nous devons régler cette histoire. » L'après-midi même, je suis allé à son bureau et nous avons fermé la porte.

Nous avions beaucoup en commun : nous aimions tous les deux fonder nos arguments sur des principes de base et des faits tangibles. Je regrette de ne pas avoir enregistré notre conversation car elle montrait à merveille comment aboutir à des décisions grâce à des compromis rationnels. Nous nous sommes assis et avons discuté point par point. De temps en temps, je lui disais : « Tes arguments me semblent plus crédibles que les miens », et le département du Trésor l'emportait sur ce point-là. Sur d'autres questions, Larry acceptait l'argument de la Fed. Au bout d'une heure ou deux, nous avions coupé la poire en deux. Le Trésor et la Fed s'accordèrent sur un texte commun qui fut renvoyé au Congrès et voté le jour même. Les historiens voient dans la loi de modernisation des services financiers un jalon essentiel du droit des affaires, et je me souviendrai toujours du moment méconnu qui lui a permis de voir le jour.

Le boom se poursuivit crescendo jusque tard dans l'année : fin décembre, le NASDAQ avait presque doublé en douze mois (le Dow Jones avait pris 20 %). La plupart des gens qui avaient acheté des actions se sentaient pleins aux as, non sans raison.

Cela posa à la Fed une question tout à fait intéressante :

Comment distinguer un essor économique sain, palpitant, et une bulle boursière spéculative, extravagante, mue par les aspects les moins reluisants de la nature humaine ? Comme je l'ai fait remarquer à la commission bancaire de la Chambre des représentants, la question est d'autant plus compliquée que les deux coexistent : « L'interprétation voulant que nous profitions actuellement d'une hausse accélérée de la productivité ne veut pas dire nécessairement que le prix des actions n'est pas gonflé. » La concurrence épique à laquelle se livraient à coups de milliards de dollars Qwest, Global Crossing, MCL, Level 3 et d'autres sociétés de télécommunications fournissait un exemple qui m'intriguait. Comme les compagnies des chemins de fer du XIXe siècle, elles mettaient les bouchées doubles pour étendre Internet en posant des milliers de kilomètres de câbles en fibres optiques. (Le rapport avec les chemins de fer n'est pas seulement métaphorique – Qwest construit son réseau de fibres optiques en utilisant d'anciens droits de passage des voies ferrées.) Il n'y avait là rien de mal en soi – la demande de largeurs de bande augmentait exponentiellement – si ce n'est que chaque concurrent posait assez de câbles pour répondre à l'ensemble de la demande prévue. Ainsi, tandis qu'une infrastructure d'un grand intérêt était mise en place, il semblait évident que la plupart des concurrents y perdraient, que la valeur de leurs actions chuterait et que des milliards de dollars du capital des actionnaires partiraient en fumée.

Je me suis longuement demandé si nous avions affaire à une bulle boursière et, si tel était le cas, ce que nous pouvions faire. Si le marché chutait de 30 ou 40 % en un court laps de temps, j'étais prêt à affirmer qu'il s'était bien agi d'une bulle. Mais cela impliquait que, pour déclarer l'existence de la bulle, je devais prédire avec assurance la chute rapide de 30 ou 40 %. C'était une position difficile à tenir.

Même si la Fed estimait qu'il y avait une bulle boursière et voulait la dégonfler, en serait-elle capable ? Nous avions tenté de le faire et échoué. Début 1994, par crainte de voir s'amorcer une spirale inflationniste, le FOMC avait décidé un resserrement des taux de 3 % qui avait duré un an. Mais je n'avais pu m'empêcher de remarquer qu'à ce moment-là, la hausse naissante du marché boursier, qui s'était poursuivie pendant la majeure partie de l'année précédente, s'était arrêtée. Et lorsque nous avions desserré les taux en février 1995, le prix des actions avait recommencé à grimper. Nous avions de nouveau relevé les taux en 1997, mais les actions avaient repris leur ascension tout de suite après. Nous semblions en fait nous trouver dans une phase de hausse à long terme. Puisque la Fed ne parvenait pas à enrayer cette hausse en ralentissant l'économie et en réduisant les profits, les placements en Bourse apparaissaient de moins en moins risqués. Nos modestes interventions n'avaient donc abouti qu'à favoriser la hausse des prix des actions.

Un relèvement important des taux d'intérêt aurait certes eu un tout autre effet. Une hausse de 10 %, par exemple, aurait crevé n'importe quelle bulle du jour au lendemain. Mais elle ne l'aurait fait qu'au prix de conséquences dévastatrices pour l'économie, en bloquant la croissance que nous nous efforcions d'entretenir. Nous aurions tué le patient pour soigner la maladie. J'étais à peu près certain que chercher à désamorcer une bulle au moyen de hausses de taux progressives, ce que beaucoup avaient préconisé, serait contre-productif. Sauf à casser les reins à l'expansion et du même coup aux profits, un resserrement, s'il est progressif, ne pouvait, selon ma propre expérience, que renforcer l'expansion aux yeux des gens. Un relèvement modeste des taux avait plus de chances de faire monter le prix des actions que l'inverse.

Après avoir longuement réfléchi à tout cela, j'ai conclu que le mieux que pouvait faire la Fed était de s'en tenir à son objectif principal : la stabilisation des prix des biens et des services. En s'acquittant convenablement de cette tâche, nous obtiendrions la puissance et la flexibilité nécessaires pour limiter les dégâts économiques en cas de krach. Tel devint le consensus au sein du FOMC. En cas de chute importante du marché boursier, notre politique serait d'intervenir énergiquement en baissant les taux et en augmentant la liquidité du système pour minimiser les retombées économiques. Mais l'idée de s'attaquer au boom boursier directement et à titre préventif semblait dépasser nos capacités. (Le marché avait continué de monter même quand nous avions resserré les taux en 1999.)

Quelques sourcils se sont levés lorsque j'ai présenté au Congrès cette stratégie du retour à l'essentiel en 1999. J'ai dit que je craignais toujours que les prix des actions soient trop hauts, mais que la Fed ne pouvait essayer de deviner ce qu'allaient faire des « centaines de milliers d'investisseurs bien informés ». Au lieu de cela, elle se mettait en position de protéger l'économie dans l'éventualité d'un krach. « Si l'éclatement d'une bulle n'est jamais anodin, ses conséquences ne sont pas nécessairement catastrophiques pour l'économie », ai-je dit aux législateurs.

Dans un éditorial, le *New York Times* a déclaré à ce propos : « Cela ne ressemble guère à l'ancien Greenspan qui, il y a deux ans et demi, mettait en garde les investisseurs contre l'"exubérance irrationnelle". » En dépit du ton de l'article, j'entendais presque le raclement de gorge – l'impression de la rédaction était la bonne. Je m'étais rendu compte que nous ne serions jamais capables d'identifier l'exubérance irrationnelle avec certitude, et moins encore d'agir sur elle avant les faits. Mais peu importait aux hommes politiques auxquels j'expliquais cela – au contraire, ils étaient soulagés que la Fed semble encline à ne pas gâcher la fête.

Ironiquement, nous avons fini peu après par relever tout de même les taux. Entre mi-1999 et mi-2000, nous les avons haussés par étapes de 4,75 % à 6,5 %. Nous l'avons fait pour récupérer les liquidités que nous avions injectées dans le système afin de le sauvegarder pendant la crise financière internationale. Nous en avons ensuite récupéré un peu plus « à titre d'assurance », comme l'avait dit Bill McDonough, contre le resserrement du marché du travail américain et la possible surchauffe de l'économie. Autrement dit, nous nous mettions en position d'effectuer un autre atterrissage en douceur lorsque le cycle économique finirait pas s'infléchir. Mais les prix des actions ne cessèrent pas pour autant de grimper – ils ne redescendirent pas avant mars 2000 et même alors le gros du marché resta à un niveau palier pendant plusieurs mois.

Mais tout cela était encore à venir tandis que le monde marquait une pause pour célébrer le nouvel an, le 31 décembre 1999. La réception à laquelle il fallait absolument assister à Washington était le dîner organisé au 1 600 Pennsylvania Avenue, où Andrea et moi étions invités – ainsi que Mohammed Ali, Sophia Loren, Robert De Niro, Itzhak Perlman, Maya Lin, Jack Nicholson, Arthur Schlesinger Jr., Bono, Sid Caesar, Bill Russell et des dizaines d'autres. Pour marquer le nouveau millénaire, les Clinton avaient prévu d'énormes festivités, qui devaient commencer au crépuscule par un dîner en smoking pour 360 personnes à la Maison Blanche, suivi d'un spectacle au mémorial Lincoln retransmis par les chaînes télévisées nationales et organisé par mon ami George Stevens Jr. et Quincy Jones sur le thème « Créateurs américains ». Puis, après minuit, retour à la Maison Blanche pour danser jusqu'à l'aube et petit déjeuner.

J'avais déjà une idée de ce que me réservait le nouveau millénaire : John Podesta, le secrétaire général de la Maison Blanche, m'avait fait savoir que le président Clinton voulait me reconduire dans mes fonctions pour un quatrième mandat. J'avais accepté. Participer à l'analyse de l'économie la plus dynamique du monde, puis être à même d'appliquer cette analyse pour prendre des décisions et voir l'effet produit – rien ne m'intéressait davantage que d'être président de la Fed. J'avais certes soixante-treize ans, mais je ne percevais aucune diminution de mes facultés, de mon aptitude à manier les relations mathématiques ou de mon envie de travailler – diminution qui m'aurait amené à rendre mon tablier. Dans son livre *Maestro*, Bob Woodward dit à mon propos que le renouvellement de ma nomination m'avait mis dans « un état de ravissement modéré ». Je dois reconnaître que je m'amusais beaucoup.

Tout cela ajoutait à ces fêtes de fin d'année une note heureuse, bien que ma nouvelle nomination n'ait pas encore été annoncée et qu'Andrea et moi ayons dû le garder pour nous. Pour la réception à la Maison Blanche, elle avait mis une robe de Badgley Mishka lie-de-vin et noir en velours ciselé et elle était ravissante, alors qu'elle avait travaillé beaucoup comme à son habitude et qu'elle était grippée.

Le dîner du millénaire occupait la salle est et la salle à manger officielle, qui, comme un journaliste l'écrivit le lendemain avec lyrisme, « avaient été transformées en une féerie blanc et argent, des orchidées et des roses blanches disposées sur les nappes en velours argent ». Ce n'est pas le genre de choses que je remarque. Mais tout en grignotant du caviar bélouga et en sirotant du champagne, j'avais été frappé en revanche par l'air vraiment content de nos hôtes – lui achevait son deuxième mandat présidentiel, elle s'apprêtait à inaugurer sa carrière politique en se présentant aux élections sénatoriales. Le Président a porté un toast en l'honneur des invités et déclaré : « Je ne puis m'empêcher de penser combien l'Amérique est maintenant différente, combien l'Histoire a changé et en bien, car ceux qui sont présents dans cette salle et ceux qu'ils représentent ont fait preuve d'imagination, d'invention, d'ambition. » Après sept ans à la Maison Blanche – après l'épreuve de la Bosnie, l'affaire sordide du Monicagate et un boom économique et financier historique –, Clinton avait son moment d'euphorie.

Lorsque le dîner s'est achevé un peu après 21 heures et que la foule s'est dirigée vers les cars qui devaient la conduire au mémorial Lincoln, nous avons pris la tangente.

Nous devions assister à un autre genre de célébration du millénaire à la Fed, où une équipe passablement importante s'apprêtait à surveiller le passage à l'an 2000 des systèmes financiers du pays.

La Fed avait consacré des années d'effort à s'assurer que ce passage ne s'accompagnerait pas d'un désastre. La menace venait de logiciels obsolètes – le bogue de l'an 2000 (ou bogue Y2K), inscrit dans les ordinateurs du monde entier. Afin d'épargner la précieuse capacité de stockage des ordinateurs, les programmeurs avaient couramment utilisé pendant des décennies deux chiffres au lieu de quatre pour désigner l'année – ainsi « 1974 » s'écrivait simplement « 74 ». En écrivant des programmes dans les années 1970 (j'avais moi-même conçu des programmes sur cartes perforées à Greenspan-Townsend), il ne m'était jamais venu à l'esprit que, amplement corrigés, ils seraient encore en usage à la fin du siècle. Beaucoup craignaient à juste titre que le passage de 1999 à 2000 détraque les logiciels. Ce pépin potentiel était souvent diablement difficile à détecter et coûteux à prévenir. Mais dans les scénarios apocalyptiques du bogue de l'an 2000, ne pas l'avoir fait risquait d'entraîner de redoutables conséquences : des réseaux vitaux civils et militaires tomberaient en panne, provoquant l'arrêt de la fourniture d'électricité, du téléphone et du fonctionnement des cartes bancaires, des collisions aériennes et pis encore. Pour empêcher que le système financier ne sombre dans le chaos, Mike Kelley, l'un des gouverneurs de la Fed, avait mené une campagne de deux ans et demi destinée à moderniser les ordinateurs des banques américaines et de la Fed. Celle-ci avait travaillé dur pour mobiliser les banques centrales du monde entier afin qu'elles fassent de même.

Nous allions voir ce soir-là si toutes ces précautions avaient été utiles. Mike et son équipe avaient sacrifié leur jour de fête pour tenir un poste de commande au rez-de-chaussée de l'immeuble William McChesney Martin de la Fed, où ils avaient équipé une grande salle voisine de la cafétéria de téléphones, d'écrans, de télévisions et d'espaces de travail pour une centaine de personnes. La cuisine était

ouverte ; il n'y avait pas de champagne mais du cidre mousseux non alcoolisé en abondance. Lorsque Andrea et moi
sommes passés là, l'équipe avait déjà travaillé toute la journée et regardé à la télévision les célébrations autour du
globe. Le nouvel an avait d'abord été fêté en Australie, puis
au Japon, en Asie et en Europe. Partout, les caméras montraient évidemment des feux d'artifice, mais ce qu'observaient Mike et son équipe, c'était les lumières de la ville à
l'arrière-plan pour voir si elles ne s'étaient pas éteintes.

Je ne me sentais pas à ma place en parcourant les lieux
en smoking ; presque tous portaient un T-shirt rouge blasonné d'un aigle sur un bouclier rouge, blanc et bleu avec
les mots « Federal Reserve Board » et « Y2K ». Mike, qui
m'avait tenu au courant, affirmait que tout se passait remarquablement bien. L'Angleterre venait de commencer le
XXIe siècle apparemment sans problèmes. Nous étions maintenant dans un hiatus, minuit traversant l'Atlantique. Ça
allait être le tour des Etats-Unis, ce qui ajoutait au suspense,
car après avoir poussé les autres pays à agir, il eût été embarrassant de voir nos systèmes tomber en panne. Mais nous
étions extrêmement bien préparés : le secteur financier américain avait dépensé des milliards de dollars pour remplacer
ou mettre à jour ses systèmes et programmes anciens ; des
équipes de gestion de crise se tenaient prêtes dans chaque
district de la Réserve Fédérale et dans chaque grande banque. Le FOMC avait injecté des milliards de dollars de
liquidités dans le système financier en recourant à des
options et autres techniques novatrices. Dans l'éventualité
d'une panne du système des cartes bancaires ou du réseau
des DAB, la Fed avait mis en place des montagnes d'argent
liquide supplémentaire en 90 endroits des Etats-Unis. Ayant
contribué moi aussi à créer le problème, je ne pouvais
décemment pas ne pas arriver au bureau le 3 janvier sans
avoir rendu visite aux troupes dans les tranchées à la veille
d'une catastrophe potentielle [1]. Nous sommes rentrés direc-

---

1. Nous ne le savions pas encore, mais les énormes sommes déboursées pour
clarifier et rationaliser tous les programmes antérieurs au Y2K et non déclarés
avaient grandement amélioré la flexibilité et la résistance aux chocs de l'infras-

tement chez nous, Andrea et moi. Il n'était que 22 h 30, mais nous avions l'impression d'avoir déjà franchi le passage du nouveau millénaire. Lorsque minuit arriva enfin à Washington et commença à traverser sans encombre les Etats-Unis, nous étions au lit bien au chaud.

---

tructure économique et gouvernementale du pays. Il n'existait plus de « boîtes noires » non déclarées à tirer au clair lorsque quelque chose allait de travers. L'augmentation de productivité des années suivantes est due sans doute en grande partie à ces mesures de précaution.

10.

PHASE DESCENDANTE

Ma première rencontre avec le président Bush a eu lieu le 18 décembre 2000, moins d'une semaine après que la Cour suprême eut validé sa victoire électorale. Elle se déroula au Madison, un hôtel situé à cinq rues de la Maison Blanche où lui et son équipe s'étaient installés. C'était son premier voyage à Washington depuis qu'il était président ; nous nous étions rencontrés à plusieurs reprises au fil des ans mais nous ne nous étions parlé longuement qu'une fois, sur l'estrade à l'occasion d'un banquet qui avait eu lieu ce printemps-là.

Etaient présents au petit déjeuner du Madison le vice-président Cheney, le secrétaire général de la Maison Blanche Andy Card et deux ou trois collaborateurs. La situation m'était familière : j'avais déjà mis au courant de l'état de l'économie cinq autres nouveaux présidents, dont le père de George W. Bush.

En l'occurrence, j'ai été obligé de lui dire que les perspectives à court terme n'étaient pas réjouissantes. Pour la première fois depuis des années, il semblait y avoir une réelle possibilité de récession.

Le dégonflement de la bulle du marché boursier des sociétés high tech avait été le grand drame financier des derniers mois. Le NASDAQ avait perdu 50 % de sa valeur entre mars et la fin de l'année. Les marchés moins spécifiques avaient beaucoup moins baissé – le S&P 500, de 14 %

et le Dow Jones, de 3 %. Mais si les pertes totales demeuraient réduites en comparaison de la richesse créée sur le papier par la hausse des cours, le déclin n'en était pas moins notable et, à Wall Street, l'avenir restait sombre, ce qui sapait la confiance du public.

L'état général de l'économie était plus inquiétant. Pendant la majeure partie de l'année, nous semblions être entrés dans une phase légèrement descendante du cycle. C'était à prévoir : les entreprises et les consommateurs s'adaptaient aux effets de tant d'années d'essor rapide, d'un changement technologique si considérable et du dégonflement de la bulle boursière. Pour favoriser ce processus d'ajustement, la Fed avait baissé les taux par étapes de juillet 1999 à juin 2000. Nous espérions pouvoir effectuer un autre atterrissage en douceur.

Mais au cours des deux ou trois semaines passées, les chiffres avaient beaucoup empiré : diminution de la production du secteur automobile et d'autres industries, révision à la baisse des estimations des bénéfices des entreprises, accumulation des stocks dans beaucoup de secteurs, augmentation marquée des inscriptions au chômage et baisse de confiance des consommateurs. L'énergie mettait aussi un frein à l'économie : le pétrole avait grimpé à plus de 30 dollars le baril au milieu de l'année et le prix du gaz naturel augmentait aussi. Il y avait encore d'autres signes. La chaîne de grands magasins Wal-Mart avait signalé à la Fed qu'elle s'attendait à moins de ventes pendant la période des fêtes et FedEx effectuait moins d'expéditions. On ne peut juger de la santé de l'économie à la longueur de la queue devant le Père Noël de Macy's, mais nous étions déjà mi-décembre et tous ceux qui étaient allés faire leurs achats de Noël savaient que les magasins étaient d'un vide inquiétant.

Malgré tout, j'ai dit au Président que le potentiel à long terme de l'économie restait fort. L'inflation était faible et stable, la productivité toujours en hausse, les taux d'intérêt à long terme avaient tendance à baisser. Et, bien sûr, le gouvernement fédéral avait dégagé un excédent pour la quatrième année consécutive. Selon les dernières prévisions, il devait approcher 270 milliards de dollars pour l'exercice budgétaire 2001, qui venait de commencer en octobre.

A la fin du déjeuner, Bush m'entraîna à l'écart pour me dire un mot en aparté. « Je veux que vous sachiez que j'ai pleinement confiance en la Réserve Fédérale et que je n'essaierai pas de faire impasse à vos décisions », m'a-t-il dit. Je l'ai remercié. Nous avons bavardé encore un moment, puis il a fallu qu'il parte pour assister à des réunions au Congrès.

Des caméras et des journalistes nous attendaient à la sortie de l'hôtel. Je pensais que le Président irait seul aux micros, mais il m'a pris par l'épaule et m'a emmené avec lui. La photo de l'Associated Press de ce matin-là me montre avec un large sourire, comme si je venais d'apprendre une bonne nouvelle. Et c'était bien le cas. George W. Bush venait d'aborder la question la plus importante pour la Fed, celle de son autonomie. Je ne savais trop que penser de lui, mais j'étais porté à le croire lorsqu'il m'avait dit que nous n'entrerions pas en conflit à propos de la politique monétaire.

J'étais soulagé que la crise consécutive aux élections ait pris fin. Dans des circonstances sans précédent, après trente-six jours de nouveaux comptages des voix, d'actions en justice et d'allégations acerbes à propos de fraudes et de tripatouillages, qui dans d'autres pays auraient déclenché des émeutes, nous étions enfin parvenus à une conclusion décente. Bien que j'aie toujours été un républicain libertaire, j'ai des amis des deux côtés de l'hémicycle et je comprenais que les démocrates aient été consternés par l'arrivée de George W. Bush à la Maison Blanche. Mais il faut remarquer à quel point il est rare de voir les deux adversaires se souhaiter bonne chance à la fin d'une empoignade politique. Le discours dans lequel Al Gore a reconnu la victoire de son rival et ainsi mis un terme à la course présidentielle a été le plus courtois que j'aie jamais entendu. « Il y a près d'un siècle et demi, a-t-il dit, le sénateur Stephen Douglas déclara à Abraham Lincoln, qui venait de le battre aux élections : "Les sentiments partisans doivent laisser place au patrio-

tisme. Je suis avec vous, monsieur le Président, et que Dieu
vous bénisse." Dans le même esprit, je dis au président Bush
que ce qui reste de rancœur partisane doit être mis de côté.
Puisse Dieu bénir sa conduite du pays. »

Je ne savais pas où George W. Bush allait nous mener,
mais j'avais confiance en l'équipe qu'il était en train de former. Les gens ironisaient en disant qu'on assistait au
deuxième avènement de l'administration Ford. Ce qui
n'était pour eux qu'une boutade avait pour moi une grande
signification. J'avais commencé ma carrière dans le service
public à la Maison Blanche de Ford, et j'attache maintenant
une importance particulière à ces années. Gerald Ford était
un homme bien, propulsé à une présidence qu'il n'avait
jamais recherchée et à laquelle il n'aurait probablement
jamais été capable d'accéder seul. Comme il l'avait montré
lors de la course présidentielle contre Jimmy Carter en
1976, les joutes politiques durant les campagnes électorales
n'étaient pas son fort ; son rêve aurait été d'être président
de la Chambre des représentants. Néanmoins, pendant
l'agitation consécutive à la démission du président en disgrâce, il avait proclamé : « Notre long cauchemar national
est terminé », et il avait rassemblé autour de lui une équipe
comme je n'en avais jamais vu.

Et maintenant, en décembre 2000, George W. Bush
nommait aux postes clés de son gouvernement les piliers de
l'administration Ford, un peu plus âgés et bien plus expérimentés. Le nouveau secrétaire à la Défense, Donald Rumsfeld, avait été le premier secrétaire général· de la Maison
Blanche de Ford. Il s'était montré exceptionnellement efficace. Rappelé par le Président alors qu'il était ambassadeur
auprès de l'OTAN, Rumsfeld avait rapidement organisé la
Maison Blanche et l'avait dirigée avec beaucoup de savoir-
faire jusqu'à ce que Ford le nomme secrétaire à la Défense
en 1975. A son retour dans le secteur privé, il avait pris les
rênes de GD Searle, un géant mondial de la pharmacie alors
en perte de vitesse. J'étais devenu consultant économique
de la firme et j'avais été étonné de voir cet ancien instructeur
de pilotage de la marine américaine, ex-membre du Congrès

et du gouvernement, s'adapter avec autant d'aisance au monde des affaires.

Le nouveau secrétaire au Trésor, mon ami Paul O'Neill, était aussi un ancien pilier de l'administration Ford. Directeur adjoint de l'Office of Management and Budget, il avait fait une forte impression sur tout le monde. Bien que ce soit une fonction de niveau moyen, nous demandions à Paul de venir à toutes les réunions importantes parce c'était l'un des rares à connaître le budget sur le bout des doigts. Il avait quitté le gouvernement pour entrer dans le monde des affaires et était devenu directeur général d'Alcoa – je faisais partie du conseil d'administration qui l'avait nommé. Ses douze années à ce poste avaient été une réussite. Mais il était sur le point de quitter la société pour prendre sa retraite et j'ai été enchanté d'apprendre qu'il était en tête de liste des candidats au secrétariat au Trésor. Dick Cheney m'appela pour m'annoncer que Paul avait rencontré le Président et qu'il ne parvenait pas à prendre une décision. « Il a deux pages de pour et de contre, m'a dit Cheney. Pouvez-vous lui parler ? »

J'étais très content de décrocher le téléphone. Usant des mêmes mots employés par Arthur Burns au moment du déclin de l'administration Nixon, je lui ai dit : « Nous avons vraiment besoin de toi. » Cet argument avait contribué à me persuader de quitter New York et d'aller travailler au gouvernement pour la première fois, et il porta à nouveau. J'estimais que sa présence serait un atout majeur pour la nouvelle administration. Les programmes et les budgets du Président allaient-ils ouvrir des perspectives à long terme favorables à l'économie des Etats-Unis ? De quelle envergure seraient ses conseillers et son équipe économiques ? A cet égard, il me semblait que désigner Paul pour apposer sa signature sur les dollars était un pas essentiel dans la bonne direction.

Il y avait une autre considération, en partie professionnelle, en partie personnelle. Le président Clinton m'avait reconduit dans mes fonctions au début de l'année 2000 et j'avais devant moi au moins trois ans de présidence. La Fed et le Trésor s'étaient fort bien accordés pendant presque toutes les années 1990, même s'il y avait eu quelques querelles territoriales. Nous avions géré l'économie pendant le plus long boom de l'histoire récente des Etats-Unis, improvisé avec efficacité en temps de crise et aidé la Maison Blanche à réduire le monstrueux déficit des années 1980. Ma collaboration avec trois secrétaires au Trésor – Lloyd Bentsen, Bob Rubin et Larry Summers – avait contribué à ce succès et nous nous considérions comme des amis pour la vie. Je voulais créer une dynamique aussi féconde avec la nouvelle administration – dans l'intérêt de la Fed et le mien. J'ai donc appris avec grand plaisir que Paul avait finalement dit oui.

Le plus important des anciens de l'administration Ford à revenir aux affaires était évidemment le vice-président. Dick Cheney avait succédé à Rumsfeld, son mentor, comme secrétaire général de la Maison Blanche – à trente-quatre ans, il était le plus jeune à avoir jamais rempli ces fonctions. Avec son mélange de sérieux et parfois de calme olympien, il avait manifesté un extraordinaire talent pour cette tâche. La camaraderie que nous avions tissée dans les années qui avaient suivi le Watergate ne s'était jamais démentie. Je l'ai vu à des réunions gouvernementales et lors d'autres assemblées pendant la période qu'il a passée au Congrès et j'ai été enchanté quand le premier président Bush l'a nommé secrétaire à la Défense en 1989. Il n'y a pas beaucoup de points communs entre ces fonctions et celles de président de la Réserve Fédérale, mais nous étions pourtant restés en contact.

Il était donc maintenant vice-président élu. De nombreux commentateurs politiques estimaient qu'il serait bien plus que cela ; parce qu'il avait beaucoup plus d'expérience des affaires nationales et mondiales que George W. Bush, ils pensaient qu'il deviendrait de fait chef du gouvernement. Je ne le croyais pas – pour le peu que je connaissais le Président, j'avais l'impression qu'il était son propre maître.

Dans les semaines qui suivirent l'élection, Cheney recherchait mes conseils. Lui et sa femme, Lynn, ne s'étaient pas encore installés dans la résidence vice-présidentielle à l'Observatoire national ; les dimanches après-midi, j'allais donc chez eux à McLean, en Virginie, une banlieue de Washington, où lui et moi prenions place à la table de la cuisine ou dans son bureau.

La tonalité de notre amitié avait changé avec sa nouvelle fonction. Je ne l'appelais plus Dick, mais M. le vice-président, et bien qu'il ne me l'eût pas demandé, il avait acquiescé. Nos conversations tournaient surtout autour des problèmes qu'affrontaient les Etats-Unis. Nous entrions souvent dans des détails très spécifiques. L'énergie était un sujet essentiel. Le pic récemment atteint par le prix du pétrole nous avait rappelé que, même au XXIe siècle, l'approvisionnement en ressources de base de l'ère industrielle restait une préoccupation stratégique majeure. Après son entrée en fonction, Cheney a d'ailleurs réuni tout de suite une équipe chargée de la politique énergétique. Je lui ai donc donné mon analyse de l'évolution des marchés internationaux du pétrole et du gaz naturel ; nous parlions d'énergie nucléaire, de gaz naturel liquide et d'autres alternatives.

Sur le front national, j'ai argué que le problème majeur était le vieillissement des 30 millions d'enfants du baby-boom. Leur retraite n'était plus à un horizon lointain comme elle l'avait été lorsque j'avais participé à la réforme du système des retraites sous Reagan. Les plus âgés d'entre eux allaient avoir soixante ans dans six ans et les contraintes financières pesant sur le système seraient extrêmement lourdes dans les décennies postérieures à 2010. Le système des retraites et Medicare exigeaient une réforme majeure pour rester solvables et efficaces à long terme.

Dick m'avait cependant fait clairement comprendre que la politique économique nationale ne serait pas son domaine. N'empêche qu'il était curieux de connaître mes idées sur la question ; il écoutait attentivement et prenait souvent des notes sur des points sur lesquels je pensais qu'il passerait.

Fin décembre et début janvier, je m'étais pris à imaginer que ce gouvernement était celui qui aurait pu voir le jour si Gerald Ford avait gagné le point supplémentaire qui lui aurait permis d'obtenir un deuxième mandat en l'emportant sur Jimmy Carter. Qui plus est, pour la première fois depuis 1952, le parti républicain avait non seulement gagné la Maison Blanche, mais aussi une majorité dans les deux chambres du Congrès. (En fait, les républicains et les démocrates étaient à 50/50 au Sénat, mais en tant que président du Sénat, Cheney détenait la voix déterminante.) Nous avions l'occasion rêvée de promouvoir l'idéal d'un gouvernement efficace et budgétairement conservateur ainsi que celui de la liberté des marchés. Reagan avait réintroduit le conservatisme à la Maison Blanche en 1980 et Newt Gingrich l'avait fait au Congrès en 1994. Mais aucun des deux n'avait pu le faire dans les deux à la fois comme la nouvelle administration en avait la possibilité.

Je me réjouissais à la perspective de travailler collégialement pendant au moins quatre ans avec beaucoup de membres du gouvernement parmi les meilleurs et les plus brillants, des hommes avec qui j'avais partagé tant d'expériences mémorables. Et sur le plan personnel, c'est ce qu'il est advenu. Mais en matière de politique, je n'allais pas tarder à m'apercevoir que mes vieux amis avaient viré dans des directions inattendues. Les idées des gens – et parfois leurs idéaux – changent au cours des ans. Je n'étais plus celui que j'avais été lorsque j'avais connu pour la première fois la splendeur de la Maison Blanche un quart de siècle auparavant. Et mes vieux amis non plus : ce n'était pas leur personnalité ni leur caractère qui avait changé, mais leur point de vue sur la marche du monde et, donc, sur ce qui est important.

Dans les semaines précédant l'investiture, le FOMC s'évertuait à y voir clair dans une situation compliquée : le ralentissement soudain d'une économie dont le PIB annuel était de 10 000 milliards de dollars et les conséquences pratiques pour la Fed des énormes excédents dégagés par le gouvernement. A la réunion du comité qui eut lieu le lendemain de ma rencontre avec le Président, la baisse de l'activité était le premier point à l'ordre du jour.

Il n'est pas facile de prévoir les récessions car elles sont dues en partie à un comportement irrationnel. En général, le sentiment inspiré par les perspectives économiques ne passe pas progressivement de l'optimisme à la neutralité et au pessimisme ; c'est plutôt comme un barrage qui lâche : il retient l'eau jusqu'à ce que des fissures apparaissent et que s'ouvre une brèche. Le flot emporte alors ce qui reste de confiance, et ne demeure que la peur. Nous assistions apparemment à l'ouverture d'une telle brèche. Comme l'avait dit Bob McTeer, le directeur de la Réserve Fédérale de Dallas, « le mot en R est maintenant sur toutes les lèvres ».

Nous avions décidé que, à moins d'une amélioration de la situation dans les deux ou trois semaines, il faudrait baisser les taux d'intérêt. Pour l'heure, nous nous bornions à exprimer notre inquiétude. « La commission va continuer à surveiller de près l'évolution de la situation économique. Les risques vont dans le sens d'une situation susceptible d'engendrer une faiblesse économique dans un avenir prévisible », disions-nous dans notre déclaration officielle. Ou, comme l'avait traduit, pince-sans-rire, un membre de la commission : « Nous ne paniquons pas encore. »

Dans les deux semaines qui suivirent, il apparut avec évidence que la baisse se poursuivait. Le 3 janvier, le premier jour ouvrable de l'année, nous nous sommes de nouveau réunis en téléconférence et nous avons réduit d'un demi-point le taux des fonds fédéraux, le ramenant à 6 %. La décision surprit les médias alors que nous y avions fait allusion avant Noël, mais tout allait bien : la Fed réagissait à l'évolution des marchés et de l'économie.

Nous estimions en fait que cette baisse était sans doute la première d'une série qui allait être nécessaire pour stabiliser l'économie. Il nous faudrait peut-être procéder aux réductions ultérieures plus rapidement que d'habitude, ai-je dit à la commission. La technologie qui accélérait l'augmentation de la productivité risquait aussi de précipiter le processus d'ajustement cyclique. Une économie en flux tendus exigeait des réactions instantanées en matière de politique monétaire. Tel fut notre raisonnement lorsque nous avons encore baissé le taux des fonds fédéraux d'un demi-point avant la fin janvier et de nouveau en mars, avril, mai et juin, pour le ramener finalement à 3,75 %.

La résorption de la dette nationale était l'autre question au premier plan de nos préoccupations. Aussi curieux que cela puisse paraître avec le recul, en janvier 2001, sa possibilité était bien réelle. Près d'une décennie d'amélioration croissante de la productivité et de discipline budgétaire avait permis au gouvernement de générer des excédents « aussi loin que porte le regard », pour emprunter l'expression employée par David Stockman, le directeur du Budget du président Reagan, à propos des prévisions de déficit plus de dix ans plus tôt. Même en tenant compte de la récession qui était peut-être en train de s'installer, le bureau du budget du Congrès s'apprêtait à porter ses projections de l'excédent prévu à 5 600 milliards de dollars sur dix ans ! Soit 3 000 milliards de plus que sa prévision de 1999 et 1 000 milliards de plus que la mienne au mois de juillet précédent.

J'avais toujours douté que les excédents budgétaires puissent durer. Compte tenu de la tendance inhérente aux hommes politiques à se laisser aller aux dépenses, il m'était difficile d'imaginer le Congrès accumulant autre chose que des déficits ou même équilibrant le budget. Mon scepticisme quant à la persistance des excédents expliquait pourquoi, un an et demi plus tôt, j'avais enjoint le Congrès d'attendre pour voter les 800 milliards de dollars de réductions d'impôts auxquelles le président Clinton avait finalement opposé son veto.

Il me fallait cependant constater que le consensus général parmi les économistes et les statisticiens que je respectais – non seulement au CBO, mais aussi à l'Office of Management and Budget, au Trésor et à la Fed – était que, sous la politique actuelle, les surplus allaient continuer de s'accumuler. L'augmentation croissante de la productivité provoquée par la révolution technologique battait apparemment en brèche les vieux présupposés. A mesure que la persistance de ces excédents se confirmait, j'éprouvais un étrange sentiment de vide. Le modèle économique que j'avais en tête était dépassé. Le Congrès ne dépensait pas l'argent plus vite qu'il n'entrait dans les caisses de l'Etat. La nature humaine avait-elle changé ? Je m'étais colleté pendant des mois avec cette possibilité – il s'agissait de savoir s'il fallait en croire ses yeux ou ses vieilles théories.

Mes collègues du FOMC semblaient eux aussi un peu désorientés. Lors de notre réunion de fin janvier, nous avions passé des heures à tenter d'imaginer comment la Fed opérerait dans un meilleur des mondes où la dette fédérale serait minime. Se débarrasser du fardeau de la dette serait certes heureux pour notre pays, mais la Fed se retrouverait néanmoins face à un gros dilemme. Notre principal levier de politique monétaire était l'achat et la vente de bons du Trésor – les reconnaissances de dette de l'Oncle Sam. Mais à mesure que cette dette était remboursée, ces bons se feraient plus rares, ce qui obligerait la Fed à trouver de nouveaux instruments de politique monétaire. Pendant près d'un an, nos principaux économistes et traders s'étaient demandé quels autres actifs nous pourrions acheter et vendre.

Il en est sorti une étude dense de 380 pages qui a atterri sur nos bureaux en janvier. La bonne nouvelle était que nous n'allions pas être mis au chômage, la mauvaise, que rien ne valait le marché des bons du Trésor quant à la taille, la liquidité et l'absence de risques. Pour mener une politique monétaire, concluait le rapport, la Fed allait devoir apprendre à gérer un portefeuille complexe composé de bons municipaux, de bons émis par des Etats étrangers, de titres garantis par des hypothèques, de facilités d'escompte mises aux enchères et autres titres de créances. C'était une perspective intimidante. « J'ai l'impression d'être Alice au Pays des Merveilles », avait dit Cathy Minehan, la présidente de la banque de la Réserve Fédérale de Boston lorsque la question avait été soulevée, et nous savions tous ce qu'elle entendait par là. Le fait même que nous en débattions montrait à quel point nous pensions que le paysage économique pouvait changer profondément et rapidement.

L'excédent était aussi ce qui nous captivait lorsque Paul O'Neill et moi nous sommes rencontrés en janvier pour échanger des idées sur le budget. Nous savions tous les deux que le chiffre de 5 600 milliards de dollars sur dix ans avancé par le CBO devait être ventilé. Nous ne pouvions toucher à quelque 3 100 milliards, réservés aux retraites et à Medicare. Cela laissait 2 500 milliards potentiels à disposition. Une réduction importante des impôts avait évidemment été un des axes majeurs de la campagne présidentielle de George Bush. Il s'était démarqué de son père en affirmant dès le début : « Ce n'est pas seulement : "Pas d'impôts nouveaux", mais "Réductions d'impôts, avec l'aide de Dieu." » Baisser les impôts était le meilleur usage que l'on pouvait faire de l'excédent, affirmait Bush, rejetant la position d'Al Gore selon laquelle rembourser la dette et lancer des programmes sociaux étaient des priorités tout aussi importantes. Il a déclaré lors du premier débat contradictoire entre les candidats : « Mes adversaires pensent que le surplus est l'argent du gouvernement. Ce n'est pas ce que je crois. Je crois que c'est l'argent du peuple d'Amérique qui travaille dur. » S'inspirant de Reagan, Bush proposait une réduction d'impôts considérable de 1 600 milliards de dollars, échelonnée sur dix ans et appliquée à toutes les tranches de revenu. Gore avait quant à lui fait campagne en proposant une réduction d'impôts de 700 milliards.

En cas d'excédent budgétaire important et durable, O'Neill et moi convenions qu'un allègement de la fiscalité était une idée sensée. Comme il le faisait remarquer, les impôts représentaient alors plus de 20 % du PIB, alors que la moyenne historique était de 18 %. Mais il fallait réfléchir aux diverses utilisations possibles de l'excédent. Rembourser la dette de l'Etat avant tout, Al Gore avait raison sur ce point. La dette publique fédérale s'élevait maintenant à 3 400 milliards ; sur cette somme, plus de 2 500 milliards étaient jugés « réductibles » ou remboursables facilement (la dette irréductible est constituée de bons d'épargne et autres titres que les investisseurs se refuseraient à vendre).

La réforme du système des retraites et de Medicare

comptait aussi parmi nos souhaits les plus chers. J'espérais depuis longtemps voir privatiser le système des retraites ; procéder à un tel changement tout en remplissant les obligations déjà inscrites sur les livres vis-à-vis des travailleurs et des retraités exigerait sans doute 1 000 milliards de fonds supplémentaires dans un premier temps. Et on n'avait pas encore pris en compte le coût croissant de Medicare. Nous avions mis la question de côté lorsque je dirigeais la commission de réforme du système des retraites pour le président Reagan près de vingt ans plus tôt, mais en raison du vieillissement des enfants du baby-boom, elle devenait urgente. Je faisais remarquer qu'en prévoyant les excédents dix ans à l'avance, les statisticiens comptaient un nombre énorme d'enfants à naître. Que se passerait-il si ces excédents ne voyaient pas le jour ?

Comme moi, O'Neill n'avait pas une vision très nette des déficits à venir. Il préconisait d'attacher des « déclencheurs », des clauses à toute loi portant sur des dépenses nouvelles ou des baisses d'impôts afin de les différer ou de les réduire si l'excédent budgétaire fondait. J'admettais qu'une sorte de mécanisme de restriction pouvait fonctionner. L'une des plus belles réussites du Congrès et des deux dernières administrations avait été d'ériger en loi l'équilibre budgétaire. Le gouvernement n'opérait plus qu'en respectant la règle voulant qu'on dispose des fonds nécessaires chaque fois qu'on lançait un nouveau train de dépenses, que se soit en en réduisant d'autres ou en levant des impôts. « Nous ne reviendrons pas dans le rouge », ai-je déclaré.

En janvier, les choses sont allées très vite. Les préparatifs d'une nouvelle administration et d'un nouveau Congrès sont toujours fiévreux. Ils l'étaient d'autant plus cette année-là que, en raison du conflit prolongé sur le résultat de la course présidentielle, Bush et son équipe de transition ne disposaient que de six semaines au lieu des dix habituelles pour organiser l'investiture.

Les impôts étaient, il fallait s'y attendre, au centre des préoccupations. Lors d'une conversation en privé, à la mi-

janvier, Cheney nous avait dit, à O'Neill et à moi, qu'après
une élection litigieuse, Bush jugeait cruciale une victoire
nette sur le chapitre de son plan d'allègements fiscaux. Cela
faisait écho à la note catégorique que j'avais perçue dans une
interview du dimanche matin donnée par Cheney quelques
semaines auparavant : « Comme le président Bush l'a dit
clairement, il a fondé sa campagne sur une plate-forme très
soigneusement conçue ; c'est son programme et nous
n'avons nullement l'intention de l'abandonner. »

Ayant longtemps traîné mes guêtres à Washington, j'ai
cru reconnaître un scénario familier. Les promesses faites
durant la campagne sont le point de départ de toute présidence. Chaque administration, quand elle arrive aux affaires, lance des propositions budgétaires et autres identiques
à celles de la campagne. La difficulté qu'il y a à tenir ses
promesses tient au fait que les programmes électoraux sont
conçus pour être bien perçus politiquement, non pour produire un effet pratique optimal. Ce sont des cartes routières
dressées à la hâte en fonction de la situation du moment ;
par définition, ils ne peuvent se traduire en politiques soigneusement mises en œuvre par un gouvernement en fonction. D'autres forces – au Congrès et au sein de la branche
exécutive – les confrontent invariablement à la réalité, analy-
sent et modifient les projets. Je le savais d'expérience
– j'avais travaillé pour Nixon lors de sa campagne de 1968
et pour Reagan en 1980, et en aucun cas, les politiques promises ou prévues n'ont survécu aux premières semaines de
la nouvelle administration.

Je ne voyais pas comment la Maison Blanche de Bush
pourrait faire autrement. Leur position était : « Voilà ce que
nous avons promis ; nous allons le faire », et ils le pensaient
sincèrement. Débattre de politique économique avec
rigueur ou peser les conséquences à long terme ne leur
paraissait pas essentiel. Comme le président Bush lui-même
l'avait dit à O'Neill deux ou trois mois plus tôt, en rejetant
une suggestion visant à améliorer le programme de réforme
du système des retraites, « ce n'est pas ce que j'ai proposé
pendant ma campagne ». Mon ami n'a pas tardé à se sentir

de trop ; à ma grande déception, les décisions de politique économique sont restées, pendant l'administration Bush, entre les mains de l'équipe de la Maison Blanche.

Lorsque le nouveau Congrès s'est réuni, la commission budgétaire du Sénat a commencé par aborder la question de l'excédent. C'est ainsi que je me suis retrouvé assis sous les lumières vives d'une salle d'audience le jeudi 25 janvier au matin, sur le point de déclencher une tempête politique.

Les questions clés, comme l'a indiqué le président de la commission Pete Domenici en m'accueillant, étaient de savoir si les excédents projetés à long terme seraient transitoires ou permanents et, dans le cas où ils continueraient à augmenter, « que devons-nous en faire ? ». Les années précédentes, j'avais toujours répondu simplement : « Rembourser la dette. » Mais les excédents prévus étaient maintenant si importants que la dette serait apurée en quelques années alors que l'excédent continuerait à s'accumuler. Les statisticiens du CBO envisageaient un surplus de 281 milliards de dollars en 2001, de 313 milliards en 2002, de 359 milliards en 2003, etc. En supposant qu'aucun changement majeur de la politique budgétaire ne soit décidé, le CBO prévoyait que la dette réductible serait entièrement payée en 2006 – tous les excédents dégagés ensuite devraient alors être détenus sous forme d'actifs non fédéraux. En 2006, le surplus dépasserait 500 milliards. Après quoi, une somme équivalente entrerait dans les coffres de l'Oncle Sam chaque année.

Cette perspective me faisait un peu tourner la tête : 500 milliards de dollars est une somme inimaginable – à peu près les actifs cumulés chaque année des cinq plus gros fonds de pension américains. Que ferait le Trésor de tout cet argent ? Où l'investirait-il ?

Les seuls marchés privés assez importants pour absorber de telles sommes sont, aux Etats-Unis et ailleurs, les marchés boursier, obligataire et immobilier. Je me suis pris à imaginer les membres du gouvernement américain devenant les plus gros investisseurs du globe. J'avais déjà été

confronté une fois à cette perspective et l'idée m'avait
effrayé. Deux ans plus tôt, le président Clinton avait proposé de placer 700 milliards de dollars provenant du système des retraites sur le marché boursier. Pour empêcher
toute ingérence politique dans les décisions d'investissement, son idée était de créer un mécanisme de marché privé
pour régir les fonds. Mais avec un tel levier financier à la
disposition du gouvernement, j'imaginais aisément les abus
qui auraient pu être perpétrés sous des Richard Nixon ou
des Lyndon Johnson. Comme je l'ai dit devant la commission des finances de la Chambre des représentants, je ne
croyais pas qu'il était « politiquement faisable de dissocier
des fonds si énormes de la gestion du gouvernement ». A
mon grand soulagement, Clinton avait peu après laissé tomber son idée. Elle avait cependant toutes les chances de
refaire surface.

Compte tenu de tout cela, j'en étais arrivé à une conclusion toute nouvelle et inquiétante : des excédents chroniques risquaient d'avoir un effet aussi déstabilisant que des
déficits. Rembourser la dette ne suffisait pas. J'ai décidé de
proposer un moyen pour que l'Oncle Sam paie ses dettes en
laissant peu ou pas d'excédent à investir une fois la dette
soldée. Il fallait soit augmenter les dépenses, soit baisser les
impôts, et à mes yeux la meilleure voie semblait évidente.
J'ai toujours craint qu'il soit difficile de réduire les dépenses
une fois qu'on les a augmentées – un effet de cliquet. C'est
moins vrai en ce qui concerne les réductions d'impôts [1]. Qui
plus est, baisser les impôts allège le fardeau des entreprises,
ce qui élargit potentiellement l'assiette fiscale. Nous pouvions aussi attendre un an ou deux, puis, si les excédents
perduraient, les éponger en réduisant fortement les impôts.
Mais il n'y avait pas moyen de savoir si une telle initiative
serait prudente le moment venu ; en cas de pression inflationniste, les allègements fiscaux finiraient par stimuler une
économie déjà en surchauffe. La seule ligne de conduite qui

---

1. Les recettes fiscales ne peuvent devenir négatives alors qu'il n'existe pas
de limite supérieure aux dépenses.

me séduisait consistait à mettre dès maintenant la politique fiscale sur une « trajectoire d'approche » en vue d'atteindre l'équilibre budgétaire. Cela impliquait une réduction progressive des excédents au cours des prochaines années grâce à une combinaison d'allègements fiscaux et de réforme du système des retraites.

Deux projets de lois visant à réduire les impôts étaient déjà sur la table. Le premier jour du nouveau Congrès, les sénateurs Phil Gramm et Zell Miller en avaient présenté un correspondant au programme de baisse de 1 600 milliards promis par Bush au cours de sa campagne, et le leader de la minorité du Sénat Tom Daschle, un plus modeste de 700 milliards. L'un et l'autre servaient mon objectif de réduction progressive des excédents tout en laissant assez d'argent pour la réforme du système des retraites.

Je redoutais toujours que le Congrès et la Maison Blanche se remettent à jeter l'argent par les fenêtres ou que les recettes diminuent de manière inattendue, ce qui, dans les deux cas, aurait fait resurgir de plus belle les déficits. En rédigeant mon témoignage, j'ai donc veillé à mentionner l'idée de Paul O'Neill, qui était de rendre les baisses d'impôts conditionnelles. J'ai demandé au Congrès d'envisager des « clauses limitant les actions visant à réduire l'excédent budgétaire si les objectifs spécifiés concernant ce surplus et la dette fédérale n'étaient pas atteints ». Au cas où les excédents n'évolueraient pas comme prévu, les réductions d'impôts ou les nouvelles augmentations des dépenses devraient être restreintes.

Je ne pouvais me débarrasser de la conviction ancienne que notre système politique a tendance à favoriser les déficits. J'ai donc veillé à achever ma déclaration par une mise en garde vigoureuse : « Eu égard à l'euphorie qui entoure aujourd'hui les excédents, il n'est pas difficile d'imaginer que le contrôle de la fiscalité chèrement mis en place ces dernières années puisse se relâcher. Nous devons nous opposer aux politiques susceptibles de faire renaître les déficits et les déséquilibres budgétaires qu'ils entraînent dans leur sillage. »

Mon bureau fournit aux principaux membres de la commission budgétaire une copie de mes remarques un jour à l'avance, comme nous le faisions souvent en cas de témoignage complexe sans rapport direct avec les marchés financiers. J'ai été surpris le mercredi après-midi de recevoir un appel du démocrate le plus ancien de la commission, Kent Conrad, du Dakota du Nord. Il m'a demandé si je pouvais passer à son bureau pour discuter avec lui. Ancien des services fiscaux, Conrad était sénateur depuis aussi longtemps que j'étais président, et il avait la réputation d'être conservateur en matière budgétaire. Après m'avoir remercié de lui avoir accordé de mon temps, il est allé droit au but. « Vous allez créer une véritable curée, a-t-il dit. Pourquoi soutenez-vous la baisse des impôts de Bush ? » Il prévoyait que mon témoignage allait non seulement garantir le vote des propositions de la Maison Blanche, mais aussi encourager le Congrès à briser le fragile consensus que nous avions crée au fil des années sur la discipline budgétaire.

« Ce n'est pas du tout ce que je vais déclarer », lui ai-je répondu, lui expliquant que mon témoignage approuvait une baisse des impôts destinée à réduire l'excédent, mais pas nécessairement celle envisagée par le Président. Mes objectifs ultimes demeuraient la réduction de la dette et l'équilibre budgétaire. J'ai expliqué que, selon moi, le point de vue sur les excédents avait considérablement changé et que, d'après pratiquement tous les analystes, l'augmentation de la productivité semblait appelée à se poursuivre à un rythme rapide de manière permanente ou du moins pendant les prochaines années. Cela avait fondamentalement modifié les perspectives d'avenir relatives aux recettes fiscales. Enfin, j'ai reconnu qu'il restait crucial d'insister sur la discipline budgétaire et me suis proposé de m'étendre sur la nécessité d'un mécanisme de sécurité comme celui proposé par O'Neill si le sénateur me le demandait au cours du débat.

En partant, je me suis bien rendu compte que le sénateur Conrad n'était pas entièrement satisfait de ma réponse. Je ne croyais pas que le Congrès suivrait mes conseils. Les hommes politiques n'avaient jamais hésité à ignorer mes recommandations par le passé lorsque cela leur convenait. Je ne me rappelle pas les avoir fait changer d'opinion lorsque j'avais préconisé une réduction des pensions de retraite. Je n'avais nullement l'intention de prendre parti sur le choix du programme d'allègement fiscal – comme je l'ai dit le lendemain matin au sénateur Domenici lorsqu'il m'a demandé de recommander le projet Bush, c'était une question essentiellement politique. J'étais un analyste, non un homme politique ; le jeu n'aurait pas valu la chandelle si j'avais dû m'inquiéter des implications politiques de tout ce que j'avais à dire. J'offrais ce que je croyais être une perspective nouvelle et espérais que mon témoignage ajouterait une dimension importante au débat.

Je suis retourné à la Fed et je n'étais pas à mon bureau depuis une heure que Bob Rubin m'a téléphoné. « Kent Conrad m'a appelé, m'a-t-il annoncé. Il a dit qu'il fallait que je vous parle avant que vous témoigniez. » Bob n'avait pas lu mon témoignage, mais Conrad l'avait mis au courant et il m'a dit qu'il partageait certaines des inquiétudes du sénateur. Avec une baisse d'impôt importante, « nous risquons de perdre l'état d'esprit politique propre à la discipline budgétaire », a-t-il expliqué.

Lui et moi avions œuvré pendant des années à favoriser ce consensus, et je lui ai demandé s'il savait que je présentais toujours la réduction de la dette comme l'objectif ultime. « Je comprends cela », a-t-il dit. Je lui ai alors demandé où était le problème et à quelle partie de mon témoignage il ne souscrivait pas.

Après un silence, il a répondu : « Le problème n'est pas tant ce que vous dites que la manière dont cela va être perçu. »

« Je ne peux pas me préoccuper de la façon de penser des gens, ai-je répliqué avec lassitude. Ce n'est pas comme cela que je fonctionne. Je ne le peux pas. »

Il s'avéra que Conrad et Rubin avaient raison. Mon témoignage sur les réductions d'impôts s'est révélé explosif. Le tohu-bohu commença avant que je n'arrive au Congrès ; des copies de ma déclaration avaient été divulguées à la

presse et *USA Today* titrait ce matin-là en première page :
« Greenspan soutient les réductions d'impôts. » Conrad et
Domenici étaient cités dans l'article, ce dernier confirmant
que je m'apprêtais à changer de position à propos des allègements fiscaux parce que l'excédent était trop important.

La salle d'audience était pleine à craquer : vingt sénateurs et leurs équipes, un mur de caméras et une assistance
importante. La lecture de mon témoignage prit près d'une
demi-heure. Je ne savais trop à quoi m'attendre ensuite. Le
sénateur Conrad commença par me remercier de ce qu'il
considérait comme une façon d'aborder la question « très
équilibrée » – ce qui était aimable de sa part étant donné que
je n'avais pas changé un mot à ma déclaration après notre
conversation de la veille.

« Si j'ai bien compris, vous proposez de ne pas renoncer
à la discipline budgétaire ? » m'a-t-il demandé ensuite.

Ce que j'ai confirmé, entamant le petit pas de deux que
j'avais proposé la veille. J'ai développé mon point de vue sur
la nécessité persistante de réduire la dette publique et de
maintenir le contrôle du budget.

Vint ensuite le tour des autres sénateurs et pendant les
deux heures qui ont suivi, les questions qui se succédèrent
marquèrent nettement la ligne de partage entre les deux partis. Alors que tous deux avaient proposé une réduction des
impôts, les républicains étaient manifestement les plus
contents de m'entendre donner ma bénédiction au projet.
« Je crois que nous savons parfaitement où nous allons, a
déclaré Phil Gramm, du Texas. Plus tôt nous mettrons en
forme le budget, mieux cela vaudra. Allez, au travail ! » Les
démocrates exprimaient pour l'essentiel leur consternation.
« Vous allez déchaîner les foules », a dit Fritz Hollings, de
Caroline du Sud. Paul Sarbanes, du Maryland, a fait chorus : « La presse ne se tromperait pas de beaucoup si elle
titrait : "Greenspan remet le punch sur la table." » Bob
Byrd, le sénateur en fonction depuis le plus longtemps de
l'histoire des Etats-Unis, est celui qui s'est plaint le plus
vivement. « Je suis baptiste, a-t-il commencé avec la voix
traînante de l'ouest de la Virginie. Nous avons un livre de

cantiques. L'un de ces cantiques a pour titre : "L'ancre croche." Je vous ai observé pendant toute cette période d'expansion et j'ai considéré que vous étiez une bonne partie de cette ancre. Voilà des années que je vous entends dire que nous devons payer nos dettes, que c'est une nécessité impérative. J'estimais que vous aviez raison et je suis stupéfait de voir que l'ancre semble maintenant vaciller. »

Des telles remarques sont de celles dont les gens se souviennent. A la fin de l'audience, j'avais bon espoir que les idées que j'avais avancées – les risques inhérents aux excédents excessifs, la proposition d'une trajectoire d'approche, d'un mécanisme de restriction comme celui préconisé par O'Neill – finiraient par attirer l'attention à mesure que se poursuivrait le processus législatif. Mais pour le moment, je me résignais à ce que ma déclaration soit déformée. « Tiens, tiens, on fait donc de la politique au Congrès », ai-je dit plus tard à ma femme.

La Maison Blanche a été prompte à exprimer sa satisfaction – le président Bush lui-même a déclaré aux journalistes le soir même qu'il jugeait mon témoignage « mesuré et tout à fait pertinent ». Les principaux journaux l'ont cependant qualifié de politique. « Les réductions d'impôts sont inévitables et c'est avec raison que M. Greenspan a évité un désaccord avec la nouvelle administration à ce stade précoce », écrivit le *Financial Times*. Selon le *New York Times*, j'aidais la Maison Blanche à peu près comme j'avais appuyé l'initiative de réduction du déficit du président Clinton lorsqu'il était entré en fonction en 1993 : « De même que son soutien réservé au projet de M. Clinton s'est révélé inestimable lorsque les démocrates ont voté la hausse des impôts, la caution prudente qu'il a accordée aujourd'hui à leur réduction donne un nouvel élan à la tentative des républicains de faire passer l'allègement de la fiscalité le plus important depuis l'administration Reagan. »

Comme me l'a montré la lecture de ces commentaires, je compris qu'alors que je n'avais pas eu l'intention de faire de la politique, j'avais mal jugé l'état d'esprit du jour. Nous venions de traverser une crise constitutionnelle lors des élections et, je m'en suis rendu compte avec le recul, ce n'était pas le moment le mieux choisi pour essayer de faire comprendre une position nuancée en matière d'analyse économique. J'aurais cependant effectué la même déclaration si Al Gore avait été élu.

J'ai fait ce que j'ai pu pour maintenir à l'ordre du jour le concept de mécanisme de restriction durant les semaines qui ont suivi. Lors d'audiences au Congrès en février et mars, j'ai à plusieurs reprises attiré l'attention sur l'incertitude de toutes les prévisions et continué à prendre fait et cause pour la mise en place de sauvegardes. « Il est essentiel que nous élaborions des stratégies visant à remédier à d'éventuels déboires », ai-je dit devant une commission de la Chambre le 2 mars.

Quelques jours plus tard, un petit groupe bipartite de sénateurs favorables au conservatisme budgétaire a organisé une conférence de presse et déclaré qu'il fallait adopter des mécanismes de restriction. J'avais rencontré et encouragé les membres de ce groupe, cinq républicains et six démocrates dont Olympia Snowe, du Maine, avait pris la tête.

Mais il s'avéra que les mécanismes de restriction ne furent jamais adoptés. Les chefs de file des deux partis n'en aimaient pas l'idée. Le jour de mon audition, lorsque des journalistes ont interrogé le porte-parole de la Maison Blanche Ari Fleisher sur l'adjonction de sauvegardes anti-déficit aux réductions d'impôts souhaitées par le Président, il a répondu catégoriquement : « Nous devons en faire la règle *permanente* de notre pays. » Peu après, le magazine *Time* a cité le conseiller politique en chef Karl Rove disant que le concept de déclencheurs conditionnels était « mort pour ce président ». Et lorsque le président Bush a officiellement dévoilé son projet de budget 2002 en février, il y avait intégré les réductions d'impôts de 1 600 milliards de dollars exactement telles qu'il les avait annoncées durant sa campagne. Les leaders démocrates ont eux aussi rejeté le mécanisme. « Les sauvegardes ne servent à rien si on limite l'ampleur des réductions d'impôts », a déclaré Daschle, chef de file de la minorité au Sénat. Début mars, les leaders républicains de la Chambre des représentants ont empêché un amendement prévoyant les sauvegardes d'être mis aux voix, et la Chambre a voté les réductions d'impôts de Bush pratiquement sans modifications. Lorsque le débat a eu lieu au Sénat, les sauvegardes n'ont pas rencontré davantage de soutien.

Bush a finalement remporté une victoire sans équivoque. A 1 350 milliards de dollars, les réductions d'impôts qui avaient pris forme étaient inférieures à ce qu'il avait souhaité, à peu près à mi-chemin entre les projets républicain et démocrate. Mais elles étaient structurées à la Bush, sous forme de réductions générales. La loi ne comportait qu'un point important qui n'avait pas fait partie du projet d'origine : un dégrèvement destiné à restituer au contribuable près de 40 milliards de dollars sur l'excédent de 2001. Elle prévoyait que chaque famille dont le chef était actif devait recevoir jusqu'à 600 dollars en fonction de l'impôt sur le revenu qu'il avait acquitté l'année précédente. Le Congrès approuva le « dégrèvement Bush », comme on en était venu à l'appeler, conçu comme un stimulus à court terme visant à secouer l'économie pour qu'elle sorte de sa torpeur. « Les contribuables américains auront plus d'argent en poche et l'économie recevra un coup de fouet bien mérité », déclara le Président.

Il a promulgué la loi le 7 juin – un temps record pour une initiative budgétaire majeure. Je voulais me montrer optimiste quant à ses effets. Elle allait réduire les excédents avant qu'ils ne deviennent dangereux. Et bien que les réductions d'impôts n'aient pas été conçues pour faire office d'aiguillon – l'économie n'en avait pas besoin lorsque l'équipe de Bush avait élaboré le projet pendant la campagne –, elles eurent heureusement un effet stimulant. Elles arrivaient au moment opportun.

Mon regret que la loi ait été votée sans clauses de sauvegarde n'allait cependant pas tarder à devenir plus vif. Quelques semaines plus tard, il s'avéra que je ne m'étais pas trompé en me montrant sceptique quant à la pérennité de l'excédent. Les prévisions optimistes sur deux ans étaient en fait grossièrement erronées.

Avant même que les chèques de remises d'impôts aient été mis au courrier, les recettes fédérales ont chuté brusquement et inexplicablement. Les rentrées d'impôts sur le revenu dans les caisses du Trésor, après les ajustements saisonniers du département du Commerce, se révélèrent inférieures de plusieurs milliards de dollars aux prévisions. L'excédent tant vanté, encore important lorsque Bush avait promulgué le plan de réductions d'impôts en juin et censé durer des années, avait été balayé du jour au lendemain. A partir de juillet, le solde budgétaire est resté dans le rouge.

Nos meilleurs statisticiens n'y comprenaient rien ; il fallut plusieurs mois aux experts des questions budgétaires pour mettre en tableaux les dizaines de milliards de rentrées fiscales et reconstituer ce qui était allé de travers. Le manque à gagner reflétait de manière évidente le déclin important et persistant du marché boursier. (Entre janvier et septembre 2001, le S&P 500 perdit plus de 20 % de sa valeur.) Il en est résulté une chute des impôts sur les revenus des capitaux et l'exercice des stock-options – une baisse beaucoup plus brutale que ne l'avaient prévu les experts. De même que la hausse du marché liée au boom technologique avait engendré l'excédent, la baisse postérieure à l'effondrement des start-up Internet l'avait épongé.

Comment les prévisions avaient-elles pu être aussi colossalement erronées ? Par sa modération, le ralentissement économique avait trompeusement conduit les statisticiens à prévoir une légère baisse des recettes fiscales. Mais en 2002, l'ampleur de la chute était évidente dans les chiffres. En janvier 2001, le CBO avait estimé l'ensemble des recettes à 2 236 milliards de dollars pour l'exercice budgétaire 2002. En août 2002, le chiffre avait été réduit à 1 860 milliards – soit une révision à la baisse de 376 milliards en dix-huit mois. Sur cette somme, 75 milliards reflétaient les réductions d'impôts de Bush et 125 milliards, le ralentissement de l'activité économique. Les 176 milliards restants, une somme énorme, traduisaient ce que les experts

budgétaires appellent des changements techniques – langage
codé pour désigner ce qui ne peut s'expliquer par la marche
de l'économie ou les lois votées par le Congrès, de mauvaises estimations des impôts sur les revenus des capitaux par
exemple.

Au mois de septembre, Bob Woodward est venu m'in-
terviewer à mon bureau à propos de l'état de l'économie. Il
préparait pour l'édition de poche de son best-seller *Maestro*
un nouveau chapitre sur la Fed et moi. Je lui ai dit que j'étais
déconcerté par le cours que prenait la récession de 2001 – je
n'avais encore rien vu de semblable. Après la brusque chute
de confiance et le déclin important des prix des actions, je
m'étais préparé à une baisse marquée du PIB. La production industrielle avait diminué de 5 % au cours de l'année.
Pourtant le PIB tenait bon. Au lieu d'une profonde vallée,
nous étions sur un plateau. (L'économie connut même une
légère expansion sur l'année entière.)

Le manque de profondeur de la récession résultait selon
moi des forces économiques mondiales qui avaient tiré les
taux d'intérêt à long terme vers le bas et déclenché une
hausse importante des prix de l'immobilier dans de nombreuses régions du globe. Aux Etats-Unis, la valeur de l'immobilier avait tellement augmenté que les ménages, ayant le
sentiment d'être en fonds, semblaient plus enclins à dépenser. Couplé avec la hausse sous-jacente de la productivité,
cela semblait avoir conféré à l'économie américaine une
« flottabilité » plus grande.

Ainsi, avait dit Woodward, pour tenter de résumer, « le
fait économique important de l'année serait le désastre que
nous avons évité plutôt que la phase descendante ».

« Il est encore trop tôt pour l'affirmer, ai-je répondu.
Tant que tout n'aura pas repris son cours normal, nous ne
pourrons le savoir. »

Cette conversation n'était guère différente de dizaines
d'autres que j'avais eues avec des journalistes durant l'été – si
ce n'est sa date. Elle avait eu lieu le jeudi 6 septembre, juste
avant que je ne parte pour une réunion internationale de
banquiers en Suisse. Mon retour était prévu le 11 septembre.

11.

LE DÉFI À LA NATION

Après le 11 septembre 2001, nous sommes restés dans les limbes pendant un an et demi. La croissance s'est certes poursuivie, mais elle était devenue incertaine et faible. Les entreprises et les investisseurs se sentaient assiégés. Les crises des premiers mois – la chasse aux suspects d'Al Qaida, les attaques à l'anthrax, la guerre en Afghanistan – ont laissé la place à une tension plus diffuse due à l'anxiété et aux coûts liés à la sécurité nationale. La faillite d'Enron en décembre 2001 a ajouté à l'incertitude et à la morosité ; la vague de scandales comptables et de faillites qu'elle a déclenchée a révélé la cupidité et les malversations qui constituaient le côté sombre du grand boom économique.

La série de nouvelles inquiétantes semblait ne jamais devoir finir : la controverse sur le financement de la campagne, les meurtres perpétrés par des snipers à Washington, l'attentat à la bombe dans une discothèque de Bali. Au cours de l'été 2002, WorldCom, le géant des télécoms, s'est effondré dans un nuage de fraudes comptables – à 107 milliards de dollars d'actifs, c'était la plus grosse faillite de l'Histoire. Puis il y a eu le SRAS, la contagion grippale mortelle qui débuta en Chine et perturba le commerce et les voyages d'affaires pendant des semaines. Durant cette période, l'administration a évidemment intensifié ses attaques contre Saddam Hussein et, en mars et avril, l'invasion de l'Irak et le renversement de Saddam ont fait les gros titres.

Derrière tout cela planait la menace d'autres attaques terroristes sur le sol des Etats-Unis. Dans les milieux officiels de Washington, on avait du mal à se défaire du sentiment de l'imminence d'une agression : nouveaux obstacles à la libre circulation, postes de contrôle, caméras de surveillance et gardes armés jusqu'aux dents étaient omniprésents. Pour moi, il n'était plus question d'effectuer à pied la dernière étape de mon trajet jusqu'au bureau, de passer devant les caméras de la télévision pour l'« indicateur serviette » ; chaque matin, j'étais conduit en voiture jusque dans le parking en sous-sol de la Fed placé sous haute surveillance. Les gens qui venaient à la Fed étaient encore autorisés à se garer là, mais ils devaient attendre qu'un chien ait reniflé leur voiture pour y détecter la présence éventuelle d'explosifs – le chien entrait même dans le coffre.

La première question que l'on se posait à Washington était : pourquoi n'y a-t-il pas de deuxième attaque ? Si l'intention d'Al Qaida était vraiment de désorganiser l'économie américaine, ainsi que Ben Laden l'avait déclaré, les agressions auraient dû continuer. Notre société était ouverte, nos frontières poreuses et notre capacité de détecter des armes et des explosifs limitée. J'ai posé cette question à beaucoup de membres haut placés du gouvernement et aucun ne m'a donné une réponse convaincante.

L'attente de nouveaux actes de terrorisme affectait pratiquement toutes les actions du gouvernement. Et, inévitablement, la bulle défensive que nous avions créée pour protéger nos institutions pesait sur toutes les décisions. En 2002, le nouveau programme de sécurité intérieure visait à réduire de manière importante les libertés individuelles par des mesures telles qu'un renforcement des procédures d'identification et des contrôles d'identité, la limitation des déplacements et des empiètements sur la vie privée[1]. Les

---

1. La loi sur la sécurité intérieure était moins draconienne mais prévoyait la restriction des libertés civiles en permettant au gouvernement de rejeter plus facilement les demandes de transparence des informations, des peines criminelles pour les fonctionnaires qui divulguaient une « information critique relative à l'infrastructure » obtenue auprès des entreprises privées, et en appliquant un programme de surveillance de la vie quotidienne des citoyens.

leaders des deux partis s'étaient mobilisés. Mais comme aucune nouvelle attaque ne se produisait, les dirigeants politiques en sont peu à peu revenus aux positions antérieures au 11 septembre sur les libertés civiles, certains plus vite que d'autres. Il est intéressant de se demander à quoi ressembleraient les Etats-Unis aujourd'hui s'il y avait eu une deuxième, troisième et quatrième attaques. Notre culture y aurait-elle résisté ? Aurions-nous été capables de conserver une économie viable comme le font les Israéliens et comme l'ont fait les Londoniens pendant les dizaines d'années où ils ont subi les attentats à la bombe de l'IRA ? Je suis à peu près certain que nous aurions réussi, mais le doute demeure.

La réaction de la Fed face à toutes ces incertitudes consista à maintenir notre programme de réduction énergique des taux d'intérêt à court terme. Il prolongeait une série de sept baisses successives que nous avions déjà décidées début 2001 pour atténuer le choc du fiasco des start-up Internet et le déclin général du marché boursier. Après les attaques du 11 septembre, nous avons réduit encore quatre fois le taux des fonds fédéraux, puis une fois encore au plus fort des scandales provoqués par les malversations des entreprises privées en 2002. En octobre de la même année, le taux en question était à 1,25 % – un chiffre que la plupart d'entre nous auraient jugé incroyablement bas dix ans plus tôt. (Il ne l'avait pas été autant depuis Dwight Eisenhower.) Pour nous qui avions consacré toute notre carrière à lutter contre l'inflation, procéder à de telles baisses était une curieuse expérience. Et pourtant l'économie était de toute évidence paralysée par la désinflation, dans laquelle les forces du marché se conjuguaient pour maintenir les salaires et les prix bas et pousser les anticipations d'inflation, et donc les taux à long terme, à la baisse.

L'inflation, pour le moment du moins, ne posait donc pas de problème. Entre 2000 et 2003, les taux à long terme avaient continué à baisser – le taux d'intérêt versé sur les bons du Trésor à dix ans était tombé de près de 7 % à moins de 3,5 %. Il était clair que l'explication dépassait le cadre des Etats-Unis, car cette tendance se manifestait à l'échelle du globe. La mondialisation exerçait manifestement un effet désinflationniste.

Nous avons mis de côté cette question plus vaste pour nous atteler au problème immédiat auquel était confrontée la Fed : l'affaiblissement de l'économie. L'hypothèse de travail du FOMC était que la hausse des prix ne représentait pas un danger imminent, ce qui nous laissait la latitude d'abaisser les taux à court terme.

En 2003 cependant, la morosité économique et la désinflation perduraient depuis si longtemps que la Fed dut envisager un péril plus rare : la déflation. Il n'était pas exclu que l'économie américaine soit prise dans une spirale paralysante comme l'avait été le Japon pendant treize ans. C'était pour moi un problème très perturbant. Dans les économies modernes, où le souci majeur est l'inflation, la déflation reste une maladie rare. Après tout, les Etats-Unis avaient abandonné l'étalon-or, et je ne pouvais concevoir une déflation survenant dans un système de monnaie fiduciaire. Si la déflation semblait imminente, nous pouvions toujours mettre en route la planche à billets et imprimer autant de dollars qu'il serait nécessaire pour enrayer la spirale. Mais je n'étais pas si sûr du résultat. Le Japon avait ouvert le robinet, réduit les taux d'intérêt à zéro, laissé s'accumuler un gros déficit budgétaire et les prix avaient pourtant continué de chuter. Les Japonais semblaient incapables de sortir de la déflation et devaient craindre d'être engagés dans une spirale descendante comme on n'en avait pas vu depuis les années 1930.

La déflation devint un sujet de plus en plus préoccupant au sein de la Fed. Alors que la croissance du PIB réel atteignait 1,6 % en 2002, elle était manifestement limitée. Même des sociétés puissantes comme Aetna et SBC Communication faisaient de faibles bénéfices, licenciaient et avaient du mal à imposer des hausses de prix. Le chômage était passé de 4 % fin 2000 à 6 %.

Lors de la réunion du FOMC fin juin, au cours de laquelle nous avions décidé de réduire encore les taux d'intérêt pour les porter à 1 %, la déflation était le sujet n° 1.

Nous étions tombés d'accord sur cette baisse tout en sachant tous que l'économie n'en avait sans doute pas besoin. Le marché boursier s'était finalement ranimé et nous prévoyions une croissance beaucoup plus forte dans la deuxième moitié de l'année. Nous avions cependant pris cette décision après avoir pesé les risques. Nous voulions éliminer définitivement toute possibilité de déflation corrosive ; nous étions prêts, en réduisant les taux, à courir le risque de provoquer une bulle, une flambée inflationniste, contre laquelle nous aurions eu ensuite à lutter. La façon dont nous avions pondéré les risques me plaisait. Le temps nous dirait si nous avions pris la bonne décision, mais elle avait été prise comme il le fallait.

Les dépenses de consommation avaient permis à l'économie de traverser sans coup férir le malaise consécutif au 11 septembre, et c'est l'immobilier qui les avait soutenues. Dans beaucoup de régions des Etats-Unis, la valeur de l'immobilier résidentiel, dopée par la baisse des intérêts des prêts hypothécaires, avait grimpé en flèche. Les prix des logements existants avaient augmenté de 7,5 % par an en 2000, 2001 et 2002, plus du double du taux constaté quelques années auparavant. Ce n'était pas seulement la construction de logements neufs qui atteignait des niveaux records, mais aussi le nombre de logements existants qui changeaient de mains. Ce boom releva le moral des Américains – même si vous ne vendiez pas votre maison, il suffisait de regarder autour de vous : vos voisins vendaient les leurs à des prix étonnants, ce qui signifiait que la vôtre avait elle aussi pris de la valeur.

Début 2003, les taux des prêts hypothécaires à trente ans étaient inférieurs à 6 %, leur plus bas niveau depuis les années 1960. Les prêts à taux variable coûtaient encore moins cher. Cela incitait les propriétaires à changer plus souvent de domicile, ce qui entraînait une hausse des prix. Depuis 1994, le pourcentage des Américains qui devenaient propriétaires de leur logement augmentait de plus en plus vite. De 44 % en 1940, il était passé à 64 % en 1994 et à 69 % en 2006. Il était particulièrement élevé parmi les

Hispaniques et les Noirs, l'accroissement de la richesse et les prêts pour les moins solvables (*sub-prime mortgage*) encouragés par le gouvernement ayant permis à beaucoup de membres des groupes minoritaires d'acquérir pour la première fois un logement. Du fait de cette expansion de la propriété, plus de gens s'intéressaient à l'avenir de notre pays, ce qui était de bon augure pour la cohésion de la nation. Avoir une maison à soi était un rêve aussi cher au cœur des Américains qu'il l'était il y a un siècle. Même à l'époque du numérique, ce sont la brique et le mortier (ou le contreplaqué et le Sheet-rock) qui nous stabilisent et nous donnent le sentiment d'être chez soi.

Les plus-values, surtout celles réalisées en espèces, brûlèrent les poches des bénéficiaires de cette aisance nouvelle et les statisticiens ne tardèrent pas à constater que la hausse des dépenses de consommation suivait celle des gains en capital. Selon certains analystes, entre 3 et 5 % de l'augmentation de la richesse immobilière était consacré à la demande de toutes sortes de biens et de services, qu'il s'agît d'automobiles et de réfrigérateurs ou de vacances et de loisirs. Et, naturellement, les ménages consacraient de l'argent à la modernisation et à l'agrandissement de leur maison, alimentant encore le boom. Ces mises de fonds étaient pratiquement toutes financées par des augmentations de leur en-cours de crédit hypothécaire, que les institutions de financement accordaient particulièrement aisément[1]. L'effet net de tout cela a été bien décrit par Robert Samuelson, le chroniqueur économique de *Newsweek*. Il écrivit en décembre 2003 : « L'envolée du prix des logements a sauvé l'économie. Lassés de la Bourse, les Américains se sont livrés à une orgie immobilière. Nous avons vendu notre maison pour en acheter une plus chère, l'avons démolie ou agrandie. »

---

1. Lorsqu'un logement changeait de mains, l'acheteur contractait presque toujours un emprunt supérieur au solde du crédit du vendeur. L'accroissement net de la dette garantie par la maison se retrouvait en argent liquide dans la poche du vendeur. L'augmentation de l'endettement était exactement égale à la valeur du bien immobilier, déduction faite de l'en-cours de crédit.

Les booms engendrent les bulles, comme les propriétaires d'actions des start-up Internet l'ont appris à leurs dépens. Nous dirigions-nous vers un krach immobilier douloureux ? Cette inquiétude a commencé à se manifester sur les marchés les plus fébriles comme ceux de San Diego et New York, où les prix avaient monté en 2002 respectivement de 22 et 19 %, et où certains investisseurs commençaient à voir dans les maisons et les immeubles d'appartements le dernier moyen en date de faire rapidement fortune. La Fed suivait ces évolutions de près. Le marché des maisons unifamiliales aux Etats-Unis était naguère dominé par les particuliers achetant un logement pour y habiter. La proportion des achats à des fins de placement ou spéculatives représentait rarement plus de 10 %[1]. Ils représentaient maintenant une force sur le marché et accéléraient de près d'un tiers la fréquence des ventes de logements existants. En 2005, aux Etats-Unis, d'après l'Association nationale des promoteurs immobiliers, 28 % des achats de logements étaient le fait d'investisseurs. En 2005, aux nouvelles télévisées, on évoquait les « *flippers* » – des spéculateurs de Las Vegas, Miami ou d'ailleurs qui profitaient du crédit facile pour se lancer simultanément dans cinq ou six opérations de construction d'immeubles d'appartements dans l'intention de les vendre sur plan en réalisant un gros profit. De tels phénomènes restaient cependant purement régionaux. Je disais devant certains auditoires que nous avions affaire non à une bulle mais à une écume – de nombreuses petites bulles locales qui n'atteignaient jamais une échelle suffisante pour menacer la santé de l'économie.

Bulle ou écume, la fête se termina fin 2005, lorsque les prix devinrent hors de portée des nouveaux acquéreurs de logement. Les prix élevés obligent à contracter des prêts plus importants dont le remboursement mobilise une part trop lourde du revenu mensuel. Les beaux jours où les acheteurs faisaient de la surenchère pour emporter le morceau étaient

---

1. Ces achats sont généralement le fait d'individus qui les destinent à la location. Ils sont souvent propriétaires d'un immeuble d'appartements ou de deux maisons accolées dont une seule est louée.

révolus. Les prix demandés par les vendeurs tenaient bon, mais les acquéreurs s'abstenaient de surenchérir. Le volume des ventes chuta en conséquence dans le neuf comme dans l'ancien. Le boom était fini.

Il avait participé d'une tendance historique internationale. En réaction au déclin général des taux d'intérêt à long terme, le prix de l'immobilier avait monté en flèche dans le monde entier – de la Grande-Bretagne à l'Australie en passant par les Pays-Bas et la Chine. *The Economist*, qui suit l'évolution des prix de l'immobilier dans 20 pays, a estimé qu'entre 2000 et 2005, la valeur du marché de l'immobilier résidentiel dans les pays développés est passée de 40 000 milliards de dollars à plus de 70 000. La part la plus importante de cette augmentation est le fait des maisons unifamiliales aux Etats-Unis. Mais ce qui s'est passé dans d'autres pays était évocateur, car le boom y avait commencé – et s'était achevé – un an ou deux avant le nôtre. En Australie et en Grande-Bretagne, la demande a commencé à ralentir en 2004 pour les mêmes raisons qu'ici : les candidats à une première acquisition étaient mis hors course par les prix trop élevés et les investisseurs spéculateurs se retiraient. Remarque importante : lorsque le boum avait pris fin dans ces pays, les prix s'étaient maintenus ou n'avaient baissé que légèrement, mais ils ne se sont effondrés nulle part au moment où j'écris ces lignes.

Grâce au boom immobilier et à la multiplication corrélative de nouveaux produits hypothécaires, le foyer américain moyen se retrouve avec une maison qui vaut davantage et bénéficie d'un accès plus facile à la richesse qu'elle représente. Son en-cours de crédit est aussi plus élevé, mais comme les taux d'intérêt sont plus bas, la part du service de la dette par rapport au revenu n'a pas beaucoup changé entre 2000 et 2005. Pour beaucoup de ménages, le retard des revenus réels a été compensé par l'augmentation de la valeur de leur maison, bien que le gros des plus-values ait été réalisé par les tranches de revenu supérieures et moyennes hautes.

La reprise postérieure au 11 septembre avait cependant

un aspect négatif. Elle a été gâtée par une évolution inquiétante de la distribution des revenus. Au cours des quatre
dernières années, l'augmentation des salaires horaires
moyens du personnel d'encadrement a été fortement supérieure à celle des salaires du personnel de production.

Les sondages ont reflété ce creusement de l'écart des
revenus alors même que la croissance économique était de
retour. En 2004, le PIB croissait au rythme annuel soutenu
de 3,9 %, le chômage baissait et, dans l'ensemble, les salaires ne se portaient pas trop mal non plus. Cependant, la
majeure partie de l'augmentation des revenus moyens était
due à l'accroissement disproportionné des gains du personnel hautement qualifié. De plus en plus de travailleurs
gagnaient le salaire médian et ne s'en tiraient pas très bien.
Un sondage téléphonique auprès de 1 000 personnes révéla
sans surprise que 60 % d'entre elles estimaient que la situation économique était très mauvaise et que 40 % seulement
la jugeaient bonne. Les économies à deux étages sont chose
courante dans les pays en développement, mais les Américains n'ont pas connu une telle inégalité des revenus depuis
les années 1920. D'ordinaire, lorsque les chiffres d'ensemble
étaient bons, les sondages étaient également positifs.

Plus récemment, la fin du boom immobilier a affecté
certaines parties de la population. Elle n'a pas causé de difficultés majeures à la grande masse des propriétaires, dont
la valeur nette du logement a suivi la hausse des prix de
l'immobilier. Mais beaucoup de familles à faible revenu qui
avaient profité des prêts accordés aux emprunteurs les
moins solvables (*sub-prime mortgage*) pour accéder à la propriété sont arrivées trop tard pour profiter du boom. Beaucoup d'acquéreurs récents qui n'ont pas la marge de sécurité
procurée par un apport important ou qui ont du mal à payer
leurs mensualités de remboursement risquent la saisie. Sur
près de 3 000 milliards de nouvelles hypothèques prises en
2006, un cinquième représente des hypothèques *sub-prime* et
un autre cinquième ce qu'on appelle des hypothèques Alt-A.
Ces dernières sont des hypothèques que l'on prend sur des
emprunteurs ayant de bonnes références de crédit, mais

dont les mensualités consistent essentiellement en intérêts et dont les garanties relatives au revenu et autres caractéristiques de l'emprunteur sont insuffisantes. Les difficultés de remboursement rencontrées par ces deux cinquièmes d'emprunteurs ont entraîné une réduction de la disponibilité du crédit ainsi que des effets notables sur les ventes immobilières financées par cette section du marché hypothécaire. Je me rendais bien compte que l'assouplissement du crédit hypothécaire accroissait le risque financier et que l'aide au logement exerçait un effet distorsif sur le marché. Mais j'ai compris aussi que l'augmentation du nombre de propriétaires renforçait le soutien au capitalisme de marché – vaste question. J'estimais donc, et continue de le faire, que les avantages de cet élargissement de la propriété immobilière individuelle valaient bien l'accroissement inévitable des risques. La protection des droits de propriété, si essentielle dans une économie de marché, a besoin d'une masse critique de propriétaires pour bénéficier d'un soutien politique.

Autant la capacité générale de récupération de l'économie m'encourageait, autant la performance du gouvernement m'inquiétait. Le budget était rentré dans le rouge en 2002 : il était déficitaire de 158 milliards, une détérioration de plus de 250 milliards de dollars par rapport à l'excédent de 127 milliards de 2001.

Le président Bush continuait d'axer les efforts de son administration sur l'accomplissement des promesses qu'il avait faites durant sa campagne électorale de 2000 : réduction des impôts, renforcement de la défense nationale et élargissement de la couverture de Medicare en matière de prescriptions de médicaments. Ces objectifs n'étaient pas irréalistes dans une situation où de forts excédents budgétaires étaient attendus. Mais les excédents avaient fondu six ou neuf mois après l'arrivée de George W. Bush aux affaires. Et les déficits augmentant, les objectifs en question n'étaient plus tout à fait appropriés, ce qui ne l'empêchait pas de continuer à vouloir remplir ses promesses électorales.

Je trouvais plus préoccupante encore la facilité avec

laquelle le Congrès et l'administration abandonnaient la discipline fiscale. Quatre années d'excédent avaient eu raison du souci d'économie. Les surplus appellent les dépenses. Je ne saurais compter les lettres que j'ai reçues du Congrès dans les années 1990 proposant tel ou tel projet d'augmentation des dépenses ou de réduction des impôts, le système d'équilibre recettes/dépenses dissimulant par quelque tour de passe-passe l'obscurité du financement, le but étant de cacher le coût du projet. L'art de la comptabilité en partie double s'était perdu au Congrès.

Il cessa finalement de faire semblant. Pendant la dernière année de l'administration Clinton, le Congrès avait ignoré les plafonds discrétionnaires de dépenses qu'il s'était imposés en votant 1 000 milliard de dollars de dépenses supplémentaires échelonnées sur dix ans. Sans ces dépenses, l'excédent record de 237 milliards en 2000 aurait été plus important encore. Puis George W. Bush avait fait passer ses réductions d'impôts sans qu'elles soient compensées par une baisse des dépenses et, à la suite du 11 septembre, les dépenses augmentèrent encore.

Les lois votées après le 11 septembre incluaient des dépenses liées aux besoins de la défense et de la sécurité nationale. Mais nos mesures fiscales d'urgence semblaient aussi aiguiser l'appétit du Congrès pour des programmes de dépenses à vocation électoraliste. Le projet de loi de 60 milliards de dollars sur les transports voté à la quasi-unanimité en décembre 2001 en est un des premiers exemples. Il prévoyait de grosses sommes pour améliorer la sécurité des compagnies aériennes et imposait une taxe sur les billets d'avion pour compenser en partie les coûts – initiative sensée. Mais il incluait aussi plus de 400 millions de dollars de programmes aux fins purement électorales – le financement de routes retiré à la compétence des Etats et affecté par les législateurs à des projets routiers qui leur étaient chers dans leur circonscription.

J'ai été encore plus choqué par la loi agricole votée au mois de mai suivant. Il s'agissait d'une aide de 250 milliards de dollars sur six ans, lourde pour le budget, qui allait à contre-courant des initiatives antérieures, défendues de haute lutte, visant à réduire les subventions agricoles et à ouvrir l'agriculture aux forces du marché. La nouvelle enveloppe budgétaire comprenait une augmentation marquée des subventions agricoles pour la culture du coton et des céréales ainsi que l'attribution de nouvelles subventions à un tas de denrées, du sucre aux pois chiches. Le président de la commission agricole de la Chambre des représentants, le républicain du Texas Larry Combest, défendit le projet de loi comme le firent les démocrates du Midwest, tels que Daschle, du Dakota du Sud, un des chefs de file du Sénat.

Il existe un remède aux excès du pouvoir législatif : c'est le veto présidentiel. Au cours de conversations dans les coulisses avec des responsables économiques, je n'ai pas fait mystère de mon point de vue selon lequel le président Bush aurait dû rejeter quelques lois. Cela aurait fait savoir au Congrès qu'il n'avait pas carte blanche en matière de dépenses. Mais l'un des officiels de la Maison Blanche m'a fait cette réponse : « Le Président ne veut pas de conflit avec Hastert. Il estime pouvoir mieux le contrôler sans s'opposer à lui. »

Et effectivement, le non-exercice du veto est devenu une des marques de la présidence Bush : au cours de ses six premières années à la Maison Blanche, il n'a pas repoussé un seul projet de loi. C'est sans précédent historique moderne. Johnson, Nixon, Carter, Reagan, George H. W. Bush, Clinton – tous ont opposé leur veto des dizaines de fois. Et Jerry Ford a repoussé tout ce qui se présentait – plus de 60 projets de loi en moins de trois ans. Cela lui a permis, même face à une forte majorité démocrate dans les deux chambres du Congrès, d'exercer un pouvoir important et d'aiguiller les législateurs dans les directions qu'il jugeait essentielles. A mon avis, la stratégie de collaboration de Bush fut une erreur majeure – elle a coûté au pays un mécanisme de freins et de contrepoids indispensable à la discipline budgétaire.

La discipline budgétaire a officiellement rendu l'âme à Washington le 30 septembre 2002, le jour où le Congrès a laissé expirer la loi anti-déficit. Le Budget Enforcement Act de 1990 avait été un magnifique exemple de retenue de la part du Congrès. Promulguée avec le soutien des deux partis sous le premier président Bush, cette loi a permis de maîtriser le déficit budgétaire et a donc contribué à préparer le terrain pour le boom des années 1990. Selon ses termes, le Congrès s'imposait des plafonds discrétionnaires et des règles de compensation qui exigeaient que toute nouvelle dépense ou réduction d'impôts soit contrebalancée par un autre poste du budget. Le viol de ces dispositions entraînait automatiquement de lourdes sanctions, telles que des réductions générales des programmes sociaux et de la défense – réductions que tout homme politique prenait grand soin d'éviter.

Mais en promulguant le Budget Enforcement Act, on n'avait pas prévu des années d'excédent budgétaire (ironiquement, l'objectif avait été l'équilibre budgétaire en 2002). Et à la fin des années 1990, dans sa frénésie de dépenser, le Congrès avait tiré parti de détails techniques pour contourner ses règles. Comme l'avait dit un membre du personnel du Congrès, « nous devions réduire le déficit, mais il n'y en avait pas ! ». Mais maintenant que les sauvegardes avaient sauté, les déficits revenaient en force.

A la mi-septembre, j'ai vigoureusement plaidé pour que le Congrès préserve cette première ligne de défense. « Les règles de fonctionnement budgétaire arrivent à expiration, ai-je dit à la commission budgétaire de la Chambre des représentants. Ne pas les conserver serait une lourde erreur. Car, sans direction claire ni objectifs constructifs, la tendance à laisser se creuser les déficits budgétaires va sans doute se manifester à nouveau. Si nous ne préservons pas les règles budgétaires et ne réaffirmons pas notre responsabilité fiscale, des années d'efforts seront gaspillées. » Les pires conséquences ne seraient pas immédiates, ai-je reconnu, mais elles seraient graves. « L'Histoire donne à penser que l'abandon de la discipline budgétaire aboutit finalement à faire monter les taux d'intérêt, à multiplier les dépenses, à réduire l'augmentation de la productivité et à nous obliger à des choix futurs plus difficiles. »

Ma déclaration avait circulé à l'avance. C'était manifestement des paroles que les membres de la commission n'avaient pas envie d'entendre. Sur quarante-trois, seuls la moitié sont venus. J'ai observé leurs réactions pendant que je lisais un passage évoquant le consensus bipartite historique qui avait donné naissance au Budget Enforcement Act. La plupart des regards que j'ai croisés étaient dénués d'expression. Pis, le débat qui a suivi a clairement montré que rares étaient ceux, si tant est qu'il y en eût, qui accordaient de l'importance au maintien des contraintes en matière de dépenses. Au lieu de revenir sur ma proposition et le danger économique qu'elle signalait, la plupart ont posé des questions sans rapport avec le sujet. La discussion a porté presque entièrement sur les réductions d'impôts présentes et futures, leurs avantages et leurs inconvénients. Et ce sont aussi ces préoccupations qui ont dominé le lendemain dans les quelques comptes rendus sur mon témoignage.

Au Sénat, Pete Domenici, Phil Gramm, Kent Conrad, Don Nickles et d'autres partisans du conservatisme budgétaire ont œuvré pour que soient conservés les mécanismes d'équilibre budgétaire. Mais la volonté politique n'y était pas. Ils n'ont réussi à obtenir qu'une prolongation de six mois d'une règle de procédure qui rendait légèrement plus difficile le vote de lois ayant pour effet d'augmenter le déficit. Mais sans les sanctions automatiques du Budget Enforcement Act, la règle était impuissante. La discipline budgétaire qui avait si bien porté ses fruits était bel et bien morte.

Après la victoire haut la main des républicains aux élections législatives au milieu du mandat présidentiel en novembre 2002, la situation empira. Glenn Hubbard, le président du CEA, affirma à l'occasion d'une allocution à la mi-décembre que le fait que le budget soit ou non en équilibre ne changeait pas grand-chose pour l'économie dans son ensemble. « Espérons que cessera le débat » sur l'idée que des déficits élevés font monter les taux d'intérêt à long terme et paralysent la croissance, a-t-il dit. « C'est de la rubinomique et c'est, selon nous, complètement faux. » Mis à part la raillerie adressée aux démocrates, ce que déclarait Hubbard

était exact à court terme. Les marchés des titres sont devenus si efficaces que les taux d'intérêt changent seulement si
de nouvelles informations modifient les anticipations
concernant les déficits budgétaires et la dette du Trésor. Les
variations marginales, immédiates, de l'offre de bons du
Trésor sont généralement minimes en comparaison de l'offre globale d'instruments de dette à long terme de risque
équivalent. De légères variations des prix relatifs (autrement
dit, des taux d'intérêt) peuvent inciter les investisseurs à
remplacer des quantités considérables de bons du Trésor
par des quantités égales d'obligations de haute qualité émi-
ses par des entreprises privées ou des Etats étrangers. La
réciproque est aussi vraie : de telles variations de la dette
ou, par extension, des déficits entraînent des changements
étonnamment réduits des taux d'intérêt. La dimension et
l'efficacité du marché des obligations concurrentes des bons
du Trésor masquent la relation à long terme entre déficits
fédéraux, dette et taux d'intérêt.

Lorsqu'un problème est complexe, il est parfois utile de
pousser le raisonnement jusqu'à ses conséquences extrêmes.
S'il était vrai que les déficits restaient sans effet et que les
réductions d'impôts non assorties de réductions des dépenses étaient de bonne politique, pourquoi alors ne pas supprimer *tous* les impôts ? Le Congrès pouvait emprunter et
dépenser aussi librement autant qu'il le voulait sans craindre
que l'océan de dettes rapidement accumulées par le gouvernement ne sape la croissance. Pourtant, comme nous
l'avons constaté maintes fois dans les pays en développement, les emprunts et les dépenses débridés du gouvernement déclenchent une inflation galopante et dévastent
l'économie.

Les déficits ne sont donc *pas* sans conséquences. La
question cruciale que doivent se poser les décideurs n'est
pas « Nuisent-ils à la croissance ? » mais « Dans quelle
mesure nuisent-ils à la croissance ? ». En fait Hubbard, dont
les modèles économétriques ne mettent en évidence qu'un
effet réduit des variations de la dette du Trésor sur les taux
d'intérêt, a néanmoins écrit récemment : « On ne doit pas

considérer que nos constatations impliquent que les déficits ne comptent pas. Une dette importante, persistante et non viable du gouvernement peut finir par accroître les pressions sur les sources de fonds disponibles nationales et étrangères. Aux Etats-Unis aujourd'hui, les obligations implicites sans financement liées au système des retraites et à Medicare sont particulièrement inquiétantes. » Mais les subtilités du débat académique se sont perdues dans les réalités politiques. Le Congrès et le Président ont estimé que les contraintes budgétaires entravaient la législation qu'ils souhaitaient instaurer. Le peu de conséquence des déficits est devenu à mon grand regret partie intégrante de la rhétorique économique des républicains.

Il n'a pas été facile pour moi d'admettre que cela était devenu la philosophie et la politique économique dominantes du parti républicain. Mais j'en avais eu un aperçu longtemps avant, dans les années 1960, à l'occasion d'un déjeuner avec Jack Kemp, un jeune représentant du nord de l'Etat de New York. Il se plaignait de ce que les démocrates gagnaient des voix en multipliant les dépenses tous azimuts et qu'il incomberait à l'administration républicaine de combler les déficits qui en résulteraient. « Pourquoi sommes-*nous* incapables de nous montrer un peu responsables ? m'a-t-il demandé à ma grande surprise. Pourquoi ne pouvons-nous pas réduire les impôts et distribuer les friandises avant eux ? » Et c'est effectivement ce qui se passait maintenant. Ma sensibilité de républicain libéral en prenait un coup.

Fin décembre 2002 et début janvier, j'ai engagé une démarche inhabituelle en poussant les principaux responsables économiques de la Maison Blanche à adopter une approche plus rationnelle. Je ne peux pas dire que mes efforts aient été couronnés de succès, mais la Maison Blanche a dû se rendre compte que le principe « les déficits ne comptent pas » avait quelque chose d'excessif, car, lorsque le président Bush a présenté son projet de budget 2004, elle avait modifié sa rhétorique. « Mon administration croit fermement à la nécessité de contrôler le déficit et de le réduire à mesure que l'économie retrouve son dynamisme et que les intérêts de la sécurité nationale sont satisfaits », a-t-il déclaré au Congrès le 3 février 2003. Il a affirmé ensuite que les déficits étaient inévitables pour le moment à cause des réductions d'impôts nécessaires pour stimuler la croissance et des dépenses nouvelles indispensables pour financer la guerre contre le terrorisme. Le lendemain, John Snow, qui avait récemment succédé à Paul O'Neill à la direction du Trésor, délivra un message similaire devant la commission des finances de la Chambre des représentants : « Les déficits comptent », mais ceux prévus dans le nouveau budget du Président sont à la fois « gérables » et « inévitables ».

A mes yeux, le nouveau budget était un peu plus inquiétant. Les dépenses se montaient à plus de 2 200 milliards de dollars et le solde projeté était un déficit de plus de 300 milliards en 2003 et 2004, et encore 200 milliards en 2005 (en recourant à des hypothèses passablement optimistes, me semblait-il). La proposition comprenait comme il fallait s'y attendre une augmentation substantielle des dépenses de sécurité nationale et de défense. Elle n'incluait cependant pas le financement de la guerre en Irak qui menaçait. (Si elle éclatait, l'administration devrait obtenir un crédit budgétaire spécial, qui creuserait encore le déficit.)

Une deuxième vague importante de réductions d'impôts, que le Président avait initialement proposée quelques semaines plus tôt, constituait l'élément central du budget. La suppression de la double taxation des dividendes des entreprises était la plus coûteuse. Pendant des années, j'avais préconisé son élimination complète afin d'encourager les investissements en capital. Le nouveau projet accélérait la réduction générale des impôts sur le revenu souhaitée par Bush afin qu'elle prenne effet tout de suite et rendait permanente l'abrogation de la taxe immobilière. Pour l'essentiel, le train de mesures fiscales devait ajouter 670 milliards de dollars (ou plus de 1 000 milliards si les réductions étaient permanentes) sur dix ans aux 1 350 milliards qu'avait coûté la première salve d'allègements fiscaux.

Mitch Daniels, le directeur de l'Office of Management

and Budget, fut prompt à souligner que 300 milliards de déficit budgétaire représentaient seulement 2,7 % du PIB – chiffre relativement modeste si l'on se réfère au passé. C'était vrai, mais je m'inquiétais surtout de ce que l'on ne se préoccupait nullement des pensions de vieillesse dues à terme qui allaient faire de gros trous dans les budgets à venir. Nous devions nous préparer à l'arrivée à l'âge de la retraite des enfants du baby-boom, dont les premiers auraient soixante ans en 2006, en équilibrant le budget ou en dégageant un excédent pour les années difficiles qui nous attendaient [1].

On entendait dire que les réductions d'impôts allaient relancer la croissance. Mais selon l'analyse de la Fed, la léthargie persistante reflétait l'anxiété et le doute suscités par la guerre et non un besoin de stimulation. L'Irak dominait les nouvelles. Le 5 février, Colin Powell avait prononcé aux Nations unies son discours dans lequel il accusait l'Irak de dissimuler des armes de destruction massive ; dix jours après, des marches anti-guerre eurent lieu dans des villes du monde entier. Tant que la situation en Irak n'était pas éclaircie, on ne pouvait savoir si les réductions d'impôts étaient sensées. Le 11 février, j'ai déclaré à la commission bancaire du Sénat : « Je suis un des rares à ne pas être encore convaincu que la stimulation est une politique souhaitable en ce moment. »

La nécessité de s'occuper de la menace que faisaient planer les énormes déficits était bien plus pressante que les réductions d'impôts, ai-je déclaré. J'ai enjoint les sénateurs à remettre en place les plafonds statutaires de dépenses et les règles de compensation dépenses/recettes. « Je crains que, si les mécanismes de mise en application gouvernant le processus d'élaboration du budget ne sont pas rétablis, le manque de direction claire et d'objectifs constructifs qui en résultera ne permette aux déficits budgétaires de s'installer à demeure. » Cela créerait des problèmes qu'aucun stimulus ne pour-

---

1. Les excédents ne font plus planer la menace d'une accumulation des actifs privés comme en 2001. La dette est maintenant beaucoup plus importante qu'on ne le prévoyait en 2001.

rait résoudre. L'argument de l'offre, selon lequel une croissance économique plus rapide rendrait les déficits plus faciles à maîtriser, était sans aucun doute vrai, ai-je ajouté. Sauf dans l'éventualité improbable où le montant des réductions d'impôts est intégralement mis de côté, la partie qui est dépensée augmente le PIB et donc l'assiette et les recettes fiscales. L'allègement fiscal brut est donc plus important que la perte de recettes, mais il y a toujours une perte. Etant donné l'insuffisance des fonds à laquelle nous étions confrontés, j'ai émis cette mise en garde : « On ne peut compter avec certitude sur la croissance économique pour éliminer les déficits et nous épargner les choix difficiles qui seront nécessaires pour rétablir la discipline fiscale. »

Le fait que je remette ouvertement en cause le projet de l'administration a fait sensation. « Non, M. le président : Greenspan condamne sévèrement les déficits croissants », titra le *Financial Times* le lendemain matin. Mais les titres des journaux américains montraient que je n'avais pas réussi à amener le débat là où il fallait. J'essayais de convaincre de la nécessité d'un contrôle du budget qui englobe non seulement les impôts, mais aussi et surtout les dépenses. Or, tout le monde se focalisait sur les impôts. Le *Washington Post* écrivit : « Greenspan affirme que les réductions d'impôts sont prématurées ; la stagnation imputée à la crainte de la guerre. » « Greenspan conseille de mettre en attente les réductions d'impôts », affirmait *USA Today*. De même, aucun chef de file du Congrès ne soutenait la cause des contrôles budgétaires.

Les allègements fiscaux furent bientôt au centre de tout un cirque médiatique. Cette semaine-là, plus de 450 économistes, dont dix prix Nobel, publièrent une lettre dans laquelle ils affirmaient que les réductions d'impôts proposées par Bush creuseraient les déficits sans beaucoup dynamiser l'économie ; la Maison Blanche contre-attaqua avec une lettre signée de 250 autres économistes favorables à son projet. Je connaissais la plupart des noms : les premiers étaient surtout des keynésiens, les seconds des partisans de la stimulation par l'offre. Tout ce débat était plus brûlant qu'éclairant et fut bientôt éclipsé par la guerre en Irak. En mai, lorsque le Congrès accorda au Président l'allègement fiscal désiré et que ce dernier le promulgua, la discipline budgétaire n'était nulle part sur la liste des priorités. Je savais maintenant ce qu'avait dû éprouver Cassandre.

Pendant l'administration Bush, surtout après le 11 septembre, j'ai passé plus de temps à la Maison Blanche qu'à aucun autre moment de ma carrière à la Fed. Au moins une fois par semaine, j'effectuais le court trajet de mon bureau à l'ascenseur qui me déposait dans le parking en sous-sol, d'où l'on me conduisait jusqu'à l'entrée sud-ouest, à quatre cents mètres de là. Je rencontrais régulièrement le président du CEA, Steve Friedman, son successeur, Al Hubbard, et d'autres hauts responsables économiques. Je rendais périodiquement visite à Dick Cheney, Condolezza Rice, Andy Card et à un certain nombre d'autres dirigeants. Et parfois, bien sûr, j'allais voir le Président.

J'étais redevenu un consultant. L'ordre du jour de ces rencontres couvrait l'économie internationale, la dynamique mondiale de l'énergie et du pétrole, l'avenir du système des retraites, la déréglementation, les fraudes comptables, les problèmes posés par les sociétés de Fannie Mae et Freddie Mac – nous les analyserons plus tard –, et aussi, quand il le fallait, la politique monétaire. Bon nombre d'idées que je m'efforçais de communiquer seront exposées dans les chapitres suivants.

L'administration Bush se révéla très différente de la réincarnation de l'administration Ford que j'avais imaginée. L'action politique y jouait un rôle beaucoup plus important. En tant que président de la Fed, je représentais une force indépendante et j'étais dans les parages depuis fort longtemps, mais je n'avais certainement pas les qualités requises pour faire partie du sérail et ne le souhaitais d'ailleurs pas.

Il devint vite évident qu'il n'y avait pas de place dans l'administration pour un chasseur de déficits qui ne mâchait pas ses mots comme Paul O'Neill. Les propositions que nous avions passé des heures à élaborer, lui et moi – la privatisation du système des retraites, par exemple, et une nouvelle législation stricte régissant la responsabilité des chefs d'entreprises –, ne reçurent pas un meilleur accueil que les mécanismes de restriction dont nous avions préconisé la mise en place lors de la première vague de réductions d'impôts. Le franc-parler de Paul lui mit à dos l'administration, qui attachait beaucoup d'importance à la fidélité au programme gouvernemental. Il passa la majeure partie de ses deux ans à la direction du Trésor à se quereller avec les économistes de Bush, surtout avec Larry Lindsey, le principal architecte des allègements fiscaux. Après les élections de 2002, la Maison Blanche réclama leur démission à tous les deux. Elle remplaça Paul par un autre ancien du privé, John Snow, qui avait été directeur général de CSX, le géant des chemins de fer. John se révéla être un meilleur administrateur que Paul et un porte-parole plus modéré et beaucoup plus efficace de la politique économique, exactement ce que la Maison Blanche attendait d'un secrétaire au Trésor.

Mes relations avec le Président se sont poursuivies à peu près comme elles avaient commencé lors de notre premier entretien à l'hôtel Madison. Plusieurs fois par an, il m'invitait à déjeuner dans sa salle à manger particulière, généralement avec le vice-président Cheney, Andy Card et l'un des principaux conseillers économiques. Au cours de ces rencontres, comme pendant la première, c'est surtout moi qui parlais – des tendances et problèmes économiques mondiaux. Je parlais tellement que je ne me rappelle pas avoir même pris le temps de manger. A la fin, je rapportais à mon bureau quelques menus morceaux.

Durant les six années où nous avons exercé nos fonctions simultanément, le président Bush a tenu son engagement de laisser à la Fed son autonomie. Pendant la majeure partie de cette période, nous avons certes maintenu les taux d'intérêt à court terme extrêmement bas, et il n'y avait donc pas de raison de se plaindre. Pourtant, même en 2004, après que la croissance fut de retour et que le FOMC eut commencé à relever les taux, la Maison Blanche ne fit aucun commentaire. Dans le même temps, le Président tolérait ma critique de sa politique budgétaire, même s'il ne s'y montrait pas réceptif. Ainsi, à peine un mois après que j'eus contesté l'argument évoqué par lui pour procéder d'urgence à une nouvelle réduction des impôts, il annonça son intention de me confier un cinquième mandat de président. Cela me surprit beaucoup car le quatrième n'expirait pas avant un an.

L'administration prenait aussi les avis de la Fed sur les politiques que nous jugions essentielles pour la santé des marchés financiers. La bataille qui marqua le début de la tentative de refréner les excès de Fannie Mae et Freddie Mac, les sociétés auxquelles le Congrès avait concédé un privilège pour aider à garantir les crédits immobiliers, revêtit une importance particulière. Elles se voient accorder une subvention de fait par les marchés financiers sous la forme de taux d'intérêt incluant des primes de risque très réduites sur leur dette, grâce à quoi les marchés présument que l'Oncle Sam les renflouera en cas de cessation de paiements. Fannie et Freddie ont utilisé cette subvention pour gonfler leurs profits et se développer. Mais leurs opérations avaient commencé à fausser et mettre en danger les marchés et semblaient devoir continuer à le faire, d'autant plus que les deux sociétés grossissaient. Elles employaient d'habiles lobbyistes et avaient de puissants appuis au Congrès. Le président Bush n'avait pas grand-chose à gagner politiquement en soutenant des mesures énergiques contre elles. Et pourtant, il appuya la Fed pendant la lutte de deux ans qui aboutit à des réformes capitales.

Le fait que le Président se refuse à user de son veto pour s'opposer à des dépenses inconsidérées était ce qui me contrariait le plus. J'avais eu récemment l'occasion de mesurer le changement de la situation budgétaire des Etats-Unis depuis janvier 2001, date de l'arrivée aux affaires de la nouvelle administration. J'avais comparé les perspectives budgétaires pendant le mois de septembre 2006, sous la politique d'alors (loi et conventions budgétaires existantes), telles que les évaluait le bureau du budget du Congrès (CBO), aux résultats réels obtenus tout au long de cette même année. La dette publique projetée pour la fin septembre s'élevait à

1 200 milliards de dollars. Le résultat effectif fut de 4 800 milliards. Cela fait un gros écart. Une part importante de l'insuffisance des recettes était attribuable à l'incapacité du CBO d'évaluer justement la baisse des impôts sur les plus-values mobilières et autres taxes liées au déclin du marché boursier. Mais en 2002, l'administration et le Congrès savaient déjà à quoi s'attendre et ils n'ont guère modifié leur politique en conséquence.

Le reste de l'écart était dû aux politiques mises en œuvre : allègements fiscaux et augmentation des dépenses. Le coût de la guerre en Irak et de celle contre le terrorisme n'explique pas la différence. Les crédits budgétaires dégagés pour les deux s'élevaient au total à 120 milliards de dollars pour l'année fiscale 2006 selon l'estimation du CBO. C'est une grosse somme, mais facile à absorber pour une économie de 13 000 milliards. Les dépenses fédérales pour la défense nationale, qui en 2000 avait atteint le niveau le plus bas en soixante ans avec 3 % du PIB, étaient remontées à 4 % en 2004, niveau auquel elles se sont stabilisées depuis (4,1 % en 2006). (A titre de comparaison, au plus fort de la guerre du Vietnam, la défense nationale absorbait 9,5 % du PIB, contre plus de 14 % pendant la guerre de Corée.)

Mais les dépenses effectuées dans le secteur civil, qualifiées de dépenses discrétionnaires de non-défense, avaient de beaucoup dépassé les projections faites du temps des excédents au début du millénaire. Je trouvais particulièrement désolante la loi votée fin 2003 sur la prescription des médicaments. Au lieu d'intégrer les réformes très nécessaires de Medicare, elle ajoutait plus de 500 milliards de dollars sur dix ans aux coûts déjà immenses et irréductibles du système. Si elle permettait au Président de tenir encore une de ses promesses électorales, elle n'offrait aucun moyen de trouver les fonds nécessaires.

Ce n'était pas un fait isolé. Tandis que l'administration et le Congrès avaient mis le cap sur un déficit fédéral de plus de 400 milliards de dollars en 2004, des républicains tentèrent de rationaliser l'abandon de l'idéal libéral du gouvernement de petite dimension. « Il s'est avéré que les

Américains ne voulaient pas d'une réduction majeure du gouvernement », écrivit l'élu John Boehner, de l'Ohio, dans un article publié juste après le vote de la loi sur les médicaments. Il avait été la cheville ouvrière de la conquête du Congrès par les républicains neuf ans plus tôt, mais le parti affrontait maintenant de « nouvelles réalités politiques », disait-il. A défaut de réduire la taille du gouvernement, ralentir sa croissance était le mieux que l'on pouvait espérer. « Les républicains ont accepté ces réalités comme les fardeaux de la gouvernance par la majorité », écrivait-il. Le nouvel objectif devait être un gouvernement plus efficace quoique plus important, arguait-il avec d'autres chefs de file du parti. Ils ont atteint le deuxième volet de l'objectif, pas le premier.

La réalité était plus noire encore. Pour beaucoup de leaders du parti, modifier le processus électoral pour créer un gouvernement dirigé de manière permanente par les républicains devint un but majeur. Hastert, le président de la Chambre des représentants, et Tom DeLay, leader de la majorité à cette même chambre, semblaient enclins à desserrer les cordons de la bourse fédérale chaque fois que cela pouvait valoir quelques sièges de plus à la majorité républicaine. Les chefs de file du Sénat ne firent qu'un peu mieux. Le leader de la majorité, Bill Frist, un médecin d'une intelligence exceptionnelle, favorable à la discipline budgétaire, n'avait pas une personnalité assez forte pour imposer les compromis nécessaires. Les mises en garde de conservateurs comme Phil Gramm, John McCain, Chuck Hagel et John Sununu ne furent généralement pas entendues.

Le Congrès était trop occupé à se servir. Les abus suscités par l'usage de clauses ajoutées à des projets de lois pour diriger de l'argent public vers la circonscription de tel ou tel élu prirent des formes extrêmes et débouchèrent en 2005 sur des scandales de lobbying et de corruption. Dans la loi visant ces abus (Pork Barrel Reduction Act), proposée par un groupe bipartite dirigé par John McCain, il était fait observer que le nombre de ces clauses ajoutées aux lois de crédits budgétaires était passé de 3 023 en 1996, à la fin de la présidence Clinton, à près de 16 000 en 2005, au début du second mandat de Bush. Le total des sommes concernées est difficile à estimer – certaines de ces clauses sont légitimes – mais où qu'on trace la ligne de partage, il se chiffre en dizaines de milliards de dollars. De telles sommes représentent certes un pourcentage très minime des 2 000 milliards de dollars et plus du budget fédéral, mais là n'est pas la question. S'agissant de la perte de discipline budgétaire, ces clauses sont les canaris dans les mines de charbon. Et les canaris ont l'air malades.

Après la perte du Congrès par les républicains aux élections de novembre 2006, l'ancien leader de la majorité de la Chambre, Dick Armey, a publié un article pénétrant sur la page de commentaires des éditoriaux du *Wall Street Journal*. Il avait pour titre « Fin de la révolution » et revenait sur la victoire républicaine au Congrès en 1994 :

> La première question que nous nous posions à l'époque était : Comment réformer le gouvernement et rendre au peuple américain son argent et son pouvoir ? Les novateurs en matière de politique et les partisans de l'« esprit de 94 » ont ensuite été remplacés par des bureaucrates à la vision étriquée. La question est devenue : Comment nous accrocher au pouvoir politique ? Le comportement aberrant et les scandales qui en sont venus à caractériser la majorité républicaine en 2006 sont la conséquence directe de ce changement.

Armey avait vu juste. Les républicains du Congrès se sont égarés. Ils ont renoncé à leurs principes pour le pouvoir. Il ne leur est resté aucun des deux. Ils méritaient de perdre.

J'observais les larmes aux yeux la foule qui rendait un hommage silencieux à Gerald R. Ford dans les derniers jours de 2006. Elle s'alignait le long des rues pour regarder la procession d'automobiles qui acheminait le corps du trente-huitième président des États-Unis de la base aérienne d'Andrews au Capitole, où il allait être exposé solennellement. A quatre-vingt-treize ans, il avait été le président des

Etats-Unis à avoir eu la plus longue vie. Il était remarquable de voir Washington, si déchirée par les querelles partisanes et occupée par un gouvernement déséquilibré, se rallier unanimement à ce symbole de camaraderie d'un autre âge entre les partis. C'était un hommage à cet homme cordial, mais aussi l'expression du besoin qu'ont les Américains d'une courtoisie en politique qui a depuis longtemps disparu et que Ford incarnait.

Il a été battu par Jimmy Carter à l'élection présidentielle de 1976 et il est symbolique que Carter ait prononcé l'un des éloges funèbres lorsque Ford a été conduit à sa dernière demeure à Grand Rapids, dans le Michigan, pleuré par la population qu'il avait représentée au Congrès pendant un quart de siècle. La grâce qu'il avait accordée à Richard Nixon lui avait coûté la victoire électorale en 1976. Cette décision avait déclenché un tollé général chez les démocrates, qui voulaient que Nixon soit tenu responsable de ses malversations. Pourtant, les années passant, beaucoup de démocrates éminents en sont arrivés à croire que cette grâce présidentielle avait contribué à faire oublier le traumatisme provoqué par le Watergate. Le sénateur Ted Kennedy l'a qualifiée d'« extraordinaire acte de courage [1] ».

En regardant par la portière de ma voiture, à quelques mètres seulement du corbillard qui transportait le cercueil (je portais le cercueil à titre honoraire), je ne pouvais m'empêcher de me demander ce qui était arrivé à la politique américaine depuis le temps où Jerry Ford ferraillait avec Tip O'Neill, alors président du Congrès démocrate, de 9 heures du matin à 5 heures du soir, tout en continuant d'inviter son vieil ami aux cocktails de la Maison Blanche.

Je suis entré dans l'administration Ford en août 1974 alors que Washington était encore sous le choc du Watergate. Les passions partisanes étaient pourtant laissées au vestiaire au coucher du soleil. Les deux partis étaient invariablement présents aux dîners auxquels j'assistais (ils fai-

---

1. Le sénateur Kennedy a effectué cette déclaration le 21 mai 2001, lorsque Ford a reçu le prix décerné par la bibliothèque Kennedy de Boston.

saient partie du rituel politique de la capitale). Les sénateurs et représentants des deux côtés de l'hémicycle se mêlaient aux piliers de l'administration, aux médias et aux figures du pouvoir social de la ville. En 2005, ma dernière année entière aux responsabilités, les dîners rituels avaient toujours lieu, mais ils étaient devenus très partisans. Bien souvent, j'étais le seul républicain présent. Et aux dîners « républicains » auxquels je participais, il y a avait peu ou pas du tout de démocrates. Les membres des deux partis étaient invités comme du temps de Ford aux réceptions annuelles patronnées surtout par les médias – le Gridiron et les autres dîners organisés par les correspondants de presse –, mais la camaraderie y semblait forcée et artificielle.

Beaucoup d'analyses savantes ont été faites, mais peu s'accordent sur les causes des frictions entre les partis. On a même soutenu la thèse selon laquelle les beaux jours de l'amitié entre les partis dans les années 1950 et 60 constituent une aberration historique, les frictions actuelles étant quant à elles bien plus conformes à l'Histoire. Ayant vu la « stratégie méridionale » de Nixon porter ses fruits au cours de sa campagne de 1968, il me semble que l'origine de notre dysfonctionnement politique remonte au passage d'une représentation majoritairement démocrate des conservateurs du Sud au Congrès à une représentation à majorité républicaine après le vote de la loi sur les droits civiques de 1964. Les démocrates étaient beaucoup plus nombreux que les républicains dans les années 1960 et, depuis le New Deal, ils avaient eu la plupart du temps la majorité au Congrès et à la Maison Blanche. Tenant le Sud, les démocrates de ces Etats avaient acquis une importante séniorité au Congrès et l'avaient dominé en tant que présidents des commissions depuis Franklin D. Roosevelt. La question des droits civiques et la politique fiscale allaient cependant faire voler en éclats la coalition malaisée de la gauche du Nord et des conservateurs du Sud.

Selon la légende, lorsqu'il a signé la loi sur les droits civiques, Lyndon Johnson aurait déclaré à propos du parti démocrate : « Nous avons perdu le Sud pour une génération. » S'il les a vraiment prononcées, ces paroles ont été prophétiques. Les sénateurs démocrates du Sud, Richard B. Russell, de Georgie, à leur tête, s'étaient sentis trahis par leur leader du Texas. La représentation des démocrates des Etats du Sud profond au Sénat a décliné de 17 sièges sur 18 en 1964 à 4 sur 18 au Congrès élu en 2004. Elle l'a fait dans les mêmes proportions à la Chambre des représentants. En raison du déplacement de l'industrie du Nord vers le Sud, tendance amorcée après la Seconde Guerre mondiale, les démocrates étaient appelés à perdre la maîtrise de la politique dans les Etats du Sud. Il n'est cependant pas douteux que la loi sur les droits civiques a accéléré le processus. D'un point de vue républicain, cela m'a attristé qu'un résultat heureux soit obtenu pour de mauvaises raisons.

Les quatre comités électoraux du Congrès, deux par chambre, ont changé radicalement au fil des ans. Chacun de ces comités, deux républicains, deux démocrates, comptait des gens de gauche, des modérés et des conservateurs. La proportion différait certes selon le parti, mais la cohésion était rarement suffisante pour engendrer des majorités écrasantes pour telle ou telle loi dans aucun des quatre comités. Lors des votes, la répartition des voix était généralement de 60 % pour les démocrates contre 40 % pour les républicains ou vice versa.

Aujourd'hui, reflétant la réorientation des affiliations partisanes dans le Sud, les comités du Congrès sont devenus soit majoritairement de gauche (démocrates), soit majoritairement conservateurs (républicains). En conséquence, la répartition des voix est maintenant plus proche de 95 % contre 5 % que de 60 contre 40. Le processus législatif est donc devenu très partisan.

On peut soutenir qu'au cours de notre longue histoire, il n'y a jamais eu un amour excessif entre gauche et droite, mais on ne se présentait pas sous la bannière du « parti conservateur » ou du « parti libéral », au sens américain de ce dernier terme, c'est-à-dire de gauche. Les leviers de gouvernement – appartenance aux commissions et postes de direction – étaient démocrates ou républicains, et les partis exerçaient leur puissance. Par la suite, la domination des républicains sur la politique des Etats du Sud a placé les deux grands partis sur un pied d'égalité numérique mais, ce faisant, a tracé une ligne de démarcation idéologique entre républicains conservateurs et démocrates de gauche. Cela a laissé un vaste centre en friche d'où un candidat à la présidence indépendant, convenablement financé, pourrait sortir en 2008 ou, à défaut, en 2012.

Le gouffre politique ne tient pas seulement aux sensibilités des experts. Le gouvernement est devenu dangereusement déséquilibré. Les médias et les foules qui rendaient cet hommage extraordinaire à Gerald Ford pleuraient aussi la mort de la politique collégiale. Par leur vote, les Américains avaient retiré aux républicains la majorité au Congrès moins de deux mois plus tôt. Je ne crois pas pour autant que les démocrates l'aient emporté. Ce sont les républicains qui ont perdu. Les démocrates sont entrés au Congrès parce qu'ils représentaient le seul parti resté en lice.

Je me demande souvent si un républicain se présentant à la présidence au côté d'un colistier démocrate, ou l'inverse, n'attirerait pas le marais. La question serait peut-être sans importance si le monde était en paix. Avec l'emprise de plus en plus grande de la « main invisible » de la mondialisation qui gouverne des milliards de décisions économiques quotidiennes, la personnalité des dirigeants serait moins importante. Mais ce n'est pas le cas depuis le 11 septembre.

12.

LES PARAMÈTRES
DE LA CROISSANCE ÉCONOMIQUE

En tant que président de la Fed, j'ai souvent constaté que, pour affronter les problèmes urgents qui se posaient à la politique économique des Etats-Unis, il fallait analyser les différentes façons dont la nature humaine et les forces du marché interagissent. J'ai raconté dans les chapitres précédents comment j'en suis venu à comprendre les mécanismes du monde économique, un apprentissage de soixante ans. Dans les chapitres qui suivent, je présenterai quelques-unes des conclusions auxquelles je suis parvenu ; je tenterai d'exposer mon interprétation des forces qui unissent l'économie mondiale et commandent son évolution, aussi bien que de celles qui menacent de la désagréger.

Tôt dans ma carrière, j'ai identifié la concurrence comme le premier facteur de croissance économique et d'élévation du niveau de vie aux Etats-Unis. Considérant le contexte mondial quelques décennies plus tard, j'ai très peu modifié mon point de vue. Il me restait cependant énormément à apprendre. Quand j'ai été nommé par le président Reagan, en 1987, à la présidence du Federal Reserve Board, de nombreux observateurs se sont inquiétés de mon manque d'expérience en économie internationale. Et à juste titre. Quand j'avais dirigé la Townsend-Greenspan, tournée vers le marché intérieur, je n'avais guère eu affaire à l'économie internationale, sauf en ce qui touchait au pétrole. Mon passage au Council of Economic Advisors, dans les années 1970, m'avait bien confronté aux succès et aux échecs de l'Europe et, dans une certaine mesure, de l'Asie émergente. Mais ce ne fut qu'en arrivant à la Réserve Fédérale en août 1987 que je me plongeai dans les dossiers du reste du monde et l'étude des forces en œuvre. Les crises périodiques de l'Amérique latine des années 1980 et 1990, l'effondrement de l'Union soviétique et de son économie, la quasi-banqueroute du Mexique en 1995 et les crises financières alarmantes qui se répandirent sur les marchés et culminèrent avec la faillite de la Russie en 1998 réorganisèrent brutalement mes priorités et mon point de vue. Mon premier mentor à la Réserve Fédérale fut Ted Truman, chef de la Division financière internationale. Lointain parent du président Harry Truman et titulaire d'un doctorat de Yale, il y enseigna pendant plusieurs années avant d'entrer à la Fed. Il m'apprit beaucoup. Mais au terme d'une longue et brillante carrière à la Fed, Truman fut nommé, en 1998, secrétaire adjoint au Trésor pour les Affaires internationales. Karen Johnson, titulaire d'un doctorat du MIT, lui succéda et poursuivit mon instruction.

Durant mes années à la Fed, je m'entretins avec des experts sur presque tous les sujets économiques imaginables, des règles opaques régissant la contribution américaine au FMI à l'économie du delta de la rivière des Perles en Chine. Il me fallut constamment réajuster mes idées sur la façon dont l'économie américaine fonctionnait dans le contexte d'une mondialisation toujours croissante. Pour superviser mon apprentissage de l'économie américaine, j'avais, en plus de Don Kohn, David Stockton[1], l'économiste en chef de la Fed depuis 2000 et membre de cette institution depuis 1981. Il ne rechercha ni ne reçut les honneurs de la presse réservés aux gouverneurs de la Fed, mais c'était ses prévisions sur l'économie américaine que les observateurs percevaient dans les discours des gouverneurs.

---

1. David est tellement discret que ce ne fut que bien des années après avoir travaillé étroitement avec lui que j'appris que l'un de ses lointains ancêtres avait été Richard Stockton, l'un des signataires de la Déclaration d'Indépendance.

Nous, les gouverneurs, avions appris à le considérer comme l'indispensable génie officieux.

Bien avant qu'Adam Smith écrivît en 1776 son chef-d'œuvre, *Recherche sur la nature et les causes de la richesse des nations*, les gens débattaient du plus court chemin vers la prospérité. Débat proprement sans fin. Cependant, toutes les données indiquent trois facteurs importants qui influencent la croissance globale : 1) l'ampleur de la concurrence interne et, surtout pour les pays en développement, l'ouverture aux échanges et l'intégration dans le commerce mondial ; 2) la qualité des institutions qui garantissent le fonctionnement d'une économie ; et 3) la capacité des gouvernants à appliquer les mesures nécessaires à la stabilité macroéconomique.

Il existe sans doute un consensus sur le caractère essentiel de ces trois conditions à la prospérité, mais je soupçonne que s'ils étaient sondés, beaucoup d'experts en développement les classeraient selon un ordre d'importance différent et qu'ils mettraient l'accent sur des aspects divergents. Pour ma part, je considère que le droit à la propriété garanti par l'Etat est la clé du principe de développement. Car s'il n'était pas appliqué, le libre commerce et les immenses bienfaits de la concurrence et des avantages comparatifs seraient gravement compromis.

Les gens ne feront pas l'effort de constituer le capital nécessaire à la croissance économique s'ils n'en deviennent pas les propriétaires. La propriété, bien sûr, peut être sérieusement conditionnelle. Est-ce que je possède bien un certain terrain, ou bien cette possession est-elle assujettie à tellement de clauses que cela n'a plus d'intérêt pour moi ? Ou bien, ce qui est très important, si le gouvernement peut saisir mon terrain à son gré, que valent mes droits de propriété ? Tremblant sans cesse de peur d'être exproprié, quel effort ferais-je pour développer mon terrain ? Et quel prix pourrais-je lui assigner si je décidais de le vendre ?

On est saisi quand on mesure au travers des années les résultats que peut produire même un petit peu de propriété privée. Quand la Chine accorda, sous une forme très diluée, quelques droits de propriété aux résidents ruraux qui cultivaient de vastes domaines communautaires agricoles, le rendement à l'acre et le niveau de vie rural s'élevèrent sensiblement. Quant à l'Union soviétique, une vaste part de ses récoltes provenait de petits domaines « en mains privées » : tache embarrassante sur l'efficacité de la planification.

De même que la vie exige des possessions physiques, alimentation, vêtements, habitation, les gens ont besoin de la loi pour garantir leur droit à en disposer librement, sans craindre d'être saisis sur le caprice du gouvernement ou d'émeutiers. Certes, les gens ont survécu dans les sociétés totalitaires. Mais de justesse. Les Pères Fondateurs des Etats-Unis, eux, avaient été profondément marqués par un ensemble de principes que formula John Locke, philosophe anglais des XVIIe-XVIIIe dont les idées enrichirent le Siècle des Lumières. Locke écrivit en 1690 que « l'homme a par nature le pouvoir » de préserver « sa vie, sa liberté et sa propriété contre les attaques et les tentatives des autres hommes »[1].

Le principe de ces droits au capital et à des biens rapportant des revenus demeure hélas une notion contestée, surtout dans les sociétés qui croient encore que la recherche du profit est moralement contestable. Or, leur principal objet est après tout de protéger les biens de la personne afin qu'elle puisse en tirer profit. De tels droits sont évidemment indéfendables dans une société où subsiste l'idée marxiste que la propriété est un « vol », concept fondé sur la présomption que la richesse créée par la division du travail est produite collectivement et donc qu'elle est une propriété

---

1. L'assertion de Locke, dans son second *Traité du gouvernement civil*, mérite d'être citée dans son intégralité : « L'homme étant né, comme cela a été prouvé, avec le droit de perfectionner la liberté et la jouissance sans limites de tous les droits et privilèges de la loi de nature, à l'égal de tout autre homme ou de tout groupe d'hommes dans le monde, il a par nature un pouvoir, non seulement de préserver sa propriété, c'est-à-dire de sa vie, de sa liberté et de sa terre, contre les attaques et tentatives d'autres hommes, mais aussi de punir et de juger les infractions à cette loi chez d'autres, quand il est persuadé que l'infraction mérite, fût-ce la mort même, quand le caractère odieux du fait le requiert selon lui » (chap. 7, section 87).

collective. Tous les droits dont un individu dispose seraient donc « volés » à la société dans son ensemble. L'idée en est d'ailleurs plus ancienne que le marxisme, car elle plonge ses racines dans maintes religions.

Pour qu'une libre économie de marché fonctionne efficacement, il faut que le principe de la propriété individuelle et de la légalité de son transfert soit profondément inscrit dans sa culture. En Occident, la validité morale du droit de propriété est admise ou du moins tolérée par la quasi-totalité des populations. Les attitudes à l'égard de la propriété sont transmises d'une génération à l'autre au travers des valeurs familiales et des systèmes d'éducation. Il s'ensuit que la transition des prétendus droits collectifs des économies socialistes aux droits individuels des économies de marché ne peut qu'être lente. Il est ardu de modifier ce qu'une nation enseigne à ses enfants, et l'on ne peut espérer y parvenir d'un coup.

A l'évidence, les démocraties ne témoignent pas toutes de la même ferveur à protéger le droit privé à la propriété. Les différences sont même considérables. En Inde, la plus grande démocratie du monde, la réglementation des affaires est si pesante qu'elle affaiblit sensiblement le droit d'user et de disposer librement de ce qu'on possède, alors que c'est une mesure essentielle de la protection du droit de propriété. Les sociétés où ce droit est fermement protégé ne se plient pas toutes non plus aux vœux du peuple sur les questions d'intérêt public. Ainsi Hong Kong, autrefois, ne possédait pas d'institutions démocratiques, mais une « liste des droits » protégée par le droit coutumier anglais. Selon le même héritage, Singapour garantit la propriété individuelle et les droits contractuels, piliers de l'efficacité du marché, mais ne possède pas tous les traits qui nous sont familiers dans les démocraties occidentales. Néanmoins, les démocraties dotées d'une presse libre et protégeant les droits des minorités constituent la forme de gouvernement la plus efficace pour la protection du droit de propriété, en grande partie parce qu'elles laissent rarement le mécontentement atteindre son point d'ébullition et déclencher des changements brutaux des régimes économiques. Le capitalisme autoritaire, pour sa part, est fondamentalement instable, car les citoyens mécontents y recourent à des stratagèmes hors la loi. Et ce risque se matérialise en coûts de financement plus élevés.

Tandis que le débat sur le droit de propriété et la démocratie se poursuivait, sans nul doute pour plusieurs lunes, je fus saisi par une observation d'Amartya Sen, prix Nobel d'Economie : « ... Dans la terrible histoire des famines dans le monde, il n'en est aucune d'importance qui soit advenue dans un pays indépendant et démocratique, doté d'une presse relativement libre. Aussi loin que nous cherchions, nous ne pouvons trouver d'exception à cette règle. » Quand, sous les régimes autoritaires, la presse tend à s'auto-censurer, l'interventionnisme sur les marchés, la cause la plus commune de chaos dans l'approvisionnement alimentaire, n'est ni dénoncée ni corrigée avant qu'il soit trop tard.

Le droit de propriété fait bien plus qu'encourager les firmes établies à investir ou stimuler les inventeurs dans leurs officines ; son importance va bien au-delà. Hernando de Soto, l'économiste péruvien, vint un jour de janvier 2003 à la Fed pour m'exposer un projet apparemment radical, destiné à relever le niveau de vie dans une vaste part du monde sous-développé. L'une des exigences de mon poste consistait à recevoir les visiteurs étrangers de passage. C'était pour moi des occasions de recueillir des informations précieuses et les équipes de la Fed assistaient souvent à ces entretiens.

La réputation de De Soto, autant que je pouvais en juger, était celle d'un idéaliste plein de bonnes intentions, mais parfois égaré, voire d'un Don Quichotte chargeant des moulins à vent. Son idée était simple : la plupart des pauvres qui squattaient des domaines, terres ou maisons, en avaient bien l'usufruit, mais aucun titre de propriété qui leur aurait permis de les vendre pour en tirer de l'argent, ni de les offrir à des banques ou des institutions financières en garantie d'un emprunt. Si l'on pouvait leur concéder un titre de propriété clair et net, de vastes richesses pourraient être débloquées. Je trouvai l'idée originale et certainement digne de considération ; à dire vrai, les aides étrangères massives au développement allouées depuis la Seconde Guerre mondiale, sur le fil d'autres théories, n'avaient guère brillé par leur rendement.

Je fus assez intrigué pour rencontrer de Soto. Selon ses calculs, la valeur des biens en friche dans le monde dépassait 9 000 milliards de dollars. Je demeurai songeur. Même si le chiffre était surestimé, la valeur des propriétés garanties s'en trouverait sensiblement accrue. Mon visiteur avait rencontré nombre d'hommes politiques dans des pays en développement, pour tenter de clarifier d'un point de vue légal la possession *de facto* de biens immobiliers. Il était optimiste, mais je doutai qu'il obtînt autant de succès qu'il l'escomptait.

Après son départ, je m'interrogeai : « Est-il possible que de Soto ait détecté quelque chose qui nous aurait échappé ? » Il me paraissait évident qu'il aurait fort à faire avec des politiciens souvent corrompus, avant de les convaincre de renoncer généreusement à ce qui était, *de facto* sinon *de jure*, une propriété d'Etat. Deux obstacles apparemment insurmontables se dressaient devant de Soto. D'abord, et même s'ils n'identifient pas ouvertement la propriété à un « vol », un grand nombre de politiciens dans les pays émergents sont attachés à la notion de propriété collective. Et plus important, peut-être, était le fait qu'en accordant aux squatters le droit de vendre leurs terres ou de les offrir en garantie, ils leur concédaient une part de leur pouvoir et diluaient le leur. La légalisation de la propriété annulerait le pouvoir de confisquer à leur gré de vastes lots de terres. Cependant, de récents incidents en Chine révèlent à quel point pareille mesure peut être politiquement déstabilisante. Dans leur volonté de modernisation, de nombreuses autorités locales et provinciales chinoises recourent à leur version de la destruction créatrice et saisissent périodiquement des terres agricoles au nom du développement. Les émeutes se multiplient. Concéder aux paysans le droit de propriété sur les terres qu'ils cultivent pourrait réduire considérablement le mécontentement[1]. Bien qu'on ne voie pas très bien comment y parvenir, l'objectif de Hernando de Soto apparaît très séduisant.

La législation s'efforçant continuellement de s'adapter au changement économique, la protection de la propriété est donc une cible mouvante. Même aux Etats-Unis, où le droit à la propriété est largement garanti, des propriétaires de New London, Connecticut, ont vu saisir leur terres, en 2005, par les autorités de cette ville aux fins de développement commercial ; ils ont porté leur cas devant la Cour suprême ; celle-ci ayant tranché en faveur de la municipalité, de fortes protestations se sont élevées au Congrès. Il n'est donc pas surprenant que, d'une culture à l'autre, les idées diffèrent sur le droit à la propriété et sa portée. Ce problème s'accentue quand la propriété devient intellectuelle, et je l'analyse au chapitre 25.

Si la loi et le droit à la propriété me semblent être les principaux piliers de la croissance économique et de la prospérité, d'autres facteurs sont également déterminants.

Historiquement, les sociétés éprises de hauts niveaux de plaisir instantané et disposées à contracter, pour les obtenir, des emprunts à long terme sur leurs revenus futurs sont exposées à l'inflation et à la stagnation plus souvent qu'à leur tour. Leurs économies tendent à accuser de plus gros déficits budgétaires financés par la planche à billets. Inévitablement, l'inflation mène à la récession ou pire encore, les banques centrales étant forcées de prendre des mesures restrictives. Et puis le cycle recommence. Plusieurs pays d'Amérique latine ont été particulièrement vulnérables à cette maladie « populiste », comme je l'explique au chapitre 17. Et je regrette que les Etats-Unis ne soient pas entièrement immunisés contre elle.

Un facteur macroéconomique rarement évoqué et pourtant important du succès économique est le degré de flexibilité d'une économie, et par conséquent sa capacité

---

1. La « reconnaissance » des droits de propriété par le Congrès national du peuple, en mars 2007, a esquivé la concession des droits formels de propriété aux domaines ruraux.

de résistance aux chocs. En témoigne le rebond de l'économie américaine après le 11 septembre, comme je l'ai indiqué. De surcroît, cette flexibilité et l'ampleur du droit à la
propriété sont liées. Pour obtenir la première, en effet, un
marché concurrentiel doit être libre de s'ajuster, ce qui
signifie que les acteurs du marché doivent être libres de disposer de la propriété comme ils le jugent opportun. Les restrictions sur les tarifs, les emprunts, les participations et,
d'une façon plus générale, les pratiques du marché ont pesé
sur la croissance. Leur antithèse, la dérégulation, est de plus
en plus associée à la notion de « réforme ». (Jusque dans les
années 1960, la notion de « réforme » était, elle, associée à
la régulation des affaires. Preuve que les idées gouvernent la
politique.)

Une autre exigence importante du capitalisme de marché rarement citée, si du moins elle l'est jamais, dans les
facteurs de croissance et du niveau de vie est la confiance
dans la parole des autres. Chacun dispose certes du droit à
requérir en justice la réparation des torts qui lui ont été infligés ; mais s'il advenait que plus d'une fraction des contrats
de quelque ampleur fasse l'objet de redressements juridiques, le système des tribunaux se trouverait engorgé, la
capacité d'une société à être régie par la loi serait paralysée.

Cela signifie que, dans une société libre, gouvernée par
les droits et les responsabilités des citoyens, la vaste majorité
des transactions, et donc le respect des termes contractuels,
doivent être volontaires ; et cela repose donc sur la confiance
dans la parole des gens avec lesquels nous faisons des affaires, et qui sont presque toujours des inconnus. Il est remarquable, comme je l'ai noté dans un chapitre précédent,
qu'un grand nombre de contrats, en particulier sur les marchés financiers, soient d'abord conclus oralement et confirmés plus tard par un document écrit, alors même que sont
advenues de grandes fluctuations dans les prix.

Admirons aussi la confiance que nous témoignons à un
pharmacien qui exécute une ordonnance rédigée par un
médecin. Ou encore aux constructeurs d'autos, dont nous
pensons que leurs véhicules fonctionneront comme garanti.

Nous ne sommes pas sots. Nous comptons sur l'intérêt de nos partenaires commerciaux. Imaginez combien peu d'affaires seraient conclues si cela ne correspondait pas à la culture dominante dans laquelle nous vivons. La division du travail, si importante pour notre niveau de développement, n'existerait pas.

Comme je l'ai déjà dit, le bien-être matériel, c'est-à-dire la création de richesses, exige que les gens prennent des risques. Nous ne sommes pas certains que les actions que nous entreprendrons pour acquérir de la nourriture, des vêtements, un foyer, seront couronnées de succès. Plus grande est notre confiance dans les personnes avec lesquelles nous traitons, plus grande sera l'accumulation de richesses. Dans un système de marché, fondé sur la confiance, la réputation revêt une grande valeur économique. Comptabilisée formellement sous le terme « d'actifs incorporels » dans le bilan des sociétés ou ailleurs, la réputation participe de façon importante à la valeur marchande d'une entreprise.

La réputation et la confiance qu'elle engendre me sont toujours apparues comme les clés du capitalisme. La législation, elle, ne peut prescrire qu'une petite part des activités quotidiennes du marché. Quand la confiance est perdue, la capacité pour une nation de faire des affaires est compromise de façon tangible. Les incertitudes créées sur le marché par des partenaires douteux accroissent les risques du crédit et, de ce fait, les taux d'intérêt réels.

En tant que régulateur bancaire pendant plus de dix-huit ans, j'en suis venu à conclure que l'action du gouvernement ne peut se substituer à l'intégrité des individus. En fait, toutes les garanties de crédit qu'un gouvernement peut offrir réduisent le besoin des partenaires financiers de se faire par eux-mêmes une réputation d'honnêteté. On peut évidemment admettre que les garanties d'un gouvernement soient supérieures à des réputations individuelles, mais comme dans le cas de l'assurance des dépôts, elles ont des conséquences coûteuses. J'en déduis, et je pense que bon nombre de régulateurs sont de mon avis, que la première et plus efficace parade contre la fraude et l'insolvabilité réside dans la surveillance des contreparties. C'est ainsi que JP Morgan examine soigneusement le bilan de Merrill Lynch avant de lui prêter de l'argent : ce n'est pas à la Securities and Exchange Commission qu'il s'adresse pour vérifier la solvabilité de Merrill Lynch.

La banque et la médecine sont sans doute les exemples les plus notables de la valeur marchande de la réputation, mais la règle vaut dans tous les domaines. Quand j'étais enfant, on se gaussait des scrupules des marchands de voitures d'occasion, mais en fait, un marchand réellement malhonnête est certain de disparaître avant longtemps. De nos jours, la quasi-totalité des professions sont astreintes à un certain nombre de règles ; il est donc plus difficile qu'autrefois d'isoler l'effet de la réputation. Il y a un domaine dans lequel cela reste possible : c'est le commerce en ligne. Alibris, par exemple, est un site Internet de courtage entre vendeurs et acheteurs de livres d'occasion. Si vous recherchez une première édition de *La Richesse des nations*, vous pouvez consulter sur Alibris la liste des libraires qui en détiennent un ou quelques exemplaires. Les clients disposent de la possibilité de noter la fiabilité des libraires auxquels ils ont acheté au moins un livre, et ces notations jouent sans aucun doute un rôle important dans le choix du libraire. Cette forme de retour du public incite fortement les libraires à être honnêtes sur l'état de leur marchandise et à satisfaire les commandes convenablement et rapidement. Cependant, personne n'est à l'abri du scepticisme des clients : en tant que président de la Fed, je me suis ainsi vu demander par des gouverneurs de banques centrales qui détenaient d'importants avoirs en dollars si ceux-ci constituaient des investissements sûrs.

Plus surprenants que toute liste des facteurs clés de la croissance et du niveau de vie sont ceux qui n'y figurent pas. Comment est-il possible qu'une surabondance de richesses naturelles, pétrole, gaz, cuivre, minerai de fer, n'accroisse pas la production et la prospérité d'une nation ? Paradoxalement, la plupart des analystes s'accordent sur le fait que de vastes ressources naturelles sembleraient *réduire* le niveau de vie plutôt que l'augmenter. Le danger revêt la forme d'une affection surnommée la « maladie hollandaise ». Le journal *The Economist* forgea le terme dans les années 1970 pour décrire les difficultés des producteurs des Pays-Bas après la découverte de réserves de gaz naturel dans leur pays. La « maladie hollandaise » frappe quand la demande étrangère pour un produit augmente la valeur de la devise du pays exportateur. Cette appréciation affecte le prix des autres produits nationaux à l'exportation et les rend moins compétitifs. Les analystes citent souvent cette raison pour expliquer que des pays relativement pauvres en ressources naturelles, comme Hong Kong, le Japon et l'Europe occidentale, prospèrent, à la différence du Nigeria et de maints autres, pourtant riches en pétrole [1].

« Dans dix ans, dans vingt ans, vous verrez : le pétrole nous apportera la ruine », déclara dans les années 1970 l'ancien ministre vénézuélien du Pétrole et co-fondateur de l'OPEP, Juan Pablo Perez Alfonso. Il avait correctement prévu l'incapacité de presque tous les membres de l'OPEP à utiliser leurs revenus pour se diversifier au-delà du pétrole et de ses produits dérivés. En plus d'altérer la valeur externe de la monnaie, la richesse en ressources naturelles entraîne souvent des effets sociaux paralysants. Il s'avère qu'une richesse facile et sans effort tend à diminuer la productivité. Certains Etats pétroliers d'Arabie ont gratifié leurs populations de tant de commodités que ceux qui n'ont pas la volonté de travailler chevillée au corps ne font rien. Les tâches subalternes sont déléguées aux immigrants et travail-

---

1. Dans le cas hollandais, la forte demande étrangère pour le gaz ainsi découvert entraîna des achats massifs de la devise nationale, le florin, dont la valeur s'apprécia face au dollar, au deutsche mark et à toutes les autres grandes devises. Il s'ensuivit que les exportations de produits hollandais autres que le gaz en souffrirent sur les marchés internationaux. Payant les salaires et les divers coûts en florins, dont le taux de change élevé signifiait des coûts supérieurs en dollars et en devises, ces exportateurs voyaient le prix de leurs produits augmenter en dollars à l'étranger ; ils se trouvèrent contraints, soit de baisser leurs prix, d'encaisser moins de guilders et donc de faire de moindres profits, soit, le plus souvent, d'élever leurs prix en dollars et de vendre moins. Mais les Pays-Bas parvinrent à se sortir de ce cercle vicieux sans trop de dommages.

leurs étrangers, trop contents de gagner ce qui pour eux représente un bon salaire. On enregistre aussi des effets politiques : une clique au pouvoir peut utiliser une partie de ses revenus pour tenir les populations en sujétion et les empêcher de se révolter.

Il n'est donc pas étonnant que lorsque les petites îles de São Tomé et Principe, au large de l'Afrique occidentale, découvrirent d'importantes réserves de pétrole brut dans leurs eaux territoriales, elles aient eu des sentiments mitigés sur leur exploitation. Leur président, Fradique de Menezes, déclara en 2003 : « J'ai promis à mon peuple que nous éviterons ce que certains appellent la "maladie hollandaise", ou "le réveil brutal" ou encore la "malédiction du pétrole". Les statistiques indiquent que les performances des pays en développement qui sont riches en ressources naturelles sont nettement moins bonnes en termes de croissance du PIB que celles des pays pauvres en ressources. Leurs indicateurs sociaux sont également au-dessous de la moyenne. A São Tomé et Principe, nous sommes décidés à éviter ce paradoxe de l'abondance. »

La « maladie hollandaise » affecte surtout les pays en développement, parce qu'ils sont mal préparés à la combattre. En même temps, la gageure tend à prendre de plus grandes proportions : étant donné que la nature distribue ses trésors sans se soucier de la taille ou du niveau de développement des économies nationales, le bonus des richesses naturelles tend à abaisser davantage le PIB d'un pays en développement que celui d'un pays développé. Il semble qu'en général, si un pays était déjà développé avant la découverte de richesses naturelles, il soit immunisé contre tout effet pernicieux à long terme. Néanmoins, la « maladie hollandaise » peut frapper partout. La Grande-Bretagne en a subi une attaque similaire au début des années 1980, lorsque l'exploitation du pétrole de la mer du Nord commença. Elle passa du rang d'importateur net de pétrole à celui d'exportateur net et l'appréciation du taux de change sterling-dollar fit que les exportations britanniques devinrent de moins en moins compétitives pendant quelque temps. La

Norvège, avec une population de moins de 5 millions d'habitants, dut prendre des mesures radicales pour protéger sa petite économie de la manne pétrolière de la mer du Nord : elle créa un important fond de stabilisation des changes qui réduisit la pression sur le taux de change de la couronne, qui avait atteint un sommet à la fin des années 1970. Et, dans les décombres du communisme, la Russie lutte aujourd'hui contre une forme atténuée de maladie hollandaise.

Au cours des trente-cinq dernières années, de nombreux pays se sont efforcés de libéraliser leur économie et d'améliorer leur politique, élevant ainsi le revenu par habitant de manière constante. Cela a surtout été le cas des pays qui étaient précédemment assujettis, entièrement ou partiellement, à la planification centrale et qui, après la chute du mur de Berlin, ont adopté une forme du capitalisme de marché. Les taux de pauvreté sont notoirement difficiles à établir, je l'admets ; toutefois, selon une étude relativement récente de la Banque mondiale, le nombre de personnes vivant avec moins d'un dollar par jour, seuil minimal d'extrême pauvreté généralement admis, a considérablement baissé au cours des trois dernières décennies, passant de 1,247 milliard en 1990 à 986 millions en 2004. De surcroît, la mortalité infantile a baissé de plus de moitié depuis 1970, et les taux de scolarisation et d'alphabétisation ont crû de manière constante [1].

Si la richesse et la qualité de vie ont augmenté d'un point de vue global, leur répartition n'a pas été uniforme dans les régions et pays. Les économies de l'Asie du Sud-Est

---

1. Les chiffres sur les taux de pauvreté dans le monde proviennent de la Banque mondiale et d'une étude de 2002 de l'économiste Xavier Sala-i-Martin, de l'université Columbia. Le seuil de 1 dollar par jour est exprimé en dollar de 1985 en parité de pouvoir d'achat. Les économistes utilisent la parité de pouvoir d'achat comme alternative aux taux de change des marchés, quand ils évaluent et comparent la production et les revenus de plusieurs pays. Bien qu'inexacte, c'est une façon utile de mesurer le niveau de vie des individus, en partie parce qu'elle prend en compte des produits et des services « non échangeables », comme par exemple une coupe de cheveux. La Banque mondiale établit sa PPA sur les prix des produits et services de base en monnaie locale en 1985, après correction de l'inflation. C'est cette mesure qui a servi à établir les seuils de pauvreté mondiale à 1 et 2 dollars par jour.

sont souvent citées comme exemples de réussite. Certaines, y compris celles de Chine, de Malaisie, de Corée du Sud et de Thaïlande, se distinguent non seulement par leur croissance très rapide, mais également par la baisse la plus marquée des taux de pauvreté. Et l'Asie n'est pas seule. Les revenus par habitant en Amérique latine ont également augmenté durant la même période et les taux de pauvreté ont baissé, quoique plus lentement. Mais, hélas, il en est allé autrement en Afrique sub-saharienne, où les revenus par habitant sur ce continent ont même baissé.

Il m'apparaît frappant que nos idées sur l'efficacité de la concurrence soient demeurées les mêmes depuis le XVIIIᵉ siècle, où elles émergèrent surtout de l'esprit d'un seul homme, Adam Smith. Après la faillite de la planification centralisée, à la fin du XXᵉ siècle, les forces du capitalisme, éperonnées par la mondialisation croissante, ont pris leur plein élan. A coup sûr, les idées des économistes sur les facteurs qui contribuent à l'accroissement du bien-être continueront d'évoluer dans le temps. Cependant, l'histoire de la concurrence et du capitalisme correspond à celle des flux et reflux des idées d'Adam Smith. En tant que telle, l'histoire de son œuvre et de l'accueil qu'on lui réserva mérite donc une attention particulière. Elle servira d'introduction à mon chapitre suivant, sur le grand « problème » inhérent au capitalisme : c'est que la destruction créatrice est considérée souvent et par beaucoup de gens comme de la destruction tout court. L'histoire des idées de Smith est celle de nos attitudes face aux ruptures sociales introduites par le capitalisme et de leurs remèdes possibles.

Né en 1723 à Kirkcaldy, en Ecosse, Smith vécut dans une époque marquée par les idées et les événements de la Réforme. Pour la première fois dans l'histoire occidentale, des individus avaient commencé à se considérer comme capables d'agir indépendamment des contraintes du clergé et de l'Etat. Les notions modernes de liberté politique et économique commencèrent à se faire jour. L'ensemble de ces idées forma les prémisses des Lumières, surtout en France, en Ecosse et en Angleterre. Soudain s'élabora la vision d'une société où les individus guidés par la raison étaient libres de choisir leur destinée. Ce que nous appelons aujourd'hui la suprématie de la loi, et spécifiquement la protection des droits des individus et de leurs propriétés, fut établie fermement, encourageant les gens à produire, à commercer et à innover. Les forces du marché commencèrent à entamer les coutumes rigides héritées des époques médiévale et féodale.

Parallèlement, la Révolution industrielle prenait son essor, délitant ceci, ébranlant cela. Les fabriques et les voies ferrées remodelèrent le paysage anglais, les terres agricoles furent converties en pâturages pour moutons afin d'alimenter la jeune et prospère industrie textile, et bon nombre de paysans se trouvèrent délocalisés. La nouvelle classe industrielle s'opposa à l'aristocratie, dont la richesse se fondait sur des propriétés familiales. Le courant protectionniste, connu sous le nom de mercantilisme et qui avait servi les intérêts des propriétaires terriens et des colonisateurs, commença de perdre son emprise sur le commerce.

Dans ce contexte complexe et déroutant, Adam Smith identifia un ensemble de principes qui clarifiaient l'apparent chaos économique. Il traça un schéma global du fonctionnement des économies de marché alors naissantes. Il offrit la première analyse complète des raisons pour lesquelles certains pays atteignaient des niveaux de vie élevés et d'autres pas.

Smith fit ses débuts comme maître de conférence à Edimbourg, puis retourna à Glasgow comme professeur. L'un de ses domaines d'expertise fut ce qu'il appela le « progrès de l'opulence » dans les sociétés (l'économie théorique n'avait pas encore de nom). Au fil des ans, la fascination de Smith pour le comportement des marchés s'accrut, et au terme d'un séjour lucratif en France, en qualité de précepteur d'un jeune lord écossais, il rentra à Kirkcaldy en 1766 et se consacra entièrement à son ouvrage majeur.

Ce livre, publié dix ans plus tard et connu sous le titre abrégé de *La Richesse des nations*, est l'un des chefs-d'œuvre de l'histoire de la pensée. Dans cet ouvrage, il tenta de répondre à la question qui est sans doute la plus importante de la macroéconomie : « Qu'est-ce qui fait croître une économie ? » Il désigna correctement l'accumulation de capital, le libre commerce, un rôle précis, mais restreint, du pouvoir, et l'autorité de la loi comme les clés de la prospérité nationale. Mais le plus déterminant est qu'il fut le premier à exalter l'initiative personnelle :

> L'effort naturel de tout individu pour améliorer sa condition, quand il s'exerce librement et dans la sécurité, est un facteur si puissant qu'il peut, seul et sans aucune assistance, assurer à la société la richesse et la prospérité.

Smith conclut que, pour accroître la richesse d'une nation, tout homme devrait, en accord avec la loi, « veiller comme il l'entend à ses propres intérêts ». La concurrence était un facteur clé, parce qu'elle incitait chacun à être plus productif, souvent grâce à la spécialisation et à la division du travail. Et plus forte était la productivité, plus grande était la prospérité.

Cela inspira à Smith sa formule célèbre sur les gens qui rivalisent pour des bénéfices personnels et concourent au bien de tous, « comme guidés par une main invisible ». La métaphore de la main invisible captiva l'imagination universelle, peut-être parce qu'elle semble conférer une bienveillance et une prescience divines au marché, alors que les mécanismes de celui-ci sont en fait aussi impersonnels que la sélection naturelle – que Darwin devait décrire plus d'un demi-siècle plus tard. Smith lui-même n'y prêta guère d'importance et ne la reprit que trois fois dans tous ses écrits. Il discerne toutefois le phénomène qu'il décrit à tous les niveaux de la société, des grands flux de biens et services entre les nations aux transactions entre voisins : « Ce n'est pas de la bienveillance du boucher, du brasseur ou du boulanger que nous attendons notre souper, mais de leur souci de leur propre intérêt. »

La révélation par Smith de l'importance de l'intérêt personnel fut d'autant plus révolutionnaire qu'au travers de l'histoire et des cultures, il avait été considéré comme mal-séant, voire illégal, d'accumuler des richesses. Pour Smith, cependant, si le gouvernement assure la stabilité et la liberté et s'en tient là, l'initiative personnelle œuvrera au bien commun. Ou, comme il le formula dans une conférence de 1755, « il ne faut guère plus à un gouvernement pour passer de la plus basse barbarie à la plus grande opulence, que la paix, des impôts supportables et une administration tolérable de la justice : tout le reste est fourni par le cours naturel des choses ».

Smith parvint à dégager de vastes déductions sur l'organisation et les institutions commerciales en partant de bases empiriques étonnamment restreintes ; à la différence des économistes d'aujourd'hui, il n'avait pas accès aux statistiques du gouvernement et de l'industrie. Au fil du temps, néanmoins, les chiffres lui donnèrent raison. Dans la plus grande partie du monde civilisé, l'activité des marchés instaura d'abord des niveaux d'approvisionnement alimentaire permettant la croissance démographique et plus tard, beaucoup plus tard, créa suffisamment de prospérité pour élever le niveau et l'espérance de vie. Ces dernières évolutions ouvrirent le champ, dans les pays développés, à la création d'objectifs à long terme. Pareil luxe, pour les générations précédentes, était resté inaccessible à presque tout le monde, sauf à une minorité de privilégiés.

Le capitalisme fit aussi du changement un mode de vie. Dans la plus grande partie de l'histoire, les sociétés avaient été statiques et prévisibles. Un jeune paysan du XIIe siècle pouvait espérer labourer le même lopin de terre de son seigneur jusqu'à ce que la maladie, la famine, une catastrophe naturelle ou la violence mettent un terme à sa vie. Et celle-ci survenait rapidement. L'espérance de vie à la naissance était de vingt-cinq ans, à peu près égale à ce qu'elle avait été durant le précédent millénaire. De plus, ce paysan pouvait espérer que ses enfants et petits-enfants laboureraient le même lopin. Il est possible qu'une existence si programmée ait engendré le sentiment de sécurité qui découle d'une telle prévisibilité, mais elle ne laissait guère de place à l'entreprise individuelle.

Certes, aux XVIe et XVIIe siècles, l'amélioration des techniques agricoles et l'extension du commerce au-delà des châtellenies autonomes accrurent la division du travail, l'élévation du niveau de vie et la démographie. Mais le rythme de croissance demeurait presque imperceptible. Au XVIIe siècle, la grande masse des gens suivaient les mêmes processus de production que leurs ancêtres et aïeux.

Smith soutint que travailler plus intelligemment, et pas seulement plus durement, ouvrait la voie à la richesse. Dans les premiers paragraphes de *La Richesse des nations*, il soulignait le rôle crucial de l'expansion de la productivité du travail. Un facteur déterminant du niveau de vie d'une nation, écrivit-il, était « l'adresse, la dextérité et le bon sens avec lesquels le travail était réalisé ». C'était là un flagrant déni des précédentes théories, telles que le mercantilisme, pour lequel la richesse d'une nation se mesurait en réserves d'or, ou le précepte des Physiocrates, selon lequel la valeur vient de la terre. « Quoi qu'il en soit du sol, du climat ou de l'étendue du territoire de n'importe quelle nation, écrivait Smith, l'abondance ou la rareté de son approvisionnement annuel doivent [...] dépendre des [...] capacités productives du travail. » Deux siècles supplémentaires de pensée économique n'ont que peu ajouté à ce constat.

Avec l'aide de Smith et de ses successeurs immédiats, le mercantilisme se trouva progressivement supplanté, et la liberté économique gagna du terrain. En Grande-Bretagne, ce processus culmina en 1846 avec l'abrogation des lois sur le blé – système de tarification qui bloqua longtemps les importations de céréales, maintenant leurs prix artificiellement hauts et garantissant ainsi les rentes des propriétaires terriens, de même qu'il élevait évidemment le prix de la miche que payait l'ouvrier. L'adoption des théories de Smith fut, à partir de cette date, à l'origine de la réorganisation du commerce dans l'ensemble du monde civilisé.

Cependant la réputation et l'influence de Smith pâlirent à mesure que l'industrialisation progressait. Pour ceux qui, aux XIXe et XXe siècles, luttèrent contre les économies libérales, qu'ils considéraient comme barbares et injustes, il ne faisait certes pas figure de héros. Robert Owen, prospère propriétaire anglais de manufactures, était convaincu que le capitalisme libéral ne pouvait engendrer que la pauvreté et la maladie. Il fonda le mouvement utopiste, prônant selon les termes d'Owen la construction de « villages de coopération ». En 1826, ses disciples fondèrent dans l'Indiana le village de New Harmony. Ironie du sort, les dissensions entre les habitants aboutirent à la ruine de New Harmony au bout de deux ans. Mais le charisme d'Owen continua d'attirer des foules de travailleurs peinant à gagner leur pain.

Karl Marx, qui rejeta Owen et ses utopistes, ne fut pas non plus un adepte de Smith ; s'il estimait la rigueur intellectuelle de ce dernier, il considérait cependant que les économistes « classiques » avaient décrit exactement les origines et les mécanismes du capitalisme ; pour lui, Smith avait omis un point essentiel, à savoir que le capitalisme n'était qu'une phase ; Marx considérait le capitalisme comme une étape historique dans l'inévitable marche vers la révolution du prolétariat et le triomphe du communisme. Ses successeurs finirent par arracher au capitalisme un tiers de la population mondiale, ce qui était considérable. Mais ce fut pour un temps.

A la différence de Marx, les socialistes fabiens de la fin du XIXᵉ siècle n'aspiraient pas à la révolution. Ils avaient choisi leur nom d'après le général romain Fabius, qui avait tenu en échec les armées d'Hannibal grâce à une guerre d'usure et non d'affrontement. Pareillement, les fabiens ne voulaient pas détruire le capitalisme, mais simplement le maîtriser. Pour eux, le gouvernement devait s'employer à sauvegarder le bien-être collectif des méfaits de la concurrence brutale du marché. Ils prônaient le protectionnisme dans le commerce et la nationalisation des terres, et ils comptèrent dans leurs rangs des célébrités telles que George Bernard Shaw, H.G. Wells et Bertrand Russell.

Les fabiens pavèrent la route de la social-démocratie moderne et ils finirent par avoir au moins autant d'influence que les marxistes. Alors que le capitalisme assurait des niveaux de vie constamment croissants aux travailleurs des xixe et xxe siècles, les effets modérateurs du fabianisme devaient, selon certains, rendre les économies de marché acceptables et tenir le communisme en échec. Les fabiens participèrent à la fondation du parti travailliste anglais ; ils exercèrent également une profonde influence sur les colonies britanniques quand celles-ci devinrent indépendantes ; en 1947, en Inde, Jawaharlal Nehru s'inspira des principes fabiens pour bâtir l'économie d'un pays représentant un cinquième de la population mondiale.

Quand je lus pour la première fois Adam Smith, après la Seconde Guerre mondiale, l'intérêt pour ses théories était à son plus bas niveau. Et pendant la plus grande partie de la guerre froide, les économies de part et d'autre du Rideau de fer demeurèrent fortement réglementées ou centralement planifiées. « Laisser-faire » était quasiment un gros mot et les avocats les plus en vue du capitalisme de marché étaient des iconoclastes comme Ayn Rand et Milton Friedman. Ce fut à la fin des années 1960, alors que j'entamais ma carrière publique, que le pendule de la pensée économique revint vers Adam Smith. Son retour en grâce fut laborieux, surtout dans son propre pays. Un économiste américain à la recherche de sa tombe en 2000 à Edimbourg rapporta qu'il avait dû écarter les cannettes de bière et autres détritus pour déchiffrer sur sa stèle :

Ici reposent les restes d'ADAM SMITH
auteur de la *Théorie des sentiments moraux*
et de *La Richesse des nations*

Et pourtant l'Ecosse a fini elle aussi par accorder à Smith les honneurs qui lui reviennent. Le sentier qui mène à sa tombe est à présent orné d'une plaque gravée de citations de *La Richesse des nations*, et un collège proche de Kirkcaldy porte aujourd'hui son nom. Une statue de bronze de Smith, de dix pieds de haut, doit être érigée sur le Royal Mile à Edimbourg. Elle a, comme il convient, été subventionnée par des dons privés. Enfin, détail plus personnel, j'ai accepté avec plaisir, fin 2004, une invitation de mon excellent ami Gordon Brown, chancelier de l'Echiquier pendant tant d'années et maintenant Premier ministre, à donner la première des Conférences commémoratives Adam Smith à Kirkcaldy. Que l'un des chefs du parti travailliste de Grande-Bretagne – fortement inspiré par le socialisme fabien, si éloigné des prédicats de Smith – ait patronné une telle initiative est certainement le signe d'un changement. Comme je l'expliquerai plus loin, la Grande-Bretagne s'est donné pour objectif d'associer certains principes des fabiens au capitalisme de marché – c'est un schéma d'évolution qu'on retrouve plus ou moins dans l'ensemble des économies de marché.

13.

LES VARIANTES DU CAPITALISME

Par-dessus les propos des orateurs, dans la vaste salle du siège du Fonds monétaire international, pleine de monde, je percevais les refrains et clameurs des adversaires de la mondialisation, montant de la rue. C'était en avril 2000. De dix mille à trente mille étudiants, gens d'Eglises, syndicalistes et écologistes avaient convergé vers Washington pour protester contre la session de printemps réunissant la Banque mondiale et le FMI. Si nous, ministres des Finances ou banquiers centraux présents dans la salle, ne parvenions guère à déchiffrer les paroles des manifestants, il n'était pas difficile d'en saisir la teneur ; ils protestaient contre ce qu'ils jugeaient être les déprédations d'un commerce de plus en plus mondialisé, et notamment l'oppression et l'exploitation des pauvres dans les pays en développement. J'étais et je demeure attristé par ces clameurs, car si les manifestants réussissaient à désorganiser le commerce mondial, ceux qui en souffriraient le plus seraient les centaines de millions de pauvres, ceux-là mêmes dont ils se faisaient les porte-parole.

La planification centralisée n'est certes plus une forme d'organisation économique crédible, mais il est évident que le combat pour ses rivaux, le capitalisme de marché et la mondialisation, est loin d'être gagné. Pendant la dizaine de générations écoulées, le capitalisme n'a cessé de progresser, cependant que les niveaux et la qualité de vie s'élevaient dans de larges parties du monde. La pauvreté a été considérablement réduite et l'espérance de vie a plus que doublé. L'élévation du bien-être – qui a, depuis deux siècles, crû par un facteur 10 en revenu réel par tête – a permis à la planète de voir sa population se multiplier par six. Et pourtant, il en demeure beaucoup qui trouvent le capitalisme difficile à accepter et encore plus à adopter.

Le problème est que la dynamique du capitalisme – celle de l'impitoyable loi du marché – contrarie le désir humain de stabilité et de sécurité. Face aux bénéfices du capitalisme, une grande part de la population éprouve un sentiment croissant d'injustice. La peur de perdre son emploi en est l'une des causes majeures. Une autre anxiété, encore plus profonde, est que la concurrence dérange sans cesse le *statu quo* et le style de vie, bon ou mauvais, de la plupart des gens. Je suis sûr que les sidérurgistes américains dont je fus le conseiller dans les années 1950 auraient été ravis que leurs collègues japonais n'eussent pas, ces dernières années, tant amélioré leur productivité et la qualité de leurs produits. Et inversement, je doute qu'IBM ait été enchanté que le traitement de texte ait détrôné la vénérable machine à écrire Selectric.

Le capitalisme crée un conflit en chacun de nous. Nous sommes tour à tour l'entrepreneur agressif et le pantouflard qui, au plus profond de lui-même, préfère une économie moins compétitive et stressante, où tout le monde gagnerait la même chose. Bien que la concurrence soit essentielle au progrès économique, je ne peux pas prétendre en être moi-même toujours enchanté. Je n'ai jamais nourri de bienveillance à l'égard des concurrents qui tentaient de détourner la clientèle de Townsend-Greenspan. Mais pour être compétitif, il me fallait m'améliorer, offrir de meilleurs services, devenir plus productif. A la fin, bien sûr, je m'en félicitai. Et mes clients aussi, ainsi que, je le suppose, mes concurrents. C'est peut-être au fond le message du capitalisme : la « destruction créatrice », le rejet de technologies désuètes et des vieux mode de production au profit de nouveaux sont la seule façon d'élever les niveaux de vie de manière durable. L'Histoire nous l'enseigne : la découverte de pétrole ou d'autres richesses naturelles ne produit pas ce résultat.

On ne peut contester le palmarès du capitalisme. Au cours des siècles, les économies de marché ont triomphé en éliminant ceux qui étaient inefficaces et mal équipés, gratifiant ainsi ceux qui savaient anticiper la demande des consommateurs et la satisfaire grâce à un usage plus efficace du travail et du capital. Les nouvelles technologies dirigent de façon croissante ce processus capitaliste impitoyable sur une grande échelle. Dans la mesure où les gouvernements « protègent » une partie de leur population de ce qu'elles perçoivent comme des pressions concurrentielles brutales, elles n'obtiennent en conséquence que des niveaux de vie moins élevés.

Malheureusement, la croissance économique ne produit ni un contentement, ni un bonheur durables. Si c'était le cas, le décuplement du revenu réel par tête, au cours des deux derniers siècles, aurait suscité une vague d'euphorie sur la planète. Les faits révèlent que l'accroissement des revenus augmente bien le contentement, mais jusqu'à un certain point. Au-delà du seuil où les besoins élémentaires sont satisfaits, le bonheur est un état relatif qui finit par se dissocier de la croissance économique. L'évidence le démontre, le bonheur dépend de la façon dont nous considérons nos vies et dont nous mesurons nos réussites par rapport à celles de nos pairs. Au fur et à mesure que la prospérité s'étend – ou peut-être est-ce un effet même de son expansion –, beaucoup de gens craignent que la concurrence frénétique et le changement menacent leur image sociale, qui est essentielle à l'estime qu'ils se portent. Le bonheur dépend bien plus de la façon dont les gens comparent leurs revenus à ceux qu'ils considèrent comme leurs pairs, ou de leurs modèles, que de leur bien-être matériel au sens absolu. Quand, il y a quelque temps, on demanda à des diplômés de l'université Harvard s'ils préféreraient gagner 50 000 dollars par an alors que leurs pairs n'en gagneraient que la moitié, ou bien 100 000 dollars si leurs pairs en gagnaient le double, la majorité d'entre eux opta pour la rémunération la plus basse. Ce sondage me fit d'abord rire et je me disposais à le jeter aux oubliettes. Puis je me souvins d'une fascinante étude remontant à 1947 et réalisée par Dorothy Brady et Rose Friedman.

Les données établies par Brady et Friedman montraient que la part du revenu qu'une famille américaine dépense en biens de consommation et services est déterminée non par son revenu propre, mais par le niveau *relatif* de celui-ci par rapport au niveau de revenu moyen d'une famille américaine. Cette étude montrait donc qu'une famille au revenu moyen en 2000 en dépenserait la même part qu'une même famille en 1900, bien que, en tenant compte de l'inflation, le revenu de cette dernière n'eut été qu'une petite fraction du revenu moyen en 2000. Je repris les données de Brady et Friedman, les mis à jour et parvins à la même conclusion [1] : le comportement du consommateur n'a pas beaucoup changé depuis plus d'un siècle.

Les données en question montrent que ce que les gens épargnent ou dépensent ne dépend pas du niveau de leur pouvoir d'achat réel, mais de leur rang dans l'échelle sociale et du rapport de leur revenu à celui des autres [2]. Le plus

---

1. L'US Department of Labor et ses prédécesseurs ont, depuis 1888, publié périodiquement des données sur les revenus des consommateurs américains et leur répartition. J'ai prélevé des données de sept rapports, allant de 1888 à 2004. Les données brutes semblèrent ne comporter aucun schéma significatif jusqu'à ce que, dans chaque tranche, je dégage le montant des dépenses rapporté au revenu et le compare au revenu moyen dans une année donnée. Comme dans l'étude de Brady et Friedman, il apparut alors, dans les sept enquêtes, que le rapport des dépenses au revenu pour les familles disposant d'un tiers du revenu moyen de la nation se stabilisait autour de 1,3 (leurs dépenses excèdent leurs revenus de 30 %). Pour les revenus doubles de la moyenne, le rapport dépenses/revenu finit par tomber à 0,8.

2. Une autre méthode pour parvenir à la même conclusion est d'observer qu'il n'existe pas de tendance à long terme qu'on puisse relever dans le taux d'épargne des ménages. Et pourtant, toutes les analyses indiquent que l'épargne est plus élevée dans les foyers à revenus supérieurs que dans les autres. Pour que ces deux positions soient valides (et si la répartition des revenus ne s'écarte pas de ses moyennes historiques), il faut qu'à n'importe quel niveau de revenus, les ménages épargnent moins au fur et à mesure que l'ensemble des revenus augmente. La tendance à la baisse de l'épargne doit être directement rapportée à l'accroissement du revenu moyen par foyer.

remarquable dans ce constat est qu'il reste valable pour les dernières années du XIXᵉ siècle, où les familles dépensaient bien plus en nourriture qu'en 2004 [1].

Ces constats n'auraient guère surpris Thorstein Veblen, l'économiste américain qui, dans sa *Théorie de la classe de loisir*, publiée en 1899, forgea la formule universellement célèbre de la « consommation ostentatoire ». Il releva que les achats individuels de biens et services dépendent de ce qu'on appelle en français « faire bonne figure » et, en anglais, *keeping up with the Joneses*, « ne pas se trouver en reste avec les Jones ». Si Katie s'était offert un iPod, Lisa devait aussi en avoir aussi un. J'ai toujours pensé que Veblen avait poussé sa théorie à l'extrême, mais il est certain qu'il a identifié un élément très important du comportement social. Comme le démontrent les données, nous sommes tous sensibles à ce que nos pairs gagnent et dépensent. Même s'ils sont des amis, nous les considérons aussi comme des rivaux dans la hiérarchie sociale. Les individus sont visiblement plus contents et moins stressés quand leurs revenus croissent en même temps que l'économie nationale, et les enquêtes indiquent que les riches sont encore plus contents que les classes inférieures. Mais les lois de la psychologie montrent que l'euphorie initiale d'un niveau de vie supérieur s'estompe quand les nouveaux riches s'adaptent à leur statut ; celui-ci est dès lors perçu comme « normal ». Les gains de la félicité sont, en effet, éphémères [2].

Qu'elles soient positives ou négatives, les réactions contradictoires des gens au capitalisme ont, dans les années d'après-guerre, engendré une variété de pratiques capitalistes, allant de la stricte régulation au contrôle léger. Chacun a certes son opinion sur la question, mais il existe dans une grande partie de la société une tendance visible à se rallier à

---

1. L'alimentation est évidemment une mesure très utile du niveau de vie, indépendamment du rang social d'une famille selon son revenu réel.

2. Heureusement, ce mécanisme fonctionne aussi en sens contraire. Les grandes épreuves financières peuvent engendrer la dépression et, à moins qu'ils soient psychologiquement vulnérables, les gens finissent par se rétablir et retrouvent le sourire.

un point de vue commun, qui peut différer sensiblement d'une société à l'autre. Cela résulte, il me semble, du besoin des gens d'appartenir à des groupes définis par la religion, la culture, l'histoire – lequel est suscité à son tour par un besoin inné de chefs, pour la famille, la tribu, le village, la nation. C'est un trait universel qui reflète probablement l'impératif des choix qui gouvernent les comportements de la vie quotidienne. En général, la plupart des gens ne se sentent pas à la hauteur des enjeux qu'ils affrontent, et ils cherchent conseil auprès de chefs religieux, de membres de leur famille et dans les affirmations des présidents. Presque toutes les organisations humaines expriment ce besoin de hiérarchie. Dans n'importe quelle société, les opinions partagées sont, en pratique, celles de ses dirigeants.

Si le bonheur ne dépendait que du bien-être matériel, j'imagine que toutes les formes de capitalisme convergeraient vers le modèle américain : c'est le plus dynamique et le plus productif ; mais c'est aussi celui qui cause le plus de stress, surtout sur le marché du travail. Je l'ai relevé au chapitre 8, près de 400 000 personnes aux Etats-Unis perdent leur travail *chaque semaine*, et 600 000 démissionnent ou changent d'emploi volontairement. La durée moyenne d'un emploi pour un Américain est de 6,6 ans, bien moins que les 10,6 pour un Allemand et les 12,2 pour un Japonais. Les économies de marché – c'est-à-dire presque toutes – ont dû choisir la place qu'elles voulaient occuper entre deux extrêmes : Silicon Valley, frénétique mais hautement productive, et Venise l'immobile.

Pour toute société, l'équilibre entre la richesse nationale et l'absence de stress est fondé sur son histoire et sa culture. J'entends par culture les valeurs partagées par les membres d'une même société, inculquées dès le plus jeune âge et régissant toutes les étapes de l'existence.

Certains aspects de la culture d'une nation finissent par affecter son PIB. Les attitudes positives à l'égard du succès en affaires par exemple – qui ont de profondes racines culturelles – ont au cours des générations beaucoup contribué au bien-être matériel. A l'évidence, une société qui considère de tels succès d'un œil favorable concédera beaucoup plus de liberté aux entreprises qu'une autre qui considère la concurrence comme contraire à l'éthique. J'ai constaté que beaucoup de ceux qui reconnaissent les bienfaits du capitalisme concurrentiel sur le niveau de bien-être éprouvent toutefois des scrupules pour deux raisons. La première est que la concurrence et la prise de risques sont des facteurs de stress que la plupart des gens cherchent à éviter. La seconde est une ambivalence fort courante à l'égard de l'accumulation de richesses. D'une part, celles-ci sont recherchées comme moyen d'exalter le statut social (Veblen l'aurait admis), mais de l'autre, elles contreviennent à l'avertissement évangélique : « Il est plus facile pour un chameau de passer par le chas d'une aiguille que pour un homme riche d'entrer au royaume de Dieu. » Cette ambivalence très ancienne imprègne encore la société jusqu'à aujourd'hui. Elle a exercé une profonde influence sur le développement de l'Etat-providence et le système de protection sociale, qui en est le pilier central. Il est admis que la prise de risques sans contraintes augmente la concentration de revenus et de richesses. L'objectif de l'Etat-providence est de diminuer cette concentration par une législation qui réglemente la prise de risques et par des taxes qui en réduisent les bénéfices éventuels.

Les origines du socialisme sont sans doute séculières, mais son pouvoir politique s'aligne sur de nombreuses injonctions religieuses concernant la société civile et visant à réduire la détresse des plus pauvres. La condamnation de la quête de richesses comme contraire à l'éthique sinon à la morale a une longue histoire et elle précède de loin l'apparition de l'Etat-providence.

Cette éthique anti-matérialiste a toujours servi d'antidote discret à l'acceptation de la concurrence dynamique et des mécanismes débridés du capitalisme. Plusieurs des titans de l'industrie, dans l'Amérique du XIXe siècle, qui nourrissaient des scrupules sur leurs bénéfices, se délestèrent de vastes pans de leur fortune. Jusqu'à aujourd'hui, un résidu de culpabilité persiste sous la surface de notre culture de marché, mais le degré d'ambivalence à l'égard du profit et des risques varie beaucoup d'un bout à l'autre de la planète. Prenons les Etats-Unis et la France, par exemple : les valeurs fondamentales des deux proviennent des Lumières, mais comme l'a montré un sondage récent, 71 % des Américains tiennent le libéralisme économique pour le meilleur système, mais seuls 36 % des Français l'approuvent. Un autre sondage révèle que les trois quarts des jeunes Français aspirent à une carrière de fonctionnaire, ce qui est une exception aux Etats-Unis.

De tels chiffres révèlent une différence remarquable du degré de tolérance à l'égard du risque. Les Français sont bien moins disposés à supporter les pressions concurrentielles d'un marché libre et préfèrent de loin la sécurité d'un poste de fonctionnaire, alors que tout démontre que la prise de risques est essentielle à la croissance économique. Je ne dirai pas que plus la prise de risques est grande, plus la croissance est élevée. Les coups de poker effrénés sont rarement rentables en bout de course. Les risques dont je parle sont les risques calculés, qui sont les plus courants dans les affaires. Or les freins à la liberté d'action – la réglementation des affaires ou la forte taxation des gros bénéfices – finissent par annuler la volonté d'agir chez les acteurs de marché. Pour moi, la volonté de prendre des risques est en fin de compte le trait qui caractérise le type de capitalisme en vigueur dans chaque pays. Que différents degrés d'aversion au risque résultent d'une antipathie de nature éthique vis-à-vis de l'accumulation de richesses ou de la crainte de la concurrence n'a guère de conséquences. Ces deux aspects sont intégrés dans le choix des limites réglementaires imposées à la concurrence et atténuent le principe du laisser-faire. Il s'agit là d'un objectif important de l'Etat-providence.

Il existe d'autres facteurs, moins fondamentaux, qui inhibent tout autant le comportement concurrentiel. Le plus évident en politique est la tendance de nombreuses sociétés à protéger leurs « trésors nationaux » des assauts de la destruction créatrice ou, pis, de leur détention par des étrangers. C'est là un frein dangereux à la concurrence internationale et il constitue un autre aspect qui différencie les cultures les unes des autres. En 2006, par exemple, les Français bloquèrent la tentative d'une firme italienne d'acheter la Compagnie de Suez, une grande entreprise de services, en mettant en train une fusion entre Suez et Gaz de France. L'Espagne et l'Italie ont pris des mesures protectionnistes similaires.

Mais les Etats-Unis ne sont pas exempts de tels comportements. Ainsi, en juin 2005, une branche de la troisième compagnie pétrolière chinoise, la China National Offshore Oil Corp., ou CNOOC, tenta d'acheter Unocal, une compagnie pétrolière américaine, pour 18,5 milliards de dollars comptant. L'offre était supérieure aux 16,5 milliards de dollars précédemment proposés par Chevron, en titres et capitaux. Chevron poussa les hauts cris, dénonçant une concurrence déloyale de la part d'une compagnie d'Etat. Les législateurs américains déplorèrent que « la tentative de mainmise de la Chine sur les ressources mondiales d'énergie » représentât une menace stratégique. En août, l'opposition politique était devenue si véhémente que la CNOOC retira son offre, arguant que la querelle avait « élevé l'incertitude à un niveau qui comporte un risque inacceptable ». Chevron emporta l'affaire, ce qui porta préjudice à notre réputation d'impartialité et de non-discrimination internationale par notre engagement à traiter les sociétés étrangères sur un pied d'égalité avec les entreprises nationales, et ce à des fins de régulation.

Trois mois plus tard seulement, une société arabe, Dubaï Ports World, acheta une compagnie gérant les terminaux de conteneurs sur la Côte Est et le golfe du Mexique. L'acquisition déclencha des protestations au Congrès ; les législateurs des deux partis clamèrent que la direction arabe des ports américains compromettrait la lutte contre le terrorisme et mettrait la sécurité du pays en danger. A la fin, en mars 2006, Dubaï Ports World, sous la pression, annonça qu'elle transférerait la gestion des ports à une compagnie américaine, non citée. Il ne fut jamais démontré qu'une menace réelle avait pesé sur les ports américains.

D'un point de vue plus général, le respect d'une nation pour ses traditions et ses efforts pour les conserver, même quand ceux-ci sont mal inspirés, s'ancrent dans le besoin populaire d'un environnement permanent et familier, source de joie et de fierté.

Bien que je sois un ardent avocat du neuf contre le vieux, je n'irais pas jusqu'à proposer de démanteler le Capitole pour le remplacer par un bâtiment moderne plus rationnel. Mais quelles que soient les convictions de chacun sur ces questions, si l'on restreint la destruction créatrice pour protéger ses icônes, il faut en contrepartie renoncer à une amélioration du niveau de vie.

Il existe, bien sûr, de nombreux autres exemples d'intervention fâcheuse et contre-productive sur les marchés concurrentiels d'un pays. Quand les chefs d'un gouvernement ont pris l'habitude de favoriser des personnes ou des entreprises du secteur privé en échange d'un soutien politique, on dit que ce pays est livré au népotisme. Ce fut le cas, particulièrement déplorable, de l'Indonésie sous la férule de Suharto, dans les années 1970 et 1980, de la Russie immédiatement après l'effondrement de l'URSS, du Mexique pendant ses longues années sous le PRI (Partido Revolucionario Istitucional). Les faveurs en question prennent généralement la forme d'accès privilégié à certains marchés, de priorité en matière d'achats d'actifs nationaux ou d'une ligne directe avec les politiciens en place. Ces abus ne font que dénaturer le capitalisme et abaisser le niveau de vie.

Vient ensuite la vaste question de la corruption, dont le népotisme n'est qu'un des aspects. En général, la corruption tend à apparaître quand un gouvernement veut favoriser certains ou s'il a quelque chose à vendre. Si les gens et les marchandises circulaient librement à travers les frontières, les agents des douanes et de l'immigration, par exemple, n'auraient rien à faire ; en fait, ils n'existeraient même pas. C'était à peu près le cas aux Etats-Unis avant la Première Guerre mondiale. Il est difficile pour un Américain du XXIᵉ siècle de comprendre vraiment à quel point l'Etat était alors étranger aux affaires. Les rares histoires de corruption qui éclataient faisaient la une des journaux. Telles de nombreuses transactions douteuses, au début du xixᵉ siècle, autour de la construction des canaux. Ou les opérations frauduleuses autour de la construction des voies ferrées transcontinentales et les colossales ventes de terrains afférentes, qui culminèrent dans le scandale Union Pacific-Crédit Mobilier en 1872. Même s'ils sont rares, ces scandales restent encore dans notre mémoire.

En dépit d'une forte intervention dans les affaires depuis les années 1930, de nombreux pays sont parvenus à tenir la corruption en échec, alors même que leurs fonctionnaires disposent d'une grande latitude dans leur rôle de régulateurs. Les exemples de la Finlande, de la Suède, du Danemark, de l'Islande, de la Suisse, de la Nouvelle-Zélande, de Singapour sont particulièrement édifiants. A l'évidence, la culture joue aussi un rôle déterminant dans le degré de corruption d'un pays.

Il n'existe pas de moyen de mesure direct de l'impact des coutumes culturelles sur l'activité économique. Mais une initiative conjointe de la Heritage Foundation et du *Wall Street Journal* a combiné les statistiques du Fonds monétaire international, de l'Economist Intelligence Unit et de la Banque mondiale pour établir un Indice de la liberté économique dans cent soixante et un pays. Entre autres considérations, cet indice combine différentes mesures de la force et de la protection des droits de propriété, de la facilité de fonder ou fermer une affaire, de la stabilité de la devise, de l'état du droit du travail, de l'ouverture à l'investissement et au commerce international, de l'immunité contre la corruption et de la part de la production du pays assignée à l'intérêt général. Une dose appréciable de subjectivité entre évidemment dans la quantification de ces différents facteurs qualitatifs. Mais autant que je puisse en juger, le résultat semble correspondre à mes quelques observations.

L'indice de 2007 classe les Etats-Unis comme la plus « libre » des grandes économies et, ironie du sort, place Hong Kong – appartenant désormais à la Chine non démocratique – également en tête de liste. Ce n'est peut-être pas un effet du hasard si les sept économies qui dominent cette liste, Hong Kong, Singapour, Australie, Etats-Unis, Royaume-Uni, Nouvelle-Zélande et Irlande ont des racines en Grande-Bretagne, patrie d'Adam Smith et des Lumières anglaises. Cela ne signifie toutefois pas que le sceau britannique soit toujours indélébile, car le Zimbabwe, ancienne colonie britannique (la Rhodésie du Sud), figure en queue de liste.

Plus grande est la liberté économique, plus vastes sont les opportunités d'entreprendre avec leur rendement, le profit, donc plus grande est l'incitation à prendre des risques. La présence d'entrepreneurs de risques dans les sociétés se traduit par la mise en place de gouvernements dont les lois encouragent la prise de risques économiquement rentables et favorisant les droits de propriété, le commerce libre et l'ouverture de nombreuses opportunités. Leurs lois empêchent leurs fonctionnaires de vendre ou céder des passe-droits en échange de commissions ou de faveurs politiques. L'indice mentionné plus haut mesure le degré d'effort *conscient* d'un pays pour restreindre les marchés concurrentiels. Il n'est pas nécessairement une « mesure du succès », étant donné que chaque nation choisit implicitement le degré de liberté économique qui lui convient[1]. L'Allemagne se trouve donc au 19e rang (juste derrière le Japon), parce que sa politique la place là. Elle a voulu et bâti un grand Etat-providence, qui exige un prélèvement substantiel du revenu national pour entretenir son système de protection sociale. Le marché du travail allemand est restrictif et il est très coûteux d'y licencier quelqu'un. Et pourtant, l'Allemagne rivalise avec les pays les plus attachés à la protection des droits de propriété et au respect de la loi. La liberté d'y fonder ou d'y fermer un commerce compte parmi les plus grandes. La France (classée 45e) et l'Italie (classée 60e) présentent les mêmes profils complexes.

Le test final de l'utilité d'un pareil classement consiste

---

1. Dans certains cas toutefois, des obstacles politiques ont empêché des gouvernements de créer ou d'abolir des institutions, selon les choix culturels des citoyens.

à vérifier s'il correspond ou non aux performances économiques. Et c'est le cas. Le coefficient de corrélation entre l'Indice de liberté économique des cent cinquante sept pays et le revenu par tête exprimé en logarithme est de 0,65, précision étonnante quand on considère l'hétérogénéité des données qui ont servi à son élaboration [1].

Reste la question critique : étant donné que les marchés concurrentiels favorisent la croissance économique, existe-t-il un équilibre optimal entre la performance économique, l'anxiété qu'elle impose et le sens civique auquel les Européens et bien d'autres sont attachés ? Beaucoup d'Européens qualifient avec mépris le régime de l'Amérique de « capitalisme de cow-boy ». Les marchés libres et hautement concurrentiels sont jugés comme imprégnés de matérialisme et largement dépourvus de valeurs culturelles. Cette différence marquée entre les Etats-Unis et l'Europe m'a paru résumée le plus clairement, il y a quelques années, dans un soliloque attribué à l'ancien Premier ministre conservateur Edouard Balladur. Il y demandait : « Qu'est-ce que le marché ? C'est la loi de la jungle, la loi de nature. Et qu'est-ce que la civilisation ? C'est la lutte contre la nature. » Bien qu'ils admettent que la concurrence stimule la croissance, beaucoup d'observateurs s'inquiètent de ce que, pour atteindre celle-ci, les agents économiques soient astreints à suivre la loi de la jungle. Ils préfèrent une moindre croissance et un plus grand sens civique, ou du moins le croient-ils.

Mais *existe-t-il* réellement un arbitrage entre le sens civique, tel que le définissent ceux qui trouvent déplorable la concurrence ouverte, et la qualité du bien-être matériel qu'ils recherchent quand même ? Cela n'est pas évident. Au cours du siècle dernier, par exemple, la croissance alimentée par les marchés concurrentiels a créé, aux Etats-Unis, des ressources qui dépassaient de loin les besoins de subsistance. Même dans les économies les plus agressivement

---

1. Dans l'établissement de l'indice, les mêmes pondérations ont été attribuées aux dix éléments. Si l'on avait estimé ces poids par des méthodes d'analyse temporelle, le degré de corrélation n'en aurait été que plus élevé.

concurrentielles, pareils surplus ont été employés pour élever la qualité de la vie à maints égards. N'en citons que quelques exemples : 1) une plus grande longévité, due au développement de vastes réseaux d'eau potable, puis aux progrès de la médecine ; 2) un système universel d'éducation, qui a facilité une bien plus grande mobilité sociale ; 3) une considérable amélioration des conditions de travail et, 4) la capacité d'améliorer l'environnement en préservant des ressources naturelles dans des parcs nationaux, qui eussent autrement été exploités pour subsister[1]. D'une manière fondamentale, les Américains ont utilisé les surplus substantiels engendrés par une économie de marché pour acheter ce que beaucoup appelleraient une plus grande civilité[2].

Il est évident que toutes les activités des marchés ne sont pas civiles. Bien que légales, beaucoup d'entre elles sont franchement déplaisantes. Les infractions aux lois et les abus de confiance n'entravent pas l'efficacité des marchés. Mais les fondements juridiques et la discipline des marchés aux Etats-Unis sont suffisamment implantés dans les habitudes pour restreindre ces aberrations. Il est significatif qu'en dépit des retentissants abus de confiance commis par de nombreux leaders des affaires et de la finance dans ce pays au cours des dernières années, la productivité, mesure fondamentale de l'efficacité des entreprises, s'est accrue. Mais j'en dirai davantage au chapitre 23 sur la gouvernance des entreprises.

Que peut nous apprendre l'Histoire sur la stabilité des cultures économiques au cours des générations ? Qu'annonce-t-elle en ce qui touche à l'impact futur de ces cultures ? Celle de l'Amérique a beaucoup changé depuis les Pères fondateurs, même si ses bases demeurent ancrées dans leurs valeurs. Pour débridé que paraisse le capitalisme

---

1. La tragédie de la déforestation de la région amazonienne du Brésil réside dans le fait que les habitants ont besoin d'abattre des arbres pour survivre.

2. Les termes *civic* et *civism* existent en anglais, mais ce sont ceux de *civil* et *civility* qu'utilise l'auteur, en référence non au concept français, teinté de connotations juridiques, mais à la notion anglo-saxonne de bienséance. Ainsi, les activités des marchés peuvent être conformes au civisme et juridiquement licites, mais être néanmoins inciviles. *(N.d.T.)*

américain actuel, il n'est que le pâle reflet de ce qu'il était hier. Peut-être sommes-nous parvenus, dans les décennies précédant la Guerre civile, aussi près que possible du capitalisme pur. Se conformant largement, mais non entièrement, à une politique de laisser-faire à l'égard des affaires et de leur pratique, le gouvernement fédéral n'offrit guère de protection sociale aux aspirants capitalistes qui voulaient se constituer une fortune. S'ils échouaient – ce fut le cas de beaucoup –, ils n'avaient qu'à recommencer à zéro, souvent dans les nouveaux territoires frontaliers. Maintes années plus tard, Herbert Spencer, un disciple de Charles Darwin, forgea la formule « le plus capable survivra » ; elle résumait la philosophie de la concurrence qui prévalait dans la jeune Amérique. Le siècle de Franklin D. Roosevelt n'était pas né.

Quand j'avais vingt ans, je fus attiré par cette image d'une société capitaliste pleine de chausse-trappes, fondée, supposai-je, sur le mérite. Je ne m'attardai pas sur l'éclatante contradiction constitutionnelle qui permettait de considérer les êtres humains comme une propriété. En dépit de quelques contraintes réglementaires imposées aux entreprises sous certaines poussées populistes, à la fin du XIXᵉ siècle, l'Amérique des années 1920 avait conservé une grande partie de ses habitudes de laisser-faire du début du XIXᵉ siècle.

Les années du New Deal engendrèrent une vaste grille de règlements gouvernementaux qui bridèrent une concurrence jusqu'alors débridée, et dont plusieurs d'entre eux sont encore en vigueur aujourd'hui. Le Congrès promulgua le Full Employment Act de 1946, qui régularisait des initiatives *ad hoc* des années 1930. Il engageait le gouvernement à organiser une politique assurant l'emploi « à tous ceux qui étaient valides et cherchaient du travail ». Il ne s'agissait pas là d'un cri de ralliement marxiste, mais le rôle du gouvernement dans l'économie, tel qu'il avait existé avant le New Deal de Roosevelt, se trouvait radicalement modifié. Il fonda aussi le Bureau des conseillers économiques, que j'allais présider vingt-huit ans plus tard. Ce nouvel engagement du gouvernement dans l'économie réduisait clairement le rôle des marchés.

Né... ...ée par la vague de dérégulations du
milie... ...0, l'économie américaine actuelle
der... ...tielle des grandes économies du
m... ...ricaine d'aujourd'hui témoigne
e... ...sque et l'aventure d'antan. Plus
d... ...erick Jackson Turner eut, en
1... ...ères étaient closes, les Améri-
ca... ...its des intrépides cow-boys qui,
apr... ...aient les troupeaux du Texas aux
gares... ...nsas, le long du Chisholm Trail.

Les ch... ...ts culturels en Amérique sont à coup sûr perceptibles, mais ils restent négligeables dans le contexte des profonds changements institutionnels survenus depuis deux mille ans. De plus, je pense que les Etats-Unis sont suffisamment stables, culturellement, pour s'attendre à peu de transformations d'ici une génération ou deux. Et je dis cela même alors que l'immigration d'Amérique latine est en train de changer les fondements culturels de notre société. Mais je le dis parce que ces immigrants ont choisi de quitter leurs pays, rejetant ainsi une grande partie de la culture populiste qui a tant bridé la croissance économique de l'Amérique latine. C'était déjà le cas des immigrants du début du XXe siècle. Or ils furent heureusement absorbés par notre *melting pot*.

Dans la période moins contraignante de l'après-guerre, mais avant que la mondialisation ait pris forme, les gouvernements avaient été capables d'ériger des systèmes de protection sociale afin de préserver leurs citoyens des bourrasques de la destruction créatrice. Aux Etats-Unis, la vaste expansion de la Sécurité sociale, de l'assurance chômage, de la législation sur la protection des travailleurs et, bien sûr, du Medicare[1], figuraient en tête d'une très longue liste. La plupart des pays industrialisés en firent de même. La part des dépenses du gouvernement dans le PIB des Etats-Unis passa de 3,4 % en 1947 à 8,1 % en 1975. Bien

---

1. Système américain analogue en certains points aux Caisses primaires d'assurance maladie (cf. note p. 526). *(N.d.T.)*

qu'il fût admis que ces initiatives, dévolues à la protection sociale, augmentaient sensiblement les coûts sur les marchés du travail et des biens, et qu'ils réduisaient donc leur flexibilité, les politiciens jugèrent qu'ils ne freinaient pas sensiblement la croissance économique. La demande contenue depuis la Dépression et la Seconde Guerre mondiale éperonnait alors le PIB.

Dans les économies qui ne sont pas étroitement soumises au commerce international, la concurrence n'était alors pas aussi redoutable qu'elle l'est devenue, et une part appréciable de la société nourrit encore de la nostalgie pour cette période. Dans les marchés concurrentiels mondiaux actuels, il devient de plus en plus difficile de maintenir les systèmes de protection sociale d'autrefois, notamment dans les pays européens où les taux de chômage élevés semblent endémiques. Les gouvernements de toutes tendances peuvent bien décider d'aider leurs citoyens à maîtriser les nouvelles technologies. Et ils essaient généralement de soutenir les salaires de ceux qui se sont le moins bien adaptés. Mais la technologie et la concurrence internationale rendent fort coûteuses ce genre d'interventions qui affaiblissent les incitations à travailler, économiser, investir ou innover. En Inde, par exemple, les flux d'investissements directs sont clairement freinés par le poids de la réglementation.

Tels qu'ils émergèrent de la Seconde Guerre mondiale, les gouvernements européens, fidèles à leur préjugé collectiviste, organisèrent des systèmes de protection sociale bien plus étendus que ceux des Etats-Unis, et structurellement plus rigides jusqu'à ce jour. Comme je l'ai dit dans un précédent chapitre, quand je fis mes débuts d'économiste juste après la Seconde Guerre mondiale, la confiance dans le capitalisme était à son plus bas niveau depuis la naissance de celui-ci au XVIIIᵉ siècle. Dans les milieux académiques, il était considéré comme désuet. La plus grande partie de l'Europe s'enthousiasmait pour l'une ou l'autre des diverses variantes du socialisme. Socialistes et communistes occupaient des places d'influence dans les parlements européens. En 1945, un quart des députés français étaient communistes. Sous son nouveau gouvernement travailliste, la Grande-Bretagne s'engagea de façon décisive vers une économie planifiée, et elle n'était pas la seule. L'Allemagne fédérale sous occupation alliée était elle aussi soumise à une lourde réglementation. Une interprétation erronée de la puissance économique soviétique fit que la planification, même atténuée, domina la pensée économique européenne.

L'Europe et le Japon étaient en ruine après la guerre et, même aux Etats-Unis, peu de gens s'aventuraient à prévoir une croissance économique. En fait, le souvenir des années 1930 était si fort que l'on craignait un retour de la Dépression. En Grande-Bretagne, berceau du capitalisme, les angoisses suscitées par l'économie de l'après-guerre étaient si profondes que l'opinion jugea Winston Churchill, héros vénéré de la guerre, peu soucieux des impératifs de l'économie nationale ; son électorat ne lui renouvela pas sa confiance alors même qu'il s'entretenait à Potsdam avec Roosevelt et Staline. Le nouveau gouvernement travailliste s'employa à nationaliser de larges secteurs de l'industrie. En Allemagne, on développa le système de protection sociale fondé par Bismarck dans les années 1880.

On attribue communément au Plan Marshall le rétablissement de l'Europe. Je ne doute pas qu'il y ait contribué, mais ce n'était pas assez pour expliquer le remarquable dynamisme du redémarrage d'après-guerre. Je considérerais plutôt l'affranchissement des marchés commerciaux et financiers par Ludwig Erhard, ministre de l'Economie de l'Allemagne fédérale, comme bien plus déterminant pour le rétablissement de l'Europe occidentale, où son pays allait occuper une place dominante.

Au fil des ans, toutefois, la rigidité et les résultats de la planification engendrèrent un désenchantement croissant, et toutes les économies européennes s'orientèrent alors vers un capitalisme de marché, fût-ce à des degrés et sous des formes différentes. Même s'ils reconnaissaient les dangers de la destruction créatrice, les partisans de l'économie de marché parvinrent à convaincre les populations des bienfaits de cette dernière ; ils obtinrent ainsi la majorité électorale. En raison des profondes différences entre les cultures, chaque pays en nuança le schéma à sa convenance.

La Grande-Bretagne quitta la voie socialiste, en partie à cause de crises de changes périodiques qui la contraignirent à se replier sur des marchés plus concurrentiels. Margaret Thatcher projeta soudain son pays vers le modèle capitaliste. La première fois que je rencontrai Margaret Thatcher, ce fut lors d'un dîner de l'ambassade de Grande-Bretagne à Washington, en septembre 1975, peu après qu'elle fut devenue le chef du parti conservateur. J'étais assis à côté d'elle, appréhendant cette morne soirée en compagnie d'une politicienne. « Dites-moi, président Greenspan, demanda-t-elle, comment se fait-il qu'en Angleterre nous ne parvenions pas à calculer M3 ? » M3 est une mesure compliquée de la masse monétaire utilisée par les disciples de Milton Friedman. Nous passâmes la soirée à discuter de l'économie de marché et des problèmes que rencontrait l'économie britannique. J'exposai un souci dont j'avais fait part au président Ford en avril de cette année-là : « L'économie britannique semble être parvenue à un point où elle doit accélérer la relance budgétaire ne serait-ce que pour demeurer au point où elle en est. C'est à l'évidence une situation très dangereuse. »

Mes impressions favorables sur Margaret Thatcher furent renforcées après qu'elle fut devenue Premier ministre. Elue à ce poste en 1979, elle s'attaqua tête baissée aux problèmes de l'économie sclérosée de son pays. Elle livra sa bataille décisive contre les mineurs, qui, en mars 1984, s'étaient mis en grève après l'annonce de la fermeture de certaines mines de charbon d'Etat qui n'étaient pas rentables. Une précédente grève des mineurs en 1973 avait renversé le gouvernement d'Edward Heath. Mais la stratégie de Mme Thatcher, qui avait consisté à constituer de gros stocks de charbon avant l'annonce de la fermeture des mines, épargna au pays les crises énergétiques qui avaient, par le passé, constitué la monnaie d'échange des mineurs. Ainsi coiffés au poteau, les mineurs de 1984 capitulèrent au bout d'un an et reprirent le travail.

L'adoption par Thatcher du capitalisme de marché lui acquit, fût-ce à contre-cœur, l'électorat anglais. Elle fut réélue en 1983 et 1987, et elle fut le Premier ministre qui demeura le plus longtemps au pouvoir depuis 1827. Cette carrière prodigieuse fut compromise, non par l'électorat anglais, mais par une contestation au sein de son propre parti. Margaret Thatcher fut contrainte de jeter l'éponge en 1990. Elle en conçut de l'amertume à l'égard de ceux qui l'avaient chassée du pouvoir. Cette offense la tourmentait encore en septembre 1992, peu après l'humiliante sortie de la Grande-Bretagne du mécanisme de change européen. Je retrouvai Mme Thatcher à un dîner, en compagnie de son époux, Dennis Thatcher. Ce dernier espérait toujours un retour au pouvoir ; il raconta qu'un chauffeur de taxi lui avait déclaré : « *Governor*, je m'attends à vous revoir avant la fin du mois au 10 Downing Street. » Ce ne fut pas le cas.

Le parti conservateur était toujours au pouvoir deux ans plus tard, sous la direction de John Major, quand la mort prématurée du travailliste John Smith propulsa ses adjoints, Gordon Brown et Tony Blair, à la direction du parti travailliste. Peu après, à l'automne 1994, Brown et Blair entrèrent dans mon bureau à la Réserve Fédérale. Tandis que nous échangions des civilités, il m'apparut que Brown avait la préséance. Blair se tenait à l'arrière-plan. Ce fut Brown qui évoqua un « nouveau » Labour. Plus question des principes socialistes d'un Michael Foot ni d'un Arthur Scargill, le fougueux chef du syndicat des mineurs, dont la grève avait renversé en 1973 le gouvernement d'Edward Heath. Brown se déclara partisan de la mondialisation et des marchés libres et ne sembla pas enclin à toucher à ce que Thatcher avait changé en Grande-Bretagne. Le fait que lui et Blair se fussent présentés à la porte d'un défenseur reconnu du capitalisme – moi en l'occurrence – fortifia mes premières impressions.

Chefs, depuis 1997, d'un parti travailliste rajeuni et bien plus au centre, Tony Blair et Gordon Brown acceptèrent, en effet, les profonds changements structurels apportés par Margaret Thatcher sur le marché des biens et du travail.

En fait, Brown, chancelier de l'Echiquier pendant un nombre record d'années, parut se réjouir du formidable bond de la flexibilité économique, qui suivit les élections de 1997 – il soutint auprès de nos collègues du G7 ma défense de la flexibilité en tant que facteur de stabilité. Ce qui subsistait du socialisme du Royaume-Uni du XXIe siècle était à peine visible. Le socialisme fabien influençait toujours le système britannique de protection sociale, mais sous une forme bien diluée. Les succès remportés par le pays grâce au triomphe des marchés imposés par Margaret Thatcher et au « New » Labour donnent à penser que les réformes destinées à stimuler le PIB se poursuivront avec la génération suivante.

La transition de la Grande-Bretagne de l'économie sclérosée de l'immédiate après-guerre au statut de l'une des économies les plus ouvertes du monde se reflète dans l'itinéraire intellectuel de Gordon Brown, qui me le décrivit dans un e-mail en 2007 : « Je suis surtout venu à l'économie guidé par le souci de justice sociale que mon père m'avait enseignée. Dans les années 1960 et 1970, j'ai vu à quel point le chômage jetait des familles dans la pauvreté. Comme les premiers socialistes fabiens, j'en ai conclu que c'était là un échec de l'économie. La solution était keynesienne : accroître la demande, ce qui créerait enfin de l'emploi. Dans les années 1980, j'ai constaté que, pour créer des emplois, nous avions besoin d'une économie plus flexible. [La notion que] pour créer de nouveaux emplois, il fallait licencier les gens occupant des fonctions obsolètes me frappa, d'où mon idée qu'une mondialisation réussie veut que nous combinions la stabilité avec le libre échange, l'ouverture des marchés, la flexibilité et l'investissement dans les compétences des gens pour les emplois de l'avenir – principalement par l'éducation. J'espère qu'en Grande-Bretagne, nous serons bien préparés au défi économique mondial et renforcerons notre politique de stabilité tout en nous engageant en faveur du libre-échange et non du protectionnisme. C'est la politique concurrentielle la plus ouverte au monde, celle de l'ouverture des marchés et de l'investissement accru dans l'éducation avec des mesures associées. »

Le niveau d'activité économique nécessaire à l'Allemagne pour rétablir son infrastructure détruite par la guerre et pour assimiler les nouvelles technologies stimula la croissance du produit intérieur brut. Quatre décennies plus tard, le « Miracle économique » allemand, plutôt inattendu, porta la République fédérale au rang de puissance mondiale. Entre 1950 et 1973, le taux de croissance atteignit l'étonnante moyenne de 6 % par an, le taux moyen de chômage moyen resta à son plus bas niveau durant les années 1960, niveau qui eût été inconcevable durant les années de dépression précédant la guerre. Quand je commençai, à la fin des années 1950, à établir des prévisions pour l'ensemble de l'économie américaine, je considérais l'Europe comme un marché financé par l'aide des Etats-Unis, vers lesquels nous exporterions – et avec lesquels nous ne serions pas en concurrence. Quelques décennies plus tard, l'Europe est devenue une formidable concurrente.

La structure de l'industrie et du commerce américains d'après guerre reflétait l'aversion du gigantisme tout droit issu d'une société de petites fermes (fondées en partie par les allocations de terres de l'Ouest américain aux fermiers, selon la loi agraire de 1862) et de petits commerces. Les banques accordaient très rarement leur soutien aux entreprises et il était exceptionnel qu'une entreprise d'Etat se trouvât en concurrence avec une entreprise privée. L'assaut populiste contre le gigantisme s'en prit aux grands « trusts » et culmina en 1911 dans la décision mémorable de la Cour suprême de dissoudre le Standard Oil Trust.

Par cette tradition d'anti-gigantisme, les Etats-Unis se différenciaient en général de l'Allemagne et de l'Europe. Après la Seconde Guerre mondiale, les économies européennes nationalisèrent les entreprises et encouragèrent la création de syndicats à la mesure des grandes industries, ainsi que la négociation des salaires à l'échelon national. En Allemagne, la présence des syndicats aux conseils d'administration était obligatoire. Les grandes entreprises et les grands syndicats contrôlaient l'économie. De grandes banques dites universelles furent incitées à investir dans les grandes entreprises et à leur accorder des prêts. Cette éthique du gigantisme prenait sa source dans la cartellisation économique de la fin du XIXe siècle.

Dans les décennies qui suivirent la Seconde Guerre mondiale, la destruction créatrice en Europe était largement « créatrice ». La plupart des « destructions » de ce qui, après la guerre, aurait été des équipements archaïques avaient été effectuées par les bombardements. Les épreuves du processus capitaliste et les besoins d'un système de protection économique furent minimes durant les années 1970. En Allemagne, l'économie progressa rapidement, en dépit des formidables contraintes réglementaires et culturelles.

A la fin des années 1970, cependant, le Miracle allemand s'essoufflait. L'Allemagne fédérale avait largement entretenu sa prospérité en suivant le cahier des charges de la reconstruction. La demande baissait et la croissance ralentissait. La destruction créatrice, c'est-à-dire le besoin de changements économiques difficiles et le redéploiement des ressources économiques, s'imposa de nouveau alors qu'elle avait sommeillé depuis la fin de la guerre. Déjà, une large part de l'infrastructure économique bâtie dans les années 1950 prenait le chemin de l'obsolescence. De nombreuses entreprises et leurs employés commençaient à en ressentir les tensions.

La réglementation sur le travail mise en place peu après la guerre pour protéger les emplois avait eu peu d'impact pendant la période où l'offre était considérable. La pression subie par les employeurs pendant les années de croissance les poussa à engager assez d'employés pour faire face à la demande croissante. Ils avaient alors prêté peu d'attention aux coûts des licenciements, étant donné qu'ils ne couraient guère le risque d'en pratiquer. Mais quand la reconstruction arriva à son terme, l'équilibre changea : le coût élevé des licenciements contraignit les employeurs à ne plus embaucher. Le taux de chômage grimpa d'un plancher de 0,4 % en 1970 à près de 7 % en 1985, et passa à plus de 9 % en 2005. Une inversion cyclique mondiale stimula la croissance des exportations allemandes et abaissa le taux de chômage à 6,4 % au printemps 2007. Toutefois, les problèmes structurels à long terme, tels que le chômage élevé et les failles dans la productivité, restent cependant à résoudre. Les coûts des licenciements ont été un obstacle majeur à l'embauche. D'une façon plus générale, l'OCDE a noté que les taxes élevées sur les salaires des employés et les généreuses allocations de chômage contribuent elles aussi à un taux de chômage qui, en Europe occidentale, est nettement supérieur à celui des Etats-Unis. Selon le FMI, la productivité du travail de l'Europe des 15[1] en 2005 ne représentait que 83 % de celle des Etats-Unis, alors qu'elle avait été de 90 % en 1995. Actuellement, aucun des membres de l'Union européenne n'affiche un niveau de productivité du travail supérieur à celui des Etats-Unis. Le FMI attribue l'écart croissant avec les Etats-Unis à « un passage plus lent aux nouvelles technologies, particulièrement aux progrès rapides de la technologie de l'information et de la communication (TIC) », en raison d'une carence de l'investissement en TIC dans la finance et le commerce de gros et de détail. Le FMI suggère à l'Europe de relâcher ses freins à la concurrence.

La décision historique de réunifier les deux Allemagnes et d'instaurer la parité entre l'ostmark – devise de l'Allemagne de l'Est – et le deutsche mark assena un coup brutal à la performance ouest-allemande d'après guerre. On le vit, la productivité de l'Allemagne de l'Est avant la réunification avait été très inférieure à celle de l'Allemagne de l'Ouest. On craignit donc que l'industrie de l'Est fût totalement désavantagée et mise en faillite. Mais le chancelier Helmut Kohl soutint, sans doute à juste titre, que si l'on n'établissait pas la parité monétaire entre les deux moitiés du pays, la main-d'œuvre de l'Est déferlerait en masse vers l'Ouest. D'une manière ou d'une autre, l'industrie est-allemande devrait, pour survivre, être subventionnée par la République fédérale. En outre, l'ancienne République démocratique bénéficia de la généreuse protection sociale de l'Allemagne

---

1. Avant l'élargissement de 2004.

de l'Ouest : près de 4 % du PIB furent dévolus à l'entretien des retraités et des chômeurs de l'Est.

Le chancelier Kohl estimait que pendant que le niveau de vie de l'Est rattraperait celui de l'Ouest (selon lui, cela prendrait de cinq à dix ans), les difficultés économiques se résorberaient et l'effort imposé aux contribuables prendrait fin. Dans les jours précédant la réunification, Karl Otto Pöhl, le très efficace président de la Banque centrale ouest-allemande, la Deutsche Bundesbank, nous confia, à moi et à quelques autres, qu'il en appréhendait un violent contre-coup. Il avait vu juste.

La spécificité des Français réside dans le fait que leur sens du civisme et de l'Histoire guide très consciemment leur économie. La plupart des Français rejettent la base même sur laquelle fonctionnent les économies capitalistes : la concurrence sur les marchés y est considérée comme contraire au civisme ou semblable à la « loi de la jungle », selon les mots d'Edouard Balladur. Néanmoins, ils protè-gent les institutions du capitalisme, le respect des lois et par-ticulièrement les droits de propriété, comme tous les pays développés.

Le conflit intellectuel est présent dans la vie quoti-dienne de l'économie française. Les Français rejettent le libéralisme économique des marchés ouverts et la mondiali-sation. En 2005, le président Jacques Chirac avait audacieu-sement déclaré que « l'ultra-libéralisme est une menace aussi grande que l'était le communisme en son temps ». Et cepen-dant la France possède une légion d'entreprises d'envergure mondiale, très efficaces sur la scène internationale (et qui tirent de l'étranger les quatre cinquièmes de leurs bénéfi-ces). La France et l'Allemagne ont ouvert la voie à la créa-tion en Europe d'une zone de libre-échange, qui a célébré son 50e anniversaire en mars 2007. Les intentions, il est vrai, en étaient moins économiques qu'orientées vers l'intégra-tion politique d'un continent dévasté par deux guerres en un demi-siècle. Cependant, le « non » opposé par référen-dum en France (et ailleurs) au projet de constitution euro-péenne a enrayé le processus d'intégration.

Bien que la représentation syndicale soit relativement faible dans le secteur privé en France, les accords collectifs nationaux s'appliquent à tous les travailleurs, syndiqués ou non. Les syndicats détiennent donc un pouvoir considérable, surtout sur le gouvernement. Les réglementations avancées par les syndicats pour protéger l'emploi, en rendant les licenciements coûteux, ont bridé l'offre ; en conséquence, le chômage y a été sensiblement plus élevé que dans les économies où le coût du licenciement est bas, comme aux Etats-Unis.

Les charges que le coût du travail fait peser sur les entreprises (et surtout celles des retraites) désespèrent régulièrement les hommes politiques français qui tentent d'introduire de modestes réformes ; il en résulte généralement des manifestations de l'opposition sur la voie publique, entraînant le retrait desdites réformes, tactique qui a chagriné plus d'un gouvernement.

Il est difficile de ne pas être morose sur les perspectives de l'économie française. Sur l'échelle mondiale des revenus par personne, la France est tombée du 11e rang en 1980 au 18e en 2005, selon les données du FMI. Le taux de chômage au début des années 1970 était d'environ 2,5 % ; depuis la fin des années 1980, il a oscillé entre 8 et 12 %[1]. Mais le goût de la liberté et le nationalisme des Français sont tellement communicatifs que, lorsque ceux-ci se sont retrouvés au pied du mur, par le passé, ils se sont regroupés et ont entraîné toute leur communauté dans un sursaut créateur. J'imagine qu'il en sera de même une fois de plus, maintenant que Nicolas Sarkozy a été élu président. A mon sens, il donne de l'espoir. En public, certes, il s'est déclaré farouchement protectionniste. Mais dans mes conversations avec lui en 2004, quand il était ministre des Finances, il témoigna de son admiration pour le modèle de flexibilité économique des Etats-Unis. De toute façon, les marchés concurrentiels mondiaux le pousseront dans ce sens. La culture et le bien-être économique sont voués au conflit.

---

1. En avril 2007, il était de 8,2 %.

L'Italie souffre des mêmes maux que la France et elle présente le même panorama à bien des égards. Rome a été le centre de la civilisation pendant plus de deux millénaires. Comme la France, elle connaît des hauts et des bas, mais elle se bat pour avancer.

L'adoption de l'euro en 1999 conféra immédiatement à l'Italie le pouvoir économique attaché à une devise forte (la lire avait été contrainte à une dévaluation constante pour maintenir la compétitivité du pays) ; il lui valut ainsi des taux d'intérêt plus bas et une faible inflation. Mais l'extravagance budgétaire de l'Italie ne céda pas à la nouvelle devise. Privée de la soupape de sûreté des dévaluations périodiques, l'économie haleta. Les discours sur un retour à la lire (et aux dévaluations) ne sont que des discours. S'interroger sur quand et comment l'Italie retournerait à la lire est inutile ; cette initiative serait effroyablement coûteuse. Quand ils auront regardé au fond de cet abîme et qu'ils en auront saisi les périls, les gouvernements italiens seront contraints d'entreprendre les réformes dont les Italiens eux-mêmes et leurs partenaires mondiaux perçoivent la nécessité.

Mais l'Histoire et une tradition de civisme ne modifieront pas par elles-mêmes l'économie de la zone euro ou, plus généralement, l'Union européenne. A leur réunion à Lisbonne en 2002, les dirigeants européens admirent que le modèle économique européen avait besoin d'un dopage concurrentiel. Ils lancèrent ce qu'on a appelé l'Agenda de Lisbonne, qui donna à l'Europe dix ans pour être pleinement novatrice et compétitive. A ce jour, les progrès accomplis ne correspondent pas à ce but louable. Il est nécessaire de hâter le pas. Au cours de l'année écoulée, l'Europe a manifesté des signes de croissance cyclique, enclenchée par une économie mondiale florissante. Mais, pour les raisons que j'exposerai au chapitre 25, le rythme de la croissance mondiale va ralentir, et à moins qu'on y fasse front, les problèmes structurels de l'économie de la zone euro, qui sont d'origine culturelle, demeureront[1].

---

1. Certaines parties de la zone euro ont cependant entrepris des réformes considérables. L'Irlande et les Pays-Bas, en particulier, ont développé des programmes qui ont réduit les taux de chômage, et en Allemagne, les réformes

Jean-Claude Trichet, le président de la Banque centrale européenne, et moi nous sommes rencontrés des dizaines de fois lorsque nous étions les directeurs des deux plus grandes banques centrales du globe. Pourtant, j'ai eu beau m'asseoir souvent à la table du petit déjeuner rituel des réunions du G7, du G10 et autres assemblées partout dans le monde, je n'ai jamais cessé de m'étonner de la réussite de son institution et de sa devise, l'euro.

Au début des années 1990, dans la période qui a précédé la création d'une monnaie européenne unique, j'étais extrêmement sceptique quant à la possibilité de reproduire la puissance de la Bundesbank allemande à l'échelle du continent. Je doutais par ailleurs qu'une nouvelle banque centrale soit tout bonnement nécessaire : l'Europe avait déjà de fait une banque centrale, en l'occurrence la Bundesbank. Je me souviens d'une conversation avec Alexandre Lamfalussy, qui fut longtemps directeur exécutif de la Banque des règlements internationaux. Il venait d'être nommé directeur du nouvel Institut monétaire européen, le précurseur de l'institution à laquelle le traité de Maastricht de 1992 allait donner naissance sous le nom de Banque centrale européenne. Les politiques économiques et fiscales variant à travers l'Europe et affectant l'équilibre des taux de change, j'ai demandé à Lamfalussy s'il était souhaitable de geler de manière permanente les taux de change de onze (maintenant treize) économies. Ce blocage allait-il obliger les politiques économiques à converger, comme on l'espérait dans les milieux officiels ? Ou bien allait-il condamner les économies dont la devise aurait été malencontreusement surévaluée à se battre pour devenir compétitives, et celles à la devise sous-évaluée à lutter sans cesse contre l'inflation ? La Grande-Bretagne est revenue à l'étalon-or en 1925, au taux de change d'avant la Première Guerre mondiale, qui, rétrospectivement, semble avoir été passablement surévalué. Cela a eu pour effet de tirer les prix à la baisse, avec à la clé la

inachevées sur la législation du travail, au début de la dernière décennie, pourraient avoir un plus grand impact qu'on l'avait d'abord imaginé.

stagnation de la production et l'augmentation du chômage. Lamfalussy ne partageait cependant pas mes inquiétudes à propos de l'euro, et il s'est avéré qu'il avait raison.

A ma grande surprise, le passage à l'euro des Onze s'est effectué avec une douceur remarquable. Grâce à l'autonomie et au pouvoir importants que lui a conférés le traité de Maastricht, la Banque centrale européenne est devenue un acteur majeur des affaires économiques mondiales. Les attaques contre la politique anti-inflationniste de la banque et les tentatives d'amoindrir son autorité ont échoué. Sauf en cas de crise, je doute qu'un consensus puisse être réuni pour diminuer son autonomie. Nous nous trouvons donc en présence d'une institution historiquement unique, une banque centrale indépendante dont le mandat consiste uniquement à maintenir la stabilité des prix dans une zone économique qui produit plus d'un cinquième du PNB mondial. C'est une réalisation extraordinaire et je m'émerveille encore de ce que mes collègues européens ont accompli.

A en juger par les difficultés rencontrées dans la mise en œuvre de l'agenda de Lisbonne – conçu en 2000 pour améliorer la compétitivité de l'Union européenne et l'amener à une position mondiale de premier plan en matière de haute technologie –, je soupçonne fort que le traité de Maastricht aurait beaucoup de mal aujourd'hui à obtenir le consensus dont il jouissait en 1992 quand il a été adopté. L'enthousiasme suscité par une Union liant les Etats souverains de l'Europe s'est évaporé dans le monde implacable des réalités du marché. Il y a quelque ironie dans le fait que la difficulté croissante de réunir aujourd'hui un consensus pan-européen est précisément ce qui contrarie tous les efforts pour amoindrir l'indépendance de la Banque centrale européenne.

Un pays membre de la zone euro a toujours la possibilité d'abandonner la devise commune et de revenir à sa monnaie nationale. L'Italie, face à une croissance médiocre de sa productivité (inférieure à la moitié de la moyenne de la zone euro), se retrouve avec des coûts de moins en moins compétitifs. Si elle n'était pas liée à l'euro, elle aurait sans doute dévalué, comme elle l'a fait de manière récurrente par le passé. Mais si l'Italie revenait à la lire (probablement à un taux dévalué), les Italiens devraient se poser la question du sort des obligations légales libellées en euros. Servir les dettes en euros serait très onéreux et incertain étant donné que le taux de change lire/euro serait certainement instable, du moins pendant un certain temps. Imposer légalement la conversion des dettes publiques et privées en lires à un taux de change arbitraire reviendrait effectivement à se déclarer en faillite, ce qui minerait le crédit du pays. Ayant mesuré le danger, les dirigeants italiens ont judicieusement renoncé à cette éventualité.

En retirant aux Etats membres la conduite de la politique monétaire et en restreignant l'ampleur des déficits budgétaires, le traité de Maastricht et le Pacte de stabilité et de croissance qui lui est associé obligeaient les économies à s'en remettre aux mécanismes du marché. Par conséquent, l'Union monétaire européenne présentait certains traits du vieux système de l'étalon-or. J'étais très impressionné, mais sceptique, et mon scepticisme s'est révélé fondé. Pour des raisons esquissées dans ce livre, l'adoption de l'Etat-providence en Europe a été trop générale pour qu'elle accepte toutes les contraintes imposées par des actions de politique économique discrétionnaires. Le Pacte de stabilité et de croissance a ainsi prescrit une limite de 3 % aux déficits budgétaires et de grosses pénalités en cas de dépassement. La limite a été rapidement franchie par plusieurs pays et pourtant le prélèvement des pénalités n'a pas été politiquement faisable. La règle est ainsi devenue une vague directive. Maastricht ne pouvait changer les impératifs de l'Etat-providence.

Mais dans leur rôle fondamental – la création d'une monnaie unique pour treize pays –, l'euro et la Banque centrale européenne ont remporté un succès remarquable. Les risques inhérents aux variations des taux de change ont été éliminés et le coût des transactions a diminué. Et si la règle économique du prix unique ne s'est jamais appliquée pleinement (le prix de beaucoup de produits de marque diffère

d'un pays à l'autre au-delà des coûts de transport), les différences de prix entre les pays ont considérablement baissé.

Le deutsche mark, le franc et les neuf autres monnaies
qui ont été combinées pour construire l'euro n'avaient pas,
individuellement, la surface nécessaire pour menacer le dollar américain en tant que monnaie de réserve. L'euro le peut
et le fait. Les liquidités conjointes des treize monnaies de la
zone euro ont élevé celui-ci au rang de monnaie de réserve,
pas très loin derrière le dollar et en progrès constant. Fin
septembre 2006, l'euro représentait 25 % des réserves des
banques centrales et 39 % des créances liquides et exigibles
internationales privées. Avec respectivement 66 et 43 %, le
dollar américain n'a pas beaucoup d'avance, étant donné
que ces créances du secteur privé sont huit fois plus importantes que celles des banques centrales. Comme pour le dollar, l'accumulation de ses réserves a abaissé les taux d'intérêt
de l'euro et favorisé sans aucun doute la croissance économique européenne. Il est possible que l'euro remplace le
dollar comme première monnaie de réserve mondiale, surtout si l'agenda de Lisbonne est appliqué avec succès, mais
le déclin quantitatif prévu de la main-d'œuvre européenne
risque de l'empêcher. Il n'en reste pas moins que la façon
dont la Banque centrale européenne et l'euro sont devenus
des puissances internationales est trop frappante pour être
ignorée. Mon ami Jean-Claude peut être satisfait.

Le Japon est sans doute la plus homogène culturellement des grandes puissances industrielles. Ses lois sur l'immigration découragent généralement tout candidat qui n'est
pas d'origine japonaise et encouragent la conformité. C'est
une société très civique, hostile à la destruction créatrice.
Les Japonais répugnent aux grands mouvements de personnel et aux licenciements fréquents, associés à la fermeture
ou à l'évolution d'entreprises obsolètes. Néanmoins, de la
fin de la Seconde Guerre mondiale à 1989, le Japon a réussi
à développer l'une des économies capitalistes les plus prospères au monde. La reconstruction d'après guerre absorba
toute la force de travail, voire plus, et le nombre de licencie-

ments fut négligeable. Parallèlement, les compagnies mal dirigées étaient renflouées par la demande croissante. En 1989, les investisseurs internationaux évaluèrent les terres sur lesquelles s'élevaient les palais impériaux à l'équivalent de toutes les valeurs immobilières en Californie. Je me pris alors à songer à l'étrangeté de ces valeurs.

Dans les dernières années, le Japon a dû faire face à la débâcle des marchés boursiers et immobiliers de 1990. Les banques japonaises se trouvèrent surchargées de prêts garantis par des valeurs immobilières et consentis pendant la flambée de l'immobilier. Quand le vent tourna et que les prix dégringolèrent, les garanties se révélèrent inadéquates. Au lieu de réviser les prêts, comme l'auraient fait la plupart des banques occidentales, les banquiers s'en abstinrent. De nombreuses années s'écoulèrent et le gouvernement dut procéder à bien des sauvetages avant que les prix de l'immobilier se fussent stabilisés et que le système bancaire reprît une estimation plus réaliste des créances douteuses et du capital.

Je déduisis de cet épisode et de plusieurs autres que le Japon différait de la norme des autres pays capitalistes que je connaissais. Mais je n'avais alors pas saisi combien il est humiliant pour un Japonais de perdre la face. Je le compris en janvier 2000, quand je rencontrai dans ses bureaux, à Tokyo, Kiichi Miyazawa, ministre des Finances et ancien Premier ministre. Après les échanges de courtoisie coutumiers (et le ministre maîtrise bien l'anglais), je me lançai dans une analyse circonstanciée de la détérioration du système bancaire japonais, qui avait exigé de vastes injections d'argent public pour survivre. J'eus plusieurs conversations de cet ordre avec Miyazawa, politicien très avisé. Je lui exposai qu'aux Etats-unis nous avions créé la Resolution Trust Corporation (RTC), pour liquider les biens de quelque 750 sociétés de crédit immobilier en faillite. A peine les propriétés apparemment invendables eurent-elles été liquidées que le marché immobilier reprit des couleurs et que de nouvelles sociétés de crédit, plus petites, commencèrent à prospérer. La stratégie du gouvernement américain, qui consistait 1) à mettre en faillite une large part de notre secteur de crédit en cessation de paiements, 2) à confier ses biens à un organisme de liquidation et 3) à vendre ces biens au rabais, de façon à ranimer le secteur immobilier, me paraissait convenir à la situation japonaise. Je le suggérai donc à mon ami.

Après avoir patiemment écouté mon exposé, Miyazawa me répondit avec un sourire : « Alan, vous avez finement analysé nos problèmes bancaires. Quant à votre solution, ce n'est pas la manière japonaise. » Car les Japonais se conforment à un code de civilité qui rend quasiment impensable qu'on perde la face. Condamner les débiteurs en défaut à la banqueroute et liquider leurs garanties bancaires devait être évité, de même que tout licenciement.

Je ne doute pas plus aujourd'hui qu'hier que si une stratégie équivalente à celle de la RTC avait été mise en œuvre durant la stagnation économique du Japon, de 1990 à 2005, elle aurait abrégé la période de rééquilibrage qui avait suivi l'éclatement de la bulle et aurait restauré l'économie beaucoup plus tôt. Pendant la majeure partie des quinze ans de stagnation, les analystes, moi-même y compris, avions toujours prévu un rétablissement. Mais il se faisait attendre. Quelle était donc la force économique invisible qui étouffait l'économie japonaise ? Ma conversation avec Miyazawa m'a permis de l'apprendre. Cette force mystérieuse n'était pas économique, mais culturelle. Les Japonais avaient délibérément accepté une stagnation économique ruineuse pour éviter une humiliation écrasante à de nombreuses personnes. Je ne puis me représenter une telle chose aux Etats-Unis.

Singulièrement, c'est ce même sens de la solidarité, propre au Japon, qui pourrait sauver l'économie de ce pays des besoins de financement des retraites auxquels devront faire face presque tous les grands pays développés dans les années à venir. Quand j'ai récemment demandé à un haut fonctionnaire japonais comment son pays règlerait les retraites, il me répondit aussitôt que celles-ci seraient minorées, que ce ne serait pas un problème ; les Japonais considérant que cette révision relève de l'intérêt national, la question serait réglée. Je ne m'imagine pas le Congrès ou les électeurs américains se comportant de manière aussi raisonnable.

Selon la méthode capitaliste, l'Europe continentale avait rebâti ses économies dévastées en dépit des contraintes imposées par la culture social-démocrate dominante. Les efforts exceptionnels de la reconstruction n'avaient jamais sérieusement mis à l'épreuve les systèmes de protection sociale de l'Etat-providence ; pareillement, la rapide croissance du Japon durant les trois décennies suivant la guerre n'avait jamais exigé de licenciements massifs, ni forcé les banques à mettre en liquidation des débiteurs défaillants. Jamais jusqu'à présent l'on n'avait risqué de perdre la face.

Tandis que, dans les années 1980, la croissance européenne continuait de ralentir, les coûts de l'Etat-providence augmentèrent, accusant ainsi un ralentissement. De même, au Japon, quand la bulle immobilière éclata, le refus des banques de liquider les créances de leurs emprunteurs aggrava le problème. Les prix de l'immobilier étant gelés, les banques ne pouvaient pas faire d'estimations réalistes des biens garantissant leurs actifs et ne savaient donc pas si elles-mêmes étaient solvables. La prudence exigea que les conditions d'octroi de nouveaux crédits fussent durcies, et comme les banques dominaient le système financier du Japon, les flux d'argent, vitaux pour les grandes économies développées, se tarirent virtuellement. Les courants déflationnistes prirent le dessus. Ce ne fut que lorsque le long déclin des prix de l'immobilier arriva à son terme, en 2006, qu'il devint envisageable d'étudier raisonnablement la solvabilité des banques. Et ce ne fut qu'alors qu'il devint possible d'accorder de nouveaux crédits et que l'activité économique reprit de façon perceptible.

J'ai consacré une grande partie de ce chapitre à décrire l'impact des forces qui s'exercent sur les grandes économies. Mais ces mêmes forces agissent au Canada, par exemple, en Scandinavie et dans les pays du Benelux. Si je n'ai pas donné au Canada, notre principal partenaire commercial, et avec lequel nous partageons la plus grande frontière non défendue au monde, l'espace qu'il mérite, c'est parce qu'une grande partie des tendances économiques, politiques et culturelles de ce pays se reflètent dans celles de la Grande-Bretagne et des Etats-Unis, qui occupent déjà une large place dans ce livre.

L'Australie et la Nouvelle-Zélande sont particulièrement intéressantes par la façon dont elles se sont développées dans le Pacifique occidental pendant la guerre froide – et ce surtout après avoir adopté des réformes menant à l'ouverture des marchés et resserré leurs liens avec l'Asie, et notamment la Chine. De fait, l'Australie et la Nouvelle-Zélande sont deux exemples infiniment éloquents de ce dernier quart de siècle. Ces deux pays démontrèrent que l'ouverture à la concurrence internationale d'économies qui eussent été anémiques éleva largement le niveau de vie. Dans les années 1980, en Australie, le Premier ministre travailliste Bob Hawke fut confronté à une économie entravée par une réglementation qui étouffait la concurrence ; il engagea une série de réformes difficiles mais décisives, surtout sur le marché du travail. Les tarifs douaniers furent fortement réduits et le taux de change autorisé à flotter. Ces mesures déclenchèrent une volte-face économique surprenante. La renaissance économique qui commença en 1991 dura jusqu'en 2006, sans récession, augmentant le revenu par habitant de plus de 40 %. Menée par le ministre des Finances Roger Douglas, la Nouvelle-Zélande entama des réformes similaires au milieu des années 1980, et obtint également des résultats étonnants.

L'Australie m'a toujours fasciné. Ce pays de grands espaces est semblable en bien des points à l'Ouest américain. Les itinéraires des premiers pionniers australiens à travers ce continent virtuellement désert rappellent l'exploration du nord-ouest américain par Lewis et Clark. D'une terre d'exil pour les criminels anglais du XVIIIᵉ siècle et d'une société de paumés, le pays a évolué pour produire la culture qu'illustrent bien l'opéra de Sydney et ses productions. Je sais que je ne saurais émettre des généralités après seulement quelques années d'observation, mais je me suis néanmoins retrouvé à considérer l'Australie comme le premier indicateur, en de nombreux aspects, de la performance économique américaine. Ainsi le récent boum immobilier qui commença et s'acheva en Australie avec une ou deux années d'avance sur les Etats-Unis. Je surveille constamment le déficit des transactions courantes de ce pays, qui dure depuis bien plus longtemps (1974) que celui des Etats-Unis, sans entraîner d'impact macroéconomique significatif autre que le vaste accroissement des achats d'actifs d'entreprises australiennes par des étrangers.

Les liens qui se sont tissés entre l'Australie et les Etats-Unis durant les rudes premières années de la Seconde Guerre mondiale demeurent étroits encore aujourd'hui. L'Australie, qui dispose d'une énergique économie de marché, a laissé une profonde empreinte dans la mémoire américaine, eu égard à sa population (21 millions) et à son éloignement géographique (7 500 milles de Sydney à Los Angeles). J'ai toujours été étonné par le talent économique d'un aussi petit pays. J'ai trouvé Ian McFarlane, qui fut longtemps gouverneur de la Reserve Bank of Australia (la Banque centrale du pays), exceptionnellement bien informé des problèmes mondiaux, tout comme Peter Costello, le Trésorier (c'est-à-dire ministre des Finances). J'ai été particulièrement impressionné par l'intérêt que portait le Premier ministre John Howard au rôle que la technologie américaine jouait dans la croissance de notre productivité. Alors que la plupart des chefs de gouvernement ne s'attardent guère sur ces détails, il m'a consulté sur ces questions durant ses nombreuses visites aux Etats-Unis entre 1997 et 2005. Il n'avait nul besoin de mes conseils sur la politique monétaire. En 1996, son gouvernement avait accordé la pleine indépendance à la Reserve Bank of Australia.

Ce chapitre a évoqué l'émergence des différents aspects de la pratique capitaliste dans les économies de marché développées. Mais il existe trois nations importantes qui n'entrent pas dans le cadre du conflit entre la concurrence effrénée et les réglementations sécuritaires : la Chine, la Russie et l'Inde. Tous trois ne suivent les règles de marché que jusqu'à un certain point, et avec des particularités difficiles à classer ou à prévoir. La Chine devient de plus en plus capitaliste, sans réglementations formelles sur les droits de propriété. La Russie possède ses propres règles, mais les circonstances politiques dictent leur degré d'application. Et l'Inde reconnaît le droit à la propriété, tels qu'il est qualifié par des règlements spécifiques, souvent appliqués de façon discrétionnaire. Mais ceux-ci ne sont pas assez rigoureux pour attirer des investissements étrangers directs. Ces trois pays représentent les deux cinquièmes de la population mondiale, mais moins d'un quart du PIB mondial. La façon dont la culture, la politique et l'économie de ces trois pays évolueront dans les deux prochaines décennies marquera très fortement l'économie de la planète.

14.

LE CHOIX QUI SE POSE À LA CHINE

Durant ma dernière visite en Chine en tant que président de la Fed, en octobre 2005, Zhu Rongji, ancien Premier ministre de ce pays, et son épouse Lao An, m'honorèrent d'un dîner d'adieu dans l'élégante Maison des Hôtes de Diaoyutai, à Pékin, où les dirigeants chinois reçoivent leurs visiteurs. Durant un thé officiel avant le repas, Zhu et moi eûmes l'occasion de nous entretenir, et le ton de ses propos me fit sérieusement douter qu'il eût vraiment pris sa retraite, comme l'assurait la presse officielle. Il était totalement absorbé par les principaux problèmes que rencontraient nos deux pays et se révéla parfaitement bien informé ; il se montra aussi perspicace et incisif qu'il l'avait été durant nos onze ans d'amitié.

Tandis que nous échangions nos idées sur le taux de change de la Chine et les déséquilibres commerciaux américains, je m'émerveillai de sa connaissance des carences économiques de son pays et des remèdes nécessaires. Je fus de nouveau frappé par sa finesse d'analyse dans ces domaines – ce qui est rare, même chez des leaders mondiaux. Nous avions, au cours des années, évoqué plusieurs sujets : comment la Chine pouvait sauvegarder son système de protection sociale dans ses entreprises d'Etat en cours de désintégration, la meilleure forme de supervision des banques, la nécessité de laisser la Bourse chinoise, alors toute jeune, se développer librement...

Je m'étais attaché à Zhu et je m'attristais à songer que nous ne nous reverrions probablement plus. Nous étions devenus amis quand il était vice-Premier ministre et directeur de la Banque centrale, et j'avais suivi sa carrière de près. Il était l'héritier intellectuel de Deng Xiaoping, le grand réformateur économique, qui avait conduit la Chine de la bicyclette à l'âge de l'auto. A la différence de Deng, qui s'appuyait sur la politique, Zhu était un technicien ; pour autant que je puisse en juger, son influence résultait du soutien de Jiang Zemin, président de la Chine de 1993 à 2003 et chef du Parti de 1989 à 2002. C'était cependant Zhu qui avait mis en œuvre plusieurs des audacieuses réformes institutionnelles que Deng avait entreprises.

Aussi pragmatique que marxiste, Deng avait enclenché la transformation de ce pays isolé à l'économie agraire planifiée en un acteur formidable de la scène économique. L'avancée de la Chine vers l'économie de marché avait commencé en 1978, quand une grave sécheresse contraignit les autorités à relâcher les contrôles administratifs tatillons sur les parcelles individuelles des fermiers. Selon les nouvelles règles, les fermiers furent autorisés à garder une part non négligeable de leur production soit pour la consommer, soit pour la vendre. Les résultats furent étonnants. La production agricole augmenta de façon spectaculaire, encourageant de nouvelles dérégulations et le développement des marchés agricoles. Après des décennies de stagnation, la productivité agricole s'épanouit.

Ces succès dans l'agriculture encouragèrent à leur tour l'extension des réformes à l'industrie. Là encore, un modeste desserrement des contraintes produisit une croissance plus grande que prévu, apportant de l'eau au moulin des réformateurs qui aspiraient à se diriger plus vite vers le modèle des marchés concurrentiels. Aucun d'entre eux ne s'aventura à qualifier le nouveau modèle de « capitaliste » ; ils usaient d'un euphémisme tel que « socialisme de marché » ou, pour reprendre la formule fameuse de Deng, « socialisme aux caractéristiques chinoises ».

Les dirigeants de la Chine étaient trop fins pour ne pas s'aviser des contradictions et des limites de l'économie socialiste et de l'évidence du succès capitaliste. Sinon, pourquoi se seraient-ils lancés dans une entreprise aussi ambitieuse et aussi étrangère aux traditions de leur parti ? Tandis que la Chine avançait inexorablement sur la route du capitalisme, les progrès économiques devenaient tellement séduisants qu'il sembla que les débats idéologiques d'antan fussent passés aux oubliettes de l'histoire.

Je mis pour la première fois le pied en Chine en 1994, bien après que la réforme eut commencé. J'y suis retourné plusieurs fois. Comme tous les visiteurs, j'ai été, de visite en visite, impressionné et parfois émerveillé par les changements survenus. En parité de pouvoir d'achat, l'économie chinoise est devenue la deuxième du monde après les Etats-Unis. La Chine est également apparue comme le plus grand consommateur de matières premières, le deuxième plus grand consommateur de pétrole et le plus grand producteur d'acier ; elle est passée de l'économie de la bicyclette dans les années 1980 au rang d'un pays qui a produit en 2006 sept millions de véhicules à moteur et qui prévoit de s'équiper de services qui iront bien au-delà. Les gratte-ciel se dressent dans des champs qui depuis des millénaires étaient restés inchangés de récolte en récolte. Le morne code vestimentaire des Chinois a cédé la place à une explosion de couleurs. Et les revenus croissant avec la prospérité, une culture de société de consommation est en train de naître. Jadis inconnue, la publicité devient l'un des secteurs en pointe, et des géants de la vente au détail, tels que Wal-Mart, Carrefour et H&Q, rivalisent avec les nouvelles boutiques chinoises innovantes.

Dans un pays où, il n'y a pas si longtemps, on ne connaissait que les fermes collectives, des droits à la propriété urbaine, plus ou moins bien garantis, semblent se mettre en place – si ce n'était le cas, les investissements étrangers dans l'immobilier, les usines et les valeurs se seraient interrompus depuis longtemps. Les investisseurs escomptent les revenus et le retour du principal, et jusqu'à ce jour, ç'a été le cas [1]. Les Chinois bénéficient depuis peu

---

1. Il est certain que la déréglementation radicale des prix dans un large segment du marché de détail a encouragé les investissements étrangers. En 1991, près de 70 % des prix de détails étaient ajustés sur les prix du marché, près du

du droit de posséder et de vendre leurs maisons, ce qui laisse ainsi la possibilité majeure d'accumuler du capital. Hernando de Soto, je suppose, doit en être satisfait.

Puis, en mars 2007, le Congrès national du peuple vota une loi plus générale sur le droit de propriété, qui garantissait au privé le même droit de propriété qu'à l'Etat. Néanmoins, ce droit n'a pas encore atteint le statut du droit de propriété des pays développés. Or ce droit requiert non seulement un statut, mais un système administratif et judiciaire qui renforce la loi. A cet égard, la Chine est en retard. Un système judiciaire impartial demeure un but à atteindre à l'horizon chinois. Il existe des carences, notamment dans ce qui touche aux droits de la propriété intellectuelle – des entreprises à participation étrangère se plaignent fréquemment que la technologie introduite dans une nouvelle usine soit copiée par une usine concurrente appartenant entièrement à un Chinois.

La grande perdante de la prospérité de la Chine est l'allégeance du pays à ses origines révolutionnaires. Je ne me souviens pas avoir, dans mes innombrables entretiens avec de hauts fonctionnaires de l'économie et des finances, entendu mentionner le terme de communisme ou le nom de Marx. Mais il est vrai que je traitais avec des personnalités « libérales ». Je n'ai participé qu'à un seul débat idéologique, en 1994 ; je discutais du capitalisme de marché avec Li Peng, marxiste convaincu et prédécesseur de Zhu au poste de Premier ministre. Il connaissait assez bien les pratiques économiques américaines et c'était un remarquable interlocuteur. D'emblée, je compris que je n'affrontais pas la dialectique marxiste que j'avais appris à connaître à l'université. Li écoutait attentivement mon argumentation sur les raisons pour lesquelles la Chine devrait ouvrir son marché plus rapidement. Il répliqua par la question suivante : puisque les Etats-Unis étaient tellement attachés à la non-réglementa-

---

double du pourcentage de 1987, quand il apparut que la planification centrale derrière le Rideau de fer se délitait. A la fin des années 1980, la taxe sur les pièces de rechange importées fut notablement allégée et accrut la profitabilité des exportations.

tion des marchés, comment pouvais-je expliquer les contrôles des salaires et des prix que Nixon avait appliqués en 1971 ? La question m'enchanta. Non seulement Li était bien informé, mais, pour un représentant de la ligne dure, il paraissait presque raisonnable. J'admis que le contrôle des prix avait été malavisé et que son seul mérite avait été de démontrer une fois de plus que ce genre de contrôle était inefficace. J'ajoutai que nous n'avions plus envisagé pareille mesure depuis lors. Mais je ne m'attendais pas à faire changer mon interlocuteur d'avis. Nous nous trouvions tous deux dans la triste situation des représentants de gouvernements qui, même lorsqu'ils ont tort, ne disposent pas de l'autorité nécessaire pour le reconnaître. Quels que fussent nos efforts pour nous convaincre l'un l'autre, aucun de nous deux ne pouvait s'écarter publiquement de la ligne de son gouvernement.

Il y a des années que je ne me suis entretenu avec Li Peng, et je ne peux que m'interroger sur ce qu'il pensa quand, en 2001, la Chine rallia l'Organisation mondiale du commerce, bastion du commerce concurrentiel. J'avais été un ardent partisan d'une législation garantissant des relations commerciales normales et permanentes avec la Chine ; j'espérais que la pleine acceptation par cette dernière du système commercial international bénéficierait aux Chinois, dont le niveau de vie s'élèverait, et aux hommes d'affaires et fermiers américains, qui verraient s'ouvrir un marché nouveau et désormais plus accueillant. En mai 2000, à la demande du président Clinton, je pris la parole à la Maison Blanche et j'exposai mon espoir de voir la Chine intégrer pleinement le marché international, parce que cela renforcerait les droits de l'individu et le respect de la loi. Je déclarai aux journalistes : « L'Histoire a démontré que chaque fois qu'on a retiré du pouvoir aux planificateurs centraux et qu'on a étendu les mécanismes des marchés, comme cela doit se faire sous l'autorité de l'OMC, on a implicitement et d'une façon générale renforcé les droits des individus. » (Pour souligner les raisons de ma présence, Clinton ajouta malicieusement : « Nous savons tous que, lorsque le président Greenspan parle, le monde écoute. Je veux espérer que le Congrès écoute aujourd'hui. »)

L'entrée de la Chine dans les institutions de la finance mondiale engendra d'autres avantages. Les banquiers centraux chinois jouent désormais un rôle clé à la Banque des règlements internationaux (BRI), en Suisse, institution associée de longue date à la finance capitaliste internationale. Zhou Xiaochuan, nommé gouverneur de la Banque centrale de Chine en 2002, fut particulièrement bienvenu aux réunions régulières à la BRI des banquiers centraux des grands pays développés. Non seulement il maîtrisait l'anglais et la finance internationale, mais encore il nous dressait des rapports objectifs sur ce qui se passait en Chine – ce que peu d'entre nous eussent pu obtenir d'autres sources. Ses analyses sur l'évolution du marché en Chine m'ouvrirent de nouvelles perspectives. En 2006, après avoir quitté la Fed, je siégeai avec Zhou dans une commission chargée d'étudier des questions de financement liées au FMI. Quelques années à peine après avoir délaissé la planification centrale, lui et ses collègues étaient devenus des acteurs de premier plan du système financier international.

Il est clair que la Chine absorbe beaucoup de la culture occidentale. HSBC, l'une des premières banques internationales, patronne depuis deux ans un tournoi mondial de golf à Shanghai, au budget de plusieurs millions de dollars. Désormais des greens parsèment la Chine – et le plus étonnant n'est pas que cela soit, mais que personne ne s'en étonne[1]. L'Union soviétique comptait des joueurs de tennis professionnels, mais pas de golfeurs.

On m'assure qu'il existe en Chine plus d'orchestres symphoniques jouant de la musique occidentale qu'aux Etats-Unis. Et j'ai été stupéfait d'entendre le président Jiang

---

1. Le golf a récemment été l'objet de controverses dans certaines universités chinoises, où des étudiants ont protesté contre les « pelouses d'entraînement » pour enseigner ce sport. Néanmoins, un autre tournoi international de golf se déroula sur l'île chinoise de Haïnan en mars 2007. Tiger Woods se classa second dans les deux.

Zemin me dire que son compositeur favori était Franz Schubert. Nous sommes bien loin de la culture qui régnait lors de la visite du président Nixon en Chine en 1972.

J'ai toujours pensé que la glasnost et la perestroïka de Mikhaïl Gorbatchev avaient été les causes fondamentales de l'effondrement de l'URSS. Elles avaient exposé le peuple aux valeurs « libérales » que Staline et la plupart de ses successeurs avaient depuis longtemps bannies. Une fois que la boîte de Pandore avait été ouverte, et vu la contagion des idées, la faillite du collectivisme en URSS et dans ses satellites n'était plus qu'une question de temps. Les efforts du Politburo communiste chinois pour contrôler l'information sur Internet me donnent à penser qu'il a compris la leçon et ne souhaite pas que l'Histoire se répète.

En 1994, me trouvant à l'endroit même de la place Tien An Men où Mao Zedong avait proclamé la naissance de la République Populaire de Chine, je ne pouvais que m'émerveiller de la réussite du passage de ce pays à la modernité, en dépit des difficultés. Plus tard, je me demandai comment, après un endoctrinement marxiste étalé sur plusieurs générations, une société de 1,3 milliard d'individus avait soudain tourné les talons et délaissé des valeurs inculquées depuis l'enfance. Mais peut-être, en dépit des progrès étonnants de la Chine, ces valeurs sont-elles plus tenaces qu'il le semble. Bien que le changement s'affiche partout, l'effigie du président Mao figure toujours sur les billets chinois, ce qui suggère que la tradition demeure forte.

Le parti communiste est arrivé au pouvoir par la révolution et il a, dès le début, voulu asseoir sa légitimité politique en se présentant comme le vecteur d'une philosophie de justice et de bien-être matériel pour l'ensemble de la population. Il se trouve toutefois que le bien-être matériel ne représente qu'une partie de ce que recherche l'être humain et qu'il ne peut seul étayer un régime autoritaire. Les agréments de la richesse s'estompent rapidement et, avec le temps, ils servent de base à des aspirations supplémentaires et plus hautes. Au cours du dernier quart de siècle, c'est l'élévation du niveau de vie qui a rallié le soutien de la population. Ses charmes pâliront-ils ?

Ce n'était qu'une question de temps avant que les contradictions inhérentes au communisme affleurent de façon manifeste. Les spectres de Marx et de Mao, qui sommeillèrent durant les années de prospérité croissante, furent réveillés en 2006 par Liu Guoguang, économiste marxiste octogénaire, qui fit avorter un amendement constitutionnel destiné à clarifier et étendre les droits de propriété. Brandissant la bannière idéologique de l'Etat communiste, il rallia des partisans inattendus et triompha au Congrès national du peuple. Le terrain avait été préparé par des déclarations enflammées de Gong Xiantian, professeur à la faculté de droit de Pékin, qui circulaient sur Internet. En réponse aux critiques de la gauche marxiste, le président Hu Jintao rétorqua que « la Chine doit inexorablement persister dans la réforme économique ». Reste à voir si cette éruption idéologique est le dernier sursaut d'une génération vieillissante ou bien un écueil plus important sur la route vers le capitalisme. Pour ma part, je trouve encourageant le vote de l'amendement, avec des modifications mineures, par le Congrès national du peuple, en mars 2007.

Pour la génération passée, les dirigeants de la Chine auront témoigné d'une belle ingéniosité à camoufler l'évidence, visible de presque tous : Karl Marx s'est trompé dans son analyse de la manière dont on peut créer de la valeur. Pour lui, la possession par l'Etat des moyens de production était essentielle pour parvenir à la prospérité et à la justice. Et toujours selon lui, le droit à toute propriété revenait donc à l'Etat, qui en était le dépositaire au nom du peuple. Concédés à des individus, les droits de propriété étaient des instruments d'exploitation et ne pouvaient exister qu'aux dépens du « collectif », c'est-à-dire de la société dans son ensemble. Marx prôna ainsi la collectivisation dans la division du travail. Il serait beaucoup plus productif pour tout le monde de travailler ensemble que de laisser les marchés sélectionner les choix disparates des individus. L'arbitre ultime de ce paradigme est la réalité. Est-ce que cela fonctionne ainsi ? Mise en pratique, l'économie marxiste, celle de l'URSS et d'ailleurs, n'a pu produire ni prospérité ni justice, comme on l'admet unanimement. L'argumentation en faveur de la propriété collective a échoué.

S'adaptant à l'échec de l'économie marxiste, l'Occident a redéfini le socialisme ; il n'y est plus besoin que les moyens de production appartiennent à l'Etat. Certains ont simplement opté pour la régulation par le gouvernement – plutôt que pour la propriété étatique – des outils de production comme moyen d'élever le mieux-être social.

Face à la disgrâce de Marx, Deng Xiaoping a contourné l'idéologie communiste et assis la légitimité du parti sur sa capacité à répondre aux besoins de plus d'un milliard d'humains. Il a enclenché un processus qui a mené à des résultats sans précédent : la multiplication par huit du PIB réel par tête, la baisse de la mortalité infantile et une plus longue espérance de vie. Mais beaucoup de membres du gouvernement ont alors craint que le remplacement des contrôles d'Etat par les tarifications du marché finisse par affaiblir la domination politique du Parti.

Lors d'une visite à Shanghai en 1994, j'ai vu comment cela se passait. Un haut fonctionnaire me raconta que, cinq ans auparavant, il avait été chargé de contrôler des entrepôts. Il devait se trouver sur place à 5 heures tous les matins pour superviser la distribution en ville des produits agricoles. Sa tâche était de décider des répartitions. Il ne s'étendit pas sur la façon dont il prenait ses décisions mais, à l'évidence, il jouissait d'un grand pouvoir ; je pouvais imaginer les faveurs que lui proposaient des distributeurs locaux pour attirer sa bienveillance. Quoi qu'il en fût, il déclara qu'il avait été enchanté quand les entrepôts avaient été convertis en marché ouvert, où les distributeurs achetaient leurs lots aux enchères. Autrefois, il n'y avait qu'une personne qui décidait d'attribuer les produits et en fixait le prix ; à présent, vendeurs et acheteurs marchandaient jusqu'à l'accord. Le marché fixait le prix et le produit était attribué selon l'offre et la demande – c'était l'illustration éclatante de la différence entre une économie réglementée et une économie de marché. Ce fonctionnaire me confia que, grâce au changement, sa vie était devenue beaucoup plus facile : « Je n'ai plus besoin de me lever à 4 heures du matin, je peux dormir et laisser le marché faire mon travail. »

Je songeai alors : « Comprend-il ce qu'il vient de dire ? » A mesure que les marchés gagnent du terrain, le contrôle du Parti se réduit. Le système communiste est une pyramide où le pouvoir vient toujours du haut. Le secrétaire général, par exemple, attribue des pouvoirs discrétionnaires à dix personnes qui n'en référeront qu'à lui. Chacun d'eux à son tour confie les mêmes pouvoirs à un plus grand nombre de gens placés sous ses ordres, et ainsi de suite jusqu'à la base de la pyramide. Le système tient parce que chacun est affidé à son supérieur direct. Telle est la source du pouvoir politique et c'est ainsi que le Parti gouverne. Toutefois, si l'on substitue l'arbitrage du marché à n'importe quel niveau de la pyramide, le contrôle politique est perdu. L'arbitrage du marché et le contrôle politique ne peuvent pas coexister – ils s'excluent. Et cela pose déjà de sérieux problèmes à la structure du pouvoir du Parti.

A ce jour, les archontes du Parti semblent avoir adroitement esquivé ce dilemme fondamental. Néanmoins, l'accroissement de la prospérité libère peu à peu le paysan chinois de son labeur et de sa terre et lui dévoile des horizons plus vastes que le seul souci de son toit et de son pain quotidien. Il ou elle jouit du luxe de pouvoir protester contre ce qu'il estime être des injustices. Je refuse de croire que le Parti ne soit pas conscient que la prospérité et les récentes initiatives dans le domaine de l'éducation entraînent la Chine vers un régime beaucoup moins autoritaire. L'actuel président Hu semble détenir moins de pouvoir politique que Jiang Zemin, et ce dernier en détenait déjà moins que Deng Xiaoping, lequel en avait moins que Mao. Au terme de ce constant rétrécissement du pouvoir se profile l'Etat-providence démocratique de l'Europe occidentale. Le chemin est cependant semé de nombreux fossés séparant la Chine du statut d'« économie développée », qui était le but de Deng.

On connaît bien les énormes défis qu'affrontent les réformateurs de la Chine : la vieille garde réactionnaire ;

l'immense population rurale qui ne participe guère à la prospérité et qui, à quelques exceptions près, n'est pas autorisée à émigrer vers les villes ; les vastes secteurs de l'économie encore assujettis à une direction de style soviétique, y compris les usines d'Etat, dotées d'un personnel pléthorique et inefficace ; le système bancaire qui se débat au service de ces entreprises ; l'absence d'expertise financière et comptable ; la corruption, sous-produit presque nécessaire de toute structure pyramidale fondée sur l'arbitraire ; et enfin le manque de liberté politique, qui n'est peut-être pas nécessaire à court terme au fonctionnement des marchés, mais qui est une importante soupape de sécurité pour le mécontentement public engendré par l'injustice et l'inégalité. De plus, les dirigeants chinois doivent prendre en compte la jalousie latente causée par les nouveaux riches et l'indignation populaire suscitée par la pollution industrielle. N'importe lequel de ces facteurs peut être l'étincelle qui provoquerait une explosion. Bien qu'elle ait ouvert de larges secteurs de son économie aux marchés, la Chine est toujours dominée par les contrôles administratifs, vestiges d'une économie planifiée. En conséquence, l'économie demeure rigide, et je crains qu'elle ne puisse absorber un choc tel que celui que les Etats-Unis subirent le 11 septembre 2001.

L'ampleur des problèmes qui subsistent en Chine reste nettement visible à travers les difficultés du pouvoir à démanteler le système des contrôles. Après la flambée de prospérité que la dérégulation engendra, et après la réforme de Deng en 1980, l'avancée a été freinée pendant des années. Les principaux coupables en étaient le régime du taux de change et les lois restreignant les déplacements des citoyens entre les campagnes et les villes, ou bien entre les villes. L'élimination de ces deux corollaires de la planification centrale était requise pour maintenir le pays sur le chemin de la croissance entreprise durant la dernière décennie.

Le premier objectif était le taux de change du renminbi ou RMB. Ce taux n'était pas trop bas, comme beaucoup le déplorent aujourd'hui ; au début des années 1980, il était trop haut. Les planificateurs centraux l'avaient fixé de façon peu réaliste, pour lutter contre un marché noir où il était beaucoup plus bas. Le commerce international au taux officiel était donc somnolent. En effet, les exportateurs chinois, dont les tarifs étaient chiffrés en RMB, étaient contraints, pour rentrer dans leurs frais, de gonfler leurs prix en dollars, à des niveaux non compétitifs. Après la dérégulation et quand il devint évident que l'économie s'améliorait, les autorités monétaires dévaluèrent progressivement le RMB. Mais elles mirent quatorze ans pour le faire. En 1994, la devise avait été libérée pour les échanges internationaux, et le marché noir disparut. Le RMB tomba de 2 à plus de 8 par dollar.

Après une faiblesse initiale, les exportations chinoises explosèrent, passant de 18 milliards de dollars en 1980 à 970 milliards en 2006, ce qui représente un taux de croissance annuel de près de 17 %. Plus de la moitié des produits chinois exportés sont fabriqués avec des matières premières importées, et leur valeur est en hausse, comme en témoigne l'augmentation des prix à l'exportation, supérieure à celle des indices de prix fixes fondés sur un panier fixe de marchandises [1]. Un point n'est cependant pas clair : l'augmentation des prix moyens correspond-elle à l'accroissement de la qualité des produits intermédiaires importés pour être assemblés sur place avant l'exportation ?

Cela est important, parce que plus les exportations chinoises deviennent high-tech, plus l'impact concurrentiel de la Chine s'accroît sur le monde développé. La Chine, en effet, s'est élevée haut sur l'échelle de la technologie ; elle exporte davantage de produits de pointe qu'il y a dix ans. Mais les Chinois font-ils progresser le niveau de complexité ? Ou bien la Chine se contente-t-elle d'assembler des composants de pointe produits par d'autres ? Le journal *The Economist*, reprenant certaines idées de Nicholas Lardy, du Peterson Institute of International Economics, estimait au printemps 2007 que « le modèle d'exportation chinois

---

1. Le Département américain du commerce, par exemple, calcule des indices de prix à poids fixes des marchandises importées de Chine. En 2005, les exportations vers les Etats-Unis représentaient 21 % du total des exportations chinoises.

consiste en grande partie à louer aux étrangers des terrains et de la main-d'œuvre bon marché. Même la firme chinoise d'ordinateurs domestiques la plus florissante confie sa production à des compagnies taiwanaises ». Je pense toutefois qu'avant longtemps la Chine enregistrera une augmentation de la valeur de ses exportations. Je m'attends à ce que les Chinois remplacent progressivement leurs matériaux importés par des composants à haute valeur ajoutée produits par eux.

L'augmentation des exportations fut parallèle à une transformation historique : le transfert de travailleurs ruraux vers les villes. En 1995, la population rurale s'élevait à quelque 860 millions. Une décennie plus tard, elle n'était plus que de 737 millions. Cette diminution n'était pas le seul effet de l'exode rural et de quelques changements dans les définitions, mais aussi le résultat de l'urbanisation des terres agricoles et de la création de nouvelles enclaves industrielles sur le delta de la rivière des Perles, tout près du frémissant Hong Kong. Dans les années 1970, ces terres fertiles sommeillaient entre fermes et villages, mais au cours des cinquante dernières années, des investisseurs, de Hong Kong et d'ailleurs, ont dopé la croissance de la région. Ce delta produit maintenant à peu près de tout, des jouets aux textiles, surtout pour l'exportation. Hong Kong a donné l'exemple et sa participation au développement de l'économie de la région a été étonnante.

Quand la Chine reprit sa souveraineté sur Hong Kong, en 1997, je ne donnais pas cher de la survie du capitalisme dans cette enclave. L'idée qu'elle honorerait son engagement de conserver le territoire pendant cinquante ans comme bastion du capitalisme me semblait passablement naïve. Le capitalisme et le communisme côte à côte sous la même autorité souveraine, cela n'était tout simplement pas crédible. Mais la décennie de Deng, avec sa devise « Un pays, deux systèmes », a abouti à des résultats très différents de ceux que je craignais. Au lieu d'imposer le modèle communiste à la culture et à l'économie de Hong Kong, la Chine s'est trouvée de plus en plus influencée par celles-ci.

L'exode de la population rurale vers les villes, au taux annuel de 1,4 % pendant la dernière décennie, a sensiblement accru la productivité de la Chine : le savoir-faire, en effet, est beaucoup plus développé dans les zones urbaines. La production horaire a triplé par rapport aux zones rurales. Des Zones économiques spéciales, ZES, inaugurées en 1980 et consacrées à la fabrication de marchandises destinées à l'exportation, dans des installations financées par des capitaux étrangers, se sont révélées très rentables. La privatisation de certaines sociétés nationales a progressé, et d'autres sont en cours de restructuration. En conséquence, le nombre d'employés y a beaucoup diminué, signe que la destruction créatrice avance à une allure raisonnable.

La restructuration d'un certain nombre d'entreprises d'Etat et la privatisation de la plus grande partie des autres a exigé le transfert des assurances sociales à d'autres organismes officiels ou privés. Les sociétés d'Etat n'auraient certes pas été compétitives si elles avaient dû assumer tout le coût de la protection sociale. Par ailleurs, la pratique consistant à gonfler les effectifs des sociétés d'Etat comme forme d'assurance chômage indirecte est de moins en moins courante. A l'un des thés officiels au Grand Palais du Peuple, en 1997, le président Jiang Zemin me rapporta qu'il avait dirigé un grand complexe sidérurgique et qu'il se réjouissait d'avoir, avec nettement moins d'employés, réussi à rivaliser avec un concurrent du nord-est.

On pourrait débattre du point suivant : l'exode rural aurait-il été plus rapide s'il n'avait été entravé par les restrictions sur les migrations internes ? Sous leur forme actuelle, celles-ci datent de 1958 : de la naissance à la mort, tout le monde est tenu de résider dans la zone géographique de sa mère. Les autorisations de déplacement ne sont accordées qu'à une fraction infime de la population. L'objet de cette sédentarisation obligatoire est de permettre aux planificateurs centraux de disposer d'éléments stables pour réaliser leurs plans ; mais il est certain que des raisons politiques l'ont également inspirée. Les restrictions de migration restreignent aussi le choix des emplois par les Chinois.

J'imagine mal comment des gens peuvent prospérer dans ce contexte, mais je suppose que cela vaut encore mieux que le cauchemar de la Révolution culturelle. Ces dernières années, les autorités ont fait des efforts sensibles et bienvenus pour assouplir ces réglementations. Mais la crainte d'un exode massif des fermes vers les villes, et de l'agitation qui pourrait s'ensuivre, a freiné ces assouplissements, dans ce domaine comme dans bien d'autres de la vie en Chine.

Néanmoins, étouffer les frustrations du Chinois moyen dans les campagnes, où réside la majorité de la population, est une bonne recette pour attiser l'insurrection. Alors que la croissance rapide de l'économie affranchit bon nombre de Chinois, ils disposent désormais d'une marge pour réfléchir aux injustices, réelles ou imaginaires, de leur monde. Les plus miséreux, qui n'ont pas le pouvoir de voter pour bouter des fonctionnaires hors de leur poste, se rebellent. La Chine ne dispose pas de la soupape de sécurité de la démocratie pour ventiler le mécontentement.

L'hyper-inflation qui sévit dans le pays à la fin des années 1940 est souvent citée comme l'une des causes de la rébellion qui porta les communistes au pouvoir en 1949. La leçon n'a pas été oubliée, et l'on conçoit que la plus grande peur économique des communistes soit une inflation qui déstabilise la société. Comme John Maynard Keynes l'avait relevé en 1919 : « Lénine avait certainement raison. Il n'est pas de moyen plus subtil et plus sûr de renverser les bases d'une société que de corrompre la monnaie. Cela engage dans la destruction toutes les forces occultes de la loi économique et d'une telle façon qu'il n'est pas un homme sur un million qui soit capable de le diagnostiquer. »

Les dirigeants chinois nourrissent une profonde appréhension à l'égard de l'inflation, car si celle-ci n'est pas jugulée, l'économie se grippera, entraînant une augmentation du chômage dans les régions urbaines et déclenchant ainsi des conflits. Ils considèrent qu'un taux de change stable est indispensable pour éviter une redoutable instabilité sur le marché du travail. Ils se trompent. La politique actuelle visant à contenir l'appréciation du taux de change risque d'entraîner de bien plus grands désordres. Le PIB par Chinois ayant crû plus vite que celui de leurs partenaires commerciaux – largement grâce à la technologie « empruntée » aux économies développées –, la concurrence internationale tend à accroître aussi la demande en devises chinoises[1]. Pour contenir cette demande et maintenir le taux de change du RMB à un niveau relativement stable de 2002 à 2007, les autorités monétaires chinoises ont dû acheter avec leur devise nettement plus de 1 000 milliards de dollars[2].

Pour absorber ou stériliser les excès de réserves qu'elle a créés en achetant des devises étrangères, la Banque centrale chinoise a émis une quantité importante de titres libellés en RMB. Mais cela n'a pas suffi. Par conséquent, l'offre de monnaie a crû à un rythme dangereusement plus rapide que le PIB nominal. C'est là un élément inflationniste.

Un autre sujet de souci pour les dirigeants chinois est le mouvement rapide de concentration de revenus. Très faible dans les années 1980, quand tout le monde était uniformément pauvre, cette concentration a, selon la Banque mondiale, engendré des écarts de revenus importants, supérieurs à ceux qu'on observe aux Etats-Unis aussi bien qu'en Russie. Problème supplémentaire, le système bancaire chinois est loin d'avoir été réformé efficacement ; et pourtant, les actions des banques chinoises ont fait un bond de 2006

---

1. La demande en produits de pays où la main-d'œuvre est bon marché augmente automatiquement la demande en devises de ce pays producteur par rapport à celles des autres pays. La valeur de la devise demandée augmente donc par rapport aux autres. Cette appréciation se poursuivra jusqu'à ce que le niveau des salaires, ajusté au taux de change et à l'écart de productivité, s'élève et rejoigne celui des pays concurrents.

2. L'impératif politique chinois d'empêcher une appréciation du RMB contrarie les politiques américaines et d'autres pays ; ils considèrent, à tort, que la sous-évaluation de la devise chinoise est cause de chômage dans les entreprises américaines. Une appréciation du RMB diminuerait le déficit commercial avec la Chine, mais pas le déficit général des Etats-Unis. Les importateurs américains ne feraient que se tourner vers d'autres mains-d'œuvre bon marché pour remplacer les exportations chinoises, puisqu'elles ne seraient plus compétitives.

à 2007. La banque d'Etat, Industrial and Commercial Bank of China, a levé 22 milliards de dollars en 2007, à l'occasion de la plus grande introduction en bourse connue. D'autres banques d'Etat ont également enregistré de remarquables introductions sur le marché national et étranger. Mais une grande part de ces succès tient à l'espoir des investisseurs que le gouvernement chinois garantira les engagements de ces banques. Ce gouvernement a déjà recapitalisé ces banques à hauteur de 60 milliards de dollars, tirés de ses importantes réserves en devises étrangères, et ce faisant, il a effacé une grande partie de leurs créances douteuses. Les banques chinoises ont, dans leur histoire, financé beaucoup d'entreprises pour des raisons politiques, mais une large part de ces investissements ne présentait visiblement aucun intérêt économique.

De plus, ce système bancaire, encore en formation, ne possède pas la flexibilité nécessaire aux ajustements économiques. Les économies de marché sont victimes de déséquilibres réguliers, mais les ajustements des taux d'intérêts et de change induits par le marché – de même que les variations des prix des biens et des actifs – les rééquilibrent rapidement. Le gouvernement chinois n'autorise pas la variation des taux d'intérêt en fonction de l'offre et de la demande, mais il les change administrativement selon qu'il modifie les réserves des banques – ce qu'il ne décide que lorsque le déséquilibre est avéré. Or c'est invariablement trop tard, et la plupart du temps, les mesures ainsi prises sont insuffisantes, voire contre-productives. Les autorités monétaires orientent aussi administrativement le crédit bancaire quand elles considèrent que celui-ci a trop gonflé – là encore, c'est toujours trop tard. Ces interventions ciblent rarement précisément les déséquilibres financiers. L'ironie du sort veut toutefois que son isolement du reste du monde financier ait protégé la Chine de la grande crise financière mondiale de 1997-1998.

La Chine a un besoin criant d'expertise financière. Cela n'est guère étonnant, puisque les experts n'avaient pas un grand rôle à jouer au temps de la planification centralisée.

C'était aussi le sort des spécialistes du marketing, des experts-comptables, des « risk managers » et de tous les autres professionnels indispensables à la vie courante de l'économie de marché. Ces disciplines font partie des programmes de l'enseignement chinois depuis quelques années, mais il faudra du temps avant que l'économie, et surtout le secteur bancaire, soient pourvus en personnel qualifié. En décembre 2003, Liu Mingkang, qui venait d'être nommé président de la Commission de régulation des banques, visita le Federal Reserve Board. Il reconnut que les banques chinoises manquaient d'expertise leur permettant de savoir si un prêt pouvait être remboursé. Il indiqua que la présence accrue des banques étrangères pourrait pallier cette insuffisance. Je suggérai que ce dont la Chine avait vraiment besoin, c'était de gens qui avaient travaillé dans une économie de marché et possédaient l'acuité d'esprit et la capacité de juger des risques d'un prêt, comme les chargés de crédits occidentaux. Beaucoup de progrès ont été accomplis, mais il reste encore beaucoup à faire.

Etant donné que la finance n'a pas un grand rôle à jouer dans la planification centralisée, les banques chinoises n'ont rien à voir avec les établissements que nous connaissons en Occident. Obéissant à des directives politiques, les banques d'Etat se sont limitées, ces dernières années, à transférer des fonds destinés à honorer des engagements de l'Etat. Elles ne comptaient pas de directeurs de crédit pour veiller à la solvabilité des débiteurs, mais seulement des agents de transfert. Les dettes forcloses servaient, dans les comptes nationaux, à réconcilier le PIB, la valeur marchande présumée de la production, au total de la rémunération des employés et des profits découlant de la production. Dans la mesure où les investissements stériles sont nombreux, une part du PIB ainsi mesurée est fictive et sans valeur. Les niveaux de créances non honorées laissent planer la même interrogation sur les données officielles du PIB chinois. Je dois cependant préciser que, même lorsqu'ils n'ont pas de valeur suivie, les investissements sans avenir consomment des matières premières. Il s'ensuit que les données du PIB de la Chine restent dans une certaine mesure utiles pour évaluer les ressources nécessaires à la production et fournir un ordre de grandeur de l'input.

Même après ajustement des données parfois incertaines, il demeure que les résultats de la réforme engagée dans les années 1970 sont remarquables. Il suffit de mesurer les importants changements survenus à Pékin, Shanghai et Chenzen, ainsi que ceux de moindre ampleur dans le reste du pays, pour conclure que la Chine n'est certes pas un village Potemkine [1].

Selon moi, ce sont les technocrates du gouvernement, principalement de la Banque centrale, du ministère des Finances et, paradoxalement, des agences de régulation qui ont agi en faveur du marché. La plupart d'entre eux, toutefois, n'agissaient qu'en tant que conseillers. Les grandes directives sont décidées par le Conseil d'Etat et le Politburo, et l'adhésion réelle de ceux-ci aux conseils qui leur sont prodigués doit être inscrite à leur crédit. Reste un obstacle critique, qui menace les fondements du parti communiste : le défi idéologique. L'objectif de Deng Xiaoping d'élever la Chine au rang de « pays en développement intermédiaire » vers le milieu de ce siècle exige des renforcements supplémentaires des droits de propriété, en dépit de la résistance de la vieille garde marxiste.

Des progrès ont déjà été accomplis en matière de propriété urbaine. La concession de tels droits aux terres rurales, où résident 737 millions de Chinois, est une autre affaire. Accorder des droits de propriété sur les exploitations agricoles constituerait une rupture trop flagrante avec les traditions communistes pour être prise à la légère. Les fermiers ont actuellement licence de louer des terres et de vendre leurs produits sur le marché, mais ils ne possèdent pas de droits légaux sur les terres qu'ils labourent, et ils ne peuvent ni les acheter, ni les vendre pour s'en servir comme garanties d'emprunts. Au cours des dernières décennies,

---

1. Allusion aux villages tout en façades que Potemkine, gouverneur d'Ukraine et favori de Catherine II, avait fait construire pour montrer à l'impératrice, lors de la visite de celle-ci en Ukraine, ses talents d'administrateur. *(N.d.T.)*

alors que l'urbanisation progressait en Chine rurale, les autorités locales se sont emparées d'immenses lots de terres, n'en accordant en compensation qu'une infime partie de ce qu'elles vaudraient si elles étaient bâties. Ces mainmises ont été l'une des causes principales de la recrudescence récente des manifestations et de la contestation. Un haut fonctionnaire de la police a rapporté que le nombre de manifestations publiques dans le pays était passé de quelque 10 000 il y a dix ans à 74 000 en 2004. Les estimations pour 2006 étaient un peu plus faibles. Accorder des droits de propriété sur des terres agricoles pourrait, d'un coup de plume, combler sensiblement le fossé entre les revenus des ruraux et des citadins.

Si la suprématie économique est au cœur des soucis du Parti, la direction politique en a d'autres, dont le moindre n'est certes pas le statut de Taiwan. Plusieurs des dirigeants du pays, sinon la plupart, savent qu'une confrontation militaire effraierait les capitaux étrangers et compromettrait sérieusement l'aspiration du pays à devenir une puissance économique mondiale.

En résumé, la direction du Parti fait face à des choix très difficiles. La voie qu'il suit finira par mener le Parti à l'abandon de ses principes philosophiques et à l'adoption plus avérée d'une forme ou de l'autre du capitalisme de marché. Se métamorphosera-t-il alors en parti social-démocrate, comme cela s'est produit dans tant de pays du bloc soviétique ? Acceptera-t-il le pluralisme politique qui s'ensuivrait, risquant de menacer son hégémonie ? Ou bien se détournera-t-il de la réforme et retournera-t-il à l'orthodoxie de la planification centralisée et à l'autoritarisme, mettant ainsi en péril la prospérité sur laquelle il assoit sa légitimité ?

Je ne doute pas que le PCC puisse maintenir un autoritarisme quasi capitaliste, relativement prospère, pendant un certain temps. Mais sans la soupape de sécurité du système démocratique, je doute du succès à long terme d'un tel régime. L'orientation de ses choix entraînera des conséquences profondes non seulement pour la Chine, mais aussi pour le monde entier. Je l'expliquerai plus loin.

15.

LES TIGRES ET L'ELÉPHANT

Avant que la Chine se fût réinventée comme le poids lourd économique de l'Extrême-Orient, les pays qu'on avait surnommés les « Tigres d'Asie », Hong Kong, Taiwan, la Corée du Sud ou Singapour, avaient déjà testé et perfectionné le modèle économique que la Chine allait choisir. L'explosion d'une croissance tirée par les exportations correspond visiblement au chemin initial de ces Tigres. Le schéma en est simple et efficace. Des économies en développement s'ouvrent partiellement ou totalement aux investissements étrangers pour employer une main-d'œuvre bon marché, mais souvent qualifiée. Quelquefois, il est politiquement plus commode de désigner certaines régions géographiques, comme la Zone économique spéciale de Chine, pour accueillir la technologie et les investissements étrangers. Il est essentiel pour ce modèle de donner aux investisseurs l'assurance qu'ils percevront les bénéfices de leur entreprise, si elle réussit. Il faut donc que les droits de propriété soient respectés par le pays en développement.

Etant donné les dommages subis par l'Asie pendant la Seconde Guerre mondiale – et les guerres en Corée et au Vietnam –, l'élan économique y est parti de très bas. Dans une grande partie de l'Extrême-Orient, le PIB par habitant n'était guère supérieur au niveau de subsistance. De grands progrès furent possibles grâce à la conjonction d'investissements protégés et de main-d'œuvre bon marché. Au début, ces pays ne fonctionnaient pas sur le modèle de l'économie de marché. Les organismes planificateurs et la propriété d'Etat y étaient monnaie courante. A l'instar du Japon, la Corée accorda des statuts privilégiés aux grands conglomérats, les *chaebols*. Taiwan possédait un nombre appréciable de compagnies d'Etat et, comme les autres Tigres, protégeait jalousement son industrie locale.

La plupart de ces pays étaient dirigés par des chefs charismatiques, mais autocratiques. A Singapour, Lee Kuan Yew enclencha la construction d'une cité de classe internationale, en dépit de sa petite taille. Le général Suharto, qui régnait sur le système népotiste de l'Indonésie, eut sans doute la main moins heureuse. En Malaisie, nourrissant toujours les rancœurs causées par l'ancien statut colonial de son pays, Mahathir Mohamad, Premier ministre, fut un chef nationaliste très passionné.

J'ai rencontré beaucoup de ces hommes d'Etat, mais ne peux pas prétendre les avoir connus. Je me suis plusieurs fois entretenu avec Lee Kuan Yew – la dernière fois en 2006 – et, en dépit de nos divergences, il m'a toujours laissé une profonde impression. Notre première rencontre eut lieu au célèbre (ou infâme, selon le point de vue) Bohemian Grove de George Shultz, une propriété isolée dans les forêts de cèdres de Californie où seuls les hommes étaient admis (le magazine *Time* dépêcha un jour une femme travestie en homme pour voir ce qui se passait dans ce club clandestin).

Lorsqu'en mai 2002 je rendis visite au Dr. Mahathir à Blair House, résidence officielle des chefs d'Etat et dignitaires en visite à Washington, je le trouvai moins véhément que je ne l'avais prévu. En fait, il se montra réfléchi et intéressé quand je parlai d'autre chose que de l'incarcération de son ministre des Finances et héritier présomptif, Anwar Ibrahim. Celui-ci était respecté par les spécialistes de finance internationale. Je pense que le vice-président américain Al Gore exprima notre sentiment général quand, en 2000, il dénonça « le procès-spectacle [...] qui offensait les règles internationales de la justice ». Même dans les pires circonstances, je n'imagine pas pareil règlement de comptes aux Etats-Unis.

En 1991, les ministres des Finances du G7 et les gouverneurs de banques centrales se rendirent en Thaïlande et furent admis à visiter le somptueux palais royal. J'y cherchai des traces d'Anna Leonowens, la légendaire institutrice anglaise qui, au XIXe siècle, fut désignée comme tutrice des enfants du roi de ce pays qu'on appelait alors le Siam. L'un de ses descendants, le roi Bhumibol Adulyadej, y règne depuis plus de soixante ans. Le rôle de la monarchie en Thaïlande est fascinant. Les attributions du roi Bhumibol sont difficiles à cerner, mais il est respecté et jouit apparemment d'une considérable autorité morale. Quand une impasse politique mena à un coup d'Etat, en septembre 2006, le roi facilita la transition en apparaissant à la télévision au côté du chef de la rébellion, le commandant Sonthi Boonyaratglin.

Les dirigeants de ces gouvernements autoritaires ont tous connu des succès dans la remise en route de leurs économies moribondes. Les firmes fortement subventionnées et protégées de l'Extrême-Orient augmentèrent le niveau des exportations et améliorèrent le niveau de vie de leurs populations jusque dans les années 1970. En dépit de gaspillages massifs et de l'inefficacité d'économies planifiées ou semi-planifiées, plusieurs d'entre elles firent des progrès. Mais les rigidités induites par une forte réglementation finirent par briser l'élan. Pour éviter l'impasse, les Tigres abaissèrent les barrières douanières et, à la fin des années 1980, ils avaient réussi à se sevrer des subventions qui étouffent la concurrence et dont une grande part de l'économie asiatique – exportations exclues – était dépendante.

Les exportateurs furent vraiment confrontés à la concurrence sur les marchés internationaux. Associées à de bas salaires, les technologies hautement productives, empruntées aux pays développés, se révélèrent très profitables. Il fut demandé aux entreprises exportatrices d'augmenter les salaires, afin d'attirer la main-d'œuvre nécessaire pour répondre aux commandes croissantes ; les industries domestiques, à leur tour, durent faire de même pour conserver leur main-d'œuvre. A la suite de quoi le niveau de vie des travailleurs asiatiques s'éleva sensiblement.

De plus, les Tigres ajoutèrent une nouvelle corde à leur arc : non contents d'exporter vers les pays développés, ils nouèrent des relations commerciales entre eux. La concentration sur des tâches de plus en plus spécialisées accroît toujours la compétence et le rendement par travailleur. C'est surtout le cas lorsque les concurrents sont proches les uns des autres et que les frais de transport sont bas. Plus récemment, confrontés à des tensions sur le marché du travail et à des hausses de salaires, les Tigres perdirent leurs avantages sur les marchandises à fort contenu en emploi, au profit de concurrents d'Asie, d'Amérique latine et enfin d'Europe orientale. Heureusement, dans leur course à la compétitivité, ils avaient dès le début donné la priorité à l'enseignement. Ils purent ainsi fabriquer des produits de plus en plus complexes, semi-conducteurs, ordinateurs et toute la gamme des produits de haute technologie, à forte valeur ajoutée sur les marchés internationaux. L'afflux de capitaux et une main-d'œuvre très qualifiée ont propulsé plusieurs Tigres vers le rang et le niveau de revenu des économies développées.

Ces bénéfices ont-ils été réalisés, comme on l'avance, aux dépens du reste du monde, et particulièrement des Etats-Unis et de l'Europe ? La réponse est non. L'expansion du commerce n'est pas un jeu à somme nulle. En fait, depuis un demi-siècle et plus, l'augmentation mondiale des importations et des exportations a été nettement plus rapide que celle du PIB mondial. Cela se vérifie dans le cas des Tigres, parce que des tarifs douaniers et de nombreuses autres barrières commerciales avaient créé de larges et durables écarts entre les coûts de production, notamment les coûts du travail. Quand les barrières tombèrent, à la suite des accords commerciaux et d'améliorations dans les transports et les technologies de communication, la demande mondiale et la production correspondante se déplacèrent vers les régions moins coûteuses de l'Asie et de l'Amérique latine, ce qui éleva les revenus réels de celles-ci. Parallèlement, les Etats-Unis et d'autres pays développés se spécialisèrent de plus en plus dans les produits conceptuels et les services intellectuels, très prisés par les marchés. Aux Etats-Unis, par exemple, la valeur ajoutée des secteurs financiers et des assurances passa de 3 % du PIB en 1953 à 7,8 % en 2006, tandis que la valeur des produits manufacturés chutait significativement pendant la même période. J'analyserai au chapitre 25 les causes et les effets de ce changement radical pour les Etats-Unis.

La délocalisation d'une partie des industries du textile et de la confection des Etats-Unis a libéré des ressources qui permettent de se porter vers des biens et services que les consommateurs mondiaux apprécient davantage. En moyenne, en net, les revenus des travailleurs américains aussi bien que ceux d'Extrême-Orient, pour ne citer que ceux-ci, ont augmenté. Le terme « net » cache évidemment les chocs infligés par les pertes d'emploi des travailleurs américains du textile et de la confection.

Les économies d'Extrême-Orient ont fait un long chemin depuis leurs humbles débuts. Mais peuvent-elles continuer à avancer au rythme de ces dernières années ? Ces progrès risquent-ils d'être handicapés par une crise financière, comme celle de 1997 ? Il est peu probable qu'une telle crise se reproduise, du moins sous la même forme. Depuis 1997, les Tigres d'Asie ont radicalement remédié à la faiblesse de leurs réserves en devises. Et, ce qui est plus important, ils ont laissé flotter leur devise face au dollar ; cela a éliminé la plus grande partie des investissements de « carry trade » à très court terme, dont le débouclement dans un contexte de réserves insuffisantes avait déclenché la crise[1]. Il s'ensuit que des chocs économiques non anticipés pourraient être plus facilement absorbés aujourd'hui qu'il y a une dizaine d'années.

---

1. Avec un régime de change fixe avec le dollar, des emprunts en dollars furent contractés pour des investissements à haut rendement en Extrême-Orient. Avec un régime de change flottant, le risque de pareilles transactions s'éleva brusquement.

Mais le commerce et les niveaux de vie peuvent-ils continuer à croître indéfiniment ? Oui. C'est l'avantage des marchés libres et de l'irréversible accumulation des technologies. Le volume du commerce trans-frontières n'est soumis qu'à peu de restrictions nationales[1]. Les exportations du Luxembourg, par exemple, représentaient 177 % de son PIB en 2006, et ses importations, 149 %. Toutefois, après la grande ouverture des marchés mondiaux et surtout après l'effondrement de l'URSS, plusieurs barrières et sources d'inefficience ont été déjà éliminées. D'une certaine manière, la plupart des fruits mûrs résultant de l'ouverture du commerce ont été cueillis. Certes, l'impossibilité de conclure les négociations commerciales du cycle de Doha en 2006 devraient nous offrir une pause, afin de réfléchir au rythme futur de l'amélioration du niveau de vie dans le monde. Le rythme d'abaissement des barrières douanières se ralentira certainement lorsqu'on aura atteint les résistances politiques insurmontables. Cela suggère que la croissance des économies axées sur les exportations sera moins rapide qu'au cours des six dernières décennies.

En fin de compte, la convergence des écarts des coûts, ajustés des risques, des produits échangés sur les marchés mondiaux – ou du moins leur réduction, tels que les produits manufacturés ou les matières premières – réduira les recours aux stratégies de croissance par l'exportation. Quant aux services orientés vers l'exportation, si leurs stratégies de croissance sont très visibles – comme la délocalisation en Inde des centres d'appel et des services informatiques –, ils ne constituent pour le moment qu'un très petit marché.

Un obstacle à la croissance infinie des parts de marché de la Chine et des Tigres est la hausse de leurs coûts de production. L'une des grandes ironies de l'après-guerre est que le Vietnam est désormais considéré comme la prochaine plate-forme d'extension du commerce marchand – enten-

---

1. Quel que soit le pays, les exportations nettes ne peuvent pas être supérieures au PIB moins les variations de stocks. Et, dans l'ensemble du monde, les exportations équivalent aux importations. Mais il n'existe pas de limites aux flux totaux.

dez : capitaliste. Grâce à l'Accord bilatéral EU/Vietnam de 2001, les exportations vietnamiennes vers les Etats-Unis ont été multipliées par 8, passant de 1,1 milliard de dollars en 2001 à 9,3 milliards en 2006. Les exportations américaines, elles, ont plus que doublé.

L'histoire récente américaine a enregistré deux défaites militaires dans sa guerre contre la propagation du communisme. La première a été la rapide retraite des forces américaines face aux nombreux militaires chinois qui traversaient la rivière du Yalou pour pénétrer en Corée du Nord, pendant l'hiver 1950 ; la seconde a été notre humiliant abandon du Vietnam du Sud en 1975. Nous avons peut-être perdu ces batailles, mais certainement pas la guerre. La Chine communiste et le Vietnam communiste se sont tous deux débattus pour se défaire des contraintes de l'économie planifiée et acquérir la liberté de l'économie capitaliste, tout en s'efforçant de taire ce qu'ils faisaient. En 2006, l'Américain Merrill Lynch, emboîtant le pas à Citigroup, obtint, un an plus tard, les droits d'acheter, de vendre et de mettre sur le marché des actions vietnamiennes de la jeune Bourse de Ho Chi Minh-Ville. Quand Bill Gates, le plus riche capitaliste du monde, se rendit à Hanoï, il fut accueilli par les chefs du parti communiste et fêté par la foule. Ô miracle ! Les idées comptent aussi. Et les idées capitalistes américaines semblent plus puissantes que le glaive.

L'Inde, peut-être plus que tout autre des grands pays dont il est question dans ce livre, symbolise de façon éclatante à la fois la productivité du capitalisme de marché et la stagnation du socialisme sous toutes ses formes. Elle se divise de plus en plus vite en deux entités, un foyer de modernité de classe mondiale au cœur d'une culture historique qui n'a guère changé au cours des générations.

La « production pour l'exportation » entretenue par une main-d'œuvre massive, telle que l'ont pratiquée la Chine et les autres pays d'Extrême-Orient pendant le XXᵉ siècle, n'a guère alimenté le foyer de modernité indien. Le pays a préféré se concentrer sur les services high-tech, qui constituent le secteur le plus dynamique de l'économie internationale. L'étincelle de la modernité a fait beaucoup avancer l'ensemble du secteur indien des services, y compris dans le tourisme et son infrastructure. Le bond de croissance du PIB réel de l'Inde, de 3,5 % entre 1950 et 1980 à 9 % en 2006, a été remarquable. 250 millions de personnes qui vivaient avec moins d'un dollar par jour sont ainsi passées au-dessus du seuil d'extrême pauvreté.

Cependant le PIB par tête, qui était à parité avec celui de la Chine au début des années 1990, n'en représente plus que les deux cinquièmes. En fait, à 730 dollars par habitant, il est au-dessous du PIB par habitant de la Côte d'Ivoire et du Lesotho. C'est pour la défense d'une idée que l'Inde n'a pas suivi la Chine dans ses progrès depuis quinze ans.

Quand la Grande-Bretagne proclama l'indépendance de l'Inde en 1947, elle en retira toutes traces de sa domination, mais elle y laissa une idée qui fascina les élites : le socialisme fabien. Jawaharlal Nehru, disciple de l'honorable Mahatma Gandhi et Premier ministre pendant les seize premières années d'indépendance, avait été profondément séduit par le rationalisme des fabiens, considérant la concurrence des marchés comme économiquement destructrice. Par son entremise, le socialisme maintint une forte emprise sur la politique économique de l'Inde longtemps après qu'il eut été abandonné en Grande-Bretagne.

Nehru était convaincu de la supériorité de la planification centralisée, qu'il estimait être l'extension rationnelle de l'activité humaine, destinée à produire du bien-être matériel pour le peuple et non pour quelques privilégiés. Premier ministre, il concentra dès le début ses efforts sur la nationalisation des industries stratégiques, notamment la production d'électricité et l'industrie lourde, et il imposa des contrôles rigoureux sur tout le reste, sous l'administration d'une équipe de fonctionnaires expérimentés et apparemment dévoués.

Bientôt des contrôles omniprésents, les *license raj*[1],

---

1. Le raj représentait le gouvernement impérial britannique. *(N.d.T.)*

c'est-à-dire les autorisations impériales, comme on les sur-nommait, envahirent pratiquement tous les secteurs de l'économie. Une autorisation, un permis ou un timbre étaient requis pour presque toutes les activités économiques. Ainsi ligotée, l'Inde se résigna à un taux de croissance qu'on surnommait ironiquement « le trois pour cent hindou ». Au sein de la bureaucratie, on ne savait que faire. Ce système « scientifique » était censé stimuler la croissance. En vain. Mais la suppression des contrôles aurait été équivalente à l'abandon des principes égalitaires du socialisme fabien.

Le déluge de licences, permis et timbres n'étant pas d'un grand secours pour l'économie – en réalité, il l'étouf-fait –, les décisions des bureaucrates de les accorder ou pas perdirent toute finalité de principe et devinrent arbitraires. Mais l'arbitraire, comme je l'ai montré dans la description de la pyramide de l'autorité du PCC, est le pouvoir. Même les plus consciencieux des fonctionnaires indiens répu-gnaient à le céder, et ceux qui étaient moins consciencieux y virent là l'occasion de le monnayer. Ce n'est donc pas par hasard que l'Inde se trouve à la place qu'elle occupe sur les échelles de la corruption.

Ainsi, cette toute-puissante bureaucratie, coiffant pres-que tous les secteurs de l'économie indienne, exerça-t-elle un contrôle ferme et ne céda-t-elle son pouvoir qu'avec répugnance. Or cette répugnance se trouva renforcée et sou-tenue par les syndicats, également puissants et bien implan-tés – particulièrement par les partis communistes, grands acteurs de la politique indienne. Le socialisme n'est pas seu-lement une forme d'organisation économique : étant donné son principe fondamental de propriété collective, celui-ci possède aussi de vastes ramifications culturelles, dont la plu-part étaient admises par la majorité des Indiens.

L'Inde est la plus vaste démocratie du monde. La démocratie permet d'élire des représentants du peuple et, dans le cas de l'Inde, elle a évidemment favorisé les tenants du collectivisme socialiste. L'idée que les cerveaux du gou-vernement, animés par le souci du bien commun, sauront mieux distribuer les ressources que les lois « erratiques » du marché a la vie dure dans ce pays.

En juin 1991, un fonctionnaire de la vieille garde, P.V. Narasimha Rao, du parti du Congrès, de gauche, devint Premier ministre. Après plus de quatre décennies de planification centralisée *de facto*, l'économie nationale frôlait alors le gouffre. Il devint alors évident que le paradigme qui avait dévasté l'Europe orientale avait également frappé l'Inde ; un séisme majeur s'annonçait. A la surprise générale, Rao tourna le dos à la tradition et, face à une crise qui menaçait la balance des paiements, il s'attaqua aux contrôles qui paralysaient l'économie. Il nomma Manmohan Singh ministre des Finances.

Singh, économiste favorable aux marchés, parvint à percer une petite ouverture dans une économie administrée – il entreprit la libéralisation d'un large éventail de secteurs – et démontra une fois de plus qu'un peu de liberté économique et de concurrence peuvent avoir des répercussions sur la croissance économique. Les anticapitalistes furent provisoirement réduits au silence par la gravité de la crise, et ainsi s'effectua la petite ouverture sur la dérégulation. Le capitalisme de marché put prendre racine et faire la preuve de son efficacité.

Une bonne part de l'histoire récente de l'économie mondiale est dominée par celle des Etats soumis à la planification – Europe orientale et Chine – qui, après s'être convertis à l'économie de marché, en furent récompensés par une croissance rapide. Mais ce n'est pas tout à fait le cas de l'Inde. En fait, Singh, qui effectua de nombreuses réformes, fut bridé dans bien des domaines par les tendances socialistes tenaces de la coalition au pouvoir. Même aujourd'hui, les entreprises de plus de cent employés ne peuvent, sauf exception, licencier sans autorisation du gouvernement.

Les réformes initiées par Singh en 1991 se poursuivent encore aujourd'hui. En quelque sorte, l'abaissement des barrières douanières a donné aux entrepreneurs la possibilité de participer aux marchés concurrentiels[1]. Les exportations

---

1. Il n'en demeure pas moins que les tarifs douaniers indiens sont toujours deux fois supérieurs à la moyenne des pays d'Extrême-Orient, augmentant ainsi les prix des matières premières destinées à la production pour l'exportation.

et les importations de marchandises se sont fortement élevées par rapport au PIB nominal, et les exportations nettes de software sont passées de 5,8 milliards de dollars en 2001 à 22,3 milliards en 2006. Les entrepreneurs indiens n'étant toutefois pas affranchis de leur bureaucratie, la protection des droits de propriété et la fixation des prix et coûts sont désormais hors de portée des fonctionnaires [1].

Associées à la chute du prix des communications mondiale, à la maîtrise de l'anglais par les Indiens instruits et à de bas salaires, les libéralisations de Singh ont propulsé l'Inde au premier plan des délocalisations de services : centres d'appel, ingénierie du software, traitement des réclamations en assurances, prêts hypothécaires, comptabilité, diagnostic des radios aux rayons X, ainsi qu'un assortiment grandissant de services sur Internet. La maîtrise du software par l'Inde a permis au monde de relever le défi du nouveau millénaire.

L'image de l'Inde comme principal bénéficiaire des délocalisations fut particulièrement prégnante pour les Américains, qui l'exagérèrent et représentèrent ce pays comme responsable des coupes sombres dans les effectifs des emplois administratifs. Mais, en réalité, la concurrence de l'Inde est restée modeste, sinon minime, eu égard à sa main-d'œuvre de près de 450 millions de personnes.

La main-d'œuvre totale employée dans les industries de technologie de l'information est actuellement de 1,5 million, le quintuple de son niveau de 1999. La différence est presque entièrement consacrée à l'exportation. Trois autres millions d'emplois ont été créés apparemment dans les télécommunications, l'énergie et la construction – retombées directes de l'essor des télécommunications. Directe-

---

L'Inde ne compte toujours que pour 2,5 % du commerce mondial en biens et services, tandis que la Chine compte pour 10,5 %.

1. Les droits de propriété en Inde sont toujours nettement grevés par les frais de mise en application d'un contrat. Selon la Banque mondiale, il faut de 425 à 1 165 jours (selon l'Etat) pour faire respecter un contrat devant les tribunaux indiens. Les neuf dixièmes des terrains de l'Inde font l'objet de querelles sur leur propriété.

ment et indirectement, c'est à peine 1 % de l'emploi total en Inde. Et c'est là le problème.

L'industrie des télécommunications et autres services, cantonnée dans les grandes villes de Bangalore, Delhi et Bombay, a passé tranquillement le xxᵉ siècle pour bondir au xxiᵉ. Mais comme le déplorait en 2007 un fonctionnaire interviewé par la BBC : « Portez vos regards au-delà des scintillements de quelques villes et vous retombez au xixᵉ siècle. » Pour que l'Inde devienne un des champions de l'arène à laquelle elle aspire, il faudra qu'elle construise des usines et que celles-ci attirent une très grande part de ses travailleurs agricoles vers des zones urbaines, pour y fabriquer des produits d'exportation à fort contenu en emploi – la voie royale choisie par la Chine et les Tigres asiatiques.

Cependant, en Inde, l'industrie manufacturière – et même celle du high-tech – est entravée depuis des décennies par des lois sur le travail décourageantes et destructrices d'emplois, par une infrastructure fatiguée qui ne fournit de l'électricité que de façon irrégulière [1] et par des réseaux routier et ferroviaire qui retardent le transport des pièces manufacturées et des produits finis entre les ateliers et les marchés. A cause d'une réglementation restrictive du travail qui s'applique aux entreprises de dix employés ou plus, plus de 40 % des emplois sont concentrés par des sociétés de cinq à neuf employés, alors que ce taux est de 4 % en Corée. La productivité de ces petites entreprises indiennes est de 20 % au moins inférieure à celle des grandes ; la raison en est qu'elles ne peuvent pas pratiquer les économies d'échelle accessibles à ces dernières. Si la fabrication de masse devait jamais combler l'écart des niveaux de vie entre l'Inde et la Chine, modèle qui lui est souvent opposé, il faudrait encourager l'exode des populations rurales vers les villes industrielles. Et pour cela, il faudrait que leur production manufacturière devienne mondialement compétitive. Cela exigerait une quasi-abolition de ce qui reste des « autorisations impériales ». Les trois cinquièmes de la main-d'œuvre

---

1. C'est pourquoi maintes usines disposent de petits générateurs.

indienne s'échine à travailler dans des fermes, sans grande
efficacité. Ils ont besoin d'un changement radical vers le
meilleur.

L'Inde rurale est engluée dans une pauvreté comme on
n'en voit nulle part au monde, sauf en Afrique subsaha-
rienne. C'est là que réside la masse des illettrés – les deux
cinquièmes de la population adulte – et plus de la moitié
des 250 millions de personnes qui vivent avec moins d'un
dollar par jour. La moitié des foyers n'a pas d'électricité. La
productivité des fermes ne représente qu'un quart de ce
qu'elle est dans les régions non-agricoles. Les rendements
des rizières sont inférieurs de moitié à ceux du Vietnam et
de deux tiers à ceux de la Chine. Pour le coton, c'est pire
encore. La production de blé, qui a bénéficié des semences
améliorées de la « révolution verte » des années 1970, ne
représente que les trois quarts de ce qu'elle est en Chine. Il
n'y a que la culture du thé où l'Inde soit plus productive
que ses concurrents asiatiques. De plus, l'état des routes
entre les fermes et les villes est tellement déplorable que la
production de denrées périssables est principalement limitée
à la consommation locale et qu'un tiers des récoltes pourri-
rait sur la route des marchés.

La croissance de la productivité agricole s'est ralentie
depuis les années 1980. La faute en incombe partiellement
au climat, certes, mais le vrai coupable demeure une agriculture étroitement dépendante des subventions d'un Etat diri-
giste, qui empêche le marché de corriger l'ampleur des
surfaces cultivées. Ces dernières années, le gouvernement
central a dépensé plus de 4 % du PIB en subventions pour
de la nourriture et des engrais ; d'autres aides pour l'énergie
et l'irrigation ont sensiblement accru ce pourcentage. Si les
travailleurs agricoles étaient poussés à migrer vers les villes
plus productives, comme cela s'est produit en Chine, il faudrait quand même maintenir une production agricole dont
dépendent 1,3 milliard de gens. La capacité de l'Inde d'augmenter ses importations alimentaires est limitée. La croissance de la production agricole est donc la seule façon de
garantir des ressources alimentaires, pendant que l'industrie

attire les travailleurs des zones rurales. Les marchés agricoles ont un grand besoin de concurrence.

Dans un contexte quelque peu différent, Martin Feldstein, l'éminent économiste de Harvard, a relevé, dans une étude du *Wall Street Journal* (16 février 2006), l'ironie du dilemme de la politique agricole indienne :

> « Les services de téléphones portables sont largement disponibles à bas prix [en Inde], parce qu'ils étaient considérés comme un luxe et qu'ils ont donc été laissés au marché, alors que l'électricité est difficile à obtenir, parce qu'elle a été considérée comme une nécessité de base et donc gérée par le gouvernement. »

Malheureusement, la réduction des subventions agricoles ne semble pas plus envisageable à Delhi qu'à Paris ou Washington. Les subventions à long terme sont capitalisées dans la valeur des terres. Leur bénéficiaires réels sont ceux qui possèdent le sol quand les subventions sont créées. Les futurs propriétaires paient les terrains plus cher dans l'espoir que les subventions continueront ; ils ne sont pas, en principe, les bénéficiaires réels. L'augmentation des impôts sur les terres agricoles, qui est en fait la conséquence de la réduction des subventions sans compensation, n'est pas accueillie de gaîté de cœur par les propriétaires fonciers. Le gouvernement a bien réussi à réduire les subventions en les rognant de-ci de-là, mais un assaut frontal promet d'être difficile, étant donné les tendances du parti du Congrès et de ses vingt-deux partenaires dans la coalition, dont les communistes. Le Premier ministre Singh est un économiste de grand renom, favorable à la réforme, mais il ne possède pas la poigne autoritaire de Deng Xiaoping, qui permit la réforme agricole en Chine, en 1978. Il faudrait une forte dose de dérégulation et de concurrence pour étendre la révolution du secteur des télécoms au reste du pays [1].

---

1. La croissance de la production industrielle en Inde s'est accélérée depuis 2004, mais le pays reste à la traîne derrière la Chine dans la croissance des services et particulièrement de la production industrielle.

Le secteur en pointe des télécoms, en croissance rapide, est en grande partie l'enfant de programmeurs et d'ingénieurs du software. Si les entrepreneurs indiens font merveille dans les services high-tech, ils se tirent moins bien du hardware high-tech, qui souffre beaucoup des carences générales des manufactures.

Le modèle de production pour l'exportation dont l'Inde a un besoin urgent est celui qui a brillamment triomphé dans le reste de l'Asie. Il recourt à une main-d'œuvre bon marché, celle de travailleurs ruraux un peu instruits et travaillant dans des usines urbaines. Un élément essentiel reste l'investissement direct étranger, porteur de technologies de pointe et protégé par des lois (souvent toute récentes) qui garantissent ses droits de propriété. Combiné à l'abandon de la planification centrale, c'est le modèle qui a gagné le monde entier, et surtout la Chine.

Mais il est évident que les « autorisations impériales » ont découragé l'investissement direct étranger (ou IDE). L'Inde n'en a reçu que pour 7 milliards de dollars en 2005, total bien modeste en regard des 72 milliards reçus par la Chine. Cela représentait 6 % du PIB de l'Inde à la fin de 2005, contre 9 % pour le Pakistan, 14 % pour la Chine et 61 % pour le Vietnam. Une des meilleures raisons qui expliqueraient la médiocrité de l'IDE en Inde est la répugnance de ce pays à se lancer pleinement dans les mécanismes de marché. Cela n'est que trop évident dans les réactions souvent étatistes de l'Inde aux problèmes économiques. Au début de 2007, par exemple, le gouvernement dut faire face à l'inflation des prix alimentaires ; au lieu de laisser les prix monter pour stimuler l'offre, il interdit les exportations de blé pour le reste de l'année, ainsi que les contrats à terme afin de lutter contre la spéculation. Or c'étaient justement les deux forces du marché dont l'économie avait besoin pour se défaire de son carcan bureaucratique.

16.

LES JEUX DE COUDES DE LA RUSSIE

Dire que je fus surpris serait un euphémisme. Au terme d'une rencontre bilatérale au Fonds monétaire international, en octobre 2004, Andrei Illarionov, conseiller économique en chef de Vladimir Poutine, s'avança vers moi et me demanda : « La prochaine fois que vous viendrez à Moscou, accepteriez-vous que nous nous réunissions, vous, moi et quelques amis, pour discuter d'Ayn Rand ? » Que Rand, défenseur farouche du laisser-faire capitaliste et ardente ennemie du communisme, fût connue des cercles intellectuels restreints du pouvoir en Russie était ahurissant. En engageant Illarionov, Poutine connaissait certainement son adhésion sans réserve aux marchés concurrentiels. Illarionov incarnait-il une facette des inclinations politiques de Poutine ? La culture qui avait baigné tous les Russes s'était-elle donc évaporée ? Il semblait incroyable que Poutine, ancien du KGB, eût conçu si rapidement des perspectives aussi peu soviétiques.

La réalité est évidemment beaucoup plus complexe. Quand Poutine fut nommé par Boris Eltsine, alors en exercice, il achevait une ascension étonnante, démarrée quatre ans plus tôt quand il avait commencé à travailler à Moscou en qualité de conseiller de Eltsine. Nommé en 1997 directeur adjoint du cabinet présidentiel, il s'était distingué aux yeux du monde en 1998, quand, en tant que chef du Service fédéral de sécurité, le FSB, il avait donné aux troupes russes l'ordre d'entrer en Tchétchénie. Sa présidence fut ensuite soutenue par les réformateurs, persuadés qu'il stimulerait l'évolution du pays vers une économie de marché. Dès ses débuts, Poutine exprima son adhésion à ces réformes, en même temps qu'il les tempérait, en déclarant qu'elles se feraient « en accord avec les réalités de la Russie » – entendez par là la tradition de l'Etat paternaliste.

En deux ans, Poutine, assisté d'Illarionov, fit passer à la Douma une série audacieuse de réformes fiscales, de dérégulations et de privatisations de certaines terres, avec l'objectif avéré de faire évoluer son pays vers l'économie internationale.

Mais après cette prometteuse acceptation du capitalisme, il commença à revenir à l'autoritarisme. Il craignait apparemment que la Russie devînt la proie de forces du marché sur lesquelles il n'aurait aucune prise. Les oligarques en particulier – des affairistes opportunistes qui, dans les années 1990, avaient fait main basse sur une grande partie des richesses, grâce à des ententes de « prêts-contre-actions » conclues avec le Kremlin – lui paraissaient utiliser leur argent pour compromettre son régime. En foi de quoi, en 2003, une nouvelle stratégie économique se dessina. Grâce à des lois anciennes et nouvelles, Poutine fit passer dans l'orbite du Kremlin une myriade d'actifs issus du secteur de l'énergie. Moteurs de la croissance russe, le pétrole et le gaz sont, en Russie, de plus en plus nationalisés ou bien sous l'emprise de monopoles contrôlés par l'Etat, tels que Gazprom, géant du gaz naturel, et Rosneft, qui règne sur le secteur pétrolier. Mikhaïl Khodorkovsky, fondateur de la Youkos Oil, fut ainsi jeté en prison et ses biens confisqués, puis absobés par Rosneft.

Je ne prétends pas savoir si Khodorkovsky est coupable ou non des délits dont on l'a accusé. Mais le brusque abandon de l'économie libérale déçut visiblement Illarionov, qui commença à critiquer publiquement son maître ; il qualifia ouvertement les impôts rétroactifs réclamés à Youkos et les manœuvres financières à peine occultes en faveur de Rosneft d'« escroquerie de l'année ».

Etant donné la formation de Poutine par le KGB et son éducation au sein d'une société collectiviste, il est improbable qu'il comprenne vraiment le fonctionnement d'une économie de marché. Mais son choix d'Illarionov comme premier conseiller économique ne pouvait signifier qu'une chose : il avait été séduit par la capacité évidente du capitalisme à élever le niveau de vie. En dernier ressort, il se peut qu'il se soit senti plus menacé par l'anarchie apparente du capitalisme lancé par Eltsine que guidé par la puissance stabilisatrice de la main invisible d'Adam Smith. Une fois de plus, je doute qu'à l'origine Poutine ait été inspiré par Smith. Ses saisies du gaz et du pétrole et ses brutales coupures des livraisons de gaz à l'Ukraine et à l'Europe occidentale pendant deux jours, en janvier 2006, visaient davantage à restaurer la stature internationale de la Russie.

Ce qui est remarquable dans tout cela est qu'Illarionov ait été maintenu si longtemps dans ses fonctions. Démis de son poste de représentant du président à la réunion des chefs de gouvernement du G8, il démissionna en 2005, signifiant ainsi que la Russie n'était plus un pays libre. Mais le fait qu'il soit demeuré au Kremlin pourrait refléter l'attirance contradictoire de Poutine pour le paradigme capitaliste. L'ambivalence de celui-ci à l'égard d'un rejet formel de la démocratie de Eltsine apparut dans un entretien avec Mikhaïl Gorbatchev, l'ancien chef de l'Etat soviétique, qui le raconta dans une interview radio en 2006. Il cita des propos de Poutine, selon lesquels « l'influence des groupes mafieux et d'autres éléments de ce genre est si forte que les élections deviennent un marché ». C'était déplorable, poursuivit Poutine, « parce que vous ne pouvez pas avoir une démocratie et combattre le crime et la corruption si des éléments criminels parviennent à s'infiltrer ainsi dans les rangs du gouvernement [1] ».

---

1. Dans la même interview du 1er mars 2006, Gorbatchev déclara : « Comme dans tout pays en transition, il est inévitable que certaines libertés soient foulées au pied et que des erreurs soient faites. Mais je suis convaincu que notre président n'est pas en train d'installer un régime autoritaire de quelque sorte que ce soit. » Il s'adressait à Radio Free Europe, station américaine destinée à combattre la propagande soviétique. Il ajouta, le 18 août 2006, toujours sur Radio Free Europe : « On prétend fréquemment que la démocratie est étouffée et la presse,

Poutine est-il un homme qui embrasserait la démocratie si le crime et la corruption étaient balayés, ou bien est-il simplement un orateur habile, partisan de l'autoritarisme ? Il est certain qu'une part appréciable de l'économie russe sous Poutine continue de s'affranchir des fers de la planification de style soviétique, ce que traduit une relative acceptation de plus grandes libertés [1].

Poutine se comporte comme s'il croyait que l'économie de marché convenait à une large partie de l'économie russe. Mais il est probable qu'il croit aussi que le contrôle *de facto* par l'Etat des grandes sources d'énergie empêchera les oligarques de continuer à s'approprier les bijoux de la couronne. La valeur de ceux-ci s'est en effet immensément accrue, les prix du pétrole et du gaz ayant doublé plusieurs fois depuis 1998.

Le prestige militaire dont elle jouissait pendant la guerre froide s'étant évanoui, la Russie fut, au début du XXIᵉ siècle, reléguée au second plan de la scène mondiale. Comme l'Ukraine, la Géorgie et d'autres anciennes républiques soviétiques se sont émancipées du contrôle de la Russie. Il se peut que, pour le compenser, Poutine s'appuie stratégiquement sur un atout plus puissant que l'Armée rouge à maints égards : sa présence importante sur les marchés énergétiques du monde. La puissance militaire de l'URSS est contenue par la riposte éventuelle des Etats-Unis. Mais la Russie ne s'estime pas menacée par une quelconque rétorsion si elle se sert du gaz comme arme politique ou économique. En tant que fournisseur indispensable de gaz naturel à l'Europe occidentale et à ses proches voisins

---

muselée. La vérité est que la plupart des Russes ne sont pas de cet avis. Nous nous trouvons dans une conjonction historique difficile. Notre transition vers la démocratie n'a pas été facile. Quand Poutine est arrivé au pouvoir, je pense que son premier souci a été de prévenir la désagrégation du pays, et cela exigeait certaines mesures qui ne correspondaient pas exactement aux règles de la démocratie. C'est vrai, il existe certaines tendances alarmantes anti-démocratiques. Cependant, je ne dramatiserais pas la situation. »

1. Une exception éclatante est celle du monopole du gaz russe Gazprom, créé en 1992. Ses prix et son rationnement de l'offre rappellent l'opacité et l'inefficacité de la planification centrale soviétique. Il s'ensuit que sa vaste infrastructure de pipelines n'est pas pleinement entretenue et commence à vieillir.

– tel l'Ukraine – elle jouit d'un pouvoir incontesté sur le marché. Elle est aussi devenue un acteur majeur sur le marché mondial du pétrole brut – même si ses moyens d'action sont plus limités que sur le marché du gaz naturel, le pétrole ne pouvant être monopolisé aussi facilement.

Je soupçonne que Poutine a été curieux des réactions de l'Occident face à sa manière de gérer les négociations sur l'augmentation du prix du gaz à l'Ukraine exigée par Gazprom : l'opinion internationale avait, en effet, dénoncé ses intimidations de style soviétique qui aboutirent à une brève interruption des fournitures. Il a certainement dû se dire : les capitalistes ne sont-ils pas supposés fixer leur prix en fonction de ce qui est accepté par le marché ? Hésiteraient-ils à exploiter un avantage économique pour en tirer profit ? Après tout, il ne faisait que supprimer les aides que la Russie versait à l'Ukraine depuis des années, et si l'Europe occidentale souffrait d'une pénurie de gaz, cela n'était que fortuit. Les Carnegie ou les Vanderbilt de l'Amérique du XIXe siècle ne se seraient-ils pas comportés de la même manière ? Je ne le crois pas. Les vrais capitalistes protégeaient leurs intérêts à long terme, et ils auraient cherché des aménagements progressifs au nom des bonnes relations avec leurs clients et d'une profitabilité maximale à long terme. Il semble que, depuis cet incident, l'Ukraine soit devenue plus attentive à la politique de la Russie à l'égard de ses « proches voisins », et les clients d'Europe occidentale se sont mis en quête d'alternatives au gaz russe – comme le gaz naturel liquéfié et autres produits acheminés par pipelines. L'affaire n'a pas servi les intérêts à long terme de la Russie.

C'est à court terme que la tactique de Poutine en matière de gaz et de pétrole a réussi, et remarquablement. Moins de vingt ans après la chute de l'URSS, la Russie, alors hégémonique au sein du léviathan soviétique, a regagné toute l'attention internationale. Et bien que Poutine ait graduellement démantelé de larges pans de la démocratie installés sous Eltsine, je m'efforce de croire aux propos de Mikhaïl Gorbatchev en août 2006 : « La Russie a tellement changé qu'il est impossible de revenir en arrière. »

On ne peut nier que Poutine ait sélectivement encouragé l'ouverture aux marchés et qu'il ait veillé à ce que la loi fût respectée. Il a entrepris des révisions radicales du système juridique collectiviste. Le rôle des juges et des cours soviétiques, qui étaient notoirement corrompus, a été revu afin de réduire les risques de pots-de-vin et de manipulation des verdicts. Ainsi, les lois promulguées en 2001 ont annulé de nombreuses réglementations économiquement ineptes sur les obtentions de licences, les inspections et les certifications de produits, dont les méandres étaient une invitation à la corruption de fonctionnaires – ce qui explique que leurs postes, pourtant mal payés, étaient tellement demandés. Ces dernières années, les droits de propriété ont été étendus, bien que les litiges sur les droits de faire le commerce des terres agricoles révèlent les mêmes vices idéologiques qu'en Chine. Sauf s'il leur venait l'idée de défier le Kremlin, les Russes ont le droit de voyager, de se réunir et de jouir de tous les privilèges des sociétés démocratiques.

L'économie russe d'aujourd'hui peut être décrite comme une économie de marché adossée à un système juridique encore imparfait. Une part importante des richesses de la nation se trouve entre les mains des alliés du Kremlin. Le contrôle politique a été renforcé par celui des grands médias, les autres ayant été « encouragés » à se censurer eux-mêmes. Poutine et sa politique sont très populaires. Il y a peu de contestataires ; apparemment, le chaos de la démocratie de Eltsine – y compris les faillites qui ont ravagé l'épargne de la population – a laissé des cicatrices profondes. Un sondage de 2006 révèle que près de la moitié des Russes accordent plus de valeur au bien-être matériel qu'à la liberté et aux droits de l'homme ; la démocratie et la liberté de parole ne sont pas une grande priorité. Si on leur offrait de choisir entre la démocratie et l'instabilité économique des années Eltsine et la stabilité et l'autoritarisme apparus sous Poutine, la plupart des Russes, pour le moment, préféreraient ces dernières.

Cela me déçoit, mais ne me surprend pas. Peut-être avons-nous, nous Occidentaux, été trop prompts à espérer le retournement radical d'un peuple qui, pendant près de trois quarts de siècle, avait été endoctriné par le collectivisme. Comme Gorbatchev l'écrivit dans le *Financial Times* (12 juillet 2006) : « Les économies des grands pays occidentaux ont mis des décennies, voire des siècles, à se développer et mûrir. La Russie n'est qu'à moins de vingt ans d'un Etat totalitaire fondé sur la planification centrale, et notre chemin vers la réforme est un peu plus long, même pour nous. » Mais l'Histoire suggère que, tout comme les Russes se sont rebellés contre le chaos des années 1990, ils se lasseront également des restrictions des libertés politiques. A cet égard-là, la nature humaine est hautement prévisible. La question n'est pas de savoir si, mais quand.

Depuis sa banqueroute de 1998, l'économie russe s'est rétablie au-delà de toute espérance. Le PIB réel par tête a nettement dépassé son niveau d'avant la crise. Le taux de chômage, oscillant autour de 13 % en 1998, est tombé à moins de 7 % en 2007. Après son pic de 127 % en juillet 1999, l'inflation est maintenant largement inférieure à 10 % et les réserves de changes sont passées de 8 milliards de dollars en 1999 à près de 300 milliards en 2007. La dette de l'Etat a été substantiellement remboursée.

Le facteur principal de ces remarquables performances est, bien sûr, la hausse spectaculaire des prix du pétrole et du gaz. La croissance en valeur des exportations pétrolières représente un cinquième de la croissance du PIB nominal entre 1998 et 2006. Il est rare que les cadeaux en ressources naturelles ne s'accompagnent de conséquences faustiennes. Les maîtres de l'économie russe affrontent un redoutable dilemme : une appréciation accélérée du taux de change du rouble répandra la « maladie hollandaise », mais des achats d'actifs étrangers pour y remédier pourraient, selon la façon dont on s'y prendra, déclencher l'inflation. L'une ou l'autre alternative pourraient annuler une grande part des progrès économiques réalisés depuis la désagrégation de l'URSS.

Les symptômes de la « maladie hollandaise » sont déjà sensibles. Avec la hausse des exportations de pétrole et de gaz, le rouble s'est déjà apprécié et les exportations des autres produits traînent. Entre 1998 et 2006, la valeur du rouble a doublé par rapport aux monnaies des partenaires commerciaux de la Russie en termes réels. L'impact était prévisible : les exportations autres que le pétrole et le gaz ont progressé moitié moins vite que celles de ces carburants.

Parfaitement conscients du danger et ayant vu la « maladie hollandaise » atrophier les économies de plusieurs pays de l'OPEP, les Russes sont sur la brèche. Le remède classique est d'acheter des devises étrangères avec la monnaie du pays pour contrebalancer l'appréciation du taux de change sur le marché. Les Russes espèrent ainsi éviter ou tout au moins atténuer les effets négatifs d'un taux de change élevé sur les biens produits localement. Dans le cas de la Russie, la Banque centrale consacre de grosses sommes en roubles à l'achat de dollars ou d'euros.

Mais cela accroît la base monétaire, source première de la création monétaire, et cela accroît parallèlement le risque d'inflation. Entre 1998 et la fin 2006, la base monétaire – billets plus réserves des banques – a crû à un taux annuel de 45 %. Le taux de liquidité, c'est-à-dire le rapport de la base monétaire au PIB, crût de 35 % par an [1]. Or le fait que même le taux d'inflation en Russie – qui est relativement haut à près de 10 % par an – ait été très en-dessous du taux de liquidité est sans aucun doute surprenant et inquiétant pour les autorités monétaires russes, qui craignent une résurgence de l'inflation.

Certes, comme les autres Banques centrales, celle de Russie a la capacité de détruire aussi bien que de créer de la monnaie. Elle le fait en vendant au public de la dette libellée en roubles, détruisant ainsi de la monnaie. Mais elle est limitée par le fait qu'il n'y a pas un grand marché de la dette et par l'absence d'un système bancaire évolué qui permette justement de vendre de la dette ; carence héritée

---

1. A long terme, le niveau général des prix tend à s'aligner sur ce taux de liquidité, étant donné que les prix sont définis en unités monétaires : par exemple, 4 dollars le boisseau de blé. En termes simples, plus il y a d'argent pour acheter les biens et les services produits, plus les prix moyens montent.

des temps soviétiques, où ces établissements n'étaient pas très estimés. Sans moyens pour absorber et détruire les roubles en surplus créés par les achats de dollars et d'euros de la banque centrale russe, la Russie devrait bientôt suspendre ses achats de devises étrangères ; mais elle laisserait de la sorte le rouble regagner de la valeur, ce qui entraînerait une rechute de la « maladie hollandaise ».

Le ministre des Finances Alexeï Koudrine et ses collègues se sont attaqués à ce défi dès 2004. Ils ont établi un prix nominal à long terme du pétrole ; lorsque ce prix est dépassé, les excédents de revenus pétroliers sont détournés du budget de l'Etat vers un fonds spécial géré par le ministère. Ce fonds de stabilisation, comme on l'appelle, ne peut être investi que dans des actifs étrangers déterminés – en grande partie des obligations d'Etat. Les achats d'actifs étrangers avec les excédents budgétaires du pétrole, libellés en devises étrangères, évitent d'augmenter la base monétaire et réduisent donc les risques d'inflation. Au début de 2007, ce fonds dépassait 100 milliards de dollars, dont 97 % étaient en devises étrangères, presque exclusivement des dollars et des euros – à peu près à parts égales. Pour les politiciens russes, l'inconvénient du fonds de stabilisation est qu'il met hors de leur portée une grande quantité d'argent. Or les dépenses du gouvernement ont beaucoup augmenté grâce aux revenus pétroliers et gaziers. Mais Koudrine a jusqu'ici résisté aux pressions de ceux qui espéraient se repaître de ces richesses providentielles. Je l'ai rencontré plusieurs fois aux réunions des ministres des Finances et des gouverneurs de banques centrales du G7. C'est un homme très compétent, mais je crains qu'il ne livre une dure bataille. J'ignore s'il exerce une influence sur Poutine, en dehors des questions techniques et financières.

La Russie est encore une nation en développement. Le pétrole et le gaz dominent son PIB. Selon la Banque mondiale, le revenu par tête en 2005 était au-dessous de celui du Mexique et à peu près le même que celui de la Malaisie. La capacité d'y lutter contre la « maladie hollandaise » est visiblement affectée par la sévérité du virus, eu égard à la taille de l'économie.

Quelle importance si la Russie a créé une économie dépendante du pétrole et du gaz ? Elle utilise une part de ses revenus pour importer des produits de qualité. Est-ce que cela compte que ces produits soient fabriqués à l'étranger ou bien chez elle ? En fait, cela n'aurait aucune importance si la valeur ajoutée du pétrole et du gaz continuait de croître en raison d'une production sans cesse croissante et/ou de prix également croissants. Mais la production de gaz et de pétrole dépend en dernier recours de la géologie, et les prix peuvent baisser aussi bien qu'augmenter. Les flux des réserves de pétrole et surtout de gaz se réduisent à un rythme qui exige constamment de nouveaux forages pour maintenir la production au même niveau – sans parler de l'augmenter. Sans une croissance indéfinie des prix, la valeur ajoutée par travailleur stagne. Les investissements dans le pétrole et le gaz ont ralenti ces dernières années. Si la population russe continue de diminuer, comme c'est le cas depuis 1992, le niveau de vie moyen pourrait aussi stagner. Certes, pour combattre ce risque, le gouvernement utilise une part de ses revenus du pétrole et du gaz pour financer directement ou indirectement des biens de production non-énergétique. La liste en est longue, acier, aluminium, manganèse, titane, pétroliers et avions. Mais il s'agit là de technologies développées en grande partie il y a un siècle. De plus, ces industries sont destinées à faire office de « champions nationaux » plutôt que d'entreprises visant à maximiser les profits. On attend toujours que la Russie manifeste sa présence dans les technologies de pointe du XXIᵉ siècle, même si le président Poutine et ses conseillers ont annoncé en 2005 des plans ambitieux dans ce secteur contrôlé, il est vrai, par l'Etat.

La forte dépréciation du rouble, consécutive à la banqueroute russe en 1998, a contraint à la réforme une économie lourdement non compétitive, bâtie par des générations de planificateurs centraux. L'augmentation des prix du pétrole y contribua. D'un bout à l'autre de l'immense territoire russe, le rendement horaire était très bas et les usines suréquipées en personnel. Après dégraissage, elles arrivèrent ainsi aux marges de la compétitivité internationale. Jusqu'alors contenue, la forte demande du pays en biens de consommation – combinée à la possibilité de grands investissements étrangers – aurait certainement stimulé la production de ces biens, mais à la condition que les investisseurs fussent certains de leurs droits de propriété[1].

En dépit d'une réglementation qui se précise, les droits de propriété en Russie sont ténus. Ces dernières années, la Douma a voté des lois majeures pour renforcer le respect des lois. La structure juridique formelle s'est améliorée sensiblement, et l'on est loin de l'économie parallèle des années 1990. C'est toutefois une chose de changer la loi et c'en est une tout autre de la mettre en pratique. Poutine a recouru à des applications sélectives d'anciennes ou nouvelles règles pour se saisir des sources d'énergie. C'est cette sélectivité plutôt que l'absence de nouvelles lois qui constitue le problème. Il existe peu de différence, en matière judiciaire, entre un pays où les lois interdisent les droits individuels à la propriété et un autre où ces droits ne sont protégés que selon les priorités politiques. Un droit appliqué sélectivement n'en est pas un.

Les sociétés civilisées ont fixé des impératifs culturels et instauré des conventions pour gouverner les rapports des gens entre eux ou avec l'État. Bien peu sont écrites et la plupart d'entre nous sont pleinement conscients de l'influence des pressions sociales, des religions et de l'éducation sur nos choix quotidiens. De fait, notre système juridique est également fondé sur ces valeurs, mais par nécessité, il n'est formulé qu'en termes généraux.

Ainsi, une nation telle que la Russie peut très bien réécrire son code légal, mais pour rénover le code culturel, il faudrait des années, si ce n'est des générations. Cela correspond à la teneur des entretiens de Gorbatchev avec Poutine, et cela peut expliquer, sans toutefois la justifier, la tournure

---

1. Il est fort probable qu'un rouble « surévalué » inhiberait aussi ces investissements.

autoritaire soudainement prise par la politique russe. Si le
« système » ne fonctionne pas, on peut resserrer les commandes en éliminant le pluralisme politique et les mécanismes
incertains qui le régissent. On préfère de loin la stabilité et le
calme politique à l'apparent chaos des marchés hautement
concurrentiels ou bien aux batailles démocratiques pour le
pouvoir politique.

La Russie est appelée à jouer un rôle dans l'évolution
future du capitalisme mondial. C'est au cours des deux prochaines décennies que l'on saura si ce rôle se trouvera limité
par une économie domestique somnolente, souffrant de la
« maladie hollandaise » et d'une allocation sous-optimale du
capital, typique des régimes autoritaires. Certes, à ce jour,
la Russie semble avoir surmonté la « maladie hollandaise »
à la manière d'un pays développé – plutôt qu'un pays en
développement. Le PIB réel par tête a crû au taux annuel
de 26 % entre 1999 et 2005. Je ne sous-estimerai jamais la
Russie. Quand j'étais étudiant, j'étais impressionné par le
grand nombre de percées mathématiques majeures signées
par des Russes. Une telle culture, me disais-je alors, mérite
une économie bien plus évoluée que celle que les Soviétiques ont été capables de lui donner. Tout dépendra de celui
que Poutine désignera comme son successeur. Avec son
énergie et ses atouts militaires, la Russie deviendra un acteur
de premier plan sur la scène internationale durant les décennies à venir. Mais il est trop tôt pour dire quel type d'acteur
ce sera.

17.

L'AMÉRIQUE LATINE
ET LE POPULISME

Lors d'une réunion à Berlin en 1999, Pedro Malan, ministre des Finances du Brésil, était assis en face de moi. Il représentait bien ces nombreux décideurs économiques hautement compétents d'Amérique latine qui assistaient à cette première réunion du Groupe des vingt – une conférence réunissant des ministres des Finances et des gouverneurs de banques centrales, qui avait été mise sur pied après maintes années tumultueuses dans la finance mondiale. Nous nous connaissions déjà les uns les autres, mais la fondation du Groupe était considérée comme une façon de nous assurer que les pays émergents étaient pleinement impliqués dans les développements économiques mondiaux[1].

Gouverneur de la banque centrale depuis 1994, Malan avait été, sous la présidence de Fernando Henrique Cardoso, l'un des architectes du *Plano real*, qui avait dompté l'inflation galopante du pays, laquelle avait atteint 5 000 % durant douze mois entre la mi-1993 et la mi-1994. J'admirais beaucoup Pedro Malan. Mais une question lancinante

---

1. Les ministres des Finances et les gouverneurs de banques centrales du G20 comprennent les autorités monétaires des pays du G7 (Etats-Unis, Grande-Bretagne, Canada, France, Allemagne, Japon et Italie), des pays de l'Union européenne et de 12 pays (Argentine, Australie, Brésil, Chine, Inde, Indonésie, Mexique, Russie, Arabie Saoudite, Afrique du Sud, Corée du Sud et Turquie).

sur le Brésil me taraudait : comment une économie avait-elle pu être si mal gérée pour exiger une réforme aussi radicale ? Cardoso lui-même le dit aujourd'hui : « Quand la tâche m'incomba, quel homme sensé aurait voulu être président du Brésil ? »

Plus généralement, pourquoi l'Amérique latine, ballottée entre gouvernements civils et gouvernements militaires, a-t-elle connu une telle succession de crises économiques durant les trois dernières décennies du xxe siècle ? La réponse est simple : à de trop rares exceptions près, l'Amérique latine n'a pas su se sevrer du populisme économique qui a virtuellement désarmé tout ce continent dans sa compétition avec le reste du monde. Je déplore que l'Amérique latine, en dépit des résultats économiques indiscutablement négatifs des politiques populistes de presque tous ses gouvernements depuis la fin de la Seconde Guerre mondiale, n'ait pas éradiqué la tentation du populisme économique.

A l'évidence, le xxe siècle n'a pas été propice à nos voisins du sud. Selon l'éminent historien économique Angus Maddison, l'Argentine aborda le xxe siècle avec un PIB réel par habitant plus élevé que celui de l'Allemagne et égal aux trois quarts de celui des Etats-Unis[1]. A la fin du siècle, il était inférieur de moitié à celui de l'Allemagne. Dans le même siècle, le PIB par habitant du Mexique a diminué d'un tiers à près d'un quart de celui des Etats-Unis. L'impulsion économique de son voisin du nord n'a pu enrayer sa glissade. Toujours durant le xxe siècle, les niveaux de vie des Etats-Unis, de l'Europe occidentale et de l'Asie ont crû de près d'un tiers plus vite que ceux de l'Amérique latine. Seules l'Afrique et l'Europe orientale eurent un résultat aussi faible que cette dernière.

Le dictionnaire définit le populisme comme une philosophie politique qui soutient les droits et le pouvoir du peuple, généralement contre une élite privilégiée. Je considère le populisme *économique* comme la réaction d'un peuple

---

1. Ces données du PIB par tête sont ici données en termes réels.

appauvri face à la faillite d'une société, face à une élite économique considérée comme l'oppresseur. Dans un tel régime, le gouvernement satisfait aux exigences de la population sans trop se soucier des droits individuels, ni des réalités économiques nécessaires au maintien de la richesse nationale, sans parler de son accroissement. En d'autres termes, les conséquences de la politique sont ignorées, volontairement ou par inadvertance. Comme on pourrait s'y attendre, le populisme est plus courant dans les pays où les différences de revenus sont très marquées. En fait, c'est en Amérique latine que ces différences sont les plus fortes – plus fortes encore qu'en Asie.

Les inégalités en Amérique latine sont nées avec la colonisation européenne qui, du XVIᵉ au XIXᵉ siècle, exploita les esclaves et les populations indigènes. Ses vestiges se manifestent, selon la Banque mondiale, dans les grandes différences de revenus selon les races. Ce qui a fait de l'Amérique latine, au XXᵉ siècle, un terreau remarquablement fertile du populisme économique. La pauvreté criante coexiste avec la plus grande opulence économique. Et les élites sont immanquablement accusées de se servir des gouvernements pour garnir leur bas de laine.

Les Etats-Unis sont considérés à tort comme le responsable de la misère au sud de ses frontières. Pendant des décennies, les politiciens d'Amérique latine ont conspué le capitalisme d'entreprise et l'« impérialisme yankee ». Un siècle de présence économique et militaire américaine a enflammé les sensibilités locales. Avec un objet d'exaspération particulier : la politique de la canonnière américaine, destinée à asseoir les droits de propriété américains au sud de ses frontières. Il y eut encore, en 1903, l'intervention du président Theodore Roosevelt qui soutint le Panama contre la Colombie, obtenant ainsi sa souveraineté sur le canal. Il n'est donc pas surprenant que, lorsqu'il parvint à échapper à l'armée américaine, Pancho Villa soit devenu une icône pour les Mexicains. Il terrorisa les colonies frontalières américaines et lors d'une incursion militaire au Mexique, en 1916, les troupes américaines dirigées par le général John Pershing ne purent l'appréhender.

La réaction sud-américaine la plus radicale fut illustrée par le défi anti-américain de Lazaro Cardenas, qui fit sans doute de lui le président mexicain le plus populaire du XXᵉ siècle. En 1938, il expropria toutes les installations pétrolières appartenant à des étrangers, notamment celles de la Standard Oil du New Jersey et de la Royal Dutch Shell. Les conséquences à long terme furent sévères pour le Mexique [1]. Cependant, Cardenas a laissé l'image d'un héros – et juste parce qu'il portait son nom, son fils Cuauhtemoc manqua de peu être élu président du pays en 1988.

Depuis la fin de la Seconde Guerre mondiale, et surtout depuis la « Politique de Bon Voisinage » de Franklin D. Roosevelt, la politique étrangère américaine s'est efforcée d'adoucir l'image des Etats-Unis. De surcroît, et je pense que la plupart des analystes objectifs en conviendraient, les investissements américains en Amérique du Sud contribuèrent dans l'ensemble à redonner un peu de prospérité au continent. Mais l'Histoire, transmise d'une génération à l'autre, a profondément marqué ces pays. Les mentalités sont lentes à changer. Beaucoup de Sud-Américains continuent, au XXIᵉ siècle, de vitupérer contre les Etats-Unis. Au Venezuela, Hugo Chavez en particulier continue de battre le rappel des sentiments anti-américains.

Le populisme économique vise à la réforme, pas à la révolution. Ses hérauts récitent clairement leurs griefs spécifiques, mais leurs remèdes sont vagues. A la différence du capitalisme et du socialisme, le populisme économique n'apporte aucune analyse formelle des conditions nécessaires à la création de richesses et à l'amélioration du niveau de vie. Le populisme n'est pas rationnel ; il ressemble plutôt à un cri de douleur. Ses meneurs promettent haut et fort de remédier à ce qu'ils perçoivent comme des injustices. La redistribution des terres et la répression d'une élite corrompue, accusée d'avoir dépouillé les pauvres, sont censées être

---

1. Petroleos Mexicanos (PEMEX) est défaillant. A moins que cette compagnie obtienne l'assistance étrangère qu'elle réclame pour les forages en haute mer, interdits à ce jour, elle en sera réduite à ses réserves continentales, qui vont diminuant.

la panacée ; l'on promet des terres, des maisons et du pain pour tous. La « justice » est également enrôlée et se consacre généralement à la redistribution : la pratique démocratique proprement dite figure au bas de la liste des priorités. Dans ses diverses variantes, le populisme économique, fidèle à des prémisses fondamentalement fausses et à un concept erroné, est hostile au capitalisme de marché. Comme d'autres – dont certains sont sud-américains –, je soutiens que les économies populistes ont davantage de chances de parvenir à leurs fins en recourant à plus et non moins de capitalisme. Lorsqu'il leur est arrivé de remporter des succès et de voir les niveaux de vie moyens augmenter, cela résultait généralement d'un plus grand recours aux marchés et à l'accroissement de la propriété privée.

La meilleure preuve que le populisme est une réaction émotionnelle et non intellectuelle est qu'il refuse de s'avouer vaincu quand il se trouve confronté à ses échecs. Le Brésil, l'Argentine, le Chili et le Pérou ont connu de multiples épisodes de politique populiste infructueuse depuis la fin de la Seconde Guerre mondiale. Et pourtant de nouvelles générations de chefs, qui n'ont apparemment pas tiré de leçons de l'Histoire, continuent à poursuivre des politiques simplistes. On peut même affirmer qu'ils ont aggravé la situation.

Je regrette ce dédain des populistes pour leurs précédents échecs économiques et leur incapacité à les intégrer dans leur réflexion. Il ne me surprend pas davantage que leur rejet du libre-échange. J'avoue, non sans ironie, que j'ai toujours été étonné par l'acceptation des règles de ce capitalisme par des populations souvent peu instruites, et par les membres de leurs gouvernements. Le capitalisme de marché est une vaste abstraction et il ne se conforme pas toujours à l'image déformée qu'on se fait du fonctionnement des marchés. Je présume que les marchés sont acceptés en raison de leur long palmarès de création de richesses. Néanmoins, les gens s'en plaignent souvent à moi : « Je ne sais pas comment ça marche, mais ça me paraît toujours friser le chaos. » Ce sentiment n'est pas tout à fait illogique, mais ainsi qu'on l'enseigne en faculté, quand une économie de marché dérape périodiquement sur un chemin apparemment stable, les forces du marché interviennent pour la redresser. Etant donné que des millions de transactions concourent à ce redressement, le processus est difficile à saisir. Et ces abstractions traitées dans une salle de cours ne font que survoler la dynamique qui, par exemple, a permis à l'économie américaine de se stabiliser et de se redresser après le 11 septembre 2001.

Le populisme économique, lui, doit agir dans un monde plus immédiat, où les cadres conceptuels font figure d'ornements qui détournent l'attention des besoins immédiats et pressants. Ses principes sont simples. S'il y a du chômage, le gouvernement doit employer les chômeurs. Si l'argent est rare et que, par conséquent, les taux d'intérêt sont élevés, le gouvernement doit intervenir sur les prix ou faire marcher la planche à billets. Si les importations menacent les emplois, il faut les arrêter. Pourquoi ces solutions seraient-elles moins raisonnables que le prédicat selon lequel, pour qu'une voiture démarre, il faut tourner la clé de contact ?

La réponse est simple : dans les économies où chaque jour des millions de gens travaillent et font du commerce, les marchés individuels sont tellement interdépendants que, si vous remédiez à un déséquilibre, vous déclenchez par inadvertance un enchaînement d'autres déséquilibres. Si vous imposez un prix plafond à l'essence, la pénurie commence et les files d'attente s'allongent aux stations-service – comme les Américains ne l'ont que trop bien vu en 1974. La beauté d'un système de marché est que, quand il fonctionne bien, comme c'est le cas la plupart du temps, il tend à créer ses propres équilibres. La vision populiste est celle d'un comptable dont les livres de comptes ne comporteraient qu'une seule colonne. Il n'enregistre que les bénéfices – comme ceux qui découlent d'un plafonnement du prix de l'essence. Les économistes, eux, pratiquent une comptabilité à double entrée.

Traînant le boulet d'une politique économique indigente, le populisme doit, pour séduire des partisans, donner

le sentiment d'une présence morale. Ses leaders doivent
donc être charismatiques et arborer l'auréole de la responsabilité, voire une compétence autoritaire. Beaucoup et peut-
être la plupart de ces hommes sont issus de l'armée. Ils ne
défendent pas la supériorité conceptuelle du populisme sur
les marchés libres. Ils n'endossent pas le formalisme intellectuel de Marx. Leur message économique est simple : c'est
de la pure rhétorique, assaisonnée de mots tels que « Exploitation », « Justice » ou « Réforme agraire » – mais jamais
« PIB » et « productivité ». Pour les paysans, la redistribution
des terres est un idéal. Les leaders populistes n'évoquent
jamais les inconvénients potentiels, par peur d'effets dévastateurs.

Robert Mugabe, président du Zimbabwe depuis 1987,
promit à ses partisans les terres confisquées aux fermiers
blancs et les leur donna. Mais les nouveaux propriétaires
n'étaient pas préparés à la gérance de ces terres. La production alimentaire s'effondra, exigeant des importations massives. Les revenus imposables chutèrent, obligeant Mugabe à
faire fonctionner la planche à billets pour financer son gouvernement. L'hyperinflation est actuellement en train de
déliter la société du Zimbabwe. L'une des économies les
plus prospères de l'histoire africaine est en cours de destruction.

Hugo Chavez, élu président du Venezuela en 1999, suit
le même chemin que Mugabe. S'étant emparé de la prospère industrie pétrolifère vénézuélienne – la deuxième au
monde il y a un demi-siècle –, il en a fait un instrument
politique. Quand il se débarrassa de la plupart des techniciens non politiques de cette compagnie d'Etat pour les
remplacer par des féaux de son régime, le niveau de maintenance des sites d'exploitation pétrolière chuta brutalement.
Il en résulta une perte de capacité de plusieurs centaines de
milliers de barils par jour. La production de pétrole brut
tomba de 3,2 millions de barils par jour en 2000 à 2,4 millions au début 2007.

La chance a cependant souri à Chavez. Sa politique
aurait condamné à la banqueroute n'importe quel autre

pays. Mais, depuis qu'il est devenu président, la demande mondiale de pétrole a presque multiplié par quatre les prix du brut et l'a tiré d'affaire. Le Venezuela a beau avoir l'une des plus grandes réserves de brut au monde, le pétrole sommeillant dans les profondeurs du sol n'aura pas plus de valeur qu'il y a des millénaires si l'on ne crée pas une industrie pour l'en extraire[1].

L'attitude politique de Chavez le confronta à un dilemme de taille. Les deux tiers des revenus pétroliers de son pays proviennent des exportations vers les Etats-Unis. Il serait assez coûteux pour le Venezuela de se couper de ses principaux clients, parce que le type de brut lourd qu'il produit exige les capacités de raffinage des Etats-Unis. Détourner ses exportations vers l'Asie est possible, mais serait aussi très coûteux. Des prix plus élevés offriraient évidemment à Chavez la marge suffisante pour couvrir les coûts de transport. Mais en achetant ainsi son influence à l'étranger, il assujettit inexorablement son avenir politique au prix du pétrole. Il a besoin de prix de plus en plus élevés. La fortune pourrait ne pas lui sourire toujours.

Le monde devrait se féliciter que tous les populistes charismatiques ne se comportent pas comme Mugabe ou Chavez. Luiz Inacio Lula da Silva, un populiste brésilien comptant beaucoup de partisans, fut élu président en 2002. Appréhendant sa victoire, les Bourses brésiliennes chutèrent, les craintes d'inflation s'aggravèrent et beaucoup de projets d'investissements étrangers furent suspendus. Mais à la surprise de tous, moi y compris, Lula a surtout poursuivi les mesures de bon sens du *Plano real*, que son prédécesseur Cardoso avait mises en œuvre pour dompter l'hyperinflation des années 1990.

Le populisme économique fait généralement de grandes promesses sans prêter attention à la manière de les financer. Trop souvent, s'il tient ses engagements, les recettes fiscales déclinent, ce qui interdit d'emprunter au secteur

---

1. Ce fut ce qui advint au Venezuela en 1914, quand la Royal Dutch Shell introduisit les technologies nécessaires pour développer ses ressources.

privé ou à des investisseurs étrangers. Cela mène presque toujours, en désespoir de cause, à s'en remettre à la banque centrale pour effectuer les paiements, c'est-à-dire à imprimer du papier-monnaie afin d'accroître le pouvoir d'achat d'une société – ce qui déclenche immanquablement une tempête hyperinflationniste. Au cours de l'Histoire, il en résulta souvent des renversements de gouvernement et de graves menaces à la stabilité sociale. Cela correspond au schéma de l'épisode inflationniste au Brésil en 1994, en Argentine en 1989, au Mexique au milieu des années 1980 et au Chili au milieu des années 1970. Les répercussions sur les sociétés de ces pays ont été dévastatrices. Comme l'ont établi Rudy Dornbusch et Sebastian Edwards, spécialistes respectés d'économie internationale, « à la fin de chaque expérience populiste, les salaires réels sont inférieurs à ce qu'ils avaient été au début ». Les épisodes hyperinflationnistes apparaissent régulièrement dans les pays en développement ; en fait, ils constituent l'une des tendances qui définissent le statut de ces pays.

L'Amérique latine peut-elle se détourner du populisme économique ? Durant les deux dernières décennies, et en dépit des échecs répétés de la politique macroéconomique – ou peut-être à cause d'eux –, les grands pays de ce continent ont constitué un groupe de techniciens économiques qui possèdent certainement la capacité de piloter la région vers une autre direction. Ce sont des talents exceptionnels, avec lesquels j'ai eu le privilège de travailler ces dernières décennies, dans des moments très difficiles : par exemple Pedro Aspe, Guillermo Ortiz, José Angel Gurria et Francisco Gil Diaz au Mexique, Arminio Fraga Neto et Pedro Malan au Brésil, et Domingo Cavallo en Argentine. La plupart d'entre eux sont diplômés des plus prestigieuses universités américaines. Quelques-uns sont même devenus chefs d'Etat – Ernesto Zedillo au Mexique et Cardoso au Brésil. Ils sont nombreux à avoir initié des réformes et des politiques libérant les marchés – nonobstant une profonde résistance populiste – et celles-ci ont permis de remettre sur pied l'économie de leur pays. Pour moi, l'Amérique latine serait en bien plus mauvais état sans leurs compétences. Mais le fossé demeure profond entre ce que ces responsables perçoivent du fonctionnement de l'économie mondiale et les sociétés qu'ils servent et qui demeurent ancrées dans le populisme.

La fragile stabilité économique de l'Amérique latine a été éclairée d'un coup de phare lors des élections présidentielles de 2006 au Mexique, deuxième plus grande économie de la région. En dépit des grands succès enregistrés depuis la crise des changes de 1994, qui avait poussé le Mexique au bord de la banqueroute, un populiste enflammé, Andres Manuel Lopez Obrador, a failli remporter l'élection présidentielle. Aurait-il, une fois élu, été plus Lula que Chavez, je ne saurais le dire.

Est-ce qu'une société aux fortes tendances populistes peut changer rapidement ? Les individus en ont la capacité et l'ont prouvé. Mais les structures de marché d'une économie développée, ses lois, ses pratiques et sa culture peuvent-elles être imposées à une société imprégnée de vieux antagonismes ? Le *Plano real* du Brésil le laisse espérer.

Depuis sa stabilisation en 1994, le Brésil a jugulé son inflation, à l'exception d'une éphémère flambée des prix lors de la dévaluation de sa devise à la fin 2002. Son économie s'est bien comportée et le niveau de vie a augmenté. Le fait que la dévaluation n'ait pas déclenché plus qu'une brève inflation s'explique davantage par des forces anti-inflationnistes que par la politique intérieure, mais l'économie brésilienne semble bien travailler pour le service des Brésiliens.

L'expérience de l'Argentine, en revanche, est moins réconfortante. Son économie s'est effondrée en 2002, quand la parité du peso avec le dollar – qui avait duré dix ans et était constitutionnellement garantie – s'est rompue, affectant l'emploi et le niveau de vie. L'histoire de cette débâcle est instructive, car elle illustre les limites de l'action des réformateurs quand les fondements de leur politique ne sont pas soutenus par la population. La dynamique d'une société à satisfaire ses besoins courants, par exemple, ne peut être contrariée par une camisole de force financière. Une société doit éprouver un sentiment de progrès et faire confiance à ses dirigeants pour qu'elle soit disposée à investir à long terme. Ce changement de culture exige généralement du temps.

Avant la Première Guerre mondiale, la culture de l'Argentine était à bien des égards européenne. Une succession de programmes économiques infructueux et des flambées périodiques d'inflation créèrent une instabilité économique. Le pays perdit du terrain dans le panorama économique international, surtout sous le régime autocratique de Juan Peron. Sa culture changea progressivement, mais de façon claire. Après Peron, même le régime de Raul Alfonsin, plein de bonnes intentions, fut impuissant à contenir une inflation explosive et à éviter la stagnation de l'économie nationale trop réglementée.

A la fin, en 1991, la situation devint tellement désespérée que le nouveau président, Carlos Menem, qui, ironie du sort, s'était présenté sous la bannière de Peron, appela au secours son ministre des Finances, l'excellent Domingo Cavallo. Avec le soutien de Menem, Cavallo établit une parité entre le peso argentin et le dollar américain. Cette stratégie périlleuse aurait pu voler en éclats quelques heures à peine après avoir été mise en vigueur. Mais son audace et sa crédibilité apparente galvanisèrent les marchés financiers mondiaux. Les taux d'intérêt tombèrent soudain et l'inflation, qui avait bondi à 20 000 % en mars 1990, retomba aussi à un taux annuel inférieur à 10 % à la fin 1991. Je fus émerveillé et plein d'espoir.

Le résultat fut que le gouvernement se trouva en position de lever de grandes quantités de dollars sur les marchés internationaux, à des taux d'intérêt modérément supérieurs à ceux du Trésor américain. Les idées réformistes de Cavallo me parurent comporter beaucoup plus de bon sens que la rhétorique approximative de nombreux législateurs et gouverneurs provinciaux argentins. Ces derniers ne me rappelaient que trop l'incohérence fiscale des décennies antérieures. Je me rappelle avoir observé Cavallo, assis en face de moi à une autre réunion du G20, et m'être demandé s'il se rendait bien compte que le crédit consenti au peso, parce que celui-ci était adossé au dollar, ne tiendrait que si l'on n'en abusait pas. Sous protection du dollar, il est probable que la parité des deux devises aurait duré indéfiniment. Toutefois, le système politique de l'Argentine ne sut pas résister à la tentation de puiser dans une réserve de dollars apparemment immense, et qui semblait ne rien lui coûter, pour satisfaire aux besoins insatiables de ses électeurs.

Lentement, mais inexorablement, la capacité d'emprunt en dollars s'effrita. On emprunta souvent des dollars pour racheter des pesos, dans un effort futile pour soutenir la parité. Le fond du sac fut atteint à la fin 2001. Pour protéger ce qui lui restait de sa réserve en dollars, la Banque centrale annula son offre d'échange d'un peso pour un dollar. Résultat : le 7 janvier 2002, le peso s'effondra. Au milieu de l'année 2002, il fallait trois pesos pour acheter un dollar.

L'arrêt brutal du remboursement de la dette argentine suscita d'abord une flambée de l'inflation et des taux d'intérêt, mais à ma grande surprise, le calme financier fut rapidement restauré. Le déclin abrupt de la devise argentine stimula les exportations et l'activité économique. Et, grâce aux forces anti-inflationnistes de la mondialisation, l'inflation suscita bien moins de problèmes que ses flambées antérieures l'eussent laissé craindre. J'imagine que, d'ici dix ans, les historiens de l'économie concluront que les forces déflationnistes de la mondialisation avaient facilité cette adaptation.

Ce que je trouvais singulier dans cet épisode n'était pas que les dirigeants argentins eussent été impuissants, en 2001, à imposer la modération fiscale nécessaire pour maintenir la parité peso-dollar, mais qu'ils eussent été capables pendant un certain temps de persuader la population d'observer le degré de modération qu'exigeait l'ancrage du peso. C'était clairement là une politique qui visait à enclencher un changement fondamental dans les valeurs culturelles, afin de rétablir le statut international de l'Argentine au niveau qui était le sien dans les années qui précédaient immédiatement la Première Guerre mondiale. Mais l'inertie culturelle se révéla être, une fois de plus, une barrière formidable.

Je ne dis pas que des pays développés, tels que les Etats-Unis, n'aient jamais flirté eux aussi avec le populisme économique. Il me semble cependant peu probable que des dirigeants populistes puissent changer la Constitution ou la culture américaines et semer la dévastation comme l'ont fait un Peron ou un Mugabe. Dans son vibrant discours de la « Croix d'Or », à la Convention démocrate de 1896, William Jennings Bryan m'apparaît être la voix la plus convaincante du populisme économique de l'histoire des Etats-Unis. « Vous n'enfoncerez pas sur le front du labeur cette couronne d'épines, avait-il clamé. Vous ne crucifierez pas l'humanité sur une croix d'or. »

J'en dirais de même de Huey Long, de la Louisiane, dont la rhétorique de « partage de la richesse » lui valut, dans les années 1930, d'être élu gouverneur de son Etat et de gagner un siège au Sénat. C'était la Maison Blanche qu'il visait quand il fut assassiné, en 1935. Le populisme, cependant, n'est pas héréditaire. Son fils Russell, que je connus assez bien pendant les années où il était président de la Commission des finances du Sénat, était un partisan convaincu du capitalisme et d'un allègement des taxes sur les entreprises.

Du mouvement Free Silver de la fin des années 1800 à une vaste part de la législation du New Deal, on a compté, bien sûr, tout au long de l'histoire des Etats-Unis, de nombreux épisodes de politique populiste, mais jamais de gouvernement populiste. Le plus récent fut le déplorable gel des prix et salaires décidé par Richard Nixon en août 1971. Mais cet intermède et d'autres antérieurs n'étaient qu'accidentels dans l'évolution économique des Etats-Unis. Les politiques et les gouvernements populistes ont été en revanche endémiques en Amérique latine, et donc beaucoup plus lourds de conséquences.

On pourrait supposer que le populisme économique est une extension de la démocratie à l'économie. Ce n'est pas le cas. Les démocrates avec un « d » minuscule défendent une forme de gouvernement dans laquelle la majorité décide de toutes les questions d'intérêt public, mais jamais en infraction des droits fondamentaux de l'individu. Dans de telles sociétés, les droits des minorités sont protégés contre la majorité. Nous avons accordé à la majorité le droit de définir les questions d'intérêt public qui ne lèsent pas les droits individuels [1].

La démocratie est un processus épineux, et elle n'est certes pas toujours la meilleure forme de gouvernement. Mais il me faut souscrire à la saillie de Winston Churchill : « La démocratie est la pire forme de gouvernement, à l'exception de toutes les autres qui ont été mises à l'essai de temps en temps. » Pour le meilleur ou pour le pire, nous n'avons pas d'autre choix que d'admettre qu'un peuple qui agit librement finira par prendre les meilleures décisions sur la façon de se gouverner. Si la majorité prenait des décisions erronées, les conséquences s'en feraient sentir, allant jusqu'au chaos [2].

Le populisme respectueux des droits individuels est ce que la plupart des gens appellent démocratie libérale. Tel que l'entendent la plupart des économistes, le populisme économique, toutefois, évoque implicitement une démocratie dans laquelle la référence aux « droits individuels » est largement absente. Or une démocratie non définie et dans laquelle 51 % des électeurs peuvent légalement effacer les droits des 49 autres mène à la tyrannie. Le terme en devient péjoratif quand il est appliqué aux émules de Peron, principal responsable, pour la plupart des historiens, du long déclin économique de l'Argentine après la Seconde Guerre mondiale, et dont son pays subit toujours les séquelles.

La bataille pour le capitalisme n'est jamais gagnée. L'Amérique latine le démontre peut-être plus que toute

---

1. Il nous faut certes des super-majorités pour appliquer certaines lois ; aux Etats-Unis, par exemple, seule une super-majorité peut rejeter un veto présidentiel. Mais ce furent les assemblées des treize Etats originels qui ratifièrent la Constitution, choisissant d'être gouvernés de cette façon.

2. Plusieurs des Pères fondateurs des Etats-Unis d'Amérique craignirent que, sans les dix premiers amendements de la Constitution, le règne de la majorité fût une tyrannie.

autre région. La concentration de revenus et une classe de propriétaires terriens remontant aux conquêtes espagnole et portugaise du XVIe siècle nourrissent toujours une frustration profonde. Dans ce continent, le capitalisme est tout au plus une bataille.

18

LES COMPTES COURANTS ET LA DETTE

« La dette à court terme du consommateur... approche d'un tournant historique... elle devra bientôt s'ajuster à la capacité de la nation de se mettre en gage, qui n'est pas infinie », écrivait la revue *Fortune* en mars 1956. Un mois plus tard, cette revue ajoutait : « Les mêmes observations générales s'appliquent aux hypothèques, mais avec une force double. » L'économiste en chef Sandy Parker et Gil Burck, les auteurs, avaient tiré ces conclusions d'une analyse détaillée des données sur l'endettement des ménages américains (c'était moi qui avais recueilli ces données en qualité de conseiller de *Fortune*). Leur inquiétude était loin d'être unique : beaucoup d'économistes et de décideurs estimaient que la dette des ménages menaçait les familles de tomber dans la délinquance et la faillite. Mais ces alarmes se révélèrent sans objet, étant donné que la richesse nette des ménages et la valeur des actifs croissaient plus que nous le pensions.

Un demi-siècle plus tard, la proportion de la dette dans le revenu des ménages croît toujours et les spécialistes se désespèrent. En fait, je ne connais pas une seule décennie exempte de tels signaux d'alarme sur l'endettement des ménages et des entreprises. Elles découlent de la méconnaissance d'un fait fondamental de la vie moderne : dans une économie de marché, la dette va de pair avec le progrès. Plus précisément, la dette augmentera toujours relativement au revenu, aussi longtemps que nous aurons une division du travail et une spécialisation des tâches, une productivité croissante et par conséquent une élévation à la fois des actifs et des engagements en pourcentage du revenu. Il s'ensuit qu'un ratio croissant dette/revenu pour les ménages, ou de dette totale non financière au PIB, n'est pas en lui-même un motif d'anxiété[1].

Cette leçon mérite d'être gardée en mémoire quand on examine l'inquiétude que suscitent le déficit commercial et celui des transactions courantes des Etats-Unis. Depuis quelques années, ce dernier déficit est monté en flèche, de 0 % du PIB en 1991 à 6,5 % en 2006. Parallèlement, il est passé du rang de note de bas de page dans les publications académiques au statut de manchette de la presse mondiale. Il a figuré au sommaire de presque toutes les rencontres économiques internationales auxquelles j'ai assisté ces dernières années. La planète tout entière redoute que le formidable déséquilibre entre les importations et les exportations de l'Amérique entraîne une chute du dollar sur le marché des changes et une crise financière mondiale. Un dollar déclinant pourrait faire douter les gouvernants de la soutenabilité de la globalisation, qui a tant contribué à la prospérité mondiale ces dernières décennies.

Les inquiétudes sur le déficit extérieur des Etats-Unis ne sont pas sans fondements. Il est certain qu'à un moment donné, les investisseurs étrangers ne voudront plus accroître la part d'actifs américains dans leur portefeuilles. C'est la contrepartie financière du déficit des paiements. Le déséquilibre américain devra alors être réduit et le dollar devra probablement baisser pour stimuler les exportations et freiner les importations. De plus, des revirements brusques du sentiment de l'investisseur étranger, associés au risque d'une baisse rapide du dollar sur le marché des changes, ne peuvent être entièrement exclus. Toutefois, il est facile d'exagérer ces risques. L'évolution de l'économie mondiale a permis ces dernières années d'accroître très sensiblement les

---

1. La dette non financière comprend la dette des ménages, des entreprises et du gouvernement, mais elle exclut celle des banques et autres intermédiaires financiers.

proportions d'excédents et de déficits de façon tolérable, y compris dans les flux transfrontaliers. Comme je le relève dans le chapitre 25, il y a de nombreux déséquilibres, particulièrement notre déficit fédéral potentiel, dont il faudra se soucier dans les années à venir. Mais je placerais l'actuel déficit des transactions courantes aux Etats-Unis très bas sur la liste.

A la base de l'inquiétude sur le déficit des transactions courantes américaines se trouve le fait qu'en 2006, le financement de ce déficit, c'est-à-dire le flux d'argent venu de l'étranger, a absorbé plus des trois cinquièmes de toutes les réserves d'épargne des soixante-sept pays dégageant des excédents courants cette année-là [1]. Les pays en développement, qui représentaient la moitié de ces excédents, ne trouvaient apparemment pas chez eux d'investissements assez profitables et protégés contre les risques des marchés ou les risques politiques. Il y a dix ans, les Américains n'auraient probablement pas pu soutenir un déficit annuel de 800 milliards de dollars pour la simple raison que nous n'aurions pas pu attirer l'épargne étrangère pour le financer. En 1995, par exemple, l'épargne mondiale totalisait moins de 350 milliards de dollars.

Les analystes s'accordent sur l'utilité de considérer la balance des transactions courantes d'un pays en termes d'équivalence comptable : l'épargne intérieure d'un pays (c'est-à-dire celle qui est détenue par les ménages, les entreprises et le gouvernement), moins les investissements domestiques (principalement en capital productif et immobilier) [2]. Mais l'accord s'arrête ici.

La balance des transactions courantes d'un pays et la différence entre son épargne domestique et ses investissements seront, en dernier recours, toujours égales [3]. Ceux qui

---

1. L'épargne mondiale est donnée par la somme des balances des pays dégageant un surplus.

2. En général, le calcul du revenu national établit que l'écart entre l'épargne domestique et les investissements domestiques est équivalent à l'épargne nette mondiale ; celle-ci offre une estimation assez exacte de la balance des transactions courantes.

3. Il y a quelques différences techniques, mais elles ne sont pas importantes.

prennent la décision d'épargner, cependant, ne sont pas ceux qui prennent celle d'investir. En fait, si l'on comparait le total de l'épargne prévue, libellée en dollars, au total des investissements également envisagés à n'importe quelle période, ils ne seraient jamais égaux. Ils ne le deviennent qu'une fois que les plans sont contraints de changer et que les flux d'échange, des revenus et d'actifs sont alignés de force par des variations dans les taux de change, les prix, les taux d'intérêt et, par conséquent, les niveaux d'activité économique. Comme dans tous ces mécanismes de marché, les ajustements de toutes les variables arrivent simultanément. C'est l'équivalent de la solution d'un système d'équations simultanées. Les comptes de la planète doivent toujours s'équilibrer.

Les causes de l'énorme déficit des transactions courantes américaines ces dernières années sont tellement interactives qu'il est difficile de les démêler. Par exemple, toutes choses étant égales, l'accroissement de l'épargne des ménages devrait abaisser le déficit des comptes courants d'un pays. Mais il est d'autres choses qui ne sont pas égales. Ainsi, un accroissement de l'épargne des ménages implique une baisse de leurs dépenses et peut-être, par conséquent, une baisse de l'épargne des entreprises consécutive à une baisse de leurs profits. La baisse induite des revenus d'impôts abaisserait l'épargne du gouvernement, et ainsi de suite. Etant donné l'imbrication de toutes les composantes de l'épargne et de l'investissement, les relations de cause à effet sont obscures.

La plupart des analystes étrangers et quelques-uns des américains désignent l'accroissement du budget américain comme la cause principale du déséquilibre de notre compte courant. Mais au cours de la dernière décennie, le solde budgétaire a parfois penché dans la direction opposée à celle des transactions courantes. Et tandis que notre budget enregistrait des surplus entre 1998 et 2001, par exemple, notre déficit courant continuait d'augmenter.

Pour certains, les achats massifs d'obligations du Trésor américain par les autorités monétaires d'autres pays

– d'abord le Japon, puis la Chine –, pour abaisser leurs taux de change, auraient accru la valeur de la devise américaine et donc contribué à la forte augmentation des importations américaines (de 13 % du PIB au début 2002 à près de 18 % à la fin 2006). Il y a certainement du vrai dans cela, mais l'impact des efforts officiels pour manipuler les taux de change est à mon avis souvent exagéré [1]. Bien plus important est le statut du dollar américain comme première devise mondiale de réserve, ce qui a jusqu'ici permis de financer notre déficit extérieur. Plusieurs observateurs considèrent toutefois que cela nous rend vulnérables, étant donné que les autorités monétaires étrangères pourraient liquider leurs positions en dollar, soudainement et massivement, en convertissant leurs réserves en euros ou en yens. J'en reparlerai dans le chapitre 25.

L'explication la plus satisfaisante de cette augmentation historique du déficit des comptes courants américains est qu'elle procède d'un vaste ensemble de causes. Elle est moins captivante qu'une explication fondée sur une seule cause – qui serait le « pot aux roses » – telle que le déficit du budget fédéral, mais elle correspond mieux à la réalité de la finance internationale. L'accroissement du déficit américain semble avoir coïncidé avec une nouvelle phase dans la mondialisation. Pour moi, les facteurs essentiels en ont été un déclin de ce que les économistes appellent la « préférence

---

1. Je ne doute pas que les achats de centaines de milliards de dollars par les autorités monétaires de Chine, pour abaisser leur taux de change, aient été couronnés de succès. Le système financier chinois est encore assez primitif pour que l'impact de ces achats sur les marchés soit négligeable. Mais ce n'est pas le cas du Japon. Il n'y a guère de preuves que les achats de centaines de milliards de dollars par ce pays, pour abaisser le taux de change du yen, aient eu beaucoup d'effet. Le Japon appartient à un système financier international très complexe, qui peut absorber d'énormes quantités de titres sans entraîner plus que des effets marginaux sur les taux d'intérêt et de change. Les autorités monétaires japonaises ont acheté, il y a plusieurs années, pour 20 milliards de dollars en un seul jour, sans que cela ait affecté le taux de change du yen. Plusieurs mois plus tard, n'étant pas avisé de la nature politiquement sensible de ces opérations, je mentionnai publiquement ces achats inopérants. Mes amis japonais n'en furent pas contents. De nouveau en mars 2004, les Japonais mirent brusquement fin à ces interventions très agressives contre le yen ; le taux de change y réagit à peine.

nationale » et une accélération marquée de la productivité américaine.

La préférence nationale est la tendance chauvine des investisseurs à placer leur épargne dans leur pays, même si cela signifie qu'ils y ont moins d'opportunité de profits qu'à l'étranger. Quand les gens ont l'habitude d'un environnement financier, ils y trouvent moins de risques que s'ils examinaient objectivement des investissements comparables dans des pays éloignés et moins familiers. On voit s'amorcer le déclin de cette préférence nationale dans le fait que les investisseurs franchissent de plus en plus les frontières pour investir dans des actifs étrangers. Cela engendre une hausse des excédents courants de certains pays et une hausse correspondante des déficits dans d'autres. Pour l'ensemble du monde, bien sûr, les exportations doivent être égales aux importations et la balance consolidée des comptes courants est toujours égale à zéro.

La préférence nationale fut bien visible durant la fin du XXᵉ siècle, après la Seconde Guerre mondiale. L'épargne domestique était presque entièrement dirigée vers l'investissement domestique – usines, équipements, stocks et immobilier à l'intérieur des frontières souveraines du pays. Dans un monde marqué par un biais national exceptionnellement fort, les déséquilibres extérieurs étaient réduits.

Cependant à partir des années 1990, le déclin de ce biais fut nettement perceptible. Il résultait de la levée des restrictions sur les mouvements de capitaux à l'étranger, consécutive au regain du capitalisme qu'avait favorisé la faillite des économies centralisées. La propriété privée et les investissements à l'étranger augmentèrent de façon appréciable. De surcroît, les progrès des technologies de l'information et de la communication avaient réellement réduit le temps et la distance qui séparaient les marchés dans le monde. Bref, les vastes avancées de la technologie et de la gouvernance avaient élargi les horizons géographiques des investisseurs ; les investissements à l'étranger parurent moins risqués que dans les décennies précédentes. Les preuves de la protection des droits de propriété des étrangers abondaient, la planification centrale n'était plus qu'un souvenir, les risques s'estompèrent encore plus.

Il s'ensuivit que la corrélation pondérée entre les taux d'épargne et d'investissement domestiques, dans les pays ou régions représentant la quasi-totalité du PIB mondial – corrélation qui constituait une mesure du biais domestique – avait baissé ; elle s'établissait environ à 0,95 % en 1992 (son taux moyen depuis 1970) ; elle passa à 0,74 % en 2005. Si, dans chacun des pays, l'épargne équivalait à l'investissement, c'est-à-dire si la préférence nationale était totale, le coefficient de corrélation serait de 1. S'il n'y avait plus de rapport entre l'épargne et le montant et le lieu de l'investissement, ce coefficient serait de 0 ; le biais domestique aurait disparu[1].

Ce n'est qu'au cours des dix dernières années que l'expansion commerciale a été associée à l'émergence de déficits extérieurs et de transactions courantes américaines croissantes ; à ce phénomène correspondit un accroissement des excédents extérieurs de plusieurs de nos partenaires commerciaux, dont le plus récent est la Chine. En 2006, ces excédents s'établissaient ainsi : Japon, 170 milliards de dollars, Chine, 239 milliards, Allemagne, 146 milliards et Arabie Saoudite, 96 milliards, tous excédents records. Aux déficits des Etats-Unis (857 milliards) s'ajoutaient ceux de l'Espagne (108 milliards), du Royaume-Uni (68 milliards) et de l'Australie (46 milliards).

Pour juger de l'étendue de la dispersion (la mesure dans laquelle le déséquilibre épargne-moins-investissement de chaque pays s'écarte de zéro), j'ai additionné les valeurs absolues des soldes courants de chaque pays, sans tenir compte de leur signe, afin de définir leur pourcentage dans le PIB mondial. Ce ratio oscillait entre 2 et 3 % entre 1980 et 1996 ; en 2006, il avait atteint près de 6 %.

---

1. A l'évidence, si l'épargne domestique équivalait exactement à l'investissement domestique dans chaque pays, tous les comptes courants seraient équilibrés et les différences entre ces deux facteurs seraient nulles. Les déséquilibres de transactions courantes de ces pays indiquent donc une corrélation entre l'épargne et l'investissement domestiques dans ces pays, et celle-ci indique que le biais domestique se situe au-dessous de 1.

Le déclin du biais domestique est le facteur déterminant de l'accroissement des excédents et des déficits, mais
les différences entre les taux de rendement ajustés des risques pourraient également y participer[1]. Et il est certain que
les taux relatifs de rendement ajusté des risques sont un facteur clé quand on veut déterminer vers quels pays les excès
d'épargne sont dirigés pour y être investis.

Depuis 1995, les taux supérieurs de croissance de la
productivité aux Etats-Unis (comparés avec ceux de l'étranger, encore contenus) ont apparemment engendré des rendements anticipés ajustés des risques également supérieurs ;
ceux-ci ont déclenché une demande disproportionnée d'actifs américains. Cela explique déjà assez bien pourquoi une
si grande part de l'épargne mondiale a afflué vers les Etats-
Unis[2].

Les débats sur les causes de l'abrupt et récent accroissement du déficit courant américain vont, je le suppose, continuer. Une question bien plus importante, toutefois, est de
savoir si l'ajustement extérieur, qui est apparemment inévitable, se fera en douceur ou bien, comme beaucoup le craignent, s'il déclenchera une crise financière internationale
causée par la chute du dollar. Pour ma part, je l'ai dit, je
crois plutôt à un atterrissage en douceur.

Un souci majeur est ce qui adviendra quand les investisseurs étrangers refuseront d'augmenter la part dans les
portefeuilles d'investissements des créances nettes sur des

---

1. L'ajustement des risques est une formule utilisée par les économistes pour
indiquer que des investissements risqués, si les investisseurs y consentent, exi-
gent des rendements supérieurs, pour compenser des pertes éventuelles, si l'on
veut attirer les investisseurs. Nous essayons de définir la part de ce supplément
de compensation dans le bénéfice total.

2. Pour faciliter les comparaisons, toutes les devises sont converties en dollars
sur la base des taux de change bilatéraux. Les parités de pouvoir d'achat (PPA),
l'autre modalité de conversion, sont mal adaptées pour mesurer les flux d'épargne et d'investissement mondiaux. Pour l'ensemble du monde, l'épargne doit
être égale à l'investissement, quelle que soit la devise en question. Pour les
années 2003-2005, la valeur absolue des écarts statistiques entre le total de
l'épargne et de l'investissement mondial était de 330 milliards de dollars par
mois si l'on se servait de la PPA, mais il n'était que de 66 milliards si l'on se
fondait sur les taux de change.

résidents américains ; c'est ce que suggèrent les tendances actuelles des balances extérieures. Les déficits des transactions courantes se sont accumulés, cependant que la position internationale des résidents américains par-devers les investissements devenait de plus en plus négative : près de 2 500 milliards à la fin 2005, avec un accroissement parallèle du service de la dette. Cette tendance ne peut durer éternellement. A un moment ou l'autre, et même si les retours sur investissements aux Etats-Unis demeurent élevés, les investisseurs étrangers s'alarmeront de la concentration de leurs portefeuilles d'investissements. Le vieux conseil de ne pas mettre tous ses œufs dans le même panier vaut aussi bien pour la finance mondiale que pour la ménagère. Quand l'appétit des étrangers pour les actifs américains faiblira, cela se répercutera dans une moindre demande de la devise américaine et donc dans un taux de change plus bas du dollar[1]. Un dollar dévalué découragera évidemment les importateurs et encouragera les exportateurs. Ainsi, la résistance étrangère au financement de la dette américaine réduira d'elle-même le déficit. La diversification des réserves des autorités monétaires mondiales et, plus important, des réserves internationales des investisseurs privés a aussi des implications.

Les analystes s'inquiètent de ce que, pour assurer le service de la dette nette aux étrangers, notre déficit commercial devra être radicalement réduit et/ou que l'intérêt des étrangers pour les actifs américains devra augmenter assez afin de fournir les fonds pour le financement des débiteurs américains[2]. Cela n'est pas encore un problème, parce que

---

1. Je ne prends pas en considération le fait que toutes les créances sur des résidents américains ne sont pas libellées en dollars, et que toutes les créances en dollars, comme celles qui sont libellées en eurodollars, ne sont pas détenues sur des résidents américains. Le chevauchement des créances en dollars et de celles qui sont détenues sur des résidents américains est assez grand pour que ces différences soient ignorées.

2. On me demande souvent pourquoi cela serait un problème, étant donné que presque tous les actifs américains sont libellés en dollars. Les étrangers n'accepteraient-ils pas d'être payés en dollars ? Oui, ils le feront en général. Mais s'ils reçoivent des dollars, ils auront ainsi augmenté leurs investissements en actifs américains. S'ils vendent les dollars à un tiers (pour être payés dans leur propre devise), c'est ce tiers qui fera l'investissement dans des actifs américains.

les rendements des investissements américains à l'étranger, soit 2 000 milliards de dollars, ont été de 11 % en 2005, et que c'est beaucoup plus que les taux d'intérêt actuels payés aux étrangers sur la dette américaine. Le résultat en est que notre service de la dette et nos paiements de dividendes aux étrangers sont toujours supérieurs à ce que nous recevons de l'étranger. Mais avec l'accroissement net inexorable de la dette (l'équivalent du déficit des transactions courantes après ajustement des gains et des pertes en capital), ce sont des paiements beaucoup plus élevés aux étrangers qui se profilent à l'horizon.

La raison pour laquelle je soupçonne que les déficits accusés et persistants des comptes courants des États-Unis jusqu'en 2006 n'ont pas eu d'effets négatifs graves sur l'économie américaine est qu'ils sont en grande partie l'émanation d'une spécialisation et d'une division croissantes du travail ; celles-ci s'inscrivent dans un environnement mondial de haute technologie complètement nouveau. Si l'on rassemble toutes les données, anecdotiques, circonstancielles et statistiques, elles suggèrent fortement, pour moi tout au moins, que les déficits courants records des États-Unis font partie d'un plus vaste ensemble de déficits et de surplus reflétant les transactions d'entités économiques, ménages, entreprises et gouvernement, surtout à l'intérieur du périmètre du pays. Il est probable que ces déficits et surplus se perpétuent depuis des décennies, peut-être même des générations. Leur évolution a été constante, mais progressive. Toutefois, le secteur de cet ensemble qui capte le financement étranger net, grâce auquel les déséquilibres des entités américaines sont couverts – en fait notre déficit courant – est passé d'un niveau négligeable au début des années 1990 à 6,5 % de notre PIB en 2006.

De mon point de vue, les dirigeants ont trop concentré leur attention sur les créances étrangères sur les résidents américains, plutôt que sur toutes les créances, étrangères et

---

Si personne ne veut plus de ceux-ci, il faudra vendre du dollar sur les marchés et donc le faire baisser.

domestiques, qui conditionnent le comportement économique et qui peuvent compromettre le système. Les balances des comptes courants ne se réfèrent qu'aux transactions qui se font par-dessus nos frontières souveraines. Notre façon de présenter les comptes est profondément imprégnée de l'obsession des mercantilistes du début du XVIIIe siècle, qui tenaient à tout prix à présenter des excédents dans la balance des paiements, afin de faire entrer dans le pays de l'or, alors aune de la richesse d'une nation.

S'il nous fallait mesurer les balances financières nettes de zones géographiques beaucoup plus petites, telles que les Etats composant les Etats-Unis ou les provinces canadiennes (ce que nous ne ferons pas), ou bien des groupes de pays bien plus vastes, comme l'Amérique latine ou l'Asie, les tendances qu'on en dégagerait et leurs implications pourraient être très différentes de celles qu'on tirerait de la seule mesure nationale conventionnelle liée à la souveraineté : la balance des transactions courantes.

Le choix de l'unité géographique appropriée pour une pareille évaluation devrait dépendre de ce que l'on essaie de trouver. Je suppose que, dans la plupart des cas, du moins dans un contexte politique, l'on cherchera à juger du niveau de tension qui pourrait présager d'événements économiques fâcheux. Pour rendre le meilleur jugement dans ce cas, il faudrait disposer de données sur les équilibres financiers au niveau desquels les décisions économiques sont prises : ménages, entreprises et gouvernements. C'est là que les tensions se font sentir et c'est donc là que les actions seront décidées et qu'apparaîtront les tendances qui risquent de déstabiliser les économies.

Quand un ménage dépense en consommation et en investissements plus qu'il ne gagne, comme pour l'achat d'une maison[1], les économistes le définissent comme un ménage déficitaire. C'est un emprunteur net, ou bien un liquidateur d'actifs financiers. Son *cash-flow* est négatif. Un

---

1. Des investissements peuvent être, bien sûr, négatifs, comme lorsqu'on vend une maison qui existe ou bien des équipements d'occasion.

foyer qui économise en amassant des actifs financiers ou bien en réduisant sa dette est appelé un ménage excédentaire, bénéficiant d'un *cash-flow* positif. Les mêmes définitions s'appliquent aux entreprises et aux gouvernements, fédéral, d'Etat et local. Quand nous consolidons ces déficits et ces excédents pour tous les résidents des Etats-Unis, nous obtenons un reliquat composé des créances nettes nouvelles ou des dettes nettes nouvelles des Américains aux étrangers ; ce sera selon le cas notre surplus ou notre déficit des transactions courantes[1].

Mais avant consolidation, il se trouve que les ratios à la fois des excédents et des déficits financiers des entités économiques américaines, ménages, entreprises et gouvernements, par rapport à leurs revenus, ont été en moyenne croissants depuis des dizaines d'années, peut-être depuis le XIXᵉ siècle[2]. Pendant la plus grande partie de cette période, les déficits de certaines de ces entités économiques ont été presque entièrement compensés par les excédents des autres. Nos balances courantes étaient donc petites[3]. Ce qu'il y a de particulier dans la décennie écoulée est que le déclin du biais domestique associé à des gains en capital sur des maisons et autres actifs a engendré un vaste accroissement des achats de biens et services étrangers par des résidents des Etats-Unis, financé volontairement par des investisseurs étrangers.

L'ensemble des créances nettes sur les seuls étrangers – notre compte courant – n'offre qu'une image statistique incomplète du niveau potentiel de stress économique et pourrait faire sous-estimer ou surestimer un problème latent pour l'économie dans son ensemble. En fait, si nous vivions

---

1. Actuellement, il y a quelques petits transferts de capitaux harmonisant les comptabilités nécessaires pour compléter la balance des transactions courantes.
2. Cela se vérifie que nous utilisions les revenus d'entités individuelles, le revenu domestique brut du pays ou son équivalent en PIB. On ne constate pas de pertes dans la consolidation des revenus individuels dans un total national.
3. Il y eut une exception dans la période suivant la Guerre civile, ce furent les déficits des transactions courantes, qui reflétaient le financement étranger du vaste réseau de voies ferrées, lequel absorba une grande partie de l'activité économique américaine jusqu'à la fin du siècle.

dans un monde où les transactions en biens, services et actifs se faisaient librement par-dessus les frontières, souveraines ou autres, les mesures de tension les plus fines seraient certainement les plus révélatrices. Les balances des transactions courantes en termes spécifiquement nationaux sont importantes par rapport aux taux de change, mais je soupçonne que cette mesure est trop souvent utilisée pour dénoncer un malaise plus général. C'est une erreur.

Les déséquilibres commerciaux et financiers augmentent à l'intérieur des frontières des Etats-Unis depuis quelque temps. Ils reflètent la spécialisation croissante de l'économie, qui remonte au moins aux débuts de la Révolution industrielle. L'affranchissement de l'autonomie des individus et des nations naquit de la division du travail, processus qui subdivise constamment les tâches, crée des niveaux toujours plus élevés de spécialisation et de savoir-faire et, par conséquent, améliore la productivité et les niveaux de vie. Cette spécialisation à son tour engendre du commerce entre les entités économiques de la nation et, comme cela s'est produit depuis les origines du commerce, avec nos partenaires internationaux.

Avec le temps, une proportion toujours croissante de ménages américains, d'entreprises non financières et de gouvernements, à la fois nationaux et locaux, ont alimenté leurs investissements en capitaux à partir de sources autres que leurs propres revenus, fonds propres ou revenus fiscaux. Dans la jeune Amérique, presque tout ce financement était assuré par des institutions américaines ou d'autres entités du pays, et la dette des résidents envers l'étranger était réduite. La tendance croissante d'un grand nombre d'Américains à prendre des risques et emprunter en anticipation de revenus futurs se reflète dans la part croissante des actifs et des engagements financiers dans le revenu des ménages et des entreprises.

Un calcul détaillé a été effectué par des économistes du Federal Reserve Board sur les données de plus de 5 000 entreprises non financières, de 1983 à 2004. Dans le cas des entreprises pour lesquelles les dépenses en capital

excédaient la marge brute d'autofinancement, ils ont établi
que la croissance cumulée de leurs déficits excédait
constamment celle de leur valeur ajoutée. La somme des
excédents et des déficits, en valeur absolue, considérée
comme un indicateur de la valeur ajoutée, croît en moyenne
annuelle au rythme de 3,5 % [1]. Les données sur la dispersion
des déficits des agents économiques américains, entreprises
non financières mises à part, sont rares. Un autre calcul,
moins satisfaisant, des bilans financiers partiellement consolidés d'entités économiques individuelles, par rapport au
PIB nominal, indique une croissance de la somme en valeur
absolue des excédents et des déficits pendant la seconde
moitié du siècle dernier ; elle est de 1,25 % plus rapide que
la croissance du PIB nominal [2].

L'accroissement de la dispersion des déséquilibres
financiers des agents économiques à l'intérieur des frontières américaines semble s'être quelque peu réduit au cours

---

1. Les excédents (et les déficits) sont mesurés à partir du revenu, avant cor-
rections extraordinaires, plus la dépréciation et moins les dépenses en capital.
L'indicateur de la valeur ajoutée correspond à la marge brute, soit le produit
des ventes moins le coût des biens vendus.

2. C'est une estimation des déséquilibres entre l'épargne et l'investissement
dans sept secteurs non financiers consolidés, mesurés par les statistiques
macroéconomiques américaines : les ménages, les entreprises, les entreprises
non agricoles non corporatives, les entreprises agricoles, les administrations
d'Etat et locales, le gouvernement fédéral et le reste du monde. J'inclus « le
reste du monde », parce qu'il mesure les excédents et les déficits des résidents
américains, bien que ceux-là reflètent la somme des créances ou des engagements nets des étrangers. Les six autres secteurs reflètent les créances ou les
engagements nets des seuls résidents américains.

Nous disposons d'une masse considérable de données sur les conséquences des
excédents et des déficits : ce sont les niveaux d'actifs et de passifs non consolidés.
Le rapport ne serait évidemment exact que si certains agents économiques
étaient toujours en déficit et les autres, toujours excédentaires. Alors la somme
des déficits indiquerait la variation des dettes non consolidées et celle des excédents, la variation des actifs. Si c'était vrai, nous pourrions déduire le degré de
dispersion des estimations des actifs et des passifs non consolidés. De fait, au
cours du dernier demi-siècle, à l'exception de la période 1986-1991, où la faillite
de l'industrie du crédit immobilier déforma les chiffres de la dette, le taux de
croissance à la fois des actifs et des engagements par rapport au PIB nominal
est bien positif. Cela n'est pas en soi-même une preuve de dispersion croissante,
mais c'est simplement une statistique de plus qui conforte mon hypothèse : la
croissance de la dispersion à long terme a dépassé la croissance du PIB nominal.

de la dernière décennie, selon les calculs fondés sur ces données de bilans financiers partiellement consolidés. Etant donné que le déficit de la balance des transactions courantes s'est accru durant ces années-là, on peut postuler que la dispersion générale des déséquilibres financiers des agents économiques américains s'est poursuivie, mais avec une proportion croissante des déficits des ménages, des entreprises et des gouvernements, qui étaient financés par des sources étrangères plutôt que par des sources nationales. Cela est certainement évident pour le financement du budget fédéral et des dépenses d'investissement[1]. En bref, l'expansion du déficit de notre balance courante durant cette dernière décennie reflète vraisemblablement un changement dans le commerce et le financement, qui sont passés, de l'intérieur des frontières des Etats-Unis, à des échanges transfrontaliers.

Ainsi, l'histoire de l'érosion de notre balance des transactions courantes est celle des déséquilibres financiers internes qui ont débordé nos frontières au début des années 1990, à partir de quoi ils furent assimilés à des déficits rapidement croissants des transactions courantes. Toute balance qui commence avec un surplus (comme c'était le cas en 1991) et qui accuse un déficit rapidement croissant est toujours un motif d'inquiétude, avant de devenir, presque inévitablement, un problème politique. Mais à moins que cela revête une importance considérable – quand, par exemple, une entreprise résidente américaine finance ses dépenses en capital avec des fonds étrangers plutôt que domestiques –, la mesure de déséquilibre la plus significative devrait combiner à la fois les financements domestique et étranger. L'inquiétude des agents économiques américains n'a vraisemblablement pas beaucoup augmenté avec le changement des sources de leur financement. L'accroisse-

---

1. Entre 1995 et 2006, la proportion des dettes des entreprises non financières à l'égard de l'étranger a augmenté nettement en pourcentage du total des dettes de ces corporations. La proportion des obligations du Trésor américain dues à des étrangers a augmenté pendant ces années de 23 à 44 %. Les prêts étrangers aux foyers américains ont toujours été négligeables.

ment du ratio des déséquilibres financiers (à la fois étrangers et domestiques) par rapport au PIB constitue une tendance beaucoup plus modeste et moins alarmante que celui de ses composantes étrangères (le solde des transactions courantes) seules.

Beaucoup d'entreprises américaines, par exemple, avaient précédemment acheté des pièces détachées à des fournisseurs domestiques, mais s'adressent depuis quelques années à des fournisseurs étrangers. Ces compagnies considèrent généralement ces fournisseurs, étrangers et domestiques, comme étant concurrents, à l'instar des fournisseurs domestiques. Or passer d'une source domestique à une source étrangère affecte la balance des paiements, mais probablement pas les tensions macroéconomiques. De fait, les sociétés et les travailleurs qui perdent des ventes en souffriront, du moins jusqu'à ce qu'ils puissent être réemployés de façon plus compétitive. Mais ce n'est pas là très différent de la concurrence domestique. La seule différence significative du passage à des fournisseurs étrangers réside dans les répercussions sur les taux de change durant le processus d'adaptation et au-delà. Du point de vue individuel, cependant, ces effets sont similaires à ceux provoqués par un changement de prix d'une pièce maîtresse.

Il existe une preuve supplémentaire de la croissance des excédents et déficits des agents économiques résidents des Etats-Unis, par rapport à leurs revenus au cours du siècle dernier ; c'est la croissance des actifs des intermédiaires financiers par rapport aux actifs non financiers et au PIB nominal. Ce sont ces intermédiaires qui ont, en grande partie, accepté les dépôts et consenti les prêts correspondant aux excédents et aux déficits des résidents américains. Les ménages ont accepté que le revenu qu'ils n'ont pas dépensé se retrouve, par exemple, dans des banques commerciales ou des institutions financières. Les prêts autorisés par ces dépôts ont permis à des tiers de financer des investissements dans l'immobilier, dans des équipements et des usines. Par conséquent, la taille de ces institutions peut servir d'indicateur alternatif de ces excédents et déficits. De fait, on peut supposer que cela a été le besoin d'intermédier ces excédents et déficits croissants qui, au travers des générations, a stimulé le développement de nos formidables institutions financières.

Depuis 1946, les actifs des intermédiaires financiers américains – même si l'on ne prend pas en compte la croissance des fonds hypothécaires – ont crû de 1,8 % par an par rapport au PIB nominal. Depuis 1896, première date de données complètes sur ces institutions, jusqu'à 1941, les actifs des banques, de loin les premiers intermédiaires financiers durant cette période-là, ne croissaient que de 0,6 % par an par rapport au PIB.

Un élément implicite dans la dispersion croissante des excédents et déficits financiers des agents économiques est l'anticipation d'une croissance cumulative des déficits pour certains, donc une accélération possible de la part de la dette dans le revenu ou son équivalent, le PIB [1]. De 1900 à 1939, la dette privée non financière a crû de presque 1 % plus vite par an en moyenne que le PIB. La Seconde Guerre mondiale et les années qui suivirent allégèrent le poids réel de la dette pendant un moment, du fait de l'inflation ; le ratio de la dette au PIB baissa en conséquence. Le relèvement du ratio recommença toutefois peu après : de 1956 à 1986, la dette privée non financière augmenta de 1,8 % plus vite que le PIB et de 1986 à 2006 de 1,2 % plus vite [2].

Un ratio croissant dette/revenu pour les ménages, ou bien dette non financière totale/PIB, ne sont pas en eux-mêmes un motif d'inquiétude. Ils sont en grande partie le reflet d'une dispersion des déséquilibres financiers croissants d'agents économiques qui, à son tour, témoigne de l'irrésistible développement de la division du travail et de la

---

1. Les cumuls des déficits des agents économiques individuels accroîtront leur dette nette, c'est-à-dire la dette brute moins les actifs financiers. Dans la grande majorité des cas, la dette brute croîtra avec la dette nette.

2. La tendance à la dispersion des déséquilibres financiers à l'intérieur d'un pays apparaît non seulement aux Etats-Unis, mais dans d'autres pays. Cela est suggéré par l'accroissement depuis trente ans de la dette non financière non consolidée dans les grandes économies industrielles, Etats-Unis exclus ; cette dette a dépassé la croissance du PIB de 1,6 % par an.

spécialisation. Les actifs et la dette du secteur non financier ont tous deux augmenté plus vite que le revenu durant le dernier demi-siècle. Mais la dette augmente plus vite que les actifs, c'est-à-dire que le ratio d'endettement lui-même a augmenté. En pourcentage des actifs, la dette des foyers avait atteint 19,3 % à la fin 2006, alors qu'elle était de 7,6 % en 1952. L'endettement des entreprises non financières en pourcentage de leurs actifs est passé de 28 % en 1952 à 54 % en 1993, avant de retomber à 43 % à la fin de 2006, quand les entreprises ont entamé un vaste programme de restructuration de leurs bilans.

Il est difficile de dire combien cet accroissement à long terme de l'endettement est problématique. Etant donné que l'aversion au risque est innée et constante, la disposition à accepter un endettement croissant au travers des générations reflète probablement une plus grande flexibilité financière ; et celle-ci permet à l'endettement d'augmenter sans accroissement des risques, du moins jusqu'à un certain point. Dans les années qui suivirent immédiatement la Guerre civile, les banquiers jugèrent nécessaire d'adosser deux cinquièmes de leurs actifs à des fonds propres. Moins eût été trop risqué. Les banquiers d'aujourd'hui se contentent d'un dixième. Néanmoins la banqueroute est moins courante aujourd'hui qu'il y a cent quarante ans. Les mêmes tendances valent pour les ménages et les entreprises. L'endettement croissant semble résulter de progrès massifs dans la technologie et les infrastructures, et non tant du goût humain pour le risque. A l'évidence, une montée de l'endettement au-dessus du niveau que peuvent garantir de nouvelles technologies exposerait à des crises. Je ne saurais dire où se trouve le point critique. De plus, l'expérience de 1959 avec la dette des consommateurs m'a appris à ne pas sous-estimer la capacité de la plupart des gens et des entreprises à gérer leurs affaires financières.

Il serait tentant de conclure que le déficit américain des transactions courantes est essentiellement le produit de forces opérant à long terme et qu'il serait donc bénin en général. Après tout, nous semblons l'avoir financé avec une relative facilité, ces dernières années. Mais les accroissements constants des déficits des ménages et des entreprises non financières américains eux-mêmes ne reflètent-ils pas une tension économique également croissante ? Est-ce important que ces déficits soient financés par des sources domestiques ou bien étrangères ? Si les décisions économiques étaient prises sans considération de la devise ou des risques transfrontaliers, on pourrait soutenir que ces déficits ne comportent pas de signification économique particulière, et que l'accumulation des dettes extérieures n'a pas de portée, au-delà de la solvabilité des débiteurs eux-mêmes. Que la dette des agents économiques américains fût à l'égard de créanciers domestiques ou étrangers aurait peu d'importance.

Mais les frontières nationales comptent, du moins jusqu'à un certain point. Le paiement du service de la dette sur des prêts étrangers doit en dernier recours être financé par des exportations de marchandises et de services échangeables, ou bien par des apports de capitaux, alors que la dette domestique repose sur une base plus large qui facilite son remboursement. Pour les entreprises, les transactions transfrontalières peuvent être compliquées par un taux de change volatil, mais c'est généralement un problème qui relève des risques ordinaires des affaires. Il est vrai que les mécanismes de marché semblent être moins efficaces ou transparents au-delà des frontières qu'à l'intérieur. On a constaté que les prix de marchandises identiques dans des points de vente proches peuvent néanmoins varier sensiblement, même quand ils sont libellés dans la même devise [1]. Il s'ensuit que les déséquilibres de la balance des transactions courantes peuvent vraisemblablement contribuer à des tensions économiques plus que les seuls déséquilibres domestiques. Les risques juridiques et les risques de change ajoutent

---

1. Les divergences qui persistent, après la création de l'euro, dans les prix de plusieurs marchandises identiques, dans des pays membres de la zone euro, ont été analysées par John H. Rogers (2002). Pour ce qui est des prix américains et canadiens, voir Charles Engel et John H. Rogers (1996).

donc sensiblement au poids des risques domestiques usuels. Mais les différences sont-elles, pour autant, significatives ?

La mondialisation change beaucoup nos repères économiques. Il est probablement raisonnable de supposer que la dispersion mondiale des déséquilibres financiers des agents économiques non consolidées rapportés au PIB nominal mondial continuera d'augmenter tandis que la spécialisation et la division du travail s'étendront dans le monde. Reste à savoir si la dispersion des comptes courants dans le monde continuera elle aussi à augmenter. Un tel accroissement révélerait que le biais domestique s'affaiblirait encore plus. Mais dans un monde constitué d'Etats-nations, il ne peut s'affaiblir que jusqu'à un certain point. Il doit finir par se stabiliser, et il est même possible que ce soit déjà fait [1]. Dans ce cas, la balance des transactions courantes américaines se rétablira probablement.

Entre-temps, et quelles que soient la signification et les implications éventuellement négatives du déficit des comptes, le maintien de la flexibilité économique pourrait être, comme je l'ai montré, le meilleur moyen de parer à ces risques. L'accumulation des créances sur le dollar et les résidents américains a déjà suscité des appréhensions sur le risque de concentration. Bien que les investisseurs étrangers n'aient pas encore ralenti de façon marquée leur financement des investissements en capitaux aux Etats-Unis, depuis 2002, la valeur du dollar par rapport aux autres devises a décliné, de même que la part des biens libellés en dollars selon certaines mesures des portefeuilles transfrontaliers mondiaux [2].

---

1. Statistiquement, la corrélation du coefficient des mesures du préjugé domestique montre qu'il s'est égalisé depuis 2000. C'est également le cas des mesures de dispersion. Cela confirme les comptes des Etats-Unis sur une part croissante des déficits.

2. A la fin du troisième trimestre 2006, les créances bancaires obligataires, transfrontalières et internationales du secteur privé, s'élevaient à plus de 40 000 milliards d'équivalents-dollar, selon la Banque des règlements internationaux ; sur cette somme, 43 % étaient libellées en dollars et 39 % en euros. Les autorités monétaires semblaient plus disposées à conserver les obligations libellées en dollars. A la fin du même trimestre, sur les 4 700 milliards d'équivalents-dollar conservés en tant que réserves de devises étrangères, près des deux tiers étaient en dollars et près d'un quart en euros.

Quand le président Clinton présenta son plan de réduction des déficits lors d'une assemblée générale du Congrès, le 17 février 1997, je me retrouvai entre Hillary Clinton et Tipper Gore. Si, dans ce théâtre politique, la disposition des places ne me mettait pas à l'aise, la compagnie restait plaisante. Surtout, j'applaudis les projets du Président concernant les déficits.

Luke Frazza/AFP/Getty Images

Je me félicitais de l'attention que le président Clinton portait aux affaires économiques.
Ci-dessus : *Ron Sachs/CNP/Corbis*. Ci-dessous : *Photographie officielle de la Maison Blanche*

Andrea et moi nous sommes mariés au Inn, à Little Washington, en Virginie, le 6 avril 1997.
Avec l'autorisation de Denis Reggie

1994. De l'autre côté du filet du court de tennis du Sénat se tient Lloyd Bentsen, secrétaire d'État au Trésor. Lloyd, un excellent ami, a joué un rôle encore sous-estimé dans la mise en œuvre des politiques économiques de Clinton, qui furent couronnées de succès.
Avec l'autorisation du U.S. Department of Treasury

Tandis que l'économie américaine s'investissait de plus en plus dans l'économie mondiale, je me trouvai moi-même, durant ma présidence de la Fed, de plus en plus impliqué dans l'aide à apporter aux pays en crise. Au-delà du caractère flatteur de la couverture du magazine, le secrétaire au Trésor Robert Rubin, le secrétaire adjoint Lawrence Summers et moi-même entretînmes des relations exceptionnellement efficaces et harmonieuses.
Time Magazine/Time Life Pictures/Getty Images

Au sommet de la bulle Internet, CNBC inventa une astuce, appelée «l'indicateur serviette».
Les caméras qui me suivaient alors que je me rendais aux réunions du FOMC se focalisaient sur ce bagage. Selon cette théorie, si la serviette était mince, j'avais l'esprit tranquille et l'économie se portait bien. Mais si elle était épaisse, une hausse des taux s'annonçait.
Avec l'autorisation de CNBC

En nous rendant au «Dîner du millénaire», à la Maison Blanche sous Clinton, le 31 décembre 1999, nous nous arrêtâmes avec Andrea pour présenter nos vœux à l'équipe de crise Y2K de la Fed.
Avec l'autorisation de Howard Amer

Présentation au Joint Economic Committee du Congrès d'un rapport sur l'économie des États-Unis, le 21 avril 2004. L'injonction du Serment d'Hippocrate – «En premier lieu, tu ne nuiras pas» – s'applique aussi aux présidents de la Fed.

David Burnett/Contact Press Images

Le président George W. Bush, fraîchement élu, et moi-même face aux médias
après notre premier entretien, le 18 décembre 2000, à l'Hôtel Madison à Washington.
Cynthia Johnson/Time Life Pictures/Getty Images

Je prêtai serment en tant que président de la Fed pour la cinquième et dernière fois
le 19 juin 2004, chez Gerald Ford, dans le Colorado. Ma nomination fut confirmée par
le vice-président Cheney.
Photo officielle de la Maison Blanche/David Bohrer

Les principaux ministres des Finances du monde *(à l'arrière)* et les gouverneurs de banques *(devant)*, à Washington D.C. pour une réunion des décideurs économiques du G7. Parmi les ministres des Finances, on reconnaît Nicolas Sarkozy, actuel président de la France *(deuxième à partir de la gauche)* et l'actuel Premier ministre de Grande-Bretagne, Gordon Brown *(à l'extrême-droite à l'arrière)*.
Avec l'autorisation de Banca d'Italia

Une cohorte de manifestants espéra troubler la réunion annuelle de la Banque mondiale et du FMI, à Washington, le 17 avril 2000. Ironie du sort, l'intensité de ces protestations croît proportionnellement avec la perte du pouvoir des États-nations de régir les forces du marché.
AP Images/Khue Bui

Au cours d'un plaisant voyage en Grande-Bretagne, en septembre 2002, j'eus l'honneur d'être nommé chevalier par la reine Elisabeth II et d'inaugurer le nouveau siège du Trésor. Je reçus aussi un diplôme de l'université d'Édimbourg en présence de mon ami – alors chancelier de l'Échiquier – Gordon Brown.

Ci-dessus : AP Images/David Cheskin ; ci-dessous : Christopher Furlong/Getty Images

Je fus frappé par la rapidité avec laquelle les dirigeants chinois comprirent les économies
de marché, pourtant relativement complexes. Je me trouve ici en compagnie du président
chinois Jiang Zemin dans le Grand Palais du Peuple. Jin Renqing,
le ministre chinois des Finances, est assis à droite.
Collection Alan Greenspan

Le Premier ministre chinois Zhu Rongji rivalise d'influence avec Mikhaïl Gorbatchev sur le cours
des événements économiques mondiaux. Durant nos nombreux entretiens, nous nous sommes
liés d'amitié. Bob Rubin et moi-même le rencontrâmes lors de sa visite à Washington D.C.
en 1999, quand il vint plaider auprès du président Clinton et du Congrès l'accession de
la Chine à l'OMC.
Epix/Getty Images

À un balcon sur la place Tien An Men, près de l'endroit où Mao proclama la création
de la République populaire de Chine.
Collection Alan Greenspan

Je m'adresse ici à des collégiens, à Washington D.C., en juin 2003, dans le cadre d'un programme d'éducation financière, pour leur expliquer l'importance de poursuivre leurs études. La solution de certains de nos plus graves problèmes réside dans la réforme de notre système éducatif.

AP Images/Susan Walsh

Prise de fonctions de Ben Bernanke, quatorzième président de la Fed, le 6 février 2006.
Je fus heureux de laisser mon poste à un successeur aussi expérimenté.

Jim Young/Reuters/Corbis

'HI, IT'S AL ... DOWN AT GREENSPAN'S GARAGE .... LOOK, THIS TUNE-UP
IS TAKING LONGER THAN I THOUGHT ...'

*"And please let Alan Greenspan accept the things he
cannot change, give him the courage to change the things
he can and the wisdom to know the difference."*

Les caricatures accompagnent souvent les honneurs.

THE TEMPTATION OF ALAN GREENSPAN

ALAN GREENSPAN IN RETIREMENT

Douce harmonie.
Photo de Harry Bensen

Si l'on parvient à maîtriser l'inquiétante dérive vers le protectionnisme, et si les marchés demeurent suffisamment flexibles, la modification des termes de l'échange, des taux d'intérêt, du prix des biens et des taux de change devrait permettre un accroissement de l'épargne américaine par rapport à l'investissement domestique. Cela réduirait le besoin de financement étranger, inversant ainsi la tendance croissante de la dernière décennie. Mais si la tendance pernicieuse à l'irresponsabilité fiscale, aux Etats-Unis et ailleurs, n'est pas freinée, et si elle était aggravée par une inversion protectionniste de la mondialisation, le processus d'ajustement du déficit des comptes américains pourrait se révéler assez pénible pour les Etats-Unis et pour leurs partenaires commerciaux.

19.

LA MONDIALISATION
ET LA RÉGULATION

Tous les témoignages de l'époque indiquent qu'avant 1914 le monde semblait se diriger irréversiblement vers de plus hauts niveaux de civilité et de civilisation. La société humaine semblait perfectible. Le XIXᵉ siècle avait mis fin au haïssable trafic des esclaves. La violence déshumanisante déclinait. A part la Guerre civile américaine des années 1860 et la brève guerre franco-prussienne de 1870, aucun conflit depuis l'époque napoléonienne n'avait engagé le monde « civilisé ». Le rythme des inventions s'était accéléré tout au long du XIXᵉ siècle, introduisant les chemins de fer, le téléphone, l'électricité, le cinéma, l'automobile et des accessoires ménagers trop nombreux pour être ici énumérés. La science médicale, l'hygiène alimentaire et la distribution massive d'eau potable avaient augmenté l'espérance de vie, au moins dans ce que nous appelons le monde développé, de trente-six ans en 1820 à plus de cinquante en 1914. Le monde entier partageait le sentiment que le progrès était irréversible.

La Première Guerre mondiale dévasta la civilité et la civilisation bien plus que la Seconde, pourtant plus destructrice : elle avait brisé une idée. Je ne peux effacer l'image de ces années d'avant 1914, quand l'avenir de l'humanité paraissait sans entraves ni limites[1]. Aujourd'hui, notre

---

1. Je conserve un livre de mes années d'étudiant, *Economics and Public Welfare*, dans lequel l'économiste à la retraite Benjamin Anderson évoquait, d'une manière que je n'ai jamais oubliée, l'idéalisme et l'optimisme de cette ère

regard est radicalement différent, mais peut-être un peu plus proche de la réalité. La terreur, le réchauffement climatique et le populisme renaissant infligeront-ils, à cette époque de mondialisation propice à la vie, les mêmes dommages que la Première Guerre mondiale à une autre époque ? Nul ne peut être sûr de la réponse. Mais en abordant ce problème, il est utile d'examiner les fondements et les institutions qui ont élevé les niveaux de vie de presque tous les habitants de cette planète et permis de relever quelques-uns des espoirs de l'humanité.

Les économies croissent et prospèrent en partie parce que leurs sujets apprennent la spécialisation et la division du travail. Et ce à l'échelle mondiale. La mondialisation, qui est l'approfondissement de la spécialisation et l'extension de la division du travail au-delà des frontières nationales, est notoirement la clé pour la compréhension d'une bonne part de l'histoire économique récente. Dans le monde entier, une capacité croissante d'effectuer des transactions et de prendre des risques a créé une économie véritablement mondiale. La production est devenue internationale. Une grande partie de ce qui est assemblé sous une forme vendable dans un pays est constitué d'éléments venant de plusieurs continents. Pouvoir rechercher dans le monde entier, et non seulement dans son pays, les sources de travail et les matières premières les plus compétitives ne réduit pas seulement la hausse des coûts et des prix : cela augmente aussi le ratio de la valeur du produit à ce qui est nécessaire à sa production, qui est la plus large mesure de la productivité et un indicateur utile du niveau de vie. En moyenne, les niveaux de vie

---

perdue : « Ceux qui ont un souvenir d'adulte et une compréhension d'adulte du monde qui précéda la Première Guerre mondiale l'évoquent avec une grande nostalgie. Il y avait un sentiment de sécurité qui n'a jamais plus existé. Le progrès était généralement tenu pour acquis. Les décennies successives avaient vu croître la liberté politique, l'extension des institutions démocratiques, l'élévation constante du niveau de vie des populations. Dans les affaires financières, la bonne foi des gouvernements et des banques centrales allait de soi. Ceux-ci n'étaient pas toujours capables de tenir leurs promesses, mais quand ils étaient en défaut, ils avaient honte et ils prenaient des mesures pour réaliser autant que possible ces promesses. »

ont nettement augmenté. Des centaines de millions d'humains, surtout dans les pays en développement, ont dépassé le seuil de pauvreté. D'autres centaines de millions connaissent un niveau d'aisance dont les gens nés dans les pays développés ont joui toute leur vie.

Par ailleurs, la concentration des revenus apparue sous l'effet de la mondialisation a ranimé la querelle entre les tenants de l'Etat-providence et du capitalisme, que j'avais cru éteinte une fois pour toutes avec la disgrâce de la planification centralisée. En outre, la menace d'un terrorisme qui mettrait en péril le respect des lois, et donc la prospérité, plane au-dessus de nous. Un débat mondial est en cours sur l'avenir de la mondialisation et du capitalisme, et sa conclusion décidera du marché mondial et de la façon dont nous vivrons pendant les décennies à venir.

L'Histoire nous lance un avertissement : la mondialisation est réversible. Nous pourrions perdre plusieurs des gains remportés au cours du dernier quart de siècle. Les entraves aux échanges qui tendaient à disparaître depuis la Seconde Guerre mondiale pourraient resurgir, non sans entraîner des conséquences semblables à celles du krach boursier de 1929.

J'ai deux graves inquiétudes au sujet de notre capacité à préserver le dynamisme des récents progrès matériels dans le monde. Le premier est l'apparition d'une concentration croissante de revenus, qui menace la bonne entente et la stabilité des sociétés démocratiques. Cette inégalité pourrait, je le crains, déclencher une réaction politiquement confortable, mais économiquement destructrice. La seconde est l'impact de l'inévitable ralentissement du processus de mondialisation lui-même. Cela pourrait réduire la croissance mondiale et éroder les importantes avancées du capitalisme après l'effondrement de l'URSS. Les gens s'habituent rapidement à des niveaux de vie plus élevés et si le progrès ralentit, ils sont frustrés et cherchent de nouvelles explications ou de nouveaux maîtres. Ironie de l'Histoire, le capitalisme semble aujourd'hui être davantage en vue dans plusieurs régions du monde en développement où la croissance est rapide – la Chine, une partie de l'Inde et une grande partie de l'Europe orientale – qu'en Europe occidentale, où pourtant il est né.

Un monde « entièrement globalisé » est celui dans lequel la production, le commerce et la finance sans entraves sont entraînés par la recherche du profit et la prise de risques – lesquelles sont totalement indifférentes aux distances et aux frontières nationales. Cet état de choses ne sera jamais atteint. L'aversion innée des gens au risque et le biais domestique qui le traduit signifient que la mondialisation a ses limites. Ces dernières décennies, la libéralisation du commerce a considérablement levé les barrières aux mouvements de biens et services et aux flux de capitaux. Mais il sera de plus en plus difficile d'aller au-delà, ainsi que l'impasse des négociations commerciales du cycle de Doha l'a démontré à l'été 2006.

Etant donné qu'une grande part de notre expérience récente n'a pas de précédents, il est difficile d'évaluer le temps que la dynamique de la mondialisation mettra à ralentir. Et même alors, il faudra prendre garde à ne pas tomber dans un piège : celui de penser que ce ralentissement signifie que les occasions de nouveaux investissements sont épuisées. La fermeture des frontières américaines à la fin du XIXe siècle, par exemple, n'a pas entraîné, comme beaucoup le craignaient, une stagnation économique.

Le rétablissement économique après la Seconde Guerre mondiale fut initialement enclenché par un constat des économistes et des dirigeants politiques : la poussée de protectionnisme qui avait suivi la Première Guerre mondiale avait été la cause principale d'aggravation de la Grande Dépression. Par conséquent, les dirigeants politiques s'employèrent à abattre systématiquement les barrières commerciales et, beaucoup plus tard, les barrières aux flux financiers. Avant la chute de l'URSS, la mondialisation avait été stimulée quand l'inflation galopante des années 1970 avait provoqué une révision de la politique économique et des réglementations pesantes héritées de la Grande Dépression.

La dérégulation, l'innovation accrue[1] et la disparition
de barrières au commerce et aux investissements ont, depuis
plusieurs dizaines d'années, permis au commerce international de se développer à un rythme plus rapide que la croissance du PIB ; ce qui implique en moyenne, pour le monde
entier, une croissance comparable du ratio des importations au PIB. Par conséquent, la plupart des économies
sont de plus en plus exposées aux rigueurs et à l'intensité
de la concurrence internationale, qui, peu différente de la
concurrence domestique, semble moins facile à contrôler.
L'insécurité de l'emploi dans les économies développées
– provoquée par le déferlement des importations – pèse sur
les augmentations de salaires, et la peur de perdre son
emploi a considérablement tempéré les revendications
salariales. Ainsi les importations, dont les prix sont nécessairement compétitifs, ont-elles freiné les poussées inflationnistes.

Dans les années qui suivirent la Seconde guerre mondiale, des bénéfices énormes furent réalisés grâce aux échanges du commerce international, mais les exportations et les
importations de chaque pays allaient généralement à la
même allure. Les déséquilibres commerciaux persistants
furent rares jusqu'au milieu des années 1990. Ce ne fut
qu'alors que la mondialisation des marchés de capitaux
commença à se développer, augmentant le stock de capital
réel qui stimula la productivité. De nombreux épargnants,
jusqu'alors contraints ou enclins à investir à l'intérieur de
leurs propres frontières, se virent offrir de nouvelles opportunités d'investir à l'étranger. Les sources de financement se
multipliant, leur rendement moyen baissa. Le taux des bons
du Trésor américain à dix ans, qui sert de référence mondiale, baisse ainsi depuis 1981. Il avait diminué de moitié à
la chute du mur de Berlin, et il atteignit son point le plus
bas à la mi-2003.

L'extension des marchés financiers mondiaux a nette-

---

1. La baisse considérable des prix des communications, entraînée par les
réseaux mondiaux de fibres optiques, et la baisse générale des frais de transports
ont également beaucoup contribué au commerce transfrontalier.

ment amélioré l'efficacité avec laquelle l'épargne mondiale est investie, et c'est un facteur indirect vital de la croissance de la productivité mondiale. De mon point de vue, à partir de 1995, les marchés mondiaux, remarquablement libres à quelques exceptions notables, semblaient évoluer sans heurt d'un équilibre à un autre. La « main invisible » d'Adam Smith œuvrait à l'échelle mondiale. Mais à quoi œuvrait-elle ? Pourquoi connaissons-nous de longues périodes d'emploi et de production stables ou croissants, avec des taux de change, des prix, des salaires et des taux d'intérêt qui ne varient que graduellement ? Serions-nous assez naïfs pour croire à cette stabilité quand elle est perceptible sur les marchés ? Ou bien, comme le formula un ministre des Finances qui venait d'entrer en fonctions : « Comment pouvons-nous contrôler le chaos inhérent du commerce et de la finance internationaux sans une intervention circonstanciée du gouvernement ? » Etant donné les trillions de dollars de transactions transfrontalières quotidiennes, dont peu sont officiellement enregistrées, comment quiconque peut-il être sûr qu'un système mondial non régulé fonctionnera ? Et pourtant il fonctionne, tant bien que mal. Des pannes adviennent dans le système, bien sûr, mais elles sont étonnamment rares. Pour être assuré que l'économie mondiale fonctionnera comme elle est censée le faire, il faut connaître le rôle des forces en jeu. Il faut déplorer que ces forces soient plus évidentes aux économistes qu'aux avocats et aux législateurs chargés de la régulation.

Le « chaos mondial » actuel, pour reprendre l'expression péjorative de cet ami ministre, est sans précédent historique. Même à l'« âge d'or » du laisser-faire plus ou moins total qui précéda la Première Guerre mondiale, la finance internationale ne joua jamais un aussi grand rôle. Comme je l'ai noté, le volume du commerce international a crû beaucoup plus vite que le PIB réel mondial depuis 1945. Cette expansion reflète l'ouverture des marchés internationaux aussi bien que les progrès majeurs des capacités de communication, qui, il y a quelques années, inspirèrent à l'hebdomadaire *The Economist* le constat de « la mort de la distance ». Pour faciliter le financement, les garanties et l'instantanéité de tout ce commerce, le volume des transactions financières devait, lui, croître encore plus vite que le commerce lui-même. Il fallait inventer des formes entièrement nouvelles de finance, développer des dérivés de crédit, des titres garantis, des achats de pétrole à terme et autres, qui font que le système commercial mondial fonctionne beaucoup plus efficacement.

A maints égards, l'apparente stabilité de notre commerce et de notre système financier mondiaux réaffirment le principe, énoncé par Adam Smith en 1776, simple et vérifié par l'Histoire : le libre commerce d'individus travaillant pour leur intérêt conduit à une économie croissante et stable. Ce modèle théorique de la perfection du marché fonctionne si l'on en respecte les conditions fondamentales : les gens doivent être libres d'agir dans leur propre intérêt, sans être soumis à des chocs extérieurs ou des directives économiques. Les inévitables erreurs et excès d'enthousiasme des acteurs du marché mondial, ainsi que les accrocs qui s'ensuivent, créent des déséquilibres, grands ou petits. Cependant, même dans les crises, les économies semblent se redresser d'elles-mêmes (bien que cela prenne parfois beaucoup de temps).

Pendant une certaine période tout au moins, les crises déstabilisent les relations propres au bon fonctionnement des marchés. Elles créent des occasions de faire des bénéfices disproportionnés par l'achat ou la vente de certains biens, services et actifs. Les acteurs du marché s'empressent de saisir ces occasions, et les prix, les taux de change et les taux d'intérêt en subissent la pression – les lois du marché prévalant, ces prix et ces taux retournent à leurs niveaux d'équilibre ; ainsi sont éliminés les bénéfices anormaux et les dysfonctionnements qui les favorisent. En bref, parce qu'ils reflètent librement les préférences en valeur des consommateurs mondiaux, les marchés tendront à égaliser à travers le monde les taux de rendement ajustés des risques. Les profits supérieurs à ces niveaux indiquent que l'on n'aura pas tenu compte des préférences des consommateurs. Un taux de rendement trop faible après prise en compte des risques indique souvent un gaspillage de ressources productives, telles qu'une usine et un équipement. Ce n'est que lorsque des sautes brusques d'enthousiasme ou de peur débordent le processus d'ajustement des marchés que la plupart des déséquilibres deviennent visibles pour tous. Mais alors, ils ne sont que trop visibles.

Le rythme rapide de la mondialisation du commerce est plus que rattrapé par la mondialisation de la finance. Un système financier mondial efficace est celui qui oriente l'épargne mondiale vers les investissements les plus productifs en biens et services. Comme les étrangers sont prompts à le remarquer, les Etats-Unis épargnent trop peu. Notre taux d'épargne national – à peine 13,7 % du PIB en 2006 – a classé les Etats-Unis comme le pays développé qui épargne le moins. Même en incluant l'épargne étrangère investie dans notre économie domestique, l'investissement aux Etats-Unis est, à 20 % du PIB, le troisième plus bas des grands pays industriels du G7. Néanmoins, étant donné que nous nous servons très efficacement de notre maigre épargne et que nous gaspillons peu, nous avons constitué un stock de capital qui a produit ces dernières années le taux de croissance de la productivité le plus élevé des pays du G7.

Inclus dans le prix de chaque bien et service, on trouve la rémunération des services financiers associés à leur production, à leur distribution et à leur marketing. Cette rémunération a augmenté en tant que part du prix. Il est la source des revenus croissants des gens qui possèdent une compétence financière. La valeur de ces services est la plus évidente aux Etats-Unis, où la part du PIB dévolue aux institutions financières, y compris les assurances, a considérablement augmenté ces dernières années, comme je l'ai déjà noté [1].

---

1. Une grande partie, mais certes pas la totalité, de la valeur ajoutée découlant des services financiers aux Etats-Unis aboutit à New York, siège du New York Stock Exchange et de plusieurs des premières institutions financières mondiales. Mais elle se répartit aussi sur l'ensemble du territoire américain, où un cinquième du PIB mondial prend sa source et doit être financé. Londres est évidemment une rivale grandissante de New York en tant que centre financier international (à de nombreux égards, elle surpasse New York), mais presque

La sophistication grandissante des systèmes d'information permet aux institutions financières d'identifier rapidement des occasions de profit ou des niches, dont les taux de rentabilité ajustés des risques sont supérieurs à la normale. Une rentabilité exceptionnelle dans des marchés généralement non régulés reflète généralement des dysfonctionnements du flux de l'épargne mondiale vers l'investissement. Des achats massifs de ces actifs de niche finissent par ramener les prix à la « normale ». Bien que ce ne soit certainement pas l'objectif des acteurs du marché, qui cherchent à maximiser leur profit, les ajustements de prix qui s'ensuivent bénéficient aux consommateurs, pour paraphraser Adam Smith.

Les profits financiers élevés ont attiré une multitude d'institutions et d'individus avisés. Le résultat le plus éminent en a été le réveil de l'industrie des fonds spéculatifs ou *hedge funds*. Je me rappelle qu'il y a un demi-siècle, ce n'était qu'un secteur somnolent de la finance ; elle s'est métamorphosée en une industrie triomphante représentant mille milliards de dollars de chiffre d'affaires, dominée par des firmes américaines. Les fonds spéculatifs et les fonds d'actions privés paraissent représenter la finance de l'avenir. Mais ils ne le sont pas encore. Les valeurs exceptionnellement hautes que le marché (c'est-à-dire les consommateurs, indirectement) a attribué aux services financiers à partir du milieu des années 1990 ont incité de nombreux jeunes partenaires de banques d'investissement à créer des « boutiques » de fonds spéculatifs. En conséquence, le marché de ces fonds a été temporairement surévalué en 2006. Certains d'entre eux ont été contraints à la liquidation, du fait que trop de candidats se pressaient pour moissonner les récoltes que leurs prédécesseurs avaient cueillies en prodigieuse abondance. Mais les blés sont coupés ; l'argent facile a presque disparu et ceux qui avaient aspiré à devenir les magnats des *hedge funds* virent la valeur nette de leurs fonds tomber bru-

---

toute l'activité financière de Grande-Bretagne prend sa source à Londres. Les besoins financiers du reste du Royaume-Uni sont relativement petits, comparés à ceux des Etats-Unis.

talement. Peu d'observateurs versèrent des larmes sur leur infortune.

Mais même ainsi, les stratégies des *hedge funds* demeurent déterminantes dans l'élimination des écarts de rendements et probablement des nombreux défauts des marchés. En fait, ceux-ci sont devenus des acteurs éminents des marchés de capitaux. On rapporte qu'ils représentent une part appréciable du volume des échanges du New York Stock Exchange et, d'une façon plus générale, qu'ils fournissent une bonne part des liquidités sur des marchés qui, sans eux, seraient stagnants. Ils sont essentiellement non régulés et j'espère qu'ils le resteront. Jeter sur eux une chappe de régulations coûteuses n'aboutirait qu'à étouffer l'enthousiasme de ceux qui cherchent des profits dans les niches. Les fonds spéculatifs finiraient par disparaître ou se changer en véhicules d'investissement informes et obscurs, et l'économie mondiale en pâtirait.

C'est le marché lui-même qui régule les *hedge funds*, par le biais de ce qu'on appelle la surveillance des contreparties. En d'autres termes, les contraintes imposées par leurs propres clients, par les banques et par d'autres institutions qui leur prêtent de l'argent. Soucieux de protéger leurs actionnaires, ces prêteurs ont de bonnes raisons de surveiller de très près les stratégies d'investissement des *hedge funds*. D'abord en tant que directeur de banque (chez JP Morgan), puis en tant que régulateur de banques pendant dix-huit ans, j'étais parfaitement conscient que les banques étaient bien mieux placées et équipées pour comprendre ce que les autres banques et les *hedge funds* faisaient que les agences de régulation financière de gouvernement, qui s'en tenaient à la lettre aux manuels. Quelque brillants que soient certains contrôleurs bancaires dans la promotion de pratiques bancaires saines, ils ont peu de chances de découvrir une fraude ou un détournement de fonds sans l'aide d'un initié.

Un grave échec de la surveillance des contreparties fut la quasi-déroute du Long Term Capital Management en 1998, cette catastrophe financière décrite dans le chapitre 9.

Les fondateurs du LTCM, qui comprenaient deux lauréats du prix Nobel, étaient des gens d'un tel prestige qu'ils pouvaient se permettre – ce qu'ils firent – de refuser des garanties à leurs créanciers ; fatale concession de la part de ceux-ci. Avant longtemps, LTCM se trouva à court d'occasions de faire des profits sur les niches, étant donné que des imitateurs lui collaient aux semelles et avaient engorgé le marché. Au lieu de rendre tous leurs capitaux (et pas seulement une partie) aux prêteurs et de déclarer que la partie était finie, les dirigeants de LTCM se métamorphosèrent en joueurs et se lancèrent dans de grands paris qui n'avaient plus grand-chose à faire avec le plan originel. En 1998, LTCM mordait la poussière.

Cet épisode secoua le marché. Mais ce qui est également révélateur du développement de ce secteur et du système financier en général est que, lorsqu'un autre grand *hedge fund* américain, Amaranth, s'écroula en 2006 avec une perte de 6 milliards de dollars, le système financier mondial frémit à peine.

Une innovation récente de grande importance a été la création des Credit Default Swap ou CDS. Il s'agit d'un produit dérivé qui transfère le risque de crédit, généralement celui d'un instrument d'endettement, à un tiers, moyennant une prime. La possibilité de bénéficier des revenus d'un prêt tout en transférant ailleurs le risque de crédit a été une manne pour les banques et autres intermédiaires financiers ; en effet, pour obtenir un taux de rendement désiré sur leurs fonds, les banques doivent augmenter leur ratio d'endettement en acceptant en dépôt des obligations et/ou des dettes. La plupart du temps, ces institutions prospèrent en prêtant de l'argent. Mais dans les périodes difficiles, elles encourent des problèmes trop connus de créances douteuses, qui les avaient, par le passé, obligées à réduire leurs prêts. Or cette restriction affaiblit l'activité économique tout entière.

Un instrument de marché qui déplace le risque pour ces émetteurs de crédit fortement endettés peut se révéler d'un intérêt critique pour la stabilité économique, surtout dans un contexte mondial. Le CDS fut ainsi inventé pour répondre à ce besoin ; il prit le marché d'assaut. La Banque des règlements internationaux a calculé qu'en 2006 les CDS ont totalisé plus de 20 000 milliards d'équivalents-dollar, alors qu'ils n'étaient que de 6 000 milliards à la fin 2004. La puissance d'amortisseur de cet instrument a été démontrée de façon éclatante entre 1998 et 2001, quand le CDS put répartir les risques de 1 000 milliards de dollars pour des emprunts destinés aux réseaux de télécommunications, alors en expansion rapide. Bien qu'une grande part de ces entreprises eussent fait défaut lors de l'explosion de la bulle Internet, pas une seule des grandes institutions de garantie de prêt ne fut mise en péril. Les pertes furent en dernier recours absorbées par des assureurs fortement capitalisés, par des fonds de pension et autres, qui avaient été les principaux fournisseurs des garanties de défaut de crédit. Tous furent en mesure d'absorber le choc. Il n'y eut donc pas de répétition des défauts en cascade des précédentes époques.

Il faut déplorer que chaque fois que les problèmes d'un *hedge fund* font la une des journaux, la pression politique pour réguler cette industrie augmente. Les *hedge funds* sont à la fois des preneurs de risques et de très grandes institutions, et l'on se demande : est-ce que cela ne prouve pas qu'ils sont dangereux ? Le gouvernement ne devrait-il pas les brider ? Si l'on excepte le risque de compromettre la liquidité du marché qui s'ensuivrait, les avantages d'une plus grande régulation du gouvernement m'échappent. Les *hedge funds* changent de portefeuille si rapidement que leur bilan de la veille est probablement sans grand intérêt le lendemain à 11 heures. Les régulateurs seraient supposés contrôler ces fonds minute par minute. Toute restriction administrative sur le comportement des investisseurs de ces fonds (et c'est bien ce que le régulateur contrôle) réduirait la prise de risques, qui est la contribution fondamentale des *hedge funds* à l'économie mondiale, et en particulier celle des Etats-Unis. Pourquoi voudrions-nous paralyser les abeilles pollinisatrices de Wall Street ?

Je le dis justement parce que j'ai moi-même été régulateur pendant dix-huit ans. Quand j'ai accepté ma nomination de président de la Fed par le président Reagan, j'avais été séduit par le défi consistant à mettre en œuvre ce que j'avais appris, en près de quatre décennies, sur la politique monétaire et l'économie. Je savais cependant que la Réserve Fédérale était la grande régulatrice des banques et qu'elle supervisait les systèmes de paiement des Etats-Unis. Ardent partisan du libre fonctionnement des marchés, je savais qu'en tant que président je serais aussi responsable du vaste appareil de régulation de la Fed. Pourrais-je concilier mes fonctions et mes convictions ?

En fait, j'avais franchi le Rubicon bien auparavant, durant l'épisode où j'avais été président du Conseil des conseillers économiques du président Ford. La tâche principale de ce Conseil était de tordre le cou à des projets délirants de politique fiscale ; j'acceptai cependant, à l'occasion, de resserrer la réglementation quand elle m'apparaissait comme la moins mauvaise des options qui s'offraient à l'administration. Président de la Fed, je décidai que mes idées personnelles sur la régulation devraient être mises de côté. Après tout, le serment que j'avais fait, en prenant mes fonctions, m'engageait à défendre la Constitution des Etats-Unis et des lois qui relevaient de la compétence de la Réserve Fédérale. Mon opposition libertaire à la plupart des régulations faisant de moi un dissident, je me résolus à rester le plus souvent passif dans ces questions et à laisser les autres gouverneurs de la Réserve Fédérale prendre les devants.

Quand je pris mes fonctions, une agréable surprise m'attendait. Je savais, par mes contacts avec l'équipe de la Fed, surtout sous l'administration Ford, qu'elle était remarquablement compétente. Ce que je n'avais cependant pas saisi était son orientation en faveur de la liberté des marchés – je découvris qu'elle s'étendait même à la Division de la supervision et de la régulation des banques. Son chef, Bill Taylor, était un homme amène et un régulateur foncièrement professionnel. Le président Bush, le père, le nomma plus tard à la tête de la Federal Deposit Insurance Corporation ; sa mort prématurée, en 1992, fut un grand choc pour ses collègues et une perte pour la nation. Il se trouva donc que, tout en visant à appliquer les consignes du Congrès, les recommandations du Conseil étaient toujours formulées selon un point de vue favorable à la compétition et à la liberté d'action des marchés. Elles mettaient moins l'accent sur les interdictions et davantage sur la responsabilité des directeurs et l'ouverture, qui permettraient aux marchés de mieux fonctionner. L'équipe reconnaissait également le pouvoir de la surveillance par les contreparties comme première ligne de protection contre les crédits abusifs ou inappropriés.

Cette interprétation de la régulation était sans nul doute influencée par les économistes présents dans l'institution et siégeant au Conseil. Dans l'ensemble, ils étaient sensibles à la nécessité de soutenir les forces du marché, que le dispositif de sécurité financière des Etats-Unis tend au contraire à affaiblir. Ce dispositif de sécurité, qui comprend des mécanismes tels que l'assurance sur dépôt, l'accès des banques aux facilités d'escompte et au vaste système de paiements électroniques de la Fed, réduit l'importance de la réputation comme garde-fou contre la création excessive de dettes. Néanmoins, les efforts des directions pour protéger leurs réputations sont importants pour toutes les affaires, mais surtout les banques, où la renommée est cruciale pour le sérieux de leurs opérations. Si le portefeuille de créances d'une banque ou si ses employés sont suspects, les clients se volatilisent, et souvent très vite. Mais quand les dépôts sont garantis d'une manière ou de l'autre, pareille désertion est moins probable.

Etudiant les dégâts causés aux banques par les paniques bancaires durant la Grande Dépression, j'en conclus que, tout bien considéré, la garantie des dépôts est un facteur positif[1]. Néanmoins, la présence d'un filet de sécurité

---

1. J'ai toujours pensé que le système des paiements devrait être entièrement privé, mais j'ai trouvé que Fedwire, le système électronique de transfert de fonds géré par la Réserve Fédérale, offrait quelque chose qu'aucune banque privée ne pouvait faire : des réglements finaux sans risques. Le guichet d'escompte de la Fed sert de prêteur en dernier ressort, ce que le secteur privé ne peut se permettre sans compromettre les avoirs des actionnaires.

gouvernemental stimule indubitablement le « risque moral », expression usitée dans le secteur des assurances pour parler de clients qui prennent des décisions qu'ils rejetteraient s'ils n'étaient assurés contre leurs conséquences éventuellement négatives. La régulation sur les prêts et dépôts doit donc être soigneusement modulée, afin de minimiser les risques moraux inhérents à ceux-ci. La démocratie a besoin de compromis.

Je fus ravi de constater que le travail de régulateur n'était pas ce que j'avais craint. Lors des centaines de votes de la Fed sur la régulation auxquels je pris part, je ne me suis trouvé en minorité qu'une seule fois (j'avais soutenu qu'une loi sur la consommation exigeant la révélation d'un taux d'intérêt était fondée sur une méthode de calcul erronée, ce qui n'était guère un grand point de philosophie). Ainsi, je ne partageai pas la fièvre de certains à discuter de la formulation d'une réglementation, mais je m'installai dans un rôle confortable où je ne donnais mon opinion que sur les sujets importants pour le fonctionnement de la Fed ou du système financier dans son ensemble.

Au fil des ans, j'en ai beaucoup appris sur le type de régulations qui produisent le moins d'ingérences. En voici trois principes :

1. Une régulation approuvée à l'occasion d'une crise doit ensuite être soigneusement ajustée. Le Sarbanes Oxley Act, précipitamment voté par le Congrès dans les remous des banqueroutes Enron et WorldCom et exigeant une plus grande transparence financière des entreprises, figure en tête de liste de celles qui appellent une révision.

2. Plusieurs régulateurs valent quelquefois mieux qu'un seul. Le régulateur solitaire devient hostile au risque ; il essaie de se prémunir contre toutes les éventualités négatives imaginables. Dans les industries financières, où la Fed partage ses prérogatives en matière de juridiction avec le Contrôleur de la monnaie, la Securities and Exchange Commission et d'autres autorités, nous avons tendance à nous tenir les uns les autres en échec.

3. Les régulations survivent à leur utilité. Je l'ai appris

en observant Virgil Mattingly, qui fut longtemps le chef de l'équipe juridique de la Fed. Il prenait très au sérieux l'exigence statutaire de réviser tous les cinq ans toutes les régulations de la Réserve Fédérale ; celles qui étaient jugées obsolètes étaient annulées sans scrupules.

Le domaine dans lequel j'estimais qu'on avait besoin de plus d'intervention gouvernementale était la lutte contre la fraude ; celle-ci reste la plaie de tout marché [1]. En fait, je pense que Washington ferait bien de renforcer l'application des lois contre la fraude et les rackets, en puisant dans les fonds assignés à de nouvelles régulations.

Il n'est pas rare que des législateurs et des régulateurs s'empressent de promulguer de nouvelles lois en réaction à des crises du marché, et les erreurs qui en résultent prennent souvent un temps considérable pour être corrigées. J'ai longtemps soutenu que le Glass-Steagall Act – qui, en 1933, avait détaché la souscription des valeurs des activités bancaires commerciales –, était fondé sur des prémisses fausses. Les témoignages présentés au Congrès à l'époque étaient truffés d'anecdotes donnant l'impression que les banques auraient fait un usage inapproprié de leurs filiales de valeurs et que cela compromettait la santé générale du secteur. Ce ne fut qu'après la Seconde Guerre mondiale, quand l'informatique permit d'évaluer l'ensemble du système bancaire, qu'il apparut que les banques *avec* des filiales de valeurs avaient mieux résisté à la crise de 1930 que celles qui n'en avaient pas. Quelques mois avant que je prisse mes fonctions à la Fed, le Conseil avait présenté une proposition permettant aux banques de vendre des valeurs par l'entremise de filiales, sous des restrictions très étroites. Le Conseil continua de pousser à l'allègement des restrictions, et je témoignai plusieurs fois en faveur d'un changement législatif. Il fallut attendre 1999 pour que le Glass-Steagall Act fût annulé par le Gramm Leach Bliley Act. Heureusement, cette dernière loi, qui restaurait la flexibilité qui avait cruel-

---

1. La fraude détruit le processus même du marché, parce que les acteurs de ce dernier doivent se fonder sur la bonne foi des autres acteurs.

lement fait défaut aux industries financières, n'était pas une aberration. La prise de conscience des dommages infligés par une régulation excessive et du besoin d'adaptabilité économique a beaucoup progressé ces dernières années. Nous ne reviendrons pas en arrière.

Comme le capitalisme lui-même, la mondialisation, c'est-à-dire l'extension du capitalisme aux marchés mondiaux, fait l'objet de critiques intenses de ceux qui ne voient que l'aspect destructeur de la destruction créatrice. Pourtant, toutes les preuves crédibles montrent que les bénéfices de la mondialisation excèdent ses coûts, au-delà même des frontières de l'économie. Ainsi, dans un article publié à la fin 2006, l'économiste Barry Eichengreen et le spécialiste des sciences politiques David Leblang ont trouvé « [dans les cent trente ans écoulés de 1870 à 2001] la preuve d'une interaction entre la mondialisation et la démocratie. [...] L'ouverture du commerce propage la démocratie. [...] L'impact de l'ouverture financière sur la démocratie n'est pas aussi prononcé, mais il va dans le même sens [et] et les démocraties sont plus enclines à lever les contrôles sur le capital ». Au lieu de détruire l'édifice sur lequel repose la prospérité du monde, nous devrions, par conséquent, faire de plus grands efforts pour apaiser les craintes qu'inspire le côté menaçant de la destruction créatrice. L'innovation est aussi importante pour le marché financier mondial que pour la technologie, les produits de consommation ou les soins de santé. Avec l'extension de la mondialisation, qui commence à ralentir, notre système financier devrait conserver sa flexibilité. Le protectionnisme, quelle qu'en soit l'apparence, qu'il soit intérieur ou extérieur, politique ou économique, qu'il affecte le commerce ou les finances, est une bonne recette pour la stagnation économique et l'autoritarisme politique. Nous pouvons faire mieux. En fait, nous le devons.

20.

LE « CONUNDRUM »
OU L'ÉNIGME DES TAUX LONGS

« Que se passe-t-il ? » me plaignis-je en juin 2004 à Vincent Reinhart, directeur des Affaires monétaires au Federal Reserve Board. Nous avions augmenté le taux des fonds fédéraux, et non seulement les rendements des bons du Trésor n'avaient pas augmenté, mais encore, ils avaient baissé. Nous avions l'habitude de ce phénomène uniquement à la fin d'un cycle de resserrement monétaire commandé par la Fed – quand les taux d'intérêt à long terme commençaient à refléter pleinement les anticipations d'un ralentissement de l'inflation –, mais jamais au début du resserrement[1]. Or il est extrêmement rare de voir les rendements baisser au début d'un cycle de resserrement.

Ce cycle avait à peine commencé. Je l'avais annoncé moins de deux mois auparavant devant le Comité économique conjoint du Congrès et au nom du FOMC. J'avais déclaré clairement l'intention de la Fed d'augmenter les taux : « Le taux des fonds fédéraux doit augmenter à un certain niveau pour prévenir des pressions éventuelles sur l'in-

---

1. Le schéma des taux d'intérêt à long terme, par exemple, fut encore plus typique. A partir de février et pendant les mois suivants, nous avions augmenté le taux des fonds fédéraux à un total de 175 points de base, afin de désamorcer une remontée des anticipations d'inflation qui s'annonçait. Le rendement des bons du Trésor à long terme monta d'abord. Mais, à la fin de 1994, alors que nous venions d'ajouter à ce taux 75 points de base, il déclina.

flation. Pour la Réserve Fédérale, la poursuite de la prospérité exige le maintien de la stabilité des prix et elle agira en conséquence. » Nous avions espéré élever ainsi les taux hypothécaires à des niveaux qui désamorceraient le boum immobilier, qui bouillonnait alors de façon inquiétante.

La réaction du marché fut immédiate. Anticipant une hausse des taux longs, depuis toujours associée à celle des taux fédéraux, les participants du marché établirent alors rapidement de vastes positions « courtes » sur les instruments de dette à long terme. Le rendement sur les bons du Trésor à dix ans augmenta d'environ 1 point pendant plusieurs semaines. Le programme de resserrement sembla sur la bonne voie. Mais en juin, surgies de nulle part, les pressions du marché amortirent les taux à long terme. Nous pensâmes assister à une aberration. J'en restai intrigué et perplexe.

Les dirigeants de la Fed doivent traiter sans cesse des phénomènes inexplicables. J'ai plus d'une fois été capable de débusquer les causes d'une anomalie sur le marché, mais il m'avait fallu pour cela l'observer pendant un mois ou deux, jusqu'à ce qu'elle eût disparu. D'autres fois, cette aberration est demeurée un mystère. Les changements de prix résultent, bien sûr, d'un déséquilibre entre l'offre et la demande. Mais les analystes ne peuvent que constater les conséquences. Sauf à psychanalyser tous les intervenants pour savoir ce qui les a poussés à agir comme ils l'ont fait, il est des épisodes que nous ne pourrons sans doute jamais expliquer. Le krach boursier d'octobre 1987 en est un. Jusqu'à ce jour, les tentatives d'explication se succèdent sur cette chute record d'un jour ; elles vont de la tension des relations avec l'Allemagne à des taux d'intérêt élevés, mais personne n'en connaît réellement la cause.

Je n'avais pas trouvé d'explication à l'épisode de 2004 et je conclus que ce devait être un accident sans suite. Je me trompais. En février et en mars, cette anomalie réapparut. En réaction à un nouveau resserrement de la Fed, les taux à long terme recommencèrent à monter, mais comme en 2004, les forces du marché intervinrent et firent que ces poussées furent de courte durée.

Quelles étaient ces forces ? Elles étaient à coup sûr mondiales, car les déclins des taux à long terme étaient aussi marqués, sinon plus, sur les grands marchés internationaux qu'aux Etats-Unis. La mondialisation avait certes exercé une pression anti-inflationniste depuis la mi-1980. J'étais toujours intrigué par le vaste schéma de changement que j'avais esquissé pour mes collègues du FOMC, en décembre 1995, et que j'avais ainsi commenté : « Il est très difficile d'identifier des pressions inflationnistes dans le monde. Il se passe quelque chose de différent. » A ce moment-là, je ne pouvais pas le prouver, mais j'exposai ce que je croyais être la réponse.

On se rappelle sans doute qu'au début de cette année, j'ai soulevé la question de l'impact extraordinaire de l'accélération des technologies, principalement celles qui étaient fondées sur le silicium – il s'était exercé sur le renouvellement du stock de capital et sur la baisse assez spectaculaire de l'âge moyen de ce stock ; il avait suscité aussi une grande insécurité pour ceux qui, sur le marché du travail, affrontaient des structures technologiques sans cesse changeantes. Pour s'en faire une idée, même lointaine, nous n'avons qu'à imaginer la réaction des secrétaires dactylos si l'on changeait l'ordre de leurs claviers tous les deux ans. Mais c'est à peu près ce que nous imposons au monde du travail. Selon moi, cela explique de mieux en mieux pourquoi les grilles des salaires ont été aussi restreintes.

Une preuve extraordinaire et récente en est le nombre sans précédent de contrats d'embauche de cinq ou six ans. Nous n'avions jamais eu de contrats de plus de trois ans durant les trente ou quarante dernières années. Les changements sous-jacents dans la technologie, qui confirment cette hypothèse, ne se manifestent qu'une fois par siècle ou par demi-siècle. De surcroît, la miniaturisation des produits, grâce à la technologie des puces d'ordinateur, a réduit sensiblement les prix de transport. Nous fabriquons de très petits produits, faciles à transporter. Facteur également crucial, l'effet radical de la technologie des communications sur le coût de la communication. Produits plus petits, télécommunications moins chères : le monde est devenu plus petit. Nous assistons à une prolifération des délocalisations. Ce qu'on peut attendre de tout cela est une combinaison de l'efficacité croissante du capital et d'une baisse des coûts unitaires du travail. Le phénomène est nouveau et il pose des questions intéressantes : est-ce que quelque chose d'important se passe en profondeur ? Qu'est-ce qui se prépare à long terme ?

Nous ne pouvions pas offrir une analyse correcte d'un monde changeant sur une période de cinq à dix ans. C'est ce que j'ai déclaré, mais le temps n'a fait qu'accuser ce constat. A l'entrée dans le nouveau millénaire, les signes d'une désinflation mondiale se sont affirmés et sont devenus de plus en plus évidents dans les pays développés, dont l'histoire abondait en épisodes inflationnistes. Le Mexique était, en 2003, fier de mettre pour la première fois sur le marché une obligation à vingt ans libellée en pesos, huit ans seulement après avoir subi une grave crise de liquidités, où il n'avait même pas pu vendre des titres à court terme libellés en dollars et où il avait dû appeler les Etats-Unis à l'aide. Certes, à la suite de sa quasi-banqueroute, le Mexique avait pris plusieurs mesures importantes pour mettre en ordre ses affaires budgétaires et monétaires. Mais rien dans ces mesures ne laissait penser qu'elles redresseraient assez le pays pour qu'il pût vendre des obligations à vingt ans à faible rendement. L'histoire macroéconomique du Mexique, qui était contrastée, lui avait jusqu'alors imposé de libeller ses dettes à long terme en devises étrangères afin d'attirer des investisseurs.

Le Mexique n'était pas un cas isolé. Les gouvernements d'autres pays en développement émettaient eux aussi des obligations à long terme libellées dans leurs propres devises, et avec des taux de rendement que les pays développés, eux, eussent applaudi à peine une décennie plus tôt. J'ai également relevé que, contrairement à ses antécédents, le Brésil avait été capable en 2002 de supporter une dévaluation de 40 % de sa devise, le real, et qu'il n'avait accusé qu'une inflation modérée et brève.

L'inflation a été jugulée virtuellement partout sur la planète. Les prévisions d'inflation, reflétées par le rendement de la dette à long terme, ont été infirmées. Les rendements obligataires des pays en développement avaient baissé à un niveau sans précédent. Les taux d'inflation annuels à deux, voire trois chiffres – plaie historique des pays en développement –, avaient disparu, à quelques exceptions près. Les épisodes d'hyper-inflation étaient devenus extrêmement rares [1]. Entre 1989 et 1998, les pays en développement accusaient une hausse de 50 % des prix au consommateur ; en 2006, cette dérive des prix était tombée à moins de 5 %.

Mais bien que la mondialisation eût réduit les taux d'intérêt à long terme, nous n'avions, à l'été 2004, aucune raison d'imaginer qu'un resserrement de la Fed ne les relèverait pas. Nous anticipions que nous partirions d'un taux plus bas qu'il ne l'avait jamais été par le passé. La réaction inattendue au resserrement de la Fed cette année-là donna à penser qu'en plus de la mondialisation, des forces très importantes s'étaient développées et que leur profondeur et leur pleine signification étaient demeurées bien cachées jusque-là. Je fus abasourdi. J'appelai cette situation inédite « un conundrum [2] ». Ma perplexité ne fut certes pas atténuée par les nombreuses bouteilles de vin justement appelées « Conundrum » qui arrivèrent à mon bureau et dont je ne me rappelle pas l'année.

Un événement survenu en Europe et passé presque inaperçu nous fournit le premier indice. Siemens, l'un des exportateurs géants de l'Allemagne, avait, en 2004, averti le syndicat IG Metall que, s'il n'acceptait pas une réduction des salaires de plus de 12 % dans deux de ses usines, il envisagerait de délocaliser ses installations en Europe de l'Est. IG Metall, ainsi mis au pied du mur, acquiesça à la première solution et l'exode des usines Siemens vers les économies récemment libérées de l'Europe de l'Est fut suspendu [3]. Cet

---

1. Le Zimbabwe, qui a saccagé son économie, a été la principale exception.
2. Conundrum se traduit littéralement par « énigme ». *(N.d.T.)*
3. En septembre 2006, Volkswagen négocia un accord similaire pour abaisser le salaire horaire moyen en échange de la stabilité des emplois mis en péril par la délocalisation d'une usine.

événement me frappa, parce que j'avais déjà reçu des rapports sur des confrontations similaires. Il me permit de reconsidérer l'évolution des salaires en Allemagne. Les employeurs du pays se plaignaient depuis longtemps de ce que les salaires élevés les rendissent moins compétitifs – même si, à un taux de 2,3 % par an entre 1995 et 2002, les hausses des salaires horaires n'ont pas été très spectaculaires. Ces doléances furent enfin entendues. A la fin 2002, le taux de croissance du salaire horaire moyen baissa brusquement de moitié et resta très bas jusqu'à la fin de 2006.

Siemens et le reste de l'industrie allemande, soutenus par des réformes autorisant un plus large emploi des soi-disant travailleurs intérimaires, se trouvèrent en mesure d'amortir les salaires, les coûts et donc les prix. Les anticipations d'inflation baissèrent avec celle-ci. La perte de son pouvoir de marchandage par IG Metall résulta, bien sûr, de forces entièrement extérieures aux frontières allemandes : l'entrée en lice de cent cinquante millions de travailleurs fraîchement libérés des griffes de la planification soviétique, instruits et moins chers.

La fin de la guerre froide, ce recul des bords de l'abîme d'un conflit des deux superpuissances nucléaires de la planète est l'événement géopolitique qui domine de la deuxième moitié du XXe siècle. Mais la signification économique en est aussi impressionnante, comme je l'ai observé au chapitre 6. La chute du mur de Berlin dévoila un tel état de délabrement économique que la planification centralisée, jadis qualifiée de remède « scientifique » au « chaos » des marchés, fut définitivement discréditée. L'éloge funèbre économique lui fut refusé et elle disparut sans un soupir du discours politique et économique. En conséquence, la Chine communiste, qui avait, dix ans plus tôt, découvert les vertus pratiques des marchés, accéléra son avance vers le capitalisme de marché, sans jamais reconnaître, évidemment, que c'était bien ce qu'elle pratiquait. L'Inde commença à s'agiter sous le harnais du socialisme bureaucratique que lui avait jadis imposé son Premier ministre, Jawaharlal Nehru. Et toutes les tentations que les économies émergentes avaient eues d'appliquer des formes de planification centralisée furent tranquillement reléguées aux archives.

Bientôt, plus d'un milliard de travailleurs instruits et bon marché, issus d'économies centralisées et isolées de la compétition mondiale, commencèrent à graviter autour des marchés mondiaux. Le FMI estime qu'en 2005, plus de 800 millions des forces de travail mondiales étaient employés pour les marchés d'exportation, donc concurrentiels ; cela représentait 500 millions de plus depuis la chute du mur de Berlin en 1989 et 600 millions depuis 1980, l'Extrême-Orient y comptant pour plus de la moitié. Bien que la somme des salaires de cette main-d'œuvre repositionnée ne fût qu'une petite fraction de celle du monde développé, les effets en furent bien plus grands. Non seulement les importations à bon marché avaient-elles déplacé la production et donc les travailleurs dans les pays développés, mais encore la concurrence des travailleurs déplacés en quête d'emploi abaissa-t-elle les salaires de travailleurs qui ne se trouvaient pas directement confrontés aux importations à bon marché. De plus, l'arrivée des travailleurs d'Europe de l'Est exposa leurs collègues de l'Ouest à une concurrence des salaires. En fin de compte, les exportations des anciennes économies centralisées abaissèrent les prix de celles de toutes les économies.

Si ce milliard de travailleurs à bas prix était subitement arrivé en masse sur le marché du travail, je ne doute pas du chaos qui s'en serait suivi sur les marchés. Les économies d'Europe de l'Est, jadis sous le joug soviétique, avaient fait la transition dix ans plus tôt, mais certes pas en douceur. Toutefois, elles ne comptaient que pour une fraction dans le séisme à venir. Ce fut la Chine qui domina la scène, et de haut. Les chiffres disponibles, s'ils sont fiables, indiquent que la migration de la main-d'œuvre rurale, contrôlée par le gouvernement, s'effectua d'abord lentement, avant de s'accélérer – ces travailleurs furent dirigés vers le delta de la rivière des Perles et d'autres régions dynamiques, tournées vers l'exportation. Bon nombre de gens quittèrent l'agriculture pour travailler dans l'industrie et surtout dans les services des régions urbaines. Les entreprises privées conquirent une belle part de la force de travail chinoise, constituée de plus de 800 millions de personnes. En 2006, l'agriculture ne représentait qu'un peu plus des deux cinquièmes de l'emploi total. Dans les usines, l'emploi est demeuré stable ces dernières années, en dépit de réductions massives du personnel des entreprises d'Etat. Les plus fortes embauches ces dix dernières années furent enregistrées dans les services.

Point important : ce sont la rapidité et l'ampleur du changement dans le passage de l'emploi planifié aux marchés concurrentiels qui déterminent le degré de pression désinflationniste sur les salaires et les prix dans les pays développés. En raison des effets indirects des importations concurrentielles et de l'immigration, c'est l'arrivée de nouveaux travailleurs à bas prix qui affecte la structure des prix de la main-d'œuvre dans les pays développés. Plus on ajoute de travailleurs aux marchés concurrentiels, plus forte est, dans les pays développés, la pression sur les salaires et les prix. Le premier choc avait peut-être entraîné une baisse de deux points de pourcentage dans la croissance annuelle des salaires. Qu'un choc apparemment aussi modeste ait pu secouer de grands systèmes peut sembler aussi incongru que le spectacle d'un homme de 75 kg soulevant une tonne d'acier ; mais si cet homme a un levier, il le peut. La trajectoire de la croissance fut modifiée, enclenchant un enchaînement de conséquences : la baisse des salaires fit baisser les anticipations d'inflation, ce qui, à son tour, contint la croissance des salaires et freina celle des prix. Ce fut ce processus qui fit effet de levier. Le cercle s'arrêta parce que les travailleurs acceptent bien un ralentissement de la croissance des salaires, mais qu'ils résistent davantage à une diminution caractérisée de ceux-ci.

La Chine est de loin l'acteur dominant dans ce contexte. Au cours du dernier quart de siècle, les migrations croissantes de ses travailleurs vers les régions côtières, orientées vers l'exportation, ont entraîné une désinflation croissante des salaires et des prix dans les pays développés. Cela suggère aussi qu'une fois achevée cette migration de travailleurs jadis planifiés, capables et désireux de se lancer dans la compétition mondiale, la pression sur les salaires et les prix des pays développés prendra fin, du moins de ce côté-là. En 2000, la moitié de la force de travail chinoise était encore employée dans l'industrie primaire, principalement l'agriculture. La Corée du Sud en était là en 1970, alors qu'elle entamait son déclin. Aujourd'hui, l'industrie primaire n'emploie plus que 45 % en gros de la main-d'œuvre totale et en Corée du Sud, moins de 8 %. Si la Chine suivait le chemin de sa voisine dans le quart de siècle à venir, son taux de migration interne, qui croît toujours, se stabiliserait pour des années. Mais le manque de chiffres fiables, aussi bien pour la Corée du Sud d'autrefois que pour la Chine d'aujourd'hui, limite nos analyses. De plus, étant donné les différences entre la Corée du Sud d'il y a vingt-cinq ans et la Chine d'aujourd'hui, en dimensions, en orientation politique et en politique économique, ces comparaisons ne peuvent fournir que des indications.

La ligne critique pour les perspectives économiques et les dirigeants mondiaux ne sera pas la fin de la migration des travailleurs, mais le ralentissement de son taux de croissance – tôt ou tard, la transition vers l'économie de marché sera achevée. Quand le flux de travailleurs aura atteint son pic, les effets désinflationnistes s'allégeront et les pressions inflationnistes reprendront.

Après la chute du mur de Berlin, il y eut une baisse nette de l'inflation et des anticipations d'inflation ; elle entraîna une baisse des primes d'inflation incluses, dans le monde entier, dans les rendements à long terme. Cependant, son effet sur les taux d'intérêt réels se limita à son impact sur les primes de risque – en effet, une plus faible inflation réduit aussi la volatilité du marché. La fraction restante de la baisse des taux d'intérêt réels semble avoir résulté d'une plus grande propension dans le monde à épargner plutôt qu'à investir cette épargne dans des actifs productifs. L'excès d'épargne potentielle submergea les marchés financiers mondiaux. Mais cela semble aussi résulter du passage des pays en développement – de l'ère post-soviétique – au marché concurrentiel avec comme conséquences leur croissance.

Les investissements mondiaux en usines, équipements, stocks et immobilier doivent toujours, on l'a vu, être égaux à l'épargne mondiale qui finance ces investissements. Chaque actif doit avoir un propriétaire. En fait, la valeur « papier » des créances sur les actifs nouvellement créés doit toujours être égale à leur valeur sur le marché. En d'autres termes, les actifs et passifs doivent être égaux. L'épargne dans le monde entier doit équilibrer l'investissement. Mais les entreprises et les ménages organisent leurs investissements avant de savoir quels épargnants dans le monde les financeront finalement. Et les épargnants organisent, eux, leur épargne avant de savoir quels investissements ils financeront. Il s'ensuit qu'à n'importe quelle période, les investissements envisagés ne sont jamais équivalents à l'épargne prévue.

Quand les investisseurs et les épargnants essaient de réaliser leurs intentions sur le marché, tout déséquilibre entre eux contraint les taux d'intérêt réels à varier jusqu'à ce que l'investissement et l'épargne s'équilibrent. Si l'investissement envisagé excède l'épargne prévue, les taux d'intérêt réels augmenteront assez pour dissuader les investisseurs et/ou pousser les épargnants à épargner davantage. En revanche, si l'épargne prévue excède les investissements envisagés, les taux d'intérêt baisseront. Sauf dans les manuels d'économie, ce processus n'est pas séquentiel, mais concurrentiel et instantané. En fait, on n'observe jamais de différence entre l'épargne et l'investissement courants.

Bien que leurs revenus soient plus bas, les ménages et les entreprises des pays en développement en épargnent une plus grande partie que dans les pays développés. Là, de vastes réseaux financiers prêtent aux consommateurs et aux entreprises. La plupart des prêts sont garantis par des actifs, ce qui permet à une part appréciable des emprunteurs de dépenser au-delà de leurs revenus. Dans les pays en développement, ces réseaux sont beaucoup plus rares et les gens ne sont donc pas incités à dépenser plus qu'ils ne gagnent. De plus, dans la plupart des sociétés en développement, les gens sont trop proches du niveau de subsistance pour oublier de se prémunir contre l'adversité ; ils recherchent une garantie qui leur éviterait une déchéance éventuelle, parce que leurs pays n'ont pas de filets de sécurité pour les protéger dans ce cas-là. Ils veulent une poire pour la soif. Ils sont contraints d'épargner [1].

Comme il fut rapporté au FMI, l'épargne exprimée en pourcentage du PIB nominal dans les économies avancées (les pays développés) oscillait dans les années 1980 et 1990 autour de 21 ou 22 %. Les pays en développement accusaient alors un taux de 23 à 24 %. Mais à partir de 2000, leur entrée dans les marchés concurrentiels et les pratiques capitalistes commença à porter des fruits. L'investissement direct étranger pour l'emploi d'une main-d'œuvre à bas prix, stimulé par des lois de plus en plus crédibles sur les droits de propriété, accéléra une croissance entraînée par les exportations [2].

Au cours des cinq dernières années, la croissance des pays en développement a été double de celle des pays développés. Leurs taux d'épargne, où la Chine caracole en tête, sont passés de 24 % en 2001 à 32 % en 2006 ; en effet, dans ces sociétés culturellement conservatrices, la consommation se traînait et l'investissement était très en retard sur l'accroissement de l'épargne. Pendant ce temps, les taux d'épar-

---

1. L'une de mes premières analyses statistiques pour le National Industrial Conference Board, voici plus d'un demi-siècle, montrait qu'en dépit de revenus moyens inférieurs, les fermiers américains en épargnaient une plus grande part que les citadins. Les revenus des citadins, eux, n'étaient pas vulnérables aux intempéries qui affligeaient la plupart des fermiers à cette époque. Il faut noter qu'à l'époque le corps social de référence des fermiers était constitué d'autres fermiers et que les modes de dépense citadins n'avaient pas encore envahi les campagnes.

2. Comme je l'ai noté, l'investissement direct en Chine augmenta progressivement de 1980 à 1990, mais il fut multiplié par un facteur 17 en 2006 ; en effet, la preuve que le capitalisme de marché était le moteur le plus efficace pour la prospérité s'était imposée. A tort ou à raison, les investisseurs étrangers ont sans doute cru que les dirigeants chinois étaient aussi pénétrés de cette leçon et le démontraient dans leur application parfois ambiguë de la loi.

gne dans les pays développés sont tombés au-dessous de
20 % et la croissance de l'investissement en pourcentage du
PIB, presque entièrement localisée dans les pays en développement, a été très modeste [1]. Les pays exportateurs de
pétrole décidèrent de n'investir qu'une part minime de leurs
revenus croissants dans l'extension de leur capacité de production.

Les économistes peuvent évidemment mesurer le taux
d'épargne, mais les intentions des épargnants étant rarement
connues, leurs estimations valent juste un peu plus que les
approximations raisonnables. Toutefois, il n'est pas aventu-
reux de supposer que, ces dernières années, l'épargne prévue a dépassé l'investissement envisagé, comme cela est
démontré par le déclin mondial des taux d'intérêt réels à
long terme – c'est-à-dire ajustés des anticipations d'inflation. Même si aucun changement ne survient dans le
comportement des épargnants, la part croissante des revenus mondiaux destinée aux économies en développement,
dont les taux d'épargne sont chroniquement plus hauts,
accroîtra aussi cette épargne d'année en année. Et cette tendance se poursuivra aussi longtemps que les taux de croissance des économies en développement seront plus élevés
que ceux des économies développées, comme cela a été le
cas depuis 2000. D'habitude, quand les taux d'intérêt réels
baissent, les économistes éprouvent de la difficulté à savoir
si la cause en est un accroissement de l'épargne prévue ou
bien une baisse de l'investissement projeté. Mais la poussée
de l'épargne des pays en développement, dont une moitié
seulement était investie dans les pays développés, suggère
fortement que c'est un excès d'épargne qui a été la cause de
la baisse des taux d'intérêt réels. Etant donné que l'investissement effectif enregistré dans les pays développés n'a crû
que de façon médiocre (en raison des taux bas), il s'ensuit
que l'investissement projeté a dû y être stable ou à peu près

---

1. Un petit problème qui se pose quand on fait ce genre d'évaluations est que
l'épargne mondiale et les revenus mondiaux enregistrés sont séparés par une
divergence statistique.

stable en parts du PIB. En fait, comme je le note au chapitre 25, l'investissement envisagé aux Etats-Unis a été paresseux ces dernières années, à en juger par les plus grandes parts de marge brute des entreprises qui ont été versées aux actionnaires ; cela s'explique probablement par le manque d'opportunités d'investissement. Ces données concordent avec l'idée que le déclin des taux d'intérêt à long terme, à la fois nominal et réel, est principalement causé par des forces géopolitiques plutôt que par le jeu normal des forces de marché.

Si les pays en développement continuent de croître à ce rythme et si les réseaux financiers s'étendent et prêtent plus facilement de l'argent à leurs citoyens, les taux d'épargne des pays développés finiront par tomber, au moins à leurs niveaux des années 1980 et 1990. La tendance à « rivaliser avec les Jones », selon l'expression américaine, est innée dans l'être humain et devient d'ailleurs manifeste dans les marchés naissants de consommateurs des pays en développement. Une consommation accrue contribuera à alléger la pression des excédents d'épargne sur les taux d'intérêt réels[1]. Mais cela adviendra vraisemblablement même si le taux de croissance des pays en développement ralentissait. Dans toutes les économies, la dépense ne s'ajuste que rarement aux flux non anticipés de revenus ; c'est ainsi que les taux d'épargne montent. Mais quand la croissance du revenu ralentit, les taux d'épargne tendent à baisser.

Ainsi, tandis que les anciennes forces de travail soumises à la planification centrale poursuivent leur passage vers les marchés concurrentiels et que les systèmes financiers de plus en plus complexes des pays développés flattent leur propension naturelle à une plus grande consommation et à moins d'épargne, l'inflation, les primes d'inflation et les taux d'intérêt perdront progressivement le rôle de tampon qu'ils ont joué dans la décennie écoulée. J'exposerai au dernier chapitre mes prévisions en la matière.

---

1. A la condition évidente que l'investissement antérieur, en tant que part du PIB, ne baisse pas en tandem.

La capacité des économies en développement de croître plus vite que les développées faiblira, à moins que les savants et les ingénieurs des nouvelles élites high-tech ne développent de nouvelles idées et des innovations à partir de technologies empruntées. Pour le moment, ces savants et ingénieurs sont formés, en Chine, en Inde et ailleurs, dans des technologies du siècle dernier développées en Occident. Mais on peut raisonnablement s'attendre à ce que certains d'entre eux aillent peut-être au-delà du niveau technologique des économies développées. Un facteur plus important, voire une nécessité pour la technologie en Chine, en Inde ou en Russie, si ces pays veulent dépasser le niveau américain, par exemple, est la stabilité politique.

Dans quelle mesure le système politique américain – avec sa protection des droits individuels et surtout des droits de propriété, ainsi qu'avec ses réglementations et son niveau de corruption relativement faibles – a-t-il contribué à l'écart actuel entre le niveau de vie des Américains et celui des pays en développement ? Beaucoup, je pense. Cependant, et en dépit de nos universités de renommée mondiale, notre système d'éducation, primaire et secondaire, souffre d'une grave carence, que j'analyserai au chapitre 21 : il ne fournit pas de talents capables de gérer notre infrastructure de plus en plus en plus complexe, celle qui déverse sur le monde des quantités de biens et services inégalées depuis un siècle.

Ne trouvant pas chez eux des taux convenables de retour sur investissement ajustés des risques, les habitants des pays en développement investissent aux Etats-Unis ; là, depuis plus de deux siècles, Américains et étrangers bénéficient à titre égal de la protection de la loi. Peu de pays en développement protègent les droits de propriété, même ceux de leurs propres citoyens, autant que nous le faisons. Quand je dis « des taux rendements sans risques », je me réfère aussi bien aux risques dans les pays en développement que dans nombre de pays développés ; ce sont les risques de confiscation pure et simple ou l'équivalent sous forme de réglementations paralysantes, de taxations erratiques, d'application sporadique des lois ou de corruption endémique.

Le point que je veux souligner est que toute mesure adéquate du degré de validité des droits de propriété dans un pays doit prendre en compte des facteurs tels que la régulation et l'arbitraire dans l'application des lois. La corruption, de surcroît, augmente le coût de la propriété. La plupart des pays en développement ne se distinguent guère sur ces critères. En fait, la raison majeure pour laquelle ils demeurent « en développement » – et trouvent si difficile d'accéder au stade « développé » – est leur carence dans l'application des lois sur la propriété. Le palmarès des Etats-Unis est enviable : les « primes de risques politiques » y sont les plus basses au monde[1].

Je peux imaginer sans peine que le fossé entre le savoir-faire technique des pays développés et celui des pays en développement rétrécisse considérablement. Toutefois, je trouve difficile d'imaginer un changement à court terme aussi net dans l'autoritarisme de la Chine, l'asphyxiante bureaucratie de l'Inde ou la façon erratique dont la Russie traite la mise en vigueur des droits de propriété. De fait, la perception que l'investisseur a de ces risques politiques change elle-même si lentement qu'il faudrait des années, après une réforme fondamentale et crédible, pour que ces risques soient à peu près effacés dans l'esprit des décideurs économiques.

J'ai toujours pensé qu'une inflation aussi basse que 1 % dans une société concurentielle démocratique, comportant quelques traces de populisme – y a-t-il un pays qui en soit exempt ? –, ne peut être durable[2]. De par sa nature même, la monnaie fiduciaire d'une telle société n'est assujettie qu'aux décisions de mise en circulation par la banque centrale et ne peut être isolée des influences politiques. Les périodes d'inflation américaine de 1946, 1950 et de la fin

---

1. La réputation des Etats-Unis a cependant quelque peu souffert du rejet, fortement médiatisé, des efforts d'achat d'Unocal par une compagnie chinoise, en 2005, et d'une compagnie gérant les ports américains par Dubaï Ports World en 2006.

2. Etant donné le biais positif de mesure sur l'indice des prix, un taux de croissance de 1 % de ces prix représente probablement une économie où les prix sont stables.

des années 1970 m'ont laissé un souvenir trop vivace. Mes idées furent mises à l'épreuve en 2003 par la déflation au Japon, bien qu'elle n'ait pas touché les Etats-Unis. Si le taux d'inflation usuel de la monnaie fiduciaire se situe autour de 1 à 2 %, quelle force inconnue l'empêcherait de crever ce plafond, une fois que les deux grandes forces désinflationnistes décrites dans ce chapitre auront perdu du terrain ? La réponse la plus évidente est : la politique monétaire. Vient un point où les banquiers centraux, comme je l'explique dans le chapitre 25, sont sommés une fois de plus de contenir les pressions inflationnistes.

Depuis plusieurs décennies, les banquiers centraux se sont imprégnés d'un principe important : la stabilité des prix est la voie vers une croissance économique soutenue maximale. De fait, beaucoup d'économistes définissent la politique monétaire des banques centrales comme le facteur clé dans la réduction mondiale de l'inflation. Je voudrais bien le croire. Je ne nie pas que nous ayons adapté notre politique aux tendances désinflationnistes mondiales qui émergeaient, mais je doute fort que les mesures politiques ou la crédibilité des banques en tant qu'agents anti-inflationnistes aient joué un grand rôle dans la chute des taux d'intérêt à long terme ces derniers dix ou vingt ans. Cette chute (et le « conundrum ») peut être presque entièrement expliquée par d'autres forces que les politiques monétaires. Durant mon expérience de l'interaction entre les politiques des banques centrales et les marchés financiers, depuis le milieu des années 1990, j'ai été frappé de la facilité avec laquelle on peut réduire l'inflation. Les poussées inflationnistes dont j'avais été particulièrement conscient à la fin des années 1980 étaient quasiment absentes ou, pour être plus précis, elles sommeillaient. Le « conundrum » le révéla.

Pour juger de leur succès dans la maîtrise de l'inflation, les banques centrales surveillent les changements dans les anticipations d'inflation, implicites dans les taux d'intérêt nominaux à long terme. Les succès sont évidents quand les taux à long terme cèdent à un resserrement monétaire agressif. Mais je me rappelle que, dans la plupart de nos initiatives pour contrer des poussées inflationnistes, il suffisait d'« un petit coup de frein » pour faire baisser les taux à long terme. Cela paraissait être un jeu d'enfant, bien éloigné des crises de politique monétaire des années 1970. Les bons du Trésor à dix ans offraient un rendement de 8,7 % le jour où je fus nommé président de la Fed, et ils grimpèrent jusqu'à 10,2 % le fatidique Lundi noir du 19 octobre 1987. Puis ils entamèrent un déclin qui se poursuivit pendant seize ans, quelle que fût la politique de la Fed. Je me demandai souvent de combien nous devrions élever les taux des fonds fédéraux pour les remonter un peu. Contenir les vastes flux financiers pendant une longue période aurait été une tâche formidable, aussi longtemps que les forces mondiales abaissaient les anticipations d'inflation et les taux d'intérêt réels à long terme et faisaient monter les actions en Bourse. Les forces commandant les bons du Trésor à dix ans semblaient de plus en plus internationales. Le mieux dans pareil cas était de calibrer la politique monétaire pour l'accorder à ces forces : ce que nous fîmes. Notre stratégie était efficace car nous savions quelles mesures étaient les plus en harmonie avec la stabilité des marchés financiers américains durant le bouleversement que la Fed affronta sous mon autorité. Je doute que nous ayons disposé des moyens de contrer les pressions sur les taux d'intérêt réels à long terme, même si nous l'avions voulu, parce que ces forces étaient de plus en plus globales.

L'ensemble des expériences récentes démontre à quel point des prix stables contribuent à la croissance de l'économie et des niveaux de vie ; ce sera l'une des premières incitations pour les gouverneurs de banques de contenir les pressions inflationnistes. Je l'exposai il y a quelques années dans une audience au Congrès : la politique monétaire devrait faire en sorte que même une économie reposant sur une monnaie fiduciaire « se comporte comme si elle était garantie par de l'or ». Est-il possible que le monde ait appris une fois pour toutes les bienfaits des prix stables pour la croissance économique et le niveau de vie ? La question sera traitée au chapitre 25.

21.

LES INÉGALITÉS
DE L'ÉDUCATION ET DU REVENU

En dépit de cinq années remarquables de croissance économique supérieure à la moyenne, qui avaient repoussé le chômage au-dessous de 5 %, une majorité d'Américains exprimèrent en 2006 leur mécontentement sur l'état de l'économie. Les classes moyennes, ces dernières années, estiment que les retombées de la prospérité économique n'ont pas été également distribuées. Pareille égalité est, certes, affaire de point de vue, mais il est exact que la concentration des revenus augmente depuis 1980[1]. Une grande partie des gens sondés exprime une animosité alarmante. Le danger est que des politiciens populistes, flattant ce ressentiment, puissent rallier des majorités inattendues au Congrès et prendre des décisions à courte vue et contre-productives, qui transformeraient cette mauvaise humeur en une crise économique vraiment sérieuse.

En toile de fond de l'anxiété actuelle se dresse un problème plus ancien : l'expérience quotidienne de beaucoup de gens sur le marché du travail semble contredire l'évidence établie, à savoir que les marchés concurrentiels ont

---

1. La mesure standard de concentration des revenus par foyer, par exemple le coefficient de Gini, a augmenté constamment entre 1980 et 2005, passant de 0,403 à 0,469. Les sondages attribuent à chaque travailleur une unité égale, et l'on constate qu'il y a beaucoup plus de bas et moyens revenus en difficulté que de hauts revenus, dont la situation est évidemment aisée.

élevé le niveau de vie des Américains et d'une grande partie du monde. Trop de gens considèrent que les marchés de plus en plus concurrentiels – qui sont le paradigme de l'économie high-tech mondiale – détruisent continuellement des emplois et que ces pertes ne sont que trop visibles. Les licenciements massifs font la une des journaux, et les réductions de postes dans toutes les usines et entreprises semblent ne devoir jamais finir.

Il n'est donc pas surprenant que la concurrence paraisse menacer la sécurité de l'emploi. Elle n'est pas non plus perçue comme favorisant les hausses de salaires, bien qu'en dernier recours cela ait toujours été le cas et que ce le soit maintenant aussi. Depuis la fin de la Seconde Guerre mondiale, les salaires réels ont augmenté à mesure que les marchés concurrentiels ont déplacé le capital et les travailleurs des installations obsolètes et à faible productivité vers des entreprises intensives en technologie et des moyens plus productifs d'élever le PIB national. Le gâteau économique devenant plus grand, les rendements du capital et du travail ont augmenté, et la concurrence a maintenu, à peu près sans variations sensibles, les parts du revenu national destinées à la rémunération des employés et aux profits depuis des décennies. Dans la première partie d'un cycle des affaires, la part des profits tend à croître et celle des salaires à baisser, mais cela s'inverse par la suite. Et de fait, si nous considérons les derniers dix ou vingt ans, nous constatons que le résultat net – c'est-à-dire la distribution des parts du revenu national entre capital et travail – n'a pas beaucoup varié au cours de la seconde moitié du siècle dernier. Cela signifie que les tendances du taux de salaire horaire réel ont suivi de près celles de la productivité horaire depuis la fin de la Seconde Guerre mondiale[1]. On peut en déduire que le

---

1. Si le revenu réel du travail est une part fixe du revenu national ou PIB, il en découle que L = aY, L étant le revenu réel du travail, Y étant le PIB et a, la part des salaires dans le PIB. L= w.h, L étant toujours le revenu du travail, w le salaire réel et h le nombres d'heures travaillées. Etant donné que wh = aY, il s'ensuit que wh = a(Y/h), où (Y/h) = le produit réel par heure. Par conséquent, si la part du travail dans le PIB, a, est fixe, le salaire réel doit toujours être proportionnel au rendement par heure.

partage des gains de productivité entre les salaires et les profits a été stable au cours des années.

Cela, cependant, en dit peu sur la distribution de la rémunération du travail elle-même, qui comprend le revenu des ouvriers, des autres employés et des cadres. Il n'est pas particulièrement plaisant pour un ouvrier de voir que son salaire n'a augmenté que de quelques dollars, alors que le P-DG, lui, a obtenu un bonus de plusieurs millions de dollars. Or la distribution citée plus haut est commandée par différents jeux de forces concurrentielles qui gouvernent l'offre et la demande des compétences spécifiques. Au cours de la dernière décennie, j'ai étudié le rapport entre les salaires horaires et mensuels des quatre cinquièmes de notre force de travail non agricole, et ceux du dernier cinquième, constitué de cadres, professionnels qualifiés et directeurs. Au début 2007, la moyenne des salaires horaires des cadres était d'environ 59 dollars et celle des employés non cadres, de 17 dollars. Cela signifie qu'un cinquième du nombre total des employés américains gagne 46 % de la masse totale des rémunérations. En 1997, ce pourcentage était de 41 % [1]. La hausse s'est poursuivie tout au long de la décennie. Les salaires horaires moyens des ouvriers ont augmenté de 3,4 % par an, tandis que ceux des cadres augmentaient, eux, de 5,6 %.

Les Américains se sont généralement accommodés de hauts revenus qui procédaient d'efforts contribuant visiblement au bien-être économique de la nation et qui étaient donc clairement « gagnés ». Bien que la notion de ce qui est « gagné » et de ce qui ne l'est pas soit sujette à interprétation, les gens hésitent à en tirer des conclusions. Ces dernières années, par exemple, ils se sont montrés nettement moins tolérants à l'égard de la spectaculaire augmentation des

---

1. Les chiffres correspondent à ceux du Bureau des statistiques du travail sur les rôles salariaux (cadres en regard des non cadres), les salaires horaires des travailleurs non cadres et les rémunérations totales comprenant les bonus et l'attribution de stock-options estimés par le Département du commerce d'après des rapports trimestriels soumis au Département du travail par presque tous les employeurs.

rémunérations des dirigeants d'entreprise ; cela a suscité beaucoup de réactions hostiles dans l'électorat américain et chez ses représentants à Washington. C'est un problème qui sera analysé au chapitre 23.

L'ensemble complexe de forces du marché par lesquelles la production de la nation est répartie sous forme de revenu aux divers créateurs du PIB est à peine visible pour l'Américain moyen. Il est vain de soutenir que la libre concurrence améliore en moyenne le niveau matériel d'une société alors que, depuis quelques années, les travailleurs voient leurs patrons empocher de gros bonus et qu'ils ne reçoivent, eux, que de modestes augmentations de salaire. Les gens doivent expérimenter par eux-mêmes les avantages de la concurrence. Sinon, certains se tourneront vers des dirigeants populistes qui promettront, par exemple, d'ériger des frontières douanières afin de repousser les produits concurrentiels en provenance de l'étranger. Ce protectionnisme est, à tort, conçu comme garantissant des salaires élevés dans la sidérurgie, l'industrie automobile, les textiles et la chimie, blasons de la puissance économique d'hier. Mais les consommateurs du XXIᵉ siècle sont moins intéressés que leurs parents par les produits de ces industries ; il s'ensuit que l'économie domestique américaine n'offrira plus les salaires et les niveaux d'emploi assurés par ces industries au terme des négociations d'une autre ère. Pareillement, l'emploi dans la sidérurgie et l'industrie textile n'a cessé de baisser depuis son apogée durant les années 1950 et 1960. Ces baisses vont vraisemblablement se poursuivre.

La perte des emplois manufacturiers traditionnels aux Etats-Unis est considérée comme une grosse défaillance de la puissance de l'économie nationale. Ce n'est pas le cas. Au contraire, le glissement de ces emplois vers les équivalents modernes de ces secteurs, ordinateurs, télécommunications et technologie de l'information, est un plus pour le niveau de vie moyen américain. L'industrie manufacturière n'est plus le symbole des technologies de pointe ; ses origines remontent au XIXᵉ siècle, voire au siècle précédent. Les consommateurs mondiaux sont davantage attirés par des

produits incarnant des idées nouvelles – les téléphones por-
tables les séduisent plus que les bicyclettes, par exemple. Le
commerce mondial nous offre l'accès à une vaste gamme de
produits que nous ne sommes pas obligés de fabriquer chez
nous.

S'il nous fallait isoler les mal informés en économie et
dresser des barrières commerciales avec l'étranger, la
concurrence se ralentirait sûrement et les tensions, je suppose, commenceraient à s'apaiser. Après tout, les contrôles
sur les prix et salaires furent très populaires quand ils furent
décrétés par Richard Nixon en août 1971. Mais l'euphorie
se dissipa rapidement quand les pénuries apparurent. Il est
possible que le même mécontentement réapparaîtrait si l'on
dressait des barrières douanières. Le niveau de vie américain
recommencerait rapidement à stagner et peut-être même
déclinerait après une hausse des prix et la réduction dans le
choix des produits ; peut-être aussi, en mesure de rétorsion
– et ce serait là le plus évident –, nos partenaires commerciaux fermeraient-ils leurs barrières à nos exportations créa-
trices d'emploi.

Les emplois manufacturiers ne peuvent plus payer des
salaires élevés, car ce sont les consommateurs, qui, en bout
de chaîne, paient les salaires des ouvriers. Et ils ont renâclé.
Ils préfèrent les prix Wal-Mart. Ceux-ci reflètent les prix
chinois et ils sont inconciliables avec le financement des
hauts salaires traditionnels des entreprises américaines. For-
cer les consommateurs américains à payer des prix supérieurs au prix du marché, pour subventionner les salaires des
ouvriers, se heurterait à une forte résistance. Mais alors, le
niveau de vie américain aurait déjà décliné. Le Peterson Institute of International Economics estime que l'effet global
de la mondialisation depuis la fin de la Seconde Guerre
mondiale a ajouté 10 % au niveau du PIB américain. Si
nous fermions nos frontières au commerce, cela ferait baisser d'autant le niveau de vie américain. En comparaison, la
baisse du PIB réel, du troisième trimestre de 1981 au troisième trimestre de 1982, qui fut pourtant très pénible,
n'avait été que de 1,4 %. Ceux qui préconisent qu'il y ait

moins de gens qui souffrent de l'anxiété de la mondialisation – même si cela occasionne moins de richesses pour certains – proposent un faux choix. Un pays verrouillé perd tout esprit de compétition et commence à stagner ; et la stagnation fait souffrir encore plus de gens.

Si de telles conséquences sont inacceptables, ce que je crois, comment faire pour remédier aux conceptions erronées sur les créations ou pertes d'emplois et la façon de gagner de l'argent ? Ces idées, entre autres considérations, minent le soutien aux marchés concurrentiels. Comme je l'ai relevé à maintes reprises, ces marchés et, par extension, la mondialisation et le capitalisme, ne peuvent prospérer qu'avec le soutien d'une large partie de la société. La loi sous l'égide de laquelle les institutions économiques fonctionnent doit être reconnue comme juste pour que celles-ci puissent survivre. La seule façon de modérer le préjugé contre une économie impliquant le repositionnement du travail est de soutenir les incitations du marché qui créent des emplois et de trouver des moyens de pallier les difficultés de ceux qui perdent leurs emplois. Le problème n'est pas nouveau. Toutefois, l'inégalité croissante des revenus est un fait, et elle exige une analyse et une politique pour y remédier.

Les Beatles étaient célèbres en Grande-Bretagne, mais ils furent spectaculairement célèbres quand ils arrivèrent sur le marché mondial et recueillirent les bénéfices d'audiences et de ventes de disques excédant de loin ce que leur pays leur offrait. Personne ne déplora alors la mondialisation. Personne n'a déploré non plus les succès de Roger Federer. Ses talents de tennisman ne lui auraient pas rapporté des fortunes s'il était resté dans sa Suisse natale. Les entreprises aussi, bien sûr, acquièrent de grands avantages quand elles sortent de leurs frontières, et leurs actionnaires en bénéficient. Comme le formuleraient les économistes, le coût marginal de l'accès à la mondialisation n'est qu'une très petite fraction de leur marge de revenus mondiaux. Le commerce transfrontalier contribue à amortir les coûts domestiques fixes, notamment ceux de la recherche et du développement. Boeing et Airbus, par exemple, n'auraient pas développé tant de types d'appareils si leurs marchés avaient été limités aux ventes dans leurs propres pays.

Jusqu'à assez récemment, à en juger par les nombreux cycles de négociations commerciales, la mondialisation a généralement été acceptée. Il est probable que, entraînée par une innovation en rapide expansion et par la concurrence, la mondialisation ait été la cause principale de la concentration des revenus, virtuellement partout dans le monde. Dans les deux dernières décennies, l'innovation, surtout avec la médiation d'Internet, a été plus rapide que notre propre capacité à assimiler et appliquer ses technologies. D'où l'insuffisance de compétences de pointe par rapport à la demande et les salaires élevés. Il n'y aucune raison pour que le rythme des innovations, qui adviennent souvent par vagues, produise immédiatement des travailleurs expérimentés pour les mettre en œuvre. Les percées qui inspirent les technologies de pointe surgissent dans une très petite fraction de la masse des travailleurs.

Si la mondialisation a accru la prime à la compétence, l'innovation a aussi défavorisé ceux qui étaient moins compétents. La demande de travailleurs moyennement compétents a baissé au fur et à mesure que leurs postes étaient remplacés par des programmes d'ordinateur. Je me rappelle des cabinets d'architectes ou d'ingénierie, où des armées de gens dessinaient les détails de complexes immobiliers et d'avions. Ces emplois ont disparu, parce qu'ils ont été supprimés. Les travailleurs à moindres salaires, principalement dans des services protégés de la concurrence mondiale, s'en sont mieux tirés. Les craintes des Américains à l'égard d'une immigration qui menacerait leurs niveaux de salaires demandent à être vérifiées par les faits. En général, les travailleurs à bas salaires n'ont pas été à la fête dans la décennie 1980, mais ces dernières années ont été plus fastes pour eux.

Au cours du dernier quart de siècle, les niveaux moyens et inférieurs de la distribution des revenus américains n'ont pas été favorisés et les revenus des plus riches ont augmenté rapidement. Ce n'était pas nouveau pour les Américains. La dernière fois que le revenu américain a été concentré dans les mains d'aussi peu de gens fut une brève période des années 1920 (il y eut aussi, je crois, une période un peu plus longue avant la Grande Guerre). Du fait du développement rapide des Etats-Unis comme marché national, à la fin du XIXe siècle, le revenu connut de fortes concentrations au début du siècle suivant, alors que les Rockefeller, les Ford, les Morgan et les Carnegie étendaient leurs activités au-delà de leurs fiefs locaux et multipliaient plusieurs fois leurs revenus. Les nouveaux riches étaient beaucoup plus nombreux que les quelques grandes familles qui emplissaient les pages mondaines de la presse au tournant du siècle. Les différences frappantes dans les salaires au début du XXe siècle étaient cependant dues à une beaucoup plus grande concentration de fortune que celle qu'on voit aujourd'hui. A l'époque, cette concentration se reflétait dans les intérêts, dividendes et gains de capitaux découlant de la fortune, et non dans les différences de salaires [1].

En revanche, les concentrations de revenus actuelles doivent bien plus aux hauts salaires résultant du déséquilibre de l'offre et de la demande en compétences de pointe. Les tendances n'en restent pas moins troublantes. Il est possible que les demandes pour les emplois très spécialisés aient augmenté trop vite pour que la population se soit adaptée à temps aux nouvelles technologies. Les directeurs d'entreprises citent la pénurie de ces compétences comme l'un de

---

1. Les données sur la distribution de richesse à la fin du XIXe siècle sont peu abondantes, mais la prédominance marquée des revenus de propriété confirme les éléments anecdotiques dont nous disposons sur cette époque. Le déclin dans la concentration de revenus dans les années 1930 et durant la Seconde Guerre mondiale fut causé par la diminution de valeur des actifs et par des pertes en capital, ainsi que par des marchés du travail extrêmement tendus durant la guerre et des contrôles des prix et salaires qui empêchaient le fonctionnement de l'offre et de la demande. Observons incidemment que l'une des conséquences de ces contrôles fut l'émergence de l'assurance médicale offerte par des entreprises, pour attirer les travailleurs dont les salaires étaient gelés à un niveau fixe. Les conséquences de ce système ne sont que trop visibles dans l'industrie manufacturière américaine actuelle.

leurs plus grands problèmes et ils sont disposés à débourser de grosses sommes pour s'attacher celles qu'ils trouvent.

Le progrès technologique va rarement sans cahots. Les marchés du travail peuvent mettre plusieurs années à s'adapter à pareilles poussées. Ils le font en élevant les salaires des gens compétents ; cela attire des travailleurs de l'étranger et encourage les nationaux à se spécialiser. Mais cela prend du temps, et cette augmentation des salaires pour les seuls travailleurs qualifiés concentre la distribution des revenus dans la tranche supérieure. Dans l'ensemble, et excepté plusieurs initiatives protectionnistes, la part de la mondialisation dans l'accroissement des inégalités n'a pas suscité d'opposition massive, du moins pas encore. Mais les difficultés apparues aux récents entretiens multilatéraux de Doha ont toutefois fait lever des drapeaux rouges, d'inspiration politique, contre une extension de la mondialisation.

La plupart des pays développés ont, dans une plus ou moins grande mesure, subi l'impact de la technologie et de la mondialisation, tout comme les Etats-Unis. Mais, et bien qu'ils fassent face eux aussi à une concentration croissante du revenu national, les effets semblent, à ce jour, sensiblement moindres que ceux que nous enregistrons aux Etats-Unis.

Chez nous, les résultats sont à l'évidence bien éloignés de ceux de nos partenaires commerciaux dans le monde. Cela s'explique en partie par les systèmes de protection sociale, beaucoup plus développés, surtout en Europe, et attachés à appliquer des programmes de redistribution de la richesse bien plus développés que cela n'a été jugé acceptable aux Etats-Unis. Ce n'est pas nouveau. Ces disparités ont existé bien avant 1980, quand l'inégalité des revenus a commencé à devenir un problème mondial.

Une explication partielle, mais très vraisemblable, de l'évolution présente est sans doute l'apparition d'un dysfonctionnement dans les systèmes d'éducation primaire et secondaire des Etats-Unis. Une étude entreprise en 1995 par la Lynch School of Education du Boston College a révélé que, bien que nos écoliers de 4ᵉ *grade*[1] fussent, sur

---

1. Aux Etats-Unis et au Canada, on désigne sous le nom de *grade* chacune des douze années de l'enseignement obligatoire, de la préparatoire à la fin du

une échelle internationale, au-dessus de la moyenne en maths et sciences, ils se classaient au-dessous de cette moyenne à la fin du secondaire. Les pays en tête de liste sont Singapour, Hong Kong, la Suède et les Pays-Bas [1]. Une étude moins approfondie pour les années 1999 et 2003 n'a révélé qu'une amélioration modeste. Ce désastre éducatif ne peut pas être imputé aux dons de nos élèves. Âgés de neuf ou dix ans, ils avaient une moyenne satisfaisante, sinon plus. Qu'avons-nous fait pendant les sept à huit années suivantes pour que leurs performances deviennent si médiocres par rapport aux autres pays ? Qu'avons-nous fait à leur processus d'apprentissage pour que les chasseurs de têtes récusent quantité de candidats « instruits » aspirant à des postes de compétences modestes, parce qu'ils sont incapables de rédiger des phrases cohérentes ou de faire une addition correcte ?

Il n'est pas surprenant qu'en conséquence, trop de nos étudiants croupissent à un niveau de compétences trop bas quand ils arrivent en fin d'études et qu'ils grossissent donc la masse des demandeurs d'emplois faiblement qualifiés apparemment moins demandés. On ne peut que s'interroger sur ce que seraient les performances de nos marchés si nos étudiants égalaient ceux de Singapour [2]. Combinés aux forces de la mondialisation et à l'innovation, ces déséquilibres, d'origine éducative, dans les capacités de la jeunesse expliquent largement l'échec dans la redistribution des richesses aux bas échelons de notre échelle de salaires depuis un quart de siècle. Le déclin de la capacité des syndicats à maintenir les salaires au-dessus des niveaux du marché a sans doute affecté les revenus de la classe moyenne, mais son rôle est négligeable dans l'accroissement de la concentration de revenus aux Etats-Unis, par rapport à nos partenaires

---

secondaire, qui correspond au 12e *grade*. Le 4e *grade* correspond donc au CM2 de l'Education nationale. *(N.d.T.)*

1. Cette étude et ses corollaires sont disponibles sur le site Internet de l'International Study Center : http ://timss.bc.ed.

2. Ironie de la situation : plusieurs éducateurs de Singapour admirent les talents d'entrepreneurs de la jeunesse américaine.

commerciaux ; en effet, la mondialisation a, partout dans le monde, réduit la marge de négociation des syndicats.

Les grands outils politiques qui permettraient de s'attaquer aux problèmes des inégalités croissantes sont, à mon avis, l'éducation et l'immigration. Les marchés s'orientent déjà dans cette direction. Il nous faut accélérer le processus. D'une façon plus générale, il nous faut maîtriser mieux les forces concurrentielles qui ont présidé au développement de l'éducation aux Etats-Unis ; dans une moindre mesure, il nous faut faciliter l'immigration pour les individus hautement qualifiés. J'y reviendrai plus loin.

Pendant les trois décennies qui suivirent la Seconde Guerre mondiale, nous avons, face aux progrès des technologies et de la mondialisation, réussi à garder stable la distribution du revenu national. Comment avons-nous réussi, et quelles leçons pouvons-nous en tirer pour bâtir des politiques contre l'inégalité croissante des revenus, voire pour l'inverser ?

La structure des qualifications de notre force de travail à la fin de la Seconde Guerre mondiale s'accordait assez bien avec les besoins déjà complexes du capital installé. Le résultat en fut que l'écart qualifications/salaires était stable et que le taux de croissance des salaires était à peu près le même à tous les niveaux. La forte injection de diplômés dans la force de travail, résultant en partie du GI Bill [1], suffit à freiner les augmentations de salaires des plus qualifiés. Les salaires réels des peu qualifiés augmentèrent néanmoins, en partie grâce à une formation efficace dispensée par les universités et à des compétences acquises durant la guerre. Bref, les niveaux de compétence à tous les échelons du travail semblèrent croître au même rythme que les besoins de notre infrastructure complexe ; et la distribution du revenu se trouva stabilisée aux Etats-Unis pendant trois décennies. Les incitations du marché n'avaient évidemment eu aucun rapport avec le GI Bill et l'apprentissage sur le tas dans l'ar-

---

1. Loi sur les bourses pour anciens combattants, votée après la guerre. (*N.d.T.*)

mée pendant la guerre, mais il advint que ceux-ci répondirent justement aux besoins d'un marché en mutation.

En 1980, toutefois, l'inégalité des revenus commença à s'accuser[1]. Les emplois à hauts salaires de la classe moyenne dans les entreprises, s'élevant à 20 millions à leur point le plus élevé, à la mi-1989, subirent la pression de la technologie et de la concurrence étrangères. Et ces dernières années, la crainte de délocalisation des services marchands, qui avaient jusqu'alors échappé à la concurrence internationale, aggrava l'insécurité de l'emploi. C'était une situation inconnue pour beaucoup d'Américains de la classe moyenne, qui consentirent de plus en plus à sacrifier les augmentations de salaire à la sécurité de l'emploi.

Nos institutions éducatives pallièrent bien le décalage entre les qualifications acquises et celles souhaitées par les employeurs, apparu vingt-cinq ans auparavant, mais seulement en partie. Quand j'étais jeune, dans les années 1940, l'éducation était considérée comme une préparation à une vie de travail. Tout le monde tenait l'éducation formelle comme un CV de jeunesse ; ou bien l'on avait arrêté ses études à la fin du secondaire ou bien l'on avait poussé jusqu'à l'université. Quel que fût le diplôme final, on était prêt pour la vie. Un jeune homme qui avait achevé ses études secondaires emboîtait le pas de son père dans l'aciérie locale, et s'il était diplômé d'université, il aspirait à un poste d'assistant de direction dans une grande société. Les emplois dans la sidérurgie étaient bien rémunérés et la plupart des gens qui les obtenaient s'attendaient à y passer le reste de leur vie. Et les assistants de direction, eux, aspiraient à succéder un jour à leur patron. Les jeunes femmes, en général, choisissaient des postes de secrétaires ou de professeurs, du moins jusqu'au moment où elles fonderaient une famille. En 1940, 30 % seulement des femmes entre vingt-cinq et cinquante-quatre ans étaient employées ou

---

1. Il faut relever qu'en dépit de la concentration croissante des revenus, au cours du dernier quart de siècle, il existe peu de preuves que la distribution de la richesse aux Etats-Unis ait matériellement changé.

cherchaient un travail ; de nos jours, la proportion est montée à 75 %.

Mais la concurrence attisa la destruction créatrice, le rythme des changements d'emplois s'accéléra et l'image d'une vie où l'on n'aurait qu'un seul employeur s'estompa. Vers la fin du XXᵉ siècle, il devint évident que les jeunes gens issus du secondaire ou de l'université changeraient plusieurs fois d'emploi au cours de leur vie, et qu'ils embrasseraient même plusieurs professions. En réaction, l'éducation devint progressivement l'effort de toute une vie. Les marchés accusèrent le changement.

La première preuve en fut l'accroissement étonnant des inscriptions dans les *community colleges*, les centres universitaires du premier cycle. Jusqu'alors à l'arrière-plan, ces institutions sont devenues à l'avant-garde du système éducatif. Entre 1969 et 2004, les inscriptions y sont passées de 2,1 millions à 6,5 millions. Près d'un tiers de leurs étudiants sont âgés de trente ans ou plus. On y enseigne la spécialisation des techniques pratiques immédiatement utilisables dans l'environnement moderne et elles ont été particulièrement précieuses pour le recyclage de nouveaux chômeurs. Citons quelques matières typiques des cours : la maintenance électronique, la réparation de voitures accidentées, le métier d'infirmier, la thérapie par massages et la sécurité de l'information des ordinateurs. Ce sont là des compétences qui délivrent des salaires moyens ; elles sont sensiblement plus nombreuses que celles qui assuraient les salaires moyens quand j'entrai dans le marché du travail, à la fin des années 1940.

Une part croissante de la population exploite aussi les avantages de la formation professionnelle ; l'« université d'entreprise » récemment apparue est en passe de devenir un élément permanent de la formation professionnelle pour adultes. Plusieurs entreprises, insatisfaites du niveau de leurs nouvelles recrues, complètent leurs qualifications et leur éducation afin de pouvoir affronter les défis de la concurrence sur les marchés mondiaux. La General Motors dispose d'un système « universitaire » étendu, comportant 16 collèges en exercice. McDonald's forme plus de 5 000 employés par an dans ce qu'on appelle évidemment la Hamburger University.

Ces réactions aux besoins du marché ne sont toutefois pas inédites dans l'éducation américaine ; elles en ont toujours fait partie intégrante. Au début du XXe siècle, les progrès de la technologie exigèrent des travailleurs dotés de plus grandes capacités intellectuelles que cela n'avait été le cas dans l'économie principalement rurale des décennies précédentes ; ils devaient, par exemple, être capables de lire des manuels, déchiffrer des plans ou comprendre des formules mathématiques. Les jeunes gens quittaient les zones rurales, où leurs perspectives étaient limitées, pour des emplois dans les affaires ou bien le secteur manufacturier en évolution. Notre système d'éducation s'adapta : dans les années 1920 et 1930, les taux d'inscription dans le secondaire augmentèrent rapidement. La tâche de ces établissements fut de préparer les étudiants à leur vie de travail. A l'époque, un diplôme du secondaire représentait un titre suffisant pour réussir dans la plupart des branches de l'industrie américaine. Les retombées économiques qu'il assurait augmentèrent et les inscriptions dans le secondaire augmentèrent aussi. Quand les Etats-Unis entrèrent dans la Seconde Guerre mondiale, le niveau moyen d'éducation pour un garçon de dix-sept ans était celui d'un diplôme du secondaire, ce qui nous distinguait des autres pays.

Les demandes nouvelles suscitées par le progrès économique influencèrent aussi beaucoup notre système d'éducation supérieure. Plusieurs Etats avaient déjà institué des écoles *land grant*[1] ; à la fin du XIXe siècle, celles-ci bénéficièrent de soutiens accrus, notamment dans les Etats dont les économies se spécialisaient dans l'agriculture et l'exploita-

---

1. Ces termes, sans équivalent en français, signifient littéralement « concession de terrain ». *(N.d. T.)*

A partir de 1862, le gouvernement fédéral avait concédé (et plus tard financé) des terrains pour la création d'institutions d'enseignement d'ingénierie, d'agronomie et de tactique militaire. Cornell, Texas A & M, l'université de Californie à Berkeley et Penn State comptent parmi la centaine d'institutions fondées grâce au programme du *land grant*.

tion minière et qui s'efforçaient d'appliquer les méthodes scientifiques de production.

Au début du XXe siècle, la teneur de l'éducation dans l'enseignement secondaire était passée d'un programme de bases classiques à un autre qui englobait les sciences, les études empiriques et les beaux-arts. Les universités répondirent au besoin d'application de la science, particulièrement la chimie et la physique, à la fabrication d'acier, de caoutchouc, de produits chimiques, de médicaments, d'essence et d'autres produits exigeant les nouvelles technologies de production.

La réputation de l'Amérique comme tête de file de l'enseignement supérieur est ancrée dans la capacité de ces institutions à fournir dans leur ensemble les besoins pratiques d'une économie et, ce qui est plus important, à stimuler l'esprit créatif qui mène celle-ci vers l'avant. C'est la reconnaissance de ces valeurs qui a attiré une telle quantité d'étudiants du monde entier vers nos établissements d'enseignement supérieur. Nos universités et surtout nos *community colleges* ont remarquablement réagi aux forces du marché. Mais, ces dernières décennies, nos écoles d'enseignement primaire et secondaire n'ont pas suivi l'exemple.

J'ai, au début de ces lignes, exprimé mon souci au sujet de l'éducation primaire et secondaire, tout en louant le système d'universités de qualité mondiale que nous avons bâti au travers des générations. Il doit cependant être clair que, si notre éducation ne peut être ramenée au niveau mondial, elle devra dépendre d'étudiants étrangers ou bien sombrer dans la médiocrité. Un point alarmant est que la moyenne d'âge de nos savants et de nos ingénieurs va croissant et que bon nombre d'entre eux prendront leur retraite dans très peu d'années ; or cela abaissera la formation de travailleurs de pointe dont le stock de capital, de plus en plus complexe, éprouve un besoin grandissant. Si nous ne pouvons pas regarnir les rangs de ces derniers, la pression sur l'écart des salaires des qualifiés et non-qualifiés augmentera ; en effet, on ne distingue guère à l'horizon de pénurie de travailleurs moins qualifiés.

Une des compétences qui fait défaut à trop de diplômés du secondaire est celle des mathématiques. C'est celle-là, plus que les autres, qui est nécessaire pour atteindre au niveau supérieur. Je ne prétends pas connaître tous les détails de l'enseignement américain au XXIe siècle. Et pourtant, les gens dont je respecte le savoir et qui sont en position de juger déplorent que les professeurs de maths de ma jeunesse aient été remplacés par des professeurs certes diplômés en pédagogie, mais trop souvent sans diplôme professionnel de science ni compétence dans les sujets qu'ils traitent. En 2000, par exemple, près des deux cinquièmes des professeurs de maths du secondaire ne possédaient pas de diplôme de maths, ou de discipline apparentée, en matière principale ou secondaire. Lou Gerstner, ancien président d'IBM et fondateur de la Teaching Commission, écrivit dans un essai pour le *Christian Science Monitor* (13 décembre 2004) : « Le cœur du problème réside dans la façon obscure dont nous recrutons et préparons les professeurs, ainsi que dans le schéma verrouillé du salaire unique » pour tous les professeurs, quelle que soit leur spécialité, « quelle que soit l'urgence avec laquelle la société requiert un certain talent et quelle que soit la qualité de son enseignement en classe. C'est insensé, et c'est pourtant la norme dans la profession d'enseignant. »

Une échelle de salaires différents pour les professeurs du secondaire selon leur discipline est sans doute contraire à l'éthique de l'enseignement. Peut-être l'argent ne devrait-il pas être la motivation dans ce domaine. Mais il l'est. Il existe certainement dans nos collèges des professeurs de maths qui sont assez dévoués pour négliger les salaires beaucoup plus élevés qu'ils toucheraient à l'extérieur. Mais ils sont probablement peu nombreux, car, ainsi que le souligne Gerstner, « selon une étude des plus grands districts scolaires urbains effectuée en 2000, près de 95 % déclaraient un besoin immédiat de professeurs de maths, ce qui trahit un problème de quantité en plus du problème de qualité que nous avons déjà sur les bras ».

Il devient de plus en plus clair que l'échelle de salaires

resserrée, alors que la demande est loin d'être fixe, constitue une forme de contrôle des prix qui compromet la possibilité d'attirer des professeurs qualifiés. Etant donné que, hors du secteur de l'enseignement, les perspectives financières pour des spécialistes en mathématiques ou en sciences sont vastes, et que, pour des professeurs de littérature anglaise, elles sont limitées, les premiers se trouvent vraisemblablement à un échelon salarial inférieur à celui qui devrait être le leur. L'enseignement des maths est laissé à ceux qui ne pourraient pas postuler à des postes plus lucratifs. C'est beaucoup moins vrai pour des professeurs de littérature ou d'histoire.

De plus, les retraités ou les parents cultivés d'étudiants, qui s'offrent à enseigner certaines matières à temps partiel, comme les maths, dans lesquelles ils possèdent une certaine compétence, sont rejetés parce qu'ils n'ont pas les diplômes nécessaires. Dans la mesure où ces pratiques sont répandues, elles constituent des barrières bureaucratiques au fonctionnement des forces du marché dans l'enseignement. Heureusement, les propositions de solutions pour remédier à cette impéritie gagnent du terrain.

Ainsi, James Simons, mathématicien réputé qui a appliqué ses talents à bâtir l'un des fonds spéculatifs ou *hedge funds* les plus prospères de Wall Street, s'efforce d'améliorer l'enseignement des maths dans le secondaire. Son organisation Math for America a créé des bourses généreuses pour le recrutement et la formation de professeurs. Le sénateur Chuck Schumer, de New York, a soutenu son initiative et même proposé une législation pour la mettre en œuvre.

Renforcer la réactivité des écoles élémentaires et secondaires aux besoins du marché devrait rétablir l'équilibre entre l'offre et la demande de personnels qualifiés aux Etats-Unis. J'ignore si les coupons de récompense, qui introduisent un élément de compétition dans les écoles publiques, constituent la réponse finale. Mais je pense que Rose et Milton Friedman, qui consacrent la fin de leurs carrières distinguées à promouvoir cette politique, sont sur la bonne voie. Quant à moi, je n'ai pas souvenir de m'en être écarté.

Un autre pas dans l'encouragement de la compétition a été franchi par un article rédigé pour le Hamilton Project (une création de Robert Rubin) à la Brookings Institution. Les auteurs y relèvent que la certification des professeurs (qui exige généralement un diplôme d'enseignement) a peu à voir avec leur talent réel. Ils recommandent donc d'ouvrir l'enseignement à ceux qui sont qualifiés, y compris ceux qui ont un diplôme de quatre ans d'études mais pas les titres nécessaires pour la certification. Ils estiment en effet que si l'on lève la barrière de la certification, cela encouragera des diplômés du secondaire aussi bien que des professionnels plus âgés à se lancer dans l'enseignement. De plus, ils recommandent de suivre les performances des maîtres et des élèves et de rendre la titularisation plus difficile. Ils ont procédé à une simulation de ces principes d'après un modèle fondé sur les performances de 150 000 étudiants de Los Angeles de 2000 à 2003 ; et ils en ont conclu que si le système scolaire éliminait le quart des professeurs le moins qualifié, les résultats des tests sur les élèves augmenteraient de 14 % à l'examen terminal. Ce seraient là de très grands changements, et même si l'on n'en réalisait qu'une partie, ces améliorations pourraient mettre fin aux carences des étudiants américains au niveau international.

En septembre 2006, le National Council of Teachers of Mathematics reconnut les défaillances de notre enseignement des maths et offrit peut-être ainsi quelques raisons d'espérer ; il renonçait ainsi à ses recommandations malheureuses de 1989. A l'époque, il avait soutenu un programme où l'on abandonnerait les exercices mathématiques de base – multiplication, division, racines carrées, etc. – et où l'on inciterait les étudiants à rechercher plutôt des solutions intuitives et à s'intéresser à un plus grand éventail de problèmes mathématiques. Je me suis toujours demandé comment on pourrait apprendre les maths sans une bonne pratique des bases élémentaires, et sans se concentrer sur un très petit nombre de sujets à la fois. Demander à des enfants de se servir de leur imagination avant qu'ils sachent ce qu'ils sont censés imaginer me paraissait inepte. Et ce l'était.

Il existe un autre impératif dans l'éducation, qui va au-delà de la sollicitation des mécanismes du marché. Je reconnais que les motivations du marché à elles seules ne toucheront pas les enfants laissés pour compte (« en retard », pour paraphraser les textes législatifs américains). Le coût de l'égalitarisme dans l'enseignement est certainement élevé, et il pourrait être difficile à justifier en termes d'efficacité économique et de productivité à court terme. Quelques étudiants brillants peuvent atteindre un certain niveau d'éducation beaucoup plus facilement, et donc à un coût bien moindre, que d'autres. Cependant, il est dangereux pour une société démocratique de laisser des enfants hors course. Pareille négligence contribue à la concentration excessive de revenu, et à long terme, elle pourrait se révéler bien plus coûteuse pour le maintien du capitalisme et de la mondialisation. La portée des jugements de valeur, quand on fait ces choix, dépasse les impératifs du marché.

A moins que notre population, avec le concours de nos écoles, fournisse le niveau de compétences qui nous est nécessaire – ce qu'elle n'a pas fait jusqu'ici –, et tandis que nos baby-boomers qualifiés commencent à prendre leur retraite, nous aurons besoin d'un nombre d'immigrants en mesure de leur succéder. Pour reprendre les mots de Bill Gates dans sa brève déclaration au Congrès : « L'Amérique trouvera infiniment plus difficile de maintenir son leadership technologique si elle ferme ses portes aux gens mêmes qui sont le plus capables de nous maintenir dans la compétition. » Il ajouta que nous « repoussons les gens les plus qualifiés et les plus brillants au moment précis où nous en avons le plus besoin ».

Une grande part de notre pénurie en compétences peut être comblée par une réforme de l'enseignement. Mais au mieux, cela prendra des années. Le monde va trop vite pour que les politiciens et les bureaucrates continuent à ergoter. Nous devons remédier rapidement à un double handicap des Etats-Unis : la concentration croissante du revenu et les coûts croissants du personnel utilisant notre capital productif, qui est hautement complexe. Nos emplois de pointe sont les mieux payés au monde. Si nous autorisions donc l'immigration de gens compétents dans ce pays, l'écart entre les salaires des plus qualifiés par rapport à ceux des moins qualifiés se réduirait et la pénurie évoquée plus haut prendrait donc fin[1]. La cause de cette pénurie est que nous freinons les forces concurrentielles sur le marché du travail. Les règles administratives d'exclusion se sont donc substituées au contrôle des prix. Ce faisant, nous avons créé dans ce pays une élite privilégiée de travailleurs qualifiés, nés sur place, et dont les salaires sont maintenus à un niveau élevé non compétitif, donc artificiel, grâce aux quotas fixés pour l'entrée des compétences étrangères. Un trait de plume suffirait à annuler ces restrictions, réduire les inégalités de revenus et résoudre le problème d'un capital productif qui risque de se retrouver non compétitif.

La politique de l'immigration est évidemment commandée par bien d'autres considérations que l'économie. Elle prend en compte une question bien plus épineuse, qui est le désir de toute population de préserver les racines culturelles qui cimentent la société et encouragent les échanges pour l'intérêt de tous. Les Etats-Unis ont toujours été capables d'absorber des vagues d'immigrants et de maintenir les droits individuels et les libertés promulguées par nos Pères fondateurs. Mais les transitions étaient toujours plus ardues qu'elles le paraissent rétrospectivement. Si nous devons continuer à affronter le monde et améliorer nos niveaux de vie, nous devrons soit améliorer considérablement notre enseignement primaire et secondaire, soit ouvrir nos frontières aux immigrants qualifiés. Si nous faisions les deux, nous en retirerions d'importants bénéfices économiques.

La politique consiste en une série de choix. Nous

---

1. L'écart entre les salaires des travailleurs qualifiés et ceux des moins qualifiés s'accroît dans le monde entier ; cela indique que la pénurie de qualifications est un problème mondial (mais il est visiblement plus aigu aux Etats-Unis qu'ailleurs). Etant donné que l'immigration internationale est si fortement bridée, le « prix » des qualifications varie à travers le monde. Il s'ensuit que l'ouverture des frontières américaines aux immigrants qualifiés élèverait leurs salaires et n'augmenterait la concentration de revenu que de manière négligeable, alors qu'elle abaisserait les niveaux de salaires des travailleurs qualifiés américains.

pouvons ériger des murailles autour des Etats-Unis pour rejeter les marchandises, les services et les gens qui font concurrence à nos produits domestiques et à nos travailleurs. Il en résulterait une perte de notre flamme concurrentielle, et notre économie stagnerait, puis s'affaiblirait. Notre niveau de vie baisserait et le mécontentement social fermenterait, tandis que la super-puissance d'antan perdrait sa suprématie mondiale.

En revanche, nous pouvons affronter un monde hautement technologique de plus en plus concurrentiel et nous attaquer à l'incapacité de notre système scolaire à produire de nouveaux travailleurs qualifiés, ce qui réduirait l'alarmant accroissement des écarts de revenus ; et nous pourrions ouvrir plus largement nos frontières au vivier mondial de travailleurs qualifiés.

Il n'est pas de solution à l'élévation des niveaux de vie américains qui ne comporte le défi et la tension qu'implique l'ouverture des frontières aux marchandises et aux personnes. Faire de la politique, c'est choisir. Tout choix comporte ses bénéfices et ses coûts. Pour obtenir les uns, il faut accepter les autres.

22.

LE MONDE PREND SA RETRAITE.
MAIS EN A-T-IL LES MOYENS ?

La quasi-totalité du monde développé se trouve au bord d'un gouffre démographique sans précédent : un nombre important de travailleurs – la génération des baby-boomers – s'apprête à quitter la sphère productive pour prendre sa retraite. Il y a trop peu de jeunes travailleurs pour prendre leur relève, et la pénurie de jeunes qualifiés est encore plus aiguë. La menace implicite du changement apparaît davantage en Allemagne où, en dépit d'un chômage élevé, les pénuries de travailleurs qualifiés augmentent. Le directeur d'une agence de recrutement allemande déclarait ainsi au *Financial Times* (28 novembre 2006) : « La bataille pour les travailleurs a déjà commencé et, étant donné les tendances démographiques en Allemagne et dans certaines régions de l'Europe de l'Est, elle va devenir bien plus âpre. »

Les tensions créées par un tel bouleversement tectonique sont un véritable problème pour le XXI⁰ siècle. La retraite est un phénomène relativement récent dans l'Histoire ; l'espérance de vie dans le monde développé il y a un siècle n'était que de quarante-six ans. Peu de gens abordaient le stade d'une autre existence après une vie de labeur.

Le ratio de dépendance des gens âgés à la population active n'a cessé d'augmenter dans le monde industrialisé depuis cent cinquante ans. Le rythme de cet accroissement s'était ralenti nettement avec le baby-boom, la génération née après la Seconde Guerre mondiale. Mais le nombre de gens à charge croîtra certainement plus vite quand cette génération prendra sa retraite. L'accélération sera particulièrement spectaculaire au Japon et en Europe. Au Japon, la tranche de population âgée de soixante-cinq ans et plus est passée de 13 à 21 % ces dix dernières années, et les démographes des Nations unies s'attendent à ce qu'elle atteigne 31 % en 2030. La population active japonaise diminue et l'on estime qu'elle baissera, des 84 millions recensés en 2007, à 69 millions en 2030. En Europe aussi, on s'attend à une baisse de la population active, quoique dans une moindre mesure.

Les changements prévus pour les Etats-Unis sont moins rudes, mais ils n'en présentent pas moins des défis. Au cours du prochain quart de siècle, le taux de croissance annuel de la population active devrait ralentir, passant de 1 % aujourd'hui à 0,3 % en 2030. Parallèlement, la population âgée de plus de soixante-cinq ans augmentera sensiblement. Bien que ce soit l'ensemble de la population qui continuera de vieillir, la population active a déjà enclenché le processus avec le vieillissement des baby-boomers ; une fois que celle-ci aura pris sa retraite, l'âge moyen de la population active devrait se stabiliser.

Ces changements prévus dans la structure par âges de notre population et de notre force de travail résultent en grande partie de la baisse de fertilité qui a suivi l'explosion des naissances après la guerre. Après un pic de 3,7 naissances par femme en 1957, le taux de fertilité est tombé à 1,8 au milieu des années 1970, mais depuis 1990, il s'est stabilisé un peu au-dessous de 2,1, au taux dit de remplacement des générations, requis pour maintenir la population constante, hors immigration ou changement de la longévité [1]. Le déclin du nombre d'enfants par famille depuis le baby-boom a inévitablement induit une prévision d'accroissement du ratio de dépendance.

---

1. Le taux cité ici est le taux de fertilité totale, mesuré d'après le nombre moyen des naissances par femme durant sa vie, quelle que soit l'année.

L'immigration continue atténuera cependant l'impact d'une diminution des naissances, et la croissance démographique sera soutenue également par l'allongement de l'espérance de vie. En 1950, un Américain de soixante-cinq ans pouvait espérer vivre jusqu'à soixante-dix-huit ans, alors qu'il peut aujourd'hui espérer vivre jusqu'à quatre-vingt-deux ans. Et si les tendances actuelles se poursuivent, il pourra espérer aller jusqu'à quatre-vingt-trois ans. L'espérance de vie des femmes devrait augmenter d'autant, de quatre-vingt-un ans en 1950 à près de quatre-vingt-quatre aujourd'hui et quatre-vingt-cinq en 2030, selon le Social Security Board of Trustees.

Non seulement les Américains vivent-ils plus longtemps, mais encore jouissent-ils d'une meilleure santé. Le taux d'invalidité des gens âgés a baissé ; résultat des progrès de la médecine et du changement de la nature du travail. Celui-ci devient moins harassant physiquement, mais intellectuellement plus exigeant, suivant une tendance qui s'accuse depuis un siècle et se dirige vers une production plus conceptuelle et moins matérielle. En 1900, par exemple, seul un travailleur sur dix occupait un poste technique ou directorial. En 1970, cette proportion avait doublé et aujourd'hui, ces postes représentent un tiers de notre force de travail. Conséquence inévitable du vieillissement de l'Amérique : une plus grande fraction de la population âgée aura à la fois les compétences et la motivation pour travailler de plus en plus tard dans la vie.

Arrivés à la soixantaine, les travailleurs ont acquis une expérience précieuse, et si l'on allonge de quelques années leur participation à la vie active, la production économique en bénéficiera de façon appréciable. Mais on ne peut éluder le fait qu'en 2030, presque toute la génération du baby-boom aura pris sa retraite. Et nulle génération antérieure n'aura connu d'aussi longues « années dorées ». Mais seront-elles vraiment dorées ? De quelle manière le ralentissement de l'accroissement de la force de travail américaine affectera-t-il l'avenir ? La génération suivant les baby-boomers pourra-t-elle produire les biens et services pour elle-même et sa famille, ainsi que pour une population de retraités à l'ampleur sans précédent ?

L'implacable réalité démographique infligera un choc profond à l'équilibre économique mondial. Le vieillissement n'est cependant pas un problème immédiat pour le monde en développement, à l'exception de la Chine, qui a contrôlé son taux de naissances par la planification centrale et la politique d'un enfant par famille. Les Nations unies prévoient que la part de la population mondiale des pays actuellement développés baissera à 15,2 % en 2030, alors qu'elle est aujourd'hui de 18,3 %. La manière dont les pays développés affronteront un tel changement pourrait avoir des conséquences à long terme, selon qu'ils atténuent ou accentuent les changements dans l'équilibre économique du pouvoir. Ce qui déterminera l'issue de la situation, ce sera l'attitude de ces pays quand ils perdront leur pouvoir et leur prestige. S'ils se repliaient sur eux-mêmes, ils pourraient ériger des barrières néfastes au commerce avec un monde en plein développement. La façon dont les gouvernements négocieront le transfert de leurs ressources réelles, d'une population active en régression à une population retraitée en augmentation, sera probablement la grande question du quart de siècle à venir. Pour les sociétés démocratiques, la politique sera particulièrement délicate, puisqu'une part croissante de leurs électeurs sera constituée de retraités bénéficiaires de pensions.

L'économie de la retraite est simple : il faut que l'individu ait amassé suffisamment de ressources pendant sa vie active pour assurer sa consommation durant sa retraite. La question de base de tous les systèmes de retraite est la disponibilité de ressources réelles à la retraite. Les arrangements financiers associés à la retraite facilitent la diversion de ressources qui rendent possible la consommation de biens et services par les bénéficiaires – mais ils ne produisent *pas* ces biens et services. Aux Etats-Unis, le Congrès peut voter et le Président signer une loi qui, par exemple, assurerait un certain niveau de soins de santé aux retraités. Mais qui garantit que les hôpitaux, les compagnies pharmaceutiques, les médecins, les infirmières et l'infrastructure médicale générale seront en place pour convertir une promesse-papier en futurs services médicaux ?

Il existe une façon simple de tester n'importe quel système de retraite : peut-il assurer les ressources réelles promises aux retraités sans écraser la population active ? Selon cette mesure, l'Amérique court au-devant d'une collision avec la réalité. En 2008, les plus âgés des baby-boomers accéderont à leurs droits à la retraite. Selon les projections des Nations unies, la tranche des gens de soixante-cinq ans et plus représentera, en 2030, plus de 23 % de la population adulte, contre 16 % aujourd'hui. L'énorme accroissement de cette population mettra à rude épreuve tous nos systèmes de protection sociale et exigera des ajustements sans précédent historique. Le fait qu'il y aura parmi les personnes à charge plus de gens âgés que d'enfants pèsera encore plus sur les ressources de la société, étant donné que les gens âgés consomment une plus grande part des ressources par tête que les enfants, qui consomment relativement peu.

Après avoir diminué pendant des années, le taux de participation des Américains âgés à la force de travail est remonté quelque peu récemment, en raison des pressions croissantes sur les pensions de retraite et la pénurie de main-d'œuvre qualifiée[1]. Comme noté plus haut, cette participation croîtra sans doute. Néanmoins, la manière la plus efficace de relever les niveaux de vie futurs et donc de répondre à la fois aux aspirations des travailleurs et des retraités est d'accroître l'épargne de la nation et la productivité de son utilisation[2]. Nous avons besoin d'augmenter sensiblement notre épargne dans les décennies à venir si nous voulons

---

1. Bien qu'il soit devenu plus facile de travailler à des âges plus avancés, les Américains ont pris leur retraite de plus en plus tôt. En 1940, par exemple, l'âge moyen pour les hommes était de soixante-cinq ans ; en 2005, il était de soixante-deux.

2. Nous pourrions de surcroît emprunter à l'étranger, ce qui renforcerait le stock de capital physique des Etats-Unis. Mais ce faisant, nous devrions encourir une dette à l'égard de l'étranger qu'il nous faudrait financer par la suite ; et cela signifierait que nous disposerions d'un moindre PIB futur pour la consommation domestique.

financer la construction d'installations telles que des usines et des équipements technologiques de pointe ; ceux-ci produiraient les ressources supplémentaires réelles pour financer les avantages promis aux baby-boomers à la retraite. Et il nous faut le faire sans trop alourdir les charges des travailleurs de demain.

Toutefois, l'épargne supplémentaire qu'il nous faut pour honorer les promesses déjà faites aux retraités américains est, selon presque toutes les estimations, tellement élevée qu'on peut se poser de sérieuses questions sur la capacité du gouvernement fédéral à respecter ses engagements.

Les administrateurs de la Sécurité sociale ont calculé dans leur rapport de 2006 qu'il faudrait ou bien un accroissement immédiat du prélèvement sur les salaires, qui passerait des 12,4 % actuels à 14,4 % ; ou bien une réduction également immédiate de 13 % sur les bénéfices de la retraite ; ou bien une combinaison des deux. Si l'on poursuit sur cette lancée, il faudra dans les années à venir augmenter le prélèvement ou réduire les prestations. Et en raison des larges déficits prévus dans les prochains soixante-quinze ans, la « solvabilité à soixante-quinze ans » – norme quelque peu arbitraire de l'assurance sociale – exigera, en effet, d'autres ajustements ultérieurs. Mais si le déficit prévu est bien un problème, il ne soulève pas en lui-même des difficultés fiscales ou économiques insurmontables. Et ce qui est plus important, les prévisions des prestations de retraite sont relativement fiables. Cela s'explique par le fait que la population des retraités fait l'objet des prévisions les plus exactes des économistes et que la retraite est un programme de prévoyance défini, que les versements par bénéficiaire sont raisonnablement prévisibles.

Medicare [1], en revanche, pose un problème beaucoup

---

1. Il existe aux Etats-Unis deux régimes distincts de Sécurité sociale, Medicaid et Medicare. Le premier prend en charge les soins médicaux des personnes de moins de soixante-cinq ans au-dessous du seuil de pauvreté officiel. Le second prend en charge une partie seulement des coûts d'hospitalisation et de traitement des gens de plus de soixante-cinq ans. Les bénéficiaires de ce régime paient une cotisation sur leurs salaires et doivent se faire soigner dans certains hôpitaux et par des médecins agréés. Les personnes de moins de soixante-cinq

plus ardu. Les administrateurs prévoient un déficit à soixante-quinze ans pour la partie A, le fonds d'assurance hospitalière, qui pourrait être comblé soit par une hausse immédiate de 3,5 points de pourcentage en plus des 2,9 points actuels (soit un total de 6,4 %) sur le salaire imposable, soit par une baisse des prestations de moitié, également immédiate, ou bien encore par une combinaison des deux. Et ce n'est pas tout : les coûts de la partie B, qui assure le paiement des honoraires des médecins et autres frais du patient, et de la récente partie D, qui couvre les médicaments, devraient augmenter rapidement selon les prévisions. Mais ils sont censés être couverts par les revenus généraux des impôts, plutôt que par des prélèvements sur les salaires. Bien qu'ils ne soient pas aussi transparents que les taxes d'assurance hospitalière, les prélèvements des bénéfices des futures parties B et D sur les revenus généraux des impôts sont du même ordre de grandeur que la partie A.

Abordant les coûts futurs de Medicare de points de vue différents, les administrateurs publics [1] de Medicare ont relevé que « si leurs prévisions constituent un guide fiable pour les prochaines décennies, et en l'absence de rentrées spécifiques pour ce programme, quinze années de paiements ordinaires des bénéfices de Medicare entraîneraient vers la caisse de cet organisme un transfert de fonds équivalant à 25 % de la recette fédérale des impôts, soit plus du triple du fardeau fiscal actuel. Moins de dix ans plus tard, ce transfert équivaudrait à 40 % de la recette fédérale ». Mais même ces chiffres ne rendent pas forcément compte de la véritable dimension du problème, parce que les prévisions de prestations de Medicare restent très incertaines.

Il y a plusieurs années que les dépenses de santé croissent plus vite que l'économie, et cette augmentation est en grande partie due à l'extension de la technologie médicale. Nous en savons très peu sur le rythme d'évolution de cette

---

ans au-dessus du seuil de pauvreté doivent contracter une assurance médicale privée. (*N.d.T.*)

1. Ces administrateurs comprennent les secrétaires d'Etat au Trésor et au Travail et deux administrateurs publics nommés par le Président.

technologie et l'effet de ses innovations sur les dépenses à venir. Ces innovations peuvent améliorer énormément la qualité des soins médicaux et, dans certains cas, réduire les coûts des traitements et de l'hospitalisation. Mais étant donné que la technologie enrichit aussi le choix des traitements, elle peut aussi accroître la dépense générale – et dans certains cas, de beaucoup.

La pratique des dossiers médicaux informatisés et inviolables se répand assez pour que les chercheurs puissent, pour la première fois, évaluer efficacement les traitements et leurs résultats pour un vaste spectre de maladies. Je pense qu'une moyenne nationale désignant la meilleure stratégie finira par se dégager. A la fin, les notations publiques des hôpitaux et des médecins suivront, et la concurrence du marché jouera. Mais il est peu probable que cela advienne rapidement. La pratique médicale repose traditionnellement sur une relation strictement privée entre le médecin et le malade, et ni l'un ni l'autre ne sont enclins à rompre le secret médical.

La pratique médicale aux Etats-Unis a évolué très différemment selon les régions. Je présume que la meilleure, en éliminant les pires traitements et praticiens, relèvera les moyennes. Mais on ignore totalement si la conscience nationale et la demande des meilleures pratiques augmentera ou réduira les dépenses médicales. Il nous faut garder en mémoire que les incertitudes, et notamment notre incapacité d'identifier les limites des futures demandes de soins et conseils, invitent à la réserve dans les décisions. La raison en est que les nouveaux programmes développent rapidement des groupes décidés à résister coûte que coûte à toute limitation. Par conséquent, notre capacité de brider les initiatives, même s'il était prouvé plus tard qu'elles étaient excessives ou mal inspirées, est très réduite.

Les dirigeants politiques devraient manifester plus de prudence quand ils envisagent de nouvelles allocations budgétaires. Les programmes peuvent toujours être développés dans l'avenir si les ressources se révèlent disponibles, mais ils seront difficilement restreints si les ressources sont insuffisantes. C'est pourquoi je pense que c'était une erreur de se lancer, en 2003, dans un programme de subvention de médicaments avant d'avoir remédié aux gros déficits et au déséquilibre de Medicare. Sans doute une très grosse erreur [1].

Ayant participé à un certain nombre de simulations des coûts et bénéfices futurs de Medicare, je suis surpris par le vaste éventail des évolutions possibles à l'horizon, mettons 2030. Comme indiqué plus haut, la gamme des possibilités offertes à la Sécurité sociale est assez réduite. Les démographes possèdent, évidemment, un bon outil de prévision du nombre des futurs bénéficiaires de Medicare. Mais, sous la législation actuelle, le coût moyen par bénéficiaire dépend non seulement des technologies futures, mais également du choix des patients et de toute une série d'autres variables.

La complexité de la prévision est telle que les administrateurs ont dû s'en remettre à un algorithme simple : le rapport du taux de croissance prévu des prestations par adhérent de Medicare au taux de croissance prévu du PIB par tête. La croissance des prestations de Medicare par bénéficiaire s'est élevée de 4 % environ par an pendant la dernière décennie, soit 2 points de plus que la croissance du PIB réel par tête. Les administrateurs notent donc : « Il semble raisonnable de supposer que les dépenses de santé par personne et celles de Medicare ralentiront pour rejoindre le taux de croissance du PIB, parce qu'il existe vraisemblablement une limite supérieure à la part de leurs revenus que les Américains voudront consacrer à leur santé. » Cela pourrait bien être vrai.

Mais comme le remarquera quiconque connaît les habitudes de Washington, cette hypothèse implique un saut assez spectaculaire. Elle suppose une capacité de retenue qui n'est pas inscrite dans la loi actuelle. Et elle suppose aussi

---

1. Par chance (et par extraordinaire), le coût de la partie D de Medicare, c'est-à-dire le programme de subvention de médicaments, a été jusqu'ici inférieur aux prévisions. Il est possible qu'il ait encouragé la concurrence qu'il devait susciter. Il n'en reste pas moins que c'est une dépense non financée considérable.

une victoire fiscale dans une bataille politique qui reste à livrer. Comme les administrateurs le remarquent : « On n'a jamais vu pareil ralentissement au cours du dernier demi-siècle. » Donc, le fardeau fiscal des dépenses croissantes de Medicare serait probablement encore plus lourd s'il se fondait strictement sur le programme légal actuel.

Il y a beaucoup à faire pour redresser Medicare. Il devrait être évident qu'il sera économiquement impossible de couvrir entièrement les futurs déficits des systèmes de retraites et de Medicare par les impôts. Ce serait là élever la fiscalité à des niveaux sans précédents en temps de paix. A un certain niveau, les taux d'imposition deviennent contre-productifs en absorbant du pouvoir d'achat et en réduisant les incitations au travail et à l'investissement. Ils réduisent aussi le taux de croissance de l'économie. Il s'ensuit que la croissance de la base imposable se ralentit et que les rentrées fiscales supplémentaires que l'on attendait des impôts ne se matérialisent que partiellement.

Nous nous retrouvons devant une réalité très contrariante : pour remédier au déficit de l'assurance sociale fédérale, il faudra réduire ses prestations. Le gouvernement a le devoir moral de procéder rapidement à ces coupes, afin de laisser aux futurs retraités le maximum de temps possible pour ajuster leurs plans de travail, d'épargne et de train de vie à la retraite. S'il n'avertissait pas les Américains que les revenus sur lesquels ils comptaient alors seront réduits, il risquerait de leur infliger des secousses graves et de déclencher des troubles politiques comparables à ceux que suscita la guerre du Vietnam.

Une fois arrêté le niveau des versements que la Sécurité Sociale et Medicare peuvent raisonnablement promettre, comment l'administration peut-elle s'assurer que les ressources réelles pourront tenir ces promesses ? Si l'on ne prend en compte que la solvabilité de ces deux systèmes, sans considérer l'environnement macroéconomique, on ne peut le garantir. Sans économies supplémentaires, les ressources réelles nécessaires pour fournir les prestations futures ne seront pas disponibles. Quand on remédiera aux déséquilibres du système de retraites et de Medicare, il faudra aussi s'assurer que les mesures prises pour financer nos engagements représentent des accroissements réels de l'épargne nationale et des actifs productifs.

Il faut en finir de fait avec les « caisses fantômes » d'il y a quelques années, ces caisses censées contenir les fonds nécessaires au financement des versements futurs de la Sécurité sociale. Tant d'Américains étaient persuadés de leur existence matérielle que l'ancien président de la Chambre des Représentants, Tom Foley, racontait l'anecdote suivante : sa propre mère l'avait tancé parce qu'il avait essayé de l'en dissuader. « M. Foley, lui avait-elle dit, j'espère ne pas vous offenser en vous apprenant combien je suis surprise et choquée de découvrir que le chef de la majorité à la Chambre des représentants ne connaît rien à la Sécurité sociale. » A l'époque, les propositions pour la constitution de ces caisses voulaient non seulement que les fonds d'assurance en fidéicommis (alors en excédent) fussent exclus de la comptabilité budgétaire, mais encore que le Congrès veillât à l'équilibre de ce budget. Pendant une brève période, au début de ce siècle, alors que les rentrées fiscales étaient abondantes, un consensus se forma en ce sens. Hélas, il se défit quand, dans un contexte économique moins favorable, on constata que, pour maintenir l'équilibre du budget – Sécurité sociale et Medicare à part –, il eût fallu dépenser beaucoup moins ou augmenter beaucoup plus les impôts.

Si l'on ne remédie pas à l'écart qui se creuse entre les promesses faites aux futurs retraités et la capacité de l'économie à les tenir, cela pourrait entraîner des conséquences graves pour ces derniers et l'économie dans son ensemble. A la fin, je m'attends à ce que les comptes de Medicare soient redressés en taillant dans les prestations des plus favorisés[1]. Pour moi, la frénésie politique et la concentration

---

1. De combien une réduction des prestations sociales réduirait-elle les dépenses des services médicaux ? Cela est flou. Il y a plusieurs années, je demandai à l'équipe du Federal Reserve Board de réaliser une simulation des dépenses médicales jusqu'en 2004, dans l'hypothèse où les budgets de Medicare et de Medicaid n'eussent pas été adoptés. L'équipe conclut que les dépenses n'auraient été que légèrement inférieures. Les effets du marché, cependant, auraient pu être considérables.

des revenus, qui va croissant, ne laissent pas d'autre choix possible. Le rétablissement pourrait s'effectuer par le développement de comptes privés (solution que je préconise) ou par une législation exigeant que Medicare soit ajusté aux ressources personnelles (comme l'est Medicaid). Le rationnement est la seule autre possibilité réaliste, mais il compte peu de partisans aux Etats-Unis. La majeure partie de Medicare se concentrera certainement sur les bas et moyens revenus. Les services médicaux pour les personnes aux revenus élevés devront être financés par des assurances privées non subventionnées ou par des paiements directs, probablement à hauteur de 100 %. Beaucoup de gens s'insurgeront à l'idée que Medicare soit considéré comme un système de bienfaisance, ainsi que les programmes de prestations dégressives en fonction des ressources personnelles l'indiqueraient ; mais c'est l'arithmétique de la démographie au XXIe siècle, dans une économie mondiale hautement compétitive, qui l'exige.

Si je défends une politique d'immigration libérale, ce n'est pas pour augmenter le nombre de travailleurs, accroître les prélèvements d'assurance sociale et combler ainsi le déficit de la Sécurité sociale et de Medicare. Ni parce que nous compterions sur un accroissement fortuit de la productivité, dont il sera question plus loin. Le plafond du taux d'accroissement de la productivité horaire aux Etats-Unis semble être de 3 % par an, et 2 % semblent le plus vraisemblable. Bref, nous n'aurons pas assez de gens au travail, ni suffisamment d'accroissement de la production des travailleurs pour couvrir l'énorme déficit qu'annoncent les engagements de la loi actuelle. Nous serons même loin de compte.

En présence de tant d'inconnues, je crains que, vu notre démographie et les limites de notre productivité, nous ne nous soyons déjà engagés à fournir plus de prestations de santé en termes réels aux baby-boomers que notre gouvernement ne peut vraiment se le permettre. Le Congrès, je l'ai dit, peut voter un programme, mais celui-ci ne produira pas les ressources économiques nécessaires pour fournir les hôpitaux, les médecins, les infirmières et les compagnies pharmaceutiques qui seront nécessaires en 2030 pour respecter la lettre de la loi actuelle. Le montant du transfert de ressources réelles, de l'actif au retraité, en 2030 pourrait être trop élevé pour que le premier l'accepte. Les hypothèques sur la production de la nation, créées par la prolifération de programmes non financés, pourraient de loin excéder la production d'une force de travail qui ne sera que légèrement supérieure à ce qu'elle est aujourd'hui. Bref, les promesses devront être rompues ou, en termes choisis, « clarifiées ».

Les importantes incertitudes sur les ressources réelles futures se retrouvent dans les incertitudes des retraités sur les taux de remplacement de leurs revenus. Vu l'abîme prévu entre les besoins des retraites et les grandes promesses des programmes actuels, les revenus des pensions privées et des assurances sont appelés à jouer un rôle de plus en plus déterminant. A la fin 2006, les fonds de pension privés aux Etats-Unis possédaient 5 600 milliards d'actifs, soit 2 300 milliards dans les régimes traditionnels à prestations définies et 3 300 milliards en plans à contributions définies, soit un peu plus de 401 000 plans[1]. Les fonds de pension et de participation privés ont, en 2005, versé 344 milliards de dollars de prestations[2]. En comparaison, la Sécurité sociale et Medicare ont versé ensemble 845 milliards. La Sécurité sociale devrait rattraper Medicare, étant donné que les travailleurs américains et leurs employeurs prennent les mesures nécessaires pour réaliser les plans de retraite de ces derniers. Mais tout cela est pour le futur. Pour le moment, les régimes à prestations définies sont en difficulté. Ces programmes étaient valides dans les périodes d'espérance de vie relativement courte après la retraite et dans le cadre d'une croissance démographique rapide. La taille sans précédent de la génération du baby-boom et sa longévité prévisible ont considérablement réduit les avantages des plans à prestations définies. Des fonds de pension importants ont déjà été

---

1. De plus, 3,7 millions de milliards de dollars étaient détenus en comptes de retraite individuels.
2. Les groupes d'assurance santé ont déboursé par ailleurs 581 milliards, mais surtout en faveur de personnes de moins de soixante-cinq ans.

mis en défaut et repris par la Pension Benefit Guaranty Corporation [1].

L'obligation légale de verser des prestations dans un plan à prestations définies [2] incombe évidemment à l'employeur ; le fonds de pension sert à le garantir ; mais étant donné que la loi impose certains niveaux de financement, les entreprises considèrent leurs fonds de pension comme des sources de profit : plus les revenus des investissements de ces fonds sont élevés, moins l'entreprise qui le patronne est tenue d'y verser de l'argent supplémentaire. Et moins il y a de versements en liquide, moins le coût du travail est élevé et plus grands sont les profits. Par conséquent, l'entreprise recherche des moyens de réduire les versements au fonds.

Mais étant donné que les entreprises savent à peu près exactement qui prendra sa retraite et quand, de même que le montant des prestations qui lui sont promises pour les années à venir, le coût du travail ne devient-il pas une simple affaire de calcul ? Pas tout à fait. Le coût d'un plan de retraite pour une entreprise à la tête d'un régime à prestations définies dépend en partie du statut des prestations de retraite en cas de faillite. Par exemple, lorsque ces prestations ont droit de priorité sur les avoirs d'une entreprise en cas de faillite, leur calcul est clair et net. Pour prévenir pareilles circonstances, l'entreprise pourrait décider d'établir un fonds de pension en bons du Trésor sans risque, dont les échéances correspondraient au moment de versement des prestations. Celles-ci seraient constituées du principal et des intérêts composés des bons du Trésor. En pratique, les entreprises essaient par tous les moyens de contourner une procédure aussi simple, parce que c'est la plus coûteuse. Les fonds propres des entreprises elles-mêmes, l'immobilier, les obligations à risques et même les obligations des entreprises cotées AAA rapportent plus que les bons du Trésor. Mais

---

1. Organisme public de garantie des fonds de pension. *(N.d.T.)*
2. Les fonds de retraite à prestations définies sont ceux qui, moyennant un prélèvement donné fixe, garantissent à échéance des versements également définis. *(N.d.T.)*

tous comportent un risque de défaut et dans ce cas, l'entreprise serait obligée de recourir à ses autres actifs ou de ne pas payer ses obligations de pension.

Le débat sur le taux de rendement que les fonds de pension devraient rechercher, et donc sur le niveau de risque qu'ils peuvent accepter, dépend en dernier recours de la certitude que l'entreprise veut avoir de payer les retraites promises. Plus élevé est le risque pour les fonds de pension, plus grande est la marge de profit de l'investissement.

La théorie financière semblerait rendre illusoire la recherche de rendements supérieurs, étant donné que, si les marchés évaluent correctement les risques, le taux de rendement des fonds de pension devrait être indifférent au degré de risque dans un portefeuille, puisque des taux de rendement plus élevés compensent les pertes sur les placements à risque, qui finissent par n'avoir plus de valeur. Mais ce qui est vrai en théorie ne correspond pas toujours à la réalité – ou, plus exactement, nous avons besoin d'une nouvelle théorie. Les directeurs des fonds de pension vous diront que les taux de rendement réalisés à long terme sur les actions sont supérieurs à ce que l'on appelle le taux de rendement moyen sans risques de l'économie américaine dans son ensemble. Les statistiques confirment que, depuis le XIXe siècle, les taux de rendement de portefeuilles diversifiés d'actions – conservées pendant des décennies – sont invariablement supérieurs aux taux réels moyens. C'est probablement l'effet de l'aversion innée de la nature humaine pour le risque, déjà mentionné. Toute personne disposée à subir l'épreuve d'un engagement irrévocable, à long terme, dans des actions y gagne davantage. Ainsi les fonds de pension à prestations définies qui peuvent conserver leurs investissements intacts pendant des décennies placent souvent la majorité de leurs avoirs en actions. Pour abaisser les coûts pour l'entreprise, certains fonds de pension à prestations définies prennent des risques, y compris ceux de brèves fluctuations des valeurs de leurs actifs, fonds propres inclus. Et ces risques, principalement encourus sur de gros investissements boursiers, ont des conséquences, à la fois positives et négatives.

Quand les Bourses montent, les gains en capitaux assurent une part appréciable de la contribution de l'entreprise à son programme de prestations définies. Etant donné que les contributions en liquide auront été plus faibles, les profits déclarés seront donc supérieurs. Mais, à l'inverse, quand les Bourses baissent, comme entre 2000 et 2002, un grand nombre de fonds de pension se retrouvent sous-capitalisés.

Il n'est pas contestable que les risques de portefeuille mettent les bénéfices des retraités en péril. Ces dernières années, plusieurs entreprises avec des engagements de retraite largement non financés – telles que des aciéries et des compagnies aériennes – ont préféré se mettre en faillite et ont fait reprendre leurs obligations de retraites par la Pension Benefit Guaranty Corporation, c'est-à-dire par le contribuable. Heureusement, le Pension Protection Act de 2006 a sensiblement réduit les risques pour les contribuables de devoir payer les déficits des fonds de pension privés, mais il ne les a certainement pas éliminés.

Pour tous les fonds de pension à prestations définies, les taux de rendement sont variables et surtout, à court terme, imprévisibles. Mais l'entreprise a l'obligation légale de payer une prestation « définie » fixée. Cela exige qu'un tiers – presque toujours l'entreprise elle-même – change les revenus variables issus du portefeuille d'un fonds à prestations définies en paiements fixes tels qu'ils sont définis par le contrat. Ces dernières années, le coût de ces opérations de swap a augmenté. En conséquence, du moins partiellement, plusieurs entreprises ont adopté des plans de pension à contributions définies. La part du total des actifs des fonds de pension détenus par les plans à prestations définies a baissé de 65 % en 1985 à 41 % à la fin 2006.

Et la tendance ne semble pas près de faiblir. Les entreprises patronnant des fonds à contributions définies vont se concentrer vraisemblablement sur les formes d'investissement que leurs employés peuvent faire et même sur la rapidité avec laquelle, après la retraite de ceux-ci, les fonds pourront leur être versés. Je prévois que les plans à contributions définies vont progressivement se substituer à une partie des régimes de retraites actuels, tandis que baisseront les capacités de financement de ceux-ci en ligne avec la baisse du ratio travailleurs/retraités. Alors que l'ampleur et les implications du fardeau des retraites se dévoileront aux retraités potentiels, une part croissante de gens âgés, mais en bonne santé, préféreront très probablement reculer l'âge de leur retraite. Mais ce qui est plus important, c'est que le transfert des ressources réelles des travailleurs aux retraités sera de plus en plus financé par les plans 401 (k), assurances privées et autres véhicules financiers encore inconnus.

Aux Etats-Unis, la plupart des baby-boomers jouissant de revenus élevés possèdent une fortune et des sources de revenus largement suffisants pour leur assurer une retraite. Mais pour ceux qui ont des revenus moyens ou faibles, le financement des retraites sera plus problématique. Chercher à conserver le système actuel de retraite par répartition garanti par le gouvernement, dont l'arithmétique repose sur un ratio élevé travailleurs/retraités, va devenir de plus en plus coûteux et, à un certain moment, insupportable. Faute de mieux, la seule solution possible sera de recourir à une forme de financement privé. J'ai, dans le titre de ce chapitre, posé une question : le monde a-t-il les moyens de prendre sa retraite ? La réponse est qu'il trouvera des solutions. Il n'a pas le choix. La démographie est inéluctable.

23.

LA GOUVERNANCE DES ENTREPRISES

« Dois-je accepter le Prix Enron ? » demandai-je en novembre 2001 à mon vieil ami et mentor Jim Baker, ancien secrétaire au Trésor et ancien secrétaire d'Etat. « Il fait partie du programme du Baker Institute auquel vous vous adresserez », répondit-il. J'avais ignoré que le prix serait décerné au cours du dîner. L'action Enron s'effondrait et dans trois semaines, la compagnie serait mise en faillite. En ce mois de novembre-là, le terme de « prix » ne me paraissait vraiment pas approprié. Mais j'étais redevable à Jim Baker de bien des choses, et pourvu qu'il n'y eût pas de présentation officielle, ni d'argent en cause, je décidai d'accepter la récompense.

Enron m'avait intrigué depuis que j'avais entendu Jeffrey Skilling, son prochain P-DG, faire une déposition devant le conseil de la Federal Reserve Bank de Dallas, en décembre 2000. Il expliqua de manière très subtile comment cette compagnie de haut vol du XXIᵉ siècle fonctionnait. C'était remarquable. Mais une question m'obséda : que produisait Enron ? Et comment faisait-elle de l'argent ? Je comprenais toutes les habiles stratégies de dérivés et de couverture, mais quels flux d'argent étaient couverts ?

La chute d'Enron, selon Skilling, fut précipitée par une perte de confiance dans la firme qui lui interdit d'emprunter. Cela ne me paraissait pas tout à fait justifié. Je supposais que si une grande aciérie souffrait d'une perte de confiance, ses hauts fourneaux conserveraient quelque valeur. L'insaisissable Enron, toutefois, disparut dans un nuage de fumée en laissant peu de traces, sinon la colère de ses employés et de ses actionnaires. Je n'ai jamais vu une grande entreprise américaine passer si rapidement du stade d'icône à celui de paria puis d'inexistence virtuelle.

La débâcle Enron puis le scandale qui entoura World-Com l'été suivant m'inquiétèrent particulièrement. Dans le quart de siècle précédant mon entrée à la Fed, j'avais siégé aux conseils de quinze entreprises cotées en Bourse (pas en même temps, bien sûr), et j'avais appris où se trouvaient les leviers du pouvoir dans ces compagnies. J'avais progressivement remarqué l'écart entre la façon dont les entreprises américaines sont gouvernées et celle dont cette gouvernance est perçue par le public et par nos dirigeants politiques. Déjà soupçonneux à l'égard de l'éthique des affaires (s'il ne considère pas le terme comme un oxymore), le public n'était pas prêt à accueillir des révélations contraires à ses idées bien enracinées sur la façon dont les entreprises sont gouvernées. Une grande partie des pratiques mythiques a été éliminée par les impératifs de l'économie moderne.

Tout au long du XIXᵉ siècle et jusqu'au début du XXᵉ, les actionnaires, et dans plusieurs cas les actionnaires majoritaires, participaient à la gouvernance des entreprises américaines. Ils nommaient le conseil d'administration qui, à son tour, nommait le P-DG et les autres responsables et, en général, ils contrôlaient les stratégies de la société. La gouvernance ressemblait à un gouvernement démocratique représentatif. Mais au cours des générations suivantes, la propriété des titres se diversifia et les descendants des fondateurs de l'entreprise n'héritaient pas toujours leurs talents de gestionnaires et d'entrepreneurs. Du fait de l'évolution des institutions financières au XXᵉ siècle, l'actionnariat devint affaire d'investissement, et non plus de propriété active. Si un actionnaire n'appréciait pas la façon dont une compagnie était dirigée, il vendait ses actions. Ce n'est que rarement que la direction des entreprises raisonnablement profitables était contestée. Imperceptiblement, la gouvernance des entreprises passa du contrôle des actionnaires à celui du P-DG. Si l'on fait abstraction de l'inquiétude affichée par quelques universitaires, le changement s'opéra calmement et surtout faute d'opposants.

Les actionnaires étant de moins en moins engagés, les P-DG commencèrent à leur recommander des listes d'administrateurs, qu'ils se contentaient de parapher. Ce système se détraquait périodiquement, quand une entreprise ou sa direction se heurtaient à des difficultés. Mais ces épisodes étaient relativement rares. La gouvernance démocratique des entreprises prenait un tour autoritaire. Le P-DG entrait dans la salle du conseil, expliquait le nouveau programme d'investissements et puis se tournait vers son directeur financier pour que celui-ci corrobore ses dires. Le conseil d'administration approuvait le projet sans véritable délibération. Le P-DG d'une entreprise prospère dispose aujourd'hui de vastes pouvoirs qui lui sont conférés par le conseil d'administration qu'il a nommés ou fait nommer.

Depuis des décennies, les agences du gouvernement et divers groupements d'intérêt ont fait pression sur les investisseurs institutionnels, et particulièrement les fonds de pension, pour qu'ils usent de leurs votes de façon à restaurer la « démocratie d'entreprise » d'antan. Mais ces institutions objectent que leur responsabilité à l'égard des actionnaires est de faire de bons investissements et que leur expertise consiste à juger les valeurs financières du marché ; ils n'ont donc pas à se soumettre à la pratique externe de la gouvernance d'entreprise. Certains fonds de pension publics s'engagent davantage, mais leurs activités sont marginales. Les forces du marché poussent les fonds d'actions privés à surveiller de plus en plus la gestion de leurs actifs, mais bien que la tendance s'accuse, ces fonds-là ne représentent qu'un très petit secteur de la gouvernance d'entreprise. Les mêmes forces poussent aussi aux fusions et acquisitions, et les directions s'en tirent rarement sans dommages. Les offres publiques d'achat hostiles peuvent être considérées comme de la démocratie d'entreprise une fois que l'on a admis que la seule « hostilité » en cause est celle qui sépare les nouveaux actionnaires d'une direction en état de siège. Les actionnaires existants, eux, vendent leurs parts volontairement et, dans la plupart des cas, ils sont impatients de le faire et sont ravis du prix obtenu.

Personne ne sera donc surpris que l'autoritarisme régnant partout, le manque de transparence des comptes dans la gouvernance d'entreprise ait engendré des abus. Il était déjà clair, durant mes vingt-cinq années de présence dans des conseils d'administration, que les petits abus étaient courants et, parfois même, qu'ils n'étaient pas si minimes.

Je ne suis donc pas étonné que les rémunérations démesurées des P-DG, ces dernières années, aient suscité dans le public un sentiment d'exaspération. Le plus irritant est la disproportion spectaculaire entre ces rémunérations et les salaires moyens des employés. Les directeurs qui fixent les rémunérations des cadres supérieurs rétorquent que les décisions stratégiques des P-DG conditionnent la valeur de marché d'une grande partie des entreprises. Sur les marchés mondiaux, la différence entre une décision opportune et une décision presque opportune peut se chiffrer en centaines de millions de dollars, alors qu'il y a une trentaine d'années, quand les enjeux était plus petits, elle se serait chiffrée en dizaines de millions seulement. Imprégnés de cette notion, les conseils d'administration recherchent le meilleur des meilleurs P-DG, et ils sont visiblement décidés à payer ce qu'il faut pour acquérir le champion.

En général, la rémunération d'un P-DG dépend de la valeur de sa firme sur le marché. La capitalisation moyenne sur le marché d'une des 500 entreprises cotées par l'indice Standard & Poors a crû de moins de 2 milliards de dollars en 1980 à 26 milliards en 2006. Parallèlement, les rémunérations des P-DG de ces grandes entreprises américaines ont augmenté de 10 % par an entre 1993 et 2006[1], soit le triple

---

1. Il y a probablement d'autres facteurs en jeu. Mais la concurrence mondiale ne peut en être un d'importance, les salaires des dirigeants d'entreprises en Europe et au Japon n'ayant pas atteint, et de loin, les niveaux américains. Le copinage entre les membres des conseils d'administration pourrait expliquer ce niveau élevé, mais pas l'accélération de ces dernières années. Et ce copinage était plus marqué par le passé.

de la croissance des salaires des ouvriers ou des employés non cadres, qui a été de 3,1 %. Bref, presque tout l'écart entre les salaires des dirigeants d'entreprises et ceux des travailleurs reflète la croissance de valeur des entreprises impartie par les forces du marché. Mais il s'agit là de la moyenne des rémunérations des P-DG. De nombreuses exceptions s'y cachent. Je soupçonne qu'une grande part des rémunérations retentissantes et « indues » des P-DG résulte du besoin de fixer les salaires des dirigeants avant leurs performances. Même les administrateurs les plus avisés font parfois des choix regrettables, et leurs erreurs révèlent que des rémunérations coquettes ont été versées pour des résultats qui ne les valaient pas entièrement.

Selon moi, un autre facteur significatif des rémunérations excessives des P-DG réside dans la hausse générale des cours boursiers, sur laquelle un dirigeant ordinaire n'a aucune influence. Le prix d'une action, et donc la valeur des options qui y sont attachées, est fortement conditionné par les grandes forces de l'économie, c'est-à-dire par des variations de taux d'intérêt, par l'inflation et par une myriade d'autres facteurs totalement indépendants du succès ou de l'échec de la stratégie particulière d'une entreprise. On a vu plus d'une fois le cas déconcertant de P-DG qui ont quasiment mené leur société dans le mur et présidé à une baisse marquante du prix de leurs actions relativement à celui de leurs concurrents et du marché en général. Puis on les a également vus empocher des rémunérations très élevées, parce que les performances du marché dans son ensemble avaient relevé avec elles le prix des actions[1].

L'octroi d'actions ou d'options aux dirigeants devrait être tel que les rémunérations reflètent les succès ou les échecs des décisions de la direction. Les attributions d'ac-

---

1. Le prix des actions d'une compagnie donnée est en compétition avec tous les autres dans le choix d'un investisseur qui constitue son portefeuille. Donc, si une ou plusieurs compagnies font de bonnes affaires et que le prix de leurs actions monte, le cours de celles dont les performances sont inférieures semble relativement plus intéressant. C'est pourquoi les mouvements du prix des actions sans lien entre elles accusent des corrélations significatives.

tions ou d'options pourraient être utilisées de façon plus efficace en les indexant aux performances de l'entreprise relatives à celles d'un groupe soigneusement déterminé de concurrents sur une période donnée. Il est des entreprises qui le font, mais non la majorité[1].

Si les écarts entre les rémunérations des P-DG et celles des employés de l'entreprise, qui ont atteint un pic en 2000, devaient recommencer à augmenter, j'espère que les actionnaires étendront leur regard au-delà des retours sur investissements et feront attention aux rémunérations des P-DG. Si elles sont disproportionnées, c'est dans leur poche qu'on les prend. Le contrôle gouvernemental des salaires n'a rien à y faire : l'argent du contribuable est hors de cause.

Il y a déjà une trentaine d'années que j'ai constaté une tendance aux rémunérations excessives. Je me rappelle une discussion sur les salaires des cadres supérieurs de la Mobil Corporation lors d'une réunion du comité de rémunération, au début des années 1980. La direction avait requis les services de Graef « Bud » Crystal, un consultant bien connu en rémunérations de dirigeants, pour « assister » le comité dans la fixation de niveaux de salaires convenables[2]. Il afficha une série de graphiques qui montraient que les niveaux des salaires des cadres supérieurs de Mobil ne correspondaient qu'à la moyenne des autres entreprises. A l'évidence, avança Crystal, Mobil souhaitait que les salaires de ses cadres fussent supérieurs à la moyenne. Ce qui incita mon collègue administrateur, Howard Clark, P-DG d'American Express, à demander, l'œil malicieux : « Bud, est-ce que vous êtes en train de recommander que les salaires de tous les cadres supérieurs soient au-dessus de la moyenne ? » J'intervins à mon tour pour suggérer que l'analyse statistique de Bud sur la rémunération concurrentielle des cadres présentait un biais. Finalement, les cadres supérieurs de Mobil obtinrent une grande partie, mais probablement pas tout ce qu'ils

---

1. Les options sur actions font l'objet d'abus incessants, comme l'a démontré, à l'automne 2006, le scandale des options antidatées.

2. Crystal, par la suite, changea d'attitude et devint plus critique à l'égard de la détermination des rémunérations dans les entreprises.

avaient espéré quand ils avaient suggéré le secours de Bud au comité.

Le conformisme et la courtoisie croissants des conseils recrutés par les P-DG pendant la plus grande partie du XXe siècle étaient souvent perturbés par des voix dissonantes pour appeler la direction d'une société à faire meilleur usage de ses fonds. Peu avant d'entrer à la Fed, je me joignis ainsi à la majorité des administrateurs d'Alcoa dans leur opposition au P-DG Charles Parry, qui pressait le conseil de nommer le chef des opérations Fred Fetterolf à sa place quand il prendrait sa retraite. Il ne faisait aucun doute que ce dernier possédât une parfaite connaissance des aspects techniques de la compagnie, mais plusieurs d'entre nous estimaient qu'il ne possédait pas la vision globale dont Alcoa aurait besoin dans la décennie à venir. Les dissidents, menés par W.H. Krome George, ancien président d'Alcoa, moi-même, Paul Miller, de la First Boston, Paul O'Neill, président de l'International Paper, et d'autres, nous réunîmes un soir au Links Club, à New York, et conclûmes que nous devions faire échec au choix de Charlie en proposant une alternative. Nous parcourûmes la table des yeux et le choix tomba sur O'Neill, mon vieil ami et collègue de l'administration du président Ford. Le soutien du reste du conseil et quelques pressions lancèrent Paul dans une brillante carrière à la tête d'Alcoa, jusqu'à ce que George W. Bush le convainquît, en 2001, d'être secrétaire d'Etat au Trésor[1].

Pendant les vingt-cinq ans où j'ai été membre actif de conseils d'administration, j'ai observé que, dans les grandes entreprises, le P-DG cherche généralement des gens aux compétences avérées et que son choix tombe souvent sur des P-DG d'autres entreprises. Toutefois, je ne pouvais pas toujours certifier que les consultants de haut niveau fussent choisis pour leurs compétences ou bien si le P-DG s'efforçait de donner les apparences de la pluralité à ce qui était en fait un régime d'entreprise autoritaire. Il s'agissait probablement des deux.

---

1. De toute façon, Paul était sur le point de prendre sa retraite et de confier les rênes de la compagnie à Alain Belda.

En dépit de ses trop évidentes carences, la gouvernance d'entreprise aux Etats-Unis au siècle dernier devait posséder quelque vertu à son actif. S'il en avait été autrement, l'économie américaine aurait difficilement atteint le leadership économique mondial. On ne peut contester que les entreprises américaines ont été très productives et profitables. Elles ont été la tête de pont d'une grande partie de la technologie du siècle dernier. Ce fait et les observations que j'ai recueillies pendant vingt-cinq ans dans les conseils d'administration m'ont permis de conclure, fût-ce à contrecœur, que si les propriétaires ne sont plus les directeurs, le contrôle et l'autoritarisme des P-DG sont probablement la seule façon de bien diriger une entreprise. Il ne semble pas y avoir d'autre alternative que de confier le pouvoir au P-DG et d'espérer que ses administrateurs, même s'ils sont à sa dévotion, le garderont à l'œil – faute de quoi des raiders reprendront l'affaire et réorganiseront sa direction.

Quand les scandales éclatèrent, d'abord à Enron, puis à WorldCom, on s'inquiéta beaucoup, et à juste titre, des abus engendrés par l'autoritarisme ; mais je fus un peu soulagé de ce qu'on ne remît pas en cause l'autoritarisme dans la gouvernance. Ce fut la fraude comptable qui prit la vedette. Tout le monde découvrit alors que la comptabilité d'une entreprise moderne est fondée sur une série de prévisions qui ne correspondent pas nécessairement au passé de l'entreprise. Ce qui signifie qu'une bonne part de la divulgation des résultats est de nature discrétionnaire et, trop souvent, favorise les abus. Ainsi, les engagements pour les retraites et les charges qu'ils feront peser sur le revenu nécessitent un certain nombre de prévisions, qui restent incertaines et offrent une vaste gamme de coûts potentiels, tous plausibles. Une banque qui reçoit des paiements mensuels d'hypothèque ne peut savoir avec certitude ce qu'ils représentent jusqu'à extinction de la dette ou jusqu'au défaut de paiement. Les charges, censées traduire le déclin de la valeur économique des capitaux fixes, sont aussi sujettes à discrétion – et cela se comprend, parce que l'estimation dépend beaucoup du temps que prendra la technologie à remplacer les équipements tombés en désuétude. Il n'est pas étonnant que beaucoup de directions d'entreprises, en proie à des difficultés liées à la concurrence, frisent la fraude, voire franchissent la limite quand elles présentent leurs résultats. Mais la discrétion comptable a ses limites. Le toit finit par s'effondrer. Et c'est ce qui s'est produit.

Dans le sillage des scandales Enron et WorldCom, le pouvoir des P-DG a été diminué au profit de celui des directoires et des actionnaires. Au fil des révélations, le ton changeait dans les directoires. En 2002, quand un P-DG entrait dans la salle, la plaisanterie à la mode consistait à demander si la première question à l'ordre du jour ne serait pas sa démission. Puis cet humour noircit davantage. Selon une autre plaisanterie, les P-DG passaient la moitié de leur temps avec leurs avocats à discuter de la manière d'éviter tous deux la prison. Exagérations, certes. Mais l'humour noir est trop souvent proche de la réalité. Et tout le monde en convenait à cette époque-là, les P-DG consacraient moins de temps à faire avancer leurs affaires.

Le détournement des actifs des actionnaires perpétré par les dirigeants d'Enron et de WorldCom déclencha une tempête politique. Le populisme hostile aux grandes entreprises sommeillait chez les politiciens américains au moins depuis l'époque des *Robber Barons* – les requins de l'industrie de la fin du XIXe siècle. Après des délibérations hâtives, le Sarbanes-Oxley Act (en bref, SOX) fut voté à une majorité écrasante. A ma surprise, cette loi comportait quelques articles utiles ; l'un d'eux exigeait que le P-DG attestât que les comptes de l'entreprise reflétaient sa valeur. Il existait déjà un garde-fou, les Generally Accepted Accounting Principles ou GAAP ; mais peu importait. Laissez tomber les finesses juridiques de l'IRS et de la SEC [1]. La question posée au P-DG était celle-ci : est-ce qu'à votre connaissance les comp-

---

1. Internal Revenue System, c'est-à-dire le fisc, et Securities and Exchange Commission, organisme de contrôle de la Bourse. Il faut noter que le GAAP se double, aux Etats-Unis, des IAS, International Accounting Standards, et du FASB, Federal Accounting System Board. *(N.d.T.)*

tes de votre compagnie reflètent fidèlement sa situation financière ?

Cet article résolvait aussi pour moi la très épineuse question de savoir si les principes des International Accounting Standards et ceux du FASB et des GAAP américains constituaient pour une entreprise un moyen plus efficace de communiquer ses résultats. L'injonction signifiée au P-DG et aux directeurs financiers par le Sarbanes-Oxley Act coiffait ces considérations ; il plaçait la responsabilité de l'interprétation des résultats financiers là où elle devait être. Si le P-DG avait licence de choisir le système de comptabilité et qu'il était tenu pour garant des résultats, les actionnaires pourraient être mieux garantis.

Mais il est devenu clair, surtout rétrospectivement, qu'en resserrant les règlements le Sarbanes-Oxley Act a réduit la flexibilité concurrentielle des Etats-Unis. Son article 404 s'est révélé particulièrement restrictif : il exige que certaines pratiques de comptabilité soient contrôlées par les vérificateurs des comptes de la compagnie, lesquels sont à leur tour contrôlés par une nouvelle agence, le Public Company Accounting Oversight Board, dont l'acronyme, PCAOB, a vite été prononcé *peek-a-boo*[1], avec sa connotation de surveillance clandestine. La nouvelle agence n'en a pas été amusée.

Toutefois, après plusieurs années d'application, il en est peu dans la communauté des affaires qui soutiendraient que les coûts et les efforts de l'entrée en vigueur de l'article 404 – sans parler du fait qu'il a détourné la direction d'entreprise des initiatives d'expansion – aient ajouté un plus à la compagnie ou à l'ensemble de l'économie américaine. Dans son ensemble, le Sarbanes-Oxley se révèle inutilement encombrant, et, ce qui est tout aussi important, il est fondé sur certains mythes de ce que devrait être la gouvernance d'entreprise.

Le Sarbanes-Oxley a mis en vedette le rôle du comité d'audit d'une société et il a imposé le fait que son P-DG

---

1. Cri convenu dans un jeu d'enfants semblable au cache-cache. *(N.d.T.)*

doit être qualifié. Cela entend que ce comité – dont l'importance a été gonflée – aurait la capacité de déceler des délits et particulièrement des fraudes, et qu'il présenterait aux actionnaires un état financier plus exact que ce n'était le cas dans le passé. Or, avec une expérience de régulateur de banques de plus de dix-huit ans, je ne me rappelle que très peu de cas où un régulateur de banques ait débusqué des fraudes ou des escroqueries grâce à l'examen des comptes. Il est admis que le rôle de la supervision d'une banque n'est pas de rechercher des activités criminelles, mais il n'en demeure pas moins qu'à deux occasions les examinateurs de banques de la Fed ont attribué des notations élevées à la branche d'une banque japonaise qui servait de base à une vaste entreprise de détournement de fonds. Ce fut une dénonciation qui permit d'y mettre fin. En fait, je connais très peu de régulateurs qui puissent me fournir des exemples de fraude ou de détournement de fonds décelés autrement que par une dénonciation. Je concéderai donc volontiers que les comités d'audit Sarbanes-Oxley n'aient pas été de grands découvreurs de malhonnêtetés de cadres. En vérité, un comité d'audit, ancien ou nouveau, ne possède aucun moyen de découvrir des délits, sauf à déployer une importante armée d'inspecteurs qui étoufferaient l'entreprise dans un pesant filet de surveillance, annihileraient les dispositions à prendre des risques et, en fin de compte, compromettraient l'existence même de cette entreprise.

D'autres articles de la loi Sarbanes-Oxley prônent les mérites de l'administrateur « indépendant ». Certains clament ainsi que des personnes en concurrence garantiront l'honnêteté du management. En pratique, des administrateurs indépendants du management tendent à avoir une mince expérience du secteur qu'ils ont été chargés de surveiller. Il est peu probable qu'ils soient au fait des fraudes possibles. J'ai toujours pensé que le président Roosevelt avait saisi cela lorsqu'on lui avait demandé comment il pourrait nommer Joseph P. Kennedy, un spéculateur de Wall Street (et père de JFK), président de la Securities and Exchange Commission. Lorsqu'on lui avait objecté « N'est-ce pas là une illustration de l'erreur commune qui consiste à charger le renard de surveiller le poulailler ? », Roosevelt avait répondu : « Un voleur sait mieux attraper les voleurs. »

Une entreprise ne peut avoir qu'une stratégie. Des personnes « indépendantes » et en compétition, poursuivant chacune un programme totalement différent les uns des autres, ne peuvent que miner l'efficacité du P-DG et du reste du conseil d'administration. J'ai siégé dans des conseils d'administration aux côtés d'administrateurs dissidents. On n'y réglait que les affaires qu'on était légalement requis de traiter. Les échanges d'idées qui contribuent à orienter les stratégies du P-DG en étaient absents. La nature humaine étant ce qu'elle est, quand il y a des administrateurs dissidents – tels que ceux qui représentent des investisseurs potentiels cherchant à s'emparer de la société –, la plupart des échanges entre le P-DG, les administrateurs et les cadres qui le soutiennent ont lieu en dehors de la salle du conseil.

Je n'entends pas ici jeter l'anathème sur les OPA. Au contraire, elles constituent un facteur clé de la destruction créatrice et, sans aucun doute, l'instrument le plus efficace par lequel l'actionnaire peut modeler une société. Mais si le changement de management est souvent nécessaire, on ne peut pas diriger convenablement une compagnie avec des responsables aux opinions divergentes et poursuivant des objectifs contraires. Un choix doit être fait. Si le conseil d'administration est paralysé par des conflits d'intérêts, la gouvernance en souffrira. Si les administrateurs ne sont pas d'accord avec la stratégie du P-DG, ils doivent le remplacer. Les désaccords sont évidemment inévitables dans les entreprises en période de transition. Mais ils ne représentent pas une valeur à cultiver pour elle-même.

L'idée de faire siéger au conseil d'administration les différents représentants d'intérêts spécifiques – syndicats, délégués communautaires, clients, fournisseurs, etc. – comporte un aspect démocratique positif. Mais elle est mal inspirée et je soupçonne fortement qu'elle soit inopérante. Le monde fortement concurrentiel d'aujourd'hui exige que chaque entreprise exécute les plans d'un seul meneur. S'il faut que l'on vote sur chaque grande décision, on court à l'échec. Je prévois que quelques-uns des angles les plus râpeux de la loi Sarbanes-Oxley, et notamment la section 404, seront limés.

Aussi bonne que la gouvernance d'entreprise américaine se soit révélée au fil des décennies, avec tous ses défauts, ses capacités d'adaptation à un environnement mondial en perpétuelle évolution ont laissé apparaître des failles qui appellent l'attention. Une comptabilité exacte est essentielle au fonctionnement du capitalisme de marché. Si les signaux qui commandent l'allocation des ressources d'une nation sont déformés, les marchés seront moins efficaces à élever les niveaux de vie. Le capitalisme dispense la richesse en premier lieu par la destruction créatrice – processus par lequel le flux de revenu tiré d'un capital à faible rendement est investi, grâce à une épargne nouvelle, dans des technologies de pointe à haut rendement. Mais pour que ce processus fonctionne, les marchés ont besoin de données fiables pour évaluer le rendement des actifs.

L'essor des stock-options est un cas éminent. En 2002, je me suis engagé dans une bataille sur cet aspect obscur, mais critique, du boum des *dot-com* des années 1990. Mon excellent ami Warren Buffett, qui n'est certainement pas un néophyte dans l'évaluation des entreprises, m'y avait précédé. Les entreprises high-tech en particulier s'étaient lancées massivement dans une pratique nouvelle : au lieu de payer des salaires, qui étaient déduits des recettes nettes, elles accordaient des stock-options, qui ne l'étaient pas. En 2005, par exemple, Intel déclara un bénéfice net de 8,7 milliards de dollars – or, comme Intel le reconnaît lui-même, si le coût des stock-options avait été pris en compte, ce bénéfice aurait été minoré de 1,3 milliard de dollars. Intel soutint que ces options, qui attiraient des compétences réelles vers les entreprises, étaient en principe impossibles à distinguer des salaires en liquide ou d'autres formes de rémunération.

L'évaluation exacte des profits exige l'évaluation exacte des coûts. Celui du travail doit être enregistré correctement, sinon le management de l'entreprise sera induit en erreur sur les résultats d'une stratégie donnée. Que l'intéressé soit payé en liquide, en stock-options ou en accès à la salle à manger des directeurs est indifférent. L'entreprise a besoin de connaître la valeur marchande de son nouvel employé. Celui-ci, quand il accepte une rémunération globale (y compris les options), fixe de fait sa valeur de marché. Et celle-ci participe au prix des ressources en travail nécessaires pour produire un profit.

Dans une économie aussi vaste, diversifiée et complexe que la nôtre, la mesure exacte de la performance d'entreprise est essentielle pour que les ressources de la nation soient orientées vers leurs utilisations les plus rentables. Les coûts exacts des intrants sont essentiels pour savoir si l'entreprise fait des bénéfices. Les variations dans les valorisations de bilans, fondés sur des prévisions incertaines, sont devenues un élément de plus en plus important pour savoir si une stratégie déterminée d'entreprise est bonne. Néanmoins, le principe de base pour mesurer le profit en tant que valeur de la production moins celle des intrants n'est pas affecté par la complexité des mesures.

Dire que les stock-options ne sont pas une dépense revient à prétendre que les ressources réelles qui ont participé à la valeur de la production étaient gratuites. A coup sûr, les actionnaires qui ont accordé des stock-options à des employés ne considèrent pas que la dilution potentielle de leurs parts dans la capitalisation de leur entreprise ne leur coûte rien.

Les options sont importantes dans l'industrie du capital-risque, et plusieurs des industries high-tech se sont vigoureusement opposées à changer leurs pratiques en cours. Elles soutenaient que l'usage des stock-options constituait un mécanisme de rémunération exceptionnellement précieux (ce qui est exact) ; que cela réduirait leur usage que de les identifier à des dépenses[1], et que cela nuirait aux compagnies high-tech (ce qui est possible) ; que l'effet des options sur les « gains entièrement dilués par action »

---

1. Cela serait vrai, mais seulement si le récipiendaire des options avait été dupé sur les véritables profits de la société.

était déjà admis (ce qui était hors sujet)[1] ; et que nous ne pouvons pas mesurer les coûts des options assez exactement pour justifier leur mention sur les états financiers (ce qui est faux)[2].

Cette question apparemment pointue de la comptabilisation des stock-options est, en fait, d'importance critique pour la représentation exacte de la performance des entreprises. Certains croyaient que le fait de ne pas avoir à débourser d'argent pour les stock-options constituait un atout majeur pour lever du capital afin de financer rapidement l'exploitation de technologies de pointe. Or, s'il est évident pour tout le monde que la contribution des nouvelles technologies est vitale pour notre économie, il se trouve que toutes les nouvelles idées ne créent pas nécessairement de la valeur. Celles-ci ne doivent pas toutes être financées. Durant le boum des nouvelles technologies, de grandes quantités de capital furent gaspillées sur des entreprises dont les perspectives s'annonçaient plus prometteuses qu'elles ne le furent. Ce gaspillage est un sous-produit inévitable de la prise de risques qui produit la croissance de notre économie. Cependant la quantité de gaspillage prend des proportions démesurées quand les rapports sur les gains, qui aident les investisseurs à placer leur argent, se révèlent inexacts.

Les stock-options, s'ils sont bien conçus, peuvent être extrêmement efficaces quand ils alignent les intérêts des dirigeants d'entreprise avec ceux des actionnaires. Malheureusement, beaucoup d'entre eux étaient destinés à satisfaire des intérêts personnels. Je suppose que je n'aurais pas dû

---

1. Cet ajustement ne modifie que le dénominateur (le nombre des actions) du ratio des bénéfices par action. C'est sur l'estimation du numérateur (les bénéfices) que porte la querelle comptable. Les stock-options possèdent le potentiel d'accroître le nombre total des actions et, de ce fait, de diminuer les gains par action.

2. Les moyens d'estimer les dépenses en options sont approximatifs. Mais c'est aussi le cas d'une bonne partie de toutes les autres estimations de gains. De plus, à moins que les options soient comptabilisées, chaque entreprise déclare déjà implicitement une estimation de la dépense en options sur sa déclaration de revenus. Ce chiffre est évidemment, pour la plupart des sociétés, exactement de zéro. Est-ce que les stock-options étaient vraiment sans valeur ni coût pour les entreprises ?

être surpris quand les légions des lobbyistes de l'industrie high-tech déferlèrent vers la Fed. Je reçus plusieurs visites de groupes de P-DG, souvent menés par l'astucieux Craig Barrett, d'Intel. Il succédait au légendaire Andy Grove, l'immigrant hongrois qui avait été l'un des génies d'Intel, juste après sa fondation en 1960. Mes visiteurs n'avaient pas pris en compte mes longues années d'expérience comme directeur d'entreprise. Je pris plaisir à contrer leurs arguments. Je voulais souvent demander à Craig, que j'avais appris à respecter et à apprécier, ainsi qu'aux lobbyistes : « Si je pouvais vous convaincre que vos arguments sont faux, auriez-vous, dans vos fonctions actuelles, la possibilité de changer de point de vue ? » Mais je ne le fis pas. Ce n'était pas nécessaire. Je me retrouvai dans la même position en 1994, quand j'entamai avec le Premier ministre de Chine, Li Peng, un débat sur le capitalisme contre le communisme (*cf.* chapitre 14).

L'argument en faveur des options comptabilisées prévalut en fin de compte. En décembre 2004, le FASB changea ses règles pour demander qu'à partir de 2005 les options sur actions fussent comptées comme des dépenses. Cette mesure faillit être bloquée par le Congrès, après protestations des entrepreneurs du secteur high-tech, mais elle entra quand même en vigueur.

Même avant les scandales de 2002, on s'alarma beaucoup dans les milieux politiques des rémunérations des dirigeants d'entreprise, comparées aux salaires moyens des travailleurs. Je l'explique au chapitre 25 : l'inexorable croissance, en proportion du PIB, de l'immatériel, et surtout du technologique, a accru la valeur de la capacité intellectuelle par rapport à la capacité physique, en multipliant plusieurs fois ce qu'elle avait été au cours des générations. Je suis assez âgé pour me rappeler que la prouesse physique au travail suscitait des légendes et inspirait le respect. Une grande statue de Paul Bunyan[1], le bûcheron mythique, domine tou-

---

1. Héros de la culture populaire en Pennsylvanie et dans le Wisconsin à partir du début du XXᵉ siècle, et dont il n'est pas certain qu'il ait existé. (*N.d.T.*)

jours la région des lacs, dans le Minnesota. Les dockers d'il y a un siècle étaient célébrés pour leur grande force. De nos jours, leur travail est souvent effectué par des jeunes femmes devant des ordinateurs.

La rémunération relative dans notre société est déterminée par le marché et reflète les valeurs préférées de tous les acteurs de l'économie. Est-il le meilleur arbitre ? Une notion également valable, mais que l'on n'a jamais réussi à appliquer, est que tous les travailleurs devraient partager également les fruits de leur effort collectif ; selon cette éthique, toute inégalité dans les salaires serait injuste – ce qu'on peut soutenir si l'on en accepte toutes les prémisses explicites et implicites. Mais affirmer que certaines inégalités de revenus sont trop grandes ou trop petites requiert un paramètre de référence. Dire que les écarts sont « trop grands » sous-entend que l'inégalité est justifiée à un certain niveau. Mais alors, pourquoi l'inégalité ne serait-elle pas moindre ? Ou supérieure ?

Je soutiens dans le chapitre 21 que les inégalités de revenus sont politiquement déstabilisantes pour un pays. Mais un remède qui entraînerait un contrôle gouvernemental des salaires plutôt, par exemple, qu'une incitation aux travailleurs les moins payés à acquérir des qualifications plus recherchées est trop souvent pire que le mal qu'il prétend traiter. Même en tenant compte des failles de la gouvernance d'entreprise, les salaires des dirigeants sont, en dernier recours, assumés par les actionnaires et, on l'espère, volontairement. Je l'ai dit plus haut : le gouvernement n'a pas de rôle à jouer dans cette transaction. Le contrôle des salaires, comme celui des prix, mène à des distorsions inattendues et graves.

Etant donné la césure entre l'actionnaire et le management, le paradigme du P-DG autocratique semble être la seule solution qui assure le bon fonctionnement d'une entreprise. Nous ne pouvons pas contourner l'impératif autoritaire de la structure actuelle de l'entreprise. Mais nous pouvons certainement faire en sorte que les P-DG non performants soient remplacés, sinon par les actionnaires, du moins en rendant les OPA plus faciles. Un pas dans cette direction consisterait à faciliter l'accès aux listes des actionnaires, largement sous contrôle du management en l'état actuel des choses. Ceux des actionnaires qui désirent l'anonymat peuvent être protégés par des noms d'emprunt[1]. Les fusions, acquisitions et leurs dérivés constituent une part vitale de la concurrence et de la destruction créatrice. L'émergence des fonds d'actions privés constitue une réaction du marché à la répugnance des fonds de pension et autres grands investisseurs institutionnels à s'engager dans la surveillance du management d'entreprise, qui caractérisait les générations précédentes. Un plus grand contrôle des actionnaires limiterait certes les pratiques des « parachutes dorés », des bonus disproportionnés, de l'antidatation des options et de commodités après le départ qui sont actuellement versés par les actionnaires.

Le contrôle des entreprises américaines par leurs actionnaires, en dernier recours, est essentiel à notre capitalisme de marché. Dans les entreprises comme dans la plupart des institutions, la délégation d'autorité mène à un certain degré d'autoritarisme. L'équilibre convenable du contrôle de la direction d'entreprise ne s'établira jamais sans quelque controverse.

---

1. Les actionnaires qui sont clients de firmes de courtage sont regroupés sous le nom du courtier.

24.

LA RESTRICTION A LONG TERME
DE L'ÉNERGIE

Quand les ouragans Katrina et Rita frappèrent le vaste complexe pétrolier allant du Texas à la Louisiane, à l'été 2005, ils provoquèrent une large brèche dans la fourniture mondiale de carburant. Les prix de l'essence, du fuel et du mazout pour le chauffage montèrent en flèche.

Le choc était prévisible. Les prix du pétrole ne cessaient de monter depuis 2002, car la consommation mondiale croissante absorbait la plus grande partie du surplus de la production, qui se montait en 1986 à dix millions de barils par jour. Auparavant, cette production aurait été capable d'absorber des chocs, même aussi violents que ceux de Katrina et de Rita, sans causer des répercussions alarmantes sur les prix. Mais en 2005, les équilibres pétroliers étaient devenus si précaires que même une panne causée par un problème de maintenance, dans certaines raffineries de la Côte Est des Etats-Unis, avait suffi à faire monter les prix.

En dépit des prédictions récurrentes selon lesquelles le monde allait manquer de pétrole, les réserves augmentèrent plus vite que la consommation entre 1986 et 2006. C'était largement dû au développement de technologies permettant d'extraire de plus grandes quantités des réserves existantes. Mais les pays producteurs furent beaucoup moins heureux dans leurs capacités de tirer le pétrole de ses profondeurs terrestres et de le raffiner. Forages et constructions de puits prirent du retard, cependant que des pays possédant de grandes réserves disponibles, pour la plupart membres de l'OPEP (Organisation des pays exportateurs de pétrole), traînèrent à investir suffisamment dans les puits et les installations de raffinage pour répondre à une demande croissante[1]. Ainsi, tandis qu'entre 1986 et 2006, la consommation mondiale et les réserves augmentaient de 1,6 % en moyenne par an, dans presque tous les pays de l'OPEP et de l'ancien bloc soviétique, la capacité de production n'augmentait que de 0,8 %.

Pourquoi les compagnies pétrolières n'avaient-elles pas réinvesti davantage de leurs revenus croissants ? La raison en est que les réserves des pays de l'OPEP sont toutes des propriétés des Etats ou contrôlées par eux. Les revenus sont la principale source de financement pour les besoins d'une population également en croissance rapide. Les investissements énergétiques sont en concurrence avec d'autres priorités, y compris les programmes de certains pays pour diversifier leurs ressources et s'affranchir de la mono-production de pétrole et de gaz. A la différence des compagnies nationales, les compagnies privées exploitant ces deux ressources ont bien investi, ces dernières années, une part beaucoup plus large de leur *cash-flow* dans de nouvelles installations. Mais étant donné que les réserves des pays développés avaient été lourdement dégarnies par plus d'un siècle d'exploitation, le surplus de rendement n'avait représenté qu'une petite fraction des revenus disponibles des compagnies nationales de l'OPEP. Et, plus important encore, les compagnies internationales du secteur privé sont de plus en plus interdites d'accès aux réserves de l'OPEP[2]. L'ère où ces

1. Selon l'Agence internationale de l'énergie, les programmes d'exploration et de développement dans le monde ont doublé entre 2000 et 2005, mais leurs coûts ont augmenté de plus de 10 % par an ; toutefois, en termes réels, ce pourcentage doit être ramené à 4 %. Mais ces programmes n'avaient pas suffi à accroître la capacité de production de pétrole brut.

2. Les compagnies étrangères sont totalement interdites d'investissement dans les réserves de pétrole et de gaz de l'Arabie Saoudite, du Koweit et du Mexique. Les interdiction *de facto* à l'étranger s'étendent à la plupart des pays possédant des compagnies pétrolières nationales. La comptabilité du « dernier arrivé-premier sorti » réduit, mais n'élimine pas les pics dans les profits.

compagnies possédaient le monopole virtuel de l'expertise technologique est passée depuis longtemps. Elles n'ont plus grand-chose à offrir en échange de l'accès aux richesses du Moyen Orient.

Voici un demi-siècle, les Sept Sœurs, la Standard Oil of New Jersey, la Royal Dutch Shell, Texaco et d'autres géants, dominaient le pétrole mondial. Les compagnies pétrolières privées d'aujourd'hui ne représentent plus que l'ombre de leur gloire passée. Certes, leurs profits ont bondi, du fait que les prix de leurs vastes stocks de pétrole et de leurs installations ont augmenté. Mais leurs occasions d'investir de manière profitable dans l'exploration et le développement sont modestes. Et l'accès aux réserves de l'OPEP leur étant interdit, elles n'ont pas d'autre alternative que de retourner une grande partie de leur *cash-flow* aux actionnaires, sous forme de rachats d'actions et de dividendes.

A l'exception de l'Aramco saoudienne, aucun des monopoles nationaux de l'OPEP n'a exprimé le désir de freiner les augmentations du prix du pétrole en accroissant les capacités de production du brut. Au contraire, ils semblent redouter qu'une trop grande capacité de production n'abaisse les prix et les formidables revenus dont ils sont devenus dépendants pour des raisons politiques internes. Quand je le rencontrai en mai 2005, même Ali al Naimi, le courtois ministre saoudien du Pétrole, sembla inquiet des mesures que les Etats-Unis proposaient pour réduire leur consommation et, par conséquent, les revenus de l'OPEP. Le pouvoir de l'Arabie Saoudite est fondé sur les quelque 260 milliards de barils au moins de réserves prouvées et sur le considérable potentiel qui en découle. Al Naimi est parfaitement conscient que, si les prix du pétrole montaient trop haut, la consommation de pétrole pourrait être abaissée de façon permanente, les grands consommateurs appliquant désormais une politique d'économie. La plus grande partie de la consommation est déterminée par la propension à consommer du pétrole des parcs automobiles, des usines et des habitations ; cette infrastructure ne peut changer d'un jour à l'autre, mais elle peut changer et elle change. Les

Saoudiens ont entendu la leçon des années 1970. L'accroissement de la consommation avait radicalement ralenti dans les années suivant le choc pétrolier et il ne reprit jamais entièrement, même quand les prix baissèrent. Ce qui s'est passé alors pourrait se reproduire. Les Etats-Unis consomment actuellement un quart du pétrole mondial ; si nous baissions cette consommation, et surtout si d'autres suivaient notre exemple, la prééminence mondiale de l'Arabie Saoudite s'en ressentirait à coup sûr.

Depuis la rencontre du président Franklin D. Roosevelt et du roi Ibn Saoud sur le *USS Quincy*, en février 1945, la relation entre les Etats-unis et l'Arabie Saoudite a été étroite. Ce fut une compagnie pétrolière américaine, la Standard Oil of California (plus tard Chevron), qui avait découvert du pétrole dans les sables du pays, en mars 1938, dans le cadre d'une concession accordée en 1933. Et ce fut un consortium de compagnies américaines qui fonda l'Arabian-American Oil Company (Aramco) pour exploiter ces ressources. Les liens furent solides entre le pays qui allait devenir en 1992 le plus grand producteur mondial et les Etats-Unis, qui demeurent le plus gros consommateur du monde. La relation survécut même à la nationalisation de l'Aramco en 1976[1]. En tant qu'administrateur de la Mobil Corporation, de 1977 à 1987, j'étais bien conscient de la stabilité de cette relation. Avant 1976, les dividendes que tirait Mobil de ses 10 % de participation dans l'Aramco représentaient la plus grande part de ses revenus, et l'accès au brut saoudien dans les années qui suivirent joua un rôle déterminant dans les opérations de Mobil. L'Aramco saoudienne a investi une grande part de ses revenus croissants, ces cinq dernières années, dans l'expansion de ses capacités, mais ces sommes sont de loin inférieures à celles que les compagnies pétrolières américaines, britanniques, canadiennes, norvégiennes et même russes investissent.

La répugnance de l'OPEP à l'accroissement de ses

---

1. L'Arabie Saoudite avait déjà acquis le contrôle de 60 % de l'Aramco avant que celle-ci fût nationalisée.

capacités a fortement affecté le marché du pétrole ; la marge entre l'offre et la demande s'est réduite au point qu'elle ne peut même plus absorber l'interruption d'une petite fraction de la production mondiale sans que cela se répercute sur les prix. De surcroît, la menace croissante d'attaques contre les champs pétrolifères, les pipelines, les installations de stockage et les raffineries, surtout au Moyen-Orient et au Nigeria, pèse sur ce fragile équilibre. L'attaque terroriste de février 2006 contre Abqaiq, la vaste raffinerie d'Arabie Saoudite qui traite 7 millions de barils de brut par jour, n'a échoué que de peu. Selon les rapports, les attaquants avaient franchi la première ligne de protection ; s'ils avaient réussi leur coup, la flambée des cours pétroliers aurait gravement secoué les marchés financiers et, selon la durée de la fermeture de la raffinerie, elle aurait pu arrêter l'expansion économique mondiale ou pis. Plus récemment, on a craint que l'Iran, se sentant menacé ou provoqué, bloquât le détroit d'Ormuz, artère par laquelle transite un cinquième du pétrole brut mondial.

Heureusement, la réaction du marché a créé un nouveau genre de tampon. Les producteurs, les consommateurs et, plus récemment, les investisseurs ont élevé les réserves déjà extraites à un niveau record. Pendant la plus grande partie de l'histoire du pétrole, seuls ceux qui pouvaient emmagasiner de larges réserves avaient la capacité d'en faire commerce. Ces réserves étaient surtout constituées par mesure de précaution, en cas de ruptures imprévues de la production n'importe où dans le monde. Mais une importante évolution financière a pavé la voie à un bien plus grand nombre d'acteurs sur les marchés pétroliers, et donc sur la fixation des prix. Quand il apparut en 2004 que l'industrie pétrolière mondiale n'investissait pas assez dans la production de brut pour répondre à la demande croissante, on en augura que les prix monteraient encore ; les fonds spéculatifs et d'autres investisseurs institutionnels, qui cherchaient des placements à long terme dans le pétrole, commencèrent à enchérir sur les prix. Cela se prolongea jusqu'au moment où ils persuadèrent les propriétaires de réserves de leur en céder une partie. Ces investisseurs acquirent donc des positions « longues » solides sur les achats de brut à terme, en grande partie sur le marché de gré à gré. Toutes déductions faites, les vendeurs des contrats à terme, promettant donc du brut aux investisseurs étaient évidemment les propriétaires des milliards de barils des stocks privés dans le monde entier.

Les ventes de pétrole aux investisseurs, négociées par contrats à terme, laissèrent de nombreuses compagnies pétrolières démunies face à des poussées soudaines de la demande. Elles cherchèrent rapidement à remplacer les stocks surchargés, et l'accroissement des stocks s'ajouta à la demande croissante ; cela éleva et la production et les prix à des niveaux encore plus hauts. La conséquence en fut une accumulation de stocks, reflétant à la fois le motif traditionnel de précaution de l'industrie et les quantités détenues en compte bloqué pour honorer les contrats à terme. En d'autres termes, une part appréciable du pétrole dans les réservoirs et les pipelines dans le monde appartient aux investisseurs. La rapidité avec laquelle les institutions financières se sont lancées dans l'acquisition de barils de brut se mesure aux chiffres suivants : de décembre 2004 à juin 2006, la valeur notionnelle des dérivés de matières premières, principalement de pétrole, tels que rapportée à la Banque des règlements internationaux, a été multipliée par six.

Les investisseurs et les spéculateurs arrivés sur le marché du pétrole, qui représente 2 000 milliards de dollars par an, contribuent à l'adaptation urgente imposée par la disparition virtuelle des stocks-tampons ; ils l'accélèrent même. La demande de la communauté des investisseurs a fait monter les prix du pétrole plus tôt que ce n'aurait été le cas autrement ; elle a incité les investisseurs à participer à la constitution de stocks record et à renforcer ainsi le mince tampon entre l'offre et la demande mondiales ; l'arrivée de ces investisseurs sur le marché n'a pas accru l'offre de pétrole dans le monde, mais leurs activités ont aussi accéléré les ajustements de prix nécessaires. Tout cela a assuré une plus grande sécurité pétrolière ; je pense qu'à long terme, cela calmera les pressions sur les prix.

L'adaptation accélérée et la flambée des prix de l'essence à la pompe qui s'en est suivie ont évidemment suscité beaucoup de controverses. Quand le brut atteignit le record absolu de 75 dollars le baril, certains critiques avancèrent que les spéculateurs et l'industrie pétrolière avaient ourdi une vaste conspiration pour gonfler les prix. L'histoire récente des Etats-Unis abonde en flambées de prix qui ont suscité ce type d'accusations contre les compagnies pétrolières et déclenché des enquêtes du Congrès. Quand il s'avère qu'il n'y a pas de conspiration, le rapport est classé sans suite. L'idée d'une conspiration est excitante et les augmentations des prix étaient certes fortes, voire pénibles pour certains consommateurs. Mais la réalité est bien plus banale : nous assistions une fois de plus à l'action des forces du marché.

Qu'on veuille bien considérer les faits : si les prix n'avaient pas augmenté à la suite des achats anticipés des investisseurs, la consommation aurait crû encore plus vite, précipitant le moment où la demande se serait heurtée au plafond de l'offre. A ce moment-là, les consommateurs mondiaux auraient rapidement épuisé les stocks et les prix auraient flambé encore plus haut, entraînant de rudes conséquences pour la stabilité économique mondiale. Au lieu de cela, en réaction aux prix plus haut engendrés par la demande des investisseurs, les producteurs ont sensiblement accru leur production et l'on a quelque peu découragé la consommation. Bien que les capacités de production du brut demeurent insuffisantes, celles-ci aussi ont augmenté en raison des prix plus hauts. Conclusion : si des stocks n'avaient pas été constitués en raison de la spéculation, le monde aurait certainement subi un choc pétrolier beaucoup plus rapide et plus brutal que celui qu'on a connu.

Si nous disposions encore des 10 millions de barils/jour de marge qui existaient voici deux décennies, ni les pics de demande, ni les interruptions temporaires de fourniture causées par la violence, les ouragans ou des contretemps dans la maintenance n'auraient grand impact sur les prix. Aucune des tensions entre l'offre et la demande n'est due à une pénurie de pétrole dans le sol. Le problème est que, à l'exception de l'Aramco saoudienne, ceux qui voudraient investir (les compagnies pétrolières internationales du secteur privé) ne trouvent pas d'investissements rentables, et que ceux qui peuvent investir (les compagnies nationales) ne le font pas.

De nombreux membres de l'OPEP ont annoncé des plans d'expansion à court terme, en réaction aux prix plus élevés du pétrole. Mais il est difficile de juger de la fermeté des intentions. Les occasions de développer la production ailleurs sont limitées à quelques régions, notamment l'ancienne Union soviétique. Mais même là-bas, l'investissement s'est ralenti à la suite de la consolidation de l'industrie pétrolière sous le contrôle du Kremlin.

En plus des craintes de pannes dans la capacité de production du brut, la capacité de raffinage devient également inquiétante. Mondialement, elle n'a augmenté que de 0,9 % entre 1986 et 2006, au même rythme que la capacité d'extraction de brut qui, à 0,8 %, était insuffisante. En fait, au cours de la dernière décennie, la capacité de production du brut et l'input des raffineries ont augmenté plus vite que la capacité de raffinage. Celle-ci a frôlé récemment ses limites effectives. Si elle devait tomber au-dessous de la capacité de production du brut, son insuffisance pourrait être le véritable obstacle à la croissance des usages du pétrole puisque, à de petites exceptions près, le pétrole doit être raffiné avant d'être utilisé. Et c'est peut-être ce qui se produit déjà pour certaines qualités de pétrole, étant donné le déséquilibre croissant entre le pétrole lourd et plus sulfuré (ou « acide ») qui constitue la production de brut, et la demande mondiale croissante de pétrole plus léger (« doux ») ; or le pétrole lourd représente les deux tiers de la production mondiale. Nous ne pouvons pas changer la qualité du pétrole qui sort du sol ; nous avons donc besoin de le cokéfier et de le désulfurer dans les raffineries pour transformer le brut lourd en pétrole plus léger et plus doux que demandent les marchés, et particulièrement ceux des carburants, astreints à des normes environnementales de plus en plus strictes.

Et pourtant, l'expansiôn et la modernisation des raffineries ont pris du retard. Ainsi, aucune nouvelle installation n'a été construite aux Etats-Unis depuis 1976. Il y en a bien plusieurs à l'étude, mais le problème majeur est l'incertitude qui pèse sur les futures normes potentielles de protection de l'environnement. Etant donné qu'une nouvelle raffinerie représente un engagement financier sur trente ans, cette incertitude rend les investissements particulièrement risqués. Pour les encourager aux Etats-Unis, il nous faudra probablement soit décider l'antériorité des réglementations actuelles pour les nouvelles installations, soit établir un agenda des exigences à venir. Cela éliminerait bon nombre d'inconnues et ferait avancer la construction de raffineries.

Une conséquence du retard dans la modernisation du raffinage se reflète dans un écart significatif des prix entre des bruts légers et plus chers, tels que le Brent, qui sont plus faciles à raffiner, et les bruts plus lourds, tels que le Maya. De plus, les pressions sur la capacité de raffinage ont créé des marges de profit sur le marché du raffinage, ce qui a ajouté aux prix de l'essence et d'autres produits raffinés.

Comment en sommes-nous arrivés à une situation où l'équilibre de l'offre et de la demande est si fragile que les intempéries, sans parler des actes individuels de sabotage ou l'agitation politique locale, puissent avoir une forte influence sur l'approvisionnement du monde en énergie, et donc sur l'expansion économique mondiale ?

Pendant la première vague de croissance de l'industrie pétrolière, dans les dernières années du XIXe siècle, les producteurs estimèrent que la stabilité des prix était essentielle à l'expansion continue du marché. Le pouvoir de fixation des prix était entre les mains des Américains, et notamment de John D. Rockefeller. Il parvint à peu près à cette stabilisation en s'emparant du contrôle des neuf dixièmes de la capacité de raffinage aux Etats-Unis. Même après que la Cour suprême eut mis fin au monopole de la Standard Oil, en

1911, le pouvoir de fixation des prix demeurait aux Etats-Unis, d'abord entre les mains des compagnies pétrolières nationales, puis de la Texas Railroad Commission. Pendant des décennies, les commissaires relevèrent les limites de la production pour supprimer les flambées des prix, puis la limitèrent pour prévenir les baisses [1].

En fait, jusqu'en 1952, la production de brut aux Etats-Unis (dont 44 % provenaient du Texas) représentait plus de la moitié du total mondial. En 1951, les surplus du brut du Texas furent distribués sur le marché pour limiter les répercussions sur les prix de la nationalisation ratée du pétrole iranien par Muhammad Mossadegh. Par la suite, les surplus de pétrole américain furent mis sur le marché pour amortir les pressions sur les prix causées par la crise de Suez en 1956 et par la guerre des Six-Jours en 1967.

Le rôle historique du pétrole américain prit toutefois fin en 1971, quand la demande mondiale croissante absorba *in fine* ses capacités de surplus de brut. Et là, l'indépendance énergétique des Etats-Unis prit aussi fin. Le lieu de fixation des prix se déplaça brusquement, d'abord vers quelques grands producteurs du Moyen-Orient, puis vers les forces d'un marché mondialisé, trop grand pour que ceux-ci ou quiconque pût les brider.

Afin de capitaliser leur pouvoir tout neuf de fixation des prix, plusieurs pays producteurs, au début des années 1970, et surtout au Moyen-Orient, nationalisèrent leurs compagnies pétrolières. L'ampleur de ce pouvoir n'apparut clairement qu'à l'occasion de l'embargo de 1973. Là, les prix affichés du brut de Ras Tanoura, en Arabie Saoudite, augmentèrent de plus de 11 dollars par baril, bien au-dessus des 1,80 dollars demandés de 1961 à 1970. La nouvelle flambée des prix suivant la révolution iranienne en 1979 poussa le baril à 39 dollars en février 1981, soit 77 dollars aux prix de

---

1. C'est une des singularités de l'Histoire qu'une commission des chemins de fer devînt l'arbitre de l'équilibre entre l'offre et la demande de pétrole dans le monde. Bien qu'elle eût été, à l'origine, chargée de réglementer les chemins de fer du Texas, elle fut plus tard utilisée pour distribuer au prorata la production de pétrole brut.

2006. La flambée des prix 2006 équivalait au précédent record de 1981, en termes réels.

Les prix élevés des années 1970 mirent fin à une extraordinaire période de croissance de la consommation américaine et mondiale de pétrole, de loin supérieure, jusqu'alors, à la croissance du PIB. Cette « intensité » accrue de l'utilisation du pétrole fut une caractéristique des décennies suivant la Seconde Guerre mondiale. On constate rétrospectivement que la flambée des prix du pétrole entre 1972 et 1981 en freina quasiment la consommation. De fait, en 1986, la surabondance de brut fit chuter le prix du baril à 11 dollars. La consommation de pétrole s'est, en effet, révélée dans le temps bien plus sensible aux prix que quiconque l'avait imaginé. Après la flambée des années 1970, la consommation mondiale par équivalent-dollar réel du PIB baissa de plus d'un tiers. Aux Etats-Unis, entre 1945 et 1973, elle avait crû au rythme annuel saisissant de 4,5 %, bien plus que la croissance de notre PIB réel. Par opposition, entre 1973 et 2006, elle n'augmenta que de 0,5 % par an, un taux bien inférieur à celui de notre PIB. La conséquence en fut que le rapport de la consommation américaine au PIB baissa de moitié.

Une grande partie de ce déclin résultait de la croissance du PIB américain, composé de services, de haute technologie et d'autres industries intensives moins gourmandes en pétrole. Le reste fut une amélioration de la conservation de l'énergie : meilleure isolation thermique des maisons, amélioration du rendement de l'essence, techniques de fabrication simplifiées. Une grande part de ces progrès avait été accomplie en 1985. Les efforts se poursuivent depuis pour réduire la prééminence du pétrole, mais les progrès sont plus lents. Ainsi, dans le domaine automobile, les grands progrès des années 1980 dans le rendement au litre des véhicules légers, témoins de la flambée des prix antérieure, se sont réduits à presque rien.

Dans l'économie américaine, le taux du déclin dans l'intensité en pétrole fut plus modeste ; cela ne devrait pas surprendre, étant donné le niveau inférieur des prix réels du pétrole, qui prévalut durant la plus grande partie de cette période. A long terme, l'élasticité, c'est-à-dire la sensibilité aux changements de prix, s'est révélée bien plus grande dans les trois dernières décennies qu'elle n'apparaissait durant les années 1960.

Le ratio d'intensité d'utilisation tomba aussi de moitié dans la zone euro ; il tomba même de plus de moitié en Grande-Bretagne et au Japon, où cette intensité demeure inférieure à celle des Etats-Unis. En comparaison, il y a souvent du gaspillage dans l'utilisation du pétrole par les pays en développement ; les ratios d'utilisation par rapport au PIB moyen sont bien supérieurs à ceux des pays développés. L'intensité n'a pas sensiblement baissé ces dernières années, à quelques exceptions près au Mexique et au Brésil et peut-être en Chine.

Les quotas de production de l'OPEP ont, certes, été déterminants dans la fixation des prix depuis le dernier tiers de siècle ; depuis 1973, il a été aussi souvent question du pouvoir qui s'exerce sur les marchés que du pouvoir des marchés. L'embargo arabe sur le pétrole, après la guerre arabo-israélienne de 1973, fit craindre à plusieurs observateurs, dont moi-même, que le rationnement fût la seule solution politiquement acceptable si l'écart entre l'offre et la demande continuait de s'agrandir [1]. Cependant, le déséquilibre offre-demande ne fut pas réglé de cette façon. Il advint que la pression des prix élevés fit que les consommateurs changèrent de comportement (aux Etats-Unis, bien sûr, les normes de rendement imposées pour les voitures et les camions légers réduisirent la demande en essence). Un certain nombre de mes collègues du Council of Economic Advisors et moi-même pensions cependant que, même sans les normes édictées, les forces du marché auraient mené à une utilisation plus efficace du pétrole. De fait, le quota des

---

1. Ayant observé que la croissance de la consommation américaine avant 1973 semblait indifférente aux variations des prix, je craignis que l'augmentation des prix nécessaire pour ajuster la demande à l'offre, dans le cas d'un embargo long, ne fût pas acceptable politiquement. Après tout, le président Nixon avait bien imposé un contrôle des prix et des salaires en 1971, pour calmer les craintes d'inflation.

petites voitures japonaises importées sur le marché américain augmenta pendant les années 1970, au fur et à mesure que les prix de l'essence montaient.

Cet effet fut assez spectaculaire. Ainsi, en se fondant sur ses données les plus récentes sur les tendances dans l'utilisation du pétrole, le Département de l'énergie prévit en 1979 que le prix mondial du baril atteindrait 60 dollars en 1995, soit l'équivalent de plus de 150 dollars en 2006. Le fait que les prix ne soient pas montés comme annoncé est un témoignage de la puissance des marchés et des nouvelles technologies qu'il engendra.

La place du pétrole dans sa contribution au PIB mondial ne représente plus que les deux tiers de ce qu'elle était il y a trente ans ; l'effet de la montée de ses prix sur l'économie mondiale durant le premier semestre 2006 est sans doute sensible, mais bien moins chargé de conséquences pour la croissance économique et l'inflation que ce n'avait été le cas dans les années 1970. Tout au long de l'année 2006, il était difficile de trouver des indices sérieux d'une érosion quelconque de l'activité économique mondiale découlant d'une forte montée des prix du pétrole. En fait, nous avons même connu l'une des plus fortes expansions économiques mondiales depuis la fin de la Seconde Guerre mondiale. Les Etats-Unis, en particulier, ont absorbé l'impôt invisible de cette montée.

Néanmoins, les détenteurs privés de stocks de pétrole, investisseurs comme industriels, prévoient apparemment peu de possibilités de changement dans les fondamentaux de l'offre et de la demande en pétrole qui puissent modifier leurs préoccupations à long terme. Cela ne veut pas nécessairement dire que les prix du pétrole continueront à monter. Si le marché est efficace, toute information affectant les perspectives de l'offre et de la demande sera déjà reflétée dans les prix comptants du brut[1]. Plusieurs analystes ont

---

1. En principe, les prix au comptant incluent la connaissance non seulement des forces qui les déterminent, mais aussi celle des prix à terme. En fait, quand les participants du marché perçoivent une très forte hausse à venir, les prix à long terme montent aussi et entraînent à leur suite les prix au comptant. Si ceux-ci diffèrent des prix à terme d'un montant supérieur à celui du coût de gestion des stocks, les spéculateurs peuvent acheter au comptant, vendre les réserves à

identifié dans ces prix au début 2007 une grosse prime de risque terroriste (la paix au Moyen-Orient enclencherait sans aucun doute une forte baisse des prix). Une modification des prix du brut exigerait un changement ou une menace sur l'équilibre de l'offre et de la demande. L'Histoire nous enseigne que cet équilibre peut varier dans un sens ou dans l'autre. La technologie n'y peut rien. Mais elle peut amortir les impacts sur les coûts et les prix favorisés par les marchés tendus.

L'exploration au petit bonheur la chance et le développement du pétrole et du gaz durant les premières années de l'industrie pétrolière ont cédé le pas à une approche plus systématique. De profonds changements technologiques récents ont révélé que les réserves existantes étaient plus grandes qu'on le croyait et ils ont abaissé les coûts de la production au-delà de ce qu'on eût espéré. L'imagerie sismique et les techniques de pointe de forage facilitent la découverte de prometteuses réserves sous-marines, surtout dans le golfe du Mexique, et permettent de poursuivre l'exploitation de gisements existants en terre ferme. On pouvait donc espérer que le coût de développement de nouveaux champs pétrolifères aurait baissé et, avec lui, les prix à long terme du pétrole et du gaz. De fait, ces coûts ont bien baissé. Mais les baisses des coûts ont été absorbées par les pénuries et les prix plus élevés des derricks et plates-formes de forage, ainsi que par la hausse des salaires des ouvriers qualifiés [1]. Et la technologie n'a pas pu annuler entièrement ces facteurs.

Une grande part de l'innovation en matière pétrolière, en dehors de l'OPEP, s'est concentrée sur la façon de maî-

---

terme, stocker le pétrole, payer les intérêts sur l'argent qui a servi à l'acheter, et, à l'expiration du contrat, vendre le pétrole et empocher la différence. Cet arbitrage se poursuivra jusqu'au point où le prix au comptant aura atteint le prix à terme, moins les coûts de gestion des stocks.

1. La longue période (1986-1999) où les prix du pétrole furent bas réduisit les besoins en emplois pétroliers et l'attractivité de ceux-ci. Le nombre des employés dans l'extraction du pétrole et du gaz tomba d'un total de 271 000 en juillet 1982 à 118 000 à la fin 2003. L'emploi se redressa sensiblement en 2007. Mais l'offre ne répond cependant pas encore à la demande ; c'est ainsi que depuis l'automne 2004, les salaires horaires moyens de l'industrie pétrolière ont crû plus vite que la moyenne nationale.

triser des environnements d'exploration de plus en plus inhospitaliers et coûteux ; la cause en est que, depuis plus d'un siècle, l'on exploite les gisements les plus accessibles. De fait, étant donné le déclin marginal à long terme des coûts d'extraction, les prix nets à long terme se sont orientés vers la baisse au cours des années 1990. Les cours à terme les plus éloignés, sept ans, sont passés d'un peu plus de 20 dollars par baril avant la première guerre du Golfe à moins de 18 dollars en moyenne en 1999. Bien que, entre 1991 et 2000, les prix au comptant aient oscillé entre 11 et 35 dollars le baril, les prix à terme ont témoigné de peu de variations. Il sembla un moment que nous eussions atteint la stabilité à long terme, nirvana recherché par les compagnies pétrolières depuis l'époque de John D. Rockefeller. Ce ne fut pas le cas. La stabilité des cours à long terme s'est évidemment érodée depuis 2000. Les prix de ce secteur ont flambé. En juin 2007, ceux du brut léger doux, pour livraison en 2013, dépassèrent 70 dollars le baril. Cette poussée reflète probablement le sentiment que l'accroissement des capacités de production hors de l'OPEP ne suffira plus à répondre à la demande mondiale, et surtout celle de l'Asie émergente. De plus, le prix du brut à long terme a probablement été poussé à la hausse depuis 2000 par des peurs renouvelées de rupture dans l'approvisionnement au Moyen-Orient et ailleurs.

Pour l'avenir, et à cause de la concentration géographique des réserves prouvées (dont les trois cinquièmes se trouvent au Moyen-Orient et les quatre cinquièmes dans l'OPEP), une grande partie de l'investissement destiné à accroître les capacités de production sans enflammer les prix devra être assumée par les compagnies nationales de l'OPEP et d'autres économies en développement. Entre-temps, la capacité de production continue à se développer, bien que progressivement, et l'exploration et l'exploitation se poursuivent même dans les pays développés. Ainsi les sables bitumineux de l'Athabasca, au Canada, sont bien passés au stade de la production effective, fût-ce avec lenteur, et cette source de brut non conventionnelle s'est avérée compétitive avec les prix récents du marché. Cependant, ni les progrès de la technologie ni les prix élevés n'empêchent que les réserves des pays développés se dégarnissent, même en tenant compte des ajouts à leurs estimations.

Avant que je saisisse la boule de cristal de l'oracle, pour sonder l'avenir du pétrole, il nous faut passer en revue le secteur de l'énergie dans son ensemble, auquel le pétrole est inextricablement lié.

Comparée à celle du pétrole, l'industrie du gaz naturel est relativement récente. Lors des premières explorations, les ingénieurs ignoraient s'ils allaient tomber sur du précieux brut ou du gaz ; s'ils tombaient sur celui-ci, ils le brûlaient, faute de moyens de transport. Mais enfin, les nombreuses complications du transport furent résolues, la production commerciale du gaz commença et elle sextupla en volume entre 1940 et 1970. Ces dernières décennies, le gaz naturel s'est classé comme une source majeure d'énergie, pour laquelle l'industrie a trouvé d'innombrables usages et notamment la production d'électricité. En 2005, l'énergie qu'il a fournie est à peu près équivalente aux trois cinquièmes de celle qu'a produit le pétrole. A la différence de ce dernier, le gaz consommé aux Etats-Unis est presque entièrement produit dans ce pays et au Canada, dont les Etats-Unis ont importé un cinquième des 24 400 milliards de pieds cubes de gaz qu'ils consomment. La raison de l'accent qui est mis sur la production domestique est que le gaz est beaucoup plus difficile à transporter que le pétrole ; sous sa forme gazeuse, il se prête mal au transport par pipeline, et l'est tout autant sous sa forme liquéfiée ou cryogénique. Il est également difficile à stocker : sous sa forme gazeuse, il faut l'entreposer dans de vastes cavernes de sel.

Parfois, ces dernières années, l'offre n'a pas suffi à la demande. De fait, les inventaires de gaz naturel dans les cavernes d'entreposage atteignirent leurs plus bas niveaux durant l'hiver 2003. Les prix comptants du gaz montèrent en flèche. Les mêmes technologies qui avaient amélioré les taux de réussite dans les forages du pétrole et du gaz permirent aussi d'exploiter de nouvelles réserves de celui-ci à un rythme accéléré. Les données pour le Texas, par exemple, montrent que, depuis 2000, la production des nouveaux puits avait baissé de 60 % après une seule année d'exploitation, alors que, dans les années 1980, ce taux était d'environ 25 %. Le résultat en est que, pour maintenir la production de gaz stable, les découvertes et les forages ont dû augmenter.

Les demandes combinées des centrales d'énergie, où l'usage du gaz est moins dommageable à l'environnement que celui du charbon ou du pétrole, des ménages, des établissements commerciaux et de l'industrie ont fortement pesé sur les réserves de gaz naturel. Jusque récemment, presque tous les plans de centrales électriques ont prévu le gaz comme combustible, ou bien le gaz et le pétrole alternativement. Pour satisfaire à ces futurs besoins croissants, la tension constante entre les nécessités énergétiques et la protection de l'environnement augmentera certainement dans les années à venir.

Même corrigés des variations saisonnières, les prix du gaz naturel américain ont montré dans leur histoire une bien plus grande volatilité que ceux du pétrole. A l'évidence, cela reflète partiellement l'état primaire du marché mondial du gaz naturel. L'ampleur et la diversité des marchés du pétrole tendent à amortir les variations excessives des prix. Ces dernières années, l'industrie américaine du gaz naturel n'a pas pu augmenter sensiblement sa production en dépit de forages bien plus intensifs, et nous n'avons pas pu non plus augmenter nos importations du Canada[1]. Des pressions sur les prix s'en sont suivies.

La capacité d'importation de gaz liquéfié par l'Amérique du Nord reste limitée et a restreint notre accès aux abondantes réserves mondiales. En 2006, le gaz liquéfié n'a représenté que 2 % de la consommation américaine[2]. C'est

---

1. L'exploitation des sables bitumineux de l'Athabasca et l'énergie qu'elle a consommée ont absorbé une part appréciable des réserves de gaz canadien.
2. En 2006, les deux tiers de nos importations de gaz liquéfié venaient de Trinidad, notre fournisseur à long terme.

pourquoi nous n'avons pas été compétitifs dans des industries telles que celles de l'ammoniac et des engrais, les prix du gaz naturel flambant aux Etats-Unis, mais pas dans d'autres pays. Les difficultés résultant d'une fourniture domestique insuffisante finiront par se résoudre quand les consommateurs et les producteurs réagiront aux signaux des prix du marché. De fait, ce processus est en cours. De surcroît, la forte réduction des prix de la liquéfaction et du transport du gaz liquéfié entraîne le développement d'un commerce mondial très prometteur.

La liquéfaction, qui se trouve en bout de chaîne, fait l'objet de nouveaux investissements dans le monde entier, et spécialement au Quatar, en Australie et au Nigeria. D'énormes tankers sont en construction, alors même que les contrats à long terme n'ont même pas été signés. La disponibilité croissante du gaz liquéfié dans le monde devrait conduire à beaucoup plus de flexibilité et d'efficacité dans la distribution des ressources de gaz naturel. Selon les tableaux de British Petroleum, les importations mondiales de gaz naturel en 2006 n'ont représenté que 26 % de la consommation mondiale, alors qu'elles ont été de 63 % pour le pétrole. Et le gaz liquéfié, lui, n'a représenté que 7 % de la consommation mondiale de gaz naturel. A l'évidence, l'industrie du gaz a du chemin à faire avant que l'offre sur le marché mondial soit en mesure de répondre à des besoins imprévus grâce à la réorientation rapide d'un pays à l'autre des flux, ce qui permettrait de limiter les larges fluctuations de prix. A la fin, l'équilibrage international des prix du gaz naturel exigera un grand marché au comptant du gaz liquéfié, encore à naître. Actuellement, presque tout le commerce mondial de gaz naturel, qui s'effectue par voie maritime, est encore fondé sur des contrats à long terme. Il existe bien des transports de chargements effectués au comptant, mais ils restent rares bien que croissants. Un marché effectif au comptant exigera aussi un marché liquide à terme pour livraisons de gaz liquéfié, avec des lieux d'entreposage certifiés dans le monde, pour une livraison ajustée des coûts du transport. Les cargaisons comptant peuvent faire l'objet d'échanges commerciaux et de livraisons sous contrat ; et le marché à terme du gaz liquéfié finira par faire fonction d'arbitrage contre les marchés actuels du gaz expédié par pipelines aux Etats-Unis et en Grande-Bretagne. Un tel marché n'est pas près de se constituer, mais il sera nécessaire si le gaz naturel doit acquérir la même flexibilité que les produits pétroliers. Ainsi, après l'ouragan Katrina, les pénuries sur les marchés américains de l'essence furent rapidement comblées par des cargaisons au comptant expédiées d'Europe.

La grande question, bien sûr, est de savoir ce que l'accroissement du commerce mondial et de la capacité américaine d'importation de gaz liquéfié signifiera pour les prix du gaz naturel aux Etats-Unis. Actuellement, les prix du gaz liquéfié pour les importations fondés sur des contrats à long terme suivent l'indice de prix Henry Hub au comptant, sans les pics et les creux alternés [1]. Quand il y aura un marché mondial au comptant du gaz liquéfié, les prix seront plus volatils que ceux des contrats à long terme, mais je prévois qu'ils le seront beaucoup moins que les prix Henry Hub.

En plus d'une fourniture accrue de l'étranger, l'Amérique du Nord compte de nombreuses sources de gaz inexploitées. De grands gisements se trouvent en Alaska et dans les territoires du Nord canadien ; il existe aussi des réserves appréciables de méthane dans des lits de charbon et dans des sables bitumineux des Etats montagneux.

Dans un avenir un peu plus lointain, peut-être une génération ou deux, on pourra exploiter les hydrates de gaz naturel. Situés dans les fonds sédimentaires marins et dans le cercle arctique, ces composés semblables à la glace contiennent d'immenses quantités de méthane. Les quantités de ces ressources potentielles ne sont pas encore mesurables, mais les estimations de l'US Geological Survey indiquent que les seuls Etats-Unis pourraient posséder 200

---

1. Henry Hub, en Louisiane, est le point du pipeline de gaz où s'établit la référence du prix du gaz.

quatrillions [1] de pieds cubes de gaz naturel sous la forme d'hydrates. Pour restituer ces chiffres dans une échelle comparative, les réserves mondiales prouvées de gaz naturel sont de l'ordre de 6 quadrillions de pieds cubes.

Les pénuries à long terme de pétrole et de gaz ont inévitablement réveillé l'intérêt pour le charbon, l'énergie nucléaire et une variété de sources d'énergie renouvelable, dont les plus importantes sont l'énergie hydro-électrique des barrages et celle qui est produite par le recyclage des déchets et sous-produits de l'industrie et de l'agriculture. Les énergies solaire et éolienne se sont avérées rentables à petite échelle et pour des usages spécifiques, mais toutes deux réunies ne représentent qu'une petite fraction de l'énergie utilisée.

Les Etats-Unis possèdent de grands gisements de charbon, principalement utilisés pour la production d'énergie électrique. Mais la combustion du charbon a été limitée par les inquiétudes portant sur le réchauffement climatique et les dommages à l'environnement. La technologie a déjà apaisé certaines de ces inquiétudes et, étant donné que les alternatives au charbon sont peu nombreuses, il est probable qu'il restera une ressource de secours pour l'avenir énergétique des Etats-Unis.

L'énergie nucléaire est l'une des alternatives évidentes au charbon pour produire de l'électricité. Les bas prix des carburants concurrents et les soucis concernant la sécurité entravent l'industrie nucléaire depuis des années, mais il se trouve que les centrales n'émettent pas de gaz à effet de serre. La part du nucléaire dans la production d'électricité aux Etats-Unis est passée de moins de 5 % en 1973 à 20 % il y a une décennie, et elle se maintient à ce niveau. Vu les mesures prises depuis des années pour améliorer la sécurité et les avantages écologiques évidents de l'énergie nucléaire, qui permet de réduire les émissions de CO_2, il n'y a plus

---

1. Cette mesure américaine correspond à 10^{15} unités (10 000 000 000 000 000, soit dix millions de milliards). En termes courants, le chiffre cité ici équivaudrait à 22 millions de milliards de mètres cubes. *(N.d.T.)*

de raisons de s'opposer au développement du nucléaire aux dépens du charbon.

La grande gageure sera de trouver une façon acceptable de se défaire des sous-produits et déchets radioactifs. L'énergie nucléaire suscite des anxiétés résistant à tous les calculs rationnels. Des histoires effrayantes circulent sur des installations soviétiques construites avec peu de souci de la sécurité. Les habitants de villes secrètes, ne figurant pas sur les cartes de l'URSS, burent de l'eau et respirèrent de l'air contaminé pendant des décennies. Sans une rigoureuse infrastructure de protection, l'énergie nucléaire n'est pas sûre. Mais il faut alors observer que l'eau potable ne l'est pas toujours. Les précautions de sécurité dans les centrales nucléaires américaines sont telles que le public n'a jamais souffert de dommages ni de mort causés par une défaillance. L'incident le plus notoire fut, bien sûr, celui de Three Mile Island, qui déclencha une grande peur en 1979. Mais après des études approfondies, on n'a trouvé aucune preuve d'augmentation des cancers de la thyroïde et, dix-sept ans après, la Cour suprême a rejeté des plaintes en ce sens, et sa décision a été confirmée par la Troisième cour d'appel. Le verdict politique, toutefois, fut : coupable.

L'énergie nucléaire est un moyen de taille pour lutter contre le réchauffement planétaire. Il ne faudrait la rejeter que si elle menaçait l'espérance de vie, ce qui annulerait ses avantages. Si l'on s'en tient à ce critère, nous sous-employons lourdement le nucléaire.

Il existe très peu de doutes que le réchauffement planétaire soit un fait et qu'il soit causé par l'homme. Il nous faudra peut-être trouver un autre nom pour le Glacier National Park quand ses glaciers auront disparu, ce qui devrait advenir vers 2030, selon les scientifiques du parc. En tant qu'économiste cependant, je doute beaucoup que des accords internationaux imposant sur les émissions de CO_2 un système mondial dit *cap and trade*, « bouche et vends », serait possible. Presque tous les économistes applaudissent au volet commercial : payer pour la permission de polluer éliminerait une grosse quantité d'émissions de gaz carbonique associées à une activité économique à faible valeur ajoutée. Mais le point critique du *cap and trade* est le plafond d'émissions qui serait autorisé pour un pays donné. En principe, un pays peut fixer un plafond pour toutes ses émissions de gaz carbonique ; il peut vendre aux enchères ou donner des « permissions » d'aller au-delà de cette limite prédéterminée. Les compagnies qui émettent moins de CO_2 que leur quota peuvent vendre la différence sur un marché ouvert. Et celles qui éprouvent le besoin critique de poursuivre des activités fortement productrices de ce gaz achèteraient des permis pour leurs excédents.

L'efficacité de n'importe quel plan de ce genre dépend de son plafond ; c'est là son talon d'Achille. Ainsi, l'Union européenne semblait avoir réussi, en 2006, à appliquer ce programme ; puis elle s'avisa que le plafond était trop élevé, ce qui signifiait qu'il n'avait pas beaucoup réduit les émissions mondiales. La Commission européenne rapporta en mai 2006 que les quinze membres de l'Europe unie n'auraient, en 2006, réduit leurs émissions que de 0,6 % comparativement au niveau de 1990. L'objectif de Kyoto est de 8 % en 2012. Quand ces chiffres furent publiés, le prix des permis tomba des deux tiers. Le système ne gênait que très peu de monde.

Il n'existe aucune méthode de réduction effective des émissions qui n'ait d'impact négatif sur de vastes secteurs de l'économie. En clair, c'est une taxe. Si le plafond est assez bas pour réduire les émissions de CO_2 de façon significative, les permis de polluer enchériront et de très nombreuses compagnies enregistreront des hausses de coûts qui les rendront moins compétitives. Des emplois seront supprimés et les revenus réels des travailleurs s'en ressentiront. Un parlement national peut-il imposer aux citoyens des sacrifices dont les bénéfices se répartiront sur la terre entière, sans considération de l'origine des économies de CO_2 ?

De manière plus générale, un gouvernement démocratique peut-il réfuter l'objection selon laquelle, quelles que soient les économies de CO_2 imposées à ses citoyens, elles seront annulées par les émissions accrues des pays en déve-

loppement, non inclus dans les accords de Kyoto en 1997 ?
Peut-on demander à ces derniers de renoncer aux émissions
de gaz carbonique associées au développement économique ? Les permis à la pollution « libre » ne devront-ils être
supprimés que lorsque plusieurs de ces pays auront atteint le
stade de développement ? Je doute fortement qu'un accord
international sur le modèle de celui de Kyoto puisse se
conclure sur des sanctions quelconques pour émissions de
CO_2. Lâcher ce gaz dans l'atmosphère est autant une viola-
tion des droits de propriété que si j'allais jeter mes ordures
dans le jardin du voisin. Mais la protection de ces droits et
l'évaluation du coût des infractions sont extrêmement difficiles, parce que ce coût est impossible à établir. Notre
récente et harassante expérience d'accords internationaux
exigeant un vaste consensus, que ce soit dans l'Organisation
mondiale du commerce, les Nations unies ou d'autres institutions mondiales, me rend pessimiste. Le système *cap and
trade* ou les taxes sur le carbone ne seront sans doute populaires que jusqu'au moment où les gens commenceront à
perdre leurs emplois.

Idéalement, certes, les émissions de carbone devraient
être technologiquement éliminées de la production avant
que les systèmes *cap and trade* soient mis en place. Mais
contraindre à cette élimination, qui est l'objet de ces systèmes, mène rarement à une distribution optimale des ressources, comme l'ont amplement démontré les expériences
de planification centralisée dans le monde. Les réductions
forcées de la production déclencheraient une réaction politique visant à réduire les importations. Ce processus mènerait
à une inversion graduelle des gains de la libéralisation
d'après guerre. Une taxe sur le carbone ne détruirait pas
d'emplois si elle était mondialement uniforme, mais je doute
que ce soit faisable. A moins que nous trouvions des technologies pour séparer les émissions de carbone de la production, leur suppression ne pourra être obtenue qu'en
réduisant la production et l'emploi. Si nous trouvons ces
technologies, les émissions disparaîtront sans *cap and trade*.
Il n'existe pas de solutions faciles ni sans coûts pour cet
épineux problème.

Je crains qu'une réaction mondiale au réchauffement planétaire soit d'ergoter jusqu'à ce que les dangers dont elle menace les économies nationales deviennent plus apparents ; jusqu'à ce que, par exemple, des pays soient obligés de construire des digues autour de villes vulnérables pour parer à l'élévation du niveau des mers et aux inondations (les Hollandais y parviennent depuis des siècles grâce à leurs digues ; les Vénitiens ont moins bien réussi). Les remèdes ont beaucoup plus de chances que la prévention de rallier les soutiens politiques et populaires qui sont nécessaires. Leur avantage est que leurs coûts sont encourus par ceux-là mêmes qui en recueillent les bénéfices. Mais si le réchauffement planétaire entraîne d'autres conséquences que les inondations, telles que des désordres climatiques, cette solution fera long feu.

Cette analyse nous mène à une autre rude réalité : il est probable que nous ne saurons pas nous sevrer du pétrole tant qu'il y en aura. L'appel du président Nixon à l'« indépendance énergétique », en 1973, était une déclaration politique grandiose pour la galerie, comme d'autres déclarations similaires de ses successeurs. La seule définition sérieuse de l'indépendance énergétique est le leadership en matière de prix mondiaux, fondé sur l'existence de vastes réserves inexploitées de brut dans le sous-sol, comme celles que gérait jadis la Texas Railroad Commission. L'indépendance pétrolière considérée du point de vue de la sécurité nationale et dont les Etats-Unis jouirent jusqu'en 1971 appartient au passé.

Combien d'années durera le pétrole ? La plupart des experts conviennent que l'approvisionnement se réduira bien avant la fin de ce siècle. Certes, peu après que le colonel Drake eut trouvé du pétrole à Titusville, Pennsylvanie, en 1859, les augures ont annoncé qu'on entamait le déclin de la production après en avoir atteint le pic. Mais il est peu de gens qui doutent que le précieux liquide finira vraiment par se tarir. Les réserves ont leurs limites, tout comme leur nombre. La production de brut aux Etats-Unis a atteint son pic en 1970 dans les 48 Etats les plus au sud, en 1988 en Alaska et en 1999 dans la mer du Nord. La production des vastes champs de Cantarell au Mexique a apparemment atteint son pic en 2005 et décline depuis. A la fin, toutes les réserves atteindront leur pic et il est peu probable qu'on en trouve quelques autres d'importance dans le monde développé, intensivement criblé de puits. L'exploration en eau profonde offre quelques promesses, mais l'exploitation de ce milieu est coûteuse. Nonobstant les vastes investissements dans l'exploration, les réserves prouvées des pays du monde développé, appartenant à l'Organisation de coopération et de développement économiques, sont tombées de 113 milliards de barils en 1997 à 80 milliards en 2005, selon British Petroleum, source très utile pour pareilles données. Les grandes découvertes les plus récentes furent celles de l'Alaska en décembre 1967, de la mer du Nord en novembre 1969, et de Cantarell en 1971.

En dépit de tout cela, il n'est pas simple de calculer quel jour le pétrole mondial aura atteint son pic de production, parce que la technologie a continuellement accru l'extraction de réserves connues et reculé les prévisions de ce jour. Les scénarios de « tendance centrale » du département de l'Energie américain situent maintenant le pic de production du pétrole dans le monde au milieu du siècle.

Bien avant que les réserves se soient dégarnies, les forces du marché et la pression des prix qui s'ensuit auront vraisemblablement modifié une grande part des utilisations du pétrole aux Etats-Unis. Si l'Histoire peut servir de guide, le pétrole sera remplacé par des alternatives moins coûteuses. En fait, le pétrole a remplacé le charbon alors qu'il existait encore de vastes réserves de celui-ci, et le charbon a remplacé le bois bien avant que nos forêts soient dégarnies. Prévoir l'équilibre de l'offre et de la demande en pétrole au milieu de ce siècle est épineux, mais l'exercice est cependant utile parce qu'il offre une première approximation de ce que sera notre avenir énergétique.

L'expérience des cinquante dernières années, et même de beaucoup plus que cela, montre que les forces du marché joueront un rôle majeur dans la conservation de sources rares d'énergie ; elles les consacreront à des utilisations de valeur maximale. Les améliorations technologiques imparties par le marché et les modifications de structure de l'activité économique réduisent l'intensité de l'utilisation du pétrole, et il est probable que les augmentations de prix de ces dernières années hâteront le déplacement d'installations de production intensive. Mettons de côté les interventions de la Texas Railroad Commission : depuis la Seconde Guerre mondiale, l'effet des politiques activistes a été faible et généralement submergé par les forces du marché. Le rationnement de l'essence en 1973 aux Etats-Unis a créé de longues et embarrassantes files d'attente aux stations-service. Bien que les projections à long terme équilibrent inévitablement une offre et une demande en pétrole bien supérieures à ce qu'elles sont aujourd'hui (près de 85 millions de barils/jour), trop d'éléments sont sujets à l'erreur dans de telles projections, et les marchés le devinent[1]. (Les augures du pétrole, je le crains, n'accordent pas toujours à la loi de Murphy le crédit qu'elle mérite[2].)

Aux Etats-Unis, les voitures hybrides qui fonctionnent

---

1. Les données sur la production mondiale, et donc la consommation, sont sommaires. L'OCDE recense des données raisonnablement fiables sur la production, la consommation et les stocks des pays développés. Mais selon ces statistiques, la production ne représente qu'un quart du total mondial. Les chiffres de la production pour les pays de l'OPEP sont des secrets d'Etat. Les estimations sont faites par des acheteurs qui calculent les capacités et le nombre des pétroliers quittant les ports d'exportation ; ils observent les tirants d'eau de ces navires pour évaluer le tonnage à bord. En établissant, en partie grâce aux destinataires des exportations, le poids moyen du pétrole par baril, ils sont en mesure de convertir leurs estimations en barils. Les estimations de la consommation domestique sont ajoutées aux exportations nettes pour calculer la production.

Bien que ces estimations soient approximatives, l'Agence internationale de l'énergie les recense pour décrire l'état général des équilibres pétroliers mondiaux. La plus grande partie du reste est soit rapportée, soit raisonnablement estimée. La synthèse finale permet de savoir si la production mondiale de brut, après ajustement des stocks, correspond aux estimations du brut dirigé vers les raffineries. Les divergences sont moindres que je m'y serais attendu.

2. Référence humoristique : la loi de Murphy est une loi « naturelle » selon laquelle tout ce qui peut aller mal ira mal. Murphy est un personnage de bande dessinée, maladroit proverbial et ne pouvant faire que des bévues. (N.d.T.)

à la fois à l'électricité et à l'essence gagnent rapidement une part du marché des véhicules légers. Aujourd'hui au stade expérimental, les voitures électriques, se rechargeant directement sur une prise, pointent à l'horizon. J'ai récemment eu l'occasion d'en conduire une. Ma seule critique est que lorsqu'on appuie sur l'accélérateur le bond en avant est accompagné d'un silence irréel et troublant. Je prévois que les modèles à succès comporteront un système audio imitant le bruit de l'accélération d'un moteur à essence. Les gens veulent le confort de ce qu'ils connaissent.

Les hybrides dont on recharge les piles en les branchant occupent aujourd'hui une niche du marché. Si nous les rechargeons sur un réseau électrique alimenté par l'électricité nucléaire, nous réduirons encore plus le CO_2 dans l'atmosphère que nous pourrions le faire par n'importe quel autre changement dans notre mode de vie. Le département de l'Energie estime que, sans aucun accroissement de la production électrique, 84 % des 220 millions de véhicules légers qui circulent aujourd'hui sur nos routes pourraient être rechargés pendant la nuit, quand la charge des réseaux est basse. De modestes augmentations de capacité pourvoiraient au reste.

Le ratio de la consommation mondiale de pétrole au PIB réel, je l'ai indiqué plus haut, est la plus commune mesure de l'intensité d'utilisation du pétrole ; il a atteint un pic en 1973 et décline depuis constamment ; il représente actuellement moins des deux tiers de ce qu'il était en 1973. Cependant, les pays en développement utilisent beaucoup plus de pétrole par dollar de leur PIB que les pays développés : le ratio de la Chine et de l'Inde est double de celui des Etats-Unis, et celui du Mexique une fois et demi plus grand que celui de son voisin. Bien que je prévoie que l'intensité en pétrole baissera pour la plupart des pays, sinon tous, il s'ensuit que le grand glissement des parts du PIB mondial des pays développés vers ceux qui sont en développement (et où l'intensité en pétrole est la plus forte) atténuera le déclin de cette intensité comparativement à ce qu'il est dans les pays considérés individuellement.

Deux grandes forces économiques commandent le glissement des parts du PIB mondial évoqué plus haut. La première est démographique ; la grande masse des jeunes travailleurs se trouve dans les pays en développement. La seconde est la croissance de la productivité. Je le relève dans le dernier chapitre de ce livre : les pays développés, qui sont par définition à la pointe de la technologie, ont besoin d'idées novatrices pour stimuler la productivité. Les pays en développement, eux, peuvent accroître la leur rien qu'en adoptant des technologies existantes. Prenant tout cela en compte, l'Agence internationale de l'énergie (AIE) estime la croissance mondiale de la consommation de pétrole à 1,3 % en moyenne entre 2005 et 2030. L'Energy Information Administration (EIA) l'estime à 1,4 %.

Il y a certainement assez de pétrole dans le sous-sol pour répondre à une demande qui croîtra de 84 millions de barils/jour en 2005 à 116 millions en 2030, selon la prévision de l'AIE. Mais les membres de l'OPEP, désignés par l'AIE pour assumer près de la moitié de cette demande, y sont-ils disposés ? C'est possible. Leurs populations croissent rapidement, suscitant un besoin d'argent également croissant pour les gouvernements et, donc, une augmentation des revenus pétroliers. Et il est tout à fait possible que l'insurrection en Irak prenne fin et que ce pays produise plus de 5 millions de barils/jour de ses vastes réserves inexploitées, selon les prévision de l'AIE (la production effective était de 2 millions de barils/jour en 2006). Mais il faudrait que trop de facteurs soient favorables pour que les aimables visions de l'AIE et de l'EIA se réalisent en 2030 : un équilibre de l'offre et de la demande de pétrole, avec des prix réels légèrement supérieurs. Je ne peux oublier combien le Département américain de l'énergie se trompait quand, en 1979, il prévoyait que le prix du baril de pétrole en 1995 serait de 150 dollars en équivalent-dollars 2006[1].

---

1. L'erreur de base du département de l'Energie fut de sous-estimer l'élasticité des prix à long terme pour le pétrole. C'est cette élasticité qui détermine le changement de prix nécessaire pour aboutir à la convergence de l'offre et de la demande. A l'évidence, moins les prix sont élastiques et plus ils doivent changer pour aboutir à cet équilibre.

Pour réaliser les deux objectifs d'une plus grande sécurité nationale et d'une réduction du réchauffement planétaire, la croissance de la consommation du pétrole aux Etats-Unis doit être contenue et *in fine* décliner. La grande chance d'effectuer ce changement est sur les routes américaines, où l'on brûle un baril de pétrole sur sept consommés dans le monde : 9,5 millions de barils d'essence et 2,5 millions de barils de diesel étaient consommés chaque jour en 2005. Le diesel était consommé par les quelque 8 millions de poids lourds[1], qui font en moyenne moins de 7 milles au gallon. A eux seuls, ces poids lourds consomment autant de pétrole que l'Allemagne tout entière. Seuls la Chine et le Japon, et bien sûr les Etats-Unis, consomment sensiblement plus.

Ce n'est pas en sondant l'avenir que nous trouverons la réponse à la question « Que doit faire l'OPEP ? », aussi utile que la réponse à une autre question : « Qu'est-ce qu'il est vraisemblable qu'ils feront ? » Quant aux tentatives de répondre à la question « Qu'est-ce qu'il faut faire ? », l'Histoire démontre qu'elles n'ont pas toujours été fructueuses. Je serais donc plus enclin à accepter les « prévisions contingentes » de l'AIE, qui suppose que l'OPEP traînera dans le développement de ses capacités de production de brut. Par conséquent, selon l'AIE, le prix moyen du baril sera de 130 dollars (74 dollars en prix 2005), contre près de 50 en 2005. Selon ce scénario, la demande en pétrole en 2030 resterait étonnamment forte : 109 millions de barils/jour contre 84 en 2005. (Dans l'hypothèse de référence, où l'OPEP ne traînerait pas, la demande s'élèverait alors à 116 millions de barils/jour.) Ce n'est pas un scénario choc, et il en est beaucoup qui pourraient être bien pires.

Je crois qu'en fin de compte, nous laisserons les marchés guider nos préférences sur les moyens de réduire la consommation. L'expérience du rationnement, je l'ai dit plus haut, n'a pas été fameuse[2]. Une autre façon de réduire

---

1. Ces camions représentent moins de 4 % des 200 millions au moins de véhicules sur les routes.

2. Le rationnement sembla fonctionner aux Etats-Unis durant la Seconde Guerre mondiale, mais, même alors, le marché noir proliférait.

la consommation serait une taxe sur l'essence de 3 dollars ou plus par gallon, mise en place progressivement, en cinq ou dix ans, et dont les bénéfices serviraient à abaisser d'autres taxes, sur le revenu ou autres. C'est à contrecœur que j'en viens aux taxes comme moyen alternatif d'accomplir ce que pourraient réaliser des marchés concurrentiels. Mais si les marchés du pétrole sont très concurrentiels dans les pays développés, la stratégie du marché est visiblement vulnérable dans un monde où un seul acte de terrorisme peut paralyser d'énormes segments de la chaîne de production du pétrole et l'économie mondiale. Il n'existe pas d'assurance ou de stratégie de protection qui soient efficaces contre cela. Nous oublions souvent que, pour fonctionner efficacement, un marché concurrentiel doit être consenti, libre de menaces sérieuses de violence, et que le commerce doit être sans entraves.

Les marchés, souvenons-nous-en, ne sont pas une fin en eux-mêmes ; ils sont des constructions destinées à assurer aux populations une allocation optimale des ressources.

Nous avons besoin que les prix de l'essence soient sensiblement plus élevés pour nous sevrer des voitures à essence. La prime géopolitique n'est apparemment pas assez grande pour que cela se fasse sans assistance. L'anticipation de prix de l'essence alourdis par des taxes ou une pénurie devrait provoquer de grandes percées dans la production de l'éthanol. En dépit de sa valeur, l'éthanol de maïs ne peut jouer qu'un rôle limité, parce que sa capacité à remplacer l'essence est, dans le meilleur des cas, modeste. Un boisseau[1] de maïs ne produit que 7,2 gallons d'éthanol, ce qui signifie que les 11 milliards de boisseaux de maïs produits par les Etats-Unis en 2006 n'auraient produit que 5,2 millions de barils/jour d'éthanol, équivalant en Btu à 3,9 millions de barils/jour d'essence, le tiers de ce qui est consommé sur les routes américaines et moins du cinquième des 21 millions de barils/jour consommés par les Américains en 2006. Et, bien sûr, si tout le maïs était destiné à l'éthanol,

---

1. Mesure anglo-saxonne équivalant à 36,36 litres, soit 8 gallons. *(N.d.T.)*

nos porcs mourraient de faim. L'éthanol cellulosique, dérivé des déchets agricoles, semble plus prometteur. Une étude conjointe des Départements de l'agriculture et de l'énergie postule que la production de la biomasse « possède le potentiel pour fournir en permanence l'équivalent de beaucoup plus du tiers de la consommation actuelle de pétrole ». Les capacités en biodiesel d'autres pays peuvent accentuer le remplacement du pétrole de l'OPEP.

Si l'éthanol échouait et que les prix de l'essence montaient assez haut, les hybrides à brancher pourraient, avec le temps, déplacer notablement la consommation du pétrole. La technologie des batteries évolue, il existe amplement assez de capacité électrique pour alimenter les hybrides, surtout si les compagnies d'électricité pratiquent une politique de prix selon les plages horaires. Si nous pouvons surmonter notre peur du nucléaire, l'objection selon laquelle les hybrides consomment l'électricité de centrales conventionnelles au charbon tombera.

Les voitures hybrides conventionnelles, qui fonctionnent alternativement sur l'éthanol cellulosique et les batteries, pourraient également déplacer une grande partie du pétrole brûlé sur les routes américaines. Un usage plus répandu de moteurs diesel améliorés accentuerait notablement ce déplacement. Mais pour accélérer ces changements, il faudrait soit une vaste augmentation de la production d'éthanol cellulosique, soit un fort enchérissement de l'essence. Les taxes peuvent pourvoir à ce dernier volet. Je considère comme invalide l'argument selon lequel les taxes sur l'essence seraient politiquement inapplicables. Le devoir des dirigeants politiques est parfois de convaincre les populations qu'elles ont tort. Les leaders qui ne le font pas sont des suiveurs.

Une taxe sur l'essence ne représenterait pas un très grand fardeau, surtout si elle est répartie sur plusieurs années. A 3 % du revenu disponible à la fin 2006, les budgets en essence des foyers américains sont demeurés au niveau de ce qu'ils étaient entre 1953 et 1973, et très au-dessous des 4,5 % durant la crise de 1980. Même au niveau de plus de 3 dollars par gallon en juillet 2006, l'essence n'absorbait que 3,8 % du revenu disponible personnel. Mais les Américains sont très sensibles au prix de l'essence. Nous nous plaignons quand les prix augmentent. Néanmoins, les Américains continuent à conduire autant qu'avant. Quand ils sont mis en face de hausses de prix, ils réduisent leurs kilométrages pendant une brève durée. Le nombre moyen de milles parcourus par conducteur a augmenté constamment : de 10 500 milles par conducteur en 1980 à 14 800 en 2006, ce qui représente une augmentation de 1,3 % par an. Mais avec des prix plus élevés, l'augmentation s'est, depuis 2002, statistiquement aplatie à 0,2 % par an. Les conducteurs brûlent moins d'essence parce que, en fait, ils achètent des voitures plus performantes.

Il est évident que tant que les Etats-Unis dépendront de sources potentiellement hostiles pour le pétrole et le gaz, nous resterons vulnérables à des crises économiques sur lesquelles nous n'avons pas grand contrôle. Le pétrole est tellement imbriqué dans le monde économique actuel qu'une brusque rupture de notre approvisionnement pourrait désorganiser notre économie et celles d'autres pays. La sécurité nationale américaine finira par exiger que nous considérions le pétrole comme une source énergétique de choix et non de nécessité.

La jeune économie mondiale dévore des masses d'énergie. Malgré la chute marquée des quantités de pétrole et plus généralement d'énergie consommées par dollar de revenu mondial, toutes les prévisions crédibles à long terme concluent que, pour continuer sur le chemin de la croissance pendant le prochain quart de siècle à des taux comparables à ceux du quart de siècle écoulé, le monde aura besoin d'un quart à deux cinquièmes de plus de pétrole qu'aujourd'hui. La plus grande partie de ce pétrole devra provenir des régions les plus instables politiquement ; car c'est là, nous l'avons vu, que se trouve le plus de pétrole exploitable.

Que font les gouvernements dont les économies et les citoyens sont devenus lourdement dépendants des importations de pétrole lorsque l'approvisionnement devient incertain ? L'attention du monde développé pour les affaires politiques du Moyen-Orient a toujours été liée de façon critique à la sécurité du pétrole. La réaction à la nationalisation de l'Anglo-Iranian Oil par Muhammad Mossadegh en 1951, puis la privatisation de cette compagnie, les vains efforts de la France et de l'Angleterre pour s'opposer en 1956 à la saisie par Nasser du canal de Suez, artère vitale de l'approvisionnement en pétrole de l'Europe, ne sont que deux des exemples marquants de l'Histoire. Et quelles qu'aient été leurs alarmes et leurs clameurs sur les « armes de destruction massive » détenues par Saddam Hussein, les autorités américaines et anglaises étaient aussi inquiètes de la violence qui sévissait dans la région ; là, en effet, se trouvait une ressource indispensable au fonctionnement de l'économie mondiale.

Je déplore qu'il soit politiquement déplacé de reconnaître ce que tout le monde sait : l'un des grands enjeux de la guerre d'Irak était le pétrole de la région. Par conséquent, les prévisions sur l'offre et la demande mondiales de pétrole qui ne prendraient pas en compte la grande instabilité du Moyen-Orient feindraient d'ignorer un gorille de quatre cents kilos qui, s'il était déchaîné, pourrait arrêter la croissance économique mondiale. Je ne prétends pas savoir comment l'on calmera l'agitation du Moyen-Orient, ni même si cela adviendra. Mais je sais que les événements dans cette région sont un élément de la plus grande importance dans les prévisions économiques à long terme. Même si l'intensité en pétrole a été sensiblement réduite, le rôle de l'or noir est tel qu'une crise pourrait infliger de lourds dommages à l'économie mondiale. Jusqu'à ce que les économies industrielles se dégagent de ce que le président George W. Bush appelle « notre dépendance au pétrole », la stabilité de ces économies, et donc de l'économie mondiale, sont en péril.

25.

LE MYSTÉRIEUX FUTUR
OU L'ORACLE DE DELPHES

Les gens ont toujours été fascinés par l'idée qu'il serait possible de sonder l'avenir. Les généraux de la Grèce antique allaient consulter l'oracle de Delphes sur la façon de mener leurs campagnes. Les diseurs de bonne aventure prospèrent de tout temps. A Wall Street, de nos jours, des légions de gens très astucieux tentent de déchiffrer dans les entrailles des marchés ce que les performances des entreprises annoncent sur les prix futurs des actions.

Dans quelle mesure pouvons-nous prévoir l'avenir ? Nous avons tous le talent inné d'évaluer des probabilités, ce qui nous permet de mener nos actions, des plus anodines aux plus fondamentales. Nos jugements ne sont pas toujours justes, mais ils ont été, à l'évidence, assez bons pour permettre aux humains de survivre et de se multiplier. Les décideurs économiques et monétaires formulent leurs choix en termes mathématiques, mais les hommes ont intégré les probabilités dans leurs choix bien avant que les maths soient inventées pour les expliquer.

Heureusement pour les dirigeants, il existe une certaine continuité historique dans le fonctionnement des sociétés démocratiques et des économies de marché. Cela nous permet de consulter le passé pour en dégager des constantes ; si celles-ci ne revêtent pas la certitude des lois physiques, elles ouvrent néanmoins une fenêtre sur l'avenir, et leurs

perspectives sont moins aléatoires que le jeu de pile ou face.
Nous pouvons de la sorte en apprendre beaucoup sur l'économie américaine et le monde dans son ensemble, surtout
si nous gardons en mémoire l'observation de Winston Churchill : « Plus vous regardez en arrière, plus vous voyez
devant. »

La plupart des institutions juridiques et économiques
changent assez lentement pour qu'on puisse distinguer les
développements à venir avec un degré raisonnable de probabilité. Néanmoins, il existe une vaste littérature académique
qui s'interroge sur les chances de prévoir des développements économiques. Les adeptes de la « théorie de l'efficience des marchés » ont soutenu, de façon mémorable, que
toute l'information publiquement disponible qui pourrait
induire une variation des prix du marché est déjà incluse par
le marché dans le prix même des actions. Il en découle qu'à
moins de disposer d'informations spéciales, inconnues du
marché en général, ou d'être un initié, un investisseur ne
peut pas changer les prix. A titre de preuves, ces partisans
évoquent l'incapacité des managers de fonds d'actions
mutuels de dépasser les performances de l'indice S&P 500[1].
Le fait qu'année après année, certains investisseurs fassent
mieux que le marché n'est pas surprenant. C'est ce à quoi
on s'attendrait. Même si les résultats d'un investissement
n'étaient qu'affaire de chance, un petit nombre d'investisseurs feront des affaires exceptionnelles, tout comme un
joueur chanceux obtiendra dix fois de suite « face » au jeu de
pile ou face. La probabilité d'obtenir ce résultat est de
0,1 % ; si vous avez des millions de gens qui lancent la pièce
en l'air ou bien d'investisseurs qui tentent leur chance, plusieurs milliers d'entre eux seront couronnés de succès et des
investisseurs, eux, feront des bénéfices.

Cependant, la théorie de l'efficience des marchés ne
peut pas expliquer les krachs boursiers. Comment expliquer
la chute sans précédent (entraînant la perte de plus d'un
cinquième de la valeur totale de l'indice Dow Jones) du

---

1. Standard & Poors, indice de notation des grandes entreprises. *(N.d.T.)*

19 octobre 1987 ? Alors en fonction depuis peu, j'observais les marchés très attentivement. Quelle information inédite était donc apparue entre la clôture de la veille et celle du 19 octobre ? Je n'en connais aucune. Tandis que les prix dégringolaient ce jour-là, la nature humaine se manifesta dans une peur irraisonnée et les investisseurs cherchèrent à se libérer de l'angoisse en liquidant leurs positions, que cela fût financièrement fondé ou pas. Aucune information financière n'était responsable de ces chutes. La peur d'une perte continue de leurs avoirs était simplement devenue insoutenable pour les investisseurs [1]. Par la suite, l'économie et les profits d'entreprises progressèrent, mais il fallut près de deux ans pour que le Dow Jones se rétablît tout à fait.

Quand les marchés se comportent rationnellement, ce qui est presque toujours le cas, ils semblent suivre une « marche au hasard » : le passé n'indique pas plus que le pile ou face la direction que suivra le prix d'une action. Mais parfois cette marche est interrompue par une fuite en avant. Quand ils sont saisis par la peur, les gens s'empressent de se libérer de leurs engagements et les titres plongent. Et quand l'euphorie les saisit, les prix montent à des niveaux absurdes.

L'interrogation principale demeure donc, telle que je la résumai en 1996 dans une question que je n'oublierai jamais : « Comment savons-nous qu'une exubérance irrationnelle a indûment surévalué un actif donné, qui fait ensuite l'objet de contractions inattendues et prolongées ? » On avance souvent que les investisseurs les plus riches sont ceux qui évaluent mieux les variations de la psychologie humaine que celles des gains futurs des actions Exxon Mobil. Une école entière de psychologues des Bourses s'est formée autour de cette thèse ; ils se définissent eux-mêmes comme les Anticonformistes, *Contrarians*. Ils sont convaincus que l'exubérance irrationnelle finit par entraîner une chute de la Bourse, étant donné que les gens enchérissent sur les titres sans raison plausible, et que, lorsque cela

---

1. Je ne suis pas convaincu par l'explication, souvent évoquée, que ce fut la faute des cotations électroniques ou *program-trading*. Pendant que les prix tombaient, les vendeurs auraient pu fermer les ordinateurs.

devient évident, la peur s'empare du marché et les prix s'effondrent. Les *Contrarians* s'enorgueillissent d'opérer contre la psychologie des foules. Etant donné que les prix des valeurs sont cycliques, certains font effectivement de bonnes affaires en s'appuyant sur cette théorie. Mais on entend rarement parler de ceux qui pratiquent cette approche et qui y perdent leur chemise. Je n'entends pas beaucoup parler non plus des gens qui jouent à pile ou face et qui perdent.

Peut-être qu'un jour les investisseurs seront capables de déterminer le moment où un marché vire du rationnel à l'irrationnel. Mais j'en doute. La tendance humaine innée à passer de l'euphorie à la peur et inversement semble bien enracinée : l'expérience des générations antérieures ne paraît pas l'avoir tempérée. Je voudrais croire que l'expérience nous instruit et dans un sens, c'est le cas. Quand on me demande, par exemple, quels problèmes et déséquilibres inquiétants guettent à l'horizon, je réponds invariablement que les crises financières qui sont prévisibles par les acteurs du marché adviennent rarement. Si l'on pressent qu'une bulle boursière présage d'un krach, spéculateurs et investisseurs tenteront de vendre auparavant. Cela dégonfle la bulle et prévient le krach. Les soudaines éruptions de peur ou d'euphorie sont des phénomènes que personne ne peut anticiper. L'effroyable chute des cours de la Bourse le « Lundi noir » avait été totalement inattendue.

Bien investir est difficile. Quelques-uns des investisseurs les plus fortunés de l'Histoire, tels que mon excellent ami Warren Buffett, furent les premiers à percevoir une anomalie qui a depuis fait l'objet d'études bien documentées : le taux de rendement des actions est supérieur à celui de titres comportant moins de risques et d'autres instruments de dette, pourvu que les investisseurs achètent et conservent ces actions pendant très longtemps. « Ma durée de conservation préférée est toujours », déclara Buffett dans une interview. Le marché accorde une prime à ceux qui acceptent d'endurer les anxiétés de voir leur richesse nette fluctuer au-delà de ce que les gens de Wall Street appellent le « point d'endormissement ».

Les leçons de la Bourse s'appliquent à la prévision concernant les économies dans leur ensemble. Etant donné que les marchés tendent à se stabiliser d'eux-mêmes, une économie de marché tend à être plus stable et prévisible à long terme qu'à court terme, pourvu, bien entendu, que la société et les institutions sur lesquelles elle repose demeurent également stables. La prévision économique à long terme est fondée sur deux séries de données historiques stables : 1) la population, qui est la statistique la plus prévisible avec laquelle traitent les économistes, et 2) la croissance de la productivité, conséquence de l'accumulation supplémentaire de savoir et source d'une croissance soutenable. Alors que la connaissance n'est jamais perdue, la productivité croît toujours [1].

Que peut-on donc projeter raisonnablement pour l'économie américaine, mettons pour l'an 2030 ? Peu de chose, à moins que nous précisions d'abord certaines hypothèses. Pour commencer, j'ai besoin de réponses affirmatives aux questions suivantes. L'autorité de la loi sera-t-elle encore assurée en 2030 ? Adhérerons-nous encore au principe des marchés libres mondiaux et tiendrons-nous le protectionnisme en échec ? (J'entends par protectionnisme non seulement les barrières contre le commerce et la finance internationaux, mais également les restrictions gouvernementales sur les marchés intérieurs.) Nos lois et règlements seront-ils conformes à la mondialisation ? Aurons-nous remédié aux carences de notre système scolaire primaire et secondaire ? Les conséquences du réchauffement climatique seront-elles assez graduelles pour ne pas affecter notablement l'activité économique américaine en 2030 ? Et enfin, aurons-nous tenu en échec les attaques terroristes aux Etats-Unis ? Ne sont pas mentionnés ici des risques tels que ceux d'une grande guerre ou d'une pandémie, qui bouleverseraient n'importe quelles prévisions. La liste des conditions préalables est assez longue, mais à moins que je puisse les prendre en compte, il serait futile de porter son regard sur l'horizon lointain.

---

1. La production horaire, l'indicateur usuel de la productivité, peut décliner et décline parfois.

Dans mon expérience, le facteur le plus important est la nature de l'autorité de la loi. Je ne pense pas que la majorité des Américains soient conscients du rôle critique que la Constitution des Etats-Unis a joué et joue encore dans la prospérité de notre nation. Avoir joui pendant plus de deux siècles de la protection incontestée des droits individuels et notamment des droits de propriété pour tous les participants de notre économie, nationaux et immigrants, est un apport majeur au développement de notre esprit d'aventure et de notre prospérité. Etre largement exempts des craintes d'une police secrète qui nous arrêterait arbitrairement, pour nous interroger sur des « crimes » dont nous ne connaîtrions même pas l'existence, est un privilège qu'il ne faudrait pas tenir pour acquis. Ni celui d'être exempts d'une confiscation d'une affaire à laquelle nous avons consacré une grande partie de notre vie. Le principe de la liberté individuelle fait vibrer une corde profonde chez les Américains : la conviction gravée par notre Constitution de l'égalité fondamentale de tous les citoyens devant la loi. La réalité a souvent différé de cet idéal, notamment dans le traitement des minorités ; la discrimination obstinée contre les Afro-Américains en particulier nous contraint périodiquement à nous référer aux premiers débats constitutionnels sur l'esclavage et leur résolution violente dans la Guerre civile. Nous avons accompli un grand chemin, mais le voyage n'est pas achevé.

La protection incontestée des droits de propriété aux Etats-Unis a depuis longtemps attiré l'investissement étranger vers nos rivages. Certains investisseurs viennent pour participer à une économie ouverte et vivante ; d'autres considèrent simplement les Etats-Unis comme un havre plus sûr pour leurs économies. J'expliquerai plus loin comment notre système juridique saura étendre ces droits chéris à une économie fondée surtout sur la propriété intellectuelle. Un grand défi ! Et, bien sûr, ce qui serait plus nuisible que tout pour notre niveau de vie serait une résurgence du protectionnisme et d'autres politiques qui voudraient garantir la stabilité en bannissant le changement nécessaire à la croissance. Le retour à la régulation économique serait certainement un pas en arrière dans notre quête d'un avenir prospère.

L'impact d'une réforme de notre système scolaire sur les niveaux futurs de notre activité économique n'est pas aisé à mesurer. Il faut absolument que nous la réalisions en inversant un quart de siècle d'augmentation des inégalités de revenus, sinon les liens culturels de notre société pourraient commencer à se défaire. L'indifférence, l'érosion de l'autorité et même la violence à grande échelle pourraient en être les conséquences, mettant en péril la civilité dont dépendent les économies en croissance.

L'évolution du réchauffement climatique est encore plus difficile à prévoir. Le consensus scientifique actuel porte sur des effets qui adviendraient probablement dans la seconde moitié de ce siècle, une milliseconde sur l'échelle du temps climatologique, mais au-delà de notre horizon de prévision. Nous ne pouvons cependant pas prévoir grand-chose pour les années à venir. Néanmoins, je m'attendrais à ce que les marchés réagissent avant même que les réponses se dessinent clairement. Déjà les assureurs révisent les clauses concernant les tempêtes et les inondations, par exemple. Et la perspective de changements climatiques affecte aussi les marchés de l'énergie.

Enfin, il y a le risque d'un regain des attaques terroristes. Quand la peur les saisit, les gens se désintéressent des interactions quotidiennes normales des marchés, qui font partie intégrante d'une économie fondée sur la division du travail et la spécialisation. Les actes terroristes du 11 septembre furent un moment clé ; il souligna la vertu critique de notre économie, hautement flexible et largement non réglementée : elle put adoucir le choc avec des conséquences minimales sur le long terme. Nous pourrions probablement subir des attaques terroristes comme celles qu'on voit de nos jours au Moyen-Orient et en Europe. Mais des attaques de plus grande ampleur ou une guerre plus étendue seraient certainement déstabilisantes[1].

---

1. Une explosion nucléaire sur le territoire américain pourrait, je le crains, désorganiser temporairement notre économie.

J'ai été encouragé par la capacité des économies de marché à persévérer au travers de la violence et des menaces de violence. Les données de la Banque mondiale indiquent qu'Israël a réussi à créer un revenu national par tête qui est presque égal de moitié à celui des Etats-Unis, et à peu près égal à celui de la Grèce et du Portugal[1]. En dépit du conflit entre le Hezbollah et l'armée israélienne, le PIB du Liban pour 2006 n'a baissé que de 4 %. Même l'Irak a pu maintenir un semblant d'économie active à travers les troubles de ces dernières années.

La longue liste des difficultés n'a toutefois pas paralysé notre capacité de prévisions. Après tout, de telles listes ont toujours existé, sous une forme ou sous une autre, et pourtant les prévisions à long terme de l'économie américaine ont, dans leur ensemble, été raisonnablement exactes.

Sur la base de marchés mondiaux, flexibles et protégés par l'autorité de la loi, que pouvons-nous projeter comme l'avenir le plus vraisemblable ? Quel est le niveau général d'activité le plus plausible que nous puissions prévoir pour cette date arbitrairement choisie de 2030 ? Tant que nous disposons de prévisions des heures travaillées et de la productivité, mesurée par le PIB horaire réel, nous pouvons prévoir un PIB réel. Nous connaissons avec un certain degré de certitude la taille de la population dite en âge de travailler (de seize à soixante-quatre ans) en 2030. La plupart de ces travailleurs sont déjà nés. La proportion de la population, et notamment les gens de moins de soixante-cinq ans, qui participe à notre force de travail est forte et relativement stable. On s'attend à ce que la tranche des soixante-cinq ans et plus ait presque doublé en 2030, et les 15 % d'entre elle qui font actuellement partie de la force de travail doubleront aussi, ajoutant à la masse des travailleurs un nombre inhabituel de gens âgés. L'évolution du nombre d'immigrants selon la politique appliquée ne changera pas fondamentalement la donne. L'étape suivante consiste à établir la propor-

---

1. L'aide des Etats-Unis à Israël ne représente qu'une petite partie de l'économie de ce dernier.

tion de la force totale de travail qui sera employée cette année-là (ou une année voisine, si 2030 est une année de récession). Vu nos prémisses et les données de l'histoire économique, il est difficile d'imaginer que le taux d'emploi de la population active civile s'écartera beaucoup de l'intervalle assez étroit de 90 à 96 % (c'est-à-dire avec un taux de chômage de 4 à 10 %). La moyenne sur cinquante ans pour l'Amérique est de plus de 94 %. Si l'on combine les taux de participation de la force de travail avec les prévisions démographiques, avec un chômage avoisinant 6 % et une semaine de travail stable, la croissance annuelle des heures de travail s'établit à 0,5 % par an [1].

L'aspect le plus encourageant de la croissance de productivité est sa remarquable stabilité depuis un siècle, voire plus. Pendant une grande partie de cette période, le gain substantiel de la productivité américaine a reflété le passage des travailleurs des emplois agricoles vers les usines urbaines et les entreprises de services [2]. Mais les gains en productivité dus au passage de travailleurs agricoles vers des emplois non agricoles à plus haute productivité sont essentiellement achevés. Moins de 2 % de la force de travail américaine demeure dans les fermes, et ce chiffre ne changera sans doute pas beaucoup. Ainsi, la future croissance de la productivité reflétera fidèlement celle de la productivité non agricole. La productivité horaire est la meilleure mesure dont nous disposions de cette croissance.

Tous les gains d'efficacité résultent d'idées nouvelles qui touchent la manière dont les gens organisent leur réalité physique. De fait, les êtres humains du XXIe siècle sont plus grands et plus robustes que ceux des générations précéden-

---

1. Après un long déclin de la semaine de soixante heures il y a deux siècles, la durée moyenne hebdomadaire du travail en usine se fixa à quarante heures juste après la Seconde Guerre mondiale, et elle est depuis demeurée stable. Le déplacement d'une part de l'emploi vers le secteur des services (où la semaine de travail est plus courte) s'est traduit par une légère baisse générale de la moyenne hebdomadaire.

2. Jusqu'à ce jour, la productivité horaire dans les fermes est inférieure à ce qu'elle est dans les régions non agricoles, malgré les gains remarquables en rendements agricoles réalisés depuis la fin de la Seconde Guerre mondiale.

tes, grâce à une amélioration de l'alimentation et de la santé. Mais cela a ajouté très peu à notre capacité de production. Au cours des âges, ce sont les idées nouvelles, développées dans des usines et des équipements, qui ont permis de démultiplier l'effort humain. De l'invention de la machine à tisser, il y a deux siècles, à Internet, le rendement horaire a été multiplié par un facteur cinquante.

Les statisticiens attribuent habituellement la croissance de la productivité horaire à trois causes économiques : la quantité d'usines et d'équipements, qu'ils appellent « approfondissement du capital » ou « capital deepening », la qualité du facteur travail qui est le reflet de l'éducation, et la dernière, appelée « productivité globale des facteurs », soit le comportement inexpliqué qui résulterait des changements organisationnels et des percées dans la façon de produire de la nation. Dans toutes ces catégories, la croissance de la productivité résulte d'idées traduites en biens et services de valeur. Le travail et les matériaux utilisés n'y participent que modestement.

Si nous « lissons » les données brutes sur les rendements horaires, un schéma remarquablement constant de croissance s'en dégage, remontant à 1870. La croissance annuelle de la productivité horaire non agricole s'est située aux environs de 2,2 % depuis cette année-là. Même sans ajustement des cycles d'activité, des guerres et d'autres crises, les moyennes calculées sur des périodes glissantes de quinze années se maintiennent entre 1 et 3 %[1]. Je soupçonne même qu'une bonne partie de cette modeste variation est un « bruit » statistique, c'est-à-dire des aberrations aléatoires résultant de la qualité incertaine des données, surtout pour les années précédant la Seconde Guerre mondiale.

Il y a cependant peu de doutes que la forte poussée de la productivité non agricole américaine, de 1995 à 2002, ait cédé le pas à un rythme de croissance plus faible. Par exem-

---

1. Les taux de croissance ralentirent à la suite de l'accroissement abrupt des prix de l'énergie dans les années 1970, et sans doute à cause d'eux. Le boum technologique de la dernière décennie a accéléré la croissance de la productivité horaire, la rétablissant ainsi dans sa tendance à long terme.

ple, en 2002 et 2003, après une grande poussée de croissance, la production horaire culmina à 4 %, voire plus, puis redescendit à 1 % au premier trimestre 2007. Les occasions profitables pour d'autres avancées semblent s'être provisoirement réduites, comme cela est souvent advenu dans le passé. Les produits nouveaux et de nouvelles compagnies avaient été les grands facteurs de la multiplication d'émissions d'actions entre 1997 et 2000. L'apparente panne de la mise en œuvre d'innovations depuis lors s'est reflété dans la baisse des émissions d'actions. Le ralentissement de l'innovation est particulièrement évident dans le changement radical de l'usage que les entreprises font de leur trésorerie (résultant de gains antérieurs dans l'application de nouvelles technologies) ; auparavant consacrée à des investissements fixes, elle l'est désormais à des rachats d'actions de la compagnie et aux versements aux actionnaires, dans le processus de réalisation de fusions et d'acquisitions. Les retours de bénéfices aux actionnaires d'entreprises non financières sont passés de 180 milliards de dollars en 2003 à plus de 700 milliards en 2006. Par ailleurs, les investissements fixes ne sont passés que de 748 milliards en 2003 à 967 milliards en 2006. Une entreprise verse des dividendes aux actionnaires quand elle ne trouve pas de taux de rendement sans risques qui soient supérieurs aux taux de rendement qu'elle obtient déjà d'actifs existants. Les gros versements d'argent aux actionnaires constituent généralement un signe que les taux de rendement sur investissements fixes disponibles sont moins prometteurs ; c'est généralement le cas quand diminue le nombre d'innovations profitables susceptibles d'être appliquées[1].

Des signaux similaires se déchiffrent dans les tendances des prix des équipements de haute technologie, qui ont été le moteur de la croissance générale de la production non agricole entre 1998 et 2002. A la Réserve Fédérale, nous

---

1. Le retrait du capital de l'actionnaire des entreprises présentant des perspectives d'investissement moins prometteuses au bénéfice d'investissements dans des compagnies utilisant des technologies de pointe est un exemple du financement de la destruction créatrice.

observions l'évolution de ces prix comme indicateurs du taux de croissance de la productivité dans le secteur même des équipements technologiques. Des prix qui baissent pendant quelque temps ne sont possibles que si les prix de l'unité et du travail baissent en même temps, ce qui n'est vraisemblable que si la productivité augmente rapidement. Dans ce cas, le taux de productivité se reflète immédiatement dans la baisse des prix. Les prix des équipements de traitement de l'information et du software, par exemple, baissèrent de plus de 4 % en 2002, mais seulement de 1 % de taux annuel au premier trimestre 2007. Les prix de ce type d'équipements ont baissé chaque trimestre depuis 1991. Mais les baisses étaient particulièrement rapides durant les périodes où apparaissaient des innovations, comme en 1998, où les acheteurs de PC hésitèrent devant des rabais successifs : si l'on attendait assez longtemps, on aurait la chance d'acheter un ordinateur moins cher et plus performant. Le récent ralentissement des baisses de prix de produits technologiques confirme qu'il y a moins d'applications de technologies de pointe à exploiter pour accroître la productivité générale.

Alors que ces pages vont sous presse, en juin 2007, les signes d'un rebond de la croissance de la productivité mesurable ou bien d'une baisse des prix de l'équipement high-tech ne sont pas disponibles. Mais l'Histoire nous enseigne qu'un tournant se présentera. Cela a toujours été le cas.

Notre expérience historique suggère fortement que tant que les Etats-Unis détiendront les technologies de pointe, la croissance à long terme de sa productivité annuelle devrait se situer entre 0 et 3 %. Comme je l'ai relevé, la croissance de la productivité horaire dans les activités non agricoles s'est située un peu au-dessus de 2 % par an depuis 1870, ce qui implique que le PIB horaire se situait un peu au-dessous de ce seuil [1]. Le siècle et demi de données dont nous dispo-

---

1. Une grande partie du PIB, à l'exclusion de l'activité non agricole, est mesurée par les facteurs de production et non la production elle-même, et elle est donc implicitement supposée ne pas enregistrer une croissance de sa productivité. Il est vraisemblable que d'ici 2030, des économistes auront trouvé des moyens de mesurer directement la productivité d'une économie sans recourir à des indicateurs tels que la productivité horaire.

sons couvre les périodes de guerre, de crise, de protectionnisme, d'inflation et de chômage. Je ne crois pas téméraire de postuler que les mêmes forces fondamentales qui ont gouverné les Etats-Unis ces deux derniers siècles les gouverneront encore en 2030. Ces 2 % ne sont probablement pas une mauvaise estimation du rythme auquel les humains peuvent repousser les frontières de l'innovation, et ce chiffre semble être notre meilleure prévision pour le quart de siècle à venir.

Mais pourquoi pas plus, mettons 4 % ou plus ? Après tout, dans une grande partie du monde en développement, le rendement horaire a accusé chaque année une croissance de bien plus que 2 %. Mais ces pays ont pu « emprunter » les technologies éprouvées du monde développé et elles n'ont donc pas assumé par elles-mêmes l'effort graduel pour développer les technologies de pointe.

La productivité aux Etats-Unis en 2005 était 2,8 fois supérieure à celle de 1955. C'est parce que nous en savions plus en 2005 sur la façon dont fonctionne notre monde. Chaque année, des millions d'innovations s'ajoutant les unes aux autres ont amélioré notre productivité générale. Ce processus est devenu particulièrement évident depuis la découverte, après la Seconde Guerre mondiale, des propriétés électriques exceptionnelles des semi-conducteurs au silicium. Gordon Moore, qui fonda Intel, suggéra en 1965 que la complexité d'un circuit intégré, eu égard à son prix, doublait chaque année [1]. C'était une prophétie. La miniaturisation constante de tous les équipements électroniques a ainsi permis de réduire les volumineux talkies-walkies de la Seconde Guerre mondiale aux petits téléphones cellulaires, et d'aplatir les grandes boîtes des téléviseurs et des ordinateurs. Toutes les machines produites, des métiers à tisser de l'ancienne technologie aux autos, des routeurs et serveurs

---

1. Dix ans plus tard, en 1975, Moore révisa son analyse et déclara : « Je n'avais aucune idée que ce serait une prédiction exacte, mais bizarrement, au lieu de dix doublements, nous n'en avons eu que neuf en dix ans. » Il ajouta que le taux de doublement se ralentirait à un tous les deux ans, ce qui était déjà remarquable. Sa prédiction ne s'est pas démentie depuis quarante ans.

Internet, incorporent des microprocesseurs de plus en plus petits. Nous avons modulé les ondes lumineuses pour fabriquer des lasers qui, associés à la technologie digitale, ont formidablement accéléré la communication des données et de la voix, créant de la sorte tout un nouveau monde de l'information. Cela a permis au commerce de réaliser des inventaires en temps réel, de réduire les taux de rebut ainsi que les besoins d'équipes de secours pour se garantir contre les imprévus de la production et de la livraison.

Pourquoi la productivité n'a-t-elle pas crû plus vite ? N'aurions-nous pas pu imaginer en 1980, par exemple, ce que nous savions en 2005, afin de doubler les gains de productivité (et les gains en niveau de vie) ? La réponse est simple : les humains ne sont pas assez intelligents. Notre histoire suggère que le plafond de la croissance de la productivité à long terme s'établit à 3 % par an tout au plus. Il faut du temps pour appliquer de nouvelles idées, et des décennies s'écoulent parfois avant que ces idées parviennent au niveau de la productivité. Paul Davis, professeur d'histoire de l'économie à l'université Stanford, a publié en 1989 un article décisif sur un mystère : pourquoi, selon les mots fameux de Robert Solow, économiste lauréat du prix Nobel et plus tard professeur au MIT, trouve-t-on les ordinateurs « partout, sauf dans les statistiques de productivité » ?

Ce fut l'article de David Leblang qui piqua mon intérêt pour les tendances de la productivité à long terme. Il releva qu'il fallait parfois des décennies pour qu'une idée nouvelle modifiât les niveaux de productivité. Comme exemple, il choisit l'histoire du remplacement progressif du moteur à vapeur par le moteur électrique.

Quarante ans s'écoulèrent après la spectaculaire illumination du bas Manhattan par Thomas Edison, en 1882, avant que la moitié seulement des usines du pays fussent électrifiées. L'électricité ne manifesta vraiment sa supériorité sur la vapeur que lorsque toute une génération d'usines à plusieurs étages furent déplacées après la Première Guerre mondiale. David explique clairement les raisons du retard. Les meilleures usines de l'époque se prêtaient mal à l'utilisation de la nouvelle technologie. Elles fonctionnaient sur ce qu'on appelait des groupes d'entraînement, des ensembles élaborés d'arbres et de poulies qui transféraient la puissance d'une source centrale – un moteur à vapeur ou une turbine à eau – vers des machines réparties dans toute l'usine. Pour éviter les pertes de puissance et les pannes, les longueurs des axes d'entraînement étaient limitées. La meilleure solution consistait à ériger des bâtiments verticaux, avec un ou plusieurs arbres par étage, chacun entraînant un groupe de machines[1].

Le simple fait de substituer de gros moteurs électriques pour entraîner les arbres, du moins quand c'était possible, n'améliora pas beaucoup la productivité. Les propriétaires d'usines s'avisèrent que le potentiel révolutionnaire de l'électricité exigeait des changements bien plus radicaux : l'acheminement du courant par des câbles rendait obsolètes les sources centrales d'énergie, les groupes d'entraînement et les bâtiments même qui les abritaient. L'électricité permettait d'équiper chaque machine de production de son propre petit moteur et les vastes usines à un seul étage devinrent la norme. Là, les machines pouvaient être disposées commodément pour obtenir une efficacité maximale, et les matériaux pouvaient être déplacés facilement. Mais l'abandon des usines de ville et l'installation dans les plus vastes espaces de la campagne était une opération lente et exigeant beaucoup de capital. Ce fut pourquoi, explique David, l'électrification de l'Amérique prit des douzaines d'années. Mais à la fin, des millions d'hectares d'usines à un seul étage couvrirent la zone industrielle du Midwest américain et la croissance de la productivité horaire accéléra enfin.

Autant que j'en puisse juger, l'inflation basse et les taux d'intérêt également bas du début des années 1960 étaient

---

1. Je me rappelle avoir, dans les années 1960, visité une haute et étroite usine d'estampage construite au début du siècle. Je fus frappé par sa forme insolite. Mais ce ne fut que plusieurs dizaines d'années plus tard que j'appris que j'avais visité l'une des dernières reliques d'une certaine époque de l'histoire industrielle de l'Amérique.

dus au retard dans les applications commerciales des progrès de la technologie militaire durant la Seconde Guerre
mondiale et du gros arriéré des inventions accumulées des
années 1930 et mises en œuvre après la guerre[1]. Plusieurs
décennies après, le même schéma se reproduit, l'accélération de la productivité est déclenchée avec retard : les ordinateurs (et Internet) règnent désormais partout, *y compris
sur les statistiques de la productivité*[2].

Ce qui nous amène à notre conclusion. Associé à un
accroissement prévu de 0,5 % par an de la productivité
horaire entre 2005 et 2030, ce qui découle des prévisions
démographiques décrites plus haut, un taux de croissance
annuel d'un peu moins de 2 % du PIB suppose un taux de
croissance réel moyen d'un peu moins de 2,5 % par an d'ici
2030. Cela soutient la comparaison avec le 3,1 % de moyenne
du dernier quart de siècle. Mais alors, la croissance de la force
de travail avait été considérablement plus rapide.

Parvenir à une prévision crédible du PIB réel en 2030
est un début, mais cela ne nous informe guère sur la dynamique qui entraînera l'activité économique américaine dans
le quart de siècle à venir, ni sur la qualité de nos vies. Car

---

1. La basse inflation de l'époque reflétait le faible coût des unités de travail
non agricole, résultat d'une solide croissance de la productivité, elle-même résultant d'investissements accrus, mais surtout de l'application tardive de technologies antérieures. Le professeur David a démontré l'extraordinaire écart entre le
progrès technologique et ses répercussions sur la productivité totale des facteurs,
mesure de la technologie appliquée et d'autres disciplines. Cet épisode désinflationniste ne dura que quelques années et s'acheva avec les préparatifs militaires
de la guerre du Vietnam. Une désinflation beaucoup plus importante et durable
devait suivre, en conséquence de la fin de la Guerre froide.

2. La croissance de la productivité des récentes décennies dérive largement
de l'amélioration continue et du renforcement des réseaux de communication
entre les technologies. L'innovation rend obsolète une partie des réseaux existants, du fait que de nouvelles technologies viennent les remplacer. Mais à n'importe quel point de ce processus, seule une part du savoir technologique a eu le
temps d'être mise en pratique. Année après année, les directeurs d'achats
constatent que seule une moitié de leurs équipements comporte la technologie
de pointe. Il y a toujours de nombreux réseaux qui sont en cours de formation,
ce qui implique qu'un niveau supérieur de productivité émergera quand ces
réseaux seront achevés. Le délai dans lequel cela adviendra, deux ans ou quatre,
affectera de manière significative le *taux de croissance* de la productivité.

les conséquences de l'inévitable achèvement de la mondialisation se surimposera à ces puissantes tendances.

A un moment donné, la vaste migration économique de la mondialisation, cet exode historique de la moitié des trois milliards de travailleurs de la planète, sortis des murailles des économies centralisées pour gagner les marchés concurrentiels mondiaux, sera achevée ou près de l'être.

L'accélération continue du flux de travailleurs vers les marchés concurrentiels au cours de la dernière décennie a été une force désinflationniste puissante. Elle a freiné la croissance des salaires et tenu l'inflation en échec virtuellement partout sur la planète. Si l'on excepte le Venezuela, l'Argentine, l'Iran et le Zimbabwe, dans tous les pays développés et les grands pays en développement, l'inflation a été contenue entre 0 et 7 %[1]. Les taux d'intérêt à long terme s'inscrivent pareillement dans des intervalles aussi étroits. Pareilles pressions sur les prix et les taux d'intérêt ont été exceptionnellement rares dans mon expérience.

Pour les anciennes économies centralisées de l'Europe de l'Est, la transition est déjà presque achevée. Mais ce n'est pas le cas en Chine, de loin le plus grand acteur de la transition. Les mouvements des forces de travail des provinces rurales aux usines hautement compétitives du delta de la rivière des Perles a été graduel et contrôlé. Sur la force de travail de quelque 800 millions d'hommes, près de la moitié réside maintenant dans les zones urbaines, les plus soumises au jeu de la concurrence[2].

Mais les flux de travailleurs vers les zones concurrentielles finiront par s'arrêter, et le résultat en sera que les forces inflationnistes relèveront la tête. En Chine, la croissance des taux de salaires devrait augmenter, de même que le taux d'inflation. Les premiers symptômes en seront une hausse

---

1. Ces taux sont mesurés par l'indice des prix à la consommation.
2. En Inde, les centres d'appel et une industrie high-tech en plein essor font la une des journaux, mais le gros de l'emploi reste rural. Je m'attends à ce que le taux de migration des campagnes vers les villes, qui produisent des biens d'exportation et des services, augmente ; mais les chiffres ne semblent pas encore décisifs.

des prix à l'exportation, ce qu'on mesurera le mieux aux prix des marchandises chinoises importées par les Etats-Unis [1]. La baisse des prix de ces importations a eu de fortes répercussions ; elle a abaissé les prix des marchandises concurrentes fabriquées aux Etats-Unis et bridé les salaires des travailleurs qui les produisent [2]. Il s'ensuit que le relâchement des forces anti-inflationnistes devrait déclencher une reprise de la hausse des prix et des salaires aux Etats-Unis. (Il faut noter que pour la première fois, au printemps 2007, les prix des produits importés de Chine ont augmenté nettement.)

Il reviendra à la Réserve Fédérale de traiter ce changement. L'arbitre final de l'inflation est la politique monétaire. L'importance et les méfaits des pressions sur les prix dépendront en grande partie de la réaction de la Fed. Quand les pressions désinflationnistes et les excédents d'épargne se relâcheront – ou, ce qui revient au même, quand les pressions inflationnistes et les taux d'intérêt réels à long terme augmenteront –, le degré de resserrement monétaire requis à n'importe quel degré d'inflation augmentera.

La façon dont la Réserve Fédérale réagira à une résurgence de l'inflation et des tendances baissières dans l'épargne mondiale aura un effet profond non seulement sur l'économie américaine de 2030, mais aussi sur nos partenaires mondiaux. Le palmarès de la Réserve Fédérale dans la maîtrise de l'inflation avant 1979 n'était pas brillant, ainsi

---

1. Les prix à l'exportation affichés par la Chine, qui sont en augmentation, semblent refléter une orientation marquée dans la composition des exportations vers des marchandises à hauts prix. Les indices américains des prix à l'importation sont fondés sur des pondérations fixes.

2. Ce processus est fortement conditionné pour les importations concurrentes de produits domestiques et particulièrement celles qui sont produites à des coûts de fabrication sensiblement différents. Si un importateur offre une remise de 10 % sur les prix en vigueur, ceux qui ne la répercuteraient pas s'exposeraient à perdre une part appréciable du marché. Si je suis un producteur domestique avec une part modeste de marché, cette perte pourrait être dévastatrice dans le cas où je maintiendrais mes prix alors que tous les autres producteurs s'aligneraient sur ceux de l'importateur. Les risques encourus sont souvent trop grands pour être même envisagés. Il en résulte que même de petites quantités d'importations ont entraîné des baisses de prix sur l'ensemble du marché américain.

que Milton Friedman l'a souvent signalé. C'était en partie à cause de prévisions et d'analyses défaillantes ; mais c'était également l'effet des pressions de politiciens populistes viscéralement attachés aux taux d'intérêt bas (Friedman fut moins critique à l'égard des performances de la Fed après 1979). Durant mes dix-huit ans et demi de présence, je ne me rappelle pas avoir reçu beaucoup d'appels de présidents ou de Capitol Hill [1] priant la Fed *d'augmenter* les taux d'intérêt ; en fait, je crois qu'il n'y en eut aucun. Aussi récemment qu'en août 1991, le sénateur Paul Sarbanes, réagissant à des taux d'intérêt qu'il considérait comme d'un niveau inadmissible, tenta d'enlever leurs droits de vote au FOMC aux présidents des Federal Reserve Banks, qu'il tenait pour des « vautours congénitaux » [2]. Les taux d'intérêt déclinèrent lors de la récession de 1991 et le projet fut abandonné.

Je déplore que l'indépendance de la Réserve Fédéral ne soit pas gravée dans le marbre. La liberté d'action du FOMC est garantie par statut et peut lui être retirée de la même façon. Je crains que mes successeurs au FOMC, quand ils s'efforceront de préserver la stabilité des prix, affronteront la résistance populiste du Congrès, si ce n'est de la Maison Blanche. En tant que président de la Fed, de telles pressions me furent presque épargnées, étant donné que les taux d'intérêt à long terme, et surtout les taux des hypothèques, ont constamment baissé au cours de mon exercice.

Il est possible que le Congrès se soit avisé de la prospérité remarquable qui a prévalu aux Etats-Unis et ailleurs comme conséquence d'une inflation faible, et qu'il ait tiré un enseignement de ces heureuses circonstances. Mais je crains que la maîtrise de l'inflation doive être aussi impopulaire à l'avenir qu'elle le fut quand Paul Volcker y recourut, il y a plus de vingt-cinq ans. « Vous êtes en tête du hit parade

---

1. Colline sur laquelle s'élève le Congrès. *(N.d.T.)*
2. Les données historiques avaient montré que les présidents des banques étaient plus enclins au resserrement que les membres du Conseil [de la Fed]. Et les présidents des banques ne sont pas confirmés dans leurs fonctions par le Sénat, alors que les gouverneurs de la Réserve Fédérale le sont.

des gens à lyncher », lui déclara brutalement le sénateur
Mark Andrews, en octobre 1981. En 1983, le sénateur Dennis DeConcini se plaignit que Volcker eût, « presque tout
seul, déclenché l'une des pires crises économiques ». En
décembre 1982, l'hebdomadaire *Business Week* avait écrit,
sur un ton encore plus menaçant : « Un certain nombre de
lois attendent au fournil pour limiter radicalement la célèbre
indépendance de la Fed et conférer à Capitol Hill et à l'administration une autorité plus directe sur les décisions de
politique monétaire. » Quand il devint apparent que la Fed
suivait le bon chemin, ces critiques disparurent quasiment
du jour au lendemain – hélas, le souvenir de cet aveugle-
ment et de ces critiques contre-productives disparut aussi.
Or, si les politiques ne se rappellent pas que ces critiques de
la politique de la Fed étaient infondées, comment les dirigeants progresseraient-ils dans la compréhension de la politique monétaire ? Concernant l'avenir, une question clé sera
l'environnement politique que la Fed affrontera quand elle
s'efforcera de maintenir les taux d'inflation bas du quart de
siècle écoulé.

Et cela nous ramène à la mondialisation. Si mes hypothèses sur l'actuelle emprise des forces anti-inflationnistes
ont quelque chance d'être exactes, il en résulte que les salaires et les prix sont contenus par une migration massive de
force de travail à bas prix qui, par sa nature même, prendra
fin. Une inversion du degré de désinflation était déjà perceptible, au printemps 2007, dans les prix des importations
américaines en provenance de Chine et dans l'affermisse-
ment des taux d'intérêt réels à long terme, alors que ces
pages allaient sous presse ; or cela suggère que le renversement de tendance se fera plus tôt que prévu. A un moment
donné au cours des prochaines années, l'inflation retournera
donc à des niveaux plus élevés et conduira à des taux d'intérêt à long terme également plus élevés, à moins qu'elle soit
contenue. Mais quel sera ce niveau de prix ? Du mieux que
les historiens de l'économie puissent les estimer, les niveaux
de prix n'ont pas beaucoup changé aux Etats-Unis ni en
Europe entre le XVIIIe siècle et la Seconde Guerre mondiale.

Ils étaient définis en référence à l'or et à d'autres métaux précieux, et le papier-monnaie était censé être convertible en ces métaux, sur demande, à un prix déterminé. Bien que cycliquement variables, les prix des biens et services ne manifestaient pas de tendances persistantes. Durant les guerres, les gouvernements imprimaient du papier-monnaie non convertible et les prix montaient donc en conséquence. D'où la boutade en cours durant notre Guerre d'indépendance sur les billets qui ne « valaient pas un continental », celui-ci étant le nom du papier-monnaie de la guerre. Le billet vert connut le même sort durant notre Guerre civile. La monnaie fiduciaire, du papier-monnaie créé par décret gouvernemental, tomba dans un profond discrédit.

Dans ces années-là, on considérait que les gouvernements étaient incapables de changer le cycle des affaires et, d'ailleurs, peu s'y essayèrent. Les anticipations d'inflation, telles que nous les comprenons aujourd'hui, étaient nulles. L'argent était adossé à des métaux précieux et les variations longues des prix dépendaient en grande partie de l'approvisionnement en or ou en argent. Le taux d'inflation à long terme était en réalité de zéro. De plus, il existe de nombreuses preuves que les taux d'intérêt du passé (en fait sur de l'or emprunté) n'étaient pas très différents de ceux du début du xxe siècle[1]. Tout cela indique que, pendant des siècles, l'inflation était dormante, de même que les primes d'inflation.

Le paysage monétaire aux Etats-Unis commença à changer à la fin du xixe siècle, quand les prix stagnants des produits agricoles suscitèrent le mouvement *Free silver*, qui prônait la frappe de pièces d'argent d'une façon qui aurait gonflé l'ensemble des prix. Il existait dans la population un mécontentement profond de la camisole de force imposée aux prix par l'étalon-or, exprimée par la fameuse diatribe de William Jennings Bryan, en 1896, sur la « Croix d'or ».

---

1. Les British Consols, équivalents britanniques des bons du Trésor américains d'aujourd'hui, qui étaient indexés sur l'or, offrirent un taux régulier d'environ 3 % de 1840 à la Première Guerre mondiale. Pour l'intéressant contexte, cf. par exemple *A History of Interest Rates*, de Sydney Homer et Richard Sylla.

L'orthodoxie monétaire qui définissait l'étalon-or commençait à se fissurer. En Grande-Bretagne, le socialisme fabien, et plus tard aux Etats-Unis le mouvement progressiste de La Follette, réorganisaient les priorités des gouvernements démocratiques. Les prix flambèrent pendant la Première Guerre mondiale, puis redescendirent ensuite. Mais les niveaux de prix d'avant 1914 ne se rétablirent pas. Les banques centrales avaient trouvé des moyens de contourner les règles de l'étalon-or. Et après la Grande Dépression des années 1930, l'étalon-or fut pratiquement abandonné dans le monde entier.

J'ai toujours nourri de la nostalgie pour la stabilité des prix inhérente à l'étalon-or ; une devise stable en était le premier objectif. Mais j'ai depuis longtemps admis que l'étalon-or ne s'accommode pas aisément de l'idée courante sur la fonction d'un gouvernement, notamment le devoir d'assurer un système de sécurité sociale. La propension du Congrès à créer des avantages pour son électorat sans spécifier les moyens de les financer a mené à un déficit budgétaire pour chaque année depuis 1970, à l'exception des surplus des années 1998 à 2001, engendrés par le boum de la Bourse. Le transfert des ressources réelles nécessaires pour assurer le financement de ces programmes a suscité une tendance à l'inflation. Dans l'arène politique, la pression pour rendre le crédit accessible à tous et pour user de mesures fiscales afin de stimuler l'emploi et éviter les désagréments d'ajustement vers le bas des salaires et des prix nominaux s'est révélé presque irrésistible. La plupart des Américains ont toléré l'inflation comme le prix à payer pour avoir un Etat-providence moderne. Il n'existe pas aujourd'hui de partisans de l'étalon-or, et je ne vois guère de possibilité qu'il revienne.

Les prix montèrent de façon abrupte pendant la Seconde Guerre mondiale et, bien que le taux d'inflation se soit ralenti à la fin de celle-ci, il n'a jamais été assez négatif pour rétablir les niveaux de prix de 1939, fût-ce de loin. Ce taux a varié chaque année durant les sept dernières décennies, mais il a toujours été positif ; cela signifie que le niveau des prix a continué de monter. En 2006, les prix à la consommation étaient près de quinze fois plus hauts qu'en 1939. De fait, les courbes de ces prix ressemblent beaucoup à celles des signes du réchauffement planétaire des dernières décennies. Les accélérations des deux portent la marque de l'intervention humaine.

Nous savons que le taux moyen d'inflation sous les régimes de l'étalon-or et des anciens standards des matières premières était pratiquement égal à zéro. Au pinacle de l'étalon-or, entre 1870 et 1913, juste avant la Première Guerre mondiale, le coût de la vie aux Etats-Unis, tel qu'il a été calculé par la Federal Reserve Bank of New York, augmentait en moyenne d'à peine 0,2 % par an. De 1939 à 1989, l'année de la chute du mur de Berlin, et avant la désinflation qui suivit la fin de la guerre froide, ce coût a été multiplié par neuf, soit 4,5 % par an[1]. Cela reflète le fait qu'il n'existe pas d'étalon dans un régime de monnaie fiduciaire. Ce qui constitue une inflation « normale » n'est fonction que de la culture et de l'histoire du pays. L'on tolère aux Etats-Unis de petits taux d'inflation, mais dès qu'elle atteint deux chiffres, elle déclenche une tempête politique. De fait, en 1971, Richard Nixon ressentit le besoin politique d'imposer un contrôle des prix et salaires, bien que le taux d'inflation fût alors inférieur à 5 %. Ainsi, et paradoxalement, bien que les considérations politiques excluent un retour à l'étalon-or comme moyen de juguler des pressions inflationnistes menaçantes, la colère populaire est capable d'obtenir le même résultat. Mais cela est peu probable d'arriver avec une inflation inférieure à 5 % au moins. Le taux moyen de 4,5 % qui a régné pendant le demi-siècle suivant l'abandon de l'étalon-or ne représente pas nécessairement la norme pour l'avenir. Néanmoins, ce n'est peut-être pas une mauvaise estimation de ce qui nous attend.

---

1. Il faut inclure dans cette période l'apparente anomalie d'une inflation et de taux d'intérêt bas du début des années 1960, qui présentait plusieurs traits de la désinflation mondiale actuelle. Sa cause était, d'une certaine façon, similaire aux séquelles de la fin de la guerre froide en ce qu'elle était non économique : c'était l'application commerciale tardive des gains technologiques de la Seconde Guerre mondiale et l'arriéré des inventions des années 1930.

Un taux d'inflation de 4 à 5 % n'est pas à prendre à la légère : personne ne serait content de voir son épargne perdre la moitié de son pouvoir d'achat en quinze à seize ans environ. Il est sans doute vrai qu'un tel taux n'a pas été dans le passé déstabilisant pour l'économie ; la projection d'une inflation de cet ordre indique que l'impact sur les retraites des baby-boomers en sera modeste, au moins jusqu'en 2030. Comme nous l'avons vu, le relatif calme fiscal d'aujourd'hui masque la menace d'un tsunami. Il déferlera au moment où une part appréciable de la population hautement productive du pays prendra sa retraite et quittera le monde des cotisants pour devenir bénéficiaire du système fédéral de santé et de pensions. Avec le temps, si l'on ne règle pas ce problème, il pourrait alourdir massivement la demande de ressources économiques et augmenter les pressions inflationnistes.

Donc, si l'on ne change pas de politique, on peut s'attendre aux Etats-Unis à un taux d'inflation plus élevé. Je sais que la Réserve Fédérale seule possède la capacité et la détermination pour maîtriser les pressions que j'entrevois. Cependant, pour maintenir les taux d'inflation au niveau de l'étalon-or, soit moins de 1 à 2 %, la Fed, selon mon scénario, devra resserrer l'expansion monétaire à un tel point qu'elle pourrait temporairement élever les taux d'intérêt à des nombres à deux chiffres qu'on n'a pas vus depuis l'époque de Paul Volcker. L'inconnue critique est de savoir si la Fed sera autorisée à appliquer les leçons durement apprises ces quatre dernières décennies. Mais le déséquilibre de la politique américaine ne m'inspire pas une grande confiance à court terme. Nous risquons plutôt un regain de la rhétorique populiste et anti-Fed qui sommeillait depuis 1991.

Je crains que, Washington s'efforçant de tenir les promesses implicites du contrat social qui caractérise l'Amérique contemporaine, l'augmentation de l'indice des prix à la consommation frise les 4,5 % en 2030 ou les dépasse. Le dépassement refléterait la prime d'inflation qui résulterait sous une forme ou l'autre d'un financement insuffisant des prestations de pensions et de santé des baby-boomers. En fin de compte, j'entrevois une issue budgétaire positive, comme je l'indique dans le chapitre 22. Je soupçonne que, pour rétablir la santé politique, il nous faudra d'abord patauger dans des champs de mines économiques et politiques avant d'agir avec fermeté. Cela me rappelle l'observation de Winston Churchill sur les Américains : « On peut toujours compter sur eux pour faire ce qu'il faut faire – une fois qu'ils ont épuisé toutes les autres possibilités. » La traversée des champs de mines représente un risque majeur dans mes prévisions ; elle pourrait s'exprimer en taux d'intérêt et d'inflation plus élevés.

Un taux d'inflation élevé, si on le laisse se développer, créera un environnement financier différent de celui que nous connaissons. Ce sera en partie parce qu'il se manifestera au moment où la tendance à l'épargne du monde en développement commencera à faiblir. Comme je l'ai noté plus haut, les taux d'épargne des pays en voie de développement n'ont dépassé que de quelques points ceux des pays développés. Mais étant donné la conjugaison d'une Chine émergente, avec ses niveaux d'épargne historiquement hauts[1], et les énormes et récentes accumulations d'actifs liquides par les pays de l'OPEP[2], les taux d'épargne dans les pays en développement ont gonflé de 32 % en 2006, alors que ceux des pays développés étaient en moyenne inférieurs à 20 %.

Tandis que la Chine continuera à cheminer vers le mode de consommation occidental, son taux d'épargne baissera. Et bien que les prix du pétrole soient vraisemblablement appelés à monter plutôt qu'à baisser, toute augmentation dans les taux d'épargne de l'OPEP sera vraisemblablement bien moindre que celle qui a été enregistrée depuis 2001. Un tel scénario suppose implicitement que les taux d'intentions d'épargne baisseront nettement tandis que ceux d'intentions

---

1. Le taux d'épargne de la Chine résulte à la fois des basses allocations du gouvernement pour la santé et la retraite et de l'épargne croissante des affaires.
2. Les pays producteurs de pétrole ont annoncé 349 milliards en devises étrangères à la fin 2006, alors que ces actifs n'étaient que de 140 milliards à la fin 2002.

d'investissement augmenteront ; donc un facteur important dans le maintien des taux d'intérêt réels depuis le début de la dernière décennie aura disparu. De plus, ayant largement dispensé ses bénéfices, la mondialisation ralentira son allure. Le rythme frénétique de la récente croissance économique mondiale se ralentira. La Banque mondiale estime que la croissance annuelle du PIB mondial, aux taux de change des marchés, descendra à 3 % dans le prochain quart de siècle : il avait été de 3,7 % entre 2003 et 2006.

La dispersion actuelle des balances des transactions courantes, qui est fonction du rythme de la division mondiale du travail et de la spécialisation, devrait également ralentir. Le déséquilibre actuel de la balance des transactions courantes des Etats-Unis devrait donc se réduire, bien que l'ensemble des déséquilibres du monde puisse ne pas le faire. D'autres pays pourraient éventuellement supplanter les Etats-Unis dans leur rôle de pôle d'attraction des flux d'épargne transfrontalière.

Les moyennes des taux d'intérêt réels et de l'inflation étant appelées à monter dans le prochain quart de siècle, les taux nominaux à long terme le feront aussi. Il est difficile de préciser un ordre de grandeur pour les taux d'intérêt, en raison des incertitudes à venir. Mais, à titre d'exemple, si les taux réels sur les bons du Trésor à dix ans montaient d'un point au-dessus des 2,5 points actuels (en raison d'une baisse des intentions mondiales d'épargne), et si les anticipations d'inflation de la monnaie fiduciaire y ajoutaient 4,5 points, comme dans le passé, cela créerait un taux de rendement nominal de 8 % sur le bon du Trésor. Là aussi, on n'aura pas pris en compte la prime qui sera nécessaire pour financer les engagements à l'égard des baby-boomers retraités. Mais nous pouvons prendre cela comme un exemple : à un moment donné avant 2030, le monde négociera un bon du Trésor américain à dix ans avec un taux de rendement d'au moins 8 %. Ce n'est là qu'une hypothèse de travail : une crise pétrolière, une grande attaque terroriste ou un blocage au Congrès américain sur les futurs problèmes du budget pourraient brièvement propulser nettement plus haut les taux d'intérêt à long terme.

Outre une hausse des taux d'intérêt sans risques, d'autres menaces pèsent sur la stabilité financière à long terme des Etats-Unis et du reste du monde. Un trait caractéristique des deux dernières décennies a été la baisse constante des primes de risque. Il est difficile de savoir si les investisseurs estiment que les risques ont diminué et qu'ils n'ont donc pas besoin des primes sur des bons d'Etat sans risques, comme dans le passé, ou bien si c'est le besoin de revenus d'intérêt additionnels qui les pousse vers des instruments de dette à plus haut rendement. Les écarts de rendement entre les entreprises classées CCC (communément appelées junk bonds ou titres à risques), et les bons du Trésor à la mi-2007, étaient incroyablement bas. Ainsi, tout à la fin de la récession en octobre 2002, ces écarts baissèrent de 23 %, dans un déferlement de faillites de junk bonds, à 4 % à peine en juin 2007, en dépit d'un fort accroissement des émissions d'obligations cotées CCC. Et les écarts entre les rendements obligataires des marchés émergents et ceux des bons du Trésor américain sont passés de 10 % en 2002 à moins de 1,5 point en juin 2007. La compression des primes de risque est mondiale. Je ne saurais dire si, dans les périodes d'euphorie, les gens recherchent un niveau de risque qui est aux limites ultimes de la tolérance humaine, sans se soucier de leur environnement institutionnel. Peut-être l'infrastructure financière ne fait-elle que stimuler cette tolérance au risque. Pendant les décennies antérieures à la Guerre civile, les banques devaient détenir des capitaux représentant plus de 40 % de leurs obligations et dépôts. En 1900, la garantie en actifs des banques nationales était tombée à 20 % ; en 1925, elle tomba encore à 12 % et, dans les dernières années, au-dessous de 10 %. Mais en raison de la flexibilité financière et de sources de liquidités beaucoup plus grandes, le risque fondamental encouru par les banques, et sans doute par les investisseurs, n'a pas varié beaucoup durant cette période.

Il se peut que cela n'ait pas d'importance. Comme je l'avais dit dans mon discours d'adieu au Jackson Hole Symposium de la Federal Reserve Bank of Kansas City, en août 2005 : « L'histoire ne s'est pas montrée tendre au terme des longues périodes de basses primes de risque. »

Au minimum, alors que les taux d'intérêt sans risques augmentent et que les primes de risques sont purgées par l'optimisme insoutenable qui prévaut, les prix des actifs générateurs de revenus vont probablement baisser ou, tout au moins, augmenter beaucoup plus lentement que durant les six dernières années. Une conséquence du déclin des taux d'intérêt réels et nominaux à long terme, qui se poursuit depuis 1981, est que les prix des actifs dans le monde entier ont crû plus vite que le PIB nominal mondial, presque chaque année à l'exception de 1987 et de 2001-2002 (années de l'éclatement de la bulle informatique). Cette poussée de la valeur des actions, des parts de développement immobilier – c'est-à-dire de créances directes et indirectes sur des actifs, matériels ou intellectuels –, est ce que j'appelle un accroissement de liquidités. Ces droits-papier représentent un pouvoir d'achat qui peut être utilisé sur-le-champ pour acheter une maison ou, mettons, une société.

La valeur sur le marché d'actions et les engagements des entreprises non financières et des gouvernements est à son tour la source d'investissements et de création de passifs par les banques et d'autres institutions financières. Ce processus, fondé sur l'intervention d'intermédiaires financiers, est à l'origine de ce sentiment irrésistible d'une surabondance de liquidités qui baigne les marchés financiers depuis un quart de siècle. Si les taux d'intérêt montent et que les prix des actifs baissent, on observe un reflux des « excès » de liquidités, parfois assez rapide. Rappelons ici que la valeur d'une action sur le marché est son revenu futur *anticipé*, gonflé par un facteur d'escompte qui varie selon la peur ou l'euphorie, aussi bien que selon une estimation plus rationnelle de son avenir. Ce sont pareils jugements qui déterminent la valeur d'une action et d'autres actifs générateurs de revenus. Les grandes usines, les tours de bureaux et même les maisons n'ont de valeur qu'autant que les acteurs du marché estiment leur usage futur. Si la fin du monde devait advenir dans une heure, tous les symboles de richesse perdraient leur valeur sur-le-champ. Imaginons quelque chose de moins effrayant, par exemple une cuillerée d'incertitude supplémentaire, qui s'ajouterait à la pâte de notre avenir, et les acteurs du marché réduiront leurs offres et leurs valorisations des actifs réels. Rien ne se passe en dehors de notre tête. La valeur est ce que les gens croient qu'elle est. Les liquidités peuvent donc apparaître et disparaître à l'arrivée d'une idée nouvelle ou d'une peur.

Un autre souci des marchés financiers est l'accumulation massive et continue de bons du Trésor américain par des banques centrales étrangères, surtout en Asie. Les acteurs du marché craignent un impact sur l'intérêt du dollar et les taux de change si ou quand ces banques centrales cesseront d'acheter ces bons ou, pis, si elles décidaient d'en vendre de grosses quantités. Les accumulations en question sont en grande partie la conséquence d'efforts, surtout de la Chine et du Japon, d'abaisser leurs taux de change pour stimuler leurs exportations et leur croissance économique. Entre la fin 2001 et mars 2007, la Chine et le Japon ensemble ont accumulé 1 500 milliards de devises étrangères, dont les quatre cinquièmes semblent constitués de créances en dollars – c'est-à-dire de bons du Trésor et d'obligations d'agences et d'autres créances à court terme, y compris en eurodollars[1].

Si cette accumulation devait s'interrompre ou céder le pas à une liquidation, une pression vers le bas sur le taux de change du dollar américain et une pression vers le haut sur les taux d'intérêt américains à long terme s'exerceront certainement. Mais les marchés de change des principales devises sont devenus tellement liquides que les transactions impliquant de gros transferts internationaux de dollars américains peuvent se faire sans plus de conséquences qu'un léger frémissement de ces marchés. Quant aux taux d'intérêt, la marge de leur hausse sera probablement moindre que beaucoup d'analystes le craignent : certainement moins d'un point de pourcentage, voire beaucoup moins. La liquidation de bons du Trésor par les banques centrales (ou d'autres

---

1. La Chine s'est engagée dans un programme annoncé de diversification de ses immenses réserves de devises étrangères (1 200 milliards de dollars et d'équivalents-dollar d'actifs non-dollar).

acteurs du marché) ne changerait pas l'énorme total de la dette du Trésor des Etats-Unis, ni celui des obligations et autres actifs que les banques centrales achètent avec le montant de leurs ventes. De telles transactions sont des swaps qui changent l'écart de rendement entre deux titres, mais qui n'affectent pas nécessairement le niveau des taux d'intérêt. Il est comparable à un échange de devises [1].

L'impact d'un swap de bons du Trésor sur le taux d'intérêt par une banque centrale dépend de la taille des portefeuilles des autres grands investisseurs du monde et, ce qui est important, des proportions de ces investissements qui sont de proches substituts de bons du Trésor de par leur maturité, la devise de leur dénomination, leur liquidité et le risque de crédit. Les détenteurs de substituts tels que les titres cotés AAA et titres adossés sur des hypothèques peuvent être incités à les échanger pour des bons du Trésor sans que cela perturbe les marchés.

Le marché financier international est devenu si grand et tellement liquide [2] que les ventes de dizaines, voire de centaines de milliards de bons du Trésor des Etats-Unis peuvent se faire sans entraîner sur les marchés de choc générateur d'une crise. Nous avons eu, ces dernières années, beaucoup de preuves de la capacité du marché à absorber de gros transferts de bons du Trésor américain.

Par exemple, en mars 2004, les autorités monétaires japonaises ont décidé, après avoir acheté entre l'été 2003 et le début 2004 près de 40 milliards de dollars par mois de devises étrangères – principalement des bons du Trésor

---

1. Ces échanges sont très différents des liquidations d'actions dont les valeurs baissent en raison d'anticipations de gains futurs également en baisse. Dans ce dernier cas, c'est la valeur générale des actions qui baisse. Il n'y a pas de compensation. Ce n'est pas un échange.

2. Le total des devises étrangères détenues par les banques centrales et les portefeuilles privés d'actifs étrangers liquides et transfrontaliers avoisinait les 50 trillions au début 2007, selon la Banque des règlements internationaux et le Fonds monétaire international. Les passifs domestiques d'entreprises non financières peuvent également être considérés comme des substituts de bons de Trésor des Etats-Unis, probablement au prix de quelques modestes concessions. Le passif net de biens étrangers détenus aux Etats-Unis et au Japon seuls se montait à 33 trillions à la fin 2006.

américains –, de cesser ces achats. Il est difficile de percevoir un quelconque effet de ce changement brutal sur la valeur des bons du Trésor américains à dix ans comme sur l'évolution du taux de change entre le yen et le dollar. Plus tôt, les autorités japonaises ont acheté 20 milliards de bons du Trésor américains en *une journée* sans que cela provoque un effet particulier.

On peut concevoir que, s'inscrivant dans le contexte d'une crise financière découlant d'autres causes, de grosses liquidations de bons du Trésor américain suscitent le désordre ; mais je considère que même cela serait un corollaire.

Là ne s'arrêtent cependant pas nos peurs financières. Parallèlement à la soudaine augmentation des liquidités depuis le début des années 1980, on a vu se développer des technologies permettant aux marchés financiers de bouleverser la répartition des risques. Voici trois ou quatre décennies, les marchés ne pouvaient traiter que des actions et obligation « vanille » (*plain vanilla*). Les produits dérivés étaient simples et rares. Mais quand il devint possible de faire des affaires vingt-quatre heures sur vingt-quatre sur les marchés mondiaux, désormais interconnectés, des produits financiers complexes, dérivés, obligations de dettes collatéralisées et autres, sont apparus. Bien que la présence du New York Stock Exchange soit moins dominante dans le monde financier, son volume d'échanges est passé de plusieurs millions de titres par jour dans les années 1950 à près de 2 milliards par jour ces dernières années. Et pourtant, à l'exception de spasmes financiers, comme le krach boursier d'octobre 1987 et les crises paralysantes de 1997-1998, les marchés semblent s'adapter souplement d'une heure à l'autre et d'un jour à l'autre, comme s'ils étaient guidés par « une main invisible internationale », si je peux me permettre de paraphraser Adam Smith. Ce qui se passe est que des millions d'acteurs de la Bourse essaient d'acheter des biens sous-évalués et de vendre ceux qui leur paraissent surévalués. C'est un processus qui améliore continuellement l'efficacité de l'orientation d'une épargne précieuse vers les investissements les plus productifs ; loin de ce qu'en disent les critiques populistes, c'est un grand pourvoyeur de la croissance d'un pays en termes de productivité et en niveau de vie. Néanmoins, l'incessante rivalité entre les traders rééquilibre l'offre et la demande de façon tout aussi incessante, et trop rapide pour la compréhension humaine. Telle est la raison pour laquelle, par nécessité, ils s'informatisent de plus en plus, et la longue tradition des appels criés dans les salles des bourses d'actions et de matières premières est rapidement remplacée par les échanges silencieux d'algorithmes d'un ordinateur à l'autre. Les prix de l'information baissant, la nature même de l'économie américaine changera. Tandis que les banques d'investissement, les fonds spéculatifs et les fonds d'actions privés cherchent tous des niches ou des rendements supérieurs à ceux des taux sans risque, la distinction entre ces institutions s'estompera graduellement. Il en sera de même en ce qui concerne la ligne qui sépare les activités non financières et les banques commerciales : la distinction entre ce qui constitue la finance et le commerce disparaît.

Les marchés sont devenus trop grands et complexes et ils évoluent trop vite pour être assujettis à la supervision et aux réglementations du XXᵉ siècle. Il n'est pas surprenant que ce léviathan financier mondial dépasse la pleine compréhension des acteurs du marché, fussent-ils les plus avisés. Les régulateurs financiers sont chargés de surveiller un système beaucoup plus complexe que ceux qui existaient quand on rédigea les réglementations régissant encore les marchés. Le contrôle des transactions s'effectue désormais essentiellement grâce à la surveillance réciproque des traders. Pour protéger ses actionnaires, chaque prêteur tient à jour les positions des investissements de ses clients. Les régulateurs peuvent toujours prétendre qu'ils gardent l'œil ouvert, mais leurs capacités sont très réduites.

Pendant plus de dix-huit ans, mes collègues du Conseil de la Fed et moi-même avons présidé à une grande partie de ce processus. Nous ne nous sommes que tardivement avisés que le pouvoir de régulation administratif s'affaiblissait. Nous estimions de plus en plus que, pour le gros œuvre, il fallait nous appuyer sur la surveillance réciproque. Les marchés étant devenus trop complexes pour une intervention humaine efficace, les politiques anti-crise les plus prometteuses sont celles qui maintiennent une flexibilité maximale du marché : la liberté d'action pour les principaux acteurs du marché, tels que les *hedge funds*, les fonds d'actions privés et les banques d'investissements. L'élimination des défaillances du marché financier permet aux marchés libres de redresser les déséquilibres. Le but des *hedge funds* et d'autres est de gagner de l'argent, mais leur activité extirpe les inefficacités et les déséquilibres et réduit ainsi le gaspillage de la précieuse épargne. Ces institutions contribuent donc à de plus hauts niveaux de productivité et de bien-être.

Beaucoup de critiques trouvent dérangeant qu'on s'appuie sur la « main invisible ». Ils se demandent si, à titre de précaution et de garantie, les grands dirigeants financiers du monde, tels que les ministres des Finances et les banquiers centraux des grands pays, ne devraient pas tenter de réguler cette énorme et nouvelle présence mondiale. Même si la régulation mondiale n'est pas très efficace, soutiennent-ils, elle ne peut pas faire de mal. En fait, elle le peut. La régulation, par sa nature, inhibe la liberté d'action des marchés, et cette liberté d'intervention rapide est ce qui rééquilibre ces marchés. Réduisez la liberté, et c'est tout le processus d'équilibrage des marchés qui est mis en péril. Il est évident que nous ne connaissons pas les millions de transactions qui se font chaque jour. Mais un pilote de B-2 de l'aviation américaine ne connaît pas non plus et n'a pas besoin de connaître les millions d'opérations automatiques instantanées de l'ordinateur grâce auquel son appareil tient toujours en l'air.

Je ne vois pas, dans le monde actuel, l'utilité d'ajouter de nouvelles réglementations gouvernementales. Recueillir les données sur les états comptables des fonds spéculatifs, par exemple, serait futile, étant donné qu'elles sont devenues désuètes avant que l'encre en ait séché. Devrions-nous créer un système mondial d'information sur les fonds spéculatifs et les fonds d'actions privés pour voir si les concentrations dangereuses n'indiqueraient pas des risques d'implosions financières ? J'ai analysé des rapports sur les marchés financiers depuis près de soixante ans ; je ne serais pas capable de déduire de tels rapports si les concentrations de positions reflètent ou pas ce que les marchés sont censés faire : éliminer les déséquilibres du système. Je ne saurais pas non plus débusquer des transactions dangereuses. Et je serais vraiment surpris que quelqu'un y parvienne.

De fait, la « main invisible » présuppose que les participants du marché agissent dans leur propre intérêt, mais il est des circonstances où les gens prennent des risques vraiment stupides. J'ai, par exemple, été accablé par les récentes révélations selon lesquelles des vendeurs de crédit « default swaps » se montraient dangereusement négligents dans leurs dossiers détaillés des engagements légaux découlant de leurs transactions de gré à gré. Dans l'éventualité d'un changement de prix, des litiges sur les termes d'un contrat pourraient engendrer des crises réelles et inutiles [1].

En plus des forces à long terme analysées plus haut, il est important de se rappeler qu'il y a le cycle des affaires. Il n'est pas révolu, bien qu'on n'en ait guère parlé ces deux dernières décennies. Il fait peu de doutes que l'apparition des programmes d'ajustement des stocks en temps réel et une part plus grande des services ont sensiblement diminué l'amplitude des fluctuations du PIB. Mais la nature humaine ne change pas. L'Histoire abonde en vagues de peur et d'euphorie auto-entretenue ; ces vagues se reflètent dans les cycles des affaires.

Pris dans leur ensemble, les problèmes financiers qui se présenteront dans le prochain quart de siècle ne composent pas un paysage rose. Et pourtant, nous avons vécu bien pire. Aucun de ces problèmes ne compromettra durablement nos institutions, aucun d'eux ne semble même capable d'abolir la suprématie mondiale de l'économie américaine. En fait, plusieurs déséquilibres financiers actuels, qui semblent

---

1. Heureusement, ce problème particulier est en cours de résolution, grâce à l'assistance de la Federal Reserve Bank of New York.

redoutables, seront probablement résolus avec un bien moindre impact sur l'économie américaine qu'on le suppose généralement. J'ai indiqué au chapitre 18 que l'accroissement du déficit de notre balance des comptes n'aura vraisemblablement pas un grand impact sur l'activité économique ou sur l'emploi. La crainte qu'une liquidation des immenses réserves de change de la Chine et du Japon fasse flamber les taux d'intérêt américains et sombrer les taux de change du dollar est également exagérée.

Il y a peu de choses que nous puissions faire pour éviter le relâchement des forces désinflationnistes mondiales. Je considère cela comme un retour à la norme de la monnaie fiduciaire, pas comme une aberration nouvelle. Qui plus est, nous avons le pouvoir d'atténuer fortement quelques-uns des aspects les plus pénibles du scénario que j'ai esquissé plus haut. D'abord, le Président et le Congrès doivent s'abstenir d'interférer avec les efforts du Federal Open Market Committee pour brider les inévitables pressions inflationnistes qui finiront par émerger (ses membres n'ont pas besoin d'encouragements pour cela). La politique monétaire peut répliquer les prix stables attachés à l'étalon-or. Des épisodes de montée des taux d'intérêt seront requis. Mais la Fed de Volcker a démontré que cela peut être fait.

Ensuite, le Président et le Congrès doivent s'assurer que la flexibilité économique et financière, qui a permis à l'économie américaine d'absorber le choc du 11 septembre, n'est pas compromise. Les marchés doivent être libres de fonctionner sans entraves administratives, particulièrement celles qui portent sur les salaires, les prix et les taux d'intérêt, et qui ont paralysé ces marchés dans le passé. C'est particulièrement important dans un monde de mouvements massifs de fonds et d'énormes volumes d'échanges, dont la complexité croissante rend les marchés inévitablement opaques. Des chocs économiques et financiers adviendront : la nature humaine, avec ses peurs et ses faiblesses, est une carte imprévisible. Comme toujours, le contre coup sera difficile à prévoir ; la capacité de les absorber est donc une exigence absolue pour la stabilité de la production et de l'emploi.

Le modèle financier du XXe siècle de la supervision et de la régulation autoritaires est en train d'être submergé par les volumes et la complexité de la finance du XXIe siècle. Ce n'est que dans les domaines du risque opérationnel et de la fraude que les principes de régulation du XXe siècle demeurent intacts. Une grande part de cette régulation visera à vérifier que les opérations éclair et chargées de risques sont entreprises par des investisseurs professionnels riches et non par le grand public. Les efforts pour surveiller et influencer le comportement de marchés qui fonctionnent à des vitesses supersoniques échoueront. La surveillance par le secteur public n'est plus à la hauteur de cette tâche. Les armées d'analystes qui seraient nécessaires pour suivre les transactions mondiales entraveraient par leurs interventions la flexibilité financière qui est tellement nécessaire à notre avenir. Le bon sens ne nous offre pas d'autre choix que de laisser les marchés fonctionner. Leurs échecs sont l'exception et leurs conséquences peuvent être amorties par un système économique et financier flexible.

Quelle que soit la manière dont nous parviendrons à 2030, l'économie des Etats-Unis devrait, sauf crises d'une durée imprévue, y arriver de trois quarts plus grande que celle d'aujourd'hui. Qui plus est, sa production sera de nature beaucoup plus conceptuelle. Nous pouvons nous attendre à ce que se poursuive la longue tendance qui va de la valeur produite par le travail manuel et les ressources naturelles vers la valeur ajoutée immatérielle que nous associons à l'économie digitale. Il faut aujourd'hui beaucoup moins de matériaux qu'autrefois pour produire une unité de produit. En fait, la quantité de matériaux et de carburants soit consommée dans la production d'un bien soit comprise dans celui-ci n'a que très légèrement augmenté au cours du dernier demi-siècle. Le produit de notre économie n'est pas littéralement plus léger, mais il s'en approche.

Le câble à fibres optiques, par exemple, a supplanté d'énormes tonnages de fil de cuivre. De nouvelles technologies dans l'architecture, l'ingénierie et les matériaux ont permis de construire des immeubles comportant le même espace, mais avec beaucoup moins d'éléments matériels que ce n'était le cas il y a un siècle. Les téléphones mobiles n'ont pas seulement été miniaturisés, mais ils se sont aussi transformés en outils de communication multifonctions. L'évolution vers la production de services exigeant peu de facteurs de production physique a aussi beaucoup contribué à la croissance nette du ratio PIB à prix constants aux tonnes d'intrants.

Si l'on compare le PIB en valeur, c'est-à-dire la valeur marchande de tous les biens et services produits en 2006 avec le PIB de 1946, après ajustement de l'inflation, on constate que le PIB du pays que préside George W. Bush est sept fois plus grand que celui de Harry Truman. Pourtant, le poids des intrants nécessaires à sa production en 2006 est à peine plus grand que celui qui était nécessaire en 1946. Cela signifie que presque toutes les augmentations de valeur ajoutée dans notre production procèdent de la matérialisation d'idées.

La transition radicale qui s'est opérée dans le dernier demi-siècle vers le moins tangible et le plus conceptuel, la quantité de poids que l'économie a perdu, pour ainsi dire, dérive de plusieurs causes. La gageure d'accumuler des biens matériels et de les installer dans un environnement de plus en plus encombré a visiblement engendré des pressions de coût, incitant à économiser la taille et l'espace. Pareillement, la perspective des coûts croissants de la découverte, du développement et du traitement de quantités toujours plus grandes de ressources matérielles dans des environnements hostiles a augmenté les coûts marginaux et orienté les producteurs vers des alternatives de réduction. De plus, la frontière technologique ayant reculé et imposé une accélération du traitement de l'information, les lois de la physique ont fait que les microprocesseurs sont devenus de plus en plus petits.

La nouvelle économie de la miniaturisation fonctionne différemment de celles qui l'ont précédée. Dans le cas typique d'un bien manufacturé, le coût supplémentaire encouru dans l'accroissement de l'output d'une unité finit par croître quand la production augmente. Dans le domaine du conceptuel toutefois, la production est souvent caractérisée par un coût marginal constant et souvent négligeable. Bien que le coût initial de la création d'un dictionnaire médical en ligne, par exemple, puisse être considérable, le coût de la production et de la distribution avoisine zéro si la distribution se fait par Internet. L'apparition d'une plate-forme électronique permettant la transmission des idées à un coût marginal négligeable est sans aucun doute un facteur important d'explication de la toute récente composante conceptuelle accrue du PIB. La demande de produits conceptuels est clairement moins entravée par des coûts marginaux, et donc des prix croissants, que la demande pour des produits matériels.

Le coût élevé de développement de software et les coûts négligeables de production, et si c'est en ligne, de distribution, tendent à suggérer un monopole naturel : celui d'un bien ou d'un service qui serait le mieux fourni par une firme. Une Bourse en est un exemple évident. Il est beaucoup plus efficace de rassembler tous les échanges d'actions effectués sur un seul marché. Les offres et les demandes s'y réduisent et les coûts des transactions baissent. Dans les années 1930, Alcoa était le seul producteur américain d'aluminium brut ; il conserva son monopole en convertissant en prix plus bas presque tous ses gains en efficacité, ses concurrents ne pouvaient pas envisager une rentabilité acceptable s'ils avaient dû s'aligner sur les bas prix d'Alcoa [1].

Une version contemporaine de ce monopole naturel en devenir est la remarquable suprématie de Microsoft, avec

---

1. On avance souvent que beaucoup de compagnies abaissent leurs prix dans l'intention d'éliminer leurs concurrents. Mais à moins que leurs prix soient décidément plus bas que ceux de leurs concurrents, ce serait une stratégie perdante. Augmenter ses prix après que les concurrents potentiels se sont retirés du marché est, en effet, une stratégie à courte vue. En dépit des affirmations que ce serait là une pratique courante, j'en ai vu très peu de cas dans mes soixante ans d'observation du monde des affaires. C'est une méthode sûre pour perdre ses clients.

ses logiciels Windows pour ordinateur personnel. Arriver tôt sur un marché avec la capacité de définir le modèle d'une nouvelle industrie, c'est la meilleure manière de tenir ses concurrents en respect. Créer et cultiver ce verrouillage est devenu une stratégie de base dans notre nouveau monde digital. En dépit de cet avantage, il est apparu que le monopole de Microsoft était cependant loin d'être absolu. La domination de son système Windows a été érodée par la concurrence d'Apple et du spécialiste du libre accès Linux. En fin de compte, les monopoles naturels sont détrônés par les percées technologiques et les nouveaux paradigmes.

Les stratégies changent, le but ultime de la compétition demeure : un taux de rendement maximal, ajusté aux risques. La concurrence fonctionne, en effet, quelle que soit la stratégie, pourvu que les marchés restent libres et ouverts. La politique anti-trust, qui selon moi n'a jamais été un outil favorable à la compétition, va trouver ses normes héritées du XXe siècle fort démodées dans un monde digital où la concurrence peut métamorphoser d'un jour à l'autre un gorille de quatre cents kilos en un dinosaure[1].

La tendance vers les produits conceptuels met irréversiblement en vedette la propriété intellectuelle et ses moyens de protection – un domaine juridique vraisemblablement sujet à controverses. Au début 2006, le président du Council of Economic Advisors évoquait la production d'industries « hautement dépendantes de la protection des brevets et du copyright », tels que les produits pharmaceutiques, la technologie de l'information, le software et les communications : elles avaient représenté un cinquième de l'activité économique des Etats-Unis en 2003. Cet organisme estimait aussi qu'en 2005, un tiers de la valeur des entreprises américaines

---

1. La politique anti-trust aux Etats-Unis est née au XIXe siècle et a évolué au XXe siècle, en réaction à des allégations d'entente sur les prix et d'autres infractions aux principes de l'époque sur le fonctionnement normal des marchés. J'ai toujours pensé que le modèle concurrentiel utilisé par les tribunaux pour juger les infractions n'optimisait pas l'efficacité économique. Je crains que l'application de ce modèle aux marchés du XXIe siècle soit encore plus contre-productive. Libérer les marchés en supprimant les subventions et la réglementation anti-concurrentielle a été, à mon avis, la politique anti-monopole la plus efficace.

négociées sur le marché (15 000 milliards de dollars) était attribuable à la propriété intellectuelle ; sur ce tiers, près des deux cinquièmes consistaient en software et autres biens protégés par le copyright, un tiers en brevets et le reste en secrets de fabrication. Il est quasiment certain que la part de la propriété intellectuelle sur les marchés boursiers est beaucoup plus grande que sa part dans l'activité économique. Les industries comportant de très grosses parts de propriété intellectuelle sont également celles qui se développent le plus vite. Je ne vois guère d'obstacle à ce que la part de cette propriété dans le PIB continue à croître jusqu'en 2030[1].

Avant la Première Guerre mondiale, les marchés américains étaient largement exempts de réglementations gouvernementales, mais ils étaient soutenus par les droits à la propriété, qui désignaient principalement la propriété matérielle. La propriété intellectuelle, brevets, copyright et marques déposées, représentait un aspect beaucoup moins important de l'économie. L'une des inventions les plus marquantes du XIXe siècle fut le *cotton gin*[2] ; peut-être était-ce un signe des temps que son brevet ne fut jamais vraiment protégé.

Ce n'est que dans les dernières décennies, alors que le produit économique des Etats-Unis devenait majoritairement conceptuel, que les questions de protection des droits de la propriété intellectuelle ont commencé à être considérées comme des sources d'incertitude légale et commerciale. Cette incertitude dérive en partie de ce que ce type de propriété est profondément différent de la propriété matérielle. Les biens physiques ayant une existence matérielle, ils peuvent être plus facilement protégés par la police ou des forces de sécurité privées. La propriété intellectuelle, en revanche, peut être volée par un acte aussi simple que la publication d'une idée sans la permission de l'inventeur. Il est significatif

---

1. La grande perdante en part de PIB en 2030 sera l'industrie manufacturière, à l'exclusion des technologies de pointe. De plus, la croissance continue de la productivité y réduira d'autant plus le nombre d'emplois.

2. Il s'agit d'une cardeuse, qui sépare les graines de la fibre du coton. (*N.d.T.*)

que l'usage d'une idée par une personne n'en interdit pas l'usage par d'autres personnes pour leur propre usage simultané.

Pour en venir à l'essentiel, les idées nouvelles, éléments de base de la propriété intellectuelle, sont invariablement fondées sur des idées plus anciennes, de façon qu'il est difficile, voire impossible, de reconstituer le cheminement. D'un point de vue économique, cela fournit un raisonnement pour rendre le calcul différentiel, inventé par Newton et Leibniz, gratuitement accessible, en dépit du fait qu'il a augmenté les richesses de façon incommensurable depuis des générations. La loi aurait-elle dû protéger les droits de Newton et de Leibniz de la même manière que nous protégeons ceux de propriétaires de terrains ? Ou bien aurait-elle dû autoriser le plus vaste accès à leurs percées pour ceux qui voulaient s'en servir et augmenter la richesse de la société dans son ensemble ? Les droits de propriété sont-ils tous inaliénables, ou bien faut-il les adapter à la réalité qui les conditionne ?

Ces questions tourmentent les économistes et les juristes, car elles touchent aux principes fondamentaux qui gouvernent l'organisation de l'économie moderne, et donc sa société. Que nous protégions le droit de propriété intellectuelle comme inaliénable ou bien que nous le considérions comme un privilège garanti par l'Etat souverain, nous sommes immanquablement tenus de faire un choix aux implications cruciales : de ce choix dépendra l'équilibre que nous entendons faire entre les intérêts de ceux qui innovent et ceux des gens qui bénéficieraient de l'innovation.

Mes convictions libertaires me portent à conclure qu'une personne créatrice d'une idée en possède le droit de propriété. Mais le créateur d'une idée dispose automatiquement de son usage. La question est : faut-il interdire aux autres de s'en servir ? Il est au moins concevable que, si les droits à l'usage exclusif des idées s'accumulaient au travers des âges, une génération encore à naître dans un lointain avenir trouverait que toutes les idées nécessaires à sa survie ont déjà été légalement réservées et interdites à l'usage sans l'autorisation de ceux qui en détiennent les droits. A l'évidence, la protection des droits d'une personne ne peut s'exercer aux dépens des droits d'une autre à la vie (si le cas se présentait), sans quoi le magnifique édifice des droits individuels s'écroulerait. Ce scénario extrême démontre que, si la protection de l'Etat à certaines créations intellectuelles violait potentiellement les droits des autres et donc qu'elle était invalide, il existerait des créations intellectuelles qui ne pourraient pas être protégées. Mais une fois qu'on a enfreint un principe général, où s'arrête-t-on ? En pratique, bien sûr, seule une très petite part de la création intellectuelle a été destinée à être protégée par les réglementations des brevets, copyrights et marques déposées.

Dans le cas de la propriété matérielle, nous tenons pour acquis que le droit de propriété devrait avoir le potentiel de durer aussi longtemps que l'objet lui-même[1]. Dans le cas d'une idée, toutefois, nous avons pris une option différente, en raison du chaos qui s'ensuivrait s'il fallait remonter toutes les filières dont elle dérive et payer des droits à chacun des concepteurs qui se trouvent à l'origine. A cette méthode, évidemment inapplicable, les Américains ont préféré suivre le droit coutumier britannique et assigner une limite dans le temps aux droits de propriété intellectuelle.

Est-ce le bon choix ? La plupart des participants au débat appliquent une norme pragmatique : les protections sont-elles assez larges pour encourager l'innovation, mais pas tant qu'elles interdisent de perfectionner ces innovations ? Ces protections sont-elles si vagues qu'elles engendrent des incertitudes qui élèvent les primes de risques et le coût du capital ?

Voici près de quarante ans, le jeune Stephen Breyer résuma le dilemme avec une virtuosité digne de Hamlet. Le futur juge de la Cour suprême écrivait ceci dans la *Harvard Law Review* :

---

1. En pratique, le droit coutumier britannique concède la propriété à des personnes vivantes, mais non aux générations futures, ce qui pourrait geler la propriété à perpétuité.

Il est difficile d'adopter une position autre qu'ambivalente sur la question de savoir si la protection du copyright, prise dans son ensemble, est justifiée. On pourrait comparer cette position à celle du professeur Machlup qui, après avoir étudié le système des brevets, avait conclu : « Aucune des preuves empiriques dont nous disposons et aucun des arguments juridiques soumis ne confirme ni n'infirme l'idée que le système des brevets ait fait avancer le progrès des arts techniques et la productivité de l'économie. Cette position suggère que le cas du copyright des livres ne repose pas sur un besoin avéré, mais sur l'incertitude de ce qui s'ensuivrait s'il était supprimé. On pourrait penser que le risque de dommages serait mince, mais un monde sans copyright serait néanmoins "une terre inconnue qui méduse l'esprit / et nous fait préférer les maux que nous souffrons / plutôt que de courir vers ceux que nous ignorons [1]." »

Dans quelle mesure notre système actuel – développé pour un monde où les biens matériels prédominaient – est-il adapté à une économie où la valeur réside de plus en plus dans les idées plutôt que dans le capital tangible ?

En résumé, que pouvons-nous glaner de cette tentative de percer les mystères du futur ? En écartant les imprévus, sur lesquels personne n'a grand pouvoir, tels qu'une explosion nucléaire sur le sol américain, une pandémie de grippe, une réapparition spectaculaire du protectionnisme général ou un échec dans la recherche d'une solution non-inflationniste au déséquilibre budgétaire de Medicare, les Etats-Unis en 2030 seront vraisemblablement caractérisés par :

1. Un PIB réel des trois quarts supérieur à celui de 2006.

2. Une poursuite de la dématérialisation du PIB des Etats-Unis et l'importance accrue de la législation et des débats sur les droits de propriété intellectuelle.

3. Un Federal Reserve System qui affrontera le défi de pressions inflationnistes et d'une politique populiste, qui

---

1. Shakespeare, *Hamlet*, acte III, sc. 1. *(N.d.T.)*

sommeillaient ces dernières années. Si la Fed était empê-
chée de brider les forces inflationnistes, nous pourrions
affronter ceci :

4. Un taux d'inflation sous-jacent sensiblement supérieur aux 2,2 % de 2006.

5. Un bon du Trésor à dix ans flirtant, quelque temps
avant 2030, avec un rendement à deux chiffres, en comparaison avec un taux inférieur à 5 % en 2006.

6. Une distribution des risques et des primes de risque
nettement plus grande qu'en 2006.

7. Des rendements sur actions plus grands qu'en 2006
(résultat d'une modération prévue de l'accroissement des
prix des actifs jusqu'en 2030) avec, en corollaire, de moindres taux de capitalisation immobilière.

Si l'on considère le reste du monde, on voit ceci.

Le Royaume-Uni a connu une renaissance remarquable
depuis la décisive libération de la concurrence sur les marchés par Margaret Thatcher, entreprise dans les années
1980. Le succès en fut saisissant et il faut mettre au crédit
du « New Labour », sous les directions de Tony Blair et de
Gordon Brown, qu'ils aient adhéré aux nouvelles libertés,
tempéré l'historique éthique socialiste fabienne de leur parti
et qu'ils aient mis l'accent sur les perspectives d'avenir. La
Grande-Bretagne a accueilli l'investissement étranger et a
accepté la prise de contrôle d'entreprises-icônes britanniques. L'actuel gouvernement a reconnu qu'à part les questions de sécurité nationale et de fierté, la nationalité des
actionnaires d'entreprises britanniques a peu d'effet sur le
niveau de vie de l'Anglais moyen.

Londres est sans doute aujourd'hui le centre de la
finance mondiale, même si New York, qui régit une grande
partie de la vaste économie des Etats-Unis, demeure la capitale financière du monde. Au XIXe siècle, Londres dominait
les marchés internationaux ; la restauration de sa suprématie
a commencé en 1986 avec le « Big Bang » qui dérégula notablement la finance britannique, sans espoir de retour en
arrière. Des technologies inventives ont considérablement

amélioré l'efficacité dans l'emploi de l'épargne mondiale pour le financement international d'installations et d'équipements. L'amélioration de la productivité du capital a engendré des revenus accrus pour l'expertise financière, et la finance du Royaume-Uni a prospéré. Les importants revenus fiscaux qui en ont résulté ont été employés par le gouvernement travailliste à remédier aux inégalités de revenus, inévitable sous-produit de la compétition financière libre.

Le PIB par personne au Royaume-Uni a récemment dépassé ceux de l'Allemagne et de la France. La démographie de la Grande-Bretagne n'est pas aussi problématique que celles du continent, mais l'enseignement partage plusieurs des faiblesses du système des Etats-Unis. Si elle maintient son ouverture (ce qui est une espérance fort raisonnable), la Grande-Bretagne devrait bien se porter en 2030.

Le panorama de l'Europe continentale demeurera incertain jusqu'à ce que les gouvernements aient admis qu'ils ne peuvent maintenir un système de retraite par répartition sans un accroissement de population qui le finance. Avec un taux de naissances au-dessous du seuil de remplacement et peu de prévisions de rétablissement, la force de travail européenne est vouée au déclin, à moins qu'elle soit renouvelée par une forte immigration ; et son taux de dépendance est destiné à augmenter. Ses bonnes dispositions à l'égard d'une immigration accrue semblent toutefois limitées. Pour faire face à tout cela, le taux de croissance de la productivité européenne devrait s'accélérer à un rythme qui a semblé jusqu'ici hors de portée. Conscient du problème, le Conseil de l'Europe a proposé en 2000 un programme ambitieux, l'agenda de Lisbonne, pour élever la technologie européenne au premier rang mondial. Mais le programme a langui et il a, depuis lors, été largement abandonné. Or sans une croissance accrue de la productivité, il est difficile de voir comment l'Europe garderait dans l'économie internationale la suprématie qui fut la sienne depuis la fin de la Seconde Guerre mondiale. Mais l'apparition de nouveaux dirigeants en France, en Allemagne et en Grande-Bretagne pourrait être un signal que l'Europe entend respecter son engagement à l'égard des objectifs de Lisbonne. Les convergences apparentes des projets économiques de Nicolas Sarkozy, d'Angela Merkel et de Gordon Brown font cependant penser qu'une renaissance européenne semble plus probable.

L'avenir démographique du Japon semble encore moins prometteur que celui de l'Europe. Ce pays résiste fortement à l'immigration, sauf celle de personnes d'ascendance japonaise. Le niveau technologique du Japon est déjà de classe mondiale, et donc son potentiel, en croissance de productivité, est probablement aussi limité que celui des Etats-Unis. La plupart des prévisionnistes voient le Japon perdre son rang de deuxième économie mondiale (évaluée au taux de change des marchés) quelque temps avant 2030. Il est douteux que les Japonais s'y résignent, et ils pourraient prendre des mesures pour y remédier. De toute façon, le Japon restera riche, une force formidable à la fois en technologie et en finance.

La Russie possède de vastes ressources naturelles mais elle est affligée par un déclin démographique, déjà relevé au chapitre 16. La part non énergétique de son économie est compromise par les effets de la « maladie hollandaise ». Son encourageante évolution vers le reconnaissance de l'autorité de la loi et du respect des droits de propriété a marqué le pas sous Vladimir Poutine ; l'application sélective de la loi, par stratagème nationaliste, en est la négation même. En raison de ses ressources énergétiques, la Russie demeurera un formidable acteur de la scène économique internationale ; mais à moins qu'elle rétablisse l'autorité de la loi, il est douteux qu'elle crée une économie de classe mondiale. Aussi longtemps que les ressources énergétiques demeurent abondantes et leurs prix élevés, le PIB par tête continuera probablement de croître. Mais il ne représente que le tiers de celui des Etats-Unis, et la Russie a encore du chemin à faire pour entrer dans le club des pays développés.

L'Inde a un grand potentiel si elle peut se défaire de

l'emprise du socialisme fabien hérité de l'Angleterre. Elle l'a fait pour son secteur de services dans les technologies de pointe de classe mondiale, orienté vers l'exportation. Mais ce noyau de modernité ne constitue qu'une petite part de son immense économie. Bien que ses industries du tourisme prospèrent, trois bons cinquièmes de sa force de travail sont attachés à une agriculture improductive. L'Inde est certes une admirable démocratie, la plus vaste du monde, mais son économie reste lourdement bureaucratique, malgré les importantes réformes entreprises depuis 1990. Son taux de croissance économique ces dernières années est l'un des plus élevés au monde, mais il faut dire qu'il est parti de très bas. De fait, le PIB par personne de l'Inde était, il y a quarante ans, égal à celui de la Chine, mais il n'en représente maintenant que la moitié et il perd encore du terrain. On peut imaginer que ce pays entreprenne une réforme aussi radicale que la Chine et occupe une place éminente dans le monde. Mais à l'heure où j'écris ces lignes, sa politique s'engage dans une direction décevante. Heureusement, bien que son enclave de services, digne du XXIᵉ siècle, soit petite, son éclat est trop grand pour qu'on le méconnaisse. Et le pays ne peut qu'être attiré par les idées de ce siècle autant que par sa technologie. L'Inde pourrait trouver utile de suivre l'exemple des Anglais, dont l'évolution a concilié les notions de marché libre, héritées des Lumières, avec les idées des fabiens.

Parmi les rivaux du leadership économique mondial des Etats-Unis, seule la populeuse Chine apparaît comme un concurrent majeur en 2030. Au XIIIᵉ siècle, ce pays était plus prospère que l'Europe. Puis il perdit du terrain pendant des siècles, enclencha soudain une remarquable renaissance et se métamorphosa immensément, comme d'un jour à l'autre. L'adoption du principe de concurrence sur des marchés libres, d'abord dans l'agriculture, puis dans l'industrie et finalement dans l'ouverture au commerce et à la finance internationaux, a fait avancer cette antique société sur le chemin d'une plus grande liberté politique. Quoi qu'en dise la rhétorique officielle, l'évidente réduction du pouvoir

d'une génération de dirigeants à la suivante donne à espérer
qu'une Chine plus démocratique écartera l'appareil autoritaire du parti communiste. Bien que certains Etats autoritaires aient adopté pendant un certain temps, et avec succès,
des politiques de marchés concurrentiels, la corrélation à
long terme entre la démocratie et le commerce libre est trop
évidente pour être ignorée.

Je ne prétends pas être capable de prévoir avec certitude
si la Chine continuera à suivre son chemin actuel vers une
plus grande liberté politique ou bien si, pour conserver son
contrôle politique, le parti communiste rétablira la rigidité
économique qui prévalait avant les réformes audacieuses de
Deng Xiaoping. Le monde en 2030 dépendra en grande part
de ce choix. Si la Chine continue de se diriger vers le capitalisme de marché, elle portera à coup sûr le monde vers de
nouveaux niveaux de prospérité.

Tandis que des nations aussi puissantes que les Etats-
Unis et la Chine se disputeront la suprématie dans ce nouveau monde, elles pourraient se trouver partiellement soumises à une puissance encore plus grande : la mondialisation
totale des marchés. Le contrôle des gouvernements sur les
vies quotidiennes de leurs citoyens s'est considérablement
affaibli tandis que le capitalisme de marché s'est étendu,
enraciné dans l'autorité de la loi et la protection de la propriété. Graduellement, sans éclats, l'intervention volontaire
des individus sur les marchés a réduit plusieurs des pouvoirs
de l'Etat[1]. Une grande partie des réglementations limitant
les transactions commerciales ont été tranquillement
démantelées, en faveur de l'autorégulation du capitalisme
de marché. Le principe en est simple : on ne peut avoir le
gouvernement et les marchés fixant chacun, par exemple,
le prix du cuivre. L'un chasse l'autre. La dérégulation de
l'économie américaine entamée en 1970, la libération de
l'entreprise par Margaret Thatcher en Grande-Bretagne et
les efforts de l'Europe pour établir un marché concurrentiel
de classe mondiale, l'adhésion aux marchés de la plus

---

1. Une part appréciable du contrôle politique des gouvernements d'après
guerre s'est exercée par des mesures économiques.

grande partie de l'ancien bloc soviétique, la lutte de l'Inde pour se délivrer d'une bureaucratie asphyxiante et, bien sûr, la remarquable renaissance de la Chine, tout cela a réduit le joug administratif de ces gouvernements sur leurs économies, et partant, leurs sociétés.

J'ai appris à considérer les évolutions économiques à long terme comme déterminées en grande partie, mais pas entièrement, par les caractères innés des personnes qui travaillent dans les institutions bâties pour régir la division du travail. L'idée originelle d'individus se spécialisant pour leur bénéfice mutuel remonte trop loin dans l'Antiquité pour qu'on puisse en retracer les sources. Mais ce sont de pareilles idées qui inspirèrent les vues de John Locke et d'autres esprits des Lumières et conduisirent aux notions de droits inaliénables comme base de l'autorité de la loi. Les idées d'Adam Smith et de ses collègues émergèrent de ce terreau de la pensée libérée ; ils découvrirent les principes fondamentaux du comportement humain, qui gouvernent toujours les forces productives des marchés.

La dernière décennie de croissance économique sans précédent dans une grande partie des mondes développé et en développement est la preuve ultime de l'échec d'une expérience économique qui a duré plus de soixante-dix ans. Cet événement décisif entraîna ou accéléra un saisissant rejet de la planification centralisée dans le monde, avec l'Inde et la Chine à l'avant-garde. L'évidence de droits de propriété croissants et, d'une façon plus générale, de l'autorité de la loi conduisant à des niveaux également croissants de bien-être, sont extraordinairement convaincants. La preuve statistique formelle en est malaisée à fournir, étant donné la difficulté de mesurer quantitativement les changements subtils dans l'autorité de la loi. Mais l'évidence qualitative est cependant difficile à nier. Le démantèlement d'une vaste partie de l'appareil de contrôle d'Etat et son remplacement par des institutions fondées sur les marchés semblent avoir invariablement amélioré la performance économique. Au cours des derniers soixante ans, ces améliorations ont été évidentes en Chine, en Inde, en Russie, en Allemagne de l'Est et en Europe orientale, pour ne citer que quelques exemples majeurs. En fait, les cas dans lesquels l'expansion des marchés libres, des droits de propriété et de l'autorité de la loi n'ont pas contribué à la prospérité économique et ceux où la planification centralisée l'a accrue sont rares. La culture, l'éducation et la géographie jouent chacune un rôle crucial.

Pourquoi la relation entre l'autorité de la loi et le bien-être matériel semble-t-elle si immuable ? Il me semble que les causes gisent dans un aspect essentiel de la nature humaine. Dans la vie, si nous n'agissons pas, nous périssons. Mais l'action comporte des conséquences imprévisibles. Les gens prennent des risques en fonction des bénéfices potentiels qu'ils en attendent. Les droits individuels et effectifs de propriété réduisent l'incertitude et ouvrent de plus vastes perspectives sur la prise de risques et les actions qui peuvent produire du bien-être. L'inaction ne produit rien.

La prise de risques rationnelle est indispensable au progrès matériel. Quand elle est entravée ou inexistante, l'on n'entreprend que les actions les plus nécessaires. Le produit économique est minimal, motivé non par la volonté calculée de prendre des risques, mais souvent par l'effet de la pression étatique. L'Histoire suggère fortement que les incitations positives sont beaucoup plus efficaces que la peur et la force. L'alternative aux droits de propriété individuelle est la propriété collective, qui a échoué maintes fois à produire une société civile et prospère. Elle n'a pas fonctionné pour la communauté au nom optimiste, New Harmony, de Robert Owen, en 1826, ni pour le communisme de Lénine et de Staline, ni pour la Révolution culturelle de Mao. Elle ne fonctionne pas davantage aujourd'hui en Corée du Nord ni à Cuba.

L'évidence, autant que j'en puisse juger, est que, pour toute culture et tout niveau d'éducation, plus grande est la liberté de compétition et plus forte l'autorité de la loi, et plus grande aussi est la richesse matérielle produite[1]. Mal-

---

1. J'en viens à la conclusion que le succès des prévisions économiques à cinq et dix ans dépend autant de la prévision du degré d'autorité de la loi que de l'économétrie la plus pointue.

heureusement, plus grand est le degré de compétition frénétique et plus intenses sont le stress et l'anxiété des acteurs du marché. Et plus intense est la compétition frénétique, plus rapide est l'obsolescence des équipements du capital et des talents des travailleurs qui les manœuvrent. Plusieurs des compagnies prospères de Silicon Valley, ces images d'Epinal de l'obsolescence induite, ont ainsi réinventé de vastes secteurs de leurs entreprises tous les deux ans.

Face à l'aspect menaçant de la destruction créatrice, presque tout le monde dans les pays développés et une part croissante des gens dans les pays en développement ont préféré un moindre degré de bien-être matériel en échange d'un moindre stress. Aux Etats-Unis, démocrates et républicains ont longtemps partagé un consensus général en faveur de la Sécurité sociale, de Medicare et d'autres programmes lancés sous le New Deal de Roosevelt et la Grande société de Lyndon Johnson, bien que leurs désaccords sur des détails soient nombreux. Presque tous les aspects de l'actuel système de protection sociale seraient reconfirmés par de grandes majorités du Congrès, s'il en était besoin. Je ne doute pas qu'avec le temps et les circonstances économiques, ce consensus changera, mais de façon probablement réduite.

Les systèmes de Sécurité sociale existent virtuellement partout, plus ou moins développés. Par leur nature, ils inhibent le plein exercice du laisser-faire, principalement par des lois sur le travail et la redistribution du revenu. Mais il est également devenu évident que dans un monde concurrentiel, il existe des limites à la dimension et à la nature de ces systèmes que les marchés peuvent tolérer sans de lourdes conséquences économiques. L'Europe continentale, par exemple, s'efforce actuellement de réduire les prestations de retraite et de « protection » des travailleurs contre la perte d'un emploi.

Aussi formidablement productif que soit le capitalisme de marché, son talon d'Achille est le sentiment de plus en plus développé que ses retombées, de plus en plus captées par les gens compétents, sont considérées comme n'étant pas justement distribuées. A l'échelle mondiale, le capitalisme de marché continue d'exiger des compétences de plus en plus poussées, au fur et à mesure qu'une nouvelle technologie vient s'ajouter à la précédente. Etant donné que l'intelligence de base n'est probablement pas plus développée aujourd'hui que dans la Grèce antique, nos progrès dépendront des ajouts au vaste héritage de savoir constitué au fil des générations.

L'enseignement primaire et secondaire américain a failli à élever assez vite les compétences de nos étudiants pour parer à la pénurie de travailleurs qualifiés et à la surabondance de moins qualifiés, ce qui élargit le fossé salarial entre ceux-ci et ceux-là. A moins que le système éducatif relève les niveaux de qualification aussi rapidement que la technologie l'exige, les salaires des travailleurs qualifiés continueront à augmenter et à produire des concentrations de revenus inquiétantes. Comme je l'ai noté, la réforme de l'éducation prendra des années et nous avons besoin de résoudre tout de suite le problème de l'inégalité des revenus. Accroître les impôts des riches, remède apparemment simple, risque de se révéler contre-productif. Nous pouvons à la fois plafonner les revenus des travailleurs qualifiés et élever les compétences de notre force de travail en ouvrant nos portes aux vastes masses d'immigrants possédant les compétences vitales dont notre économie a besoin. De la réussite de ces réformes, a priori accessibles, en ce qui concerne l'éducation et l'immigration naîtra le sentiment général que les pratiques capitalistes auront encore de beaux jours devant elles aux Etats-Unis.

Ce n'est pas par hasard que l'être humain persévère et continue d'avancer face à l'adversité. L'adaptation est dans notre nature, un fait qui me conduit à être profondément optimiste quant à notre avenir. De l'oracle de Delphes aux prévisionnistes de Wall Street, les devins ont toujours tenté de chevaucher cette tendance positive à long terme de la nature humaine. Les droits de la personne et la liberté économique, héritage des Lumières, ont poussé des milliards d'individus à suivre les impératifs de leur nature : travailler pour une vie meilleure pour eux-mêmes et pour leur famille. Cependant, le progrès n'est pas automatique ; il faudra encore bien des adaptations, que nous n'imaginons même pas. Mais la frontière de l'espoir que nous poursuivons tous irrésistiblement ne se ferme jamais.

NOTES SUR LES SOURCES

Les discussions sur l'économie et la politique économique dans *Le Temps des turbulences* se basent sur des données tirées presque entièrement des sources publiques disponibles : sites Internet et publications des agences de statistiques du gouvernement, groupes industriels et associations professionnelles. Les sources provenant du gouvernement américain comprennent le Bureau of Economic Analysis et le Census Bureau, tous deux du Département du commerce ; le Bureau of Labor Statistics et d'autres unités du Département du travail ; le Congressional Budget Office ; l'Office of Management and Budget ; l'Office of the Comptroller of the Currency ; la Social Security Administration ; la Federal Deposit Insurance Corporation ; l'Office of Federal Housing Enterprise Oversight et, bien sûr, le Conseil des gouverneurs de la Réserve fédérale. Les sources internationales comprennent le Fonds monétaire international, la Banque mondiale, la Banque des règlements internationaux, l'Organisation pour la coopération et le développement économique et les agences de statistiques d'autres gouvernements, le Bureau national des statistiques de Chine et le Bureau fédéral des statistiques d'Allemagne, de même que les banques centrales.

Des professionnels de douzaines d'organisations, associations et compagnies ont répondu favorablement à des demandes d'informations et de données : l'Aluminum Association, l'American Iron and Steel Institute, l'American Water Works Association, l'American Presidency Project, l'Association of American Railroads, le Can Manufacturers Institute, le Center for the Study of the American Electorate, le Conference Board, la Banque européenne pour la reconstruction et le développement, l'Exxon Mobil Corporation, le Food Marketing Institute, la George

Washington High School, Global Insight, la Heritage Foundation, JPMorgan Chase, la Juilliard School, le National Bureau of Economic Research, le National Cotton Council of America, la NYU Leonard N. Stern School of Business, la Security Industry and Financial Markets Association, Standard & Poor's, le US Senate Historical Office, la US Senate Library, WatsonWyatt and Wilshire Associates. Les sites Internet du CNET, Gary S. Swindell, Intel, *Wired* et WTRG Economics m'ont également été utiles.

Les passages autobiographiques du *Temps des turbulences* s'inspirent d'une grande variété de sources, à la fois historiques et contemporaines, publiées et inédites, aussi bien que de discussions avec des connaissances et des amis, dont les noms figurent dans les remerciements.

Les historiens Erwin C. Hargrove et Samuel A. Morley m'ont longuement interrogé en 1978 sur mes premières années de service public en tant que président du Council of Economic Advisors ; pour la rédaction du ch. 3, « L'économie rencontre la politique », je me suis servi de la transcription non publiée de cette interview, ainsi que de la version révisée – publiée dans leur livre. J'ai également utilisé mes notes prises pour mes allocutions et réunions, durant les décennies où je fus conseiller privé, ainsi que des articles et essais publiés pendant ces années. Une autre de mes sources fut mes textes sur le Public Broadcasting System, rédigés pour le *Nightly Business Report*, où je pris régulièrement la parole durant les années 1980.

Les chapitres 3 et 4 (« Le Citoyen privé ») comprennent aussi des informations tirées des dépositions que je fis devant le Congrès, en tant que président du CEA, et en tant que président de la National Security Commission on Social Security Reform. Le développement de ma réflexion sur la politique économique et publique peut être retracé dans les transcriptions des centaines d'allocutions et de témoignages devant le Congrès, que je fis en tant que président du Federal Reserve Board. Discours et témoignages sont disponibles en ligne par le relais de FRASER, le Federal Reserve Archival System for Economic Research (fraser.stlouis fed.org/historicaldocs) et sur le site du Federal Reserve Web (http ://www.federalreserve.gov/newsevents.htm) ainsi que par des requêtes à la Fed par le relais du Freedom of Information Act. Je cite parfois *verbatim* des délibérations à l'intérieur de la Fed ; elles sont tirées des transcriptions des procès-verbaux des réunions du Federal Open Markets Committee, qui sont disponibles sur le site Internet de la Réserve fédérale. Toutes les citations des auditions par le Congrès sont publiques et sont disponibles, entre autres, sur le site du Government Printing Office (http :/www.gpoaccess.gov/chearings/index.html) et à la Library of Congress.

Quand j'étais titulaire à la Réserve Fédérale, je pris l'habitude de ne pas paraître à la télévision et j'accordai rarement des interviews officielles aux journalistes ; cependant, je donnais régulièrement des interviews générales. Les chapitres 5 à 11, qui couvrent ma carrière à la Fed, empruntent des éléments à plusieurs entretiens que j'eus au cours des années avec Bob Woodward. Il m'en a aimablement fourni les transcriptions qui avaient déjà servi de base à *Maestro*, son livre sur la Fed et moi. Le récit de discussions avec Paul O'Neill, durant son service en tant que secrétaire au Trésor, dans le chapitre 7 (« Le calendrier d'un démocrate »), fut facilité par ce qui en avait été publié dans *The Price of Loyalty*, le livre pour lequel il avait coopéré avec le journaliste Ron Suskind. Pareillement, mes souvenirs de réunions et d'expériences avec Bob Rubin et Larry Summers, dans les chapitres 8, 9 et 10, ont été étayés par les Mémoires du secrétaire Rubin, rédigées avec le journaliste Jacob Weisberg, *In an Uncertain World*.

Mes souvenirs de l'effondrement de la planification centralisée et de la croissance des marchés capitalistes mondiaux (chapitre 6, « La chute du mur », chapitre 19, « Mondialisation et régulation » et ailleurs dans ce livre) ont été enrichis par l'ouvrage essentiel de Daniel Yergin et Joseph Stanislaw, *The Commanding Heights* ; le site correspondant (www.pbs.org/commandingheights) comprend des entretiens avec des dirigeants et des économistes mondiaux, qui sont parfois cités dans ces pages. L'ouvrage de Tom Friedman, *The World is Flat* a comblé bien des lacunes dans ma connaissance des récents progrès technologiques.

Les interviews pour ce livre ont été menées avec Bill Clinton, Stephen Breyer, Bob Rubin, Martin Anderson, Gene Sperling, Paul David et d'autres. Ces pages ont également bénéficié du travail de mes biographes. Et le récit général est inspiré des Mémoires de mon épouse, Andrea Mitchell, *Talking back... to Presidents, Dictators and Assorted Scoundrels*.

Je me suis efforcé de réduire au minimum les inévitables défaillances de mémoire en tirant les citations, faits et détails descriptifs de documents de base, informations de presse contemporaines (en particulier *The New York Times*, *The Financial Times*, *The Wall Street Journal*, *The Washington Post*, la BBC, *The Economist*, *Newsweek* et *Time*), des ouvrages de référence reconnus et des services de données sur les marchés. *Le Temps des turbulences* découle de six décennies de savoir accumulé ; si je devais citer toutes mes sources, à supposer que je me les rappelle, il me faudrait probablement autant de pages que ce livre lui-même. Une bibliographie choisie figure ci-dessous.

BIBLIOGRAPHIE

Allen, Frederick Lewis, *The Lords of Creation*, Harper & Brothers, New York, 1935.

Anderson, Benjamin M., *Economics and the public welfare : financial and economic history of the United States, 1914-1946*, D. Van Nostrand, New York, 1949.

Anderson, Martin, *Revolution*, Harcourt Brace Jovanovich, San Diego, 1988.

Baker, James A., III, avec Steve Fiffer, « *Work hard, study... and keep out of politics !* » *Adventures and lessons from an unexpected public life*, G.P.Putnam's Sons, New York, 2006.

Beckner, Steven K., *Back from the Brink : The Greenspan Years*, John Wiley & Sons, New York, 1996.

Beman, Lewis, *The chastening of the Washington Economists*, Fortune, janvier 1976.

Bergsten, C. Fred, Bates Gill, Nicholas Lardy et Derek Mitchell, *China : The Balance Sheet*, Public Affairs (Perseus Books), New York, 2006.

Breyer, Stephen, « The Uneasy Case for Copyright : A Study of Copyright in Books, Photocopies and Computer Programs », *Harvard Law Review* 84, décembre 1970.

Burck, Gilbert, et Sanford Parker, « The Coming Turn in Consumer Credit », *Fortune*, mars 1956.
« The Danger in Mortgage Debt », *Fortune*, avril 1956.

Burns, Arthur F., et Wesley C. Mitchell, *Measuring Business Cycles*, National Bureau of Economic Research, New York, 1946.

Cannon, Lou, *Reagan*, G.P. Putnam's Sons, New York, 1982.

Cardoso, Fernando Henrique, avec Brian Winter, *The Accidental President of Brazil : A Memoir*, Public Affairs, New York, 2006.

Chernow, Ron, *Alexander Hamilton*, Penguin Press, New York, 2004.
The House of Morgan : An American Banking Dynasty and the Rise of Modern Finance, Touchstone, New York, 1990.
Titan : The Life of John D. Rockefeller, Sr., Random House, New York, 1998.

David, Paul A., « The Dynamo and the Computer : An Historical Perspective on the Modern Productivity Paradox », *American Economic Review*, 80, n° 2, mai 1989.
Cf. le texte plus long de David, « Computer and Dynamo : The Modern Productivity Paradox in a Not-Too-distant Mirror », *Center for Economic Policy Research* 172, Stanford University, juillet 1989.

Dornbusch, Rudiger et Sebastian Edwards, éditeurs, *The Macroeconomics of Populism in Latin America*, University of Chicago Press, Chicago, 1991.

Eichengreen, Barry, et David Leblang, « Democracy and Globalization », *Bank for International Settlements Working Papers* 219, décembre 2006.

Engel, Charles, et John H. Rogers, « How wide is the border ? » *American Economics Review* 80, 1112-1125, 1996.

Feldstein, Martin, « There's More to Growth Than China », *The Wall Street Journal*, 16 février 2006.

Ford, Gerald R., *A Time to Heal : The Autobiography of Gerald R. Ford*, Harper & Row/ Reader's Digest Association, New York, 1979.

Friedman, Milton, et Rose D. Friedman, *La Liberté du choix*, Belfond, Paris, 1980.

Friedman, Milton, et Anna (Jacobson) Schwartz, *A Monetary History of the United States, 1867-1960*, Princeton University Press, Princeton, 1963.

Friedman, Thomas I., *La Terre est plate : une brève histoire du XXIe siècle*, Saint-Simon, Paris, 2006.

Garment, Leonard, *Crazy rythm : From Brooklyn and Jazz to Nixon's White House, Watergate and Beyond*, New York Times Books, 1997.

Gerstner, Louis V., « Math Teacher Pay Doesn't Add Up », *The Christian Science Monitor*, 13 décembre 2004.

Goldman, Eric, *The Tragedy of Lyndon B. Johnson*, Alfred A. Knopf, New York, 1969.

Gorbatchev, Mikhaïl, « Rosneft Will Reinforce Russian Reform », *Financial Times*, 12 juillet 2006.

Gordon, Robert, Thomas J. Kane et Douglas O. Staiger, « Identifying Effective Teachers Using Performance on the Job », *The Hamilton Project Policy Brief* 2006-01, Brookings Institution, Washington D.C., avril 2006.

Greenspan, Herbert, *Recovery Ahead ! An Exposition of the Way We're Going Through 1936*, H.R. Regan, New York, 1935.

Hammond, Bray, *Banks et Politics in America : from the Revolution to the Civil War*, Princeton University Press, Princeton, 1957.

Hargrove, Edwin, et Samuel Morley, éditeurs, *The President and the Council of Economic Advisers : Interviews with CEA chairmen*, Westview Press, Boulder, Col., 1984.

Heilbroner, Robert, *The Wordly Philosophers : The lives, Times and Ideas of Great Economic Thinkers*, Touchstone, New York, 1999.

Heritage Foundation : Index of Economic freedom 2007. http ://www.heritage.org/index. (consulté le 24 mars 2007).

Homer, Sidney, et Richard Sylla, *A History of Interest Rates*, Rutgers University Press, New Brunswick, N.J., 1991.

Hubbard, Glenn, avec Eric Engen, Federal Government Debt and Interest Rates, *NBER Macroeconomics Annual 2004*, MIT Press, Cambridge, Mass., 2005.

Ingersoll, Richard M., *Out of Field Teaching and the Limits of Teacher Policy : A Research Report*, Center for the Study of Teaching and Policy, University of Washington, septembre 2003.

Keynes, John Maynard, *Les Conséquences économiques de la paix*, Gallimard, Paris, 2002. http ://www.historicaltextarchive.com/books.php ? op=viewbook&boodid=12 (consulté le 24 mars 2007).

Théorie générale de l'emploi, de l'intérêt et de la monnaie, Payot, Paris, 1988.

Klein, Joe, The Natural : *The Misunderstood Presidency of Bill Clinton*, Coronet, New York, 2002.

Lazear, Edward P., « Teacher Incentives », *Swedish Economic Policy Review* 10 (2003) 179-214.

Lefèvre, Edwin, *Mémoires d'un spéculateur*, Valor, Hendaye (Pyrénées-Atlantiques), 2004.

Locke, John, *Le Second traité du gouvernement*, PUF, Paris, 1994. Consulté le 6 avril 2007 sur http ://www.constitution. org/jl/2nd-treat.htm

Luce, Edward, *In Spite of the Gods : The Strange Rise of Modern India*, Little, Brown, Londres, 2006.

Maddison, Angus, « Measuring and Interpreting World Economic Performance 1500-2001 », *Review of Income and Wealth* 51, 1-35, mars 2005.
The Millennium : Poor Until 1820, *The Wall Street Journal*, 11 janvier 1999.
L'Economie mondiale : une perspective millénaire, Editions de l'OCDE, Paris, 2001.
L'Economie mondiale : statistiques historiques, Editions de l'OCDE, Paris, 2003.

McLean, Iain, « Adam Smith and the modern left », conférence prononcée au MZES/Facultaet Kolloquium, université de Mannheim, 15 juin 2005. Consulté le 24 mars 2007 sur :
www.nuffield.ox.ac.uk/Politics/papers/2005/mclean %20smith.pdf

Martin, Justin, *Greenspan : The Man Behind Money*, Perseus Publishing, Cambridge, Mass., 2000.

Mitchell, Andrea, *Talking Back... to Presidents, Dictators and Assorted Scoundrels*, Penguin Books, New York, 2007.

Ned Davis Research Inc., *Markets in Motion : A Financial Market History 1900-2004*, John Wiley & Sons, New York, 2003.

Ottaviano, Gianmarco I.P., et Giovanni Peri, « Rethinking the Effects of Immigration on Wages », *NBER Working Papers* 12497, août 2006.

Perlack, Robert D., Lynn L. Wright, Anthony F. Turhollow *et al.*, *Biomass as Feedstock for a Bioenergy and Bioproducts Industry : The Technical Feasability of a Billion-Ton Annual Supply*, Oak Ridge National Laboratory, Oak Ridge, Tenn., 2005. Consulté le 17 avril 2007 sur : http ://feedstockreview.ornl.gov/pdf/billion %5Fton %5Fvision.pdf

Piketty, Thomas et Emmanuel Saez, *Income inequality in the United States, 1913-2002*, (novembre 2004). Consulté le 28 mars 2007 sur : http ://elsa.berkeley.edu/-saez/

Rand, Ayn, *Atlas Shrugged*, Random House, New York, 1957.
La Source vive, Bobbs-Merrill, Plon, Paris, 1997.
avec Nathaniel Branden, Alan Greenspan and Robert Hessen, *Capitalism : The Unknown Ideal*, New American Library, New York, 1966.

Reeves, Richard, *President Reagan : The Triumph of Imagination*, Simon & Schuster, New York, 2005.

Rogers, John H., « Monetary Union, Price Level, Convergence and Inflation : How Close is Europe to the United States ? », *Board of Governors of the Federal Reserve System, International Finance Discussion Paper*, 740 (2002).

Rubin, Robert E., et Jacob Weisberg, *In an Uncertain World : Tough Choices from Wall Street to Washington*, Random House, New York, 2003.

Sala-i-Martin, Xavier, The World Distribution of Income (Estimated from Individual Country Distributions), *NBER Working Papers* 8933 (2002).

Schumpeter, Joseph Alois, *Capitalisme, socialisme et démocratie*, Payot, Paris, 1990.

Sen, Amartya, « Democracy as a Universal Value », *Journal of Democracy*, 10, nᵒ 3 (1999) 317.

Siegel, Jeremy J., *Stocks for the Long Run : The Definitive Guide to Financial Markets Returns and Long-tem Investment Strategies*, McGraw Hill, New York, 2002.

Smith, Adam, *Recherche sur la nature et les causes de la richesse des nations*, Gallimard, Paris, 1990. Consulté le 24 mars 2007 sur : http ://www.econlib.org./library/Smith/smWN.html
Lectures on Jurisprudence, Glasgow Edition of the Works and Correspon-

dence of Adam Smith, vol. 5, Liberty Fund, Indianapolis, 1982. Consulté
le 24 mars 2007 sur :
   http ://oll.libertyfund.org/ToC/141-06.php
   Théories des sentiments moraux, PUF, Paris, 2003.

Strouse, Jean, *Morgan : American Financier*, Random House, New
York, 1999.

Suskind, Ron, *Le Roman noir de la Maison Blanche : les révélations de
Paul O'Neill, ex-secrétaire d'Etat au Trésor*, Saint-Simon, Paris, 2004.

United States : *Historical Statistics of the United States : Colonial Times
to 1970*, Bureau of Census, US Dept. of Commerce, Washington DC,
1975.

*The Report of the President's Commission on an All-Volunteer Armed
Force*, Macmillan, New York, 1970.

Useem, Jerry, « The Devil's Excrement », *Fortune*, 3 février 2003.

Volcker, Paul, et Toyoo Gyohten, *Changing Fortunes : The World's
Money and the Threat to American Leadership*, Times Books, New York,
1992.

Woodward, Bob, *The agenda inside the Clinton White House*, Simon &
Schuster, New York, 1994.
   Maestro : Greenspan's Fed and the American boom, Simon & Schuster,
New York, 2005.
   Mensonges d'Etat, comment Bush a perdu la guerre, Denoël, Paris, 2007.

Yergin, Daniel, *The Prize : The Epic Quest for Oil, Money and Power*,
Simon & Schuster, New York, 1991.
   avec Joseph Stanislaw, *Les Grandes Batailles, les marchés à l'assaut du
pouvoir*, O. Jacob, Paris 2000.

INDEX

REMERCIEMENTS

Quand j'ai quitté la Réserve Fédérale en janvier 2006, je savais que j'éprouverais une nostalgie de mon travail avec la meilleure équipe d'économistes au monde. Le retour à la vie privée me fut rendu plus facile – il devint même excitant – grâce à la nouvelle équipe qui s'agrégea autour de la création de ce livre.

Quelques-uns de mes plus importants collaborateurs sur ce projet sont d'anciens collègues de la Fed, Michelle Smith, Pat Parkinson, Bob Agnew, Karen Johnson, Louise Roseman, Virgil Mattingly, Dave Stockton, Charles Siegman, Joyce Zickler, Nellie Liang, Louise Sheiner, Jim Kennedy et Tom Connors. Ils ont chacun comblé des lacunes dans mes souvenirs, offert des aperçus et fait avancer mon travail d'écriture. Ted Truman n'a pas compté son temps et a partagé ses notes et ses photos de nos nombreux voyages à l'étranger. Don Kohn a proposé d'intéressantes réactions et des critiques sur certains passages du manuscrit.

Lynn Fox, qui fut pendant plusieurs années chef de la communication à la Fed, s'est affirmé comme chercheur avisé, comme une source d'anecdotes et d'idées, et comme adroit éditeur des premières versions de ces pages. David Howard, ancien directeur adjoint de la Division of International Finance de la Fed, et comme moi retraité de fraîche date, a usé de son expertise pour m'orienter dans un certain nombre d'analyses techniques ; il est à la fois un critique acéré et un interlocuteur tenace.

Des amis et des connaissances professionnelles ont pris de leur temps pour me fournir des observations essentielles, des anecdotes et des informations. Martin Anderson a évoqué ses souvenirs des années Nixon et Reagan. Le juge Stephen Breyer a affûté ma réflexion sur la propriété intellectuelle et d'autres questions juridiques. L'ambassadeur James Matlock a évoqué ses souvenirs de l'Union soviétique de Gorbatchev. J'ai eu avec le Premier ministre du Royaume-Uni, Gordon Brown, des conversations enrichissantes sur des sujets tels que la mondialisation et les Lumières anglaises et écossaises. L'ancien président Bill Clinton m'a offert des aperçus de ses idées en matière de politique économique ; ancien conseiller de la Maison Blanche, Gene Sperling m'a aidé à mieux comprendre les années Clinton.

Je veux adresser des remerciements particuliers à Bob Rubin, ancien secrétaire d'Etat au Trésor, qui s'est montré fort disposé à commenter les événements que nous avions vécus. Son adjoint et éventuel successeur, Larry Summers, nous a aidés à comprendre l'évolution complexe de la mondialisation du temps de la présidence Clinton et jusqu'à aujourd'hui.

Bob Woodward m'a fourni les transcriptions des longues interviews que je lui avais données durant ma présence à la Fed, ce qui témoignait aussi bien de sa sympathie pour un auteur novice que de sa générosité. L'excellent ouvrage de Daniel Yergin, écrit avec Joseph Stanislaw, *The Commanding Heights*, a rafraîchi mes souvenirs de nombreux événements auxquels j'avais participé ou assisté. Michael Beschloss a lu l'ouvrage entier dans son état préparatoire ; ses réflexions avisées et ses habiles suggestions éditoriales m'ont fait comprendre pourquoi ses propres livres sont si remarquables.

La vérification des faits et les recherches étaient le domaine de Joan Levinstein et de Jane Cavolina, avec la collaboration de Lisa Bergson et de Vicky Sufian ; Mia Diehl a orchestré nos recherches iconographiques d'une main experte.

Ce projet se serait perdu dans les sables sans Katie Byers, Lisa Panasiti et Maddy Estrada, mes fort compétentes et fort patientes assistantes. J'admire la transcription rapide et irréprochable que Katie a faite de mes manuscrits à peine déchiffrables et souvent détrempés. Ce livre est né à plusieurs reprises de ses doigts agiles.

Je n'aurais su choisir meilleur éditeur pour ce livre que Scott Moyers, des Penguin Press. C'est un génie de l'organisation et il est remarquablement informé sur un vaste éventail de sujets. Pendant les nombreux mois de ma rédaction, il s'est montré encourageant, judicieux, réfléchi et intuitif. Un bonheur n'arrivant jamais seul, il est le fils d'un ancien membre du Federal Reserve Board. Son excellente assistante Laura Stickney a réussi à maintenir les membres de l'équipe concentrés sur notre objectif final, ce qui était une véritable prouesse. Le soutien de la présidente de Penguin Press, Ann Godoff, fut enthousiaste. L'équipe de production, Bruce Giffords, Darren Haggar, Adam Goldberger et Amanda Dewey, a mené ce livre sous presse avec habileté et patience.

Mon guide constant dans ce mystérieux domaine de la rédaction et de la publication d'un livre a été Bob Barnett. Comme beaucoup d'ouvrages traitant de Washington, *Le Temps des turbulences* n'aurait pas aisément vu le jour sans son concours.

Peter Petre a été mon collaborateur dans l'écriture. Il m'a appris cet art ancien d'écrire à la première personne. Je me suis toujours considéré comme un observateur et jamais comme un acteur des événements. La transition fut ardue et Peter fut patient. Il fut ma fenêtre sur le lecteur, et il en avait une longue expérience, puisqu'il avait été vingt ans durant rédacteur et éditeur à *Fortune*. Il a accordé un soin particulier à rendre vivantes les parties autobiographiques.

Peu d'apprentis auteurs peuvent se targuer d'avoir une muse belle, brillante journaliste et elle-même écrivain accompli. Andrea Mitchell, mon épouse, est mon alliée numéro un et ma plus intime amie. Elle a aussi été, dans ce projet, une conseillère astucieuse et une lectrice perspicace ; ses suggestions m'ont aidé à mettre ces pages en forme. Elle a été et sera toujours mon inspiratrice.

Mais la rédaction et le résultat final sont miens. Il y a des erreurs dans ce livre. Je ne sais pas où elles gisent. Si je le savais, elles n'y seraient pas. Mais sur près de deux cent mille mots, mon esprit probabiliste me souffle qu'il en est d'erronés. Qu'on veuille bien m'en excuser d'avance.

Composition NORD COMPO
59560 Villeneuve-d'Ascq

Impression réalisée sur les presses
de l'imprimerie Transcontinental
en septembre 2007

Imprimé au Canada
Dépôt légal : Septembre 2007
N° d'édition : 69/01 – N° d'impression :